長夜星稀

LONELY STAR ON LONESOME NIGHTS

A HISTORY OF THE CHINESE AUSTRALIANS 1860-1940

澳大利亞華人史 1860-1940

楊永安 著

商務印書館

長夜星稀 ── 澳大利亞華人史 1860-1940

作　　者：楊永安

責任編輯：韓　佳

封面設計：蔣瑋茵

出　　版：商務印書館 (香港) 有限公司
　　　　　香港筲箕灣耀興道 3 號東滙廣場 8 樓
　　　　　http://www.commercialpress.com.hk

發　　行：香港聯合書刊物流有限公司
　　　　　香港新界大埔汀麗路 36 號中華商務印刷大廈 3 字樓

印　　刷：中華商務彩色印刷有限公司
　　　　　香港新界大埔汀麗路 36 號中華商務印刷大廈 14 字樓

版　　次：2014 年 3 月第 1 版第 1 次印刷
　　　　　© 2014 商務印書館 (香港) 有限公司
　　　　　ISBN 978 962 07 5622 1
　　　　　Printed in Hong Kong

目 錄

中文自序   i

英文序言   iv

凡例與地圖   ix

總論

第 1 章　研究方向與前瞻   3

社會篇

第 2 章　白澳政策實施前澳大利亞朝野對華人的觀察與評價   29

第 3 章　19 至 20 世紀之交悉尼地區華人生活剪影   69

第 4 章　新州華人社群間的互助活動   113

第 5 章　晚清時期悉尼華人的政見與利益之爭   149

第 6 章　群眾視角下的澳大利亞華洋關係   169

第 7 章　澳大利亞華洋問題鉤沈   199

政經篇

第 8 章　晚清期間保皇活動的崛興與衰微   241

第 9 章　20 世紀初華人菓業的發展與危機   271

第 10 章　華人跨國航運事業與其營運文化   313

第 11 章　澳華參與國際航運的延續及其結局   375

第 12 章　憂時傷國的澳大利亞華人   387

文化篇

第 13 章　中國而夷狄則夷狄之？   415

第 14 章　淚影笑聲：悉尼藝人誌   457

縮寫及對照表   528

參考資料   533

後記   554

LONELY STAR ON LONESOME NIGHTS
A HISTORY OF THE CHINESE AUSTRALIANS 1860-1940

Table of content

Chinese preface *i*

English prologue *iv*

Illustration & Map *ix*

Part One: Introduction

I.   Directions and Prospects in Research   *3*

Part Two: Associations and the Community

II.   General Perceptions of the Australians towards the Chinese before the implementation of the White Australia Policy   *29*

III. The Lives of Chinese Australians in the 19th and 20th Centuries   *69*

IV.   The Mutually-beneficial Activities in the N.S.W. Chinese Community from the late 19th Century to early 20th Century   *113*

V.   The Political Stance and Conflicts of Interests from the Legal Conflicts between Australian-Chinese Community   *149*

VI.   A General Understanding of the Relationship between Australians and Chinese   *169*

VII. An In-depth Discussion of Australia-Chinese Relations   *199*

Part Three: Political and Economic Activities

VIII. The Rise and Fall of the Chinese Monarchist Movement in Sydney   *241*

IX.   The Development and Crises of the Chinese Fruit Industry in Australia   *271*

X.   The Ocean Liner Business of Chinese Australians and its Operational Culture   *313*

XI.   The Significance of the Management Failure of Austral-China Navigation Company   *375*

XII. The Anxious and Sentimental Chinese Australian   *387*

Part Four: Culture

XIII. "Treat those countrymen as Barbarians if they adopt a Barbaric Culture"—The International Vision and Cultural Reflection of a Fictional Chinese Stranger to the South and his Australian creator   *415*

XIV. Tears and Laughter—The Chronicle and Legend of Showmen in Sydney   *457*

Abbreviations & Antitheses   *528*

Bibliography   *533*

Epilogue   *554*

自　序

　　在 1993 年的春季，令揚師得悉我將利用一整年的公休假期來整頓在澳大利亞新買的舊房子，便建議這準裝修工友宜應放些時間在華僑華人史資料搜索的工作上。該年暑假開始後不久，我在隆冬之際返回悉尼，一面四出購買建材和傢具雜物，閒中便到城內圖書館蹓躂，當時並未有任何驚覺原來已踏出了這漫長研究旅程的第一步。

　　我的脾性一向偏好閒適生活，說得直率一些，便是疏懶！已故章群老師在昔年與令揚師概論趙門弟子時，便曾指出楊永安懶惰；關於這點，縱使數十年後的今天回想起來，我也是含笑承認的！此外，或出於悠然自賞與輕蔑無常的人生觀，我極不樂意為未知的將來作出打算，與其說"摸着石頭過河"般的膚淺，不若把它提升為跡近自由主義的處世態度更合乎我的性格。常掛在口邊的經典例子便是中小學作文的熱門題材"我的志願"，究竟有多少人真的能夠達到當年志願的目標，這問題大家心裡有數；鄙人初中時的志願是當個隱士，旨意與草木為朋，鳥獸為友，但於上世紀 80 年代卻拿了個博士，從此隱逸於學府的人海與書林之中！話得說回頭，這三十餘年間的幾個轉折，包括碩士與博士的研究範圍和選題，敦促以至督導我早日完成論文，在申請工作上的扶持和往後教學上的提點，甚至替我兩度草擬並遞交澳大利亞華人史研究計劃申請書都是令揚師的籌劃與功勞；確然，令揚師照顧學生和提攜後輩的努力，都是行內皆知的事實。

　　在這數十載師徒相聚的歲月裡，最令人難忘的有二事。其一，1981 年我以教學助理（Teaching Assistant）的身分在港大中文系"行走"，首年當助教固然有些忐忑不安的感覺，而我舉止的輕佻也惹來老師輩的懷疑，令揚師未嘗不察知這隱性危機的存在。一趟在學期中的日子裡，令揚師忽然向我指出在第二天早上八時半有突發召開的會議，吩咐我代他出席未能帶領的導修。一時驚惶失措的小助教趕忙通宵達旦翻書備課，次天八時正前已坐在導修室內繼續閱讀資料。約在八時二十分左右，趙師在門外探頭進來，告訴我可離開因他的早會業已取消，還特意走過來看看桌上放的是甚麼參考書。這次經驗不獨提醒我言行的不慎和學養的不足，令老師大起顧慮，甚至繼而響徹着三十餘年間從不遲到課堂的心理時鐘。其二，1987 至 1989 年前後，系內人事頗有起伏波動，或出於處事風格有異，或出於個人旨趣之爭，蜚語諷言旋飆於里巷，以至黌宮多事，弦歌不興。於這些年頭裡，令揚師常在家中與我淺杯細嚼人生處世的哲理，其次數的頻密與橫跨昏晨的談論，介乎探討和縱說天下的問對，由低斟輕酌以至對月飛觴的暢飲，使我對事物平衡與人際關係的看法有截然不同的感悟，也在很大程度上啟動我的歷史觸覺和引至思考模式的轉變。

　　1993 至 1997 是這研究舉步維艱的時期，主因是我對澳大利亞歷史、澳大利亞華僑華人史本是門外漢，一切都須要由基礎開始。自1894 年的中文報章入手，困難的不過是沒有正確英文地名或街道名的中文音譯，卻是圖書館內約六部閱讀菲林卷連同影印機器僅限 20 分鐘的使用時間，令滾動捲軸以期瀏覽每篇不可預知記載的讀者無法有所寸進；且六台機器中往往壞掉待修者佔三分之一，使往來圖書館兩個半小時的我大感苦惱。在一次與 "舉報" 我使用機器逾時的老人和執拗於我必須離座的漂亮圖書館員爭論之際，懊惱的我按捺不住勃怒而起；可巧的是，經過近二十年的單思偶想，去年我在館內翻查檔案，準備為出版這研究作最後資料補充時再碰到該位女士，看到她記憶猶新且半帶驚懼的眼神，再目睹她胖近發脹的身形時，鬱結多年的烏氣總算一吐而空。

　　當然，沒有令揚師的建議、鼓勵和計劃的提交，這研究根本不會出現，這部小書也不會面世。我還須感謝黃浩潮先生和陸國燊博士有關出版事務的安排；小舅黃國豪先生，友人周家建先生、梁鎮海先生、吳若寧女士和蔣瑋茵小姐在編輯過程中的鼎力義助；美國愛荷華市內的愛荷華大學："列柏夫・肖托誇檔案藏品"（The Redpath Chautauqua Bureau Record, The University of Iowa, Iowa City）；澳洲悉尼市圖書館，（Sydney City Library）；悉尼西區紀錄中心（Western Sydney Records Centre），尤其是主要資料搜集地，新南威爾士州立圖書館（The State Library of N.S.W.）各工作人員的摯誠服務態度。最後，我也必須向太太美慧致謝，她一直支持我多編寫論文，還在各方面為我提供前線支援及後期製作的大量幫助。

《長夜星稀・政經編》內其中兩個章節是趙師與筆者在最早期組織資料時的研究成果，在出版前得趙師同意下，重整結構與增修潤飾文字，再現讀者眼前；此外，〈社會編〉與〈政經編〉內共三個章節曾於《明清史集刊》、《東方文化》與校外研討會論文集中發表，在近年細索窮徵下，新材料陸續浮現，故亦經改寫後收進是書之中。

本書劃分為四部分。〈總論〉一章，主要敍述研究方法及分析探索方向。〈社會篇〉六章，重點探討華洋關係，並從不同角度闡釋華洋矛盾的原由，在不同視角中窺探雙方協調的特徵。〈政經篇〉五章，考察清末以後澳華的政治取向與利益紛爭，由這關係而揭示華商群體間的不睦，他們強調民族資本建設固屬可貴，但其局限性亦導致最終生意經營的失敗。〈文化篇〉兩章，企圖藉着以小觀大，見微知著和宏觀視野，仔細勘探的不同層面，拿捏華人在澳大利亞主流社會中的角色身分，藉此平衡排華時期華洋文化互動的實況。

筆者從不願在隨波逐流的氛圍下撰著學術性書籍，讀者們或將在認識有異的篇章中看到華僑史的另一面，這正是我希望提供另類思考空間給大家的成果，否則，芸芸珠玉在前的澳大利亞華人史早已列案充陳，你又何需抽空費神來翻閱此書呢？

Prologue

In the winter of 2012, I sat on the familiar stone stairs of the State Library of New South Wales, watching the sunset. It was the twentieth year since I first set foot in this respectable building of more than a hundred years old in 1993. I also remember the hardship of reading from microfilms in those days when there were only five to six reading and photocopying machines providing intermittent services. Compared with the advanced high-tech facilities in the State Library in these recent ten years, those good old days should be deemed suitable for the elderly with much leisure hours to spend.

That was the second winter after I had arrived in Sydney at 1993 when I decided to stay for another year to build up the flowery garden of my new home, which was established in 1928 in Eastwood, N.S.W., and to spend the rest of my time in the State Library otherwise, the Mitchell Wing landmark of which was even older than my house.

I started the research on Chinese Australian history based on two reasons. Firstly, I had a year of sabbatical leave after my first five years of teaching in The University of Hong Kong（HKU）; secondly, my supervisor and department head of the School of Chinese at HKU, Prof. L.Y. Chiu, applied for a research project fund which was especially designed for my long leave and aimed at this targeted investigation. For these two reasons, therefore, in the winter of 1995, I went back to Australia and stayed for another whole year after successfully applying for a no-pay leave with a primary intention to finish the research within two years; however, I must confess and apologize to Prof. Chiu as I had indeed spent most of the time in my backyard instead of the library. Thus, it took me ten times more than my original plan to complete the project.

I left the prosperous Eastwood in 1999 and moved to the comparatively more remote and tranquil North Turramurra, which was itself an important indication that I was progressing well in my project — having finished the main round collection of materials. In the years around the turn of the twenty-first century, I indeed went back to Australia every winter and tried to finish the research, in vain, though, as this was hindered again and again either by the workload rolling on at HKU or discovery from new sources which motivated and encouraged the overthrowing of my established findings.

The two chapters in Part Three (Political and Economic Activities) of this book describe the research findings of Prof. Chiu and myself in the early stage of data collection. With the approval of Prof. Chiu, as well as structural rearrangement and improvement of the texts, these results now appear before our dear readers' eyes. A total of three chapters from Part Two (Community and Association) and Part Three (Political and Economic Activities) had been published over the years in *Bulletin of Ming-Qing Studies, Journal of Oriental Studies* as well as other conference publications. But as it has been found that, after further microscopic research in recent years, new materials and sources could still be discovered, thus, all that information is considered as valuable input for this book.

This book aims to explore into the life of Australian Chinese. The temporal period of the 1860's was particularly intriguing as it was an era in which a rush of Chinese diggers arrived in Australia and boosted the local population to its peak within a twenty some years' time frame; the Chinese community came to a gradual and painful atrophy just before the Second World War after some long and exasperating years of Sino-Japanese conflicts in mainland China. For the region of investigation, I started mainly from where my home was located, that is New South Wales and its bordering Victoria and Queensland. As for the scope of investigation, I dedicate the focus of my research on the relations between Chinese laborers and immigrants with the local Australians in the late nineteenth to early twentieth century as well as the disputes in political and commercial issues within the Chinese community. Besides hunting specifically for negative data, I also hope to throw some new light on the entertainments of Australian Chinese. The sources used in my investigation, therefore, are rather different from those gathered in traditional archival study, as I paid more attention on local newspapers which revealed more truthfully the lives of the local people within the community. Government journals are another important element in my research as they represented largely the general views from the main stream.

This book will never have existed without Prof. Chiu's proposal and support; I thank him especially for his tolerance and supervision, which is not only on my academic progress but also in my lifelong learning process. I must thank my wife Esther, for having been, as always, my best friend, assistant, as well as driver on field trips. My thanks also go to Mr. H.C. Wong and Dr. Steve Luk for the arrangement of publication matters, and to Mr. Edward Wong, Mr. Kelvin K. Chow, Mr. Benny Leung, Ms Carly Ng, Miss Eva Chiang for bookcover design and proofreading for editing works, I should like to thank in particular, The Redpath Chautauqua Bureau Records, The University of Iowa, Iowa City for providing E-Sources. Last but not least, my gratitude goes to all the staffs in the State Library of N.S.W. for their kind assistance and service throughout these years.

Sitting at the front entrance of the State Library one recent winter, the chills sent me flashbacks from all these past years—the cool stillness of the magnificent marble stairs which led the way to showrooms and the vibrant library tours with excited and animated visitors and enthusiastic school kids; the tensed and strained young men and women who were obviously making use of a small gap of their spare time after work to hurriedly search for their references of their postgraduate study before the days end; the leisurely senior citizens who had abundant time and energy to look into their own family history; the studious vagrants without a target in life alongside with the unkempt students who somnambulate for future prospects or plan them out in the castles on the cloud; the readers swamped by the warm air awaiting for a break upstairs or those gossiping idlers who were driven back underground by the heat of their temper as well as the sunlight; responsible security staff addressing readers through the entrance counter and librarians who smiled and said goodbye every day at the check-out desk at day end; the humble crowd properly-attired rushing under the strong ultraviolet rays on Macquarie street and the proud tramps who wait for the Salvation Army after dark at Martin Place.

Regardless of anything and everything, Trim continues to stand tall on the edge of the wall cornice, with its right hand infamously raised and, standing at his usual spot, encourages us to march on in life.

Henri W.O. Yeung

April 2013

凡　例

1. 在 1901 年前，華人習慣以省稱澳大利亞的各個地區，如紐省、維省等。1901 年澳大利亞聯邦政府成立後，"State" 一詞漸以 "州" 取代慣用的 "省"；因此，書中所見，如稱維多利亞省者，即表示事件記載在 1901 年前，若稱維州者，即表示記載發生在 1901 年後。

2. 因部分政府文獻、報章等被徵引次數繁多，篇章註釋中第一次出現的這類常用性資料基本上用全名，如《廣益華報》、《東華新報》、*"Chinese Gambling Commission"*, *"Report of the Royal Commission on Alleged Chinese Gambling and Immorality and Charges of Bribery against members of the Police Force"*, *"N.S.W. Legislative Council Journal, 1892"* 等，其後自第二次出現即採用簡化寫法。如需參考，請翻閱書後的縮寫表（Abbreviations）。

3. 部分資料或只在同一章節中引用較多，或繁字不多，化為簡稱無甚意義，如 *The Age*（Melbourne）；*The Argus*（Melbourne）；*The Times*（London），故不列入縮寫表中。

4. 在篇章中徵引的外文學術著作中的學者姓名以西方慣常稱謂排列，如 Arthur Huck; C. Y. Choi; John Fitzgerald; Myra Willard 等；但在中外參考書目中，因須與中文書目作者姓名筆劃序排列方法平衡，故亦採取先姓後名的方法，即 Choi C. Y.; Fitzgerald John; Huck Arthur; Willard Myra 的英文字母順序排列法。

5. 筆者初着手澳大利亞華人報章時，困惑於中文城埠地名不一，且多僅有中文地名和街道名，縱使筆者同為廣東省籍人士，亦被中山、要明、東莞、四邑等不同口音譯成的不同地名所捆縛，以致早期研究舉步維艱。有鑒於此，筆者在書後附錄了中英地名對照表（Bilingual Glossary），其中既有 19 世紀過渡 20 世紀澳華對各省（州）的稱號，亦有澳華報章上經常出現華人聚居的市鎮（city & town）與鄉郊（suburb & country）名稱；因筆者的研究不少都與新南威爾士州有關，故亦附上昔年悉尼市相關街道對照表，以便後來者易於入手。其中有（？）號者，代表筆者不確定地名是否推測正確。

6.　本書內附圖中的相片、書籍、海報，部分為筆者近 20 年的收藏，部分在成書之際始購入；部分則來自已故劉渭平教授的轉贈，或採訪對象所提供，均在各篇章附圖下有所列明。筆者再三向他們表示謝意。

地圖 1　澳大利亞各省（州）及主要城市示意圖

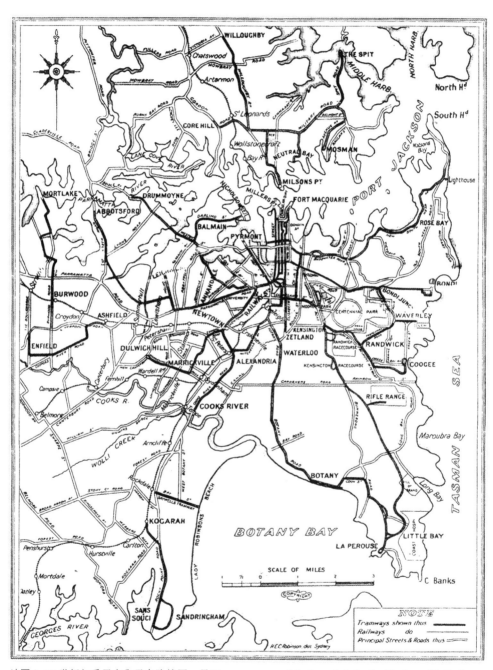

地圖 2 20 世紀初悉尼市內電車路線圖。見 Tramway map of Sydney & Suburbs (Sydney: H. E. C. Robinson, 1903)。

總　論

EXPLANATIONS

THE TEST MATCH, 19——?—(*From a Sketch by Our Chinese Artist.*)

The Hanyang Steel Works at Hankow are landing large consignments of steel in New York at prices that cannot be quoted by the United States Steel Corporation. - *News Item.*

THE CHOW: "Play!"

由官督商辦蛻變成為商辦的漢冶萍煤鐵廠有限公司於 1910 年將售價低廉材料運抵美國，
引起澳大利亞掀起新一輪的經濟侵略恐慌。
見 *Bulletin*, 24th Nov., 1910, p.15.

1 研究
方向 與 前瞻

　　對多年前初着手海外華人史研究的筆者來説，澳華史是一門既陌生，卻又熟稔的專業。熟諗的緣故在於近當代少數族裔在異鄉因各種理據被排斥下，通過語言、文化、血液融和後被主流社會接受的進階，與往昔被視為蠻夷戎狄的少數民族，經歷漢民族文化隔閡下的敵視，逐漸在互市、交談、通婚等不同形式的溝通，部分甚至被統治者賞官賜姓，或自改漢人姓字，都是民族融和的必然過程。當然，大家亦不會或忘五胡時代民族間的血腥屠戮以至仇恨的消融，清廷政府實施的民族隔離政策與其暗底下的滿漢相交，以上一切都曾在兩千年中華大地的視窗中掠影而過。而澳大利亞華人史只是民族文化史的伸延，分別在於主客身分互易，長河黃土幻化為滄海胡沙而已。

　　有關澳大利亞華人史的考察或專著早在 19 世紀中後期陸續出版，早期敍述華人在彼邦生活概況的資料幾乎全屬外語著作，個別例子甚至被判別為杜撰，筆者將在本書第 13 章中設立專案探索。至於華人家書及自述平生的原材料不多，後期才漸有華人學者發表中文專著探討澳華歷史，而其中類近掌故的也不少，欠缺了某些可靠的歷史基礎。於上述研究成果中，前者往往以西方人角度來評價 19 世紀抵達澳大利亞謀

生的華工，層面停留於表面敍述階段，而後者則多傾重民族情感出發，
對白人社會的民族政策批判又失諸過份主觀。筆者在 20 世紀 90 年代
在新南威爾士（New South Wales）開始進行澳大利亞華人資料的蒐集工
作，[1] 發現有關研究還有不少可以進一步發掘和掌握的空間。本文是綜
合近年材料歸納與分析後發表的簡報，也是給讀者踏進澳華史門檻時一
個介紹性的章節。

研究路向與展望

1. 有關分期研究問題

在經驗累積下，筆者認為研究澳大利亞華人、華僑開拓發展史，
應分五個階段進行，因每一期間留澳，甚至抵澳華人的性質不同，這問
題也直接影響洋人對華人的觀感，因此除以職業取向劃分外，還應以中
國國內及世界整體的政治大氣候來觀察，才可深入探究華人在近兩世紀
以來在彼邦的生活實況。

1.1　1840-1890

根據現存資料追溯，近代史上第一批華人抵達澳大利亞的日期當
在 1840 年前後，[2] 他們都是以合約勞工（contract labourer）的方式到
埠從事牧羊工作。與此同時，因為澳大利亞各省政府極需勞工開拓荒地
緣故，亞洲地區的廉價勞工都大量湧進這新市場，形成超過十萬華工先
後被僱用開墾的局面，這亦是 19 世紀留澳華人人數的高峰期。[3]

隨着 19 世紀 40 年代初澳大利亞發現金礦後，大批華工被引進或
誘騙入境進行開採工作。這段期間因風俗、語言等問題，歐洲採礦者與

華工多次產生衝突，而各礦區所在地的政府人員處理不善，亦是導致後來研究者認定種族歧視與排擠是礦區暴亂的主因。

有關這期間研究範圍甚廣，大要可分支為四大類：

1.1.1　華工抵澳的方式 —— 非法誘拐類別（豬仔）、自願合法類別（契約與賒票）、非法入境類別（私位）

在這時期的華工中，以被俗稱"賣豬仔"到澳大利亞從事體力勞動或掘金者較多，以合約勞工方式抵埠者為次，除被澳大利亞海關官員搜獲的私位客外，境內尚有大量黑市勞工和非法受僱的採礦工人。[4] 事實上，當地華工與當時由中國輸往全世界的華工一樣，都具有研究價值而又與歐美諸國殖民主義擴張，中國國內積弱不振，國民在本土境內貧困乏食，草根階層本身亦急需去國辭家，另謀生計出路有直接關係。這研究本身已屬世界史範疇，不獨須要了解歐美諸國對輸入華工的要求和態度，並應把它與澳大利亞華工的待遇連繫比較，方能拼合一幅較完整的圖畫。此外，對豬仔制度、豬仔館的再探討，合約勞工的待遇問題等也是在這專題下派生的另一項考察。[5]

1.1.2　華工的籍貫 —— 福建為主、廣東為副

19 世紀福建、廣東農業生產漸趨衰微，而外國手工業製成品漸次流入中國，由於品質俱佳，使城鎮以至農村家庭手工業面臨破產。另一方面，元、明以來海運發達，不少農、工都因着沿海之利，私自下海到東南亞一帶營生，促成閩、廣一帶居民對漂洋過海因而致富的先例有所憧憬。可惜的是，這期間的華工文化程度頗低，也沒有久居國外的打算；與此同時，他們亦未能有效地組成同聲連氣的鄉、縣聯盟，對遭受歐洲人滋擾和欺凌時，也因語言上的隔閡而不能訴諸法律途徑解決，形成研究這階段期間的空白狀態。[6]

1.1.3　華工抵澳的途徑 ── 由海路上不同方向登陸

　　由於澳大利亞四面環海的緣故，外來者都自海路上由北領地（The Northern Territory）分途，或東至昆士蘭（Queensland）、新南威爾士、維多利亞（Victoria），或繞西岸西澳（Western Australia）、南澳（South Australia）轉至維省，這幾乎都是在 19 世紀中葉及以後到澳大利亞的航船路線。但由於不少華工都是非法入境的外勞，或甚至是在香港及沿東南亞各港口賄賂船長、船員登舟偷渡抵達，一部分有組織的人蛇集團收買港口貪污海關人員暗中放行，其他多在船隻泊岸前跳船涉水登岸，或到埠後才跳船逃逸；這問題不獨需要對某些合約勞工和非法入境的情況加以了解，還應對當時各國商船的航班與航線有深入的認識。此外，對南洋地區如印尼（Indonesia）及太平洋各區的島嶼如斐濟（Fiji Islands）、薩摩亞（Samoa Islands）、巴布亞新畿內亞（Papua New Guinea）、所羅門（Solomon Islands）等地的華人生活概況有所研究。這些地區與澳大利亞北領地或昆士蘭僅一水之遙，不少華人都在輾轉間通過太平洋群島划船偷渡入境，然後再攀山越嶺進入其他省份工作。因此，除參考現存檔案外，有志於爬梳史料者，還要有系統地追覓這批先驅者的省籍，進而向來自這些地區的華僑進行訪問，甚至對其家譜的探討，藉此重組華工抵澳前的跳板和路線。[7]

1.1.4　華工生活概況 ── 排華問題的再考察

　　在這期間的華工主要從事體力勞動、放牧和在礦區工作，語言與文化背景確是他們未能融洽地與其他白人相處的主因；而華工既無長期居留的打算，絕大部分也懶得理會白人社會的風俗習慣，這也是在幾個不同時段的華洋衝突中，華人備受排擠的關鍵所在。當然，在國弱民貧的時代裡，華人無法避免遭受殖民主義擴張時期，部分歐洲極端種族主義者的蔑視，這確是不爭的事實。不過，主要來自亞洲的廉價勞工佔據勞動市場，勢必奪去英倫三島移民的就業機會，並進一步壓抑工資的增長。為着保障英國移民的利益，限制亞洲僱工不斷湧入及阻止以華人為主的有色（colored race）採礦者參與掘挖工作，雖然在形式上與滿清閉關自守的方法不同，但從保護主義的角度來說，在本質上是並無相異的。與限制亞洲勞工政策表面並非直接針對華工相類似，在澳大利亞各地礦區都曾出現歐洲各國淘金者為着利益而出現的爭執和衝突，有些事件甚至釀成命案，這不獨只是白人種族主義膨脹以至造成如藍濱坪（Lambing Flat, Young, N.S.W.）等地專門針對華人群體暴力事件的發生，勘探其本源者應在人類自利貪婪的本性上着眼，似乎更能釐清慘劇的本質。如果歷史工作者把排華事件全部責難於種族運動時，或者，讀者們還要回顧在上述事件中曾庇護華人的白人，在某種程度上可幫助大家較客觀地重新衡量種族主義，文化鴻溝和利益衝突在礦坑慘劇中的比重。[8]

此外，因缺乏原始材料緣故，華工在這段期間的生活實況仍依靠外語記述作為主要參考。由於述而不詳的關係，暫時難以窺探華人活動的全貌。[9]

1.2　1891–1911

與第一期研究有不同的，是這段期間各省（州）的華人因澳大利亞政府落實收緊入境條例，加上白澳政策的推行以至人數大幅減少，由過去淘金熱潮遞減至三萬人以下。雖然來自中國的尋金者至 20 世紀中葉仍斷續地泛海而來，但主要金礦區已多掘罄，大部分尋金夢斷的同胞在幹活條件困難下相繼離開，少量轉挖其他礦藏，而仍堅持停留的多轉業為菜園園工。在這短短的 20 年間，遙遠祖國裡的維新運動、革命活動與滿清皇朝的覆滅也成為居停於澳大利亞華人晝夜魂牽夢曳的原素。

在這段期間，因部分華人已適應彼邦生活，開始盤算較長遠的經商方法和營運模式，華人報章適時的創刊，成為研究 1890 年後的重要資料，而可供專題探究者大抵有五項，當中大半以上可作跨階段的研究：

1.2.1　參考材料本身的調查：報章的性質和立場

這段時期的中文報章基本上都是私營的，但創報人與營運者的籍貫和政治立場幾乎決定了該報的性質，19 世紀末期於新省創報的《廣益華報》(*The Chinese-Australian Herald*) 及《東華新報》(*The Tung Wah News*) 就是典型的例子，其創報及後來的經營者都是廣東人，因而報導廣東地區新聞的篇幅特多，而由於《東》報是維新黨人的喉舌，加上新黨先後在日本、南洋等地成立報社，宣揚維新思想，在日後和政見不同的《廣》報或革命黨喉舌如維省《警東新報》展開漫長的筆戰時，雙方互為攻訐，互揭瘡疤，甚至工作人員私下互相指罵毆打，都是足可自成專題的研究項目。[10]

1.2.2　澳華的政治取向：維新與革命黨人的鬥爭

中國本土維新運動失敗，康有為 (1858-1927)、梁啟超 (1873-1929) 在海外繼續組織保皇活動，通過成立保皇會，在世界各地招募會員，並進行各種商業投資。縱使清德宗 (愛新覺羅載湉，1871-1908，1875-1908 在位) 去世後，這批人士仍為保皇與憲政鼓吹奔走。《東》報在 1899 年開始成為維新人士的黨報，並在次年在雪梨 (悉尼，Sydney) 組成保皇分會，該年年底梁啟超親到澳大利亞各省視察分會會務，積極發表演說與殷勤勸捐。保皇運動在 20 世紀開端確曾在澳大利亞蓬勃一時，但隨着中國國內政治形勢的急變，革命黨也順理成章地與保皇會爭奪海外華人的支持，至令保皇會政治版圖的優勢漸次萎縮。除了國內大氣候的變化外，維新黨在南、北美洲的投資活動出現各種不利因素和負面消息報導，都是它轉趨劣勢的間接原因。澳大利亞保皇與革命力量的相互抗爭雖然遠離中國的漩渦中心，但從他們雙方的會員名單及黨務活動，考察當時僑領和華人的政治取向，又或者通過這考察來驗證當時華人的社交活動，已經是一項艱辛的資料整理工作，但如果能夠配合兩方散落世界各地的黨報和相關文件加以勘合去取，將對保皇會與革命黨在這歷史片斷間的活動和恩怨有更詳盡的了解，亦是在爬梳澳大利亞華人史資料之餘，對清末保皇、憲政和革命史方面的進一步研究。

1.2.3　種族歧視資料的歸納與分析：白澳政策下的華洋關係

白澳洲主義是在 19 世紀大量有色勞工與礦工湧入澳大利亞各地區後，各省政府在工會與議員的壓力下，制訂的一套限制入境條例，旨要在保障白人勞工利益之餘，還要把澳大利亞繼續維持成為一個純白種人居住的國家。當然在今天回顧起來，保護政策的羅傘下還蘊含種族歧視成份，而且我們在當年的報章上仍可找到不少白人無故毆打華人的例子。然而，卻偏偏在這些令人不安的報導背後，同樣地出現白人幫助華人的證據，提供一個大家在非議白澳主義的同時，對當時華洋相處問題遽然興起另類角度和觀點，這亦是本書企圖探討的核心。[11]

1.2.4　主流社會裡的小社群：華人生活的研究

在配合上述各項目探討的當兒，華人在白人社會中的職業與生活狀況成為另一門足可獨立鑽研的專題。

正如上文所指，當大量勞工湧入澳大利亞時，華洋雙方均不能互讓容忍而引起爭端，華工在海外遭虐待事件亦常有聽聞。清廷有鑒於各種主客觀原素，欽點當地僑領為非正式委任領事，權宜行事，至時機成熟時，乃派員至各國設領署。澳大利亞領事館的出現不啻是當時華人的一絲希望，總領事的抵埠也成為中澳外交的里程碑。早期領事的資歷、職責、才能，甚至籍貫都具研究價值，從而得窺滿洲統治者對澳華的印象及態度。[12]

　　這段期間的華人多轉業成為菜園園工，其他則從事傢傭業、洗衣業、雜貨業、飲食業等工作；僱員的工錢、店主營運的方法與當時西人店主經營方法，甚至昔年的街市行情與白人勞工薪酬的資料，不獨見證了華洋不協的原因，還進一步令研究者了解何以在備受當時僑居同胞共稱的“仇視華人會”（The Anti-Chinese and Asiatic League）抵制與排擠下，華人仍能爭取生存空間；而永安、永生等果欄甚至能在發跡後集資返回國內成立大型企業，這不獨是近代中國商業發展史的範疇，更是華人在夾縫的桎梏中猶能商機勃發的證據。[13] 在另一層次的勘察中，各地區唐人土舖的貨品和貨源固然是追查的對象，而同期經營什貨店的故址，更可通過整理當時報章廣告、舊區街道圖的工作中得悉其分佈大要。[14] 當然，在探討華人生活或商業活動時，刺激了歷史工作者展開個人與家族的個案研究，令大家更能知著探微，反過來亦由微觀轉而宏觀，體悟海外華人生活的張弛、融合與轉型。[15]

　　在回看歸僑返國風光的同時，我們亦應把注意力放在老弱孤貧的留澳華工身上，不少華工因各種客觀因素老死異鄉，而迷戀賭博、醉擁洋妓與自溺毒海中的華人，無異自陷困境，還招來西人的輕視，成為華洋關係不睦的另一要素。承上所指，華人留澳期間的娛樂與消遣也是社會史的題材。除廣告中的資料顯示他們每於周末“入城”喫酒、看戲及觀賞其他表演外，若大家審視留澳、訪澳的中外藝人對本土華洋人士的吸引力，則可替所謂排華、排亞問題的深度作一臆測，這也是過去研究者一向忽視的環節。

1.2.5　華人團體發展的追溯：同鄉會、廟宇、商業組織、福利事業、

社團等

　　這將是一項表面容易，實則吃力不討好的研究。首先，大家須了解當年散處於各省華人的籍貫，哪地區的同鄉會首先成立，其成就主要有哪幾項，由創建至發展間的歷程和先賢豪賈的逸事等，都是澳大利亞華人史中重要的環節。而廟宇的建置又多與同鄉會有關，故除了前線的訪問工作外，翻查各地現有的檔案將是最為棘手的工作；事實上，莫說不是同鄉，縱使是同鄉亦不易投石叩門。從同鄉會手上取得資料性的文件也並非可以成為有價值的史料，其因有二：一是日子湮遠，可供重整的材料已多散佚；二是不少同鄉會在二戰後才逐步成立，有關歷史頗短，提供的研究價值僅在上世紀中開始。縱使草創伊始至今已逾百年，現存尚有資料可供研究的，卻多是近三、四十年來的刊印，宣傳性質頗濃，可供發揮或搜尋真相的空間卻嫌不足。而在現階段只能集中在已發表的個別同鄉會報導及昔年報刊中做工夫，個人認為進展仍欠理想。[16]

　　以這段期間的新州為例，由於以廣東人佔多數，較重要的同鄉會如東莞、四邑和香山等，除團結鄉縣梓里外，主要還是在故鄉水旱災異、學堂醫院等募捐活動上屯集善款。此外，平均五年一度的附運先友遺骸返鄉安葬亦是同鄉會的服務性工作之一，東莞公義堂是其中表表者。我們若從這服務的頻密程度來推測廣東各地區華人留澳數目的多寡，甚至同鄉會的財力和規模時，或者平均七至十年附運鄉人遺骨返國的香山隆都同善堂、東鄉安善堂、增城聯福堂等便不及東莞人士在此際的勢力了。[17]

　　在商業組織方面，由於不少華人在 19 世紀中末葉到澳大利亞經商，當中亦有成功的例子，其中部分與福利事業無關的，如永安、先施、大新等招股企業，屬於家族式生意的發展，可放在華人生活史，甚至經濟研究的專題中作獨立探討。至於像悉尼聯益堂這種由各類華人合力維繫，既牟利而又兼顧同胞福利的組織則宜放在〈社會篇〉檢視。聯益堂的日常工作是替俗務繁忙且不諳英語的華人劃訂回國船位從而賺取中間人的利潤。當時不少老年華人無法籌足船資返國，這個主要由唐人土舖店主聯合維持的法人便懇請各郵船公司減免對老病貧疾者的收費，是一個在時代環境下催生的組織；既而，從它四季中輪番由十數個什貨店店東出任值理的管理方式中窺探，除知道當中利潤可觀外，因土舖是主要的分銷站關係，同鄉光顧梓里的情意結亦可從中可見一斑。

自從保救大清皇帝公司（保皇會）以商業性質出現後，該組織覬覦這口肥肉，其經營手法與照顧同胞利益的方針固值得重新研究，而兩個組織還在爭奪客源等問題上互相攻訐，反目成仇，這又演變為華人社區中關係的調查了。此外，如墨爾本華人組織中華公會和當時排擠華工的西人公會周旋，後來也辦理公益和慈善事業。當華僑商業經濟發展至這階段時，中華總商會的創辦和發展自然又成為另一研究目標。[18]

研究中另一燙手芋是有關秘密幫會的考察工作。筆者曾於 1996 年在悉尼通過第三者的介紹，與一位早已淡出江湖的長者面談，這次僅可稱為見面的聚會既未能錄音，不可記錄有關談話內容，亦不能載錄長者的姓名；事實上，受訪者對幫中秘密諱莫如深，僅道出組織企業化的片面，而坦白表明對 19 過渡至 20 世紀的幫會發展所知委實不多，因此在目前需要找適當人選訪問已有存在的困難，只能在報章、檔案中綜合資料，探索幫會蛻變的大要。

查 19 世紀末期華人秘密會社已於澳大利亞紮根，[19] 在當地政府調查華人社會中的犯罪行為報告書裡亦曾提及有關這方面的材料，研究者一般認為當時世界各地華人幫會源起在於中國南方沿海居民逃避太平天國之難而移居國外。早期的幫會出現於維省金礦區，稍後新省亦有相同的組織，它們早期以反清復明為口號，於所在地從事包娼、庇賭，甚至開設煙館，踏入 19 世紀末則投向支持革命運動的行列。在警方的報告

書內曾提到新省唐人社區裡有關隆義堂的調查，但這期間活躍於各省的
應是在華人報章上常報導的保良（維省）和義興（各省）公司，它們主
要的貢獻在於協助老病華人回鄉及替在澳大利亞居停期間犯下重罪的同
胞延聘律師，奔走開脫。對遙遠的祖國而言，海外洪門對革命的貢獻在
於籌集經費與組織後勤力量。概括來說，由於反清情緒日高，而革命推
翻清廷思潮漸得人心關係，不少澳大利亞華商亦加入義興會的行列，而
與這些華商有生意往還的友人也不免在幫會合法的活動中出席並予以捐
助，變相地形成組織力量日趨龐大，它們還在往後的日子裡，積極投入
主流社會，如捐助醫院等善舉，成為中西人士認同的社團。

1.3　1912－1949

　　承接上階段有關白澳政策下的華洋關係、華人生活、華人團體等
研究之餘，劃分這特定時期的意義在於觀察中國國內政治的各種變遷及
其對居停於澳大利亞華人的影響。有關問題大抵可劃分為四個不同的方
向：

1.3.1　保皇和革命論戰的持續：帝國憲政會與國民黨之爭

　　1912 年 2 月，康有為下令分散全球的 170 個以憲政為名，保皇為
實的組織易名為國民黨，但由於不容於當道，兩年後他又令所有黨部回
復憲政名義，稱為憲政黨。主要是昔年保皇會根據地的新州，因仍有不
少舊會眾關係，加上他們已建立了不少商業和人際上的脈絡，故此這批
人士儼然以反對黨的身分出現，和其他地區的憲政黨員連成一氣，往往
批評民初政府的施政方針，從而導致整個澳大利亞的國民黨支持者聯合
起來對付憲政黨員，並展開漫長的罵戰和筆戰。我們從當時立場不同
的報章如《東華報》、《廣益華報》、《民國報》間的論戰裡，除清晰看
到彼此政見的異同外，由憲政黨人主理的《東華報》每對大義當前的國

事決策冷嘲熱諷，其中如對袁世凱（1859-1916）登基的期盼、對張勳
（1854-1923）復辟的雀躍與揶揄北伐等事最失人心，成為其政治投資失
敗後，報章備受圍攻而終至停刊的原因之一。對這歷史片斷的研究也不
啻是對當時散處各地的國民黨黨報進行資料編整的工作，而又因悉尼華
人報章的罵戰往往涉及人身攻擊，互揭瘡疤的緣故，我們更可在這方面
摭拾有關華商、華僑、華人的資料，如去取得當，將補充這專題研究材
料的不足。

1.3.2　有關執政黨的研究：澳大利亞國民黨總支部及其分部的發展

　　若從時序的先後界定，維州的國民黨黨務發展最早，但自民國建
立後，新州黨務發展一日千里，於是執政黨在 1924 年以悉尼黨部為澳
大利亞總支部，國內其他分部包括維州兩個、昆州 8 個、南澳 1 個、
西澳兩個、塔斯曼尼亞州（Tasmania）在此際仍只有十餘支持者，暫未
能組成黨部；而直屬總支部的分部還有紐西蘭（New Zealand）3 個、新
畿內亞 5 個、斐濟 1 個、大溪地（Tahiti Island）兩個。與昔年保皇憲政
分子一樣，除中國內部的捐災籌款外，國民黨人也辦中文學校，並組織
宣傳隊、劇社、英語辯論隊等。此外，由國民黨主理的《民報》及其黨
員創辦的《民國報》同樣為澳大亞華人提供文化教育和政治思想灌溉的
工作。再者，在國民黨宣傳隊及其喉舌的報導中，我們還可略窺共產黨
支持者在此間活動的概況。

　　20 世紀 20 至 30 年代是中國國內動盪不安的時期，抗日籌款是澳
大利亞總支部與各分部積極投入的救國活動，亦改變過去只着重捐救鄉
鎮狹隘思想的同胞奔赴共濟國難的行列之中。而促請中央政府向澳大利
亞提出白澳政策的弊端、放寬華商居留期限、放寬華商助理入境的申
請、放寬留學生入學留澳的規定、放寬華婦入境條例的限制等，都與當
時華僑、華人民生有直接利益關係，亦是對這期間澳華生活考察的另類

旁證材料。

　　現存於新州國民黨黨部的原始資料多是有關昔年黨人名冊及捐款的數字，小部分涉及太平洋島國支部的活動情況，對研究 20 世紀上旬澳華政治傾向和抗戰救國熱潮有一定價值。這亦是筆者準備在第二階段的研究目標之一。

1.3.3　白澳政策下的另一社會問題：對華人婦女生活的研究

　　白澳主義本來就有保持澳大利亞成為一個純白種人國家的意念，而在各種苛例的壓力下仍選擇留澳的華人，於苦偪環境下須面對包括自己妻女在內的華人婦女不能入境的條例所困擾，縱使是具經濟能力而又能疏通人事關係的華商，其來澳妻子仍須每年重簽居留證件，而這些特權階級僅是鳳毛麟角的例子。至於名譽地位較次的華商，其妻子到澳探望夫婿的簽證限期僅 90 天，偶有例外如須照顧新生嬰孩的母親在僑領奔走請託下獲延期三月，這都是在白澳政策下不願華人落地生根而限制華人女性入境措施的原意。在條例的制肘下，華人除返國婚娶外，便只有與洋女交親一途，其中澳混血的後裔在不斷清洗有色的基因下，很快便在外表上出現轉變，至變成純種白人為止。由此衍生的，是我們在探索華人生活與其後裔的生活狀況時，土生華人女性是少數族裔社群中的更少數，她們在西方教育制度下長大，在面對家庭、華人社區、澳大利亞社會，甚至對中國方面的態度及貢獻均惹人關注。加上新中國大城市中女性運動正急速開展，作為第一夫人的宋美齡 (1897-2003) 積極參與社會及政治活動，進一步啟發並改變海外女性的自覺和地位。以上題材也是燃點研究興趣動力的所在。由於這代女性對社會活動的參與多自 20 世紀 20 至 30 年代才正式開始，筆者打算在第二階段的研究中開展這相關範圍的探索。

1.3.4　華人航運業的探索：有關中澳輪船公司始末

關於澳大利亞華人航運史的環節，早在 20 世紀 70 年代後期已有研究者涉足其中。而事實上，若與當時世界航運業相比，澳華創辦中國人越洋輪船服務時，確熱誠有餘但準備不足，船塢、修理、零件、專業知識人才等都嚴重缺乏，徒以為同胞往還中澳間必出於愛國熱誠而選乘由華人投資的火輪。然而，首先由於資金有限與目光短淺，從其他船公司買入臨近退役船隻已是失敗的第一步，這不免亦和欠缺專業人才驗證舊船機件的耗損程度有直接關係。至於來自荷蘭、英國、德國、日本等的競爭者由於在本國內的航運發展已有一定的基礎，加上船隻喫水量深，新型寬敞，船票價錢還與中澳公司旗下的華丙、域多利號相若！中澳輪船公司內部激烈的人事鬥爭更導致股東退股和官司訴訟，澳華首創越洋客輪服務的失敗是早可預見的。[20] 筆者對這方向的追索路線基本有四：

    a.　中澳輪船公司與其股東的研究

    b.　中澳船的航期與航班路線研究

    c.　其他競爭對手船隻與船期、航班路線的研究

    d.　中澳船流失搭客及公司倒閉原因的研究

目標在錐探澳華主理航運的方法，除在大方向上思考當年華人跨國企業的不足外，並藉此反映澳大利亞華人社區內的問題。

1.4　1950–1974

筆者把 20 世紀下半期劃分為兩個研究區，其中以 1950 至 1974 年定為一期，1975 至 21 世紀為第二期。

在政治方面，自 1949 年國民黨撤離中國大陸，共產黨繼之成為執政黨，開啟了新中國的局面。竹幕中國與西方的隔閡成為中澳關係的某

種屏障，此期間留澳華僑與華人的類別與生活，以至英聯邦地區的澳大利亞白人對華人的臧否頗值留意。事實上，今天仍在世的華僑大都對該段期間的華洋關係持保留態度，這些問題除種族主義與文化隔閡的老話題外，西方的政治圍堵在歧視華人方面扮演了一個重要的角色。

　　但在另一方向來說，二次大戰後，東南亞地區陸續脫離殖民地時代宣告獨立，使澳大利亞與亞洲各國靠攏，逐步消除她對亞洲人的歧視和戒心，這終驅使當局在 1958 年取消入境時的語言測試，以移民規例作入境限制，繼 1966 年頒佈更合理的新移民法後，1973 年至 1974 年宣佈移民法適用於不同膚色、不同國籍人士身上，正式結束實施了前後 74 年的白澳政策。

　　在這階段中，我們當注意國民黨與共產黨支持者在澳大利亞各州活動的情況。而新一代華人因大部分接受西方教育長大，投身社會後的職業已與過去從事粗工或服務性行業的父祖輩有所不同，亦較上一代更易融入主流社會之中，從而獲得西人的接受，他們的工作、嗜好及交遊圈及身分認同等考慮都值得歷史工作者一一探究。[21]

1.5　1975 – 2010

　　在政治上，隨着上世紀 60 年代中國領導階層對蘇俄態度的轉變，美國對共產中國的外交亦同樣有策略性質上的變向。中美關係正常化和 1972 年中英雙方互相設置領署，至該年年底中澳外交關係的開拓，令澳大利亞朝野上下對古老東方文明重新認識和定位。當然，中西政治文化與人道立場的最終歧異，也在一定程度上影響此後澳大利亞政府收容中國國內異見人士的政策。

　　在另一方面，白澳政策的結束除象徵澳大利亞政府對有色人種的態度有所改變外，亦同時意味着移民政策的進一步開放。[22] 隨着六、七十年代大批留學生抵澳升學或深造後，因對當地文化有所了解融薈而入籍，新進入澳大利亞大家庭的移民和此前老華僑的子孫們追求的角色認同是這階段研究的重點；此外，更多的中、港、台同胞在八、九十年代因各種的政治原因而成為新移民，他們的職業、生活與經濟環境的異同，導致來自不同地區的人士在習慣、嗜好方面也有不同的傾向。而大量華人的湧入，亦間竭地造成白人鄰居的竊竊私議，這些新一輪華洋關係又較過去的研究來得複雜卻不致尖銳，是分析華僑華人史變化歷程的題材。

至於落地生根的華僑們不少由於具備新時代的目光與經營手法，生意日趨企業化，也加速了澳華整體的經濟實力急促攀升，使他們從過去的小商業經營者的桎梏牢籠中蛻變出來，成為足可與其他種族、家族、財團角逐財富，競投物業地產的新勢力。[23] 既而，華人的公民意識及參政慾望在新白澳浪潮的翻捲下儼然自起，他們更擺脱了過去侷促於團結同胞的小圈子，進而拉攏其他少數族裔組成政黨抵禦"外侮"，這些都是在這階段中特出的焦點。[24]

鑒於資料繁多與研究方位的多向性，筆者雖仍不斷地搜集有關材料，但主要研究焦點仍集中在 1891-1911 及 1912-1949 這兩段期間的華人史加以探討。

2. 有關分區研究問題

這範圍表面看來沒有分時段勘察的遼闊，讀者們亦知道這門工作或可通過郵購書籍、影印期刊、複製照片、菲林卷，甚至網上追覓資料等方法在遙遠他處的僻室進行研究，但前線工作如訪問耆老、古蹟考察等卻需要親自查訪，而部分散落澳大利亞各州的各級圖書館或研究機構內的珍貴資料亦未有製成菲林卷，更遑論綱上搜尋，因而劃分地區研究幾乎是不可避免的方法。正如前述，早期華人多在北領地與昆士蘭登陸，後來又雲集維多利亞省的金礦區，自金礦產量漸少後，他們多散居在維省、新省及昆省從事各行業工作，每個省內郊區、鄉鎮至及城市都有華人的足跡與遺跡，要逐一訪尋已需大量資金和時間。再者，個人認為要在芸芸眾口一詞的澳華史中另闢蹊徑，徒以一部泛論式的華僑華人通史根本不可能令讀者看清如排華事件表裡的真相，研究也不免流於人云亦云的程式。若要在資料及立論上有所突破，非要通過考察不同地區，不同時期的發展與蛻變，並作出專題性的探究，才能相對公允地為普羅讀者引航，並替同好們開展有異於主流研究的思考方向。

由於自 1890 年開始，華人多在新省尋找謀生機會的緣故，筆者釐定了一套首先自新州着手，維州為副的既定方針，昆州、北領地是重要的研究地區，也是將來連繫本書論據的新焦點，而北領地又曾歸南澳管轄，形成切肉不離皮的第三階段考察。至於各州的實地調查與口述採訪則按本身研究進度及資源來調節調配。[25]

本章小結

過去不少研究學者基於血濃於水的愛國情懷，往往在其專著中表達出對華人在外遭受欺凌的憤慨，對出洋勞工飽受壓迫表示同情，對老弱無依而不能返鄉的同胞寄予哀痛之聲；既而，研究成果多對海外排華事件大肆鞭撻非議，甚者更一律視之為歧視、排擠與踐踏中國人的野蠻行為。確然，"目睹"國人在海外被辱的資料，縱使百年以後的讀者亦必興起一股敵愾同讎的憤恨，但歷史工作者有異於普羅讀者，他們在通過爬梳與辦理材料後，於撰寫文章時須切戒過份投入同情者的行列而導至失去中立原則，自然也勿因愛國情感或鄉情牽線下被表面證據所誤導。在成書目的的問題上，作者切勿為煙燻讀者的淚線，或刻意營造、遷就"華僑血淚史"的命題，或燃飆過火的國粹主義，將本應如實報導的章節迷失於"煽情電影"的橋段；更重要的，是切勿緊守狹隘的民族視角，應以伸延無盡的觸爪去搜尋其他移民族裔同在異鄉的"血淚史"作一比較，其中，若以種族衝突為研究者，更應將華人在彼邦的遭遇和日本、韓國、印度或其他太平洋島國地區的移民或勞動者相比較，甚至把澳大利亞政府對原住民的態度和華人政策相互駢比，這樣才不致避免讀者自視被單獨標籤的怨懟，並在朝野史料的支援下，拼合一幅較接近事實的圖畫。

　　近年不少國內外學者正進行着澳華歷史的探索，或者，大家彼此研究的路向有所分歧與差異，卻無礙交流經驗與成果，並殊途同歸地邁向同一目標。1997 年 8 月新南威爾士州楊格市（Young）市長 Tony Hewson 在接待華僑領袖時，肯定華工們過去的貢獻，一位年逾 90 的長者 Lyster Holland（1907-2010）現場為出席者追述 1861 年時該區排華的經過（見附圖 1.1-1.3）。為着紀念這次澳大利亞金礦史上的著名華洋衝突，大家決定籌集資金在原址興建一個中國式園林（見附圖 1.4），並希望勒石為記，藉過去的歷史為鑒戒，讓繼往者勿再重蹈前人的覆轍，也讓開來者忘卻祖先前塵的仇恨，開展一個更美好的明天。

附圖 1.1
1861 年新州南部 Burrangong region 礦區
Lambling Flat 及 Blackguard Gully

附圖 1.2
Lyster Holland 在講述昔年的華人生活
概況

附圖 1.3   1997 年楊格市（Young）市長 Tony Hewson（中立者）在 Blackguard Gully 博物館內講
述昔年華工遭遇，並為 Lambing Flat 等地發生排華慘劇致歉。Tony Hewson 右立的
是悉尼副市長曾筱龍，左立的是 Chinaman's dam Chinese Tribute Garden 項目負責人

附圖 1.4   1997 年楊格市建造中的 Chinese Tribute Garden[26]

註釋

1　自 1993 年起，趙令揚（1935- ）教授與筆者開始進行對澳華資料的搜集工作，並於稍後獲得徐朗星學術研究基金的贊助，集中考察澳大利亞華人在晚清期間的政治傾向。其間我們很快便發現直接史料較預期為多，在不願放棄其他可供長遠研究資料的情況下，首先需要解決地域經驗的難題，於是我們誠邀了劉渭平（1915-2003）教授加入這計劃。劉教授是澳華歷史研究的先驅者之一，亦在澳大利亞居住了半個世紀以上，對該地國土固然熟悉，更重要的是他在早年珍藏有關中西學者對這專題的記載和探討，可幫助我們進一步了解 21 世紀以前華人的生活狀況，憑着他的人際脈絡，我們亦能順利地進行一系列對華僑的訪問工作。

2　據衛聚賢（1898-1990）：《中國人發現澳洲》（香港：偉興印務所【承印】，1960 年）一書表示早在春秋戰國之際已有中國人企圖踏足大洋洲，而此後在各種天文儀器、航海工具與外來資訊的輔助下，中國人的私自下海曾把澳大利亞土著所用的回力鏢運回中國，甚至袋鼠也因之而由海路入傳。林金枝：〈華人移居澳大利亞史略〉（《華人月刊》1986 年 9 月，頁 46 – 48、同年 10 月，頁 44 – 47）一文除同樣以分期形式探究華人生活外，也稍補充了衛聚賢書中未述的地方。

3　事實上，一如英國本地的罪犯，各英聯邦的華人罪犯都曾有機會在這段期間被押解至澳大利亞，有關這可能性可參考趙令揚、李鍔（1939- ）（編）：《海外華人史資料選編》（香港：香港大學中文系，1994 年），頁 166 – 173。

4　有關這方面的簡介，可參考張秋生：〈關於早期澳洲華人史的幾個問題〉，《華僑華人歷史研究》1977 年 2 期，頁 43 – 46。

5　有關這方面的研究可參考陳翰笙（主編）：《華工出國史料彙編》（北京：中華書局，1985 年），第 1 輯第 7 編，〈澳大利亞的華工〉，頁 1521 – 1629。此外，劉渭平：〈德記洋行的盛衰〉（《傳記文學》，62 卷 5 期，頁 53 – 56）在一定程度上令讀者明瞭契約勞工的若干問題。

6　相關資料可參考 C.F. Yong, *The New Gold Mountain, The Chinese in Australia, 1901-1921*, (Richmond: Raphael Arts Pty. Ltd., 1977)；王孝洵：〈歷史上的澳洲華人社會〉（《華僑華人歷史研究》1994 年 3 期，頁 32 – 38）一文則認為廣東人較多；概括而言，19 世紀末留澳的廣東人，特別是來自中山、四邑、高要、東莞等地的菜農、華商、工人等已遠超於早期福建籍華工的數目。

7　有關太平洋群島基本材料可見 E.D. Laborde edit., *Australia, New Zealand and the Pacific Islands*（London: William Heinemann Ltd., 1932）; Nancy Y.W. Tom, *The Chinese in Western Samoa 1875-1985*,（Apia: Western Samoa Historical and Cultural Trust, 1986）; Paul Jones, *Chinese-Australian Journeys, records on Travel, migration and settlement, 1860-1975*（Canberra: National Archives of Australia, 2005）；劉渭平：《大洋洲華人史事叢稿》（香港：天地圖書有限公司，2000 年）。華人進入澳大利亞問題可參考 C.Y. Choi, *Chinese Migration and Settlement in Australia*（Sydney: Sydney University Press, 1975）。至於移民後代的族源，或可參考 Diana Giese, *Astronauts, Lost Souls & Dragons*（St. Lucia: University of Queensland Press, 1977）。

8　有關澳大利亞排華歷史簡介，可參考喬印偉〈澳大利亞歷史上排華淺析〉，《八桂僑史》1999 年 1 期（總 41 期），頁 56 – 60。

9　可參考 Charles Barrett edit., *Gold in Australia*（Melbourne: Cassell & Co.Ltd. 1951）; Jean Gittins, *The Diggers from China, The Story of Chinese on the Goldfields*（Melbourne: Quartet Books Australia Pty. Ltd., 1981）; Robert Coupe, *Australia's Gold Rushes*（Sydney: New Holland Publishers〔Australia〕Pty. Ltd. 2000）；安德魯・馬庫斯（著），周添成（譯）：〈澳

大利亞歷史上的華人〉(《華人月刊》1993 年 8 月，頁 34 – 36) 一文在某程度上簡介了當時礦區的情況及其他相關的研究材料。此外，張秋生〈澳大利亞淘金熱時期的華工〉(《華僑華人歷史研究》1994 年 3 月，頁 39 – 45)；鄭嘉鋭〈澳大利亞華人淘金血淚史〉(《華人月刊》1988 年 11 月，頁 62 – 65) 亦可作參考。

10 有關澳大利亞華人報章的各階段發展，可參 Lowenthal, Rudolf, *The Chinese Press in Australia* (出版地缺，1936[?])；郝麗：〈澳大利亞華文報刊發展初探〉(《八桂僑刊》2000 年 2 期，頁 27 – 31) 等材料。

11 有關白澳洲主義的擴張與白澳政策的實施，可見 M. Willard, *History of The White Australia Policy* (Melbourne: Melbourne University Press,1923)；E.W. Cole, *The White Australia Question* (Melbourne: E.W. Cole Book Arcade,1937〔 ? 〕)；Yuan Chung-ming, *Awakening Conscience: Racism in Australia* (Hong Kong: Lung Men Press Ltd., 1983)。專題研究有 Eric Rolls, *Citizens: Flowers and the Wide Sea* (Brisbane: University of Queensland Press, 1996)；John Fitzgerald, *Big White Lie* (Sydney: University of New South Wales, 2007) 等書。在過去不少華人歷史工作者的研究中均指當時澳大利亞華人都受到白人的歧視和虐待，筆者在這方面的分析認為白澳政策是當世澳大利亞聯邦政府的總方向，但卻不代表所有白人都蔑視華人，反而在 19 至 20 世紀官方文件、華人報章等記載裡看到不少相反的證據，似乎説明正負兩面的華洋關係都同時並存。

12 可參考 Robert Travers, *Australian Mandarin: The Life and Times of Quong Tart* (Kenthurst: Kangaroo Press, 1981)；劉渭平：《澳洲華僑史》(台北：星島出版社，1989)。

13 可參考鄭嘉鋭、李承基等 (編撰)：《中山人在澳洲》(廣東：政協廣東省中山市委員會文史委員會，1992 年) 一書及李承基：〈上海四大百貨公司：澳洲華僑創設上海四大百貨公司經過史略〉(《傳記文學》1986 年 11 月，49 卷 5 期【總 294 期】，頁 77 – 86)、〈先父李公敏周與上海新新公司：一個澳洲華僑的奮鬥史〉(《傳記文學》1979 年 11 月，35 卷 5 期【總 210 期】，頁 98 – 108)；黎志剛：〈近代廣東香山商人的商業網絡〉(載張仲禮【等編】：《中國近代城市發展與社會經濟》【上海：上海社會科學院出版社，1999】，頁 352 – 353) 等資料。

14 有關研究如 Janice L. Wood, *Chinese Residency in the Haymarket and Surry Hills 1880-1902* (Unpublished B.A. thesis, Dept. of History, University of Sydney, 1994)；J. Wilton, *Hong Yuan: A Country store and its people* (Armidale: University of New England, 1988〔 ? 〕) 都可供參考。

15 可參考 Mrs. Quong Tart, *The Life of Quong Tart: or How a Foreigner Succeeded in a British Community* (Sydney: W.M. Maclardy, "Ben Franklin" Printing Works, 1911)。

16 王孝詢：〈早期澳洲華僑的社會生活〉(《八桂僑史》1994 年 2 期【總 22 期】，頁 20 – 25) 可在簡介背景上分析各地各組織的活動概況。

17 可參考 Doris Yau-Chong Jones, *Remembering the Forgotten, Chinese Gravestones in Rookwood Cemetery, 1917-1949* (Sydney: Invenet Pty. Ltd., 2003)。

18 有關聯益堂、中華總商會與當時的華商代表等研究，C. F. Yong, *The New Gold Mountain* 一書敍述頗詳，可供參考。

19 梁培 (口述)、陳穎之 (整理)〈澳洲華僑概況〉(《廣東華僑歷史學會通訊》1982 年 2 期，頁 21 – 22) 對當時的華人社團有浮光掠影式的簡述；*The New Gold Mountain* 一書則對此有更深入的探究。

20 有關研究可見 *The New Gold Mountain* 一書，或王孝詢：〈中澳船行興衰史〉(《八桂僑史》1993 年 4 期【總 20 期】，頁 47 – 50)。

21　吳行賜：〈1966 年以來澳大利亞華人經濟的發展〉《八桂僑史》1993 年 1 期【總 17 期】，
　　頁 14–18）分析自第 2 次大戰後澳華經濟躍進的狀況及原因。而 Shen Yuan-fang, *Dragon
　　Seed in the Antipodes*（Melbourne: University of Melbourne University Press, 2001）對新一
　　代土生華人的自我認同有另類研究。

22　James E. Coughlan, "A Comparative Profile of Overseas-Born Ethnic Chinese Communities
　　in Australia"（《海外華人研究》1992 年 4 月，2 期，頁 183–227）一文除個案比較外，對
　　20 世紀 80 年代在澳大利亞居停的各族裔人口普查有頗詳細的表列展示及統計資料。

23　可參張秋生〈略論戰後澳大利亞華人經濟模式的重構〉《華僑華人歷史研究》1998 年 4 期，
　　頁 7–13）；黃昆章〈戰後澳洲華人社會的變化及發展趨勢〉《八桂僑史》1992 年 1 期【總
　　13 期】，頁 34–39）；陳碧笙〈美澳兩洲華僑華人的新動向〉《華僑華人歷史研究》1989
　　年 1 期，頁 24–31）等文章。

24　邱垂亮〈海外華人的公民文化〉《華人月刊》1987 年 9 月，頁 8–10）；Dianna Giese,
　　Astronauts, Lost Souls & Dragons, *Voices of today's Chinese Australians*；葉寶忠〈九十年代
　　澳大利亞華人參政的回顧與反思〉《八桂僑史》1999 年 4 期【總 44 期】，頁 31–35）等
　　研究都作出了方向性的啟發。

25　有關新州華人研究有 Julie Stacker and Peri Stewart, *Chinese Immigrants and Chinese-
　　Australians in New South Wales*（Canberra: National Archives of Australia, 1996）; Shirley
　　Fitzgerald, Red Tape, *Gold Scissors-the story of Sydney's Chinese*（Sydney: State Library
　　of New South Wales Press, 1997）; Janis Wilton, *Golden threads, The Chinese in Regional
　　New South Wales 1850-1950*（Armidale: New England Regional Art Museum, 2004）。特別
　　須留意的，是一些從未發表的大學論文，前述如 Janice Wood, *Chinese Residency in the
　　Haymarket and Surry Hills 1880-1902*；此外，George William Beattie, *The Settlement and
　　Integration of the Chinese in Brisbane*（unpublished Ph. D thesis, Dept. of Japanese and
　　Chinese Studies at the University of Queensland, 1986）等都是可供參考的研究。

26　1992 年楊格市扶輪會（The Rotary Club of Young）構思在該地 Chinaman's Dam 建造一座
　　紀念公園，該計劃得到市議會、聯邦政府、中國大使館等支持。自 1996 年起，楊格市市
　　議會接手籌款興建 Chinese Tribute Garden，目的在表揚 19 世紀 60 年代華工開拓者對該
　　地區的建置，並珍視作為大家庭中一分子的華人，對澳大利亞未來的貢獻。參與捐助該計
　　劃的組織除中國大使館及華人社區外，還有該市的獅子會（Lions Club）、社區志願組織
　　（Apex Club）；商業、建築公司或教育機構，甚至個人，如 Bob Hardy & Sons, Len Hardy,
　　Connors Signs, Barry Holness, Erol Smyh, Rural Supplies, Young Tafe, Jason La-Z-Boy 等共
　　30 餘單位。

社會篇

1905 年前後一位華人菜農在悉尼東部 Rushcutters Bay
灌溉農作物時攝（照片由劉渭平教授提供）

2

白澳政策實施前
澳大利亞朝野對華人的
觀察與評價

前言

　　澳大利亞地區政府企圖向中國及印度等地招聘勞工的理念由來甚早，但鑒於各種客觀環境限制，期間僅有少數華人抵埗被僱為放牧者。興起於 19 世紀初的構思要至 1848 年前後才正式落實，由廈門到達新南威爾士省的一百名成年華工可算是計劃中較大規模行動的開端。[1]

　　自《北京條約》以還，大量中國勞工出國，部分抵達澳大利亞放牧或從事種植工作，早期人數有限，但隨着新南威爾士和維多利亞地區在 1851 年前後發現礦藏後，大量歐亞淘金者相繼湧入，令這片人口稀少的大洋洲出現各種社會問題。為着維持歐洲人的利益及有效壓制華人抵達，早在 1855 年和 1861 年，維多利亞和新南威爾士地區政府已頒佈新法令，通過向每名來自中國的入境者徵收 10 英鎊的特別稅。話雖如此，華商為着逃避繳納龐大稅項，載滿華工的輪船往往駛至南澳海岸，然後驅趕華工在陸路上穿越維多利亞的邊界。[2] 單在 1857 年上半年已有約 15,000 華工在這捷徑下抵達新金山，組成逾 25,000 同胞散落各礦坑的局面。[3] 此後 10 年間，華人通過各種途徑進入澳大利亞，期間雖有不少華人因被發現逾期居留被遣返，但自昆士蘭於 1873 年前後挖現礦脈後，來自廣東和香港的尋金者又接疊而來，使這華人社群本維持在五百人前後的和煦地區進一步鬧得熱哄起來（見地圖 3-5，昆省、新省與維省礦坑分佈大要）。按官方人口調查，1871 年昆士蘭華人人數不下 7,220 人，至 1876 年已增至九千餘。以本土低人口密度的澳大利亞來説，於 19 世紀中後期長時間居停的有色人種，包括中國人佔大多數的亞洲勞工和太平洋各區的島民，逐漸形成一種就業與生活上的壓力。本章旨要在探討於排華輿論同氣連聲，形成一股兇暴乖戾的焰火前，澳大利亞政府對華人社群的調查及民間對這膚色有異的外來者的態度，並由這類查察中反映當地洋人對華人的各種觀感和應付的措施。[4]

淘金熱潮下的排華問題

1861 年新南威爾士 Lambing Flat 事件本身就是利益衝突和華洋文化隔閡下的產品，事件導致地區政府為平息民憤，立案控制抵埠船隻每 10 噸只能攜來一名華人的法例。[5] 華人的運氣（Chinamen's Luck）實在和同胞的勤奮努力和鍥而不捨的精神有關，中國人在澳大利亞被來自歐洲的礦工侵擾及被土著屠殺等事件在 19 世紀 60 年代一直存在，而這類事件在 1872 年左右又再頻密發生，其中昆士蘭 Normanton 和 Cloncurry 一帶便有 35 名華工遭到 50 名歐洲人圍毆的記載，雙方於爭執間互有勝負，華人在企圖利用祖家製造的鐵鏟驅敵不果後，唯有舉起歐製的手槍退賊，來襲的白人散騎在匆忙中後撤並重新武裝。在軍隊趕到平亂時，白人還叫囂指他們與華人的矛盾是一場非你死即我亡的爭鬥，而當地傳媒多偏幫滋事分子。[6] 然而，歐洲礦工的暴力威嚇無礙華人勞動者的雀躍登岸，尋金的喜悦造成數年間的往來如鯽，數千華工密集在礦區工作的現象。白人世界不滿的氛圍終令輿論威脅政府若不能保

地圖 3　19 世紀中後期昆士蘭主要金礦區示意圖

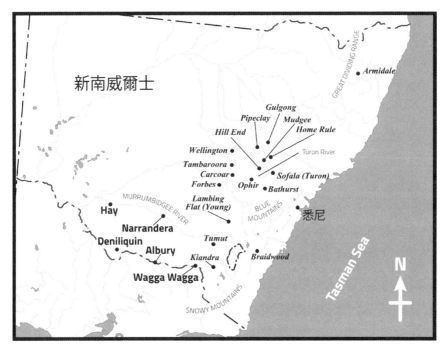

地圖 4　19 世紀中後期新南威爾士主要金礦區及五營安置區示意圖

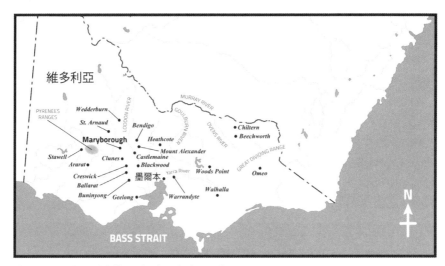

地圖 5　19 世紀中後期維多利亞主要金礦區示意圖

地圖 3-5 參考自 Robert Coupe, Australia's Gold Rushes (French Forest:
New Holland Publishers [N.S.W., Australia] Pty Ltd., 2000), p.15; p.26 & p.35.

障他們的根本利益，用於驅趕土著的方法將施於華人身上，屆時政府驚覺 Lambing Flat 事件的再現將為時已晚。

1876 年昆士蘭政府企圖通過修正該地的金礦法（A Bill to amend The Gold Field Art of 1874），旨要即在於抑止過多華人淘金者的入境。由這項修正案的公文中反映，部分官僚以維護大英帝國的角度出發，認為修正案將影響中國輸出廉價華人勞工的供應。[7] 當時英國殖民地大臣便以《北京條約》為主要理據，説明條約內中國勞工有絕對進入英國屬土並受僱於英國人的自由，而修正案則為這自由勞工市場設立關卡，為難企圖入境淘金的華人，並不符合維多利亞女皇（Alexandria Victoria，1819-1901，1837-1901 在位）向中國皇帝釋出的善意。[8] 當然上述意見與洋人對華人的態度並無半點關係，但隨着公文往來的竹帛中，有些言論開始指出華人抵埗除帶來各種難題外，他們也攜同水痘等疫症到達澳大利亞，嚴重危害本土人士的安全；此外華人文化也將對英人的文化價值及社會權利構成傷害，可能迫使英人作出不自願下的妥協。[9]

昆士蘭政府亟力主張設立對華人入境的限制，雖謂輿論洶洶所引至，但主因仍在於 19 世紀 70 年代中由亞洲不斷抵埠的航船中盡是華工。在昔年西報流傳的説法，指出中國商人在廣東與香港誘騙同胞到澳淘金，並甜言詐稱在澳大利亞採金礦便如同孩童在長灘上拾起貝殼般容易。[10] 只在 1875 年 4 月，前仆後繼湧至 Cooktown 的，包括由 Singapore; Adria; Namoa; Egeria; Somerset 五艘輪船載來的 1,900 名華工，連同早前已在礦區挖掘的中國人，估計不少於 5,000 華人同時在 Palmer 及 Cooktown 參與淘金的工作。

華人社群的迅速膨脹令白人世界提高了自保的警覺。就在同時期的報章中，立場傾向排斥華工的 The Illustrated Australian News 聲稱華人在礦區中所繳交的税項，兩天下來已高達二千餘英鎊。這些報導無疑火上加油，令 Cooktown 兩家華人店舖被搶掠及焚燬，最終引至 3,000

英鎊財物的損失。[11] 除妒忌引至的暴力事件，有些實際的社會糾紛確令後來者應作出反思，其中洋人投訴很多在 Cooktown 等位置較好的土地已被華人購買，甚至有華人以 800 英鎊現金收購了一家旅館（Captain Cook Hotel），不少在廣東和香港具規模的公司都派遣代表到金礦埠探找商機。由此衍生的，是地區得以異常急速的發展，旅舍、雜貨店、學校，甚至教堂都在擴充興建，這些現象或在中國人的眼中是他們為當地所帶來繁榮昌盛的結果，但文章中透露了在一片興旺的背後，同時帶來了洋人世界對長袖善舞或鐵鏟勤揮的外來入侵者嗟怨和戒心。因應着房屋需求的增加和大肆擴建等關係，木材價格顯見飆升，地產隨即加價，牛羊等肉類批發和零售也因市場渴求而不甘人後。除民生問題外，1877 年在 *Cooktown News* 中便有傳聞指出於 762 名剛抵埠的華人身上，發現每五人中有四人攜帶左輪手槍，而早在香港登船時，他們已繳出 100 支步槍。[12] 這些蜚言配合着上千華工不願在輪船原定停泊的地點登岸，舉列的多是不願被清繳武器，不願被衛生人員檢疫或指該區並無住宿地點等理由，都在一定程度上劇化華洋間的矛盾。[13]

　　在昔年澳大利亞報章刊載華工受欺壓的記載時，也未嘗沒有一些相對中肯的評價，如在 1875 年的報導中，指出華人較歐洲人刻苦耐勞的事實，他們在乾旱、炎熱，甚至空氣稀薄的坑中成功挖掘，是理所當然的。該文作者甚至挑戰社會上非議華人抽鴉片與聚賭的不良風氣，揶揄來自歐洲的礦工何嘗不賭博酗酒？[14] 由上述的論調出發，啟發了讀者們在訴責昆省排華的同時，目光應稍移至其他言論上去。

　　就在昔年昆士蘭鬧起排華潮的時刻裡，英國殖民地大臣便曾指出華工異於洋人的辮髮和服飾無碍他們對進入澳大利亞後的貢獻，而歐洲淘金者在稅金上的貢獻亦不及華工；雖然他回應於 1867 年維省通過的《The Aliens Act》時，把同為外來者的非英國人列為兩類，即來自亞、非二洲的 "alien" 及歐洲大陸的 "friendly alien"，但他在回覆昆省官員的信函中重申，所有不列顛屬土裡已入英籍的中國裔或其他亞裔將受到昆省修正該地金礦法的影響以至無法入境，而草擬的法例事實上也與 1860 年簽訂的《北京條約》中注明中國人可以在受僱於英國人的情況下，自由進入英國屬土的條文有所抵觸。[15] 事實上，縱使立場較偏頗的言論，如 W.W. Armstrong 也不得不在他的回憶中指出鬧事好鬥的華工僅屬少數，總括而言，華人的評價是：

> As a rule they were a peaceable, quiet, industrious, lot, and never troubled Police Court.[16]

與保持中立的 A. D. Douglas 對華人的印象亦屬一致。然而，對華人品德的讚賞往往無助於平息洋人的怨懟，就如 1876 年時力主修正金礦法的 John Douglas 也指出華人的美德在勤奮、節儉與守法，然而這些優點無助這名昆士蘭政府官員揭示大量華工接疊而至的主因在於缺乏法例限制，華人勤奮與節儉優點的背後，是把在澳大利亞掙到的金錢附運回中國，對本土並無太多的貢獻。其結語是頗發人深省的：

> ...... in a country so sparsely populated as Queensland now is, it would entirely supplant European labour; and the creation of a large, intelligent, docile, but servile class would, I do not doubt, seriously affect and change the conditions upon which our political system is founded.

> ...... we should, in fact, be permitted to encourage or discourage Chinese immigration as we please; and that the existence of international obligations between Great Britain and the Empire of China should not be allowed to be a pretext for forcing upon us a Chinese population against our wishes or our interests.[17]

這番建言在很大程度上梳理了由中英的外交往還與條約商訂，至雙方簽就勞工出國協議，再至中澳因華工競奪就業市場出現糾紛的演變流程，

而 John Douglas 的思維不數年後即被不少澳大利亞白人承繼並進一步
演繹。其中如 1881 年的 "The Inexhaustible Bottle" 唱説：

...... Here as I pour, down pour the Chinese still,

They'll make you poor-you may be sure they will-

...... Pour on her hordes, and health and peace will throttle;

Mark how, when through this magic tube they pass,

They turn to Chinamen of every class;

See how they run and elbow out the whites,

Who long have held the country as their rights.

Still, still, I pour; as long as China's there,

Australia here will have her certain share;

Then let Buchanan read, and Reid Buchanan storm,

While they are talking still the Chinese swarm. [18]

（見附圖 2.2）

都是嗟怨澳大利亞政府在英國祖家控制下，大量輸入華工，造成本地人
士失業的原因。

19 世紀末澳大利亞朝野對華人的態度

就在昆士蘭提出修正法案後，新南威爾士政府表示同情其處境，
但基於殖民地大臣 Earl of Carnarvon 等論點，暫時不通過修正案，認為
首要的工作，是要求昆士蘭提供留居華人的人數與相關危害社會秩序的
資料，以便進一步掌握當下最新的狀況。[19]

查 1861 年至 1891 年澳大利亞華人人數雖或因簽證期限的約束，
往來無定；或因偷渡入境的黑工數目無法統計，概括地説，1861 年至

1871 年期間，維多利亞省是華人的聚居地，撇除少數婦女與小童，人口平均由 24,800 下降至 17,900；緊隨其後的新南威爾士由 13,000 下降至 7,000 餘，這些跌幅與兩省政府相繼立例限制華人的入境條件有關。在 19 世紀 60 年代居停於昆省的華人不過 500 人左右，自發現礦藏後，華人人口已達 3,300，踏入 80 年代時更有逾萬以上，幾乎與維、新兩省相近，這也是當地政府議立修正法案的原因。因着維省和昆省排華力度愈見加強，新省漸次成為華人樂於集結的地區。按 1891 年人口普查，新省華人男性 13,048 人，其次為 8,527 人的昆省，再次則為 8,318 人的維省，而南澳與其政府轄下的北領地人口為 3,926。[20] 在留澳華人總人數近 38,700，幾佔澳大利亞人口十分之一的困惑牽制下，[21] 並因應普羅輿論的不滿，各地政府都在搜羅有關華人問題的資料，準備採取下一輪行動。

　　早在 1867 年 *Sydney Punch* 刊登一則讀者來稿，撰稿者自稱兒時在悉尼 Hyde Park 看過中國人的展覽（Chinese Exhibition），當時參展的華人都居住在色彩繽紛且簷邊懸上吊鈴的塔內，但當他在 19 世紀 60 年代中遊覽城內中國人聚居的街道時，驚覺他們原來侷促於骯髒的磚屋裡，唐人區既無中國婦女，也不見美味的鴨子，只有抽鴉片煙的人勉強能以英語回應他的需求。[22] 這則故事說明當時洋人對華人的印象是由無知好奇為始，但以驚訝失望為終，與東西方文化隔閡有直接原因。畢竟超逾百載以前華工的刻苦勤儉，足以令後人尊敬，但正因如此，他們的衣履和居住環境卻常遭主流社會詬病（見附圖 2.1）。而這隔閡因時長日久下，令本土人士漸生鄙夷之心的導線，少不免和利益掛上關係。1871 年 3 月，大批澳大利亞工人響應工會召集，就在 Hyde Park 舉行每天工作 8 小時的抗爭，呈現了與華工工作超時的初步矛盾。隨着矛盾升級，1876 年 *The Illustrated Sydney News and N.S.W. Agriculturist and Grazier* 在漫畫中繪畫了華人征服者（The Yellow Conqueror）損害本土人士的經濟收益，甚至侵凌洋婦等惡行，反映主流社會在利益備受蠶蝕下，通過媒體來刺激輿論的憤怨表達方法（見附圖 2.3-2.4）。[23]

隨着反亞裔的聯盟組織在 1877 年掀起大規模排華活動後，新南威爾士議院在次年差遣警方總長負責對本省內的華人作一全面的監督和報告。報告中對華人評價優劣並兼，但基於白人優越感與維護本土利益上着眼，字裡行間不難發現平和語調中略帶貶意的詞彙：

a.　中國人是辛勤而和平的族群；

b.　他們多喜愛大量聚居，尤其在悉尼與紐卡時（紐卡素，Newcastle）。這社群並無本國婦女在內，導致中國男姓與歐洲婦人發生性行為，形成對後者造成個人自尊和社會地位上的傷害；

c.　中國人多是沉迷於博戲的賭徒；

d.　雖然吸食鴉片的惡習似乎並無對與華人同居的歐婦造成影響，卻無改華人多是癮君子的事實；

e.　毋論中國人是個別受僱，集體受僱，或自僱；縱使他們散居於市郊殷勤種植菜蔬，他們的特質是值得使人稱讚的，至於他們的職業在整體上是對歐洲人帶來好處的。

報告最後提出在新省居停的中國人多是華工或礦工，並無商人階級，故毋須特定說明這是一個值得尊敬和地位較優越的社群和市民。警察總長還建議加強對留澳華人的觀察，以便對這群體一旦作出危害澳大利亞主流社會利益時，政府可以即時察覺和應變。[24]

1. 朝野人士以文化和道德為理由的演繹

1880 年，西澳政府不理會昆省和新省在抵制華工議題上鬧得熱哄哄的時刻裡，要求聯邦政府通過其引入中國拓荒者作為農場工人、牧羊人、菜農、操作機械者和勞動工人的提案。建議即時惹來各界的論爭，其中有投稿人士大力呼籲禁止華人婦女入境是堵截華工抵埗的第一步，作者在埋怨黃人搶去白人飯碗之餘，還非議華人帶來天花等疫症，指出外來者的生活習俗與主流格格不入；概括而言，這些聲音揭示了洋人社會以衛生、文化為反對華人湧入澳大利亞的理據。[25]

　　1880 至 1881 年是澳洲排華潮其中一個高峰期，讀者來函充斥了報章雜誌的內頁，詆毀華人形象的素描也不絕於篇。內容多針對上述問題出發，其中華人代號除常見的 "Mongolian"；"Tarts（Tartar）"；"Chows" 外，讀者們熟悉的還包括 "Chinaman"；"Chinkies"；"John" 等，與道德有關的，莫如意指罪惡的 "Ah Sin"：

......What know ye of those foul abodes –

The haunts of the Chinese –

Whence rise the germs of every vile

And pestilent disease?

Hovels too vile for brush to paint,

Too loathsome to describe,

Shelter, within our city's midst,

The vast Mongolian tribe.

Abodes of filth-ah! would that dirt

Were all that's seen within!

But who shall venture to describe

The dwelling of Ah Sin?......[26]

行文中也提及華人煙窟的危害性。這類含有惡意卻有其依據的詩篇不獨

出於對華人的蔑視，也出於洋人的恐懼，除衛生以外，人口稀疏的本地
白人害怕過量中國人抵達將令他們失去權益和地位。像 "The Chinese
are coming" 説：

The Chinese are coming! Oh ho, oh ho!

The chinkies are coming! Ah ha, ah ha!

And thousands will come where they are just from;

The Chinese are coming! Oh ho, oh ho.

Vile disease will follow! Oh ho, oh ho!

Bad disease will follow! Ah ha, ah ha!

And when it's too late to make wrong things straight,

Disease will have killed us! Oh ho, oh ho.

Our M.P's are too slow! Oh ho, oh ho!

Our M.P's are too slow! Ah ha, ah ha!

And when at the last a law has been passed,

They will find they're too show! Oh ho, oh ho.

When the Chinese are M.P's! Oh ho, oh ho!

When the Chinese are M.P's! Ah ha, ah ha!

They'll make a law quite to keep out the white,

And they'll euchre us then! Oh ho, oh ho. [27]

在雪片飛來的驚惶謠傳和惑眾危言中，西澳洲輸入華工的提案最終被聯
會主席 Sir Henry Parkes（1815-1896）推翻，原因是抵制華人到澳大利
亞本不是排斥有色人種或針對某種族的問題，而是容許一個語言、法
律、宗教與生活習慣全然與主流社會格格不入的外族滲進澳大利亞國

境，勢將直接對本土居民構成威脅；更重要的，他擔心若對西澳政府的申請法外寬容，則彼岸四萬萬異類即大舉浮海而至。Henry Parkes 還指西澳人口不足三萬的訴求，理應兼顧全澳 2,500,000 人的福祉為重。[28] Henry Parkes 是以鐵腕強權掌理新省政務的總理，在他前後五任的總理期內，一直以反對自由運輸著名，也以捍衞澳大利亞本土居民利益為主要政綱之一；1881 年悉尼發生數次反華工的抗爭，據稱參加人數多達三萬，説明利益衝突已趨白熱化，這亦是直接驅使 Henry Parkes 政府急促在該年通過《Chinese Restriction Act》的導火線。

　　生存於同時代的 John Norton 在文章內同樣反映着相應的文化矛盾問題。他委婉地轉述時人概括評價中國人是道德規範與社會標準頗低的移民社群，因受到自身政治思想，宗教觀念和民族傳統的局限，使他們無法適應澳大利亞本土的習慣，禮儀和現代文化。John Norton 繼而指出中國人無心服從習慣法和成文法，他們旨在異鄉享受所有福利後便攜同財富返國，所以：

> In the midst of freedom and hospitality, he remains an alien, tenaciously clinging to and beneticial doctrine of the brotherhood of the white and black man, the time when the Mongolian and other coloured races shall have attained to the political, social, and moral level of the European race seems to be as remote as ever.

與其他 " 讚揚 " 中國人優點的言論相若，John Norton 同樣認同這民族勤奮不倦的特徵，然而在此背後的，還是：

> Nevertheless, the Chinese stand at the head of all coloured races as regards intelligence and enterprise. Generally speaking they are astute, industrious, and frugal. These, however, are not the qualities which their enemies profess to dread. [29]

顯示華人的優點看在白人眼中即變成侵害他們利益的武器。由此，小商戶及工人聯會固然群起交攻，非議政府引入華工的政策，部分並加入反亞裔及中國人聯盟，[30] 他們認為華人以不公平的手法參與勞動市場的競爭，包括一天工作 16 小時，工資卻只是歐工的三分一以下；非議華工聚居營帳是傳播疾病的溫牀等都是白人批評早期澳華的常見理由，而反亞裔及華人聯會指出華人除拒絕融入主流社會外，甚至託身秘密會社：

> They isolate themselves from the rest of the community, and take refuge in secret societies, which, although condemned and repressed by force in China as dangerous to public good order and peace, are maintained by them here...... The fact is, these societies are kept up for notoriously unlawful purposes. [31]

該組織總結華人的留居為澳大利亞帶來各方面的危害，他們是法治國家的禍患，也是社會不安的根源。

　　19 世紀 80 年代排華情緒高張主要在於尋金熱潮逐步退卻後，華人轉型至其他行業所引至，他們除在畜牧原野上從事趕羊，挖土，巡邊等工作外，也進佔廚務，洗衣，或家庭傭工等職業，至於更專業的木工，木櫃小工業與商業也涉足其間，而種植蔬果的白人與海洋水手亦紛紛憤起排華，指斥來自中國的競爭者搶奪他們的生計。

　　中國人誠信與道德的貶值一向是洋人掛在口邊作為排華的理據。在 1855 年維省通過管制華人入境法令的主因，本在立例以越洋輪船帶來的華人，以一人抵 10 噸計算，船主需付每人 10 英鎊的登岸費用，目的在壓抑過多華工進入維省，但這法例被朝野人士視為不能阻截華人湧入新大陸的一紙虛文。[32] 此外，中、港"豬仔館"的負責人多採取於未有立例的口岸縱放旅客登岸，使他們穿山越嶺步行至維省金礦地；至於偷渡入境的私位客則於未曾抵岸時便蹈海避查，兩者均令維省政府拙於應付，期間雖經數番修例，但情況並無明顯好轉跡象。至於南澳、新省和昆省雖先後立例，但前兩省都在 18 世紀 60 年代撤銷入境限制，華人又因後來礦業境遷關係，漸次移入新省尋覓工作，構成華洋衝突進一步升級。

2. 政府官員的調查與作供

　　華人人口在 19 世紀 80 年代急速的飆升令澳大利亞當局立刻面臨各種社會問題，其中居住環境是首要解決的困境。在這些彙報中，讀者們既能追溯昔年草根階層同胞的生活概況之餘，還可見證調查人員大抵上都是基於公平公義的原則下填寫報告書。

2.1　1883 年新省華人五營安置區報告書

　　據 1883 年新南威爾士省調查人員按華人聚居的五個主要紮營地（camp）包括 Wagga Wagga; Narrandera; Hay; Deniliquin 和 Albury 逐一視察（見地圖 4），認為確有必要設立中國人安置區來應付這食指浩繁的新社群。

　　五營中的土地多由洋人手上租賃，居住的華人多是菜農或在唐人雜貨店內幫工，部分為廚工或從事各種粗工；報告中對五營內華人職業巨細無遺的釋述，因而也突顯了在 19 世紀 70 至 80 年代抵澳的無業華人生活問題。營內欠缺排污渠引至衛生環境惡劣自然也是遭到非議的原因。

　　五營中挑起主流社會焦點關注的，是營內的長駐洋人娼妓。昔年華人到澳主要目的在於掙錢回鄉，婦女罕有隨夫抵埗，更遑論政府逐步收緊華工家眷入境的限制。如在 Narrandera 的華工共 303 人，只有 9 名非中國籍的已婚女性，而在被查的安置區內只有一名中國婦人。於性生活不協調下，洋人娼妓逐漸成為華工們的必然選擇，Narrandera 中就有 18 名娼妓從事皮肉生涯，為五營之冠。五營娼女的年齡由 19 歲至 30 歲不等，除極少數來自英國倫敦與美國夏威夷外，其他全都來自本土維多利亞省。

由營內娼妓問題衍生的，往往是華洋交親的例子。報告中記載 37 名洋女分別嫁給五營內的華人，並闡明這些洋人女性多在安置地中賣淫多年後才挑選一名華人丈夫下嫁。除少數能持家有道，相夫教子外，泰半洋妻都私德不檢，或在丈夫離家時與洋人勾搭，或與鄰舍婦女互相毆鬥至血流披面，需要這些不幸的丈夫繳付保金歸家。撰文者不獨對這些華人深感同情，還表示對這類婚姻不存在着任何憧憬與希望。

然而，在惋惜的背後，報告中大篇幅地引述調查人員所見所聞，指出若干所謂洋妻華夫的關係其實僅為法律上的逃責，因為下嫁中國丈夫的洋婦仍繼續錦衣華服，招搖過市，吸引華洋男士目光，並在其五營房舍中操其淫猥勾當，因而華人牀上往往車水馬龍的作業，不獨 10 名華洋顧客輪番待侍，甚至偶有兒童光顧。執法人員因不能以通姦罪名拘捕這些洋婦，取而代之的，便是衛道者沸騰的鞭撻。儘管如此，報告內承認這些洋女在下榻華人安置區前多屬已婚婦人，但因其洋人丈夫酗酒與家暴問題逃脫魔掌，在四野無鄰之際，華人們多予援手及照顧，並且以禮相待，生活絕對自由，而婚後肉體買賣的枕邊錢，華人丈夫亦分毫不取，故五營洋妓，甚至假妻真娼都樂於以此為避難所和安樂窩。[33]

對於華人抽鴉片煙的問題，調查委員會在僑領梅光達（1850-1903）帶領下到五營視察，報告中指出五營內吸食鴉片煙的情況令人髮指，在梅光達致新省檢察總長的信件中便提到巡視五營時所發現的 73 名歐洲女性內，超過 50 名是長期吹煙者。[34] 但概括來說，由於光顧這類非法售賣鴉片館的多是華人，未大量侵害白人的健康，因而報告中的重點多聚焦在華洋賭博的歪風上。自 1881 至 1883 年 10 月為止，於五營內主要因賭博而產生的各種違法行為且成功被警方起訴的，華人佔 74 人，歐洲人共 247，其中男性佔 49 人，女性 198 人，說明五營內的各類不法營運已成為嚴重社會問題。

據調查所知，洋人極少參與番攤賭局，華人為着吸引洋人投入白鴿票博彩的行列，棄用了傳統《千字文》中的中國字而改用 80 個符號，圖案與數目字構成千變萬化的組合以廣招徠。期間，五營婦女多主持賭局或於街上兜售彩券，洋人與兒童也有沿途勸賣。至於上文所指洋婦嫁給華人丈夫，而其夫又經營賭館者，洋婦自然也難免置身其中。為着遏止一發不可收拾的賭風，報告中建議修改賭博條例，以便把華人的番攤與白鴿票列入監控範圍，方便警方進行執法。

2.2　1892 年悉尼市內調查華人賭博及不道德行為報告書

1883 年新省五營調查委員會報告書建議立法管制與抽查華人商舖，又提出應對經營賭博場所的擁有者處以罰金；洋人在賭館內被擒獲者予以重罰；對非法停留在華人安置區，或在其內吹煙的洋人男女加以檢控；立例管制並定期派遣專人巡察華人飯堂與旅舍，以確保符合衛生條件。然而，縱使當地政府加強監管的力度，在蔑視華人行止的反對者來說，Wagga Wagga 等五營情況或因區內生活環境的景遷而有所變化，但因華工職業轉移而聚居於城市所引起的爭議則似無重大的改善，其中尤以賭博為甚。

1892 年新省悉尼市政府在輿論壓力下再次對華人居處徹底調查，並展開大規模的掃蕩行動。當時悉尼警方調查精確，除衛生環境，店主人及店內管理者姓名，其家眷的形容，甚至旅館的住宿費用等均記錄詳盡，被搜查的街道有高路畔街（高賓街，Goulburn St.）、咇時街（畢街，Pitt St.）、矜步街（金寶街，Campell St.）、沙昔士街（沙瑟街，Sussex St.）及在 20 世紀初已拆卸的域士佛街（Wexford St.）等。報告中位於高賓街如譯音保成堂（Bow Sing Tong），表面上是藥店，實際是番攤館；正門與窗户都加上鐵柵的新森記（Sun Sam Kee）也是個狡兔三窟的番攤賭館；事實上，各街道上被調查的旅舍、店舖泰半以上也設有番攤和白鴿票（Lottery House, pak-ah-pu）的服務，其中如域士佛街 48 號店內的白鴿票便在一天內開票 22 轉。在是次調查中，部分賭客當場被逮，賭桌上被充公的賭款數目亦有清晰記載。[35] 在某些賭館裡，社會上各階層歐洲人或黑人也是常客之一，其中高賓街上的廣記（Kwong Kee）和新森記正是顯例，另一由華人梅平（Moy Ping）擁有的賭館更被指為各式人種如中國、英國、黑人，甚至小童與年青人雲集的罪惡淵藪。[36] 只在佐治下街的泰和堂（Tiy Wor Tong）、同泰（Tong Tiy）、公盛（Goon Sing）、成利（Sing Lee）、廣義（Quan Yee）、公益（Goon Yick）、興利（Hing Lee）、永生利（Wing Sing Lee）、廣興（Kwong Hing）、新安利（Sun On Lee）、同利（Tone Lee）等都是聚賭的店舖；廣權號（Kwong Quen）的賭博生意雖由華人合資，但賭局還由黑人負責處理。[37]

除賭博外，這些房子，無論是旅店或飯館，不少也是鴉片煙窟。如史提芬街（Stephen St.）25 號與 29 號共 16 名華人吹煙被捕，Retreat St. 共 11 家被查，除一家外，全與賭檔兼營鴉片煙生意有關；高賓街、夏靈頓街上都有相同窩藏賭客與煙客的證據。佐治下街的漢記（Han Kee）更被發現歐洲人與華人同榻吹煙，給攻擊者帶來更理直氣壯的口實。

衛生欠佳是報告中另一令當道者關注的問題。或出於生活習慣和飲食文化的差異，在金寶街的恭和（Gong War）被指廚房傳來惡臭；高賓街 62 號一家防衛森嚴的煙館內，數間用作吹煙的房間環境污穢；Retreat St. 唯一一家與鴉片煙無干的樓房卻因衛生差劣程度令人震驚而遭詬病，其街尾由華人搭建的木屋既簡陋亦並非合理的蓋成，室內食物和被鋪散落一地，報告中以輕蔑的口吻指出這些華人居所和埃及城郊的阿拉伯市鎮相類似，而與澳大利亞人的居住風格截然不同。當然，衛生情況更惡劣的還包括皇后街（Queen St.）1 至 4 號和 11 至 14 號華人小販的住所，被抨擊的除室內沒有食水供應外，更無衛生間設備，便渠通過廚房流出街外等問題。至於由華人在 Botany 租賃的菜園，更因室內容納的人數太多，便壺密集，且臨近燒飯的地方，形成威脅健康的直接危機。[38] 既而，部分室內環境尚可被洋人接受的樓宇，卻在室外蓋上僭建物，有些在此煮食，有些在此放置雜物，沒有僭建的後院，亦堆滿垃圾，造成污染的現象。

2.3 1895 年南澳政府特派北領地調查團報告書

自 1866 年後歸南澳管轄的北領地，因地近東南亞一帶，是早期華工集中地之一；但正因華人人口漸多，不獨與洋人勞工關係緊張，和其他有色勞工社群亦欠缺溝通。此外，在調查團傳召證人時，不少均來自南澳的官員都對在該地工作的華人勞工不存好感，這些言論反映散處於各省的本土觀念和維護白人利益的情緒逐步升級，令多轉各自旋捲於澳大利亞城鄉內排斥華人的狂飆聚合，結集成為一股勢不可擋的力量。

1895 年南澳政府特派團的出訪，本意是在調查北領地在勘探、礦務、農業、鐵路等發展中的成果，但引起組員關注的，卻是華工人數上升引發的社會矛盾，為簡化報告內容，歸納其問題如下：

a. 歐洲勞工工資平均是華工一倍以上，這是澳大利亞各行各業均大量僱用華人的主因；[39]

b. 華人在農業勞動的表現較佳，他們辛勤的工作態度普遍獲得僱主認同。此外，由於歐洲勞工在北領地的野外耐熱能力不及在南澳時的表現，因此相對地，能抵忍受濕悶天氣的華工稍佔優勢；[40]

c. 華人在農業勞動力上主要競爭對象是太平洋各島嶼的島民（Kanaka），他們被視為較白種工人可信賴的勞動力。[41] 但據報告中所指，這些來自斐濟等地的黑人勞工在 19 世紀 70 年代被引入時，因肺癆而導至的死亡率偏高，[42] 這或是華工得以被聘用的原因之一。此外，島民勞工對白人移民態度相對友善，但對華人則表示反感；[43]

d. 高度讚揚華工的言論指出，華人在田野工作或從事苦力，甚至採礦業中的表現是外來勞工，包括爪哇人（Javanese），印度和斯里蘭卡裔人士（Tamils）中表現最佳者；[44]

e. 批評華工者多認為他們在礦區的工作表現不及歐洲人，主因在於體力不足和缺乏開採的知識；[45]

f. 縱使評價中立者，均指出只應在歐人的監督下聘用華人為勞工，不應批出金礦開採權予華人；當時擁有採礦權的華人多夥拍歐人，以歐人持有執照，由自己或僱用同胞挖掘方法進行開採。[46] 概括來説，作證人士都反對華工擁有土地；[47]

g. 華人在修築鐵路上的表現被評為不佳，譏議者視政府引入華人修築鐵路是錯誤的政策；[48]

h. 同樣出於反對華工的聲音，報告中指出當時政府招聘了大批華工替地區鋪設電線，增加白人失業的數字。[49]

1895 年南澳政府特派北領地調查團報告書內對華人勞工的評價好壞參半，但在維護白人權益的證人口中，華工幾乎一無是處的評價似乎與讚揚的正面評價大相逕庭，令讀者看來不免是流於偏頗的主觀言論；相反來説，像指出華人勤奮的聲音繼後，仍認為他們並非理想的開拓者，其一是華工不重視衛生，[50] 其二亦與生活習慣有關：

> The habits of living of the Chinese are objectionable, and they should not be encouraged to come. [51]

較中肯的，則指出需要加強訓練使他們與歐人融合：

> They would have to be educated. They do not seems to go in the European groove. [52]

總的來說，都認為不論勤懇與否，華工都未能與歐人，甚至有色勞工融洽相處；島民可用"pigeon English"與歐人溝通，但來自中國的勞動階層連這種近乎貶意的形容亦欠奉，說明文化背景的不同足以構成華工被排擠的另一原因。

3. 來自民間的觀察和評價

3.1　利益衝突者言

　　當年澳大利亞社會對華人的態度大抵都從就業利益與公眾衛生方面進行批判。1892年悉尼市市長 Alterman Manning 便曾召開與行業競爭有關的諮詢會議，會上傢俬業聯會與種蒔農的代表均就以上的議題，針對華人開腔。前者的代表 Cutler 抨擊集中於華工不按工會規定，擅自超時工作，縱使政府勒令嚴禁，但因華人傢具工人多宿處於店舖內，他們往往在禮拜天禁止工作日靜悄悄地進行打磨及上漆等不發噪音的工序，除影響歐人傢俬工人失業外，也因前舖後居的緣故引至衛生環境差劣；既而，泰半華人密集聚居，有262人住在一起的紀錄，麻瘋疫症蔓延，威脅市民的健康生活。Cutler 甚至指控市政府因華工抵埠需較從前多納稅項，為增加收入故不願多生枝節，從而在驗查華人樓宇時尺度酌量寬鬆。傢俬業聯會的另一代表 Saunders 則反駁一些既有說法，指華人木工多製造白人社會大量需要的盥洗盆架和梳妝桌，他指出華工佔據了市場的主導，是歐洲傢俬工人失業、機器鏽蝕和工廠生產線停頓的元兇。種蒔業的代表 Sloane 也同樣地批評華人菜農不按法例規定工作，迫使白人菜農轉而從事花卉種植的行業；不過，他針對的不獨只是華工，義大利菜農也是該行業的入侵者，他認為同都須要受立法監管。[53]

3.2　無直接利益衝突者的態度

與利益被侵吞者的激烈言論有異的，是一些宗教人士對華人的觀感大抵上都是較為正面的，尤其值得注意在用詞中有關普羅研究者視 "Chinaman" 為種族歧視的象徵，在無惡意的評價中出現的意義。

在 1863 年，由傳道人或基督徒敍述華人淘金者在維多利亞省生活的短篇中，內容表達了華人生性良善，不可能對歐洲淘金者展開攻擊；宣揚教義的牧者能輕易地進入華人營帳中並獲得接待，文中即以 "Chinamen" 和 "Chinese" 並稱華人，且以同情的語調指傷害這族群最深的莫如大煙，形容吸食鴉片的年老華工為 "poor John Chinaman"。[54] 一篇由傳道者記載有關毛利（Maori），蒙古（Mongolian）及澳大利亞（Australian）人接受基督教佈道的文章中，該衛理教會（Wesleyan Missions）的牧師亦以 "Chinamen" 和 "Chinese" 並稱淘金潮中的中國人，而文章內容並無對華人存在貶意。[55] 另一篇由牧師執筆的投稿文章內，很詳細地講述維省內華人的生活和信仰，文中除表示華人誠懇外，還指出華人安置區內的洋女若非華人妻子，即因生活不如意下自願到中國營中居住，並得到華人的收留，這些女性既有掙錢與行動上的自由，並永不被欺負，全文不下九次用上 "Chinaman" 的稱謂。[56]

19 世紀 60 年代期間，普羅洋人對中國的風俗文化認識不多，一般文章在介紹華人習慣時難免出現隔膜與存疑。1862 年，J. A. Patterson 便抱着這心態形容維省的淘金者和中國本土的華人。但在他相對傾重西方宗教和禮儀的筆法下，值得留意的除 "Chinese" 和 "Chinaman" 並稱外，他把體力較遜歐人的華人形容為勤奮不倦，將勤補拙的工作者，因而在礦坑中往往獲得可觀的回報；作者還特別指出撤除種族的成見，撒克遜人（Saxons）和中國人（Chinese）的差別不大，文中常出現 "Englishmen"；"Irishmen"；"Welshmen" 和 "Chinamen" 並列，某程度

上說明 "Chinaman" 一詞在此並無貶義。[57] 相同例子出現於一份由維省華人領袖 Lowe Kong Meng（劉光明，1831-1888），Louis Ah Mouy（雷阿梅，1826-1918）等編輯的小文章，內容固然替華工抱不平，重申同胞善良與和平，強調國人的知書與進取，非議洋人圍堵與排擠中國人的政策。文中指：

> The laws of morality do not vary with the variation in the degrees of latitude; and if it be lawful for the Englishman, with his skill, his experience, and his scientific inventions, to complete with our countrymen in China, it must be equally lawful for the Chinaman, with his inferior knowledge of western arts and inventions, to compete with Englishmen in Australia. [58]

文中其他段落同樣以 "Germans"；"Frenchmen"；"Irishmen" 和 "Chinaman" 並列，且在短短的 31 頁內容裡，引用了不下 10 次 "Chinaman" 的稱謂，其中三次是徵引他人的言語，包括曾在澳門接受教育，深諳中國文化而盛讚中國人言行的 Sir Walter Henry Medhurst（1822-1885）和 1878 年美國國會商議起草排華法案時，加利福尼亞州（California）六家華人商號聯名表達訴求的自白書，書內也同樣以 "Chinamen" 稱呼本國人。[59]

　　當然，話得須說回頭的，是與利益衝突無關的言論中，也存在着極端批判的詛語，大都是針對華人道德規範而發的，這或可以一份 19 世紀 70 年代中出版，且以基督名義為開首，通篇對華人帶有歧視目光的文章作為代表。文章內容聚焦在華人的德行方面，它指出：

> ...... to the Chinese amidst their evil surroundings and their filthy and sinful abodes of sin and swinish devilry entered into by servants of the Most High God! ...... And to our fallen sisters, who have given their bodies to these evil vampires ......

內容和前述洋人對安置區內洋女與華工關係的描述有異，作者攻訐華人在維省 Castlemaine 和 Maryborough 等地勾引白女賣淫，並毆打她們；部分洋女穿上作者憎厭的唐裝服飾，身傍若非有 "Chinaman" 的話，則別有其他歐洲年青人搭訕；作者稱曾視察華人在礦區的居所，譏抨其衛生差劣，指稱營區內的華童為老鼠，鄙夷其間的油脂氣味為 "Chinaman's smell"，輕蔑華工們的偶像崇拜，並詬斥中國人污染了維省神聖的土地，文章繼指：

> I say the law makers who gave these devilish monsters entrance into this country, deserve the worst condemnations; and if crime stamps its indelible mark upon the features of every man or woman, what a fearful mark is stamped upon every Chinaman you meet; and the Missionaries, the Interpreters, and the Chinese Doctors, with the Chinese Merchants, are of the same fearful type.[60]

篇章雖然同樣 "Chinese" 和 "Chinaman" 並用，但明顯地在踐踏華人生活習俗，並由人類學蒙古種詞義加以假借，企圖喚起市民對 13 世紀橫行歐洲 "黃禍" 的記憶，斥指入侵白人世界的 "Mongols" 喪德敗行，破壞基督真理的倫常秩序。這種極端排華者以投訴品德差劣為立論中軸，本意在於盡驅華人出境的文章在 19 世紀中末期是頗常見的。

有關問題的反思

1883 年五營調查報告中雖對華人吸食鴉片的記載不多，但在提及煙禍時，作者承認在華人社會中普遍同意毒害同胞最深的莫如毒癮，多數華人領袖與唐人店舖的主管都贊同禁煙，並在報告中提出各種阻止鴉片流入非法市場的建議。令人印象難忘的，是在副助理檢察長 Martin

Brennan 在談及五營華人的遭遇與其因生活環境的困迫下，出現與主流社會時尚步伐脱節的情況時，他慨歎任何深徹了解中國人的個體都知道這是世界上最勤奮不懈的民族，但澳大利亞華人承受着低下層粗工如伐木、蔬果、渠務或清潔等契約勞工的壓力；菜農得不到公平的待遇，洋人菜農在這方面的知識亦較他們佔優，故出現與民族性格相違的怠惰與投機賭博行為。

當討論由華人吹煙所帶來的毒害時，Martin Brennan 指出中國本土遭受鴉片傳入及其連鎖反應的鳥啄鯨吞：

> In the matter of opium the Chinese are entitled to every consideration, as it is an historical fact that it has been the misfortune of the Chinese, more than their fault, that opium has become a curse of their country. The introduction of opium to their country was not of their seeking; it was forced upon them by the East India Company up to 1834, despite their protestations; was the outcome of the Chinese war in 1840, and loss of their important island of Hong Kong in 1842. [61]

並批判因英國政府漠視中國當局在 1839 年提出控制阿芙蓉入口的訴求，導致 19 世紀 80 年代海內外華人因吸食鴉片而萎靡不振。凡此均可反映 19 世紀 80 年代部分澳大利亞官員對華人並不帶有歧視的評價。

至於在 1892 年悉尼市的突擊檢查中，頗令人意外的，是除少數被指住客過擠，廚房傳出異味等客舍外，被搜驗的店舖大致清潔（fairly clean），如位於高賓街的安昌號是整潔和守法的店舖；Retreat Street 上的一家無名中國雜貨店便被記錄為貨架整齊與非常潔淨；高賓街上的新廣興（Sun Quong Hing）也是合法經營，環境清潔和空氣流通的店舖，同街 68 號的客棧和 79 號的無名中國雜貨店亦被形容為十分潔淨；此外，科士打街上的拔火罐療店、畢街上兼營旅館的福安食肆等均有清潔的紀錄，在某程度上觀察，報告並非一面倒而無理的針對華人。[62] 事實上，在是時市政府的深入調查中，近 390 家華人店舖，包括木店、藥店、菜店、果店、茶店、肉店、旅店、飯店、住宅、賭館、什雜店、傢俬店、洗衣店等，泰半都以磚石為建材，只有 24 家是雜木或鐵皮搭建而成，狀況仍堪稱良好；報告中指出大半的店舖與住宅均合符衛生條件，空氣循環與渠道排污亦屬理想。[63] 有些樓宇室內佈置還被調查人員讚賞，如報告稱一向被詬病的域士佛街上不少樓宇整潔有緻和裝飾頗佳，Exeter-place 還有某些帶有品味佈置的樓房（tastefully furnished）。[64] 顯然這些房子合符衛生的表現可分兩個層面分析，其一與檢查人員的通風報訊完全無關，因為在另外一些報稱大致清潔或頗見整潔的樓房中找到不少開賭局和鴉片煙檔的証據，當場亦拘捕了大量抽煙的華人；其二，相對五營調查報告來説，華人居所中的洋妓問題大幅減少；其三，域士佛街上某些被報告稱賞裝飾雅潔的樓宇都是華人與非華裔或歐洲婦女同居的地方。[65] 同街煙館中也搜出不少歐洲人在吸食鴉片的證據，或令筆者可略帶黑色幽默的指出華洋關係融和的一面。[66]

此外，該報告中對被調查的中國人亦同時存在着 "Chinese" 和 "Chinaman" 兩種稱呼，足令研究者重新鼓動沉寂既久的動力，並產生兩種不同的思考方向。

其一，報告內對不同品德的華人存在不一樣的稱號，如安昌號、安益利、維記、義益等主理人，調查報告內均以他們處事公平，見重華洋，以尊敬的態度描寫這些店舖經營的範圍，該留意的，字裡行間都是以 Chinese 稱呼這類 "very straight, upright, honest man, and is foremost in every good movement"，"very superior scholar in Chinese, and is also a very good English scholar"。[67] 至於被視為身披多重邪惡的中國人，報告中便稱他們為 Chinamen，如 Exeter Place 上的多家店舖便被指為：

　　Chinese brothels, informers, and very bad characters—
Chinamen.

其中被其同類所恐懼，譯音黃利錦（Robert Wong Lee Kum）的華人曾因賭博數番被捕，因無法繳付保金，他轉向警方告密，並成功地令若干賭館入罪與交付罰款，他被形容為 "is greatly feared among the Chinamen"。 另一名與有色女性同居，譯音龍潘（Long Pen）的華人也是以敲詐和告密線人的形象出現，被視為 "has a very bad name amongst Chinese of all classes"，可見在這段時期，西人社會有關 Chinese 和 Chinamen 的稱謂仍是頗有分別。尤堪注意的，除個別例子外，調查人員對一般華人賭客都以 Chinese 稱呼，獨對名聲極差且出賣同類的線人冠上 Chinamen 稱號，提供讀者反思的空間。[68]

　　其二，段落中的用詞也有偶爾的例外。如金寶街 32 及 34 號舖的 Tommy Lee 便在備受讚揚中加插了 Chinaman 的稱呼：

　　　　Very respectable Christian Chinaman doing a very Fair trade
　　　　in produce and potatoes, & c. Is known to be connected with many
　　　　Christian movements. [69]

該段文字中毫無貶低 Tommy Lee 的意味，某程度上，使人摸索着西人作者對中國人稱謂的混亂；讓筆者回溯 1883 年，梅光達在回應 Wagga Wagga 等五營報告的信函中，曾以華人企圖考取合法的藥劑師牌照以便售賣鴉片藥品不得要領時，文中直指：

　　　　There is not one Chinaman in New South Wales capable of
　　　　passing that examination. [70]

配合上文提到美國華商向其政府申訴時的自稱，身為僑領的梅氏以 "Chinaman" 一詞形容同胞，相信並非出於奉迎當道，也不存在內化問題，只說明了當時社會對該稱謂不一定存在貶意。至十年後的悉尼市調查華人不道德行為報告書內，同時出現兩種對 "Chinaman" 的處理手法，反證後者是保持着 19 世紀 80 年代對中國人廣義而無貶意的稱呼，而前者則明顯受 19 世紀 90 年代社會上對不守法中國人的行文與稱謂所影響。在另一層面來説，以上引文可令讀者從新思考這段期間，撇除北美地區排華運動的濡染外，澳大利亞朝野中對 "Chinaman" 一詞涵蓋的範圍，並研究其蔑視意味啟端和普及的年代。退一步來説，如果以品德論稱謂的話，於 19 世紀末，白人世界視品德差劣的華人人數已超逾正直公平者時，"Chinaman" 一詞亦有可能變成昔年普羅澳華的代號。[71]

調查悉尼賭博報告本來就是追究當地警方受華人賄賂的內情，在這情況下，報告書除具一定的 "公信力" 外，委員會主席 Thomas Nock 甚至被市長等質疑在處理調查過程中並未盡善，迫使他在一方面委蛇其事，推稱：

> Having seen many of the witnesses who have given evidence, I find that in some cases they have withheld facts which would have borne me out ......[72]

但他立刻澄清立場説悉尼警方的濫加指控，令無辜華人入罪是足使人同情的。Thomas Nock 繼而提出若警方嚴正執法，掃蕩賭窟，則悉尼百業自然順利回復正軌；他還舉列其經營正當木櫃生意的鄰居向他訴苦，指出自立例限制華工抵澳後，新血持續減少；洋人木匠既不願勤奮幹活，也因有其獨立能力，賓主間囓語頻生，不少躲懶的員工已轉業到番攤館工作，願意留下的則要求削減工時並增加工資。故賭業的無限膨脹，不獨侵蝕澳大利亞居民的正常生活，亦為普羅華人帶來傷害，其肇因即為政府收緊華人抵埠條件所引起。其結語還慨嘆：

> The "boycott" placed upon our establishment by the Chinese (who form a considerable portion of the population down here) and the police whose interest in this neighborhood is very great, has nearly ruined our business, and we who had hoped for speedy

relief, find that we are simply punished for taking the steps we did.[73]

本章小結

　　19 世紀澳大利亞的華洋矛盾本源於利益衝突，由利益衝突而引起的嫌棄、憎惡以至仇視本是人類世界中長存的現象，而出現於殖民社會白人優越感凌駕有色人種的時空裡，種族間的隔閡和芥蒂看來不可避免。然而，在華洋矛盾出現的同時，讀者們也不難發現華洋相交的例子，而同情華工備受壓抑的言論於 19 世紀 90 年代前後仍斷續的見於官方文獻裡，或某種程度上可反證昔年排華運動的性質和辨別參與者的身分。同時，大家也不宜只以"種族歧視"的託詞推卸部分違反法紀和破壞社會規範的同胞們的過失責任，這也是後文中提及 19 至 20 世紀澳大利亞華人報章勸籲同胞自律時不得不承認的事實；再者，縱使處身 21 世紀的我們也不能否認，若干昔年海外華人房地產問題或由本國衛生引致的傳染病問題等，仍是當今世界關注的焦點。

　　至於"Chinaman"稱謂於早期不一定存在惡意或貶意，使用該稱謂的主體本或無蔑視的意圖，但隨着排華者呼聲日烈，反非法競爭的輿論愈熾，同情華工的啞啞鳥語漸轉落為無聲的魚啜。至此，白澳主義旗幟的高張雖然已蓋過一切真理的疲乏吶喊，它在 19 世紀中末期的演變固有螞跡可尋，但對華人於彼邦中肯的評價和印象亦有蛛絲可覓，這也是 21 世紀的研究者於回溯昔年澳大利亞一片洪荒世界中不可偏廢的地方。

附圖 2.1   1886 年維多利亞省 Ballarat 其中一個著名金礦發現地，Golden Point 的華人聚居點
（相片由劉渭平教授提供）

附圖 2.2　澳大利亞本土人士嗟怨英國與中國簽訂有關勞工輸入條約的漫畫 [74]

附圖 2.3　形容黃人奪去白人生計和威脅女性安全的漫畫 [75]

附圖 2.4　諷刺華人煙窟破壞宗教文化與荼毒洋女的漫畫[76]

註釋

1   *Shipping Gazette and Sydney Trade List*, 7th Oct., 1848, vol.5, no.238, p.242. 有關 19 世紀中末葉澳大利亞淘金熱時代華人動態及當地政府監控華人的研究，可參考 Ellen, Mary Cawthorne, *The Long Journey, The Story of the Chinese Landings at Robe during The Gold Rush,* (Naracoorte: Hansen Printing House [printer], 1974); Wang Sing-wu, "Restriction Imposed upon Chinese Entering Australia Between 1855-1888". *Chinese Culture*, vol.12, no.4, 1971. pp.70-83.

2   John Chandler (1838-1914), *Forty Years in the Wilderness*, (Collingwood: E.Wyatt [printer], 1893), p.70.

3   Timothy. A. Coghlan (1855-1916), *Labour and Industries in Australia, from the First Settlement in 1788 to the Establishment of Commonwealth in 1901* (Cambridge: Cambridge University Press, 2011), vol.2, p.775.

4   有關 19 世紀澳大利亞文學作品中的中國人印象，可參考 Ouyang Yu, *Chinese in Australian fiction, 1888-1988* (Amherst, N.Y.: Cambria Press, 2008)。

5   New South Wales Act No.3 of 1861,《An Act to Regulate and Restrict the Immigrants of Chinese》, *Public Statutes of New South Wales*, 1861.

6   *Australasian*, 12th January (16th March), 1872, p.38.

7   於 1860 年簽署的天津條約（北京條約）裡，容許外國商人招聘華人出洋充當苦力是 19 世紀華工出國的主要門檻。當昆士蘭政府提出金礦區修正案時，布里斯班（庇利士本，Bristane）市的首席檢察官 S. W. Griffith 便表達了他對加強對華工入境限制的修正，恐怕在概念與法例上和天津條約的內容有所抵觸疑慮，但總括來說，他只是道出他的顧慮而非反對該修正案。見 The Attorney General to The Acting Private Secretary, Reservation For Her Majesty's Assent of The Queensland Gold fields Act Amendment Bill of 1876（*RQGFAAB* hereafter）. *New South Wales Legislative Council Journal* (Sydney: Sydney Government Press,1876-1877) p.418, No.7.

8   Earl of Carnarvon, The Secretary of State for the Colonies to The Officer administering the Government of Queensland, *RQGFAAB*, p.5, No.14.

9   John Douglas, The Vice-President of the Executive Council, Brisbane, to The Colonial Secretary, New South Wales, *RQGFAAB*, p.4, No.8.

10   *Sydney Morning Herald* (Sydney, N.S.W., *SMH* hereafter), 25th April 1875, p.3.

11   *The Illustrated Australian News* (Melbourne, Vic.), 18th Sept.1875, p.12.

12   在 19 世紀過渡 20 世紀的澳大利亞各類別的報告中，華人能夠與身型及體格佔優的歐人相抗衡，武裝力量是一個不容忽略的環節。在苦力（coolie）隊伍中，一行 100 至 150 人穿山越嶺的挑夫往往遇上土著的攻擊，其 50 人隊伍中的頭目必有長槍作防禦及擔挑輕便行裝之用；其後的挑夫會攜同自製長矛傍身。縱使如此，華工也不能避免土著的偷襲和吞噬（見 Commander A. Douglas-Douglas, "The First Chinese Invasion of Australia, The story of the Palmer Gold Diggings Rush in 1874", *Lone Hand*, 1st Nov.1909, pp.92-93）。與此同時，長矛與鐵鏟也是華工襲擊或還擊白人的主要武器 (William Wield Armstrong [1833-1913], *Some Early Recollection of the Town and District of Rylstone Etc.* typing manuscript 1912, p.25; p.55)。1872 年 Normanton 和 Cloncurry 一帶的華工能擊退歐洲礦工第一波的進襲便是靠着鐵鏟和槍枝的保護（見 W.H. MacFarlane, "Chinese 'Invasion' of Last Century", *Cummins & Campbell's Monthly Magazine*, August 1955, p.7）。此外，19 世紀華歐人數的比較，除昆省 Hodgkinson 礦坑裡的 4,500 歐人對 300 華工的佔優外，其他如 Palmer River 區華人

人數就以 17,000 壓倒 1,400 歐人，五營的 4,000 華人也幾乎以 70 倍壓倒為數僅有 60 的歐人（"Chinese 'Invasion' of Last Century"，July,1955, p.37）。以上引至礦坑衝突中的重要原因既在絡繹不絕湧至的華工，但華人在抵抗時能減低傷亡數字，除武裝力量外，某些地區聚集的眾多人數也是不能漠視的因素。

13　"Chinese 'Invasion' of Last Century", Sept. 1955, p.7.

14　*SMH*, 24th April, 1875, p.7.

15　見 Earl of Carnarvon, The Secretary of State for the Colonies to The Officer administering the Government of Queensland, *RQGFAAB*, p.6-7, No.14.

16　W.W. Armstrong, "Some Early Recollection of the Town and District of Rylstone etc." p.57.

17　John Douglas, The Vice-President of the Council to The Queensland Agent General. *RQGFAAR*, pp.3-4, No.15.

18　*Sydney Fun* (Sydney, N.S.W.), 13th May, 1881, vol.1, no.52, p.2.

19　The Colonial Secretary, New South Wales, to The Colonial Secretary, Queensland, 《Disallowance of Queensland Gold Fields Act Amendment Bill》. *N.S.W Legislative Council Journal, 1876-1877*, vol.27, p.439, No.1.

20　其他如西澳有 911 名男性華人，塔斯曼尼亞有 935 名男性華人。見 Wang Sing-wu, "Chinese, The Settlers", in James Jupp edited, *The Australian People, An Encyclopedia of the Nation, Its People and Their Origins* (Cambridge: Cambridge University Press, 2001), pp.198-204.

21　據 John Norton 記載，因華人散處的居住形式，估計 19 世紀 80 年代澳大利亞華人人數達 5 至 6 萬人左右，是繼英倫三島移民與澳大利亞本土土生居民外，人口最多的人種。見 "The Chinese Puzzle", in *The History of Capital and Labour, In All Lands and Ages: Their Past Condition, Present Relations, and Outlook for the Future*, (Sydney and Melbourne: Oceanic Publishing Co. 1888), p.294.

22　*Sydney Punch* (Sydney, N.S.W.), 12th Jan.1867, p.8, "Celestial Notions".

23　*The Illustrated Sydney News & N.S.W. Agriculturist and Grazier* (Sydney, N.S.W., *ISN* hereafter), 16th Sept., 1876, p.20.

24　"Report of Edmund Fosbery, Inspector General of Police, Information Respecting, Resident in the Colony, ordered by Legislative Assembly of NSW 1878", *New South Wales Legislative Council Journal* (Sydney: Sydney Government Press, 1881), p.341-A.

25　*ISN*, 9th July, 1881, p.10, "Ought Chinese Immigration to be Prohibited".

26　*Sydney Punch*, 19th Feb., 1881, p.265, "Our Civilized City". 同年 6 月，悉尼著名華人士鋪安昌號發生天花疫症，被派往驗查的醫生也需因疫情而羈留在區內隔離，結果被讀者來函的打油詩嘲笑華人居處污穢不堪："...Is he (Dr. Foucar) learning to talk like Chin Si and Ah Foo? And to do without razor, or bath, or shampoo? Is he ever annoyed by cockroaches or fleas? Can he read his host's books which are writ in Chinese?..." (*Sydney Punch*, 18th June,1881, p.89, "The case of Jenner Sais Quois")

27　*Sydney Fun*, 20th May 1881, vol.1, no.53, p.14. 有關類似的讀者信函，見 *Sydney Fun*；29th April 1881, vol.1, no.50, p.2, "The Uninvited Immigrants"；20th May 1881, vol.1, no.53, p.15, "The Chinese Question"；3rd June1881, vol.1, no.55, p.2, "Look out Behind"；10th June, 1881, vol.1, no.56, p.6, "Our Debating Class: Chinkophobia"等。

28　Inter-colonial Conference Held at Sydney 1881, Minutes of proceedings of the, with subsequent Memoranda in Australian Federation-Inter-colonial Conferences, Despatches etc., *NSW Legislative Council Journal*, vol.29, part 1, pp.651-652.

29 John Norton, "The Chinese Puzzle", pp.294-295.

30 在當年澳大利亞華人報章中都習慣以"仇視華人會"的稱號來代替"The Anti-Chinese and Asiatic League",事實上,因華人在有色人種中佔多數,西方報導也有以"The Anti-Chinese League"作組織的簡稱,給傍觀者帶來該會成立目的就是衝着中國人而來的印象,而事實也是如此。

31 John Norton, "The Chinese Puzzle", pp.295-296.

32 在 1855 年通過《An Act to Make Provision for Certain Immigrants》法例中雖有每一進境的華人須被徵收 10 英鎊人頭稅的規定,但卻有注明凡具備英籍身分證明的華人可獲得轄免的附帶條文,因而在華工雲集出境的香港,負責華工赴洋的豬仔館和船公司都替泰半華工安排宣誓入英藉的手續,僅留極少數未入藉者作為敷衍人頭稅法的象徵性徵收。19 世紀 60 年代後因大量華人淘金者進入澳大利亞,地方政府再度修例企圖減低華工入境數字,但成效仍不大顯著,有些訴責還指出由香港抵達悉尼和墨爾本的 1700 噸洋船,不獨沒有依法例規定每 100 噸船限載一華人的指示,且全船 248 名華人均有入藉證明,政府庫房並無收益,非議法例形同虛設。作者繼而指出這些攜備宣誓入英籍證明的華工本無留澳的誠意,他們在澳大利亞賺取足夠的金錢後便亟速離境,建議縱使准許華人入境,須令他們剪去腦後的蓄辮,務使他們無法返回中國(John Norton, "The Chinese Puzzle", pp.296-297)。上述的評論不獨見於在野人士憤懣的表達,也同樣在國會的聽證中進一步反映,説明朝野對利益被侵吞下,認為華工是道德有虧,誠信可疑的競爭者,甚至擴展至推論華人社群的危害性。在反華情緒與日俱增下,1890 年中墨爾本通過《Chinese Act》把非英籍華人入境的限制增加至洋船每 500 噸限載一名華人的規定,替 20 世紀伊始實行的白澳政策奠下康莊大道。

33 Chinese Camps (*FC* hereafter), *NSW Legislative Council Journal 1883-1884*, vol.36, part.3, p.1656.

34 Mr. Quong Tart to the Inspector-General of Police, *FC*, p.1661.

35 見 "Visit of Inspection" (*VOI* hereafter), "Report of the Royal Commission on Alleged Chinese Gambling and Immorality and Charges of Bribery against members of the Police Force", *N.S.W. Legislative Council Journal* (Sydney: Charles Porter, govt. printer, 1892). p.475.

36 調查委員會也在報告中指域士佛街上的公和利(Goon War Lee)、和盛利(Wor Hing Lee)、即利(Jack Lee)、和成利(Wor Sing Lee)、昌和(Chong War)、泰和安(Tiy War On)、黃沙(Wong Sack)等都是純屬賭館的店號,且 "frequented by both English and Chinese to a very great extent";金寶街上的安和利(On War Lee)、成利(Sing Lee)、宜金(Yee Chin)、長興(Chuen Hing)與高賓街上的恆記(Hang Kee)都是華洋賭客雲集的商舖。見 "Chinese Gambling Commission" (*CGC* hereafter), "Report of the Royal Commission on Alleged Chinese Gambling and Immorality and Charges of Bribery against members of the Police Force", pp.478-479.

37 *CGC*, p.478.

38 *CGC*, p.477.

39 來自歐洲的勞工不易與有色人種在田野種植中競爭,工資高昂是他們最大的障礙,中、日工人和來自太平洋的島民勞均是價廉物有所值的勞動力量,昆士蘭的島民勞工工資一周僅需 15 先令("4ᵗʰ May,1895 Mr. Langley Joseph Brackenbury, Habana mill, called and examined", in *Report of the Northern Territory Commission. South Australia [RNTC hereafter]* [Adelaide: C.E. Bristow, Govt. Printer, 1895], question 3701-3706)。華洋工人在鐵路線工

作和採礦業方面的工資尤其懸殊，有指從事鐵路工作的歐洲勞工每天賺取 7 先令 6 便士，華工每天工資約 3 先令至 3 先令 6 便士（"17th April, 1895 Mr. Allan George Pendleton, General Traffic Manager South Australia Railways, called and examined", *RNTC*, question 3184-3189）；至於金礦開採方面，歐洲勞工日薪 15 先令，華工只有 2 先令 6 便士（"12th March, 1895 Mr. John LeMaistre Francis Roberts called and examined", *RNTC*, question 1474）。華工工資低廉，故縱使在身型體力或科技知識上不能與歐洲勞工匹敵，但不少洋人僱主仍以華工取代歐洲工人。

40　"20th Feb., 1985 Mr. Maurice William Holtze, Director of Botanic Garden, called and examined", *RNTC*, question 318.

41　"4th May, 1895 Mr. Langley Joseph Brackenbury, Habana mill, called and examined", *RNTC*, question 3706.

42　"9th May, 1895 Mr. Henry St. George Caulfeild, Inspector of Polynesians, called and examined", *RNTC*, question 4064-4069.

43　"17th April, 1895 Mr. William Thorold Grant called and examined", *RNTC*, question 3100. 一般洋人對華工在農業生產方面的工作態度均表滿意，認為比馬來人（Malays）或爪哇人為佳；爪哇勞工工資為每月 12 先令，另每日一杯米糧，華人則每天工資 1 先令（見 "20th Feb., 1985 Mr. Maurice William Holtze, Director of Botanic Garden, called and examined", *RNTC*, question 420-422）.

44　"3rd April, 1985 Mr. C. J. Dashwood, Government Resident, Northern Territory, called and examined", *RNTC*, question 2889.

45　"19th Feb., 1895 Mr. V.L. Soloman, M.P., called and re-examined", *RNTC*, Commerce and Taxation, paragraph 52. 其中有證供指印度和日本苦力均較華人苦力為佳（20th March, 1895, Mr. C. Mann, called and examined" *RNTC*, question 2191-2194），但也有評論指出華工從事採礦表現較印度苦力為佳之說（"3rd April, 1895 The Hon. Ebenezer Ward, M.L.C., called and examined", *RNTC*, question 2783）。

46　"19th Feb., 1895 Mr. V.L. Soloman, M.P., called and re-examined", *RNTC*, Commerce and Taxation, paragraph 112; "27th Feb., 1895 Mr. Joseph Colin Francis Johnson, M.P., called and examined", *RNTC*, question 771; "26th Feb., 1895 Mr. John Lewis called and examined", *RNTC*, question 628; "27th Feb., 1895 Mr. James Villiers Parkes, Inspector of Mines and Warden of Goldfields, called and examined", *RNTC*, question 939-941.

47　"20th Feb., 1985 Mr. Maurice William Holtze, Director of Botanic Garden, called and examined", *RNTC*, question 340.

48　"5th Feb., 1895 Mr. V.L. Soloman, M.P., called and examined", *RNTC*, Public Works and Railways, paragraph 24-26.

49　同上註出處。

50　"20th March, 1895, Mr. C. Mann, called and examined" *RNTC*, question 2174.

51　"19th Feb., 1895 Mr. V.L. Soloman, M.P., called and re-examined", *RNTC*, Commerce and Taxation, paragraph 154.

52　"20th March, 1895, Mr. C. Mann, called and examined" *RNTC*, question 2203.

53　22nd Jan., 1892 'Deputation to the Mayer of Sydney", "Report of the Royal Commission on alleged Chinese Gambling and Immorality and Changes of bribery against members of the Police Force", pp.473-474.

54　Anonymous author, 'The Chinaman at the Gold-Fields", *The Sunday at Home*, 1863, vol.10, pp.10-11.

55 Rev. B. Danks, "Wesleyan Missions in the South Seas,1837-1897", *Our Mission Fields, The Chinese in Australia; The Coolies in Samoa, Fiji, Rotumah, New Britain and New Guinea* (Sydney: The Wesleyan Methodist Missionary Society, 1837-1897), p.11.

56 Rev. John F. Horsley, "The Chinese in Victoria", *Melbourne Review*, 1879, vol.4, pp.416-428.

57 J.A. Patterson, *The Gold Fields of Victoria* (Melbourne: Wilson & Mackinnon, 1862), pp.133-147.

58 L. Kong Meng & Others, "The Chinese Question in Australia, 1878-1879", in *Report of the Council of Agricultural Education* (Melbourne: Robt. S. Brain, Govt. Printer, 1879), p.7.

59 同上註出處，頁 26-27。

60 Humanity, *Sketches of the Chinese Character illustrative of their Moral and Physical Effect on the Rising Generation of Victoria* (Castlemaine: F.Y. Benham, 1878), pp.1-7.

61 *FC*, p.1657.

62 見 *VOI*, pp.475-477. 同時，捉賭委員會在佐治下街的調查報告中還稱讚正當經營的商號如天和 (Tin War & Co.) 為 "One of the oldest-established merchants merchants in Sydney, highly respected by both English and Chinese. The resident partner Mr. Ng Quoy is well up in English and Chinese"，"Everything is clean, tidy, and neat"；義益 (Yee Tick) "Another old-established Chinese firm ...... very respectable"，"Everything very clean"；時興隆 (Sue Hing Loong) "A very highly respected Chinese fancy goods importing firm...everything is clean, healthy looking, and tidy. They do a fair amount of business"；安益利 (On Yick and Lee) "A very respectable clean firms, doing a very fair trade. The resident partner, Mr. Lee, who resides with his wife and children, is a very good English and Chinese scholar, and a highly esteemed amongst the European and Chinese. He is a very intellectual man and well read. He is a great opponent to the opium trade"；經興 (King Hing) "Very respectable and fancy good's store, doing good trade. Is very clean and respectable. No gambling of any kind here"；安昌 (On Chong & Co.) "The oldest and wealthiest firm in Australia, and the most respected. All the partners are honest and independent man"；其他被稱揚的還有的臣公司 (S. C. S. Dockson & Co.)、寶龍 (Boo Long)、三才 (Sam Choy)、新金泰 (Sun Cum Tiy)、新興棧 (Sun Hing Jang) 等。見 *CGC*, pp.478-479.

63 Return of premises occupied by Chinese within City of Sydney, *CGC*, Appendix, pp.487-493.

64 見 *VOI*, pp.475-477.

65 除賭博問題出現華洋薈聚的機會外，其他如男女關係也是值得關注的環節。科士打街 19 號的住宅由兩名歐洲女子 Nelly 及 Ruby 打理，她們與屋主 Willie Ah Sing 和 George Mong How 已同居數年。域士佛街 34 號的中國人則與混血毛利 (half-caste Maori) 女子同住。其他如劍橋街（金咇利街，Cambridge st.）26 號、夏靈頓街（Harrington st.）19 號等均屬同樣例子 (*VOI*, p.476-477)。店舖在佐治下街，於洋人圈內信譽良好，專門打造木櫃，譯音亞台 (Ah Toy) 的老闆更有一位酗酒的英國妻子。至於佐治下街的梅平 (Moy Ping) "He is married to a white woman, who is one of the lower-class women, and considered very bad" (*CGC*, pp.478-479)。

66 如 1891 年 11 月 27 日悉尼警方在高賓街新昌記內搜出年老歐洲吹煙者正與華人共膳；同街 54 與 56 號樓宇內也找到一名居住於此處的英國癮君子，據他自稱其煙癮是在阿德雷德的華人社區中習染的。

67　*CGC*, p.479; p.481.

68　華人梅平在佐治下街經營的賭館被指為該街上最差劣者。原文為 "The proprietor is a Chinaman Moy Ping, a clean-looking, respectable, educated Chinaman. This man is the proprietor, and he and his brother run the concern. He is reputed to have made much money, and is looked upon as one of the lucky ones." 有異於整份報告在稱謂上的小心翼翼，該段報告中也直以 Chinamen 一詞稱呼到梅平賭館博彩的華人；然而，同樣有異於其他篇幅中對普羅參與賭局的歐洲人慣以 European 和 English 的稱呼，該段報告把走進梅平賭館的人以 Chinamen 和 Englishmen 並列，顯示調查委員會在某程度上用詞的深思熟慮。見 *CGC*, p.478.

69　*CGC*, p.480.

70　Mr. Quong Tart to the Inspector-General of Police, *FC*, p.1662.

71　在 19 世紀華人留澳漸眾的時代，華人被悉尼警方因經營鴉片煙館、妓館或賭館原因而被入罪罰款的數據裡，70 年代時共 30 宗；80 年代時共 204 宗；只在 1891 年初調查報告上繳時，該年華人被定罪者凡 27 人。按 1880 年至 1891 年間的紀錄，華人因開賭被罰的共 241 宗，遠較緊隨其後，來自英國的 165 宗被定罪者為多；該 11 年裡因經營賭業而被定罪的共 1,284 宗，華人佔上其中 5.3%。若以華人人口增長比率計算，1880 年時悉尼地區總人口為 225,200 人，華人人口 1,014 人，比率為 222:1；1883 年悉尼地區總人口 263,480 人，華人人口 2,394 人，比率為 110:1；1886 年，悉尼地區總人口 308,270 人，華人人口 3,548 人，比率為 87:1；1888 年時悉尼地區華人人數上攀至 10 年內新高，該地總人口 342,280 人，華人人口 4,202 人，比率為 81:1，難怪朝野均蘊釀着不同程度上的華洋矛盾，而政府亦不得不找尋理據，千方百計阻止華人抵埠，或驅逐華人出境。1891 年，悉尼地區總人口 386,859 人，華人人口 3,499 人，比率回升至 1883 年的水平。縱使如此，在澳大利亞人的眼中，逐步構建了一幅華人人數增加，即帶來犯罪率上升的統計圖表。見 Chinese Prosecutions at the Water Police Court, Sydney; Chinese Prosecutions at the Central Police Court, Sydney; Appendix, Table 1-2. *CGC*, pp.482-486.

72　Letter from Mr. Thomas Nock, The President, Chinese Gambling Inquiry Commission, Appendix, *CGC*, p.494.

73　同上註出處。縱使 Thomas Nock 對華人遭遇表示同情，"Chinaman" 一詞也偶然在信函中招幌了一次。

74　*Sydney Fun*, 13th May, 1881, vol.1, no.53, p.9, "The Inexhaustible Bottle".

75　*ISN*, 16th Sept., 1876, p.20, "The Yellow Conqueror".

76　*Sydney Punch*, 19th Feb., 1881, p.265, "Our Civilized City".

3

19至20世紀之交
悉尼地區華人
生活剪影

緒論

　　自鴉片戰爭以還，南中國地區因各種原因釋出大量華人到世界各地工作，這是 19 世紀華工出國史上重要的一章，其中部分抵達澳大利亞工作，他們早期多參與野外畜牧、淘金或墾耕等事業，至 19 世紀末則漸轉為果菜園園工，或從事雜貨、傢俬、洗衣等，也偶有經營餐館者。誠如洋人對華人的評價，他們薪酬雖偏低，但都態度認真與勤奮；自組小生意後，因農作物或手工業製成品價廉物美，在洋人社會具有一定競爭能力，並因勤儉緣故，甚至尚有餘錢匯運回鄉。在新金山成為另一個尋夢園的 19 世紀中葉，澳洲華人人數曾激增至 4 萬人前後，踏進 20 世紀初 "白澳政策" 正式推行後，留澳華人已不足 3 萬，並持續下滑；除散落於鄉郊的華工外，其餘都集中在城市與其外圍，故人數雖較前期為少，但也在一程度上形成對主流社會略具影響力的少數族裔社群。

　　19 世紀末既是中國近代史上萬馬齊暗至風雷迅起的黎明，亦是中國報業史攢動崛興的時代。1891 年康有為完成他的變法理論，隨着北洋艦隊的草創與國內教案規模日劇，海外華人對國事的急變與改革主張由淡然處之轉趨密切垂注，1894 年甲午之戰中海軍的大敗更令身處他鄉的同胞焦慮莫名。於此內憂外患的煎熬裡，孫文（1866-1925）創興中會於檀香山，僻處南半球的澳大利亞也幾在同一時期於新南威爾士省悉尼埠出版《廣益華報》，它在早期還是一份保持政治中立的報章。

　　康有為曾在公車上書中說明辦報自強的重要性，並於 1896 年鼓其辦《萬國公報》和《中外紀聞》餘勇創辦《強學報》，藉此宣傳維新思想。其弟子梁啟超亦協創《時務報》，一時間國內報章如破土春筍，幾都在 1896 至 1899 間橫空面世。至於國外一系列與維新有關的報章如橫濱《清議報》及《新民叢報》、新加坡《天南新報》、馬來亞《檳城報》、檀香山《新中國報》等於戊戌政變前後紛紛出版，而悉尼《東華新報》也在這背景下於 1898 年創刊。維新運動迅速夭折無損《東華新報》在此南天一角的業務運作，[1] 康、梁因后黨的追殺而出走反令海外鼓吹維新的報章在世紀之交興盛一時。至於維多利亞州墨爾本埠於 1904 至 1905 年先後出版《愛國報》及專門挑戰維新的《警東新報》，至 1919 年又有《民報》面世，前兩者都與支持革命有關，形成 20 世紀初澳大利亞東岸兩大埠的華人社區似乎被劃分成兩股志向不同的政治勢力。

　　《廣益華報》與《東華新報》雖在政治理念上稍有歧異，但從報章的命名中都可知道辦報的既是廣東人，讀者的對象也是廣東人，故在社論、新聞或廣告內均可在蛛絲馬跡中找到廣府化的口語詞彙。民國成立後，悉尼第 3 份華人報章《民國報》在 1914 年初創刊，面臨華人社區因“白澳政策”推行漸告萎縮與資金營轉的壓力下，《廣益華報》在 1923 年結業，但餘下的兩份政治立場更南轅北轍的華報在 20 世紀 20 年代仍艱苦地經營下去，直至二次大戰前夕，《東華報》在長期與《民國報》筆戰屈處下風，與踏入 30 年代後，先是支持維新，及後同情憲政的讀者星散下，於 1936 年底結業，《民國報》於次年在澳洲政府視非英語報章可能成為敵國於戰時散播諜情的禁制下停刊，新州第一代華人報章才正式完成它的歷史使命。

　　報章是代表普羅大眾好惡愛憎的焦點。讀報者多出於對時事的追覓或對輿論的附和，又或者對時尚的好奇，甚至對目標物品的搜尋，其中報刊廣告最能反映生活實況，因為刊登告白者必須首先調查市場需要，漠視主流好惡的告白無疑浪費金錢，甚至招來讀者厭惡產品的反效果。過去研究澳華的學人駐足於昔年"白澳政策"實施下，華人飽受屈辱與備受歧視的苦況，本章旨要利用《廣》、《東》等華報於 19 世紀末出版後，在不同類別的華洋廣告內反映 20 世紀初前後悉尼華人生活的實況，並藉這研究錐探華洋相交的另一面貌。

雜貨店清單與華人食譜

　　若讀者們展開《廣》、《東》等報閱讀，最能吸引大家注目的，是不絕於篇的唐人雜貨店告白。百載以前的唐人土舖已有不少中國土產出售。1896 年，位於悉尼咇時街（Pitt St.）的德興號，除辦茶、酒、米、油、豆、糖、薑、京果、海味、鹹貨、醬料等入口外，還有洋煙、書籍、紙料、炮竹、絲巾、各式皮鞋、衣物、參茸、藥材、丸散、日本漆器、華洋雜貨等，更兼替華人接帶金銀、家書回鄉，此外還有匯兌服務。在 19 世紀末的唐人土舖來說，德興號已是百貨俱集的店舖。[2]

　　百多年前的澳大利亞各省政府對食品入口並無異常嚴格的限制，中國土產貨品一時琳琅滿目，水陸並陳。其中如大目鹹魚、皇魚頭、陳皮、黏米粉、冰糖、什錦果糖、椰絲、糯米粉、萱黏米、紅棗、澄麵、豆豉、粯水、糖蓮子、毛菇、苳菇、花菇、草菇、海帶、糖檳榔、糖羌拳、糖羌片、草欖、蠔油、白油、浙醋、抽油、生曬油、原豉油、白腐乳、蝦醬、錦醬，以至各種中日麵食，各種中國名茶，各種煲湯配料，甚至蘇鮑蝦米、魚翅鰾膠、敏肚龍腸、帶子乾貝等海味乾貨一併齊全。應節的各款鹹、甜肉餡月餅、蓮子肉月餅、豆蓉月餅、糖肉月餅並時臚

列，甚至燕窩與金華火腿等亦於昔年充陳架上。[3] 雖謂各唐人店號貨源
不同，亦不可能一應俱全，但細數下，貨品種類不下二百餘種，其中或
有少量為居住在澳大利亞的華人自製，大量卻由中國與其他東南亞地區
輸入，其海路往來之頻仍，土貨品種之龐雜，都為讀者們帶來意想不到
的驚喜。

　　衣食為萬姓所必需，除土貨食品外，大家也不難發現悉尼店舖有
不少標榜蘇杭什貨，蘇杭髮絲，蘇杭布疋綢緞和蘇杭衣帽等物發賣。以
上商號如公平號、永興泰，在 19 至 20 世紀之交時已在高路畔街（高賓
街，Goulburn St.）經營[4]，公平號還兼任香港濟安洋面保險公司代理。[5]
而溫也街（Wnyard St.）的嘿新有限公司及 Waterson Laing & Bruce Ltd.
和咇時街的新三才亦同時以蘇杭貨物作招徠。[6] 這不獨說明了蘇杭貨品
向以纖工細織廣受歡迎，或也隱示了除廣東人外，亦有蘇杭地區同胞僑
居於此。

　　其他販賣唐山雜貨為主的商戶還有店處左治街（George St.）的新
昌盛、維記、經興、[7] 廣興昌、[8] 義生；[9] 在咇時街的合和（見附圖 3.1）、
廣茂安、義益、[10] 廣安、[11] 成記；在高路畔街的慶祥、[12] 均利、[13] 芳
利棧；[14] 在加時蘊治街（Castleigh St.）的茂和、[15] 公利盛、[16] 欽咈爐街
（Campbell St.）的永和興及蝦倫頓街（Harrington St.）的安和棧等。[17]
部分在 20 世紀初已是老店，如位於左治街的安昌號，約在 1870 年前
後開業，生意至 19 世紀末已上軌道，除一般唐番貨品外，並有各款樂
器發售。[18] 位處同街的維記號也是老店，其店東於 1892 年猝逝時，旗
幡飄揚的殯儀隊伍還於約街（York Street）上出遊，讓華洋人士致哀（見
附圖 3.2-3.3），在某程度上反映華洋關係在矛盾中的平和。與著名的
土舖同列的，還有在高路畔街的均利號，該店是香港均和隆的分支；[19]
蝦倫頓街的安和棧除唐番什貨外，又兼做包伙食，因它位處岩石區（The
Rocks）附近，所以也兼營駁船生意。[20] 以上記載的僅屬市區的雜貨店，

至於散處"坑上"（uptown）或鄉郊經營的商舖更未能盡數舉列。

　　蕉果等生意是華人另一經營普及的行業。在金寶街的永生、[21] 永安、[22] 永泰、[23] 裕生盛、[24] 合利；[25] 在左治街的時利及位於希街（Hay St.）的萬昌、[26] 萬利 [27] 等都是一時並存的果店。其中以永生、永安的生意較大，永安果欄另設支店在柏架街（Parker St.）；[28] 永生果欄不獨在柏架街設支店，還有一店設在沙昔士街（Sussex St.），[29] 他們從昆士欄運來各種蕉果，再加上本地各種果子、蔬菜、糖餅、華洋什貨一併發賣，利潤可觀。當時華人還因本地果園種植受制於白人種植家緣故，於是決意發展西太平洋島嶼的蕉果園業務。因 19 世紀末至 20 世紀初華人果業發展蓬勃，將在繼後另闢章節詳細探討。

　　除悉尼本地的土舖果欄刊登廣告外，國外的同業亦不忘推銷本家業務，其中在鳥絲倫（紐西蘭，New Zealand）由華洋合股的華英果欄在 1906 年向新州華人推薦他們的生果土貨，[30] 甚至遠至美國也有行家向澳華宣傳，從廣肇豐越洋招客的廣告中可略知其業務大概：

　　　　敬啟者：小號向設在舊金山正埠都板街，門牌 1013 號半，開張因金山大埠於 3 月 26 日慘遭回祿；今小店暫寓屋侖埠蝦利臣街 615 號復業，專辦金山物產、生果、茨仔、洋葱，接濟小呂宋、檀香山、呂宋、雪梨各埠。如蒙所委，定必挑選鮮靚貨物付上，祈為留心是荷。再小號兼接代派香山隆良、得都、附城、三鄉各處金銀香信，付返香港，廣和興即委伴將原金銀信親派府上妥收，立即回音，以慰遠望。小號並分設枝店於檀香山正埠京街，店名肇豐。[31]

雖然廣肇豐或因新店開業急需開拓客源，但從中可見該店的業務網絡和澳洲華人土舖、果欄類同，又同屬廣東香山一脈，匯款書信的中途站亦是香港；再者，廣肇豐除企圖染指悉尼華人生意外，也有招徠送禮訂單，尤其推銷美洲糖餅鮮果之意。

餐飲旅館業的興旺和大型食肆的出現

19 世紀末在市區經營的華人餐飲業，如僑領梅光達設在佐治街域多厘街市（Queen Victoria Building）樓上的新市茶樓即為一例。[32] 在金寶街的品芳樓，尚有包辦筵席的服務，[33] 除一般包點外，尚有餅食臘味、銀絲細麵，供各方人客品嚐。在域士佛街（Wexford St.）的泗棧號，經營點心、包餃、五仁、雜錦、中秋月餅、自製糖果及各式臘味食品，[34] 這些都是 1904 年前的例子。1904 年後，中式酒樓漸多，位於沙昔士街的中華客棧，[35] 的臣（Dixon St.）滿香棧、[36] 金寶街的羅大順中西餐館等都紛紛開幕，[37] 這些食肆上層還並備有房間，兼營客寓生意。

上世紀 20 年代來臨前夕，以地域命名的本邦菜館開始出現，位咇時街的北京樓，[38] 位於衿步爐街的上海樓均是一例。[39] 1919 年底天津樓啟業，該酒樓樓高三層，可容納過千食客，該店地下經營西餐，二樓唐餐，三樓設多個貴賓房間，並可作舞池之用，店東還刻意把天台佈置成園林勝景，供客人閒愜觀賞，可見它是一所極具規模的中西式飯館，同時也反映了當初投資者一來針對鄰近北京樓的設計與營業手法而有此良性競爭的建置，二來也對該市能先後容納如此規模的餐廳充滿信心。[40] 昔年澳華多來自廣東，在衿布街打着各式本邦菜旗號的飯館裡自然不能缺少廣東樓的存在。[41] 值得大家思考的，是數家頗具規模的大型中國食肆於歐戰時期啟業或籌劃開業，是否顯示雖有派兵參戰，但仍偏安一隅的澳洲白人處於醉死夢生的國度；又或是因歐船多不能東來，造成其他粗工行業物資短缺，一使華工被迫轉業，二使華商資金不能外流，故合資營運飲食業有關，這些困惑請容許筆者在註釋中再度探究。[42]

中式酒樓餐館養活一群華人廚工與服務員，也給同胞營運的果蔬、肉食、雜貨，甚至傢俬業界起到支援作用，而眾多華人食肆的出現與世紀之交仍有一定數量的華人留澳有關，但不能抹殺主要客源還是來自白人社會；1911 年還有 Mrs. Bartley 在華報上刊登尋覓為她工作十載廚工的啟事，反映華人廚藝受到洋人重視的一斑。[43]

　　20 世紀初悉尼市內還有些令人可喜的物品可供選購，在域士佛街設店的杏香號，除自製的各種餅食與應節月餅外，還有妙製南乳鹹脆花生售賣。[44] 昔年抵澳的華人多來自嶺南地區，該地特產涼茶因而也附運海外，導致香山隆都慈濟堂蕭冠標因偽冒者眾多，於悉尼登報澄清，以正視聽。[45]

百工居肆　千機並舉

　　在消閒方面，悉尼市民亦不愁工藝品的匱乏。坐落咇時街的金盛禎號專辦時款洋裝外，還有大批雕花金銀器皿、磁器、漆器、象牙、燒青、酸枝、顧繡、花草人物畫屏、綢巾帳簾、膊巾看被，可謂穿戴擺設，一應俱全。[46] 當時澳大利亞主流社會存在着兩種對華人迥異的態度，其一是甚囂塵上的氣焰，即因競爭對手的咆哮不滿而引來利益相同，一致附和的排華聲音；在另一面，亦有雅好中國傢具、擺設，甚至不甚了解東方文化而又抱着狩秘獵奇心態的白人，部分還對華人持平和態度者。事實上，正如前述，當時留澳華人日減，在 2 萬餘同胞中，散落各省鄉郊從事墾耕的粗工絕不會花費閒錢購置無謂擺設，在城市內工作的華人人口多是廚工、木工，經濟較充裕的華商僅佔少數，因而工藝品的傾銷對象，始終還是以主流社會為焦點。

　　西方社會職業類別較中國遠為分明。按 1891 年資料記載，雖然並無華人傢俬商（Furniture Dealer）與經營傢俬貨倉者（Furniture Warehousemen）在新省的記錄，[47] 但以傢俬製造商（Furniture Manufacturer）註冊的，有店舖坐落咇時街 405 號廣昌盛（Kwong Chong Sing）一家。而以製造木櫃者（Cabinet Makers）登記的店舖，在芸芸

71 家商號中竟有 22 家為華人擁有，幾佔三分之一；因原始材料內記載的都是英文華人商號，以免轉譯時出現謬誤，故筆者把這些店舖附在註釋內，只要讀者翻閱後頁便能得知其實情。[48] 從例子中可見除市場渴求中西式木櫃之餘，主流社會曾對華人木櫃製造商及其工人認同的程度，自然也不難預知這些商店快將面臨西人木工和工會投訴與排擠的厄運。

當年華人店舖營業範圍甚廣，咇時街有販賣香煙、中西什物、中日土產、藥材、內外科膏丹丸散、合時番書，並代理香港保險公司業務的合和號。[49] 賣公煙的還有永興泰，專門代理香港福隆洋煙行洋煙。[50]

除讀者們可想像的職業外，在悉尼謀生的華人中還有不少醫師專替同胞治理各種奇難雜症。在昔年限制華人婦女入境的規定下，僅有少數華商的女眷能從合法途徑入境居停，且一般都不能久留；至於其他因經濟困難下不能常返家鄉的華工或多人與一、二洋女同居，或以耽於花柳以解決生理需要，故在華人社群中性病傳播情況普遍，而從醫師告白裡可見主要治理的即為性病，[51] 因風流病患者眾多，故亦有業餘醫士診症：

> 啟者：弟現在威治布克叻埠開設唐番雜貨生意。前在唐山諳練外科，研究得法，凡一切奇難雜症、花柳、白濁、痔疔，各種疔墜等症，皆能奏效如神。包理全癒，永無復作之虞。如有染到此患，請照西字門牌寄函說明某症，自能按症發藥矣。尚此佈聞。香邑蘇芳謹啟 [52]

其次則是跌打，以兩者並能醫治的個案為多。令讀者振奮的，是昔年已出現郵遞藥物的服務。[53] 在芸芸醫師中，間有眼科郎中懸壺濟世，餘者都屬一般中醫；[54] 光顧這些醫師的顧客主要是華人，但偶爾還有洋人光顧。[55] 在 19 世紀末期，由於入境政策仍較寬鬆關係，大批華工進境謀生。華人離鄉日久，惟寄託一紙飛鴻以慰家人思念之苦。這樣也造就了新省郵政總局需聘請華人職員，除處理一般工作外，還特別照顧那些來自中國而又書寫中英夾雜地址的信件。

　　唐人洗衣業本來也是遠近知名的行業，但卻一直受到洋人的指責，除因洋人同行的妒忌外，店內的衛生設備亦常招詬病。但無可否認的，是這行業入職較易，就業人數在早期僅次於礦工，19 世紀末則僅次菜園園工、[56] 木工等行業。[57] 既而，還有少數華人參與屠戶、漆工、船員等工作，更罕有的是收買獸皮的華人公司。[58] 1913 年的尋人廣告中，讀者還可發現當年還有同胞到此尋找海參為生。[59] 在加時孺治街經營拍照行業多年的華人林豪還在祖國政權易幟後繼續向華友招徠。[60]

有關華人報章上的洋人廣告

　　在 19 世紀至 20 世紀的頭二、三十年被視為排華熾烈的年頭裡，中國商號多不敢在西報上刊登告白，原因或在於避免增加同行競爭者敵視的目光。1893 年安益利號和安昌號聯名的農曆新年賀詞可算是極其罕有的代表，而目的除宣傳外，也如其賀帖的期盼："唐和蕃合"（見附圖 3.5）。[61]

　　《廣益華報》雖然是悉尼華人發行的第一份華文報章，但它與《東華新報》有異的，是在出版首周並無刊登任何廣告，至次周才有零星告白，往後廣告逐漸增加，初期又以宣傳洋人商品為主（見附圖 3.4）。由 19 世紀中葉後，華人不斷湧進澳大利亞，不少華工因華人婦女被禁制入境政策的影響而與白婦結婚生子，因而華人市場也漸被洋人重視；早於林豪照相店執業前，差利文洋人攝影公司在華報上刊登的廣告一直橫跨新舊兩世紀，說明當時梓里往返中澳固須近期照片，而久別重逢又將惜別的華人家庭，在妻兒短暫抵澳歡敘後，不免無奈地走進在佐治街上的影樓，留下婉約心間的闔家回憶。[62]

　　洋人商號廣告在早期已種類繁多，其中又因華人在金礦漸次掘罄後轉營菜園，故不少肥料包括經處理後的動物糞肥及科學肥料廣告都向華人招手，希望他們多加光顧，如 Jules Renard & Co.; [63] Paton, Burns & Co.; [64] The Colonial Fertilizers Company; [65] Harry Foster; [66] B & R Fertilizers Ltd.; [67] Carlyle Fertizer [68] 及 Anderson & Co. 等都不斷在華報上宣傳公司生產的有機肥料產品。菜籽公司如 William Carter & Coy.; [69] E.Horton & Co.; [70] Shepherd & Son; [71] Hilton Browne & Co.; [72] Anderson & Co. 均極力向華人傾銷（見附圖 3.6），後者幾是華報常客，其廣告說：

> 弟欲華人耕菜園者買好種蒔，晏打臣公司有此上好種蒔發賣。華人在鳥修威省並堅士蘭省有一半之多付信來弟定取種蒔。本店交貨時特付瓜菜版部一本，貨真價實。並無分枝別店，請認招牌為望。[73]

正因如此，不少洋人菜園都不斷招華工往耕，或將吉地租賃由華人開發，其中亦有整幅土田出售者。開拓菜園須伐大樹，甚至機械挖去樹根，故商機亦由此而生，[74] 鐵犁、草鏟固然大銷，以火油機打水、打草更能令勤奮華人的工作更具效率；[75] 而推銷泵水機器的公司亦覬覦菜園園工這龐大的市場。[76] 菜農間有飼養禽畜自供或出售，故有焗雞蛋機器的廣告向工人們頻送秋波。[77] 或者更實際的，是遠在市郊的華人採用那些運輸工具送菜入城販賣，Wright, Heaton Co., Ltd. 便向華人大力推薦他們出租馬車、代賃接駁火車的服務，James Rogers General Carrier 正是它的競爭對手之一。[78]

正如前述，華人木工曾一度威脅本土洋人傢俬業業界的地位，故向華人工匠兜售傢具合用的銅鐵零件大不乏人。[79] 此外，洋人有鑒於華工精於手工藝而欠缺先進的切割機械技術，於是頻向華工推廣各式切木、製木等機器，其中 H.P. Gregory & Co.; [80] Gibson; Battle & Co. Ltd.; [81] Burgon Sheep Shearing Machine Co. 等正是其中的表表者。[82] 至於工人欲購買便宜貨品裝嵌傢俬的話，S.H. Harris & Co. 夜冷市場便傳達絕佳的喜訊。[83]

　　華人人口自 1901 年澳大利亞聯邦政府實施入境管制政策後開始按年下滑，但華人店舖仍在市內林立，當中亦有不少吸引洋貨供應商的青睞，原因是部分華店亦兼賣洋人雜貨。如我們仔細觀察唐人土舖的訂貨清單，不難發現上至藥丸如 Beecham's Pills 下至糞肥如 B.B. Manure 均有供應，此外還有 Arnotts Biscuits 出品的餅食供顧客選擇。[84] 雖然未可謂百貨並陳，但由於價格相宜，總能吸引洋人光顧。在 1905 年排華人與排亞裔聯盟的會議中，出席的西人埋怨雜貨店生意被華人搶去時，若干在場西人即自承曾叮囑家眷光顧唐人土舖。[85] 在這段期間，華人經營洋式雜貨店者如位於左治街的威時頓公司（Western Confectionery Co.）可為代表；[86] 事實上，研究海外華人史的工作者雖在一方面披露了貧窮華工的苦況，但在另一方面卻忽視了不少華人或家庭式經營，或合股開辦雜貨店，都在租賃店舖、承接生意時較諸西人能付出更佳的價錢，他們腰繫的銅板固使不少洋人妒忌莫名，但也促使不少洋人店東願意放出手上的物業與生意，1903 年洋人雜貨店在華報上刊登放盤廣告正是一例。[87] 至於售賣咖啡、麵粉、麥片、茶葉的西人商號如 John Gillespie & Co. 早在《東華新報》上向華人揮手示好，[88] J. H. Love & Co. 也同樣希望它的茶葉、咖喱粉與雜貨能另闢蹊徑，藉此增廣客源。[89]

　　麵粉雖是西人主食必用原料之一，但為着爭取生意，生產商不惜在華人社區一試虛實，[90] 洋人醬油咪亞時（Moir & Sons）與李晏批倫（Lee & Perrins）等亦抱相類心態；[91] 食品如新鮮由昆士蘭運抵的豬牛肉正是一例，宣傳內容還指"今接冬節火腿，隨時付寄"，[92] 原文固出自中國報人之手，卻充分反映了洋人店東的誠意。其他罐裝肉食也常於華報上登載廣告，[93] 咩祿味牛奶（Milkmaid Milk）甚至在告白內宣稱該產品極多中國人飲用，[94] 而洋蔥專賣店，[95] 甚至販賣食鹽的公司也意欲在這曾蓬勃的社群中分一杯羹。[96] 除 Arnotts Biscuits 外，Aulsebrook & Sons Ltd.、Hardman Brothers Biscuit Industry、Hackshall Biscuit 等餅乾廠更早在 19 世紀末注意到華人社區的需要，與時並進地加入角逐這小市場的競賽之中。[97]

在爭奪日用品傾銷上，呲頓巴剌打（Paton Bros）很快便企圖打進華人社區。一般從事粗工的華友在潔淨身體、衣服、廚具、機器、船隻與馬房時俱需用肥皂，該公司看準市場需要，向華人宣傳它宜溫宜冷，能滌潔百具，且能醫治澳大利亞乾燥氣候引至"手足皸裂"的花列備蘭番梘。[98] 其他如零售、批發乾柴、煤炭等數之不盡的公司都曾在華報上各展伎倆，吸引華人的注意。[99]

至於洋人五金雜貨店內各款銅鐵器皿、門柄（把）、檯腳、輪皮膠、機油也紛紛緊盯着華工們的口袋，[100] 適合木工與傢俬匠採用的銅較（鉸鏈）、[101] 果菜農人不能或缺的鐵桶、水喉、各款新舊機器也可在位處 Druitt Street 的 S. Zollner 訂購。[102] 從 John Broomfield 的廣告中我們還可推知在世紀之交華人船工、漆工尚存一定數量：

> 噂波隆非在雪梨沙昔街 152 號門牌，發賣把確晏迫深扁油。該油乃油木料、鐵器、屋宇、船艇及馬車之甲。已獲賞金牌多次。又自辦船上器皿，凡銅釘、船底銅、鐵纜、銅龍頭、帆布、繩索、花利士、咸列、紅粉、油灰、各色扁油，凡船中所用之物俱皆齊備。諸君欲察驗貨物者，請來觀看是荷。[103]

此外，購置商店或家居電器，[104] 裝修電燈、修理電器或安裝電話，[105] 佈置裝飾如招牌、洋鏡、洋布、油添與裱花紙服務也相繼輪候在華人門外爭相效勞。[106]

老生常談的，是洋人傳來鴉片毒害國人，然而昔年悉尼也有西人藥商推銷其自製的戒毒新藥：

> 敬啟者：余自製有戒鴉片煙，凡每科價銀 5 圓，凡買用

需如法服之，煙癮易斷，誠戒煙之金丹，為遠近所交讚。[107]
當然與前者本質相同的，是後者亦旨在賺取華友的英鎊，只是兩者手法在正反之間迥然不同而已。既而，出洋華工多屬文盲，缺乏衛生常識，抵澳後更因水土不服，容易感染傷寒，嚴重者甚至致命，不少華人在 1919 年沾染世紀感冒而病死即為一例。[108]因此不少西藥商對這市場虎視眈眈，如 Dr. Sheldon's 咳藥水、[109]Wood's Peppermint Cure 傷風咳藥水、[110]Heans Essence 傷寒咳藥、[111]Woolph Wolfe's 藥料、[112]Tiger Salve 傷風膏、[113]Prund 傷風止咳藥 [114] 等都紛紛向華人宣傳自己的品牌。至於其他如 Salix Magnesia 消化餅、Dr.Williams' 補丸、[115]Celements Tonic 補身藥水、[116]A.M.S. 補藥、[117]Morris 眼藥膏或推薦 Rose 眼藥水的藥房、[118]Rexona 痔瘡膏、[119]Dr. Jones 止痛油，[120]甚至自驗花柳的英國藥水也不過是其中一小撮的例子而已。再者，新式健康用品在上世紀初已向華人廣為介紹，其中包括據稱能治各種痛症、積滯、風濕等病的電腰帶是當時的科技新猷，洋商亦不忘告知讀者盛和號木店中也有華人因職業上的勞損而光顧；[121]穿在鞋內據説能吸走體內毒質的健康腳墊和自稱能治風濕、酒風腳、傷寒、哮喘、跌傷、抽筋等症狀的神奇棉花亦欣喜地告知它的發明在各大藥房均有代售。[122]

　　至於身罹重疾致令群醫束手，不幸藥石無靈的華友，洋人殯儀服務亦樂於大開方便之門。[123]昔年經濟充裕的華商家人往往把去世的先人靈柩附運回國安葬，1892 年維記號店東的遺體在公祭後，即由天安輪載返祖家入土為安。但大半華工在逝世後都暫葬於鄉鎮或市區外圍墳地，待各同鄉會數年一度拾骨還鄉的呼籲，在梓里奔走相告下，便一併起出數十，甚至百數以上分葬各處的遺骸寄船回鄉，正因有此確認死者身分的需要，在碌活（Rookwood, N.S.W.）墳地的石匠們即提供了後援服務！[124]

　　在《廣》、《東》報上刊登的大批洋酒廣告，反映了華人社群的好尚，也同時檢視了他們的生活舉隅。承接前文所指，散居各鄉鎮的華人缺乏家眷相隨，生活鬱悶，往往寄情於賭博、吹煙、嫖妓與酗酒，對若干華人來說，諸種不良嗜好甚至是四位一體的；讀史者在翻閱昔年朝野的記載之際，不難發現在菜園工作的華人於周末自市郊入埠喫酒遣興，他們光顧酒吧的目的還可能是找常駐酒肆的洋妞相伴，喫的無疑是洋酒。華報中的 Beck's Lager;[125] Wolfe's Schnapps;[126] King George IV Whisky;[127] Haig & Haig's Scots Whisky;[128] Sandersons Scotch Whisky;[129] Black & White;[130] Peter Dawson's;[131] Catto's Gold Label 等威士忌;[132] Tanunda;[133] Penfold's Hospotal;[134] Martell 拔蘭地;[135] Gilbey's Dry Gin 及紅酒如 Thomas Hardy;[136] Lindeman[137] 都是其中數之不盡極力向華人飲家推銷自家產品的酒廠。[138] 秦淮明月，臨湖女仙，旨要不在乎招攬望鄉賽途的天涯孤客，卻着意兜搭鞋襪尋香的平康浪子，繼續沉溺於歌舞糜爛的花國酒場之中。其間，悉尼的酒店與酒肆不斷向華人廣為招徠，如佐治街的 Harry Walters；Prince of Wales Hotel 及 Larkin's Hotel 在華報上仔細地介紹各種洋酒價格。[139] 加時蘊治街的 Freemason's Hotel，[140] 同街的 Thomas Liddell、Golden Fleece Hotel、矜布街的 The Roosevelt Hotel，[141] 酒商代理如 George Morgan & Co. Ltd. 等尤其重視華人酒客的惠顧。[142] 正因酒不離煙的習慣下，衣古煙仔、華毡連製煙廠、覓閃門煙店等，[143] 都是華報廣告客戶之一。

　　在各鄉郊工作的華人每周或數周一逢進城尋樂，加上市內固有的華人人口對當時市內的劇院與娛樂場來說是一股不可忽視的消費力，戲院對拉攏這批客人也巨細毋遺，一攬包收。位於希孖結的 Hippodrome、[144] 加時蘊治街角的纍爐戲院（Theatre Royal）、[145] 梯扶厘戲院（Tivoli Theatre）、[146] 咇時街的 Her Majesty's Theatre[147] 及 Criterion Theatre

等每有新劇上演，[148] 必向華人大力宣傳。1903 年世界首部商業電影面世後，影畫也陸續抵達澳大利亞，位於佐治街上的 The Hall of Amusements 在 1905 年大力推薦日俄戰務的影畫，吸引不少一時仇俄的華人觀賞。[149] 希街的 Haymarket Hippodrome 宣傳來自美國的 *The White Slave or Freedom's Flag*、*With the Colours* 及 *Thunderbolt* 等電影。[150] 在矜步街與佐治街的 Alhambra，則以歌舞為主，背景配以電影吸引觀眾。[151] 此外，偶有馬戲雜耍團抵埠亦向華人招徠一番。[152] 較閒適寫意的遊樂可選擇到那梳（悉尼北岸，North Shore）乘船觀賞海岸景色，然後在奇厘乎頓加頓（Clifton Garden）一帶嬉戲。[153] 以上廣告在商言商是拓展商務，但在都市次文化上同樣扮演着融薈東西兩方的角色。

　　在衣飾文化層面上，Hedgecock & Cowan 是向華人推銷皮製馬上用品的馬衣專門店，他們的積極意慾可從該公司通過存放在華人土舖泰昌與和隆的推廣傳單中得知，語言不通的華友還可攜同其破舊馬衣到上述華人雜貨店代轉修補。[154] 當讀者們慨歎昔日華洋貿易的便利時，若回溯其源頭，早於 19 世紀末《廣益華報》面世之際，已有洋皮具商意圖染指華人市場。[155] 當然，我們難以確信每周才一至華埠的華工們可以趕上洋人時尚裝扮的潮流，但經濟收入穩定的華商與在本土出生和受教育的第二代華人卻不難辦到。當時不少洋人商號，如裁縫店、衣帽店等都希望唐人惠顧，如 Everitt & Jones; Mark Janning Tailor; [156] The Panama Hat Co.; [157] Lowe's; [158] Winns Ltd.; [159] The L & M. Tailoring Co.;[160] John Hunter; City Boot Palace; [161] The City Hat & Shoe Store;[162] Edward Fay[163] 等等，早在 19 世紀末過渡 20 世紀初頻向華人大送秋波。著名百貨公司如在 Hyde Park 轉角的 Mark Foy's Ltd.，[164] 或在卑力非希路（Brickfield Hill）的 Anthony Hordern & Sons Ltd. 也樂於看到華客的光臨（見附圖 3.9-3.11）。在咇時街的 Clement Lewis 還向華人推薦其度身訂造的燕尾禮服，[165] 相信必有華商躍躍欲試。

　　在密如繁星的廣告欄中，其他殷切地等待拓展華人市場的洋商仍多得不可勝數。悉尼鐘錶商人頗知華商屯積貨財，於《廣益華報》於1894 年出版之初，和打巴兀時錶行（Waterbury Watch Company）已整幅誇揚其精工細琢的計時錶（見附圖 3.12），繼後的 W.J. Proud 亦商機恐後，寸土必爭。[166] 與此同步的，是珠寶手飾等奢侈品紛紛成為洋商在華人報章上向這些異地來客推介的時髦玩意，[167] 不少妻兒都在中國的華人在回鄉省親時多在該類店舖預購精品。至於閱報過快的後來者，可能就此讓宣傳玩具的廣告在密麻的小方塊中靜默地溜走，昔年留澳的中國，甚至混血的兒童數目有限，說明洋商除不吝爭奪本土華童的歡心外，他們展望的大宗買賣可能便是由回唐省親的華人所促成！一只洋娃玩具或土製木偶看似浪費了腰間的銅板，但卻代表着長年離家的父愛永伴跟前，相信沒有太多的歸僑忍心婉拒店東的笑臉。[168] 由此派生的洋人古玩、皮具、金銀器皿等店舖也相繼張開臂膀來歡迎華客的光臨，買主自然不會錯過向鄉親們炫耀成就的機會。[169]

　　從返鄉省親一事，讀者自然聯想到往返中澳的交通工具問題，在德、日、英、澳諸國註冊的梘船與火輪都力邀華友踏足他們的甲板並享受其設施。[170] 輪船飄洋過海，易生危厄，洋人保險業亦乘勢向華人獻上殷勤，有關中澳貿易、船運與海上保險問題將後文討論。

　　除上述鐘錶、手飾消費品外，鋼琴、留聲機、傳聲機等也陸續向華人展開宣傳攻勢。[171] 縱使在當時主流社會裡，華人社區僅是少數社群，但在 19 世紀末洋人已在華報上推銷自行車，[172] 1916 年更有"毛打電車"（motor car）商人向以馬車或公共電車代步為主的華人招手，[173] 4 年後，汽車零件公司也向唐人毛遂自薦，當然，在這類廣告中也包括換輪胎服務的公司在內。

　　華人初抵澳大利亞者，莫說法律條文，縱是英語亦往往一知半解，悉尼北岸便有西人教授華人英語交談及商業會話。[174] 留澳華人一旦涉及刑事或民事案件時，同胞亦愛莫能助，由此衍生的，便是洋人法律顧問擔任他們的法律代理，[175] 而亟候唐人光臨的還有處理稅項的會計師。[176] 至於西醫、牙醫等也極力吸納這嶄新市場內的客戶，華人報章自然成為他們自我宣傳的最佳園地。[177]

有趣的是，讀者們不難發現洋人彩票"撻打士馬票"告白（見附圖 3.13），內中指出為擴展生意，馬票廠還發行小額彩票給資金周轉不靈的華人購買，[178] 但他們未必知道廚師華勝曾於 1902 年和黑人夥伴合資購票，並幸運地得中頭彩 6,750 鎊的事件。[179] 而筆者在本段落結束前，選擇了兩宗風馬牛不相及的廣告作為其他不入流的代表。其一為洋人押店，當華工們在同胞圈子裡再尋覓不到賭金來源時，洋人押店將是他們最終的選擇，在 20 世紀蒞臨前後的歷史片斷中，於加時蘆治街的 F.H.Beckmann、[180] 佐治街的 Ellis Davis[181] 與 Haymarket Loan Office 的櫃枱間或能找到他們徘徊的蹤影。[182] 當然，在同一時間裡，洋人討債公司也不徐不疾地細訴着他們存在的價值。[183] 其二是傳教士告白，如：

> 保羅後書（七）："又令你哋受難嘅。同埋我哋得曉安樂，在主耶穌共屬佢權柄嘅眾天使就大顯現之時。（八）在焰火中加刑過唔識神，唔服我主耶穌福音嘅。（九）佢地受刑，就永遠滅亡，離開主面前與及佢大能幹嘅榮光。"[184]

除說明留澳華人的縣籍和教育水平外，在他們漂泊無依，孤立無告或走投無路時，宗教信仰未嘗不是另類的出路。

由廣告剖視社會現象及其深層意義

19 至 20 世紀之交，唐人土舖與果欄、洗衣店等向外擴張情況令主流社會大感不安，其中以 20 世紀時已拆毀的域士佛街為例，自 19 世紀以來一直都是白人聚居的地區，19 世紀末華人迅速取得該接近衿布爐街的小街控制權，白人商店大半被迫撤出；[185] 該街共 63 家商戶，百分之六十以上的經營者或租賃者都是華人。茲列簡表如下：

域士佛街（Wexford St.）華人店戶分佈表

門牌	街道座向	店號	譯音
1	左	Ah Nim	阿念
2	右	Yee Sing	義成
19	左	Moy Sam	美新
21	左	Chong Kay	莊記
23	左	Ah Sing	亞成
25	左	Quong Hing	廣興
27	左	Hong Lee	康利
28	右	Ah War	亞和
29	左	Tom Lee	湯利
30	右	Lee Sung	利順
31	左	Ah Sam	亞森
32	右	Duck Lee	德利
34	左	Ah Quong	亞廣
35	右	Ah Sin	亞冼
39	左	Geo Ping	祖平
40	右	Han Nam	漢南
41	左	Lin Pan	連平
43	左	Hon Kum	漢錦
44	右	Ah Chow	亞周
45	左	Quam Lee	錦利
46	右	Chann Lee	陳利
47	左	Khong War	廣和
49	左	Hay Kee	曦記
50	右	Surk Tin	石天
51	左	Nam Kee	南記
52	右	Jang Quoy	金財
53	左	Mow Lee	茂利
54	右	Kong Sing	公誠
55	左	Sun Lee	新利
56	右	War Lee	和利
57	左	Chung Kee	忠記
58a	右	Young Chia	揚仔
58b	右	Young Lee	揚利
60	右	Ah You	亞佑

以上統計僅是按域士佛街左右兩旁的舖面註冊商號計算，至於面

積稍大的華人商户往往在舖面分割成二至三間，內中分租給其他梓里經營別業尚未計算在內。幸勿忘記的，是在這華店高度密集的街道上，在左邊由 7 號至 15 號共 5 個單數門牌並無任何店户，這處僅有小巷 Goulburn Lane，唯一的建築物便是華人聖公會教堂（Chinese Church of England）！ 1901 年前後除 37、38 號舖空置，59 號拆卸外，在佔用的 60 家地舖中，僅餘 26 家非華人店舖，其中兩家註冊不明，4 家店號或非洋人所有，[186] 可説域士佛街在 19 至 20 世紀之交不只是華人聚腳點，甚至是華人在市內幾與唐人街地位等同的社區。然而，域士佛街也是當時聞名的藏污納垢之地，街內煙檔、賭館、妓院林立，既是警察 "捉攤" 的焦點，也常在西報上 "揚名"。

此外，值得大家關注的，是不少華人商舖屯集的另一中心的臣街（德信街，Dixon St.）與其外圍沙昔時街，在 1910 年前後還因域士佛街拆卸重建而逐漸成為今天的唐人街。此地位置稍北，與域士佛街還有一段頗遠的距離，但若從地圖鳥瞰下，當時華人商號的擴散不獨成行成市，間接驅走洋人商户，並進佔其舊店，且繼續伸展其勢力，在白人世界的視角中，華人正在市內各街道攻佔據點，並有計劃地把箱形攻勢網逐步連結，令他們幾無立足之地。

若按 1891 至 1901 年希孖結市場與其外圍的華人店舖、貨倉與居住的分佈情況來看，於 1891 年該區域約共 718 家門牌，除若干銀行、酒店外，其他均是華洋商號，屬於華人經營的約 64 家，佔該區商號 8.9%；既而 10 年後，同一地點的華人貨倉、工場、商店連住宅已有 80 家，較 1891 年上升 2.23%，佔當時商號 11% 以上，[187] 主因是在 19 世紀末大批華人蔬果店和果欄雲集此處，形成華店數目飆升現象。至於高路本街（Goulburn St.）、咇時街、加時孺治街、衿步街等均由 19 世紀末零星華店的散佈，加速疾奔，使人漸生不足十步必有台閣之感（可參考第 10 章，地圖 8，悉尼市街道簡介）。勾欄瓦市，馬行長街，白人在熙來攘往的囂鬧中驀然驚覺商户牌匾的更替，店東笑靨的陌生，不難臆度他們於剎那境遷間心理狀態的異變，難得的卻是市政府於世紀之交裡尚給予華人租賃買賣商舖的自由，而主流社會還在另一方面提供市場需要的支援作用！

　　站在研究者的角度來說，華人社群由約三、四萬人大幅下跌四分一以上，確與澳大利亞政府收緊入境條例有關，這也和華洋間主客之誼因利益衝突劇化有莫大關係。然而，在商言商來說，大量洋人廣告在華報出現，說明在另類白人商户與專業人士眼中，於原始物料如種子、木材，於更高級的工業像機械、音響、汽車；消閒如洋服、洋酒；專業知識像法律、會計、醫生、藥劑業上並無競爭能力的華人倒是上佳的顧客。[188]此外，上文例子尚證明部分與唐人土舖存在競爭的洋人同業也曾試圖打開華人只光顧中國同胞的缺口；1903 年甚至有洋人新店為着強化在華人社區的業務，特意邀請居澳的中國畫工繪上唐代郭子儀（697-781）、明代人馬爭戰或仕女圖為背景，印製數千幅圖畫加以宣傳，並在兩周間派罄。[189] 若撇除主流社會與華人小社區間必出現不均衡廣告攻勢的因素，那末在粗略統計下，洋商廣告的數目遠超華商，在一定程度上說明他們力爭這些南來的客人並不存在文化有別、膚色有異的種族問題，卻只計較有無利潤可圖的市場問題！

本章小結

　　傳統中國學者在面對華洋問題時，動輒觸及形而上的思想考慮，或提升至意識形態的水平，昔日夷夏之辨始啟其端。然而道器之間的取捨，往往在於通變，一切善法皆以民生為本。《易經・繫辭》有云：

　　　　形而上者謂之道，形而下者謂之器，化而裁之謂之變；

推而行之謂之通，舉而錯之天下之民，謂之事業。[190]

如果讀史者認定文化是相互影響的話，那倒不如乾脆承認經濟上相互吸引的實際效益，較遠形而上的道為直接；如果論史者認定文化融和是需要時間苦痛地煎熬的話，那末，減免煎熬的，或當就以相對地形而下的經濟作為那迂迴時間的嚮導。讀者既知當年的華人被不少洋人所歧視與排擠，但在同時，大家亦找到其他洋人願意幫助受欺華人的例子。[191] 在諸種佐證下，我們或可以說，百多年前的悉尼，不可能是個一面倒排華的地方。既而，從不斷的經濟個案中，使我們更清楚地了解昔年華洋的貿易交往，不必就較今天遜色，這間接也令大家進一步了解昔年於南國異鄉中同胞生活的真正面貌。

附圖 3.1　合和號廣告 [192]

Way Key, the Chinese Merchant,
Who died August 22, and whose embalmed remains were lately conveyed to China by the Tsinan.

附圖 3.2　維記號店東遺照 [193]

附圖 3.3　寫上"望重華夷"及"天涯知己"旗幡率領維記號店東的殯儀儀仗出遊
　　　　　至約街情況 [194]

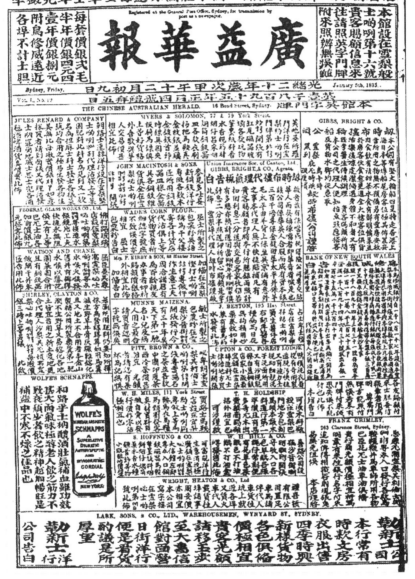

附圖 3.4　《廣益華報》首頁內的洋商廣告 [195]

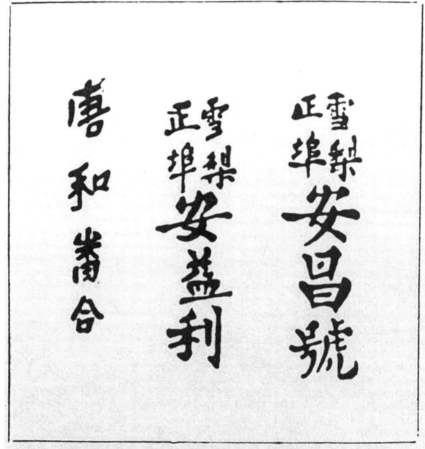

"Goodwill and fraternity between
Chinese and Europeans"

附圖 3.5   悉尼安昌號和安益利號於春節期間在洋報上的宣傳廣告 [196]

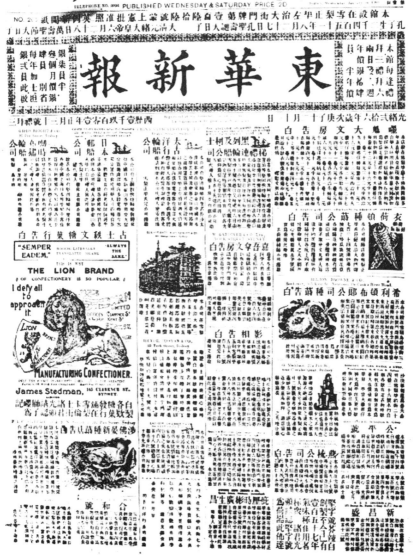

附圖 3.6　《東華新報》種蒔商號等廣告 [197]

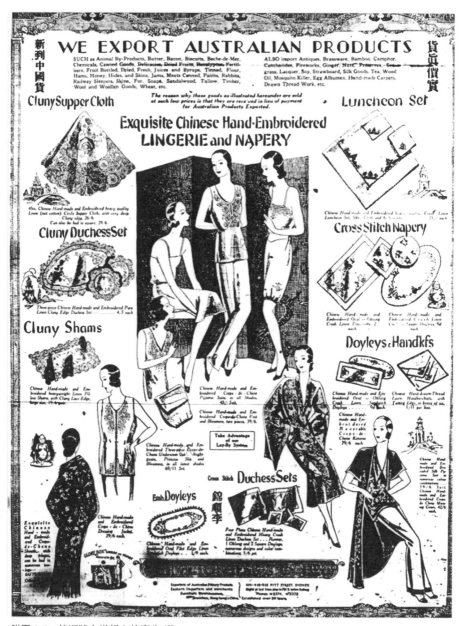

附圖 3.7　錦順號在洋報上的廣告 [198]

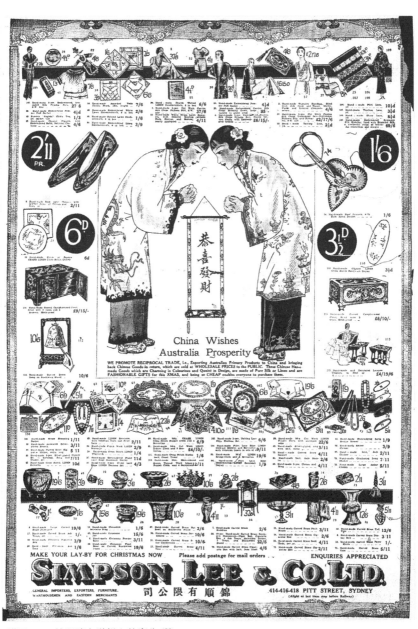

附圖 3.9　Anthony Hordern & Sons 廣告 [200]

February 16th, 1907　The Chinese 廣益華報 Australian Herald　第弍頁 2

W. GARDINER & Co., Ltd., 70 York-st, Sydney

加頓那洋行告白

綾羅綢緞

時款疋頭

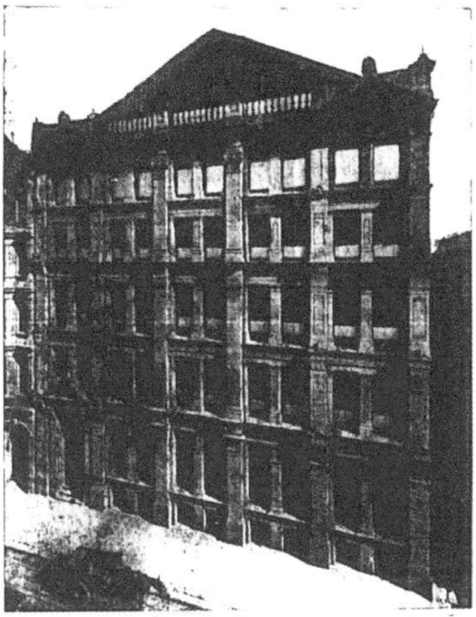

加頓那洋行

加頓那洋行有限公司設在雪梨約街並具鏬倫士街開張專辦各色時款花樣文房布疋所有貨物合大小文房店發沽者即如白竹布洋布裡布花洋布洋紫花布布帳火爐頭布被單加紗布冲縐紗紗羅小絨佛鷳仁斜紋布絨面雨衣各款油布各色印花綾羅綢緞大小男女內外新衣女人小衣圍裙及錦繡時花各色絲帶褲帶頸帶又有洋毡地毡大小毡帽女人使裝帽紙花裝帽羽毛大小面巾汗巾男女時款雨遮紙料傘鏍刀叉利器傢器時款公仔頑耍物件中國日本磁器缸瓦皮包皮槓俱全貨眞價實格外相宜請求諸君留心光顧耑此佈達

加頓那洋行謹啟

凡有賜顧買貨者銀期務求照雪梨埠行商公會之規條銀期交易買貨之後十日內將銀付到本行支結順送回扣頭銀三厘半每月十五號以上交銀送回扣頭銀三厘十五號以後交銀送回扣頭銀二厘半如照買貨之後下月交銀則送回扣頭銀一厘半或四個月後交銀則要寫欠單且無扣頭送回另要週息一分計算且士担使用要買客自理此達

附圖 3.10　W. Gardiner & Co., Ltd. 廣告 [201]

附圖 3.11   Mark Foy's Ltd. 廣告 [202]

附圖 3.12　Waterbury Watch Company 廣告 [203]

SUPPLEMENT,
THE CHINESE AUSTRALIAN HERALD.

BOX No. 130,
GENERAL POST OFFICE,
BRISBANE, QUEENSLAND

本馬票廠黃字門牌

March 1st, 1895.

大廠馬票告白　欲得橫財請來賜顧

挺打士大華馬票廠在庇利時濱埠及烏施倫埠為本年大慶待開票之日延請我華人觀看前與華商敘議本公司所賭花紅銀除清盤賞若餘多少將來救濟危急貧民以作復採修德善與人同者也今見世情淡薄故此另設小廠馬票每条收銀二元半大廠每条收銀五元此乃相就買家易得投買也茲將各場歐式列名如有欲獲採者請為光顧當加士打

級一廠擬期本年四月十三號即華曆三月十九日在蘭域賽馬是場有馬入場者有採銀七百五十磅二名得採銀七百五十磅三名採銀五百磅其餘有馬入場者亦有銀五百磅照份均沾有馬不入場者亦有銀五百磅照份均派另有二十五名每名得賞銀十磅又有一百名每名得賞銀

收票二萬五千条首名得採銀二千五百磅二名得採銀七百五十磅三名採銀五百磅其餘有馬入場者有採銀五百磅照份均沾有馬不入場者亦有銀六百二十五磅照份均派另有五名每名嘉賞每名得銀二十五磅又有一百名每名得賞銀

又哥非路級定期十月十九號即華曆九月初二日在哥非路賽馬每条收票五萬条首名得採銀二千五百磅二名得採銀七百五十磅三名採銀五百磅其餘有馬入場者有銀六百二十五磅照份均沾有馬不入場者亦有一百名每名得賞銀

又琪厘畔級一廠擬期十一月五號即華曆九月十九日在父琪厘畔賽馬每条收票五萬条首名得採銀五千磅二名得採銀二千五百磅二名得採銀一千五百磅照份均派有馬不入場者亦有銀一千二百五十磅另有二十名每名受賞銀二十五

路賽馬每条票收銀二元半共收票五萬条首名得採銀二千五百磅照份均派有馬入場者共有銀一千二百五十磅另有十名每名得賞銀五十磅另有一百名每名賞銀畔四

廉名頒賽馬每条收票收銀五元共收票五萬条首名得採銀一千二百五十磅另有十名每名嘉賞每名得銀五十磅又有二十名每名受賞銀十磅另有一百名每名賞銀二磅半

三名採銀一千二百五十磅照另有十名每名得銀五十磅另有二百名每名受賞銀二磅半

所有規條歐式招紙已有列名若逢場票未收夠須者謝教照數均派所得採銀本公司照例扣花紅一分以作使用也本公司自始創已來交易純實並無私心串獎等情　諸君賜

顧欲獲採者祈早付信落票可也倘有懷疑幸勿賜教是所厚幸焉　此佈

附圖 3.13　Tattersall's Consultations 馬票廠廣告 [204]

註釋

1　《東華新報》在 1898 年 6 月於悉尼創刊，而戊戌政變發生於該年 8 月。

2　見《廣益華報》（澳大利亞‧悉尼）（以下簡稱《廣》），1896 年 1 月 3 日，頁 7，〈雪梨正埠德興號廣告〉條。

3　見《廣》，1896 年 9 月 4 日，頁 6，《〈廣益華報〉主人廣告〉條。

4　見《東華新報》（澳大利亞‧悉尼）（以下簡稱《東》），1898 年 6 月 29 日，頁 1，〈Goon Ping & Co.〉、〈Wing Hing Tiy & Co.〉等條（見附圖 3.1）。

5　香港元發行是該公司總理人，公平號是悉尼埠代理人。見《廣》，1896 年 1 月 3 日，頁 8，〈The Chai On Marine Insurance Co. Ltd.〉條。

6　見《東》，1898 年 6 月 29 日，頁 1，〈Lark, Sons & Co.〉、〈Sun Sam Choy〉、1900 年 1 月 17 日，頁 3，〈Waterson Liang & Bruce Co. 廣告〉等條。

7　見《東》，1898 年 6 月 29 日，頁 1，〈S.C.B. Dockson & Co.〉、〈Way Kay〉、〈King Hing & Co.〉條。

8　見《東》，1901 年 1 月 23 日，頁 3，〈Quong Hing Chong〉條。

9　見《東》，1899 年 10 月 14 日，頁 3，〈Yee Sang & Co.〉條。

10　見《東》，1898 年 6 月 29 日，頁 1，〈Hop War & Co.〉、〈Kwong Mow On & Co.〉、〈Gee Ick & Co.〉等條。合和號除辦唐番什貨，售賣糖薑、毛扇、文房用具、磁漆等器，甚至包辦伙食外，亦有接華人信金回鄉的服務。此外還有中式成衣如元青仿袖大襖、銀灰官紗大襖、紅莨蟣綢對衿雞翼衫、雪灰浸水官紗汗衫、雪青大紡綢褲與各種林林種種紡紬官紗正頭出售，嚴格來說是一所小型百貨公司。見《東》，1899 年 9 月 23 日，頁 3，〈合和號時款新衣〉條。

11　廣安號是供應銅鐵鎖較（鉸鏈）、油漆、沙紙、瓦片、木材與各種建築器皿的商舖。見《東》，1904 年 5 月 21 日，頁 3，〈Kwong Hon〉條。

12　見《東》，1898 年 6 月 29 日，頁 1，〈Hing Chong & Co.〉條。

13　見《東》，1899 年 10 月 7 日，頁 3，〈Quan Lee & Co.〉條。

14　見《東》，1900 年 1 月 17 日，頁 3，〈Fong Lee Jiang & Co.〉條。

15　見《東》，1898 年 6 月 29 日，頁 1，〈Mow War & Co.〉條。

16　見《東》，1898 年 11 月 26 日，頁 4，〈Goon Lee Shing & Co.〉條。

17　見《東》，1898 年 11 月 26 日，頁 4，〈Wing War Hing & Co.〉、〈On War Jiang〉等條。

18　見《東》，1898 年 6 月 29 日，頁 1，〈On Chong & Co.〉條。

19　見《東》，1899 年 10 月 7 日，頁 3，〈Quan Lee & Co.〉條。

20　見《東》，1899 年 10 月 7 日，頁 3，〈招頂生意告白〉條。

21　見《東》，1898 年 6 月 29 日，頁，〈Wing Sang & Co.〉條。

22　見《東》，1898 年 11 月 26 日，頁 4，〈Wing On & Co.〉條。

23　見《東》，1900 年 2 月 24 日，頁 3，〈Wing Tiy & Co.〉條。

24　見《東》，1902 年 9 月 6 日，頁 5，〈Yee Sang Shing & Co.〉條。

25　歐陽慶、郭泉為合利號司事，該店專賣蔬果、唐番什貨、馬糧、牛骨灰等，並代沽飛枝與昆士蘭蕉果。見《東》，1902 年 10 月 11 日，頁 3，〈Hop Lee & Co.〉條。

26　見《東》，1903 年 11 月 7 日，頁 4，〈Man Chong & Co.〉條。

27　見《東》，1900 年 5 月 5 日，頁 3，〈承受生意告白〉條。

28　見《東》，1898 年 11 月 26 日，頁 4，〈Wing On & Co.〉條。

29　見《東》，1898 年 9 月 27 日，頁 3，〈Wing Sang & Co.〉條。

30　見《東》，1906 年 12 月 8 日，頁 6，〈The New Zealand Fruit and Produce Co., Ltd.〉條。

31　見《東》，1906 年 12 月 1 日，頁 6，〈舊金山正埠廣肇豐〉條。

32　見《廣》，1902 年 8 月 30 日，頁 6，〈匪徒行兇〉條。

33　見《東》，1904 年 5 月 21 日，頁 3，〈品芳樓廣告〉條。

34　見《東》，1904 年 8 月 27 日，增附頁，〈See Jan〉，域士佛街拆卸後，該店遷至 Foster St. 繼續經營（《東》，1910 年 9 日 24 日，頁 7，〈泗棧餅舖〉條。

35　見《東》，1903 年 7 月 5 日，頁 4，〈中華客棧廣告〉條。

36　見《東》，1910 年 2 月 5 日，頁 36，〈滿香棧廣告〉條。

37　見《東》，1906 年 12 月 15 日，頁 6，〈Tramway Tea & Grill Rooms〉、1915 年 1 月 9 日，頁 1，〈羅大順餐館客寓〉條，店主人羅大順（？-1923）在 1923 年初去世（《東》，1923 年 1 月 27 日，頁 7，〈鳴謝〉）。

38　北京樓樓高三層，中西餐酌俱備，後又特闢唐餐廳部分為舞池，以周三及周五晚上 8 時至 11 時半供客人入場跳舞，包括夜餐酒水在內，每位收費 10 圓半（《廣》，1919 年 11 月 29 日，頁 8，〈北京酒樓大開跳舞會〉）。該酒樓在 1920 年重組，仍在原址繼續經營。廣告宣傳指出新店特色 "專辦中西筵席，隨意小酌。中廚聘自香江，西廚來自法國，味堪適口，食品貴乎翻新，手巧擅名，烹調尤誇特異。此廚師特色一也。樓矗三層，堂分二座，案鑲雲母，畫繡針神，翠燈花屏，光華奪目。此陳設之特色二也。清歌婉轉，唱碧玉之歌，美女苗條，作天仙之舞。此助興之特色三也。有此三特色，敢與香海齊驅，居然澳洲屈指，希我僑胞，或則良朋密友，杯酒談情，或則喜酌公讌，瓊筵祝慶，一律歡迎，竭誠招待。唐餐由日 12 點起至夜 11 點半止，西餐由 12 點起至兩點半，5 點至 7 點半。"（《民國報》【澳大利亞·悉尼】（以下簡稱《民》），1920 年 4 月 10 日，頁 1，〈北京大酒樓新張廣告〉）。

39　悉尼上海樓於 1918 年 2 月中開幕，兼營中西餐，包辦筵席，並備有牀舖客房，招待往來客商（見《東》，1917 年 3 月 17 日，頁 7，〈上海樓新張廣告〉、1921 年 6 月 4 日，頁 2，〈上海樓廣告〉）。約在同時，墨爾本又有香港樓，專賣雲吞、餅食等小吃（《東》，1918 年 1 月 17 月，頁 7，〈香港樓廣告〉）。

40　見《東》，1920 年 1 月 10 日，頁 5，〈雪梨天津樓新張廣告〉條。天津樓位於衿步爐街，是合股經營的飯館，司理人歐陽南，股東有洪門歷史背景的致公堂領導黃柱（生存於 1920 年前後）、專賣中國成衣、傢俬的錦順號李汝福、華人木行與傢俬製造廠俊豪號的吳劍泉、唐人士舖新記號陳麟及均利號董直等。由於該餐廳佔地頗廣，且樓高三層，僱用不少員工，又因兼營中西餐緣故須聘用兩班廚師與廚工，開銷甚巨，它在 1919 年 12 月底開幕，但在次年 5 月已鬧出股東退股消息，並在華報上刊登警告大股東清理賬目啟事（《東》，1920 年 5 月 1 日，頁 7，〈退股聲明〉），同年 9 月，天津樓股東決定將全盤生意招頂（《東》，1920 年 9 月 18 日，頁 7，〈天津樓生意招頂〉），除經營不善與股東爭拗的理由外，生意遠不達預期理想可能是主要原因。天津樓放盤消息傳出後，即在該年 10 月生意重組，或在新股承頂下復業，營業範圍一如舊日。營業時間方面，西餐部由中午 12 時起至下午 2 時，稍竭後，下午 5 時復開至晚上 8 時休息，中菜廳服務時間自上午 11 時半起至晚上 12 時止（見《東》，1920 年 10 月 23 日，頁 8，〈天津樓新張廣告〉）。綜合北京樓與天津樓的資料或顯示昔年悉尼商業區內罕有洋人居住，或反映洋人早睡的習慣，卻表明中西式餐廳有其經營困難，洋人或只欣賞華人廚藝，但對華人經營的西式餐廳，甚至所烹調的西菜保持某種距離；反之來說，在悉尼市區內的中菜可能更受華洋人士歡迎，且至深夜尚有一定營業額。

41　廣東樓在 1918 年啟業，樓高三層，三樓為貴賓廳堂；該飯店只辦中菜，從告白中可知它除開辦筵席外，主要經營包點、糕餅與麵食生意（《東》，1918 年 8 月 31 日，頁 7，〈廣東樓新張廣告〉）。

42　第一次大戰期間歐洲海船幾全被徵用，澳洲本土船隻亦被徵調作運輸物資與傷兵之用，當時往來亞洲與澳大利亞的火輪多來自日本。正因外來物資減少，澳大利亞政府又實行電話監聽、外滙管制等戰時措施，故華商資金得以集中於本土，並以經營飲食業套現謀利。此外，從天津樓眾多不同行業股東組成值理的事例中，或可窺探華商藉集資機會，借用營運大酒樓來將部分瞞稅與其他不能公開的收入蛻變成為合法資金，反之且可將盈利報稱虧損而避稅；北京、天津等樓在開業後短期間便有股東退股、重組、賣盤，不一定全然與收入欠佳有關；這些飯館在華報上向外宣報放盤後，不足一月便立時新股承頂，並在原址新張繼續啓業，説明經營新興大型酒樓的背後，華人飲食業轉虧為盈或轉盈為虧的實況。

43　該尋人啟事以 Mrs. S.S. Bartley，"Walwera" 為下款，地址在 North Sydney, Lavender St.，相信該名 James Pan 的廚工是在西人餐館中服務（《東》，1911 年 5 月 20 日，頁 7，〈尋訪華人廚工告白〉）。在 1913 年的澳大利亞本土新聞中，又記述了華人廚師阿昌在鄉郊洋人酒吧料理膳食，因廚藝出眾，郡人大樂的報導（《廣》，1913 年 7 月 12 日，頁 5，〈華人廚工多令眾悦〉）。

44　見《東》，1905 年 9 月 9 日，增附頁，〈Hang Hong〉條。

45　見《東》，1911 年 8 月 19 日，頁 7，〈慈濟堂蕭冠標始創家製涼茶告白〉條。

46　見《東》，1900 年 1 月 17 日，頁 3，〈Kum Sing Cheng〉條。

47　1891 年在新省經營傢俬買賣的共 62 家，經營傢俬倉的共 40 家，全是洋人店舖。見 *Wright's Australian, India, China and Japan Trade Directory and Gazetteer: A Hard Book of Trades, Professions, Commences and Manufactures in Australian Colonies, India, China and Japan*（New York: Geo, Wright Publisher, 1891），p.127.

48　這些華人木櫃製造商包括店舖在 192 George St. 的 An Toy；282 Elizabeth St. 的 Chong Sang & Co.；230 Elizabeth St. 的 Lee Hing；213 Elizabeth St. Sun, Lung, Shing & Co.；222 Sussex St. Harp Lee Kee & Co.；430 Sussex St. Su Kun Loong；413 Sussex St. Sun Tiy Chong；91 Goulburn St. Man Sing；93 Goulburn St. Tack Lee & Co.；39 Nithsdale St. Moo Sing；1 Waxford St. Wong Quoon；29 Wexford St. On Lee；Ultimo Rd. San War On；37 Mill St. Sin Ty Yon；40-45 Dixon St. Sing War & Co.；380 Pitt St. Tack Luung；247 Castlereagh St. Tiy War & Co；301 Castlereagh St. Yee Lee & Co.；36 Hunt St. War Hing，以上均在悉尼市內。至於在市外周邊地區的有 170-176 Abattoirs Rd. Yee War & Co.；133 Morehead St. Redfern, Sun On Tiy & Co.；Botany Rd. Alexandria, Chun Lee。同上註出處。

49　見《東》，1898 年 6 月 29 日，頁 1，〈Hop War & Co.〉條。

50　見《東》，1898 年 6 月 29 日，頁 1，〈Wing Hing Tiy & Co.〉條。

51　1905 年華人黃鴻漢染花柳惡疾逾 20 年，得留澳醫師劉炳培治癒，特登報鳴謝。見《東》，1905 年 12 月 16 日，頁 6，〈敬頌良醫〉條。

52　見《東》，1910 年 6 月 11 日，頁 7，〈知醫花柳〉條。

53　何耀垣醫館在域士佛街，自稱能治內外科跌打、花柳、脹痛等症（《東》，1898 年 6 月 29 日，頁 1，〈Yew Foon〉）；林旭亦在同街，廣告中稱擅醫傷寒、刀傷、跌打、花柳等雜症（《東》，1900 年 1 月 17 日，頁 3，〈精醫告白〉）。生存於 1912 年前後，居處僻遠，或身患隱疾而不願面診的病人，甚至可憑信上羅列病徵及其希望治療的方法，與在 Little Hay St. 的中醫李學年聯絡，診金和藥物均可透過郵遞服務往還（《東》，1912 年 9 月 7 日，頁

7，〈華醫告白〉）。至於市郊如威士乜侖（Westmead? N.S.W.）同有專治花柳、跌打的劉菊秋駐診（《東》，1912 年 12 月 21 日，頁 7，〈同頌良醫〉）。

54　早在 1895 年鳴謝啟事中，讀者已知有陳初在悉尼醫治跌打（《廣》，1895 年 6 月 28 日，頁 6，〈敬頌良醫〉）。1902 年善治傷癆、咳血及哮喘的中醫李茂林在未拆卸的域士佛街應診（《東》，1902 年 8 月 23 日，頁 5，〈李茂林知醫〉）；1905 年以還，中醫黃聲琴駐芳利棧應診（見《東》，1906 年 3 月 12 日，頁 6，〈名醫代表〉）、譚亮南在哥羅士打街（Grosvenor St.）應診（《東》，1909 年 11 月 20 日，頁 2，〈恭頌華醫〉）。

55　《廣益華報》曾刊登譯音威士及架疇父打兩名洋人鳴謝中醫劉根治癒其腳患告白（《廣》，1896 年 1 月 3 日，頁 7，〈敬頌良醫〉），這或許是劉根的廣告宣傳，未能謬信屬實。但在 1910 年的新聞記載中，有華人醫生邵良悦醫治西婦致死被控謀殺而獲判無罪個案（《東》，1910 年 11 月 5 日，頁 7，〈華人醫生案〉），當然可懷疑的，是邵某或是西醫師而非中醫師。但同年又有自稱草藥師的華人因下藥失當令洋婦猝死，最終被控誤殺（《廣》，1910 年 9 月 24 月，頁 5，〈陪審入稟求放華醫〉）一例，確證當時實有洋人嘗試以中國醫術治病的例子。

56　在 1880 年後，隨着金礦漸次掘罄，不少華人合約勞工被遣返，但部分則投身在家鄉時已熟知的勞動，即種植蔬菜行業（Market Gardener）。1891 年在新南威爾士省合法開採的華人礦工共 1,947 人，至 1901 時已跌至 1,019 人，維多利亞州有著名的巴拉辣（Ballarat）與品地高（Bendigo）兩大礦區，但人數也由 2,181 降至 1,296，至於昆士蘭也由 878 下降至 657。反之，參與種植的華人卻有增加趨勢，1891 年新省菜園有 3,841 華人參與工作，維省有 2,104，昆是氣候温和，更宜種植，華工共 2,564，1901 年白澳主義實施，各州華人漸次減少，但在新州各菜園的 3,564 人，維州 2,022 人與昆州 2,446 人仍於 14 項華人在澳職業排行榜上高踞首位（見 C. Y. Choi, *Chinese Migration and Settlement in Australia* [Sydney: Sydney University Press, 1975], pp.30-31）。

57　在 1891 年華人洗衣業以維多利亞省最為蓬勃，共計 74 人投身這新興行業，而新南威爾斯省只有 3 人，至 1901 年在維省的華人洗衣店從業員上升至 270，新省也有 68 人。反之，新省華人木工業方面較維省優勝，1891 年木行工人共 347，維省則有 246；至世紀之交時，新省與維省數目相若，前者 662，後者 620。此後澳洲一方面收緊華人復埠限制，一方面又加強對各行業的巡查，1903 年新州註冊華人木行下跌至 59 家，從業員 536 人，但在洋人木行工會抗議華人侵利並稟求立法限制工時後，四家較具規模的華店結業，木工人數下跌至 413 人（《東》，1905 年 11 月 18 日，頁 6，〈華人木行作工者注意〉、〈白澳洲可以無憂矣〉），至 1910 年工會巡查華人工作環境時，報告中提到華人木行共 66 家，洗衣店 18 家（《廣》，1910 年 4 月 9 日，頁 4，〈查控木匠作夜工〉），説明數個同時並存的事實：其一，木工與洗衣是首兩位最遭工會注意其工時限制與衛生條件的華人行業；其二，洋人工會經常要求地區政府監察華人行業；其三，華人木店、洗衣店確存在工作超時、衛生環境差劣問題，後者還曾偶爾被揭發外表佯裝洗衣店舖，內中實為賭館的罪行；其四，華人木業、傢俬行與洗衣店確因工資低廉、手工精細等優勢在競爭力上超越本土勞工；其五，各州政府因本土勞工的伸訴而被迫加強對華店的巡查與執法；但與此同時，政府也深徹了解市場需要，故禁令時張時弛，至有木行數目在數年間回升的趨勢。

58　見《東》，1913 年 5 月 17 日，頁 1，〈收買獸皮〉、1919 年 1 月 25 日，頁 7，〈Thos. Pan Kee〉等條。

59　見《東》，1913 年 8 月 16 日，頁 7，〈錦成號尋人告白〉條。

60　見《東》，1911 年 12 月 23 日，頁 1，〈華人影相〉條。

61　見 *The Sun*（Sydney, N.S.W.），25th Feb.,1893, p.2. 縱使在 20 世紀 30 年代，西報上刊登的華人商店告白亦屬寥寥。由傢具木店馳名而轉營百貨業的錦順號是相對較多見的客戶，而華商較喜歡在聖誕與農曆年期間在西報宣傳（見附圖 3.7-3.8）。有趣的是在 Haymarket 經營博彩業的 Lucky Chang Chung 也向本地洋人宣傳光顧他店內的彩票，說明將他的幸運 "A Chinaman for Luck" 和顧客攤分（*The Sun*, 23rd July, 1933, p.42, "好彩 Lottery For You"）。

62　見《東》，1900 年 4 月 11 日，頁 3，〈Charlemont & Co.〉條。

63　見《廣》，1896 年 1 月 3 日，頁 1，〈Jules Renard & Company〉條。

64　見《東》，1903 年 11 月 7 日，頁 1，〈Paton, Burns & Co.〉條。

65　見《東》，1906 年 1 月 6 日，頁 3，〈The Colonial Fertilizers Company〉條。

66　見《東》，1906 年 1 月 6 日，頁 3，〈Harry Foster, Produce Merchant〉條。

67　見《東》，1915 年 7 月 31 日，頁 7，〈B & R Fertilizers Ltd.〉條。

68　見《廣》，1919 年 11 月 22 日，頁 2，〈敬告華友種植家〉條。

69　見《廣》，1896 年 5 月 8 日，頁 2，〈Wm. Carter & Coy〉條。

70　見《廣》，1896 年 1 月 3 日，頁 6、4 月 17 日，頁 6，〈Anderson and Co., Seedmen〉等條。

71　見《東》，1898 年 6 月 29 日，頁 1，〈P.L.C. Shepherd & Son〉條。

72　見《東》，1900 年 5 月 5 日，頁 3，〈Hilton Browne & Co.〉條。

73　見《廣》，1896 年 1 月 3 日，頁 6，〈Anderson & Co.〉條。

74　見《廣》，1916 年 8 月 19 日，增附頁，〈H.H. Hinds Ltd. 小物大用〉條。

75　見《廣》，1896 年 9 月 11 日，頁 7，〈Mclean Bros. and Rigg〉、《東》，1906 年 1 月 6 日，頁 3，〈R. Hornsby and Sons Ltd.〉等條。

76　見《東》，1906 年 1 月 6 日，頁 3，〈Tangyes Pumps〉。另有廣告說："凡用機器水泵以泵水，慳省人工及錢財，全園淋過亦不用多費資財，並不用多勞氣力。請各華友來信賜顧。耑此佈達"（《廣》，1911 年 2 月 25 日，頁 3，〈Gibson Battle & Co., Ltd.〉）；宣傳天基汲水機的更指其產品是菜園必用之物（《東》，1911 年 11 月 25 日，頁 7，〈Water your Garden with a " Tangye"〉），其他可見《東》，1906 年 6 月 30 日，頁 6，〈John Danks & Son Prop., Ltd.〉等條。

77　見《廣》，1916 年 7 月 1 日，頁 3，〈R.Caston & Co.〉條。

78　見《廣》，1896 年 1 月 3 日，頁 1，〈Weight, Heaton & Co., Ltd.〉、《東》，1898 年 6 月 29 日，頁 1，〈James Rogers, General Carrier〉等條。

79　見《廣》，1896 年 8 月 21 日，頁 2，〈James McEwan & Co., Ltd.〉條。

80　見《東》，1911 年 8 月 26 日，頁 7，〈H.P. Gregory & Co.〉條。

81　該廣告說"係氏製木機器最新款，最廉節。此機本店最多在手刨、線刨，手板之機、天那喇字號之鋸、鑿、筍吼機器，本店行江常時等候貴客差委。到臨參詳，分文不取。本店主人啟。"（《廣》，1912 年 1 月 13 日，頁 3，〈Gibson Battle & Co., Ltd.〉）。

82　該廣告指其商品體積細小，操作淺易平安，永無失火之虞（《廣》，1912 年 1 月 13 日，頁 3，〈Burgon Sheep Shearing Machine Co.〉）。

83　見《東》，1909 年 7 月 31 日，頁 7，〈S.H. Harris and Company 敬告華人木店知之〉條。

84　見《東》，1898 年 7 月 29 日，增附頁，〈Chinese Shopkeepers' Order List〉條。

85　見《東》，1905 年 2 月 4 日，增附頁，〈仇視華人會之復活〉條。

86　見《東》，1902 年 4 月 26 日，頁 3，〈Western Confectionery Co.〉條。

87　見《東》，1903 年 5 月 9 日，頁 3，〈洋人雜貨生意出賣〉條。

88 見《東》，1898 年 6 月 29 日，頁 1，〈John Gillespie〉條。

89 見《東》，1905 年 12 月 9 日，頁 6，〈J.R. Love & Co.〉條。

90 見《廣》，1896 年 1 月 3 日，頁 1，〈Brunton & Co.〉、《東》，1906 年 12 月 22 日，頁 7，〈Dr. Waugh's Baking Powder〉、1913 年 6 月 14 日，頁 7，〈W.M. Leslie Limited〉條。

91 見《東》，1905 年 5 月 13 日，增附頁，〈John Moir & Sons Ltd.〉、〈李晏批倫豉油〉條。

92 見《東》，1906 年 1 月 6 日，頁 6，〈Queensland meat Export and Agency Co., Ltd〉條。

93 火腿等可見《東》，1906 年 12 月 1 日，頁 6，〈National Packing Co., Can Meats〉條、沙甸魚可見同報，1908 年 7 月 4 日，頁 7，〈White Bear Brand〉條。

94 見《東》，1905 年 5 月 27 日，增附頁，〈Milkmaid Milk〉條。

95 見《東》，1905 年 12 月 9 日，頁 6，〈Walker & Oxby〉條。

96 見《東》，1906 年 12 月 1 日，頁 6，〈D.A.B. Stuart & Co.〉條。

97 見《東》，1898 年 11 月 26 日，頁 4，〈Aulsebrook & Sons Ltd.〉、〈Hardman Brothers Biscuit Industry〉、〈Hackshall Biscuit〉等條。

98 見《廣》，1896 年 1 月 3 日，頁 8，〈Ferret Brand Soap〉，其他香梘、工業梘廣告可見《東》，1911 年 8 月 26 日，頁 7，〈Sunlight Soap〉、1912 年 6 月 29 日，頁 7、1913 年 2 月 8 日，頁 7，〈Carrington Soap Works〉、〈至好新彊證衣番梘〉、1913 年 11 月 8 日，頁 7，〈J. Carr & Co., Ltd.〉等條。

99 見《東》，1905 年 12 月 29 日，頁 6，〈Locklet Bros, Wood and Coal Merchants〉條。

100 見《廣》，1896 年 2 月 14 日，頁 7，〈H. Campbell〉條。

101 見《東》，1905 年 6 月 24 日，增附頁，〈Walter Best〉條。

102 見《東》，1905 年 6 月 17 日，增附頁，〈S. Zollner〉條。

103 見《東》，1906 年 12 月 1 日，頁 6，〈John Broomfield〉條。

104 見《東》，1905 年 6 月 24 日，增附頁，〈Empire Electric Light Co. Ltd.〉條。

105 見《東》，1906 年 1 月 6 日，頁 3，〈Hoe T.T. Electric Fitting Co.〉條。

106 見《東》，1905 年 6 月 17 日，增附頁，〈J. Blane & Co.〉、1906 年 1 月 6 日，頁 3，〈F.Cotterell & Co., Mirror Manufacturer, Silverers, Bevellers and Brilliant Cutters〉等條。

107 見《東》，1903 年 8 月 22 日，頁 3，〈A.W. Thomas, Chemist〉條。1909 年，悉尼唐人舖公利盛也由中國運來各種牌子如桐君閣、林玉生、鄭德軒、梁天保戒煙丸、戒煙餅等發售（《東》，1909 年 4 月 24 日，頁 7，〈真料戒煙丸平沽廣告〉）。

108 1919 年澳大利亞流感肆虐，只上半年因染病者萬人以上，當年 4 月死亡人數平均每天 10 人以上，各埠華洋人士死於傷寒者日見於報，西藥商更藉此機會廣拓市場。有關華人染病死亡報導可見《廣》，1919 年 3 月 1 日，頁 2，〈華人染症斃命〉、〈華人須要潔淨〉、3 月 8 日，頁 2，〈傷風毒症四紀〉、3 月 15 日，頁 2，〈華人染病斃命〉、3 月 29 日，頁 5，〈傷風毒症七紀〉、4 月 5 日，頁 5，〈傷風毒症八紀〉、4 月 12 日，頁 2，〈傷風毒症九紀〉、〈不戴面具者被罰〉、4 月 19 日，頁 2，〈傷風毒症十紀〉等條。

109 見《廣》，1914 年 6 月 13 日，頁 5，〈鐸打些路頓新方妙藥〉條。

110 見《東》，1913 年 6 月 14 日，頁 7，〈Wood's Peppermint Cure〉條。

111 見《東》，1915 年 7 月 31 日，頁 7，〈Heans Essence〉條。

112 見《東》，1913 年 4 月 5 日，頁 7，〈和爐乎士納士（藥）酒〉條。

113　見《廣》，1918 年 6 月 22 日，頁 3、8 月 3 日，增附頁，〈Tiger Salve〉條。

114　見《廣》，1918 年 9 月 7 日，頁 4，〈Prund is a First Class Cure for Coughs & Colds〉條。

115　見《東》，1909 年 4 月 24 日，頁 7，〈韋廉士大醫生紅色補丸〉條。

116　見《東》，1918 年 3 月 2 日，頁 7，〈Clements Tonic〉條。

117　見《廣》，1919 年 5 月 10 日，頁 2，〈亞炎衣士聖藥〉條。

118　見《東》，1906 年 12 月 8 日，頁 6，〈H.A. Rose & Co., Chemist〉條。

119　見《廣》，1918 年 9 月 7 日，頁 7，〈Rexona〉條。

120　見《廣》，1918 年 10 月 12 日，頁 8，〈Dr. Jones Australian Oil〉條。

121　見《東》，1906 年 1 月 6 日，頁 3，〈Dr. Mclaughlin's Electric Belt〉條。

122　見《民》，1917 年 1 月 1 日，頁 26，〈Walking is Joyful if you use "BIFF"〉、《廣》，
　　　1918 年 10 月 12 日，頁 8，〈Wawn's Wonder Wool〉等條。

123　見《廣》，1897 年 4 月 23 日，頁 6，〈W.J. Dixon & Co.〉、1905 年 2 月 18 日，
　　　頁 6，〈The Funeral Parlors〉；《東》，1906 年 12 月 1 日，頁 6，〈P. Byrnes & Co.
　　　Undertakers〉、1910 年 5 月 5 日，頁 3，〈Coffill & Co.〉等殯儀、仵工等廣告。

124　見《東》，1906 年 6 月 30 日，頁 6，〈Edwin Andrews, Monumental Mason〉條。

125　見《東》，1909 年 12 月 18 日，頁 7，〈Beck's Lager〉條。

126　見《廣》，1896 年 1 月 3 日，頁 8，〈和露壺士衲釀酒〉條。

127　見《廣》，1913 年 9 月 6 日，頁 3，〈King George IV Whisky〉條。

128　見《廣》，1913 年 12 月 13 日，頁 7，〈Haig & Haig Scots Whisky〉條。

129　見《廣》，1913 年 12 月 20 日，頁 8，〈絲華卑威士忌酒〉條。

130　見《廣》，1896 年 1 月 10 日，頁 7，〈Cameron Bros.& Co.〉條。

131　見《東》，1913 年 4 月 5 日，頁 7，〈Peter Dawson's Whisky〉條。

132　見《東》，1909 年 4 月 24 日，頁 7，〈Catto's Gold Label Whisky〉條。

133　見《東》，1906 年 2 月 24 日，頁 7，〈Tanunda Pure Grape Brandy〉條。

134　見《廣》，1918 年 6 月 22 日，頁 3，〈Penfold's Hospital Brandy〉條。

135　見《東》，1913 年 2 月 8 日，頁 7，〈Martell's Fine Old Cognac Brandy〉條。

136　見《東》，1918 年 5 月 18 日，頁 7，〈Thomas Hardy & Sons Ltd.〉條。

137　見《廣》，1918 年 1 月 26 日，頁 10（？），〈Lindeman Limited〉條。

138　見《民》，1917 年 1 月 1 日，頁 20，〈基爐比乍醴氈酒〉條。

139　見《東》，1905 年 6 月 17 日，增附頁，〈Harry Walters, Prince of Wales Hotel〉、1911
　　　年 8 月 26 日，頁 7，〈Larkin's Hotel〉等條。

140　見《東》，1903 年 10 月 31 日，頁 3，〈Freemason's Hotel〉條。

141　見《東》，1905 年 6 月 17 日，增附頁，〈Thomas Liddell, Golden Fleece Hotel〉、
　　　1906 年 1 月 6 日，頁 6，〈The Roosevelt Hotel〉等條。

142　見《東》，1913 年 6 月 14 日，頁 7，〈George Morgan & Co., Ltd.〉條。

143　見《廣》，1896 年 1 月 3 日，頁 8，〈Mick Simmons〉條。

144　見《東》，1905 年 12 月 9 日，頁 6，〈Haymarket Hippodrome〉條。

145　其中如 Theatre Royal 向華人宣傳新劇 The Light's O' London（《東》，1906 年 11 月 17

日，頁 6，〈Theatre Royal〉），不久後其店東也趕忙在廣告上知會華友 *The Cotton King* 正在上演的消息（《東》，1906 年 12 月 8 日，頁 6，〈Theatre Royal〉）。

146　Tivoli Theatre 也是向華人宣傳歌劇，節錄其廣告如下："梯扶厘戲院開設在加士孺街，所有男女名優均自倫敦特聘而來。戲曲翻新，音調惟求乎高尚，藝術精美，聲音已震於環球。"（《東》，1906 年 12 月 1 日，頁 6，〈Tivoli Theatre〉）。

147　見《東》，1906 年 3 月 24 日，頁 6，〈Her Majesty's Theatre〉條。

148　見《廣》，1896 年 1 月 3 日，頁 6，〈Criterion Theatre　戲園告白〉條。

149　見《東》，1905 年 6 月 17 月，〈The Hall of Amusements〉條。

150　見《東》，1905 年 12 月 9 日，頁 6、12 月 16 日，頁 6、12 月 23 日，頁 6，〈Haymarket Hippodrome〉條。

151　見《東》，1906 年 12 月 1 日，頁 6，〈Alhambra〉條。

152　見《東》，1903 年 8 月 22 日，頁 3，〈Wirth Bros. Circus 馬戲奇觀〉條。

153　見《東》，1903 年 9 月 5 日，頁 3，〈Clifton Garden〉條。

154　見《東》，1905 年 12 月 23 日，頁 6，〈Hedgecock & Cowan〉條。

155　見《廣》，1896 年 1 月 3 日，頁 8，〈W.H. Miles〉條。

156　見《廣》，1913 年 4 月 19 日，頁 3，〈Mark Janning Specialist Tailor〉條。

157　見《廣》，1915 年 6 月 12 日，頁 3，〈草帽行廣告〉條。

158　見《廣》，1920 年 7 月 3 日，頁 5，〈Lowe's〉條。

159　見《廣》，1920 年 7 月 17 日，增附頁，〈Winns Ltd.〉條。

160　見《東》，1912 年 9 月 7 日，頁 7，〈The L & M Tailoring Co.〉條。

161　見《廣》，1897 年 8 月 27 日，增附頁，〈John Hunter for Boots and Shoes〉條。

162　見《東》，1912 年 8 月 17 日，頁 6，〈The City Hat & Shoe Store〉條。

163　見《東》，1906 年 6 月 30 日，頁 6，〈Edward Fay, Importer of Boots and Shoes〉條。

164　見《廣》，1916 年 8 月 26 日，增附頁，〈Mark Foy's Ltd.〉條、1917 年 1 月 27 日，頁 16，〈Mark Foy's Ltd.〉條。

165　見《東》，1906 年 7 月 14 月，頁 6，〈Clement Lewis, Merchant Tailor〉條。

166　見《東》，1904 年 5 月 21 日，頁 3，〈W. J. Proud, Watchmaker & Jeweller〉條。

167　見《東》，1906 年 3 月 24 日，頁 6，〈S. Mayer & Co. Ltd.〉、1912 年 12 月 21 日，頁 7，〈J.J. Ducmore〉、《廣》，1919 年 1 月 11 日，頁 14，〈The Consolidated Supply Company〉等條。

168　見《東》，1906 年 1 月 6 日，頁 3，〈Myers & Solomon, Merchants〉條。

169　H.Wolfson 在佐治街設店，店內尚有紙扇、火爐等發售。見《東》，1905 年 2 月 4 日，增附頁，〈H.Wolfson〉條。

170　有關輪船的圖片可參考本書〈政經篇〉第 10 章。

171　鋼琴廣告可見《廣》，1916 年 7 月 1 日，頁 3，增附頁，〈Pianola company Proprietary Ltd.〉。留聲機廣告見《東》1906 年 12 月 22 日，頁 7，〈Albert & Son, Music Stores〉、《廣》，1910 年 12 月 24 日，增附頁，〈Columbia Phonograph Co.〉等條。

172　見《廣》，1897 年 4 月 23 日，頁 6，〈Frankgrimley, Importer〉、〈Tott & Hoare〉等條，後者還曾把自行車產品寄存在新三才、義益等唐人土舖代賣。

173　見《廣》，1916 年 7 月 1 日，頁 3，〈Hughes Bros.〉條。

174　見《東》，1911 年 8 月 26 日，頁 7，〈J.A. Dobbie, B.A., All Tuition, Educational Expert〉條。

175　見《東》，1906 年 1 月 6 日，頁 3，〈E.O. Litchfield, Solicitor〉、2 月 3 日，頁 6，〈且奴理肥狀師〉等條。

176　見《廣》，1896 年 2 月 14 日，頁 7，〈G.T. Burfitt〉及〈James Carroll〉等條。

177　西醫廣告可見《東》，1900 年 12 月 1 日，頁 3，〈Dr. Kare St. Nell〉、1903 年 11 月 28 日，頁 3，〈Haymarket Medical Hall〉；牙醫方面可見《東》，1900 年 4 月 7 日，頁 3，〈J.H. Hulett〉、〈A. Lemm〉、1902 年 8 月 23 日，頁 5，〈John Spencer〉、1903 年 11 月 28 日，頁 3，〈Murton & Co.〉等條。

178　見《廣》，1896 年 1 月 3 日，頁 8，〈Tatterball & George Adams〉條。

179　見《廣》，1903 年 12 月 20 日，頁 2，〈華人黑人得中頭名馬票　白人入狀　大小律師十八　同爭一訟〉條。

180　見《東》，1904 年 1 月 30 日，頁 3，〈F.H. Beckmann〉條。

181　見《廣》，1896 年 12 月 24 日，頁 6，〈Ellis Davis, Haymarket Pawn Office〉條。

182　見《東》，1906 年 5 月 12 日，頁 6，〈Haymarket Loan Office〉條。

183　見《東》，1901 年 5 月 29 日，頁 3，〈The Merchants and Traders Association〉、《東》，1904 年 7 月 9 日，增附頁，〈W.M. Sarwood〉等條。

184　見《東》，1910 年 6 月 11 日，頁 7，〈傳教師告白〉條。

185　筆者所指的 " 被迫撤出 " 有多重意思。首先華人商舖不斷遷入域士佛街令亞裔有色人種，尤其華人顧客增加，使不少不願與華店共處的洋人商號撤走確是事實。其二，華人喜愛聚居的慣性也驅使域士佛街的租賃買賣價格上升，部分洋人由此獲利而遷出，當中包括無種族界線而欣喜圖利者與原意不願與華人比鄰而見店舖盈利而撤出者，其間可知洋人業主在利益與種族的抉擇中選擇了較實際的前者。其三，話雖如此，但無可否認在該街遷拆前仍有不足四成的洋人商號繼續在舊地經營，不喜與華店或華人共處的説法也不完全成立。

186　Janice L. Wood, "Chinese Residency in the Haymarket and Surry Hills 1880-1902" Unpublished B.A. thesis, Dept. of History, University of Sydney, 1994, Map 32。

187　有關當時華人在希孖結的店舖分佈概況可見 Shirley Fitzgerald（1949- ），"Chinese occupation in the Haymarket 1891"，"Chinese occupation in the Haymarket 1901-1902"，*Red Tape, Gold Scissors: the story of Sydney's Chinese*（Sydney: State Library of New South Wales Press, 1996），pp.81-82。

188　在 1900 年有名姓近似華人的狀師江聲於悉尼市伊利沙白街（Elizabeth St.）經營（《東》1900 年 4 月 7 日，頁 3，〈Otto Kong Sing Solicitor〉），在註釋 51 內也提及 1910 年間有疑是華人西醫邵良悅的個案，1914 年華人孫漢光替人鑲牙（《東》，1914 年 4 月 4 日，頁 7，〈孫漢光鑲牙〉），1921 年蕭烈也從事鑲牙、脱牙之業（《東》，1921 年 6 月 4 日，頁 7，〈妙手鑲牙脱牙〉），但這些僅是稀有的例子，在昔年專業人才的比例上，華人確無法與白人比擬。

189　見《東》，1903 年 8 月 1 日，頁 3，〈有畫敬送〉、1903 年 8 月 22 日，頁 3，〈畫既送了〉條。

190　王弼（【226-249】等註），孔穎達（【574-648】等正義）：《周易》（香港：東昇出版事業公司，出版年缺），〈繫辭上〉，頁 158。

191　在 19 世紀末至 20 世紀初悉尼華報報導洋人欺壓華人的個案頗多，但洋人幫助華人的例子也不少，其中如洋女目睹華人三利被洋人毆劫而報案（《東》，1899 年 6 月 17 日，頁 3，〈土惡行兇〉），同年 8 月巡差救出被賊人企圖搶劫的華人（《東》，1899 年 8 月 13 日，頁 3，〈搶鏢猖獗〉）；事實上，昔年華報還記載了其他西人巡差在相類事件中秉公幫助華人的例子。1900 年年老華人亞靈因老病纏身自殺求死被西人所救（《東》，1900 年 5 月 16 日，頁 3，〈老貧苦況〉），1901 年華人劉吳高乘搭火車失慎被碾去一足，洋人憐其不幸無依，發起集資相贈活動（《東》，1901 年 6 月 12 日，頁 3，〈惠濟傷足〉）。在白澳政策推行之初，即有洋商指責政府禁中日人士抵澳的不公（《東》，1901 年 9 月 25 日，頁 3，〈辯論禁例〉）。1902 年華人阿安將華友亞帶斬至重傷，亞帶終為途經洋人所救活（《東》，1902 年 9 月 6 日，頁 5，〈慘哉若人〉）。1903 年經營西人什貨店的華人劉金茂被西婦控告行使偽幣之罪，得華洋牧師聯袂擔保得以脫罪（《東》，1903 年 6 月 27 日，頁 3，〈金茂勝訟〉），次年華人陳勝子女五人葬身火海，只剩夫婦二人及兩幼兒倖免於劫，陳家店遭回祿，生活徬徨，洋人發起籌款，華人亦在報上勸捐（《東》，1904 年 4 月 23 日，增附頁，〈捐恤陳勝火劫緣起〉）等均是世紀之交華洋關係的一些旁證資料。

192　見《東》，1903 年 5 月 9 日，增附頁，〈合和號公司〉條。

193　The Illustrated Sydney News（Sydney），17th Sept.,1892, p.7.

194　The Illustrated Sydney News, 17th Sept., 1892, p.6.

195　見《廣》，1895 年 1 月 5 日，頁 1。

196　The Sun, 25th Feb., 1893, p.2, "Goodwill and fraternity between Chinese and Europeans".

197　見《東》，1901 年 1 月 30 日，頁 1。

198　The Sun, 31st May, 1931, p.23, "Simpson Lee & Co. Ltd.".

199　The Sun, 4th Dec., 1932, p.44, "Sampson Lee & Co. Ltd.".

200　見《廣》，1907 年 2 月 16 日，增附頁，〈Anthony Hordern & Sons〉條。

201　見《廣》，1910 年 2 月 12 日，頁 2，〈W. Gardiner & Co., Ltd.〉條。

202　見《廣》，1917 年 1 月 27 日，增附頁，〈Mark Foy's Ltd〉條。

203　見《廣》，1894 年 10 月 20 日，頁 7，〈Waterbury Watch Company〉條。

204　見《廣》，1895 年 3 月 1 日，增附頁，〈大廠馬票告白 欲得橫財者請來賜顧〉條。

4 新州華人社群間的互助活動

緒論

　　19 世紀中葉後，澳大利亞勞動市場對外勞的需要漸次因國內建設的步伐加速而激增，合約勞工（contract labor）與年俱增，加上合法或非法進入境內採礦的華人日多，在利益衝突、話言不通、生活習慣有異下，華人與來自歐洲的殖民、勞工、淘金者都在不同程度上產生衝突，甚至遭受不合理的歧視及排擠，而滿清政府雖與英國政府在不同的政治和經濟等層面周旋，但它與澳大利亞既無正式邦交，更遑論設領事駐澳替華人排難解紛，使初到異地尋覓機遇的同胞們失去僑居海外國民的基本保障。

　　百多年前遠涉重洋抵澳的華工們，本身必有財政上的困難，否則斷不會離棄妻兒，甘冒性命之險，浮海越洲到新世界一碰運氣。這些絡繹而至的華人除早期的礦工及牧民外，往後都因各客觀原因而從事菜園、傢俬、洗衣業、酒樓等工作，待遇上固較人微工賤的鄉間為高，但在異地思鄉寂寥的環境下，不少華工都逐步沾染嫖妓、吹煙與賭博等惡習；金錢盡散，返里失路固不待言，其中還有因之而觸及法網，亟須同胞的協助，甚至奔走拯救者；於是，僑社間除守望相助外，漸次出現各種福利團體，為同鄉們提供不同類型的服務，這些也是滿清中國在澳大利亞設領署前，民間互助、自保的組織與活動。

社會問題與僑社間的自覺互助

　　1901 年確立的白澳政策禁止華人婦女入境，當時除政策實施前已通過合法途徑抵澳，或在社會上有名譽地位的華人女眷外，澳大利亞境內的華人幾全屬男性，1902 年紐修威（新南威爾士）州華人男性為 10,063 人，華人女性僅有 156 人，而華父西母者則有 1,044 人，[1] 從中可見不少華工華商因缺乏華人婦女到埠而與西婦交婚生子。在男女分佈不均的情況下，未能與華婦或半唐番女性締結婚約的華人，一般只能返鄉娶妻，婚後妻子有孕來澳探夫待產的，攜同新生幼兒與夫稍聚的，基本上都不符合入境條例，僅能按聯益堂有力人士向有關部門的奔走請託，藉人情成事。縱使特許進境的婦女亦不能逗留超過六個月，[2] 這使在異地工作的華人倍增思鄉的愁緒。於是，除以鰥夫自處的少數外，不少華人都與洋女同居，經濟條件不佳的華工們更乾脆七至十人與一、二洋女共住；不然的話，勾欄搭洋妓，歌榭竊胡姬便變成唯一的出路了。

　　在華人與洋女同居個案中，既有完滿的例子，但以關係破裂告終者亦復不少，其中釀成血案者可能更多；簡單來說，與華工同居的白種婦女多是妓女出身，或是貪求飲食供養，不願供正職者，品德上都有若干缺陷。1899 年，華工阿嬌因同居洋女懶於工作，不理家務，在雙方發生齟齬以至碰撞時，錯手誤傷洋女致死，事件見證了在勞動階層中華洋婚姻所潛藏的家庭紛爭問題。[3] 1905 年，在家鄉早有妻兒的菜園園工阿新，與毗鄰洋婦有染，後因懷疑華人阿勝企圖染指，在盛妒下開

槍擊傷洋婦並傷及阿勝，結果被判死罪。[4] 1906 年，在悉尼高路畔街
（Goulburn St.）經營酒肆的華人富明不忿同居七、八年的西婦被外埠而
來的洋女勾引，雙方在爭執中富明被洋女刺傷。[5] 在 1909 年裡，牽涉
華洋桃色案件更有多起。其中華人廚工李圖刺傷同居僅一月的洋女後畏
罪自盡；[6] 經營果店的勝利誘姦同居兩天的未成年洋女；[7] 一名曾與華
人園工亞德同居 12 年的洋婦疑因桃色關係，被另一同居華人李勝殺害
等，[8] 都是當年華洋同居而引發的血案，被告或受害者都需要同胞的協
助，或延聘律師，或籌措保金。1905 年亞新槍傷洋婦案中，被告保金
180 鎊，這款項需由僑領、同鄉或菜園共事者墊支不足之數。至於在定
罪後求情、或問死而請減免的情節上，昔日的僑領或華人組織都曾在挽
救魯莽罹罪華工的性命上盡力；如李勝殺害洋婦一案中，因審判時間頗
長，牽動不少華人的關注，華人義興會亦曾替李勝申訴，認為判處李勝
死罪並不公允正是一例。[9]

　　清代國人多沾染阿芙蓉劣癖，不料飄洋到澳洲後仍有不少華工重
蹈覆轍，澳大利亞政府雖曾提出禁煙，但經營煙館者多狡兔三窟，巡捕
前街捉煙，後街煙徒已聞風遁走，20 世紀初的悉尼都在一片禁煙、吹
煙、捉煙的流光中疾閃掠過。當時最招白人當道者、牧師等非議的，是
華人引誘洋女吹煙後，再驅使她們從事賣淫勾當，[10] 令縱使不存有種
族歧視的主流社會一致譴責，甚至視這少數族裔為害群之馬。當時的華
人領袖都曾試圖向公眾澄清華人被誣指開煙館引誘白人吸食的謠言，[11]
希望不致令輿論進一步詆諆華人社區，直接影響華人的入境；然而，澄
清之說猶在耳底，彼廂又公佈拿獲大批華籍煙仙，並當場緝捕與華人同
榻吹煙的洋女，令替同胞奔走呼籲的僑領們一時面目無光。此外，華人
領袖亦在一定程度上，替涉案犯禁的疑犯奔走申救，[12] 還替不幸客死
異地的無辜受害同胞籌款鳴冤。[13]

　　至於遺害尤甚的賭博，不獨成為排華者攻擊的口實，更使不少華

工們從此積蓄盡散，無力還鄉。在眾多賭博中，番攤最受華洋賭徒歡迎，巡警捉攤幾乎無日無之，被抓獲的落魄賭徒一邊傾囊上繳罰款，另一邊已伸足踏進忘我的賭場，至於對主持賭館者的警戒亦不過是罰款了事，不足以杜絕華人賭博之風。此外，白鴿票票廠分佈華人聚散的各處大小街卷，華人甚至自視參與較有文化的活動，而不願稱之為賭博，因此僑領如梅光達、李益徽（1842-1911）等都曾先後與白鴿票扯上關係；梅光達就曾在 1896 年就開釋票廠主事人一事向悉尼督憲求情；此外，他與李益徽都曾分別替中票的同胞辦理領彩金手續，[14] 至於市區票廠間的爭執，亦曾由梅氏仲裁及調停。在 1896 年高路畔街票廠命案開審時，梅光達還在法庭上承認身奉滿清政府命令，對悉尼番攤、鴉片及無品德洋女與華人往來的秘事進行偵察。[15] 這一起刑案供詞説明在清廷未能於澳大利亞派駐領事前，官方差派當地僑領偵查及協助澳洲華人在異邦生活，而僑領亦盡力協助同胞於面臨刑獄處分時減刑或脫罪。1903 年梅光達便因其特殊身分，獲准在法庭內協助華人劉權減輕因受挑釁與襲擊下，用刀刺殺洋童的罪名。[16] 同年 1 月，華廚譚合因不忿船上洋人水手的嘲諷而持槍擊斃一人，並槍傷其他兩人，本已被判終身囚禁的刑罰；經梅光達和李益徽大力奔走營救，並以譚母子然一人在鄉為由申請特赦，令譚合提早獲釋返國也是一些突顯的例子。[17]

　　然而，以上僥倖得脫苦牢個案遠不及沾染不良惡習華人的數目，無論來自何方的偵查或幫助，對沉溺毒海又或者迷失於賭桌上的華友們，一生積蓄從此化為烏有，縱使未致觸犯法網，身陷囹圄，但泰半都從此歸途窮潦倒，甚至無面目回鄉。

　　早年華工們並未習慣在銀行儲蓄，匯銀返鄉多賴金山庄或兼營匯運家書金錢的唐人土舖和果欄，但在若干傍證資料中，讀者們仍能推敲華工的隨身現金和工作積蓄。1914 年，星古頓（Singleton, N.S.W.）華人菜園失火，除園主亞倫被燉財物合共 40 餘鎊外，其他華工們或損失

8、10、20 鎊銀不等；[18] 與此同時，我們亦不難發現在斷續的華工遭劫案件中，損失款項都在 8 至 20 鎊間，[19] 或能推測一般華工傍身現金的數目。在儲蓄或資產方面，如 1911 年維州園工亞秀被同園共事者亞高竊去累積 18 年的儲蓄，合共 241 鎊；[20] 1905 年，菜園園工亞新在槍擊洋婦案中透露曾供三、四百鎊銀與該婦花費，最後因她與另一華人共寢，以至因妒成恨，立意擊斃該婦；[21] 至於烏蘭打埠（Wollahra? N.S.W.）菜園失火，房屋雜貨付諸一炬，因華工未購保險，共損失 500 鎊。[22] 以上例子固不足以揭示大部分華工收入的實況，但某程度上可證明這批華人若能刻苦勤儉，在晚年回鄉之際亦應不愁衣食。惟在昔年華人日誌的記載中，卻發現不少令人唏噓的個案，如 1914 年，綽號荳皮仔的劉姓華工因略有儲積，在乘火輪返鄉的進城覓路途上，因賭興難奈，結果數百鎊積蓄一洗而空，被迫折返郊道菜園，意指重頭開始，而竟牽涉殺人命案，最終無法回唐。[23] 至於其他年老華工自盡、華工吞鴉片自殺、華工無故發狂傷人殺人的例子也不絕於篇，[24] 說明不少華工理財不善，以至晚景堪虞。《東華新報》記載祖籍東莞的老年華人失蹤多時終被尋獲：

> ……頃悉他在街上扶杖遨遊，狀類癡聾，殊形潦倒。巡差訊問，默默無言。巡差異之，乃攜入磣活之老人院，駐養十天，昨經領出，欲令旋華。[25]

最終該利姓老人因瞬即病逝異鄉而未能返國。由這例子出發，讀者們不難發現報章上子尋父、姪覓叔、尋同鄉等廣告，內容大抵上都是親友梓里們在到澳後失去聯絡，又或是抵埠初期尚有片言隻字，繼後則音訊渺然之類。這些尋人啟示的背後透露了若干訊息：第一，這些華工在往澳大利亞途中，或入境後不久逝世；第二，部分華工在抵澳後已娶白婦生子，在落地生根下，不再以故鄉的妻兒為念；第三，這些華人在輸光或吹光歷年積儲，且欠下大筆債項，再無力，也無面目回鄉。《廣益華報》

便曾在 1896 年勸籲華工居澳者勿"因賭博癡迷或煙花留戀"，以至十多年間毫無音訊寄返家園，徒令父母妻兒望穿秋水，哭訴無門。[26] 以上事例都反映早年澳大利亞華工的生活問題，而這類問題都為華人社區帶來負面的影響，不少華工還極需其他同胞的關懷和協助，因此雛型的華人福利團體漸告應運而生，當中不少亦帶有地域色彩在內。

同鄉會與其職能

百多年前到海外謀生的華人絕少在異地終老，但當他們在經濟拮据環境下猝然長逝，殯葬費用往往需依靠鄉親籌措，而同鄉會在安排梓里遺骸還鄉的善舉上也多所貢獻。早期先華友的遺體多暫葬公眾墳場，等待遠在中國的家人親到迎骸，或委託同鄉起骨；[27] 稍後同鄉會組織運作漸上軌道，若干年一度的船運遺骸服務由此而衍生。規模較大，處理遺骸附運較有系統的，如平均每五年便組織運送仙骸的東莞公義堂即為表表者，其他還有香山隆都同善堂、香山東鄉安善堂、增城聯福堂等，都在七至十年間籌備一次附運工作。[28] 這些團體都按一定時期在報章上刊載啟示，懇請散落各埠的梓里們告知同鄉先友遺骸的所在，並其姓名、縣籍等。同鄉會收集各方消息後，便須向本州政府有關部門申請，即當年告白中所指的"人情紙"，繼後才能沿各埠的大小墳場裡掘出鄉人骸骨，並知會中國國內本鄉其他善堂協助，[29] 聯絡死者鄉間親友，查詢需否替該遺骸購買保險；在上世紀初，紐西蘭火船運送 500 副華人骸骨返回香港再轉運還鄉，途中遇颶風觸礁沉沒，其中逾九成仙骸已購有保險賠償。[30] 至於去世後無人問知，又或無法與其國內親人取得聯絡的逝世華工，遺體便只有長埋異鄉的泥土之中。[31]

東莞公義堂約成立於 1875 年，是當時新南威爾士眾多同鄉會中最具歷史的華人團體，自然亦可得知東莞人在該地區淵源的悠久和數目的眾多。在 1902 年公義堂值理簡介中，我們得知數年一度起運鄉親遺骸的服務費用一則依仗當選值理者的解囊，但時長日久，去世的梓里既多，且孤塚散處城內或鄉郊，徒靠三數值理兼其店舖財力不足應付支出，向同鄉勸捐，寄望集腋成裘是解決方法之一。[32] 事實上，在東鄉 (莞) 安善堂刊登起運先友骸骨廣告時，亦呼籲會眾每人捐助十圓作是次服務的底金。

1911 年，公義堂五年一度起塚還鄉的周期已到，五名 (家) 值理包括源泰同記、華隆國記、廣興昌、利生及新記隨即在《東華報》上知會鄉人。從報中告白內容可見其搜覓遺骨的方法：

> 啟者，東邑公義堂是年屆當虔拾仙友遺骨之期。但凡坑上各埠係入烏修威界內，如有本堂仙友山墳前屆未拾者，請貴處親友早日報名。附近若無親友，懇煩別邑貴梓友代查，祈將仙友姓名、某村人氏，并某年某月逝世，葬在何處地名，仔細注明，夾函報知。……[33]

此外，同鄉會組織也兼負向同胞宣傳本鄉國內建置等的慈善募捐。眾捐善堂在 1905 年於東莞興建瘋人院，青薑忠堡於 1906 年於香山倡建義學時，便向澳大利亞同鄉呼籲勸捐即為一例。[34] 鑒於中國本土災難頻仍，各同鄉會亦不斷為此向梓里召喚，這些鄉情都可在〈政經篇〉第 12 章中一覽無遺。

香山人士因聚居新省且人數眾多，約在 1880 年前後已在岩石區 (The Rocks) 附近商建同鄉會，目的亦在保護鄉里，並且帶有薦人館的色彩。[35] 1908 年香山隆都同善堂在華報上刊登遷移梓里遺骸告示，告白中不獨説明該團體成立的時間和目的：

> 嘗謂福壽康寧，固人之所同欲，死亡疾瘍病，亦人所不能無，然未有痛於身離祖國，命喪遐荒者也。同人等感慨白骨

> 之飄零，情關桑梓之親誼，欲妥先靈，苦綿力之不逮，感焉久
> 之。爰立隆都同善堂於雪梨埠，彼時一倡百和，大局垂成。經
> 營三載，厥功甫竣，諸凡善舉，莫不踴躍輸將。撿運仙骸，務
> 達吾人目的。

同時也指出搜尋仙友及知會等方法：

> 今者，積蓄雖非豐厚，而注意亦可舉行。用登廣告，敬
> 求仁人善士，知本都先友葬在鳥修威地方，祈將他仙遊年月日
> 及姓氏里居函示本堂值理廣和昌、新三才、永和興註冊，俾得
> 稽查。緣英例十年方准起運，如滿十年者，請即通報，限期至
> 本年十二月底止截。過期如不報者，是為自誤。幸勿咎教，則
> 死者有知，而生者尤為感激靡既矣。[36]

同善堂中人也顧及新州幅員遼闊，早於附運半載前已於華人報章上向鄉里發出呼籲，考慮和預備工作頗見周全。其他實力相若的僑社如東增聯義堂、保安堂、蔭德堂等團體在這段期間亦相繼成立。由此回溯 1890年時，新省政府有鑒於華人人數激增，或恐對白人世界構成衝擊，下令舉行聽證會，會上負責調查華人籍貫、活動與衡量品德的督察指稱散居在各埠的華人來自中國廣東 16 個不同地區，[37] 説明 19 世紀末期廣東人大量在新南威爾士屯集謀生的實況。

　　由同鄉會組織附運骸骨回鄉服務，大家也應注意因華工在 19 世紀中期後於各地落腳，各雛型僑社的活動亦漸趨成形。在這段期間，新會、新甯、開平、恩平等人士相繼地到澳大利亞尋找機遇，人數亦不亞於香山和東莞，他們一出於聯絡梓里，二出於團結鄉黨，在 1854 年前後，散居於維省各埠的四邑人便商借岡州會館為暫時會址，並計劃在財政充裕時建立一所屬於四邑人的永久會館及一所廟宇。而在新省的四邑人也在 1897 年成立四邑廟信託委員會籌劃興建酬神廟宇。由於會眾踴躍助捐，次年即在忌獵般（Glebe Point, N.S.W.）建成會館及關帝廟，目

的除安放神位外，本意亦在集合梓友議事，保持與故鄉的聯繫，值理們亦希望辦理慈善事業，為留澳的四邑人提供生活保障。

1903 年，四邑會館值理與店號包括新廣興、均利號、新興棧、成記棧、陳良勳、余明禮、余命章及黃勝世等在報上刊登聲明，指關聖帝君乩示值理等在本廟傍加建兩翼，為財帛星君與四邑先賢大伯公重建殿舍，由是向會眾勸捐。[38] 或出於神力庇護，或竟於眾志成城，不數月間，左右輔廟落成。華報記載開光大典極其隆重，廟內一樑一木，雕刻人物幾全來自中國。至於三牲禮品一應俱全。廟內外迎賓者都穿傳統官服。華人殷富者固多參與盛會，洋人仕女亦應邀出席，其中不乏在此前的募捐中已慷慨解囊者。為歡迎洋客蒞臨並兼顧他們不適應廟內神香衝頂，薰氣滿溢的蒸熱，主事人也在廟外增置小帳，為洋婦們提供稍竭的場地。四邑人士亦因會館擴張而在城內搬演大戲三場，一時男女雜踏，華洋同歡。[39] 現今四邑同鄉會雖座落悉尼德信街，但早期的四邑會眾均在忌獵般的會館內議事及辦公（見附圖 4.16-4.17）。

高要、高明人士早在 1870 年間於丫力奇芙（Arncliffe, N.S.W.）成立洪福堂，由於會址佔地不大，未能容納散處各埠的鄉人聚會，加上尋求精神慰藉未有所歸，遂於 1904 年向同鄉募捐，以每人 10 先令作為參神建廟的基礎費用。[40] 1908 年要明梓里在亞力山打（Alexandria, N.S.W.）買下一幅較大的土地，目的主要除建成會館外，還在傍邊建立洪聖廟，並將廟宇附近的房舍廉價租賃給初抵埠的同鄉及照顧體弱而因各種原因不能返國的老人。該會館構建的資金固然得力於四邑同鄉集腋成裘之功，而當時要、明各界中亦有不少建築、設計、木匠、漆工等人才，在群策群力下，會館與廟宇得以相繼落成（見附圖 4.18-4.19）。至於同邑洪福堂與其他同鄉會一樣，都是不牟利的慈善團體，旨要在救弱扶貧、助資無依長者回國、助運先友遺骸回鄉、助養不幸逝世梓里的遺屬、對老幼的助藥施教等。[41] 洪福堂轄下洪聖廟在 20 世紀裡不獨成為高要、高明人士聚結的地方，還是其他縣籍僑胞燒香酬神的去處，該廟偶爾還會上演神功戲。 1900 年該團體招聚同鄉演戲酬答洪聖爺保祐平安和恭賀財帛星君壽誕，從其戲棚長聯內容，可見泰半華工，甚至華人不欲久留澳大利亞的心態：

> 二邑沐供麻，聲靈赫濯，驅魔障於何有之鄉。從今物阜民康，披雪氅以遨遊，同登仁壽宇。
>
> 諸君承福蔭，德澤汪洋，拓財源於區亞之域。此後珠還璧合，對梨園之歌舞，如到大羅天。[42]

它與四邑人士在忌獵般所建的關帝廟至今仍然聳立，還建置了要明鴻福堂寺給善信參拜。隨着白澳主義的崛興，19 世紀過渡 20 世紀之際，大量華工返國後不能復埠，澳大利亞政府亦釐定一套嚴格審理入境人士的方法，造成留澳華人大量減少，不少同鄉會或其分支組織因梓里星散而無法維持，見證了白澳政策施行下對華人的實際影響。

非同鄉會的組織及其性質

在澳大利亞白人備受華工勤奮耐勞，工資低廉的威脅下，工人階級高呼保障本地勞工口號，工黨政府亦不得不設計一套維護白人社會的政策來堵截不斷湧入的華工，在 19 世紀末，澳大利亞各省因應着不同的發展，對華工的需求亦有所不同，事實上，白人對有色人種的態度亦不完全一樣，[43] 在限制華工問題上各自都有不同見解，最後各地政府同意通過逐步收緊華人入境的數目、對抵埗華人進行嚴格的審查、嚴禁各省華工擅自越境等方案，縱使在 1901 年聯邦政府成立後仍實施上述對華人的管制政策。[44]

當年為口奔馳的華工們大多散佈在城外地區，從事耕作開墾的事業，沒法屯集起來組織保護同工、同鄉的團體，而也因語言上的障礙，華工們亦不可能在爭取權益的問題上和洋人當道者據理力爭。在 19 世紀末，部分早期抵澳的華人，因累積經驗而經商致富，同樣地，他們也需要維護商權的團體來與統治者周旋，也只有這些認識澳大利亞風土人情，英語基礎良好，在市區工作或居住的商人，才可騰空與政府官僚對話，而悉尼聯益堂就在這樣的背景下於 1892 年成立。

聯益堂輪番由悉尼八家唐人土舖、商號的主事人出任值理，它的貢獻在於替回鄉華人向日本郵船會社（Nippon Yuan Kaisha）、劫時布孺輪船公司（Gibbs, Bright & Co.）、太古洋行輪船公司（China Navigation Co. Ltd.）訂購船位。散居各埠的不同縣籍華人可向其同鄉代理人聯絡，託其代辦船位事宜，[45] 這些各鄉代理人又多是在華埠一帶經營土舖的雜貨店，當中包括安益利、維記、廣茂安、均利、安昌、新興棧、廣益及廣興昌等，每年分四班理事，每班由兩家土舖主理人當值，以三個月為期。每家代理人每季實得酬金十鎊。聯益堂主要經費源自各船行的客票與貨運回佣，少量來自華人捐款，這些盈利除支付各值理的酬金外，基本是對其他非貧病老人而未能獲得船公司半價船票優惠的華工給與兩鎊的資助。[46] 當然，聯益堂亦曾在勸捐中國水旱天災方面奔走，並為本土醫院的籌募經費上盡力。[47] 1902 年，澳大利亞頒佈禁止華人入境規例，並勒令在境內六州華人不得擅自越界，很大程度上扼殺了華工尋覓工作的機會，而以梅光達為首的僑領與聯益堂各代表數番到域多利省和有關方面談判，並邀火輪公司代為斡旋，以利害陳說，經過數番會議後，當局終暫允放緩華工復埠政策，華人亦得以自由越境，[48] 這是聯益堂各值理們努力的成果，故我們亦可以說聯益堂是當年華人團體中的典範。

聯益堂的收益確令其他華人商號眼熱，當中尤以保皇黨人為甚。1898 年悉尼地區的華人因康有為、梁啟超變法失敗的遠走國外而振發支持維新運動，康有為在加拿大成立保皇會，旋稱保救大清皇帝公司，希望一面藉華僑的捐助，另一面則以投資商企、礦務來壯大保皇勢力。在 1899 年於悉尼成立的保皇會亦不甘人後，當時澳大利亞政府雖已收緊外國人入境條例，但仍有不少華人穿梭中澳之間，而兩國亦有絡繹不絕的貨運貿易往來，於是輪船公司與華人圈子的支持是保皇會與聯益堂在這短暫的歷史空間中必爭的籌碼。

保皇會的性質有異於同鄉會，它既不以狹隘鄉鎮主義為號召，也與聯益堂的鄉縣聯營福利、商務事業有所不同，它是一個有政治目的的組織，是以國家民族的前途為鮮明旗幟，其領導人物和主張都符合一切僑居海外華人的願望，因而在雙方爭取同胞支持的過程中，保皇會逐步佔上上風，這自然與保皇份子於 1896 年出版會方喉舌《東華新報》的鼓吹有關，縱使較為中立的《廣益華報》傾向同情聯益堂，但卻無法在人口漸次萎縮的僑社中與保皇會共分利益；事實上，保皇會的成立直接促使悉尼華人社區分裂，往後的政見、商務，甚至私人糾紛都幾乎由此而起。這些在本書往後的章節中都可見到。

隨着梅光達的猝逝與李益徽返國，聯益堂在 1903 年解散，後繼者如中華商務總會等本以維持商務，拓展商機上着眼，本質上與聯益堂已有所不同。保皇會企圖承接聯益堂在華人福利事業上的地位，在上世紀初國內水旱天災的艱辛日子裡，保皇會積極地通過喉舌報勸捐，而且成績斐然；此外，它亦企圖通過這些成功的呼籲在 1905 年前後號召旅澳華人募集重建中國海軍的經費，然而計劃卻因德宗及慈禧相繼去世而寢息。

雖然保皇活動在今天回顧起來，似是 20 世紀時局急激變化中的一股倒退思潮，但事實上，它曾在海外各分部的所在地為該區的華人作出服務和貢獻，其中教育第二代華人是值得稱頌的進取構思。

1910 年初，悉尼保皇會倡建的華文蒙養學堂開幕。學校董事局成員包括葉炳南、梁創、李春、冼俊豪、葉同貴等。學校於草創之初，暫借東莞、增城位於衣列士弼街 (Elizabeth St.) 的會館為校址。創校原意是延續中國語言文字教育於海外,並向莘莘稚子講述本國歷史,禮敬孔子,務使生於異鄉的幼童不至鄙棄祖國,並保存傳統風俗文化。蒙養學堂創校時學員 20 餘人,部分為混血兒童。劃分為三班教學,成績分最優等、優等及中等三種。每月學費約兩鎊,一年內未能完成學業的學童仍需繳足該年費用。若家境清貧而學員成績上佳的,在查證確認後,將可減免學費。該校自中國聘來康有為的學生陸逸出任校長(見附圖 4.20),合約三年一屆,薪金每年 150 鎊。[49]

蒙養學堂的經費除依賴學員繳交的學費外,主要是中華商會及保皇會,即繼後的憲政會支持,部分則來自僑社的捐款。該校在開學不久後,又因須遷就悉尼周邊小童,並為着有志學習中文的成人開辦夜校,以每周一、三、五晚上上課,每課兩小時。[50] 自 1910 年創校至 1915 年,報讀的學生人數徘徊於 20 人前後,[51] 陸逸於兩屆約滿後返國,創校以維繫幼童與祖國大地感情的理想暫告無疾而終。蒙養學堂的收生不足或與悉尼國民黨黨部支持的光華學校於 1914 年創校有關。該校由《民國報》值事郭標、黃柱、周容威(1846?-1930)、余榮等倡議主辦,以趙國俊等出任教席。初期學生 37 人,分三班教授中國語文,[52] 但當時辦校者忽視在澳華童的實際問題,故縱使祖國易幟而僑民移船就磡,學校始終未能維持。

1924 年中華總商會再提舊事,於商會的臣街會址創辦中華學校,因早期屬試驗性質,故先辦夜校,並只設一班,男女學員共同學習,逢周一、四、五晚上上課兩小時,以認識華語為目的。學員每季繳交一鎊一先令堂費,書簿紙筆等由校方供應。或有懲於蒙養學堂收生不足,未能支付教習年薪的經驗,中華學校以曾於中山主持學務的湯龍驤出任義務教授。校董由葉同貴、葉炳南、鄭蕃昌、劉光福(1893-1983)等出任。[53] 由於學生人數短期間上升至 50 多人,於是增加班級和加聘教師人手。[54] 創校周年紀念時，校方還藉暑假為學員、教師與家長舉辦船遊及競賽活動。[55]

同樣有着政治色彩的義興會，源出於洪門一脈，是 19 世紀中期由活躍於新南威爾士的反清份子在鄉鎮間發起，其勢力逐步滲透悉尼市區，[56] 並於 1892 年以社團形式註冊登記。義興會主要活動是聯絡華人並替中國的荒旱洪禍勸捐。[57] 它曾在 1904 年於砵尼（Putney, N.S.W.）舉辦園遊會，[58] 同年稍後又在悉尼摩柏（Moore Park）舉行籌捐中國戰場傷亡士兵的會景巡行，義興會館派出 60 人參加，其間舞獅、舞麒麟及小童舞劍等環節，吸引到場的華洋人士駐足觀賞和讚歎。義興會除在悉尼創館外，同時亦在維省與西澳省設館，它也一直堅持照顧華人生養死葬和安設木主供奉的傳統。該會在 1898 年企圖於西澳申請註冊時，還遭白人反對以致拖延其事。[59]

悉尼義興會早期會址在卑力般街（Brickfield Hill?），1911 年遷至沙厘希（Surry Hill）重建新會社。1912 年初，一座三層高的樓房在馬里街（Mary St.）正式啟用，其正應廳高懸着 "大義乾坤" 的橫匾，傳統實木傢具均自中國運來。悉尼報章 *The Sun* 圖文並茂記載開幕盛事，除義興會館的內外貌外，還刊登會社要人圖片，稱黃柱為 "Grand President of the Commonwealth and Grand Treasurer. N. S. W. Gee Hing"；梅東星 "Grand Master N. S. W. Gee Hing"。[60] 為融入主流社會，義興亦以西人社區 Masonic Hall 的稱號出現（見附圖 4.22-4.23）。

在清末政局不明朗的時刻裡，澳大利亞義興會都投身支持中國革命運動，在捐助上多所貢獻。隨着墨爾本義興會中堅份子於 1911 年組成少年中國會，悉尼義興亦隨而加入，進一步壯大革命聲勢。武昌舉義，牧誓功成翌月，義興會正式宣佈矢志推翻滿清王朝。[61] *The Sun* 刊登其事時，報導除介紹墨爾本代表抵達悉尼參加各州聯盟會議，還指出少年中國會是推翻滿清政權幕後的主要勢力，組織在美洲有龐大影響：

⋯⋯ In America alone there are over 50,000 adherents, and the Chinese in Australia are heart and soul wrapped up in the movement for the establishment of a republic. In Melbourne, Adelaide, Perth and other centers strong branches are in operation, and the propaganda recently inaugurated by the League includes an effort to secure the co-operation of New South Wales and Queensland, which hitherto have not come under official recognition. ⋯⋯[62]

1918 年美洲洪門總堂公佈全球分堂一律易名致公堂，[63] 義興會即時響應，並一度稱為中華民國公會，[64] 次年，悉尼致公堂（即前義興會）已與國民黨支部會員一併主辦慶祝共和成立的遊藝會，而致公堂至今仍是當地華人社區的一大社團。

本章餘論

1. 同鄉會的重要性

由上文的舉例中，說明昔年澳大利亞華工的居所或是負郭窮巷，但不盡然以蓆為門，更非人人窮途潦倒；[65] 但因身處異地，在備受各種壓力下，部分華工沉迷毒海與賭桌中不能自拔，甚至成為排華人士直接攻擊的口實，加上當道者策劃限制入境條例，於是智勇者相繼組成同鄉會、半商業半福利等團體以求自保，足證當中部分人士刻苦堅毅，不易低頭的強悍個性。然而，帶商業性質的機構往往因利益問題而在華人社區中引發糾紛，相互謾罵，最後不能以良性競爭告終。以政治為號召的團體或能在動盪時代裡團結各省籍人士於一時，卻不免在環境變遷下屢

易名號，甚至倒閉收場。鄉縣式的會館壽命或能較持久，但卻存在着相
對狹隘主義的特性，在家鄉災荒的苦難歲月裡，其屬縣鄉親固然熱烈募
捐善款救濟梓里，但其他縣籍人士戮力參與者卻仍嫌不足，這是我們在
讚揚先輩發動互助的團結精神之餘，尚有待保留的地方。可是平情而
論，若非如此的地域局限，又何以得窺鄉情之濃？又何能見鄉里之親？
讀者暫不須翻看中日戰爭之際，澳洲華人集資捐獻祖國的無私大我，且
看昔年逗留澳境無力回唐的華友在感恩返國前的鳴謝啟示：

> 弟因年老，謀作無能，今蒙列位梓友親朋，捐助舟資，
> 得以有賴回唐，銘感無涯矣。……66

又有兒子在澳犯上官非，幸得鄉親捐款搭救，年邁母親在遙遠的鄉間里
巷鳴謝的啟示：

> 雪梨埠列位同胞大人電。啟者：小兒繆楊，於二月中旬
> 在埠遇禍，幾至垂危。幸蒙列位念在梓里之情，並重竹林之誼，
> 鼎力捐資，盡心保護，乃得於公堂之上，稍伸理說，且輕罪案。
> 此等義舉，感激難忘。復荷賜贈二一金錢八枚，以安家室，尤
> 屬格外施惠，如戴二天矣。舍姪璧彩旋唐，備述同人厚意，令
> 我昂首知恩，無以為報。特泐數行鳴謝。即頌均安。……67

這些感恩戴德的告白，進一步說明同鄉組織和僑界互助的重要性。

2. 澳華間的互助和洋人的態度

　　於居澳梓里顧念鄉情而義助返里失途的華人之餘，在昔年華洋利
益矛盾演化為衝突的時刻裡，我們尚能發現在僑領的奔走請託下，華廚
譚合殺害兩人被判終身監禁得因西方社會的重視人道立場而提前省釋；
魯莽殺害洋童的隆都人劉權也得酌情處理僥倖能減輕刑責，他在告白中
除感謝各鄉親、華友傾囊協助的大恩外，亦指出洋人法官法網之便：

> 酬恩人劉亞權乃香邑人氏。緣於客歲結月時，在雪梨埠

邊窩打魯地方，適被洋童十餘名成群結黨，攔街截打。因恐他
害己，迫將刀仔誤傷他命。今託梅光達、李益徽翁、司徒仟翁
幾位極力代為行事，延請大狀師對審駁論。叨蒙英大憲量廣慈
仁，寬罰困監四載，誠為萬幸。……68

這些量刑不循三尺法的洋吏和僥倖重罪輕脫的華犯，在一定程度上為大
家提供了反思的空間。而四邑會館增建兩翼以供奉財帛星君，義捐名單
中固不乏洋人，至於廟宇開光，鑼鼓喧天，且鞭炮人鳴，均得政府機關
批准。另一方面，由西人巡警在關帝廟宇及劇院門外憑票啟閘，維持秩
序，以至四邑鄉里在悉尼城內搬演唐人大戲，劇院亦予以方便，且濟濟
一堂，華洋共樂；再者，因大量人潮湧進市區緣故，黃柱也得到電車公
司和市政府的答允，服務由平均六分鐘一班列車，加開至平均四分鐘一
班，藉此疏導人流，令讀者重新檢視排華的程度。69 站在嬉笑怒罵的
層面來說，報章上不絕於縷的華人勾搭洋女、華人依賴洋女拋媚賣淫維
生、華人娼樓賭館亦多洋人光顧等負面報導，未嘗不是雙方"融洽"相
處的模式，只是在清高踞岸衛道之士心目中，這些都是低品下俗的庸劣
洋人而已。畢竟，以上東西相交的例子，在某些程度上也反映了所謂華
洋關係不睦的另一面。

3. 澳華對中文教育的重視

至於僑社救助鄉里的功德已毋須贅敍。由保皇而蛻變的帝國憲政
會雖在政治方面較過去有異樣的取向，但在為留澳同胞福祉着眼而言，
它仍保持着福利團體互助的特色，是繼聯益堂後可足稱頌的表表者。前
者在推行幼兒教育上頗具時代目光，惟小童在日間的正常教育障礙了蒙
養學堂的就讀人數，甚至該校在主流社會中的認受性不足，令它難以長
久維持。由中華總商會主理的中華學校吸收相關教訓，以夜校招徠學
童，一周三晚合共六小時的課程本就是為著日間上課的學生而設計，故

散處悉尼地區的家長們都不厭其煩攜同稚子學習祖國語文。然而該校的缺點在於教席的不足，教師因屬義務性質，隨時以他故請辭，使師生間出現不穩定的互動對流，這亦是該校未能長久開辦的主因。[70] 1931 年，歐陽南、郭朝、馬亮華、劉光福等又積極組織建立一華僑夜校，並在報章上呼籲勸捐。辦學目的也是教導土生華童漢字漢語，注意兒童管理及調育，重點在宏揚中國文化。[71] 但此際中國國內戰雲侵起，不少同胞因牽掛鄉間家人而陸逐離澳，華僑學校在這艱難歲月下雖得到悉尼國民黨黨部支持，勉強渡過一屆三年的授課學期，[72] 但以歷史後來者的身分回顧起來，它的存在亦不過如蜉蝣般的短暫。然而，無可否認的，是蒙養學堂、中華學校與華僑學校先後在 20 世紀的首三旬出現，代表着華僑華人保育青苗和彰顯教化的努力與決心，同時也透視了不論政治團體，同鄉組織，商會機構以至當政政黨均重視海外華人子女毋忘血脈和根源的實況。

概括而言，19 世紀末至 20 世紀初新州的華人社群通過各種互助形式，在洋人世界中自勵自強。於僑社活動中，讀史者不獨可看到生者教養，死者殯葬，情繫故土，歸鄉首丘的文化傳統，也能得窺在被視為華人飽受欺侮的白澳時代裡，偶爾也有一絲溫情冉緲於華洋關係的夾縫中，足令我們試圖以一個與舊時代不盡相同的目光，並沿着這陋網遺絲繼續往前探索。

附圖 4.1　　Rookwood Necropolis 舊華人墓園區廣善堂惜別亭遺址。1995 年 11 月攝

附圖 4.2　廣善堂所興建的惜別亭上刻有 1877 年建成字樣

附圖 4.3　從另一角度看廣善堂惜別亭

附圖 4.4　舊華人墓園中有圍柵的墳墓，刻字已全部剝落

附圖 4.5
香邑，鄭公培初墳墓，谷都雍陌鄉人氏，
光緒 20 年（1894）2 月初五子時立

附圖 4.6
Wong Fat 香邑大毛沖，張發黃公之墓，終於
光緒 23 年（1897）初四日卯時

附圖 4.7
Peter 胡德惠公之墓，生於癸亥（同治 2 年
【1863】）8 月 3 日，卒於光緒 25 年（1899）
□月□日

附圖 4.8
Wong Pu 香邑長洲，黃培公之墓，享壽 53，
終民國元年（1912）9 月 23 日

附圖 4.9
Jots Ching 新安，河崧（？）張公之墓，終於
民國 2 年（1913）2 月 22 號，香人汝梁立

附圖 4.10
Tun Chong 香邑黃梁都南山鄉，陳大論公之
墓，終于民國 4 年（1915）5 月 25 日

附圖 4.11
Joe Yee 香邑，梁耀昌公之墓，民國丙辰年
（1916）3 月 15 日卯時（？），1916 年 4 月
16 日安葬，是年 44。

附圖 4.12
甯邑三合村鳥頸鎮人氏，陳文墓，終於丙辰
（？），西曆 1916 年 4 月

附圖 4.13
合葬墓
Amy Susannah Hock Hing, died 15th June
1916, aged 3 years and 7 months, asleep in
Jesus.

香邑，雷三姑之墓，終民國 5 年（1916）
5 月 5 日

附圖 4.14
Ah Sam 香邑隆鎮龍聚還（聚環？）人氏，官
意劉公墓，終於民國 5 年（1916）8 月初七

附圖 4.15
Ah Sing 香邑良都，煥星郭公，生於庚申年
（1860）2 月，民國 6 年（1917）2 月初（？）

附圖 4.16
位於新南威爾士 Glebe，落成
於 1898 年的四邑關聖帝廟正
門。1995 年 11 月攝

附圖 4.17　四邑關聖帝廟正廟與輔殿全景

附圖 4.18　位於新南威爾士 Alexander 的要明同鄉會。2012 年 12 月攝

附圖 4.19　Alexander 要明同鄉會內的洪聖宮。傍邊為該組織轄下安老院一角

雪梨中華學堂教習陸君逸君

附圖 4.20　1910 年至 1915 年悉尼中華蒙養學堂校長陸逸 [73]

雪梨中華蒙養學堂學生旅行拍影

我國人僑居澳洲各數十年。所產子若女。久染歐風。幾忘祖國。葉君炳南。李君春。洗君俊豪。樂君前。葉君同貴諸君。熱然傷之。爰組織一學校。聘陸君逸君。主持教育。以期內需也。開校數月。厥有成立於斯校。統元年。而於國家觀念。尤注意焉。可觀子。惻然傷之。

斯圖即 18 孔子聖誕紀念日學生旅行之照。第一級居中者為陸君。陸君之左。為葉君炳南。陸君之右。為洗君俊豪。本報記者法塵附焉。逸君所編愛國歌二闋。諸生唱之。感勤大眾。國魂國魂。盍路乎來。樂歌移人。一千此乎。永銘之以飼我華僑。

附圖 4.21　1911 年悉尼中華蒙養學堂學員旅行合照。後排由右至左依次為葉炳南、陸逸、洗俊豪、唐法塵 [74]

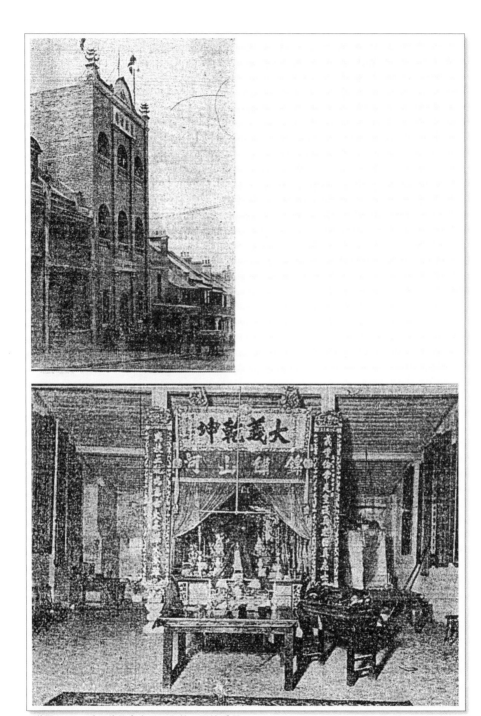

附圖 4.22　悉尼義興會在馬里街的二層樓房 [75]

附圖 4.23　維省 Bendigo 致公堂及其輔翼，萬民（？）義祠（1965 年攝，照片由劉渭平教授提供）

註釋

1　見《廣》，1902 年 6 月 7 日，〈旅本省雜色人數〉條。

2　當時一般華人回國娶妻後攜同妻子復埠的，都需要向澳大利亞外事處申請，若該華人抵澳已有時日，經濟狀況良好且兼有名譽者，其妻子可在境內逗留 3 至 6 個月，有特殊人情的，重新申請後可居留一年，甚至更久的，但這僅是鳳毛麟角的例子。當時曾有洋人議員本著人道立場替抵澳產子的華人婦女求情，懇請延長華婦居留期，俾能使夫妻子女共敍天倫，但當局則以國策所在，不能縱容為詞而拒絕。其中以 1911 至 1913 年朱朗埠（Geelong, N.S.W.）華商潘如的例子最為明顯（《東》，1911 年 8 月 5 日，頁 7，〈華婦無久居澳洲之權利〉、8 月 12 日，頁 7，〈限制華婦居澳之禁例〉、8 月 19 日，頁 7，〈限制華婦留澳之禁例二誌〉）。以上事件曾在新省議院展開激辯，悉尼洋人報章亦斥責外事處只知強制執行白澳政策，卻忽略了基本人權。在事件一再拖延下，潘婦再度懷孕，當時中國已於悉尼設置領署，駐澳總領事黃榮良（1876？-？）亦著力奔走呼籲（《東》，1912 年 8 月 17 日，頁 7，〈澳洲外部對於潘如婦出境之決意〉），但在潘婦誕下第二胎後，外事處於 1912 年 8 月下達出境令強制她離澳。潘婦前後在澳逗留兩年半，潘如以其妻難於獨力扶攜兩兒，遂於 1913 年 5 月舉家返回中國。有關政策可參考 A.T. Yarwood, "The White Australia Policy: Some Administrative Problems", *Australian Journal of Politics and History*, vol.7, no.2, 1961.9, pp.246-255。

3　見《廣》，1899 年 8 月 1 日，頁 5，〈被傷失命〉條。

4　見《廣》，1905 年 6 月 10 日，頁 3，〈妒忌打架 刀炮兇狠〉條。

5　見《廣》，1906 年 12 月 1 日，頁 3，〈華控洋婦刺傷 押案再審〉條。

6　見《廣》，1909 年 3 月 6 日，頁 4，〈貪色者戒〉條。

7　見《廣》，1909 年 3 月 6 日，頁 4，〈犯姦長監〉條。

8　見《廣》，1909 年 10 月 2 日，增附頁，〈命案未結〉條。

9　並可參考《廣》，1909 年 10 月 16 日，頁 5，〈命案再押〉、11 月 13 日，頁 5，〈摩厘命案 事多阻礙〉、12 月 4 日，頁 3，〈命案停審〉等條。

10　當時這情況亦頗普遍，而且不獨是澳大利亞華人社區的問題，同時亦是美加華人社會所面臨的問題。當時西人報章固對不良華人誘良為娼的行為大加鞭撻，華人報章亦不斷有所報導，是不容爭辯的事實。

11　見《廣》，1901 年 9 月 7 日，頁 3，〈娼寮被控〉、1913 年 6 月 14 日，頁 3，〈教師是非〉、1913 年 9 月 20 日，頁 4，〈洋報訪員查探煙館 詳說內狀〉、1913 年 10 月 11 日，頁 3，〈傳道師論查煙館之虛謬〉、《東》，1903 年 9 月 5 日，頁 3，〈煙館被禁〉、1910 年 6 月 11 日，頁 7，〈攻破煙城〉、1912 年 10 月 5 日，頁 7，〈某牧師與煙館〉、1912 年 10 月 19 日，頁 7，〈雪梨煙館出現〉、1920 年 1 月 31 日，頁 7，〈拘罰男女同牀吸煙者〉、1920 年 5 月 22 日，頁 7，〈拿獲煙仙〉等條。

12　1898 年坤士蘭禁鴉片條例生效後，不少華人因販私煙而被捕，貨品充公，吸食者則被罰款。不少華人都認為法例甫出即時執行，無疑使存積鴉片的貨主血本無歸，而有煙癮者亦不能一時戒斷，悉尼《廣益華報》擁有者孫俊臣（1868-？）即上書有關當局，以政府應顧及市民福利為由抗爭。見《廣》，1898 年 2 月 25 日，頁 4，〈厲禁累人〉條。

13　如 1898 年，中山人陳信（?-1898）被洋人惡意毆打後推下山崖喪命，而疑兇卻被無罪省釋。悉尼僑領如梅光達、李益徽、孫俊臣等即時藉《廣益華報》一角呼籲華人捐款，並延聘律師代死者上訴。見《廣》，1898 年 2 月 11 日，頁 2，〈代呼冤慘〉條。

14　見《廣》，1896 年 6 月 29 日，頁 5-6，〈洋電報雜俎〉；7 月 3 日，頁 5，〈洋電報雜俎〉；

8 月 21 日，頁 2- 頁 5，〈假命案判明〉等條。

15 同上註出處。

16 見《廣》，1903 年 2 月 28 日，頁 5，〈華人用刀插死洋童〉條。

17 見《廣》，1903 年 1 月 10 日，頁 6，〈蒙赦出監〉條。

18 見《廣》，1914 年 2 月 21 日，頁 5，〈菜園木屋被焚〉條。

19 如鼠摸偷去華人店內夥伴錢財六、七鎊銀（《東》，1900 年 4 月 11 日，頁 3，〈鼠竊猖獗〉）；菜園園工被賊人劫去八鎊現金（《東》，1900 年 4 月 11 日，頁 3，〈賊劫菜園〉）；華人周全涉嫌偷去同胞亞九 22 鎊銀（《廣》，1903 年 3 月 14 日，頁 5，〈偷案無事〉）。1911 年以還，華人菜園屢遭盜竊或行劫，如布碌勞埠 (Bowral, N. S. W.) 四名華工在勞動整日返家發現被竊 60 英鎊（《東》，1912 年 9 月 21 日，頁 7，〈華人菜園被竊〉）；嘩打魯埠 (Waterloo, N. S. W.) 菜園被竊 45 鎊（《東》，1912 年 10 月 5 日，頁 7，〈華人菜園又被盜竊〉）；飛燕勞 (Fairfield, N.S.W.) 華人園工家內被竊去 26 鎊（《東》，1912 年 11 月 30 日，頁 5，〈華人菜園又被賊劫〉）等。

20 見《東》，1911 年 4 月 29 日，頁 7，〈盜竊同國人巨款之奇案〉條。

21 見《廣》，1905 年 6 月 10 日，頁 4-5，〈妒忌打架 刀炮兇狼〉條。

22 見《東》，1913 年 2 月 1 日，頁 7，〈回祿為災〉條。

23 見《廣》，1914 年 6 月 13 日，頁 5，〈通告被拿告命案者之親友〉條。

24 見《東》，1898 年 12 月 7 日，頁 24，〈財喪人亡〉；1899 年 10 月 7 日，頁 3，〈失性慘狀〉；1899 年 10 月 14 日，頁 3，〈自戕殞命〉；《廣》，1906 年 6 月 23 日，頁 3，〈華廚自盡〉；1908 年 10 月 3 日，頁 5，〈吞鴉片自盡〉；1909 年 3 月 13 日，頁 5，〈因捉賭受罰自盡〉；1913 年 5 月 17 日，頁 5，〈癲人害物〉；《東》1914 年 8 月 29 日，頁 7，〈華人何故自刎〉等條。

25 見《東》，1900 年 3 月 3 日，頁 3，〈老人既覯〉條。

26 見《廣》，1896 年 6 月 19 日，頁 2，〈觸目警心〉條。

27 見《東》，1899 年 9 月 23 日，頁 3，〈魂歸故土〉條。

28 聯福堂最晚於光緒 19 年（1893）已有起骨附運服務，因澳大利亞法例規定殯殮七年以上才能轉運骸骨，而聯福堂全人亦早議決通過 10 年一度起運遺骸計劃，故該組織於 1903 年登報告知鄉里有此服務（《東》，1903 年 4 月 11 日，頁 3，〈起運仙骸告白〉條）。安善堂亦於同年登報告知中山東鄉梓里起運遺骸的消息（《東》，1903 年 11 月 7 日，頁 3，〈起先友告白〉）。

29 見《東》，1910 年 6 月 11 日，頁 7，〈勸捐告白〉條。

30 據記載，該往香港途中遇風沉沒的船隻上載有 500 副華人骸骨，其中 460 副已購買保險，保銀共 4650 鎊（《東》，1902 年 11 月 8 日，頁 3，〈沉船再詳〉）。

31 在百多年前新省較多華人下葬的公眾墳場位於 Roodwood 的 Rookwood Necropolis（六福墳場），本章亦提及利姓老人曾短暫入住碌活老人院，相信該地是孤苦無依者的最後歸宿。筆者在 1995 年曾到該墳場華人基地舊翼憑弔，一座結構良好的惜別亭仍在，亭上刻有廣善堂（Quong Sin Tong）三字，註明惜別亭樹立於 1877 年（見附圖 4.1-4.3）。該亭佔地約 50 平方呎，呈圓形構造，遊人可由四條石級登上惜別亭，亭內設一西式座地花盤，活動空間狹窄。亭外被一乾涸的小溝塹圍繞，四面均有小橋進入惜別亭，相信是由香山人為逝世的華人們辦理後事及樹立公眾基地華人地段標記的建築，或也是喪葬時進行法事的地方。在筆者造訪該基地時，四周雜草叢生，墳頭已多破落，有些東裁西倒，泰半已再難辨別基穴，或是鄉間親友已迎回其遺骸歸國，以至該處墳頭疏落。部分仍保存完整的基碑陷入泥土至令碑文無法辨識。經簡單除草後，可足辨認的墳墓約有 12 個，除其中一穴為新寧人，一穴為新安外，其他全屬中山縣籍；卒年最早的是清光緒 20 年（1894），最晚的為民國 6 年（1917）。據墳場負責人透露，由於該片舊華人墓地殘破不堪，且不少已屬空穴，將於數年間規劃重建，但卻缺乏資金營轉，希望僑界能施以援手，俾將華人先輩們的骸骨重新安葬（有關圖片可參考附圖 4.4-4.15）。此外，主事人亦表示華人於何時始下葬該地也無從稽考，由於文字不通，他們還以為廣善堂所修建的永則亭是座顯赫華友的墳墓！

32 見《廣》，1902 年 12 月 27 日，頁 5，〈東邑公義堂勸捐〉條。事實上，向同胞募金以作起骨附運一直斷續地在僑社間進行，1931 年便有在波打雲（達爾文港，Port Darwin, N.T.）逾 40 年歷史的華安會在短期間籌得 300 鎊銀，預備運送華人遺骸返國安葬，但因國民黨也希望參與善舉，雙方遂因爭逐捐金者的支持大起鬥爭（《東》，1931 年 8 月 29 日，頁 8，〈執先骸釀成爭鬥〉條）。確然，起運華人骸骨或資助貧苦老人回鄉是一門有利可圖，但亦可說是盜亦有道的生意。1891 年新省政府調查華人賭博及不道德行為，並檢控警隊受賄的報告中，作供的華人 Young Yow 便指稱悉尼地區很多以 "堂" 為名的組織均設有起葬先友骸骨的基金或儲備，而金錢不少來自其轄下的賭館。賭館內每次開攤收攤時都額外抽佣金一先令進入基金，作為福利事業之用。而很多當時著名的唐人舖，如維記、安益利等都涉足這活動之中。至於另一華人 Ah Toy 作供表示很多以 "堂" 為名的成員會走進沿街的華人商號，以捐助起運仙骸的理由，要求 10 先令或一鎊的捐金。見 CGC, p.13; p.38.

33 見《東》，1911 年 5 月 20 日，頁 7，〈東邑起運仙友告白〉條。

34 見《東》，1905 年 11 月 4 日，頁 5，〈東莞眾捐善堂告白〉；1906 年 1 月 6 日，頁 3，〈青薑忠堡倡辦學堂告白〉條。

35 有關 19 世紀中末葉至 20 世紀初，澳大利亞華人同鄉會的整體發展概況，可參考 C.F. Yong: The New Gold Mountain, Ch.XI, pp.189-195。

36 見《廣》，1908 年 6 月 27 日，頁 3，〈隆都同善堂遷運先骸回里〉條。

37 見 CGC, p.145.

38 見《廣》，1903 年 9 月 12 日，頁 4，〈四邑會館增建兩傍輔廟勸捐小引〉條。

39 見《廣》，1904 年 2 月 6 日，頁 5，〈四邑會館 菩薩開光 〉；1904 年 2 月 20 日，頁 8 至頁 10，〈四邑會館告白〉等條。

40 見《東》，1904 年 4 月 30 日，增附頁，〈聞高邑人建廟事喜而書〉條。

41 在 1891 年悉尼調查華人賭博等不道德活動時，作供的華人 Young Yow, Chen Ah Tea 及 Ah Toy 便指華人團體多以養濟事業和運送先友回國的服務為主，提及的組織包括隆義堂 (Loon yee Tong)、寶安堂 (Bow on Tong)、寶成堂 (Bow sing Tong)、興成堂 (Hing sing Tong)、忠化堂 (Chung fae Tong)、公義堂 (Koong yee Tong) 等。這類組織除同鄉聯誼的性質外，可能還有社團的背景。見 CGC, pp.10-38.

42 見《廣》，1900 年 10 月 27 日，頁 3，〈劇聯照登〉條。1911 年悉尼保皇份子主辦的中華蒙養學堂頌唱的〈國思〉固然歌頌祖國河山壯麗，遙望國旗飛揚大地，亦不忘提醒學童 "先有國，乃有家，勸僑民勿適於他，今日我們雖生長在澳大利亞，畢竟是寄人籬下"（《東》，1911 年 2 月 4 日，頁 14，〈國思〉），意識形態是鼓勵小童毋忘故土，但在另一方向視之，不啻是向第二代灌輸着既屬旅人之身，切勿融入主流社會的思想。

43 概括而言，自 1850 至 1970 年前後，澳大利亞的 "排華" 活動在百多年間斷續地在進行，但幾個主要省份的華洋關係都因各種原因而於本質上出現不同程度上的變化。昆士蘭是農業生產最集中的省份，對農民、菜園園工、牧人的需求較大，華工以廉價合約應聘，一方既受到被剝奪工作權利的白工所排擠，一面亦被大部分地主階級視為下價勞工，甚至因生活文化所連帶的問題引發下，被目為不文明的一群。此外，19 世紀中期後的昆士蘭金礦區也吸引大量華人聚挖，同樣亦因上述原因而導致衝突發生。當然，在昔日淘金熱的時代裡，各省的礦區都曾出現若干的糾紛。維多利亞省亦自有其傳統，當年來自英國的白人管理階層多集中於此，其優越感與階級特性使維省統治核心經常發表限制華人入境的言論，間接煽起民間輕視華人的共同心態。西澳洲人口雖少，但亦多來自英國上層階級，對華工的需求固在，卻只存在着相類奴隸與奴隸主的心態。新省並非不存在著華洋衝突的問題，但最先登陸該地的白種移民多是士兵與囚徒，他們或他們後代的階級對抗性與貴族出身者略有差異，在利益問題上，任何人士都應寸土不讓，但在種族，甚至文化的界限方面卻不如維、昆等省森嚴。北領地本身因地近西太平洋島嶼及東南亞緣故，間接使該地區成為外勞的集散地，其排外情緒或因白人早已習慣有色勞工的面孔，情況亦不致呈現水火不容的地步。

44　在自我保護的政策上，個人認為不能過於苛責澳大利亞白人與其當道者。華工勤儉價廉對白種勞工來說確構成重大威脅，而每地區的政府本有責任保障轄下人民的謀生權利，而自我保護更是在物競天擇下，生物得以延續繁衍的基本訴求。19 世紀的澳大利亞因人口稀少，吸納外勞藉以加強拓荒能力及加速生產建設本是自然不過的事，及至 19 世紀末，華工數目激增，影響白人生計，當道設法阻撓非法入境者潛入，並立例嚴格審查進境華人的身分也本是執政者的職責。試觀上世紀八、九十年代的香港正值經濟蓬勃期，多數本地勞動階層逐步退出一般地盤粗工行列，並漸由外勞替代。至 21 世紀初經濟低迷時，本地失業人口激增，輿論於是嗟怨政府僱用外勞的政策，更敦促當道者嚴厲打擊黑市勞工，杜絕其進入香港的各種途徑；此外，不獨論者倡議收緊僱用外地女傭的尺度，更有提出對內地新移民身分的重新審核，主張輸入專才而非到步後依賴政府津貼的港人內地親屬。既而，21 世紀初廣東各地民眾因經濟問題，中山、潮汕，甚至外省民工屯集較多的東莞都曾陸續地有排斥非本地勞動力的聲音。這些自我保護的本土意識與種族無關，卻是直接利益矛盾的反映。上述事例說明古今中外的政府都制訂各種限制外國人在轄下領土謀生的法例，藉此維護本地人的基本利益。因此，在研究昔年澳大利亞的 "排華" 活動的性質時，種族主義是否還是首要針對的問題，尚須詳細考慮和剖析。

45　如泗和號除售賣什貨外，也代梓友寫回唐船位。見《東》，1898 年 6 月 29 日，頁 1，〈泗和號廣告〉條。

46　見《廣》，1902 年 4 月 5 日，頁 5 至頁 6，〈雪梨聯益堂公司章程〉條。

47　見《廣》，1907 年 7 月 27 日，頁 3，〈聯益善事〉條。

48　見《廣》，1903 年 1 月 3 日，頁 5，〈聯益善事〉；1903 年 2 月 21 日，頁 5，〈聯益善事〉條。

49　見《東》，1909 年 12 月 18 日，頁 7，〈紀雪梨華文蒙養學堂告成事〉；1910 年 2 月 26 日，頁 7，〈華文蒙養學堂開校之盛典〉；1912 年 12 月 21 日，頁 7，〈雪梨中華小學堂第三學年下學期試驗學生成績〉、〈雪梨埠中華小學堂放假〉等條。

50　見《東》，1910 年 3 月 12 日，頁 7，〈紀雪梨華文學堂兼開夜學事〉條。

51　見《東》，1915 年 12 月 8 日，頁 7，〈陸逸君先生歸國各界餞別紀盛〉、〈中華商會之餞別〉、〈憲政黨茶會餞別〉；1916 年 1 月 22 日，頁 8，〈蒙養學堂歷年進支數〉等條。

52　見《民》，1914 年 5 月 9 日，頁 7，〈本報附設光華學校已開課矣〉條。

53　見《東》，1924 年 1 月 12 日，頁 7，〈中華學校開學啟事〉、〈中華學校進行之樂觀〉條。

54　見《東》，1924 年 3 月 15 日，頁 7，〈中華學校之進步〉條。

55　見《東》，1924 年 12 月 20 日，頁 7，〈中華學校放假紀盛〉條。

56　19 世紀中，譯音為龍洪沛的反清志士（Loong Hung Pung）南走澳大利亞，並在悉尼市郊北部落腳，宣揚其排滿的改革思想。期間，譯音謝日昌（Tse Yet-chong，又名 John

See，即謝贊泰【1872-1938】生父）和曾任蘇格蘭場暗探，譯音曾秀（Jung Sao, 亦名 Stephen King）等均受其影響，他們在 19 世紀末成立同盟會，在 1913 年後的澳大利亞泛稱之為 " Chinese Masonic Society "（見 John H.C. Sleeman, *White China, An Austral-Asian Sensation*, published by the author, 1933, Chapter 3, pp.137-142）。而義興會是當年它在官方機關註冊的名稱。

57　見《廣》，1911 年 6 月 10 日，頁 5，〈華人義興理建會館〉條。

58　見《廣》，1904 年 12 月 24 日，增附頁，〈華洋大景 義興出頭〉條。

59　見《廣》，1898 年 4 月 8 日，頁 4，〈西省近事〉條。

60　*The Sun*（Sydney, N.S.W.），30th Jan.1912, p.4.

61　見《廣》，1912 年 1 月 27 日，頁 18，〈雪梨埠義興會堂〉條。

62　*The Sun*, 12th Nov. 1911, p.12, "Young China Party Rebellion, delegates in Sydney".

63　見《廣》，1918 年 7 月 20 日，增附頁，〈洪門改良入會〉；1918 年 9 月 7 日，頁 5，〈對於洪門議案定致公名稱一律書〉條。

64　見《廣》，1918 年 9 月 7 日，增附頁，〈雪梨中華民國總公開會紀盛〉、〈昆省洪門開全體會議紀盛〉條。

65　除本章提及的例子外，自白澳政策施行有年的 20 世紀 20 至 30 年代前後也有多宗與華工積蓄有關的報導。1919 年華人園工猝死煲能 (Botany?, N.S.W.)，遺下 400 餘鎊現金（《東》，1919 年 9 月 13 日，頁 7，〈華友仙逝〉）；1930 年，企圖歸國而身懷 300 鎊本票與若干現金的華人園工被車撞傷不治（《東》，1930 年 4 月 26 日，頁 8，〈無妄之災〉）；翌月，兩名華人被賊盜去 2,800 鎊，更被害命（《東》，1930 年 5 月 17 日，頁 4，〈兩華人被害〉）；同年 7 月，年老華人雷芳（1823?-1930）溘然長逝，遺下 600 鎊遺產（《東》，1930 年 7 月 15 日，頁 8，〈老華人壽終醫院〉）。這些零碎材料足令讀者反思落魄失途的華工們是否全被主流社會壓榨，或者泰半都在不良嗜好上賠上大半生的努力和成果，以至無力，甚至無面目還鄉。

66　見《東》，1909 年 11 月 13 日，頁 7，〈告別梓友〉條。

67　見《東》，1909 年 11 月 13 日，頁 7，〈感德難忘〉條。

68　見《廣》，1903 年 3 月 7 日，頁 6，〈恩感二天〉條。

69　見《廣》，1904 年 2 月 6 日，頁 5，〈四邑會館 菩薩開光〉條。

70　中華學校第一任教授湯龍驤和擴班教學後邀請加入的潘永漢並不久任，二人先後因返國或他事請辭。繼任者為蘇溢光（1906?-1926）和陳肇壹，但前者於 1926 年因肝疾回港就醫並旋踵病故，令中華學校在招聘義務教員方面再遇困難。見《東》，1924 年 12 月 20 日，頁 7，〈中華學校放假紀盛〉；1926 年 4 月 17 日，頁 7，〈蘇溢光君抵港之喜信〉；1926 年 5 月 22 日，頁 7，〈蘇溢光君之噩耗〉等條。

71　見《東》，1931 年 9 月 5 日，頁 8，〈澳洲華僑學校勸啟〉條。

72　見《東》，1932 年 7 月 16 日，頁 6，〈華僑學校將開懇親會〉；1933 年 12 月 9 日，頁 6，〈華僑學校舉行休業〉條。

73　見《東》，1912 年 12 月 21 日，增附頁，〈雪梨中華學堂教習陸君逸君〉條。

74　見《東》，1911 年 2 月 4 日，頁 14，〈雪梨中華蒙養學堂學生旅行拍影〉條。

75　*The Sun*, 30th Jan. 1912, p.4.

5 | 晚清時期悉尼華人的政見與利益之爭

前言

　　晚清期間中國受到國內外的諸種困擾，至今政局動盪不安，德宗雖志切改革，並委政於新黨，但卻受制於慈禧（葉赫那拉杏貞，1835-1908）為首的舊黨，最終維新失敗，六君子被殺，康有為、梁啟超逃離中國，東走日本，再遠赴北美力圖組織海外華人，一方面聲援光緒帝，一方面則希望借着籌款壯大保皇勢力，藉此作長期抗爭。與此同時，旅居澳大利亞的華人有鑒於祖國國情日壞，除不斷在報章上報導國內政爭及康、梁近況外，還亟力邀請二人訪澳以壯大保皇聲勢；1900年梁啟超的造訪澳大利亞更掀起一陣保皇熱潮，而新南威爾士省悉尼市正是保皇勢力的重鎮。當時該地區的華人新聞市場主要被兩大報章所壟斷，其一是在1894年創報的《廣益華報》（以下簡稱《廣》），另一份則是創報於1898年的《東華新報》（以下簡稱《東》），後者於創報時已是保皇派的喉舌，兩報於19世紀末基本處於同業良性競爭的狀態，但在梁啟超到訪澳大利亞後漸次出現磨擦，其中又因兩報中人的人際脈絡關係互有政治、經濟利益的衝突，最終出現罵戰的局面。

有關 19 世紀末悉尼兩大華報的性質

　　自 1840 年以後因契約勞工或偷渡至澳大利亞的華人大都來自南中國沿海省份如福建、廣東等地區，於 19 世紀末金礦漸告掘罄而白人排華之聲日盛後，不少華工受制於客觀因素返國，而剩下的同胞，正如前文所述，多來自廣東中山，四邑、高要、高明等鄉縣，居住於新省的華人亦不例外，而《廣》、《東》二報正是粵籍的華商所創辦，[1] 其銷售對象自然是居住新省或散居各省為數仍有三萬左右的華人。[2]

1.《廣益華報》

　　《廣》報於 1894 年 9 月 1 日創報，報社持有人為孫俊臣（又名孫錦勝，1868-？），[3] 創刊之初是華洋夥伴經營的報章。《廣》報報館位於悉尼邦街（Bond St.）16 號，1895 年 5 月 24 日遷至亨打街（Hunter St.）18 號。[4]，報章於 1894 年創報時，以周報形式逢周五出版，1899 年 6 月後改為周六出版，仍以周報形式出現，每次八大頁，在春節或偶遇突發新聞時，均加版以增附頁印刷，新春期間廣告及廣泛介紹外國風土人情、科技的篇幅往往多達 20 至 30 頁以上。

　　《廣》報在出版初期或由於中國國內新聞不足關係，常以儒家思想加插在華洋新聞中，寓教育於報導；隨着報章漸上軌道後，這情況漸見減少，但仍不致全面刪除，這或源於其新聞教化宗旨，亦是它與後出的《東》報在新聞內容上顯著不同的地方。至於在報導本土新聞方面，《廣》報焦點集中在與華人相關的消息，當中包括政府對華人政策、各省（州）的華人遭遇，新省內的華洋問題等，其消息來源一般翻譯自本地西報，亦有自報館記者的採訪，另一部分則來自新省較偏遠鄉鎮或其他如維多利亞、昆士蘭等省的讀者來函。正因如此，加上《廣》的周報性質，其本地新聞一欄中所報導的時事往往已事發多日，甚至已有數周之久，尤以早期為甚，與當年所謂 "新聞紙" 的原意頗有距離。

　　早期《廣》報的政治立場較為傳統，由創報以來一直視奉滿清政府為正統，雖然在報導祖國新聞方面偶有談辯其萎靡不振等問題，言論卻並不傾向 19 世紀末熾熱一時的保皇運動，20 世紀以還亦未有同情革命組織的宣言。但正因該報並沒有鮮明的政治立場，故在辛亥革命成功後，社論中的語調始大起改變，它在正面報導中國革命進行的同時，除表達對建設祖國的美好願景外，亦揶揄滿清統治者的腐敗無能；與此同時，《廣》報也正式刊登孫中山的肖像，並特別撰專文介紹黃興（1874-1916），這亦是同期的《東》報所缺乏的。

2.《東華新報》

　　《東》報於 1898 年創辦，《東華新報》有限公司是《東》報的出版商，主要持股人為華商劉汝興（1853？-1921），[5] 館址位於佐治街（George St.）166 號，[6] 早期逢周三、六出版，每版四頁，訂購價每年 14 圓，半年價 7.5 圓，季價 4 圓。易名《東華報》後或因經濟問題，改為每周六出版，每次八頁，而每每加印附張（Supplement）刊載澳大利亞本土時事或介紹世界各地人情風物。在《東華新報》時代，由於該報一周出版兩次，有關本地的報導較能追上新聞的脈絡；自重組後，《東華報》有關本地消息的新聞性已大為褪色。與《廣》報相若，《東》報於春節期間都加印華洋廣告，各商號新歲賀詞、世界新知、祖國大事等往往多達 30 餘頁。

　　《東》報的新聞範圍亦分兩部分，前者報導本地新聞，《東》報內不少資料均轉譯自西報，部分與華人利益直接有關，該報亦有記者專訪如政府官員等相關人士。後者主要刊載中國消息，而於維新黨人去國，晚清政局迷離，謠言漫天之際，其報導明顯吸引海外讀者格外關注，且《東》報本屬維新報章，一般人士均認為它所掌握的內幕較其他報章準確，在維新失敗至慈禧與德宗去世前，《東》報在國內新聞方面的吸引力較《廣》為優勝，而其新聞來源也有出自國內報章，如上海《蘇報》、《中外日報》、《遊戲報》等，其他消息如來於澳門《知新報》、香港《華字報》、《中國日報》更是謠言紛紜而莫知源頭所自的報章；此外，因維新黨於 19 世紀末至 20 世紀初遍佈北美與東南亞關係，《東》報內不少國內消息或海外保皇活動資訊也採擷於該些地區，其中如星嘉坡（Singapore）《天南新報》、[7] 馬來亞（Malaya）《檳城報》、檀香山（Honolulu, Hawaii）《新中國報》等均是。這些轉載新聞對僻處異鄉但對中國政局卻焦急如熱鍋螞蟻的澳華來說，不啻仍是楊枝甘露，而事實也說明《東》報廣泛集結中外新聞的優勢也是《廣》報所缺乏的。由於《東》報是保皇派的喉舌，雖然它在報導國內消息時亦不諱言朝政弊端，但概括而言，創報立場明顯傾向滿清政府。自維新失敗，康、梁被追殺，海內外輿論同情瀛台幽閉，帝力衰微時，始見《東》報批評當道者的顢頇，惟其政治路線仍受康有為在北美成立保皇會直接影響。

　　在新世紀蒞臨的時刻，維新象徵人物梁啟超在東南亞以至澳大利亞的訪問把南半球的保皇運動推上巔峰，由於《東》報的主要持股人劉汝興是保皇中堅關係，梁啟超在澳的一切官私活動均被《東》報搶先報導。《東》報社論及其他國內新聞除介紹保皇活動外，往後多屬肆意抨擊革命黨為中國帶來的災禍，因此在它於 1936 年底結業前，除 1912 至 1913 前後間歇的偃旗息鼓外，《東》報主筆與革命黨人的論戰可謂從未停止。此外，它在刊登同盟報章對革命的攻擊文章也不遺餘力，該報章及其支持者在失落保皇冀望與轉移至帝國憲政迂迴路途中的躊躇，成為民國成立後，海外國民黨喉舌爭相打擊、殲滅的對象，並奠定了它最終的命運。

　　《東》報的業務範圍相較《廣》報廣泛，報館接製橡膠圖章、承印街招、信封、單據等生意，並代理圖書，甚至代顧客訂購其他友報如澳門

《知新報》或梁啟超的橫濱《清議報》等。[8] 此外，因不少華工散居窮鄉者甚多，各小埠山河懸遠，交通阻絕，不少華工家書亦寄至報館，並由報館刊登專欄知會有關人士領取。[9]

悉尼保皇會與報爭事件中的關鍵人物

1900 年初，悉尼保皇會宣告成立，掛名入會者達數百人，由於它以公司名義註冊關係，會員以招股形式入會，認股 3,000 餘份，[10] 每股市值英鎊 4 先令。[11] 是時，認股最多的組織是植桂堂，共 500 份。其他依次為認股 200 份的歐陽慶（又名歐陽萬慶）；認股 150 份的鄭蕃昌；認股 100 份的共三人，包括李益徽（又名李補）、劉汝興、簡壽南；認股 50 份的 11 人，其中以陳壽（？-1908）、李官益較知名。認股 20 份的共 18 人，包括冼俊豪、永安果欄的郭標、郭樂（1874-1956）在內。[12]在保皇活動第一次召開大會時，以華人土舖安益利號店東李益徽為主席，會上除闡釋保皇要義處，還有不少保皇中堅份子講説民族大義，由於參與人數竟至 400 餘人，會議須假士丹的戲院（Standard Theatre）舉行。[13] 但在 1900 年 2 月以後，李益徽迅速淡出保皇會，他甚至缺席梁啟超於該年 11 月抵澳視察保皇事業進展的活動。李益徽是當時悉尼僑領之一，他先前積極參與及突然的淡出，説明該地區的華人並非一勇向前，義無反顧的支持保皇會，而李益徽態度的轉變與當時另一僑領梅光達的親滿清立場確有相應關係。

梅光達是 19 世紀末 20 世紀初悉尼的首要僑領，也是華洋共推的社會賢達，他是著名茶商，亦是新市茶樓店主，梅曾受滿清政府任命為五品官, 並捐官四品，以藍水晶配青金石為頂戴。他在滿清中國未有正式領事派遣澳大利亞前，朝廷委任暫署當地的代表；[14] 在 1896 年 7 月法院審理高路畔街白鴿票命案中，其中一名洋人證人即指稱受聘於梅氏在悉尼華人聚居的地方偵察有關白鴿票和番攤等賭博問題。[15] 由於詞連梅光達關係，結果他須上庭作供，在供詞中，梅光達承認在中國有官職，並奉滿清政府之命調查番攤、無品德洋女與華人往還及抽鴉片諸事。

梅光達介入當時流行的白鴿票賭局在華人社區來説已非新聞，事實上，他和李益徽都曾為開白鴿票廠（賭館）而被警方擒獲的華人向督憲説情並懇求釋放。[16] 李益徽亦曾與梅光達先後替投買白鴿票的中票者辦理領取彩金手續，[17] 這些事例不免令人聯想在梅、李二人關係緊密之餘，還或有其他生意上的連繫。

康有為於 20 世紀初澳大利亞保皇運動崛起之際曾致書悉尼華人組織聯益堂，本意是試圖邀請聯益堂及與該堂過往甚密的梅光達加盟，[18] 雖然梅光達否認自己是聯益堂中人，又否認他曾在該堂參與會議，[19] 惟在後來李益徽與保皇份子的官司結束後，他卻公然與聯益堂值理合照，説明他與聯益堂關係密切。相反而言，在往後保皇會會務發展或捐股名單中卻未見梅的名字，可見作為悉尼首要僑領的梅光達刻意迴避一切與藍翎官服有所抵觸的組織及活動。李益徽加入保皇會或出於同情維新，他能被選為主席固然與梅的拒絕入會有關，但他的旋即淡出和梅光達的態度，甚至勸阻或有一定關係。[20]

李益徽與陳壽的恩怨

1901 年 10 月 26 日，李益徽以聯益堂值理名義號召華商參加商討悉尼政府考慮增抽商稅事宜。在會議上，保皇份子陳壽以柺杖毆打李益徽，李益徽告官拘拿陳壽歸案，事件鬧上法庭，並連續掀起相應的官司風波，成為上世紀初華人社區要聞。

李益徽在法庭上指稱被陳壽於會議期間無故以木杖毆打，並且在堂上展示手上的傷痕。原告證人梅光達則宣稱當會議之際，親見被告手持木杖在場中來回踱步，並力證李益徽的信譽與人格，梅亦指在該會議上無人提及騙稅問題。原告證人除梁衍蕃外，其他都不是保皇份子，縱使身為保皇派的原告證人作證供詞亦模棱兩可；致命的是安益利號掌櫃李金堂的供詞，他指證陳壽曾不下 10 次到店內索取聯益堂曾承諾給與保皇會銀 70 鎊的捐助，並曾作出必要時將以武力索取的恐嚇性語言。

　　陳壽在法院作供時，指稱李益徽以商討政府增收商稅為名，實則鼓動眾華商欺瞞政府入口貨物種類藉此騙稅，自己出於義憤而斥責李益徽的行為將禍害旅居悉尼華人的聲譽，並否認毆打的控罪。辯方證人都是會議當天在場的華商，包括歐陽慶、劉汝興、葉炳南、陳霞等，全屬保皇會會員，他們都指陳壽因足疾而需常携枴杖出外，並因李益徽存心瞞騙政府稅項而至雙方突生齟齬，陳的枴杖或曾輕擊李益徽手部，但卻不致重毆其頭部，葉炳南更指梅光達供詞並沒有道出李益徽企圖慫恿眾華商瞞報稅項一事。[21] 在控辯雙方供詞中，我們不難發覺梅、李二人站在同一陣線上，而保皇份子則支持陳壽，並企圖以瞞稅為攻擊點，動搖梅、李在主流社會與政府執法者眼中的地位。梅光達曾作證指發動悉尼地區的保皇運動本是他的原始意念，但後來發現保皇會中人處事不公，故最終脫身而去。[22] 若其證供屬實，則說明其親密夥伴李益徽進退間的倉猝與梅光達對保皇態度的轉變有關；雖然今天不易搜集李益徽在 1900 年 1 月被選為保皇會主席，在不足一個月間即幾全然抽身而退的資料，但與他不受泰半保皇份子歡迎和其突然淡出保皇會有直接關係。此外，李益徽兼任值理的聯益堂還被保皇中人指責為壟斷歸國船票，而非致力為華人謀取福祉的組織。

聯益堂與保皇會之爭

聯益堂又名行商公會，於 1892 年成立，本身是華商團體組成，由於當時華商多從事雜貨業，因此聯益堂大部分成員都是唐人土舖的店東。在 19 世紀中末葉，華工、華商往返中國、香港、東南亞及澳大利亞間日見頻密，各國船公司都在開拓、爭逐這一龐大市場。約在 1892 年前後，日本郵船有限公司在澳大利亞的代理人般非立有限公司（Burns, Philp & Co. Ltd.）與李益徽便取得默契，李在眾華商同意下創立聯益堂，與不諳英語的華人預訂船位便是該機構其中一項為同胞謀福祉的服務。1896 年，聯益堂便曾致書西人船行，懇求為無助老華人的船票提供減價優惠：

> ……我華人來信説及華人之在外邦也，或有龍鍾鶴髮，工作不能任其勞；兼以駑弱馬瘏，調理不足醫其病，日無餬口之資，夜無棲身之所，雖有施以布縷，亦常寒凍堪虞，捨以藿黍，仍復餓飢。……貴行寶裝，每人要銀十鎊之數，財固不給，願亦難償。……故我華人商家，會集酌議，懇求貴行修寶善以施寶筏，發慈悲而渡慈航。准裝老貧殘疾等輩回港，船資依例減收其半。……[23]

在其聯益章程中，還規定在火船泊岸與出航時，值理必須登船料理搭客，務求諸事盡心。[24] 此外，中國國內天災、教育以至國難等救貧解困慈善籌款往往通過聯益堂的呼籲募捐，至於應付澳大利亞政府諸保護政策，如限制華人入境、主流社會對華人的詬病、增收入口商税等問題，都是聯益堂值理為同胞奔走的要目。此外，如悉尼華人遇上華洋官非需要同胞金錢、輿論上的協助時，該堂的值理便組織華人聽審，又籌措捐款作為聘請律師的費用，如被告不幸被判處極刑，聯益堂中人也盡力向當地政府懇求減刑。[25] 聯益堂的值理制度由八家土舖商號輪流擔任，每季由兩家負責，店主在季後可得 10 鎊報酬。

　　保皇會成立後，因北美總部政策影響下，意圖在商業、銀行，甚至工業方面有所拓展，故覬覦聯益堂盤據有時的肥肉是出自然的競爭心態。以陳壽為首的保皇中人亦曾遊說船公司以每票 7 鎊，老人船位 3.5 鎊的價錢優待華人，本意即出於搶奪聯益堂的經營權，但旋即被李益徽以每票 8 鎊、老人 4 鎊的抬價手法搶回般非立有限公司的准賣權。據《東》報刊載讀者來函時更指責李益徽是次介入爭奪的原意，本打算抬價成功後即辭去聯益堂值理職務，並以其名下安益利號承接經營權，只是船公司反對下，被迫由聯益堂續辦而已。[26] 安昌號一直是聯益堂的常任值理，但身為店東又屬保皇中堅的劉汝興在 1901 年 6 月已退出聯益堂，且氣氛在過程中鬧得不甚愉快。[27] 於昔年法庭的作供中，身為被告證人劉汝興更曾被原告律師盤問是否在退出聯益堂後仍以該堂名義致書輪船公司，[28] 幾說明李益徽的淡出保皇會，劉汝興的退出聯益堂，與兩派人士因利益衝突而漸次壁壘分明的事件有關。

《廣》、《東》二報爭拗的由來

　　本來良性商業競爭在任何社會角度來看都具其進步意義，然而保皇會雖以公司名義註冊，但因以國事為號召，康、梁既為海內仰望的改革先鋒，一時海外同胞引領翹首，會員人數日見增加。它以後起者的姿態企圖衝擊聯益堂的碉堡，攻佔其盈利陣地，其招惹舊有勢力的不滿是早可預見的。《廣益華報》創報較《東華新報》為早，在當地華人社區中已有根基，對聯益堂的慈善活動亦早有報導，聯益堂各值理間所建立的私人感情與商業互動總較後起的保皇會或《東》報深厚，《廣》報在陳壽毆打李益徽一案中一直只報導案件審理及雙方律師盤詰證人的過程；

《東》報除報導雙方法院對峙的答問外，又偶爾加上主觀評語，令情況複雜化。查該案共經五度提訊，前後審理十天，在 1901 年 11 月底完成審問及作供程序後，至該年 12 月 3 日宣判。陳壽輸案被判罰銀連同李益徽律師費、堂費合共 30 鎊，否則困苦工監四個月，最後陳選擇罰款。[29] 由於法庭已有裁決，該案又涉及安益利的商譽及店主的名譽，《廣》報刊載數封洋人來函，說明李益徽是受船行委託的誠敬君子，其中最重要的是來自般非立公司的書信，[30] 又載錄刊登李益徽的家庭合照，並撰專文簡介。[31]

　　這場一方維護，另一方詛咒的罵戰表面上是環繞李益徽的個人操守及信譽而展開，但實際上主要還是保衛與攻擊聯益堂的信譽及利益而發動的鬥爭。《廣》報繼在 1902 年 2 月初刊載李家闔府相片後，該年 4 月初又刊登聯益堂公司章程並介紹各輪班值理，藉此平息《東》報譏議聯益堂內部黑箱作業的斥責。[32] 自李益徽勝訴後，兩報立場已愈見分明，雙方一直借讀者名義在報章地盤上指對方偏袒案中當事人，如 1902 年 1 月 1 日，《東》報讀者抨擊《廣》報誤導視聽，妄指聯益堂的創辦全仗李益徽一人之力，[33] 而繼有讀者詬罵《廣》報袒護李益徽。[34] 至於《廣》報在連載有關洋行洋人支持李益徽信函之餘，在 1902 年 2 月 1 日以報館名義對《東》報的責難作出全面回應；正因《東》報自陳壽輸案後一直刊登讀者來函針對李益徽作出人身攻擊，[35] 在諸般被挑釁及名譽遭破壞下，李益徽正式入稟法院控告《東》報誹謗。

李益徽與《東華新報》的官司

　　在案件開審之初，《東》報財政狀況被迫公開，其資本 1,000 鎊，每股 4 先令，合共 5,000 股。大股東劉汝興佔 300 股，其他五名股東各佔 100 股。讀者及其他附設生意欠賬 750 鎊以上，《東》報經營三年以來的盈利與成本、壞賬、股本比對下只剩現金 150 鎊，虧損情況嚴重。[36] 正因經濟拮据緣故，《東》報在官司開始不久便公開招股企圖挽救瀕危的困境，[37] 而《廣》報借報導時事的良機披露《東》報面臨的窘狀，無疑是落井下石，有置之死地而後快的嫌疑。

　　《東》報自 1902 年 3 月 22 日及 26 日的報導遭李益徽控告，指內容誣捏他長期霸任聯益堂值理，貪利好名、擅自支取雙份工金、任值理期間均不依會中規矩，不邀會中同工清點賬目等事項，而李益徽入稟法庭索償 2,000 鎊後，[38]《東》報已幾無與李益徽有關的事件刊載，倒是《廣》報仔細地報導 12 次聆訊經過，並詳盡道出有關保皇會與聯益堂間金錢上的瓜葛。[39] 在審理過程中，聯益堂值理披露曾於 1900 年底梁啟超訪問悉尼時議捐 100 鎊給保皇會，而劉汝興後來更以值理身分私下在聯益堂公款中撥出約 38 鎊給保皇會，並在眾值理會議期間倡議再助捐保皇活動 70 鎊，當時和議的是另一保皇會成員，亦即另一唐人店舖義興號司理李官益；在其他值理反對下，李益徽企圖緩和其事而建議將捐款減為 50 鎊，但為劉、李所反對，事件一直僵持而未能達到共識，亦成為陳壽後來多次到安益利向李益徽追討的根由。[40]

　　在是次官司中，李益徽以三百餘鎊延聘大小律師各二名，《東》報亦聘兩律師辯護；至於四名陪審員俱是洋人，原告證人殷立非有限公司的洋人代表力證李益徽為一正義君子，在為華人劃訂船位諸事中絕無營私企圖，證供肯定對李益徽有利。在 1902 年 5 月底法院裁決李益徽勝訴時，《東》報在招股行動中並無重大進展，法官裁定《東》報須付 700 鎊為賠償，並補付堂費雜費開支，連同律師費用合共 1,400 鎊。[41]《東》報主席兼大股東劉汝興與其他保皇會員未能在法定期間籌措足夠金額，最後在該年 6 月 4 日被執法人員查封報館，並將其印刷字粒、文具，甚至廚具即場拍賣，得銀 700 餘鎊，[42]《東華新報》被迫清盤。《廣》報繼在 7 月 12 日刊登其清盤狀況後，相隔一周載錄署名 "雪梨埠報華人"
的來函，信中重申李益徽正直無私，為聯益堂值理時亦常樂助同胞，
《東》報中人應以賠款結業為戒，切勿再無故生禍云。[43]

李益徽與冼俊豪的官司訴訟

　　《東華新報》被迫清盤，經股東商議後，堅持辦報原則，並稍遷至
佐治街 158 號，易名後繼續經營。從該報 1902 年 8 月 16 日幾經掙扎，
出版的第一份《東華報》來看，昔日撤退時頗見狼狽，本在此前的印刷
字粒全被充公拍賣，自《東》復刊至 1903 年 10 月，報章幾全出於謄
寫，至 11 月才回復印刷，元氣大受創傷。然而，保皇會與李益徽的恩
怨尚不曾真正結束。李益徽身為《東》報債權人自然有權將 1902 年 6
月初該報館被拍賣的款項作為賠償的費用，但保皇會另一中堅份子冼俊
豪在《東》報被控，急需金錢周轉而官司尚未了結時，共借出 300 鎊給
《東》報並有單據為證；在李益徽勝訴同日，冼正式以債權人身分入稟
法院，要求追討有關借貸金額。經過第一輪官司敗訴後，[44] 冼俊豪終
於繼而上訴得值，獲全數發還借出款項。[45]

　　在這事件審理期間，中途曾出現橫生枝節的插曲。事緣李益徽証
人李良（或名李亮）在此官司中作証，指曾在酒樓看到劉汝興及歐陽慶
付款與冼俊豪，並囑其發假借據偽向報館貸款，最後被冼俊豪控以作假
證供罪名，[46] 但經裁定無罪，李獲省釋；其後李良反控冼俊豪誣告的
官司亦告敗訴。[47]

　　《廣》、《東》二報對各案件聆訊過程報導詳盡，《東》報還在冼俊
豪勝案後，在社論中指冼的興訟全屬被迫，且亦合理與合法，並進一步
指出若非李益徽贏案後即爭賣《東》報產業，則冼俊豪亦不致在異鄉公

堂上與同胞刀筆相見，當然也藉此諷刺李益徽首先發動這場同室操戈的內鬥。[48]

　　陳壽、冼俊豪與李益徽，保皇會與聯益堂這場曾在悉尼華人圈子裡轟動一時的訴訟終於在冼俊豪向《東》報索取債務的勝訴後了結，而其中人物的謝幕卻還涉及另一宗毆打案件。

　　1902 年 8 月 19 日，梅光達在域多厘街市樓上自設的茶樓遇劫，洋人匪徒以鐵條重擊梅光達頭顱，並搶去約 20 鎊現金。[49]梅光達經治療後出院，由於梅氏是中澳聞人，在洋人社會有一定知名度，官方懸賞 500 鎊緝拿兇徒歸案，賞金是一般命案的兩倍以上。[50]該匪不久就逮，最後在該年年底被判刑 12 年。梅光達就醫期間得到不少華洋人士關心，痊癒後仍積極投入社會慈善工作，但或因其他病症影響，在事發後不足一年即溘然長逝，終年 53 歲。[51]《廣》、《東》二報對此案及疑犯提堂過程報導甚詳，但於梅過世後，《廣》報大篇幅報導並盛讚其一生的行誼，而《東》報則以普通新聞發佈，還在寥寥數言中指梅光達：

　　　　……近數年來，其舉動屢有不孚人望，論者為其晚節惜焉。[52]

明顯是譏諷他屢助李益徽控告《東》報與排斥保皇活動一事而發。在梅光達被洋匪毆劫後，保皇人物陳壽因腳患問題於 1903 年 1 月 19 日，返回家鄉中山調理。陳壽在悉尼的生計一向不佳，其土舖業務早在毆打李益徽前結束。雖謂他在坑上另有生意，[53]但從他一直寄住《東》報報館觀察，說明經濟拮据是他頻以保皇名義到安益利索取所謂擬定捐款的原因。陳壽在 1908 年底於家鄉去世，悉尼保皇會中人還商議籌款寄贈其遺屬。[54]至於李益徽在梅光達喪禮結束後不久便舉家返回家鄉中山省親，在他啟程前，華洋人士都在梅光達生前開設的茶樓設宴送行，而日本郵船公司及般非立有限公司都派出高層職員出席並致送紀念品。[55]李在 1903 年 8 月下旬返國，此後只着令其子回悉尼繼承生意。李益徽

毅然返鄉固是探望高齡父母，然而自澳大利亞政府在 1900 年前後正式
實行"白澳政策"，嚴禁有色人種（colored race）入境，總教這名混跡
華洋世界 40 年並串演雙方橋樑的人物心灰意冷；此外，梅光達的猝逝
令他驟失好友之餘，更失去有力的生意扶持也是重要原因。至於保皇會
人對他的敵視，甚至遭同胞、同鄉的揶揄、毆打至對簿公堂亦是使他不
再留戀澳大利亞的最後理據。

聯益堂在李益徽返國後解體重組，繼續進行維護行商，為同胞奔
走請命的工作；《廣》報營業至 1923 年 8 月 18 日出版最後一期後，突
因經濟問題結業。《東》報一直保持它那街頭鬥士的本色，正因它的保
皇色彩濃烈，並與革命誓無共存的賭氣立場，在清末國內政治局勢瞬
息萬變的時代裡，那踹竄浮游的躊躇注碼往往押在憲政運動、陳炯明
（1878-1933）、張勳（1854-1923）、袁世凱（1859-1916）等身上，決
定了它最終的命運。

本章小結

研究華僑華人史的歷史工作者往往認定華工、華僑漂洋泛海，遠赴
異地，目的不外是賺取微薄的他鄉金錢以養活苦候於家門閭里的妻兒，
他們不通洋文，不諳洋語，在遭到洋人欺凌之際自然團結一致，共抗"外
侮"；然而，昔年悉尼華人不獨在政見上分黨結派，在商機勃發的利益
關頭也爾虞我詐，最後因利失義，毆打成案，直接形成華人社區內聯益
堂與保皇會的決裂。兩系人物在利害衝突的劍拔弦張的公堂對峙下，確
立裂岸溝塹的壁壘，並使其中關鍵人物的友儕網絡劃分敵我陣營，由此
網絡鼓動下的公眾輿論乘風飆起，使當年悉尼華人報章無法不捲入是次
風波之中，致令由廣東梓里創辦的《廣》、《東》二報從此水火不容。概

括而論，若繼以無知蜚言臧否前輩先僑的話，昔日澳華的爭執不出二千餘年以前商鞅（前 390 - 前 338）入關後對秦人怯於公戰，勇於私鬥的觀感。56

　　梅光達的猝逝與李益徽的返鄉，固然是 20 世紀初悉尼華人的損失，但華人社區內的兩份報章彼此不能和同，甚至保皇會人因政治局勢的逆轉而被迫走向絕巷，何嘗不是當時熱衷改革圖強者的損失？自然，歷史的巨輪更不因某時、某地、某人的淡出舞台而停頓不前，此後，葉炳南、劉光福（1893-1983）、李元信等繼起，又使悉尼華僑、華人史推進至另一競逐紛紜的境界。

audin, Photo, 19 Hunter St., Sydney.

THE CHINESE CREW OF THE CATTERTHUN, AND THE PROPRIETORS OF THE
CHINESE AUSTRALIAN HERALD.

附圖 5.1　悉尼《廣益華報》的股東與工作人員 [57]

附圖 5.2
最早期發行的《廣益華報》首頁 [58]

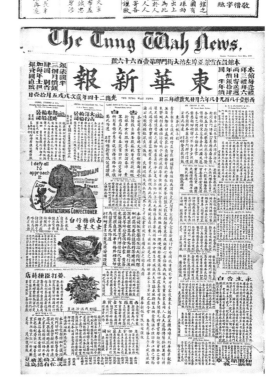

附圖 5.3
最早期發行的《東華新報》首頁 [59]

註釋

1　見《廣》，1902 年 7 月 12 日，頁 3，〈《東華》止末〉。有關 19 世紀過渡至 20 世紀的澳大利亞華文報章簡介，可參考 Lowenthal, Rudolf（羅文達）, The Chinese Press in Australia（出版地缺，1936[?]）。

2　見 C.Y. Choi, Chinese Migration and Settlement in Australia, Sydney: Sydney Govt. Press, 1975. p.42.

3　見《東》，1906 年 12 月 8 日，頁 6，〈《廣益華報》疑案〉條。

4　見《廣》，1899 年 9 月 30 日，頁 4，〈本館章程〉條。有關資料亦可參考劉渭平：〈澳洲之華文報紙與中文學校〉，見氏著《澳洲華僑史》（台北：星島出版社，1989 年），頁 99-106。

5　見《廣》，1902 年 4 月 5 日，頁 4，〈報館被控〉條。

6　見《東》，1898 年 6 月 29 日，頁 1，版首。

7　有關新加坡《天南新報》的介紹，可參考王慷鼎〈新加坡華文日報社論的沿革〉，載林徐典（編）：《學術論文集刊》（新加坡：新加坡國立大學中文系，1990 年），頁 315-335。

8　見《東》，1900 年 2 月 7 日，頁 5，〈本館告白〉、〈代理《清議報》〉；又見 1900 年 4 月 7 日，頁 3，〈代售報章告白〉等條。

9　其時不少國人英文水平不高，雖或有少量信件由中國寄出至澳大利亞，但泰半均在鄉間收集後，由專人寫上悉尼同鄉會或報館地址後寄出，部分同鄉會甚至在鄉里間搜集家書後郵寄，或由返澳梓里携至澳大利亞分發。《廣益華報》及《東華新報》都有這種代收家書及知會領取家書的服務，且一直維持至結業為止。如《東》，1899 年 9 月 23 日，頁 3，〈請領家信〉條中便列舉九名中山各鄉的華人姓名，促請他們至悉尼報館取信。

10　見《東》，1900 年 2 月 21 日，增附頁，〈雪梨埠各義士認做保皇會份芳名〉條。

11　見《東》，1898 年 6 月 29 日，頁 1，版首。

12　同上註出處。

13　見《東》，1900 年 1 月 24 日，頁 3，〈會談義舉〉條。

14　梅光達，廣東新寗端芬赤坎村人，在 1884 年跟隨兄長抵達悉尼，當時約 9 歲。他在悉尼受教育，娶洋婦為妻，育有 2 兒 4 女；約在光緒 15 年（1889）受清廷封五品官銜，後又捐陞四品（見《廣》，1903 年 8 月 1 日，頁 4，〈梅光達壽終〉）；梅光達曾以官服出席悉尼督憲的生辰宴會（《廣》，1894 年，9 月 1 日，缺頁，〈恭祝壽星〉），可見他雖身在澳大利亞，並習染西方文明，但政治立場十分明確。

15　見《廣》，1896 年 7 月 3 日，頁 5，〈洋電報雜俎〉、8 月 21 日，頁 2，〈假命案判明〉、8 月 28 日，頁 4 至 5，〈假命案判明〉等條。

16　見《廣》，1896 年 8 月 21 日，頁 2，〈假命案判明〉、12 月 18 日，頁 4，〈令聞令望〉條。

17　同上註出處。

18　見《廣》，1900 年 1 月 20 日，頁 4，〈今本雪梨行商公會聯益堂蒙康君有為付來佳書一卷〉條。

19　見《東》，1901 年 11 月 13 日，頁 3，〈毆案重審〉條。

20　梅光達有鑒於自己受清廷委託監視華人賭博之餘，必有對康、梁與保皇在澳大利亞的活動有所偵查，如果梅光達及李益徽的公私關係密切，後者的保皇會悉尼支部主席身分將大大影響前者取信於清廷的程度，相反來說，失去了清廷的蔭庇，李益徽亦將因梅光達的失勢而損害二人合作的利益；再者，若李益徽打算不久之後退休還鄉，他所掛的保皇會主席身分將是一項重要顧慮。

21　見《東》，1901 年 11 月 20 日，頁 3，〈再續毆案詳審〉、11 月 23 日，頁 3，〈三續毆案詳審〉、11 月 27 日，頁 3，〈四續毆案詳審〉、11 月 30 日，頁 3，〈五續毆案詳審〉等條。

22　見《東》，1901 年 11 月 13 日，頁 3，〈毆案重審〉條。

23　見《廣》，1896 年 6 月 12 日，頁 2，〈代撰求恩〉條。

24　見《廣》，1902 年 4 月 5 日，頁 6，〈雪梨聯益公司章程〉條。

25　有關聯益堂其他資料，可參考 C.F. Yong, *The New Gold Mountain*, pp.80-96.

26　見《東》，1902 年 1 月 1 日，頁 3，〈來稿照登〉條。

27　《廣益華報》記載聯益堂新值理時，指該組織初創之際由（東莞）維記、（東莞）廣興昌、（中山）安益利、（中山）義益、（增城）安昌、（四邑）新興棧、（四邑）均利號、（高要）廣茂安八家出任值理，而（東莞）維記號或因店東猝逝而收盤，代替者仍為東莞合利號。以上分佈説明昔年聚居悉尼的華人固泰半為廣東人，且以香山、東莞、四邑等佔多數。《廣》報又指 "至舊歲（1901）安昌店劉汝興對眾親口辭職後，各值理則公舉廣榮昌替代安昌之權"，這番交代反映了安昌號店東與聯益堂內其他值理關係不佳，而《廣》報較傾向偏袒聯益堂。此外，廣榮昌是增城、中山及其他縣籍合資，成份雖較其他店號複雜，但仍不乏增城股份，既有其縣籍代表性，也在組織內保持勢力的平衡。見《廣》，1902 年 4 月 5 日，頁 6，〈雪梨聯益公司章程〉條。

28　見《廣》，1901 年 11 月 23 日，頁 4，〈三審毆打值理〉條。

29　見《東》，1902 年 1 月 4 日，頁 3，〈續錄來稿照登〉、《廣》，1902 年 2 月 1 日，頁 3，〈畫蛇添足〉。

30　見《廣》，1902 年 2 月 1 日，頁 2，〈威利為解明初起聯益堂書〉、〈擔臣致書李益徽〉、〈亞利臣覆函〉，頁 3，〈擔臣求《東華》更訛信〉、〈威利致書李益徽〉等條。

31　見《廣》，1902 年 2 月 8 日，增附頁，〈李益徽翁全家相圖〉條。

32　見《廣》，1902 年 4 月 5 日，〈雪梨聯益堂公司章程〉條。

33　見《東》，1902 年 1 月 1 日，頁 3，〈來稿照登〉條。

34　見《東》，1902 年 1 月 4 日，頁 3，〈續錄來稿照登〉條。

35　見《廣》，1902 年 2 月 1 日，頁 3，〈畫蛇添足〉條。

36　見《廣》，1902 年 4 月 5 日，頁 4，〈報館被控〉條。

37　見《廣》，1902 年 4 月 12 日，頁 5，〈創《東華新報》有限公司節略〉條。

38　見《東》，1902 年 3 月 22 日，頁 3，〈訟案初審〉、3 月 26 日，頁 3，〈訟案開審再述〉等條。

39　見《廣》，1902 年 4 月 5 日，頁 4，〈報館被控〉條。

40　見《廣》，1902 年 4 月 19 日，〈續報館被控〉條。

41　見《廣》，1902 年 6 月 7 日，《東華》輸案〉條。

42　見《東華報》，1903 年 3 月 21 日，頁 3，〈訟案詳誌〉條。

43　見《廣》，1902 年 7 月 19 日，頁 5，〈眾謝功德〉條。

44　見《廣》，1902 年 11 月 1 日，頁 2，〈華人訟事〉條。

45　見《廣》，1903 年 3 月 14 日，〈俊豪贏案〉，21 日，頁 3，〈訟案詳誌〉等條。

46　見《廣》，1902 年 9 月 27 日，頁 5，〈華人訟事〉、11 月 15 日，頁 2，〈李良受告誓假願〉、1903 年 7 月 11 日，頁 5，〈華人案情〉等條。

47　見《東》，1903 年 7 月 11 日，頁 3，〈李良輸案〉條。

48　見《東》，1903 年 3 月 21 日，頁 2，〈試看同室操戈之結局〉條。

49　見《廣》，1902 年 8 月 30 日，頁 6，〈匪徒行兇〉條。

50　見《廣》，1902 年 12 月 6 日，增附頁，〈毆打光達 兇手受判長監 12 年〉條。

51　見《廣》，1903 年 8 月 1 日，頁 4，〈梅光達壽終〉、8 日，頁 4，〈梅光達喪事〉；《東》，1903 年 8 日 1 日，頁 3，〈光達作古〉等條。

52　見《東》，1903 年 8 月 1 日，頁 3，〈光達作古〉條。

53　見《東》，1901 年 11 月 27 日，頁 3，〈四續毆案詳審〉條。

54　見《東》，1909 年 4 月 24 日，頁 7，〈陳壽已作古人〉條。

55　見《廣》，1903 年 8 月 29 日，頁 5，〈餞行大禮 益徽回鄉〉條。

56　商鞅有鑒秦弊，厲行變法，"故王者之政，使民怯於邑鬥，而勇於寇戰"（中華文化復興運動推行委員會等【編】：《商君書今註今譯》【台北：台灣商務印書館，1988 年】〈戰法第十〉，頁 94）；商鞅變法"行之十年，秦民大說，道不拾遺，山無盜賊，家給人足。民勇於公戰，怯於私鬥，鄉邑大治。"（司馬遷【前 145?- 前 86? 】：《史記》【北京：中華書局，1982 年】，卷 68，〈商君列傳〉，頁 2231）。

57　《 廣 》，1895 年 8 月 16 日 ， 頁 7，〈The Chinese Crew of the Catterthun, and the Proprietors of the Chinese Australian Herald〉。後排左起第 5 人是報社持有人孫俊臣。

58　見《廣》，1894 年 9 月 1 日，頁 1。

59　見《東》，1898 年 6 月 29 日，頁 1。

6

群眾視角下的
澳大利亞華洋關係
—— 以20世紀初新南威爾士州為中心

諸論

"白澳洲政策" 雖然是研究澳大利亞華人史方面必須涉獵與探討的
範疇，但這方面的研究早已有專著面世。[1] 本章撰寫目的並不聚焦於 "白
澳政策" 的成因與經過，卻希望在 21 世紀初的時刻裡，反思百載以前
該措施實行後，對新南威爾士州華人的影響；既而，也希望通過華人報
章的報導，觀察社會日誌內的分析，除種族色彩以外，梳理白人排華的
原因；既而，筆者也在這股平地旋飆烈燄的隔岸，審視它對普羅華人的
影響，並企圖在眾口一詞的排華浪潮裡，窺探華洋間不為他人注意的關
係。

白雾四合下的華人

筆者無意斷然否定 "白澳政策" 是種族主義下的派生物。自 19 世
紀中末至 20 世紀初，澳人呼籲維持澳大利亞為一純白種人國家的吶喊

上下相應，朝野間彷彿都旋捲着一股排華、排亞，以至排有色人種的狂潮，加上初到澳大利亞的亞洲人中，泰半以上都是華工與淘金者，金礦於三、四十年間因歐亞工人瘋狂投入行業而漸次掘罄後，華人多轉業菜園、牧羊等職業，或在各大小鄉鎮從事粗工工作，故在眾目睽睽的廣角鏡下，華人往往被視為社會的低下階層，他們因大量地湧進澳大利亞並與本土洋工競逐生計，從而受到各行業工會的仇視和排擠。[2] 經過澳大利亞本土代表多次會議後，當局釐定了一系列限制華人為主的非白種人入境政策，其中包括測試 50 字歐語的考試，企圖儘量壓制如蟻附羶般擠進澳大利亞的華人人數。在翻閱檔案與報章材料時，讀者經常可看到不少華人縱使早在澳大利亞境內工作，並在出境時已取得復埠入境的"回頭紙"，但因回程之際未能通過英語測試，結果被迫遣返原居地的；[3] 與此同時，澳大利亞政府還一度禁止華人以"入籍紙"復埠，[4] 這種政策自然在一定程度上助長了排華者的氣燄，令種族主義進一步擴張，而這氣燄又驅使若干好事尋隙者挑釁或圍毆華人的事件。綜覽當年華洋報章的記載，西人無故毆傷華人的事件可謂不勝枚舉，[5] 至於劫掠華人後再刻意毆打，[6] 以至華人因此而殞命的消息也常有見聞。[7] 一如昔年於礦區發生的例子，華人為自保而攜取利器傍身，最終因諸種外來挑釁而按捺不住，誤傷、甚至誤殺西人的案件也能見諸報導之中，[8] 這些都可以視為 20 世紀初，隨着澳大利亞政府鼓吹"白澳政策"下，導致華洋衝突的事例。但撇除種族問題外，直接導致排華情緒狂囂無止的，是隨着華工大量湧進後，白人生計面臨狙擊和挫折所引至。退一步而言，筆者認為經濟效益才是問題的核心。

倡議排華中的種族與利益

　　筆者在〈白澳政策實施前朝野對華人的觀察與評價〉一章內已挑選了一些臧否華工的評語，洋人概括地都認同華人以勤奮、節儉，甚至生性善良見稱。確然，昔年華人孤舟泛海，南下澳大利亞的目的不外乎減低鄉鎮人力資源過剩所帶來的失業危機，並在他邦掙取金錢，把勤儉所得的積蓄匯運返鄉，供養父母妻兒。在另一方面，大家也不難看到不少華工因獨在異鄉，以賭博、嫖妓、抽鴉片來慰解羈旅愁思之苦，並落得負債纍纍或染上性病的下場，且在垂老之際，還需要華人福利團體的資助及同胞的救濟，才可籌足船資路費返回中國。大家姑且不去翻閱那些老年華人暴卒異鄉的材料，而只是瀏覽得同胞幫助而終能望鄉有日者受惠感恩的鳴謝告白，已足令百載以後的讀者們感觸莫名。然而，在讀者們沉溺於無奈的慘戚之際，還可偷空欣喜地發現當年的華工、華商群裡，亦有很多成功的例子，而這些在歷遍艱辛的成功背後，卻招來了白人的妒忌與排擠；或許，這才是"白澳政策"崛興的源頭。

1. 淘金時代的積怨至蔬果業界的衝突

　　普羅大眾對當年"白澳政策"的認識，主因是與排斥有色人種有關，這未嘗不是澳大利亞聯邦政府提出要維持一個白人國家的理由，但我們應更實際地了解 19 世紀中末期多場由白人挑起的礦坑慘劇，實際就是利益衝突所引致，[9] 而 20 世紀初華洋關係日趨矛盾的成因，亦由這起點橫暴躁動的向前邁進，繼後雙方的積怨日漸被少數種族主義者挑撥、煽動，最後並將矛盾升級，在處身當世的局內者看來，似是一場永續而不可能減免的鬥爭。隨着礦源的日趨枯竭，20 世紀以還，華工多已轉為菜園園工、木工，至於經營小商業者則多以雜貨店、洗衣店或餐館業為主，由往昔較單純的採礦淘金，蛻變成與主流社會多種行業正面

競爭，他們與白人店主和工人產生直接的利益衝突，從而深化了雙方的
誤解與仇恨。

　　1905 年，反華人與亞裔聯會（The Anti-Chinese and Asiatic
League）在新南威爾士州鳥湯（Newtown, N.S.W.）的會議中，多名西
人代表均針對華人蕉業、工藝業（傢俬）與其他商業發言，一致認為白
人的原有利益被侵吞，並指大量華人的湧入悉尼與華人工商蓬勃，"實
與由白人囊中劫奪錢財無異"。[10] 無可否認的是，自 19 世紀末華人果
欄異軍突起，永安、永生、永泰等店號的生意因在飛枝（斐濟群島 Fiji
Islands）開設自資的果欄果園，不受本土昆士蘭西人果園供應商的制
肘，業務日益開拓，這發展招來同業的妒忌，而其他華人眼見果欄業務
有利可圖，也紛紛加入競爭行列之中，這更使本已日形萎縮的白人蕉果
業溢利直線下降。讀者們也不難在原始資料中找到昔日悉尼果菜街市近
半為華人所壟斷的證據，其中原因為華人多在店舖內居住，既減免了住
所支出，也為日以繼夜的工作提供方便。華人園工的蔬果收成，亦多平
價轉賣給經營果欄的梓里，如此循環相因，直接造成零售價格的下降，
這不爭的事實導致白人家中的婦女轉而購買華人的蔬果，生存於 19 至
20 世紀之交的白人也赫然驚覺排華者的家眷於華人店舖中採購果子，
這現象自然亦成為了反華人和亞裔聯會中一個引起激烈爭議的論題。[11]
為了遏止華人蔬果事業的進一步發展，新州以北氣候暖和地區的蕉農都
群起反對華人在該地區租地種蕉，抗議聲音最熾烈的時刻當在 1919 年
前後，當時，正值第一次歐戰剛結束，不少士兵由戰場陸續回國，在
覓工困難的情況下，更為白人種植家（Market Gardener）增添了排斥
華人的籍口。此外，我們還可從當時華洋的駁辯中，得知只在孖霖罷
（Maroubra）一埠，已有 150 名華人在開拓、種植 500 至 1000 衣架（畝
acres）的蕉園，白人園工因工資較高，且勞動時間受到工會的限制，
他們蕉園的競爭能力相對下降，因此白人鼓吹立例嚴禁華人種蕉，並企

圖慫惠政府立法禁止飛枝香蕉入口，都是站在本身的利益立場而出發的。[12] 再者，白人果商在 1920 年以前，仍嚴禁華人入股果子交換公司，這也是力求保障白人純利免被侵漁的保護政策。[13] 這論爭與制裁本來便是蕉果業界生死存亡的議題，筆者將在〈政經編〉中深入探討。

除了關乎利益的主因外，華人蔬果業中最為白人咎病的，還是衛生問題。果店被控不合衛生的新聞固然經常見載報章之上，菜園環境污穢的投訴亦屢見不鮮，雖然，當年不少鄉村地區已有華人在開墾或種植，但更多的卻仍集中在今天已發展的住宅區，如莎莉希（Surry Hill）、孖力非爐（Marrickville）、八丁頓（Paddington）、文里（Manly）、車士活（Chatswood）等西人聚結的地區。昔年的居民既看不慣來自中國菜農的土法施肥，對華人菜園屯積動物糞便發出的惡臭亦難以忍受，糞肥招惹蒼蠅，容易傳染疾病，而華人又疏於清洗垢穢，常以乘載糞便的馬車轉運蔬菜至市集售賣，更招惹排擠華人蔬果業者的藉口，並為倡議抵制華人蔬菜者提供了箭靶平台。至於退而思其次的，則主張盡徙華人菜園遠離民居，[14] 如果這些提議一旦獲得地區政府通過，華人蔬果業必然受到嚴重的打擊。然而，相較傢俬行業來說，蔬果業面對的不過只是臨街喝罵的困擾，而華人木工們面對的，卻是工會的敵視和司法機構在輿論壓力下，不可避免的立例監管和頻密巡查的迫睫危機。

2. 木工業與其他行業的競爭

華人製造的傢俬手工精美，價錢相宜，廣為 20 世紀初澳大利亞洋人社會的歡迎和接受。1901 年，代表洋人傢俬行業的議員便直闖悉尼工部衙門（Labour Dept.）稟投，指斥新省督憲府中多擺放華工製造的傢俬。[15] 頗見諷刺又足令讀者們自豪的，是當年悉尼最大百貨公司可頓公司（Anthony Hordern and Sons Ltd.）也陳列着由華人木店購入的傢具，[16] 但這不免招來白人同業的妒忌，並處處針對着華人工作超時

的有利條件，希望藉此加以進行針對性打擊。[17] 在 20 世紀開首的 20 年
間，白人控告華人木店的個案大小數十起，或揭發其工人超時工作，[18] 或
控訴其非法壓低工銀，甚至指責不將傢俬製成品的確實價格與工銀貼在
工場的牆壁上，致令工黨執事者無從突擊檢查，工黨就曾在 1906 年以
此罪名來大興問罪之師。雖然在是次官司裡，華人店主最終獲得勝訴，
但敗訴的例子也有不少，甚至也有華工因店主剋扣工銀，鬧上法庭的事
件，[19] 從而使華人木店內營運方法進一步曝光。以上案例均透視了華
人傢具店之所以能壓倒西人同行的原因，也暴露了內裡確實存在著一定
程度上不平等的成份，而白人傢俬業界為保障自身的利潤關係，通過工
黨、工會的壓力立例；至於反華人聯會的成員也紛紛稟求本州政府立法
禁止華人超時工作及不准在禮拜天從事生產。[20] 有鑒於各州白人木工
的抗議呼聲日高，[21] 繼維州墨爾本方面首先立例，新州政府也立刻有
所和應。1905 年，悉尼硬性規定木工每日工時為八小時，每周工作六
天，禮拜天嚴禁作工，正因抵制呼聲叫喊囂天關係，法例即時執行。另
一方面，為方便工會巡察員檢查，所有在木廠內工作的華工都必須領取
執照，並議定對犯例工人的懲罰與觸犯刑案者無異，同時也訂下了罰款
的數目，而法例的適用範圍只限於聘用華工的木廠；至於與西人木廠相
同的限制，是禁止店主及工友在廠房內食宿，這條例也嚴重打擊了華人
傢俬業的發展，從而導致這行業逐步走向窮途。[22]

　　至於華人洗衣業方面，一直以來也因利益衝突關係而受到白人的
責難及排擠。1904 年至 1906 年間，以墨爾本為首的維州首先發起對
華人洗衣業的監管與限制。[23] 由於華人工資低廉，店東與工友又多在
店後居住，減省部分開支，故洗衣價錢總較白人同業便宜。在 1910 年
前後，悉尼地區最少仍有 18 家華人洗衣店，它們經常受到政府工務局
的調查，主要是有關超時工作的指控及華人以口含清水噴灑衣服或斗燙
的不潔報告。[24] 一小部分的投訴則涉及洋婦受僱於華人洗衣場中遭到

華工覬覦的越軌行為。隨着 1913 年墨爾本警方在華人洗衣店內起出大幫鴉片，[25] 險些令某些窺機進迫的洋人有藉口可乘後，1919 年新州嘩打嚕（Waterloo）一家外貌喬裝洗衣店而內裡卻是經營賭窟的華人商舖遭警方搗破後，[26] 更直接招來譏議與嘲諷，使當時的華人洗衣業陷入被主流社會疾視和憤斥的險境。

　　綜合上述論據分析，白人確出於維護本身的利益，或甚至因種族主義而排斥華人，但維持本土百姓利益固是澳大利亞政府的義務，而不少同樣遠涉重洋並抱着到新世界另闢天地的歐人在生存條件遭到挑戰後，讀者們也可感受其兇囂的情緒，以至其宣洩對象的不安。由此，與其說種族主義主導了排華的氛圍，不如索性舉利益衝突為前提，或結合兩者，簡稱為種族利益，視排華原素出於各色移民在爭取生存空間中所引發的社會問題更為妥貼。再者，華人因生活習慣、文化水平與洋人有異，或因道德問題而遭受洋人歧視，結果導致雙方由嫌生隙，加深誤解，也是讀者們不可主觀地有意忽略的原因。

華洋文化撞擊下的道德殞石

　　早年抵澳的同胞，多是從事粗工行業者，他們經過數周於船艙內擁擠的生活，甫到澳大利亞即垢面蓬頭踏上甲板，致令頭、二等艙的洋人與其來迎的親友對這批唐裝辮髮的異族大感厭惡，予人的第一印象已差（見附圖 6.1）。當海關官員盤問之際，華工泰半均不能回答，或以廣東口音更重的洋涇濱英語（Chinese Pidgin English）充撐應付，擾攘良久方能入境。在實施英語測試以還，又有不少利用假 "回頭紙" 或假 "入籍紙" 的華工企圖瞞騙過關，事件曝光後，又被當地傳媒廣泛報導，更使華人不誠實的形象進一步備受揶揄。華人入境後更限於智識水平而絕少叩關問禁，仍以其在國內的習慣施諸洋人市集之中，其中如挖鼻孔，打呵欠及在公眾地方扯痰吐沫。縱使華洋同席共坐，洋人最忌華人以刀尾挑食物入口，飲湯時連風齊扯，呼呼作響，均被視之為不禮貌的行為。此外，華工工資低微，或需因生活緣故而無法兼理居所與儀容，居住環境經常被白人投訴污穢，[27] 而西人亦多認為華人不喜洗身、內衣不潔、床舖多蚤，個人衛生固有問題，群體清潔觀念亦差。華人園工每當閒暇至悉尼市內遊耍時，雖或刻意整理衣妝，卻總是身穿西服而腳踏唐鞋，亦多招來奇異與不屑的目光。[28] 昔年的中文報章社論中，每多提醒同胞華洋文化背景不同，勸籲同胞們留意西人的習俗與避忌，希望減少無謂的磨擦和誤會。如：

> 夫好惡者，人之常情也。是故得其善者而喜之，其不善者而惡之矣。試看我華友新年之間，首則以恭賀新禧，慶賀一年之好景，從今日而起也。若逢打爛碗碟，倒去生油，講錯說話，并別款兆頭，則有不悅之心。洋人亦然。不知者作為，無非下等洋人，有此詳忌；上等飽學，則無此忌也。然上中下皆然一理，吉凶兆頭，到處有忌。凡送物與洋人，共有四忌：一則利器，二則絲髮，三則照面鏡，四則番視。以上四物，皆損朋情之兆，如送此等，不如不送，可知各有忌憚之心。[29]

不過，單憑以上不知習俗所構成的負面形象，尚不足以使普羅洋人社會歧視華人，最為西人非議的，是華人抽鴉片煙、沉迷賭博及與洋女同居等三端。

華人聚賭一隅，不一定干擾洋人的生活，但令我們驚訝的，是當年在悉尼警方多番的掃蕩賭窟下，竟捕獲為數不少的白人與土著在番攤館中進行賭博，這問題早在第 2 章裡有所闡述。此外又有洋人替華人在白鴿票廠外寫票，甚至放哨，[30] 或者，這些還稱不上華洋融洽的例子，卻招來洋人報章的責難與謾罵，認為華人賭博影響風氣，沾污了本來純潔無瑕的社會。

在 1907 年前的新南威爾士州，鴉片通過正當的入口途徑抽稅，華人稱之為"公煙"。當然，政府稅收極重，導致吸食者日支浩繁，於是華人這"龐大"市場不獨成為同胞先輩們垂涎已久的肥肉，寄望梓里間語言相通的關係，企圖獨霸華人"私煙"黑市的買賣；而洋人走私客也不甘落後，經常偷運"私煙"進境，不少也與華人罪犯暗中交易，由此遭到檢控的個案屢有所聞；事實上，歐洲男性也偶有被發現在華人煙窟出現。這些觸犯法紀的案件固惹來新州朝野大量非議，更引來衛道洋人的輿論，特別令傳教士嘩然哄動的，是在警方搜查煙窟時，常發現洋女與華人同榻吹煙。早在 1891 至 1892 年新省調查華人賭博及不道德報告中，雖然指出華人在主流社會的睽視下，整體而言是奉公守法的社群，也同意華商、木櫃工匠和沿街呼賣者多是正當人士，但菜園從業者幾都與鴉片有關，而與菜園園工同居，甚至結合的歐洲女性多被迫沾染毒癮。[31] 雖然，報告中說明華人對待這些來投靠安置區的洋女遠較她們的親屬為佳，但悉尼市督察 Richard Seymour 在聽證會上亦指出華人收容白女：

> I have seen in the Chinamen's buildings have been prosecuted by me for soliciting prostitution from our own countrymen.[32]

不少華洋人士被邀出席聽證會時，所提出的證據與結論幾乎都有相若指摘，令歷史工作者反思原來懸隔千里的海外，於華人聚居的小神州裡竟也蘊藏着萬種的邪惡。不只如此，華報雖然出版較晚，但早於 1899 年的報導中讀者亦可找到同類記載，更有個別華人利用鴉片煙來誘拐洋女從事賣淫的勾當，讀者們可在本章註釋中找到有關舊聞；[33] 加上 19 世紀 70 年代以來 *The Illustrated Sydney News and N.S.W. Agriculturist and Grazier* 內斷續反映代表罪惡淵藪的華人賭檔酒帘裡充斥著洋人顧客，證明政府調查華人行業及居所確有所依據。但老話重提的是，撇除種族主義的因素在外，痛斥華人侵奪本土工商利權而倡議立法管制者，是維護工會、黨眾以至選民福祉的上層人士；痛詆華人道德敗壞者，是具責任感的良人家或宗教家，都屬於中上層社會人士，這兩者排華的原因是可以理解的。至於痛毆甚至虐殺華人者，是具利益衝突的無知識教化下等白人；而痛飲於華人酒肆並醉擁胡姬者同樣都是被輿論形容為品德卑下的白人時，足令大家思考的，卻是同為下等白人的後者，因無實際利益衝突和敵我矛盾下，他們毫不介意把辛苦掙到的金錢散光在華人經營的娼樓與酒榭之中，幾乎也反證了華洋關係並非冰霜凜冽的一面。

在昔年"白澳政策"推行下，華工不能攜眷抵澳，被界定為具社會地位的部分華商，其妻子縱使獲得政府法外寬容，停留亦不能超過六個月，[34] 這措施的主要目的不外是盡力阻撓華人落地生根。縱使少數能入籍定居者，亦只能選擇與白人女性通婚，他的下一代便不免為白人社會所同化。但一如前述，當年到澳的華人多是粗工，英語程度頗低，能以洋涇濱英語對話者已如鳳毛麟角，要通過正常社交途徑來結識白人女子存在着一定的困難。部分華工則因為飄洋過海，僅為生計，歸國之日，即與女伴離別之時，故留連異鄉或竟數十年，基於上述原因，亦只願與洋女共賦同居。事實亦證明縱使華工與洋女同居或交親，往往皆因文化背景、語言、性格的不同，結果多以離異收場，甚至釀成血案告終，[35] 這樣的離合也導致了不少經濟拮据的華工流行多人與一兩名西女過着不正常的同居生活，自然亦進一步招來白人的批評和話柄，認為華人勾引白人少女，進行兩性間不道德的買賣。[36]

至於存心欺騙洋女感情的華人也偶然展現於報刊之中，是金錢換取性服務外的家庭倫常案件，讀者更能在其間剖析所謂華洋不協的性質。其中 1898 年自稱頗有積蓄的華工棍騙青樓洋妓的個案，雖然未能引來主流社會廣泛的關注，[37] 但在此前一年，新省華人騙婚案中，男主角伍法學早在四邑鄉間迎娶華妻，誕下兒女。抵澳作買賣後，再娶西婦，攜回四邑故里待產，並誕下一男兩女。伍某復至新省謀生，三娶洋婦，又育有兒女四名。後來鄉間華洋二妻得悉其狀，華人正室乃差遣大洋妻返澳探究實情；少洋妻雖終得知為伍某所蒙騙，然因米已成炊，不忍就此棄去，自己則在郊區當爐沽酒，寄望儲蓄工錢作闔家回唐的路費，遂將子女的起居飲食盡交由大洋妻照顧。豈料一夕歸家察覺人去樓空，丈夫與大洋妻已攜子女返唐，少洋妻遽失兒女，終日號哭。悉尼華洋人士雖不值伍某所為，卻又無計可施，只有四出奔走，呼籲勸捐，籌集船貲與少洋妻往中國尋回丈夫子女，冀盼彼能天倫重聚。伍某的騙婚、重婚招來輿論猛烈抨擊，固然進一步替華人塑造敗德形象，然而在反向的角度觀察，這宗舊聞不獨看到早期華人迎娶洋婦的個案，更可從大洋妻拐帶事件中窺探華洋關係的另一片面。[38]

　　除狹隘如華人道德操守，種族主義和經濟利益因素外，澳大利亞白人因着日本國力日盛而對來自亞洲的威脅大感憂慮，當時竟流行着一種異説，即妄指日俄戰爭勢必令中國實力坐大，以其人口之眾，莫説傾國泛海而來，只要稍移沿岸居民抵澳，便足以在大洋洲殖民，甚至有大舉侵澳的圖謀，[39] 導致澳大利亞聯邦政府急謀對策，並建船練炮，防禦中日南下掠地的可能。[40] 上述事例說明白人抗拒黃種的心態，進一步因自我保護意識影響下而日趨於堅定的排華、排亞裔的政策。

群眾視角外的內窺鏡

1. 白霧迷漫中的洋人援手

　　在眾多不利的因素下，華人仍能艱苦的支撐下去，其中的主客因素也有必要在此作出撮要性的陳述。昔年到澳大利亞的華人除華工外，還有華商，他們多在 19 世紀中後期已在悉尼定居及陸續發展本身的業務，當中又有不少頗具中西文化知識，以經營什貨業、飲食業、傢俬行業為生計，生活一般較華工富裕，也因生意等關係，較多與洋人接觸，英語水平漸高，從而亦了解西方的禮節與避忌。這批華商或出於趕時髦，或出於融入主流社會的心態，多穿着洋服，打扮西化，並到教堂聽福音，頌聖詩，我們還找到華人成為傳教牧師的例子，[41] 可視為某些西方見解視非教徒者便是異端異類説的磨合，[42] 這都對華洋洽融方面構成一定的作用。在 20 世紀初澳大利亞種族主義最昌盛的時刻裡，每當華人被誣犯罪或被控無 "回頭紙" 不准登岸的當兒，不少西人牧師都仗義挺身，力證該等疑人為正當、正直的華人，而使涉案份子免於遭刑責或被遣返的裁決；甚至有若干正義的洋人，在同聲同氣的白人世界裡，公開指責 "白澳政策" 的不是，[43] 也有著書立説，道出華人性格和平，溫文有禮的一面，認為華洋可以真誠相交，並為華人反駁 "仇視華人會" 的反華言論，[44] 這些都是在今天視昔日為熾烈排華暴潮下，於無際深邃中透視出來的一線晨光。

2. 華人融入主流社會的途徑──以菜農王安為例

　　伍法學事件雖説明洋婦願嫁華人為妻，但她們最終浮海去 "國"，令大家未能審視早期華人的內化，並立意融入澳大利亞大群體的決心。若讀者願意從另一角度出發，藉此觀察華人在主流社會的融和程度，那末，不一定所有華工都必然無心戀棧異地，選擇還鄉養老的歸途。

1915 年，在澳境內居停近 85 載的年老華人亞利（1789？- 1915）逝世，他畢生在洋人東主羊欄放牧，60 歲退休後，無意返回中國，僱主更特地為他構建一所房子，並遣專人照顧其起居飲食以終老，可謂其中較明顯的例子。[45]

筆者在上文徵引的材料裡，有指菜農多抽鴉片，這報導足令主流社會把行業從業員的身分在華人社群中進一步降低。當然，作證者的口供或有偏頗，或僅屬片面，或不過是某一地區的一個歷史片斷中的事例，不能以偏蓋全。與此同時，雖謂華洋文化的差異令不少華工與洋婦交婚的例子以悲劇收場，但也有華洋同歡的結局而被人忽略的實例。以下的個案研究雖亦不足以替沾染毒癖的華工們反正，但未嘗不能從中窺瞥品德良佳的菜農，融入白人世界的蠕動定計和心路歷程。

譯音王安（Wong On, 1841?-1938）的華工於 1857 年前後抵達新省，從事菜園工作。王安抵埠時，海關人員以洋人姓名排列法來填寫 "Wong On" 的 "王" 為他的名字，故王安始以 "On" 為姓。 由於昔年返國不易，復埠更添艱難，王安漸不以家鄉為念，他與一名祖籍源自蘇格蘭（Scotland）的女士（Lucy Ah Kem[King], 1864?-1921）結合，除其中一名女兒早逝外，其他子女多娶嫁留澳白人為夫婦，故自王安第三代以還的華人血統不獨被漂白，臉龐更逐步脫褪亞洲人的面貌（見附圖 6.2）。王安以身娶洋婦，兒孫俱為半唐番，為着加速融入主流社會的步伐，他首先把 1892 年的初生長子依從母姓（見附圖 6.3），繼而把自己頗為見外的姓氏 "On" 變易為 "Own"（見附圖 6.4）。 "Own" 是王安原英文姓名縮寫，本意在不忘祖宗之所自，他又為着方便與洋人溝通，於是取名 "Charley"。於時光流逝下，一個名姓仍然頗見突兀的 "Charley Own" 漸蛻變成為 "Charles Owen"。眾所周知，"Owen" 為西人大姓（見附圖 6.5）；由此，在他逝世後的記錄上，若不翻閱其抵澳的來源地與家族歷史的變遷，已無從得悉死者本來就是百分百的中國人，從他兒孫輩，包括 3 子 1 女，17 名孫兒，10 名曾孫在姓名上更找不到半絲半點中華民族的影子。[46] 而先是王安無奈地成為 "Wong On"，繼而立心變成 "Charley Own"，最終變身成功的 "Charles Owen" 的後人，已全然在血液、外貌、姓氏與文化上與其根源割裂，變得和主流社會再無界限，彼此和諧地融為一體，並獲得主流社會的尊敬。王安一直在新州西南地區墾耕，晚年與幼子同住，雖曾中風但卻憑着堅毅意志奇跡復原，至 1938 年才安詳地在家中離世。*The Western Times* 在報導王安死訊時的標題為 "Bathurst Pioneer Dies"：

> With a suddenness that came as a shock to those living with him, the death occurred at early hour yesterday morning of Mr. Charles Owen aged 96 of Kelso……With Mr. Owen's passing the district has lost one of its oldest pioneer whose memory of the Bathurst and the surrounding villages extended back to 1850's. He came to the district when 16 years old, and had resided near Bathurst ever since.[47]

幾乎說明除上述本土化的各種因素外，最基本被主流社會接受的條件，還是捨棄傳統 "旅居" 海外，歸里返鄉，甚至捲金回唐的觀念，而應在尋求身分認同的心態下，全心投入區內生產與貢獻之中。再者，王安也入鄉問俗，成為天主教徒。據當地 "Register of Catholic and Burials" 記錄，他是下葬於自己的園地（own ground）之上。[48] 這舉措說明逝者落葉歸根的選擇是他日出而作，日入而息的土地之下，他不獨無半絲歸葬鄉里家墳之想，也沒有一點狐死首丘的念頭。因此，王安以 96 高齡逝世時，區內人士並不以他的華人菜農身分而輕視 Owen 家的存在，卻是以本地損失一名重要拓荒者的心情而作出哀悼；以讀史者的角度來看，他無疑是這被譽為澳大利亞第一淘金鎮的鄉先賢！

此外，世紀之交的悉尼著名華商及僑領梅光達、墨爾本著名律師麥錫祥（1876-1936）既在澳大利亞成長和接受教育，亦娶洋女為妻，他們均與洋人關係良好，這不獨帶來了生意經營上的方便，也在日後替同胞奔走請命的工作裡得到合理的幫助。[49] 華商與部分家眷們更積極投入當地義賣或籌募的行列之中，[50] 使明理的洋人及不明就裡卻仍保持中立的多數份子逐步了解與接受這些異鄉來客。

1902 年，悉尼湯苛（Town Hall）為救濟孤兒的募捐活動，梅光達、李益徽等一眾華商都率領麒麟、羅傘、大旗等隊伍到場助慶，洋人為觀賞唐人雜耍，都紛紛入場捐輸；此舉大受洋人朝野讚揚，認為華人助力行善，有捐誠相愛之心。[51] 1918 年中，留澳華人為表示支持英國參戰，不獨爭相認購戰時公債，還戮力捐獻紅十字會，共籌得 600 鎊，得到新州內閣閣員公開讚揚，亦喚醒洋人中國本身亦聯軍盟友。[52] 同年，澳大利亞朝野鑒於大戰延續，商議捐助海軍及其家眷，而各地華人亦在悉尼僑商發起下，組成六州華僑維持禁例會，踴躍捐助。[53] 此外，鳥加時華人亦應當地紅十字會籌款局之請，出動金龍、彩鳳、獅子、花車等參與籌款巡遊。[54] 當然，仗義之手也不一定只是單向的，就以 1904 年日俄戰爭在中國境內爆發為例，國人多以為日本為中國而戰，竟紛紛發動捐款，捐助在中國戰場上傷亡的日本軍士家屬。悉尼華商既得到新州政府同意，並得到軍營兵士答應助拳，表演騎馬跳閘、精演刀法的妙技，又得到西人戲班答允開演亞辣顛（Aladdin），華洋齊集摩柏（Moore Park）大擺會景巡遊，實為一時之盛事。[55] 事實上，由 19 世紀末至 20 世紀中期，中國國內的水旱連年，留澳華人固然出於鄉情而踴躍恐後，落力捐救，而不少洋人名字，亦見於義捐的行列之中，使我們頓覺在昔日一片寒冰的白色世界裡，仍有無數暖流匯聚在無助的華人背後，使他們能順利完成工作返國，甚至察覺該處可堪留戀，從而成為家族中第一代的新移民。

本章小結

　　或者，文化的交流，始於相互輕視，然後在乎誰先坦率地伸出試探性的友誼之手，去打破人與人之間那度無形的銅牆鐵壁；20 世紀初悉尼華商們的貢獻，在於主動積極地參與洋人社會的活動，並換來一致的肯定與認同。華商與洋婦的婚姻，相對於華工而言，都是較穩定和美滿的，這除了經濟因素外，文化及語言的溝通也是一個必要的基因。[56]他們的下一代，多能適應東西文化的同步，並能在公考中名列前茅，成為當代建設悉尼的棟樑。至於大部分勤奮辛勞的華工們，雖因教育等背景影響下，未能融入主流社會之中，甚至隨着工作利益關係，引至與白人的正面衝突，也隨着種族主義者的煽動，激發了種種排華甚至流血的事件，使澳大利亞的移民史上蒙上一重不可焠滅的陰影。然而，正因這緣故，卻令當地政府逐步醒覺 "白澳政策" 的非是，並使他們了解如要進一步拓展睦鄰的工作，便不得不與亞洲國家及地區的文化相接近不可。

　　在有關澳大利亞排華性質問題的探討上，筆者不能否認當中含有種族主義的成份，但相信讀者們卻不能不承認由利益關係而催生的保護政策才是昔年訂策禁例的動機，平情而論，自我保護政策是古今中外各政府在能力範圍下，為維護國民而制定的法例，而湧進立法地的外地勞工和移民便正是被本土人士針對的外來侵略者。況且，當年基於利益而遭排斥的還不止於華人？[57] 至於敗德者所經營的黃、賭、毒業連累同胞，致令排華者尋隙興釁，那更不能刻意在此迴護國人，曲指成為洋人之非。處身 21 世紀的讀者們甚至還可以視昔年的排華運動是歐洲移民和亞洲工人間的矛盾，是主流社會維護本身權益者與外來爭取權益者間的角力，是保障生存空間者及開拓生存空間者之間的衝突，站在不同立場的人士來說，本身都有義正詞嚴的理據；畢竟，爭逐土地，拼力求存，本來就是一切生物得以繁衍和進化的特徵！

CHINESE IMMIGRANTS BEING EXAMINED BY MEDICAL OFFICERS ON BOARD S.S. "BRISBANE."

附圖 6.1　洋報繪畫華工登岸通過檢疫的圖片 [58]

附圖 6.2　王安三代同堂合照（照片由 David Owen 外曾孫 Wayne Cannon 提供）[59]

Application　657137/87/PV

Registration of Births, Deaths and Marriages Act, 1973.

BIRTH REGISTERED IN NEW SOUTH WALES, AUSTRALIA

Child	
Surname	KEM
Other names	David
Sex	Male
Date of birth	1st January, 1892.
Place of birth	Wagga Wagga.
Parents of Child	
Father - Surname	–
Other names	
Occupation	
Age	
Place of birth	
Mother - Surname	KEM
Maiden surname	KEM
Other names	Lucy Ah
Age	28 years
Place of birth	Braidwood,　N.S.W.
Date of marriage	–
Place of marriage	
Previous children of marriage	
Informant	Lucy Ah Kem, Mother, Hillas Creek.
Particulars of registration	Jim McKensey, District Registrar, Wagga Wagga.

		Date	15th January, 1892
		Number	35677/9

I,　Vernon Mark Bennett
hereby certify that the above is a true copy of particulars recorded in a register kept by me.

Issued at Sydney,

on　30th November, 1987.

Principal Registrar

L.O. 753 D. West, Government Printer

附圖 6.3　David Kem（Owen）出生證明（資料由 Wayne Canon 提供）

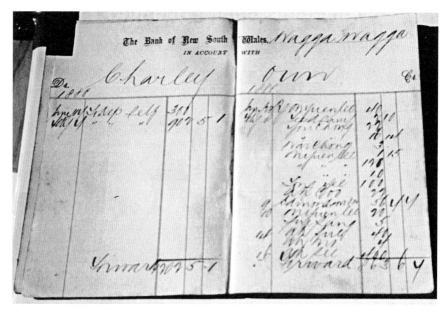

附圖 6.4　王安在新南威爾士銀行（Bank of New South Wales）存摺。
　　　　當時他報住新省東部 Wagga Wagga，已易名為 Charley Own
　　　　（相片由 Wayne Cannon 提供實物攝影）

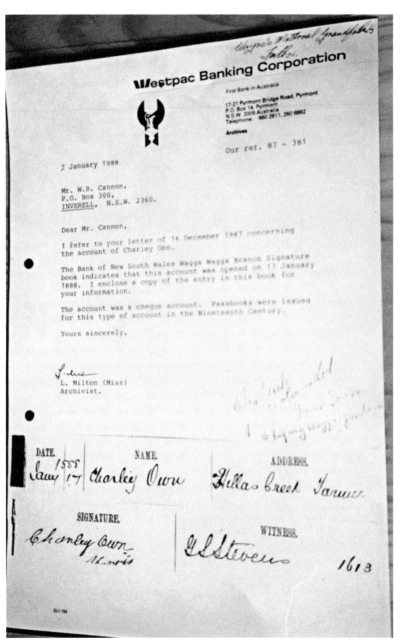

附圖 6.5　1889 年王安以 Charley Own 名字在 Westpac Bank 的開戶紀錄。
　　　　　當時他報住新省南部的 Hillas Creek, Tarcutta（？）
　　　　　（相片由 Wayne Cannon 提供實物攝影）

Registration of Births, Deaths and Marriages Act, 1973

CERTIFIED COPY
DEATH REGISTERED IN NEW SOUTH WALES, AUSTRALIA

Surname of deceased	OWEN
Other names	Charles
Occupation Sex and Age Marital status	Market Gardener Male 96 years
Date of death Place of death Usual residence	1st November, 1938 Kelso Turon Shire
Place of birth	China (80 years in N.SWales)
Father—Surname Other names Mother—Maiden surname Other names	Unknown Unknown Unknown Unknown
Place of marriage Age at marriage To whom married Children	Braidwood N.S.W. about 35 years Lucy ah King William 50 years & Rosie 50 years (twins), David 46 years, Richard R. 43 years Living One female deceased
Informant	R.R. Owen, Son Peel Road Kelso
Cause of death	Natural Causes - Probably Cerebral Haemorrhage
By whom certified	Inquest dispensed with by W.S. Bromhead, Coroner, 1st November, 1938
Particulars of burial or cremation	2nd November, 1938 Roman Catholic Cemetery Bathurst
Particulars of registration	R.W.S. Kelly District Registrar	Date 1st November, 1938 Number 60

I, Gordon Douglas WOODS
hereby certify that the above is a true copy of particulars recorded in a register kept by me.

Issued at BATHURST

2nd May 1990

Local Registrar

附圖 6.6　在 1938 年王安死亡證書中，以 Charles Owen 名字登記

附圖 6.7　Wayne Cannon（Armidale, N. S. W. 1996）

註釋

1　過去研究 "白澳政策" 的論著頗多，而華人對早年澳大利亞華僑史展開探討時亦不免觸及 "白澳政策"，該政策在 1901 年正式開始實施，實行達 70 年以上，一直以維持澳大利亞 為一白種人國家為目標。在那大半世紀的時空裡，因著該保護主義而受影響的各有色人 種不計其數，而直接受傷害的當是原住民而非華人。有關 "白澳政策" 的由來及對留澳華 人的影響，可參考 Myra Willard, *History of the White Australia Policy* (Melbourne: Melbourne University Press, 1923); B.H.Burchett, *China and the White Australia Policy* (Melbourne: Australian-Chinese Co-Operation Association, 1944 [?]); W.D.Borrie (etc.), *A White Australia? Australia Population Problem* (Sydney: Australian Publishing Co. Pty. Ltd., 1947); Kenneth Rivett (edit), *Immigration: Control or Colour Bar? The Background to White Australia and a Proposal for Change* (Melbourne: Melbourne University Press, 1960); Charles A.Price, *The Great White Wall Are Built: Restrictive Immigration to North America and Australasia, 1836-1888* (Canberra: Australian National University Press,1974); C.Y.Choi, *Chinese Migration and Settlement in Australia* (Sydney: Sydney University Press, 1975); Yuan Chung Ming, *Awakening Conscience: Racism In Australia* (Hong Kong: Lung Men Press, Ltd., 1983)。

2　19 世紀中葉及其後，來自南中國、東南亞與西南太平洋地區的合約勞工、偷渡入境的黑 工大批湧至，佔據了勞動市場，令白人社會，特別是工會大感憂累，反對輸入廉價外勞 的呼聲漸高。金礦業無利可圖後，大批不願離開的外來淘金者又加入僱傭的競爭行列， 致令政府被迫訂下保護政策來維護本地工人利益。有關問題可詳參 L.Kong Meng (edit.), *The Chinese Question in Australia 1878-79* (Melbourne:F.F.Bailliere, 1879); Persia Crawford Campbell, *Chinese Coolie Emigration to Countries within the British Empire* (London: P.S.King & Son Ltd., 1923); A.Douglas-Douglas, "The First Chinese Invasion Of Australia", *Lone Hand*, Nov.1909, pp.90-94; Arthur Jose, "White Australia", *The Forum*, Feb 13,1924, p.14; W.H.MacFarlane, "Chinese 'Invasion' of Last Century", *Cummins & Campell's Monthly Magazine*, July 1955, p..7, p.37, p.42, p.44; Aug.1955, p.7, p.37, p.44; Sept.1955, p.7, p.37, p.44; Sing-wu Wang, " Restrictions Imposed upon Chinese Entering Australia Between 1855-1888", *Chinese Culture*, vol.12 no.4, Dec.1971, pp.70-83; Alan Dwight, "Chinese Labourers to New South Wales", *Eastern Horizon*, vol.14, no.1 (1975) pp.52-60. Sing-wu Wang, *The Organization of Chinese Emigration 1848-1888* (San Francisco: Chinese Materials Center, Inc., 1978)。

3　1912 年，華人亞祐雖具備 "入籍紙" 復埠，但卻未能通過英語測試，被判六個月苦工監的 刑期，然後遣返中國。見《東華報》，1912 年 8 月 3 日，頁 7，〈請看用入籍紙進境之華人〉 條。

4　1909 年，悉尼提審三名具備英籍身分的華人及一名 "私位"（偷渡）華人，前三人因長期在 他士免那省（塔斯曼尼亞 Tasmania）種菜，擅自越境企圖進入新州覓工，最後獲判遣返歸 塔州工作，至於私位客則被遣回中國。見《廣益華報》，1909 年 7 月 3 日，頁 5，〈不准 入籍紙回埠〉條。

5　這種例子實在不勝枚舉。如 1912 年悉尼衿布街老年華人冼降被洋人少年無故毆斃（《東》， 1912 年 1 月 27 日，頁 7，〈紀西人擊斃冼降之重案〉）；1913 年，衿布街再發生華人亞 杜被西童推倒，並以胡椒粉玻璃碎撒入眼睛，至令雙目受傷事件（《廣》，1913 年 5 月 3 日，〈華人被害〉）；1916 年，有西人在扣門索食後，槍傷啟戶的華童（《廣》，1916 年 7 月 13 日，〈炮傷華童〉）；1919 年嘩打嚕地區的華人菜農亞牛，遭闖入園內的洋賊利斧所傷 （《廣》，1919 年 7 月 12 日，〈華人受傷〉）等等，都只是冰山一角的例子而已。

6　1903 年，華人呂根好在新州北邊被西人毆打致死，並劫去身上財物（《東》，1903 年 7 月 11 日，頁 3，〈特函照錄〉）；1911 年，華人福才與友人在今布湯（Campbelltown, N.S.W.）

被西匪毆劫重傷（《東》，1911 年 8 月 12 日，頁 7，西報能持公論）；1916 年，華工李洪、高財祐等四人在列琴（Lidcombe, N.S.W.）菜園內被悍匪連轟數槍搶劫，最後高財祐傷重不治（《東》，1916 年 4 月 29 日，頁 7，〈華人又被竊賊金會傷〉；1916 年 5 月 6 日，頁 7，〈華人因傷斃命〉）；1919 年，悉尼矜布街日利雞鴨店被西匪衝入，用刀砍傷華人店主（《東》，1919 年 12 月 20 日，頁 7，〈附錄李鄭二君致中華總商會書〉）等等。

7　在昔日華洋不協的情況下，不少華人均不幸地成為西人洩憤的目標，除註 5 內所載錄的少數例子外，如 1911 年，華人陳寬在排華頗烈的扒霖孖打（Parramatta, N.S.W.）被兩西人少年用槍擊斃（《東》，1913 年 6 月 14 日，頁 7，〈沉冤莫雪〉）、1915 年，年老華人黃基在悉尼高路濱街被西賊劫殺（《東》，1915 年 2 月 6 日，頁 7，〈白日搶劫駭聞〉）等，我們還不要忘記以上所舉的僅是 20 世紀開首 20 年間，新南威爾士地區的部分例子而已。

8　正如在註 5 裡，華人亞杜被西童扳倒後施以撒粉傷眼之法，阿杜便以防身的手槍向左右亂轟，幸好不曾傷人，否則被害者還會官司纏身。此外，如 1903 年，華人楂厘（Charlie）星在悉尼往衣士活（Eastwood, N.S.W.）的火車途中被三名洋人凌辱，楂厘星以隨身小刀刺傷其中一人（《廣》，1903 年 4 月 18 日，頁 2，〈兇手無罪〉）；同年二月，華人劉佳以隨身小刀刺斃挑釁的洋童（《廣》，1903 年 2 月 23 日，頁 5，〈華人用刀插死洋童〉）等，均是一些俯貪可拾的證據。

9　自 19 世紀中期，澳大利亞發現金礦後，大批華人通過種種途徑抵達各礦產區企圖一碰運氣。除淘金者外，他們或經營小買賣，提供飲食、衣服、帳幕等服務；由於華人生性勤勞，常在白人廢置的坑內掘黃金進一步招來了西人的妒忌，而這些被華人挖出的金礦，或由此而易來的財富卻多運回中國，這也引來洋人的眼熱，導致在品地高（Bendigo, Vic.），俗稱"大金山"地區發生了多場由白人發動攻擊華人淘金者的衝突。至於 1861 年在新南威爾士省西南 Burrangon Valley 地區的金礦礦坑也同樣地發生了一場白人排華的流血衝突。該場衝突的性質雖包含了濃烈的種族色彩，卻無可否認是以利益而出發的（可參考 "Australia, The Anti-Chinese Riots", *The Colonial Intelligence and The Aborigines Friends* 【London: W.Tweedie, 1874?】, pp.308-309）。既而，該場以針對華人淘金者的流血事件，雖造成傷亡，惟在大批華人狼狽地在山野間逃亡之際，卻得到當地農莊白人地主的庇護和收留，並供應食物毛氈，使千數以上的避難者逃過一劫（可參考 Myra Willard, *History of the White Australia Policy*, pp.32-33），事後，政府賠償了農莊主人及受事件影響華工的損失。上述孤證或在某種程度上證明了衝突的本質及其背後的象徵意義。

10　見《東》，1905 年 2 月 4 日，增附頁，〈仇視華人會之復活〉條。

11　見《廣》，1903 年 1 月 10 日，頁 5，〈華重商務〉條。

12　見《廣》，1919 年 9 月 27 日，頁 2，〈華人種蕉亦受外人反對〉；〈余榮君駁論〉及《東》，1919 年 9 月 13 日，頁 2，〈欲阻華人種蕉〉等條。不過，正如上文提到，這種本是保護本土人士的既得利益政策，種族問題僅為次要；1930 年中，澳大利亞蔗農工會便極力反對義大利移民介入競爭行列，搶奪本土人士的職業（《東》，1930 年 6 月 14 日，〈反對意僑作蔗園工〉）。1932 年底，聯邦政府企圖重提解禁飛枝蕉入口法案，即受澳大利亞蕉農公會的嚴正抗議（《東》，1932 年 10 月 29 日，頁 6，〈種家大起反對〉），進一步說明在某程度上，利益才是華洋衝突的導火線。

13　見《東》，1918 年 9 月 14 日，頁 7，〈果子交換公司不准華人入股〉條。

14　見《東》，1907 年 5 月 11 日，頁 7，〈假瘋疾之名以仇視華人〉；《廣》，1908 年 12 月 5 日，頁 5，〈洋怨華人園家不潔〉；《廣》，1911 年 3 月 11 日，頁 2，〈怨園家久堆馬糞之污穢〉等條。

15　見《廣》，1901 年 3 月 6 日，頁 5，〈止用華造〉條。

16　見《東》，1901 年 1 月 9 日，頁 3，〈苛待木工〉、《廣》，1907 年 6 月 8 日，頁 3，〈洋

行販賣華人製造〉條。

17　在 1899 年，洋人已針對華人工廠的情況，就註冊登記、童工問題、衛生問題、工作時間等作出指引與規限，並同時發出公文特別勒令華人遵守。見《廣》，1899 年 8 月 12 日，頁 5，〈皇家告示〉條。

18　見《廣》，1906 年 4 月 7 日，頁 2，〈洋人工黨控告華人木店，華人勝案〉條。

19　見《東》，1912 年 12 月 21 日，頁 7，〈用人宜慎〉條。

20　見《東》，1904 年 10 月 25 日，增附張，〈禮拜作工者注意〉、〈仇視華人會之運動〉；1904 年 11 月 12 日，增附張，〈禮拜作工及賭博者注意〉等條。

21　見《東》，1904 年 11 月 19 日，增附張，〈工藝黨之運動〉；1904 年 11 月 26 日，增附張，〈工藝黨運動續紀〉等條。

22　見《東》，1905 年 11 月 18 日，頁 6，〈華人木行作工者注意〉及〈白澳洲可以無憂矣〉條。據後者的記載，在 1903 年的新南威爾士木行工會調查中，華人木行共 59 間，員工 536 人，但在針對華工的禁例實施前，即在 1904 年年底，已有四家華人工廠自動停業，至使投身木工行業的人數下降至 413 人。

23　見《東》，1904 年 9 月 3 日，增附張，〈仇視洗衣〉條、1904 年 11 月 26 日，增附張，〈限制華人做木洗衣之新例〉條及 1906 年 11 月 17 日，頁 6，〈白澳洲與華人洗衣業〉條。

24　據 1910 年工會巡查員報告，當時新州內有華人木店 66 間，洗衣店 18 間；除看到華人傢俬業經過短暫時期的低潮後，數目進一步攀升外，也可觀察華人洗衣業亦有一定的作為。見《廣》，1910 年 4 月 9 日，頁 4，〈查控木匠作夜工〉條。

25　見《東》，1913 年 1 月 25 日，頁 7，〈大幫鴉片〉條；1913 年 2 月 1 日，頁 7，〈假裝洋煙者之糊混〉條。

26　見《東》，1919 年 3 月 15 日，頁 7，〈嘩打魯捉賭〉及《廣》，1919 年 3 月 15 日，頁 2，〈賭案兩宗〉條。

27　見《東》，1900 年 5 月 23 日，頁 2，〈論華商宜勸戒華人整潔居宅地方事〉；1905 年 5 月 13 日，增附張，〈來函照登〉；《廣》，1908 年 12 月 5 日，頁 5，〈洋怨華人園家不潔〉；1919 年 4 月 12 日，頁 2，〈嚴查屋宇〉等條。

28　滿清政權尚未覆滅時，華人保留辮髮主因是返國方便，但這也是令西人難於接受的髮式。縱使入境多時，不少華人仍不脫衣冠有異，履服不同的 "特色"。可參考 Gane, Douglas Montagn, *New South Wales and Victoria in 1885* (London: Sampson Low, Marston, Searie & Rivington, 1886), ch.3, pp.57-115。文中還有對番攤、煙窟等活動的敍述。

29　見《廣》，1903 年 2 月 21 日，頁 5，〈洋人忌憚〉。其他可見《廣》，1903 年 1 月 3 日，頁 4，〈洋人稱呼〉；1905 年 3 月 18 日，頁 2，〈洋人忌憚〉；1906 年 3 月 10 日，頁 4，〈華洋禮法不同〉及〈洋忌華事〉；1907 年 7 月 25 日，頁 2，〈與洋人交須明其意〉等條。

30　見《東》，1921 年 12 月 24 日，頁 7，〈西婦亦犯賭案耶〉；1922 年 8 月 19 日，頁 7，〈賭案被罰〉等條。

31　*CGC*, 27th August 1891, "Chinese Gambling Commission Report, The Alleged Immoralities of the Chinese", pp.21-22.

32　*CGC*, 23th Nov 1891, "Chinese Gambling Commission Report, The Alleged Immoralities of the Chinese", pp.335-339.

33　如《東華新報》刊登年老華人倚靠洋女當娼為生計的指控（《東》，1899 年 9 月 23 日，頁 3，〈穢行被拘〉）。1901 年巡警在華人梁接主理的鴉片煙舖內發現藏有多名與華人同榻吹煙的洋女，梁接還被控經營娼寮，勾引良家子為娼等罪名（《廣》，1901 年 9 月 7 日，頁 3，〈娼寮被控〉）；1903 年，華人被控經營煙館，館內洋人男女雜處吹大煙（《東》，1903 年 9 月 5 日，頁 3，〈煙館被禁〉）；1912 年，洋人牧師在西報發表白人婦女被華人引誘抽鴉片的言論（見《東》，1912 年 10 月 5 日，頁 7，〈某牧師之與煙館〉）；1913 年，有匿名信報稱洋女被華人脅持匿藏唐人雲集的欽布勞街，雖未知信內舉報是否屬實，但綜合針對華人的各種負面報導，當時華人社區信譽必定大有影響（《東》，1913 年 9 月 27 日，頁 7，〈白女子果受華人之籠絡乎〉）。1920 年，警方在煙窟中又搜獲洋女與華人同榻吸鴉片（《東》，1920 年 1 月 31 日，頁 7，〈拘罰男女同牀吸煙者〉；四個月後，同樣事情又再被揭發（《東》，1920 年 5 月 22 日，頁 7，〈拿獲煙仙〉）；1923 年，年紀老邁華人被控窩藏西女四名（《東》，1923 年 2 月 10 日，頁 7，〈拘罰無業自護之男女〉），並立時招來西人報章攻擊（《東》，1923 年 3 月 10 日，頁 2，〈評西報之謬論〉），雖然這些年老華人或只是幕後黑手的代罪者，但已足夠在白人世界裡構建一套排華的道德觀。正當悉尼華人大力駁斥西人社會以帶歧視目光來看唐人犯事之際，再有一宗老年華人私藏 16 歲洋女賣淫事件曝光（《東》，1923 年 4 月 28 日，頁 7，〈窩藏少女者注意〉），而華人煙窟亦再度發現西婦吹煙個案《東》，1923 年 6 月 30 日，頁 7，〈煙窟之中有西婦〉），華人社區頓時感到為敗類所害，在名譽掃地，憤愧交集之餘，卻欲哭無言，被迫嘸氣吞聲。

34　見《東》，1903 年 3 月 28 日，頁 3，〈嚴設禁例〉；1912 年 8 月 17 日，頁 7，〈華婦留澳六月之照准〉條。

35　如 1899 年，居住在鳥湯（Newtown）的華人亞嬌刺斃同居女子（《廣》，1899 年 8 月 1 日，頁 5，〈被傷失命〉）；1909 年鳥加時華人李圖刺傷同居洋女後自盡（《廣》，1909 年 3 月 6 日，頁 4，〈貪色者戒〉），同年底，與華人亞德同居 10 餘年的洋女被另一共住的華工李勝所殺（《廣》，1909 年 10 月 2 日，增附頁，〈命案未結〉）。1912 年華人屠戶繆載控告洋妻失貞要求離異（《東》，1912 年 12 月 14 日，頁 7，〈華人分妻案〉）；1915 年洋婦以華夫嫌棄親兒，且終日醉酒，聚少離多而提出控訴，申請離異（《廣》，1915 年 12 月 4 日，頁 5，〈西婦入稟求分華夫〉）；1920 年華人左治江懷疑洋妻與另一華人有染而在法院提出離婚，華人余盛更因猜疑華洋混血婦不貞，於槍殺妻子後自殺（《廣》，1920 年 11 月 20 日，頁 2，〈華人離婚案〉、〈血裡鴛鴦〉等條）。以上均為 20 世紀初華人與洋婦同居、結婚後不睦的例子。

36　見《東》，1913 年 12 月 13 日，頁 7，〈拘拿華人同居之白女子〉；1914 年 2 月 28 日，頁 4，〈爭愛洋女已含鬥禍〉；1914 年 5 月 2 日，頁 6，〈洋怨華人不善，幸差頭以正對〉；1919 年 3 月 8 日，頁 2，〈吸煙者罰款〉等條。

37　見《廣》，1898 年 2 月 25 日，頁 5，〈風月棍徒〉條。

38　見《廣》，1897 年 6 月 11 日，頁 4，〈邊塞悲笳〉條。

39　見《東》，1904 年 6 月 11 日，增附頁，〈中國果能窺伺澳洲乎〉及 1912 年 6 月 15 日，頁 7，〈澳洲童軍總教習之黃禍談〉等條。而在〈星期吐爐報之黃禍談〉的報導裡，論者更指飛枝華人當選當地市政廳議員，不獨剝奪白人利權，且是黃禍的徵兆。早在 1861 年新省藍濱坪礦區排華事件中，白人提出的便是 "to consider whether this is an European digging or a Mongol territory"（*The Sydney Morning Herald* [Sydney], Feb 4,1861），這裡所泛指的可能不僅是人種，而是歷史上有關黃禍的慘痛回憶。1905 年，悉尼保皇會企圖效法美洲總部舉辦軍操，目的在鍛鍊華童體格，並提高民族士氣，卻因新州政府對華種的疑忌，建議最後作罷（《東》，1905 年 4 月 15 日，增附頁，〈干城學校之中止〉）。筆者在千禧年於悉尼乘搭計程車時，駕駛者是一名黎巴嫩（Lebanon）移民，閒談之際談到筆者的出發地，話題不免涉及港澳的回歸，司機的即時反應便是 "The whole Asia will taken by China soon or later"。綜合以上眾多"無稽之言"，說明了縱使我們自知並非侵略者，卻不能阻止西方世界有心誤導或自然產生這種想法，而爭取生存空間正是昔年華洋交惡的主要原因。

40 見《廣》，1906 年 9 月 15 日，頁 2，〈白畏黃人，建船練炮〉條。

41 早在 19 世紀中期後，因大量華人踏足澳大利亞而漸受教會注意，衛理公會（Methodist Church）首在維省設立華人教會，座落點即在金礦區加時咩埠（Castlemaine），時為 1859 年前後。隨後長老會（Presbyterian Church）也在維省著名礦區巴拉辣埠（Ballarat）向華人傳道，並因應需要，陸續訓練華人傳教士。1864 年，長老會正式在新省礦區蘇花拉（Sofala）向華人淘金者宣道，並抽調維省華人佈道者李洋（Philip Lee Lyung）及亞連（George Ah Len）越省來助。1882 年，又由維省調派祖籍廣東增城曾任金礦礦工的周容威（1847-1930）到悉尼地區宣道，並在 1893 年建成座落華打魯科士打街（Foster St., Waterloo）的華人教堂，周容威並在華人報章上呼籲華人上教堂。其告白內容如下"華打魯福音堂定於 11 月 11 日，即英 12 月 4 號，禮拜 6 日下午 3 點鐘開講新福音堂。併至 11 月 14 日，即英 12 月 7 號，禮拜 2 晚 6 點半鐘，寅具茗席。如我華人概免收票。 敬請列位仁台，屆期光臨雅敍，幸勿吝玉，不勝翹企。教堂近協和寶號。 傳道人周容威拜訂"（《廣》，1897 年 12 月 8 日，頁 5，〈華打魯福音堂〉）。周在 1898 年正式被擢升為按立牧師（《東》，1898 年 10 月 26 日，頁 2，〈加封牧師〉），並在悉尼積極參與保皇與稍後的憲政活動。該教堂後來在 1910 年遷至衿步街，竣工之日，華洋雜坐，共頌主恩（《廣》，1910 年 12 月 24 日，增附頁，〈華人教堂落成〉）。此外，在 1888 年左右，長老會自維省差派方錦衣（即《雲彩般的見證——雪梨華人長老會歷史》中稱的方錦義，此處從《廣》記載）抵新南威爾士，並在另一華人聚居地鳥加時（紐卡素）宣道（《廣》，1919 年 7 月 12 日，頁 8，〈方錦衣夫人逝世〉），1920 年前後抵悉尼接替退休的周容威。雖然，當年信奉基督的華人不一定便是長老會會眾，但在其早期的名單上，我們還可發現著名者如馬應彪（1860-1944）、馬祖星、馬永燦、歐陽品、梁創、關潤等，都在 20 世紀初與悉尼保皇會扯上不可或割的關係。有關華人長老會在新州的發展，可參考 Wendy Lu Mar, So Great a Cloud of Witnesses, *A History of The Chinese Presbyterian Church, Sydney 1893-1993*, (Sydney: The Centenary of the Chinese Presbyterian Church, 1993). 即馬呂和麗（撰），漆素嫻（等譯）：《雲彩般的見證——雪梨華人長老會歷史》（悉尼：華人長老會，1993 年）中英文合本。

42 見《廣》，1901 年 4 月 20 日，頁 5，〈慷慨直陳〉條。

43 見《東》，1901 年 9 月 25 日，頁 3，〈辯論禁例〉；1904 年 9 月 10 日，增附張，〈西人公論〉；1904 年 11 月 19 日，增附張，〈議抗苛例〉；1905 年 11 月 25 日，頁 6，〈請看澳洲限制華人之苛例〉；1905 年 12 月 9 日，頁 6，〈尚有公道〉；1906 年 5 月 12 日，頁 6，〈種界何嚴〉等條。

44 1901 年，曾有洋人投稿西報指稱不入基督教的華人便是生番，而該報主筆在報上即替華人滔滔雄辯，一指中華五千年文化不獨勝於英國，較之基督教化亦早三千年以上，二指華人講禮義廉恥，五倫有序，三指耶穌乃猶太人而非英人，四指教化者中外迥異，日本人雖拜偶像，猶不可稱為異端，故豈可以一己偏見而譏抨華人（《廣》，1901 年 4 月 20 日，頁 5，〈慷慨直陳〉）。1905 年前後，Edward William Cole 出版 *Better Side of the Chinese Character*（Melbourne: Cole's Book Arcade, 1905?）一書，書內徵引 19、20 世紀之交，超過 20 家西人作者、神職人員、營商者、旅遊家、行政官等對各階層華人的公正評價，並指出縱使知識水平不高而浮海抵澳謀生的華工也誠懇忠厚，可寄重任；至於不少對華人的歪曲性報導，則多來自種族主義者，甚至是思想偏狹的傳教士，而一般白人只接觸及沿海一帶的滑民，或來自廣東地區低下階層勞工，故被他們的舉動誤導了對整體中國人的觀感。當年此書出版時，《東華新報》也曾向讀者推介（《東》，1905 年 4 月 15 日，增附張，〈請看辯護華人之新書〉）。此外，E.W.Cole 亦有 *The White Australia Question*（Melbourne: E.W. Cole Book Arcade,1903?）出版，開首即指耶穌與保羅均是亞洲人，且列舉例子指出所有人種的血統均非純正，辯證維持白澳不可行之道。書內並向讀者介紹勞工與奴隸的慘狀；同時亦報導有關日本、中國、印度的近況，提及中國時還特地翻譯張之洞（1833-1909）著作名句，證明中國也有開明的官僚。20 世紀 30 年代初，又有 John H.C. Sleeman 自刊 *White China, A Austral-Asian Sensation*（Sydney: Published by the Author, 1933）書內不獨譴責日本侵略東三省的野心，並介紹中國自清末至民國期間各方面的發展，同時也報導了若干中國人物，尤其領事、僑領、華工等在澳大利亞的狀況。他把著作獻給孫中山（1866-1925）與 G.E.Morrison，目的在於歌頌中澳民間的友誼，並希望促進兩國的關係。由此可見在白澳主義猖盛的年頭裡，澳大利亞也有不少目光遠大，議事持平的洋人。

45 《東》，1915 年 12 月 11 日，頁 7，〈澳洲華人享壽 117 歲之異聞〉條。

46 王安育有子女 5 人，除其中一女早逝外，William Owen 和 Rosie Owen 是孿生兄妹，此外還有 David Owen 和 Richard R. Owen 合共 4 人，後者是王安死亡證書上的聯絡人。

47 *The Western Times*（Bathurst, N.S.W.），2nd Nov. 1938, p.2. 在當天的 "Obituary" 中亦再度指出 Charles Owen 是 "One of the oldest residents of the district, was well-known and respected."（p.5）。

48 存疑。據 *The Western Times*, 2nd Nov. 1938, p.5, "Obituary" 的報導，王安靈柩移送 Bathurst 墳場天主教徒葬區安葬。

49 梅光達在澳大利亞的事蹟散見本書各章，他是著名商人外，也娶洋婦瑪嘉烈斯卡利特（Margaret Scarlett, 1864?-1915?）為妻（有關梅光達生平，可參考 Mrs. Quong Tart, *The Life of Quong Tart or How a Foreigner Succeeded in a British Community*,［Sydney: W.M. Maclardy, "Ben Frankin" Printing Works, 1911］; Robert Travers, *Australian Mandarin, the Life of Quong Tart*,［Kenthurst: Kangaroo Press, 1981］）。麥錫祥父母俱是華人，在澳出生長大，1898 在墨爾本大學法律系肄業，主修民法，他曾在 1912 年底回中國競選中華民國第 1 屆議會代表，但因缺乏人認識而落敗（《廣》，1913 年 5 月 3 日，增附頁，〈麥君已復回澳洲〉條）。麥錫祥雖屬土生華人，信奉基督教，習染澳地風俗人情，善打板球，並擁有大狀履歷，但在追求洋女格翠德巴勞克（Gertrude Bullock, 1887-1972）時仍遭對方家長反對，雙方在秘密交往 4 年後，終在 1912 年 11 月共諧連理，婚後共育有 4 名兒女（上述資料據麥彩蘭【Toylaan Ah Ket，1920- 】1997 年 7 月訪問撮錄）。麥錫祥不獨是澳大利亞史上第一位華籍出庭律師，更是第一位澳大利亞華人參議員。有關麥錫祥其他資料，可參考《東華時報》自 1996 年 10 月 13 日始，連刊 10 期的〈麥錫祥小傳〉。

50 見《東》，1900 年 2 月 24 日，頁 3，〈華洋演慶〉；《廣》，1904 年 12 月 24 日，增附張，〈華洋大景義興出頭〉；《東》，1914 年 8 月 1 日，頁 7，〈本埠華僑捐助恤兵費之義舉〉；《廣》，1914 年 8 月 29 日，頁 7，〈本埠華僑捐助恤兵費之義舉〉、1918 年 4 月 27 日，頁 4，〈華僑購買公債〉、〈華僑助紅十字會〉、1918 年 7 月 2 日，頁 2，〈華僑婦女界籌款〉、1918 年 10 月 12 日，頁 8，〈華僑籌辦捐款〉、〈華人出會〉、1918 年 11 月 2 日，增附張，〈華僑籌辦賑濟捐款〉等條。

51 見《廣》，1902 年 9 月 27 日，增附張，〈華洋同慶〉條。

52 見《廣》，1918 年 4 月 27 日，頁 4，〈華僑購公債〉、〈華僑助紅十字會〉、1918 年 5 月 4 日，頁 7，〈華僑助紅十字會〉、1918 年 6 月 22 日，頁 3，〈茶會紀盛〉條。早在 1900 年，華人已參加在摩柏（Moore Park）為遠征非洲兵士家眷籌款的義演，當時悉尼華人堯樂天劇團的老倌們扮元帥，勇士引領獅子遊走等，俱為一時之盛事（《東》，1900 年 2 月 24 日，頁 3，〈華洋演慶〉、1900 年 3 月 3 日，頁 3，〈籌資可核〉）。

53 見《東》，1918 年 10 月 5 日，頁 8，〈雪梨中華總商會籌助建屋恤兵致鳥修威各埠會員公函〉、1918 年 10 月 12 日，頁 8，〈雪梨華僑籌辦賑恤海軍家屬之義舉〉；《廣》，1918 年 10 月 12 日，增附頁，〈華僑籌辦捐款〉、〈華僑維持禁例會〉、1918 年 10 月 19 日，頁 5，〈華僑籌辦捐款〉、1918 年 10 月 26 日，增附頁，〈華僑維持禁例會〉；《東》，

1918 年 10 月 26 日，頁 7，〈籌辦賑恤海軍家屬之遊樂會〉、1918 年 11 月 2 日，頁 2，〈籌恤海軍家屬之進行〉；《廣》，1918 年 11 月 2 日，增附頁，〈華僑籌辦賑濟捐款〉、1918 年 11 月 9 日，增附頁，〈華僑籌助水手捐款〉；《東》，1918 年 11 月 9 日，頁 7，〈華倫助賑海軍家屬捐款誌〉等條。歐戰結束時，華人報章還呼籲同胞切記慶祝和平並懸起澳大利亞與中國國旗助興，進一步提醒洋人社會中國也是聯軍國中的成員（《廣》，1919 年 7 月 19 日，頁 8，〈華人應懸旗助興〉）。

54　見《廣》，1918 年 10 月 12 日，頁 8，〈華人出會〉條。

55　見《廣》，1904 年 12 月 24 日，增附張，〈華洋景致告白〉條。

56　在 19 世紀末，華人與西女成婚的例子也有不少。如 1897 年美利濱華商劉光明（？-1897）即娶西婦為妻（《廣》，1897 年 2 月 12 日，〈華先友劉光明翁〉）。以種植蔬果為業的李茂與洋女私訂終身，為女母所控告，並鬧上法庭，最後女方力證為自願下嫁李茂，法官在怒斥女母無事生非後判雙方婚姻合法（《廣》，1897 年 6 月 4 日，〈自擇良人〉）。同年底，一洋人因嫉妒華人鄰居娶洋婦為妻，且情意綢繆，遂誣華夫洋婦併染麻瘋，結果二人被迫分離，華洋報章即揭露此事，民間亦商議營救之法（《廣》，1897 年 12 月 3 日，頁 5，〈冤屈無辜〉）。話雖如此，卻證當時頗有不少華洋聯姻，且夫妻情篤的例子。而悉尼方錦衣牧師也娶洋婦為妻，生活美滿幸福。

57　早在 19 世紀中末葉，華人與其他來自非白人地區的勞動者都大受本地同業抗拒，其中反對輸入外勞而持較平和言論者如 J. Hurst 便指中國人（Mongols）與玻利尼亞人（Polynesian）是本地勞工的勁敵（J. Hurst, *The Chinese Question in Australia*,［Sydney: "The Australian" Printing Works, 1880］）.

58　*The Illustrated Sydney News and N.S.W. Agriculturist and Grazier*, 7th July 1881, p.13. "Chinese Immigrants being examined by Medical officers".

59　王安家庭照約攝於 1916 至 1917 年間，相片中共 17 名成員，包括一妻，三子二女，三媳，一繼孫，一女孫及五外孫。關係如下：

1. Dolley Owen（1885-?）

2. David Owen（1892-?）

3. David 第一任太太 Ada Young

4. William Owen（1888-?，孿生）

5. William 太太 Stella Quin

6. Rosanna Owen（1888-?，孿生。先嫁 Harold Loey，再嫁 George Sue Won）

7. Richard Owen（1895-?）

8. Richard 太太 Alice Young（Ada 之妹）

9. Fred Owen（1908-? Stella 與前夫所生）

10. Charles Owen

11. Charles Loey（1906-? Rosanna 與前夫所生）

12. Lucy Owen

13. Dorris Sue Won（1908-?）

14. Gladys Sue Won（1912-?）

15. Hilda Sue Won（1910-?）

16. Mona Owen（1916-?，Richard 及 Alice 之女）

17. Rosaline Sue Won（1915-?）

7

澳大利亞華洋問題鉤沈

—— 以1913年中國駐澳大利亞領事館槍擊案為中心

緒論

　　滿清中國對外派駐使臣始於 1876 年北洋大臣李鴻章（1823-1901）在煙台與英國公使談判後，簽訂《中英煙台條約》，郭嵩燾（1818-1891）以正使身分赴英國為 1875 年滇案中馬嘉里事件致歉，此後成為駐英使臣。但清廷和英國屬土的澳大利亞通交過程較歐美諸國稍晚，這或因其地遠處南隅一角，且實力不足以影響中國有關。然而在滿清政府正式在澳設置使館後不久，即發生總領事遭舊部蓄意傷害事件，令使館及當地華人一時蒙羞。事實上，駐外官員或僑民、旅客與華工，不分品秩貴賤，其行止均代表祖國國紀與國格，而民初期間，前駐澳大利亞外交人員觸及當地刑事法律而遭起訴定罪，並非洋人藉中國國弱民貧借機欺凌侮辱的事件，卻是另一宗華洋交婚後，因家庭經濟出現困境，而作為知識份子的男方在沒顧及後果之餘，因錢財、公職攸關以至槍傷舊上司，哄動當時華洋社會而侵損國體的重大案件。[1]

滿清政府在澳設總領事館的背景

　　19 世紀中葉以還，滿清政府經長期的閉關自守後，因外來的政治外交壓力下逐步開放與西方國家的官方接觸，但這些都是以歐美國家為主，當時的清室既受制於國際形勢，[2] 另一方面又困擾於內憂外患，對澳大利亞的接觸僅限於非使館級的渠道，如光緒 13 年（1887）遣特派員至澳宣慰僑胞即為一例（見附圖 7.1）。1906 年底，中國駐英大使遣黃厚成（見附圖 7.2）到澳紐視察民情，並與有關方面商討開設總領事館等事。黃厚成偕同翻譯員溫祥於該年 11 月初抵達布里斯班視察，隨後往悉尼與當地華人領袖見面。保皇黨人對黃厚成的蒞臨十分重視，除設宴洗塵並引領巡察埠內各主要設施及拜會華人商店外，並在其中堅份子劉汝興、李春、黃來旺、蔡昌、冼俊豪、周容威等誠邀下視察位於《東華報》報館上的保皇總部，並向會員演說，其後又在千人晚宴席上向保皇支持者講述中國維新的希望，黃還以駐英使館隨員身分為《東華報》題字，刊行於報章頁首。由於黃厚成是特使身分訪澳，當時悉尼市各主要官員都以官式禮節接待，他拜訪了新州督憲、議院議長和該市市長等，其後在華民公宴黃厚成的宴會中，應邀出席者包括議院副長、上下議院議員及日本領事均有列席，部分還發表講話。[3]

　　黃厚成在悉尼逗留約六天後，繼往墨爾本訪問十天，期間除受到居住當地華人熱烈接待外，亦曾拜謁澳大利亞六州總憲、市長等，並數番在馬孫彌大會堂（Masonic Hall）演說中國改革的前途，更適逢該埠大賽馬之期（Melbourne Cup），順道以第一位華人官員身分出席該項盛事，稍後再赴塔斯曼尼亞與紐西蘭進行考察。[4]

　　自黃厚成到澳演說並向華僑闡述訪問原意後，進一步使該地華人了解中國政府的意圖，使在白澳主義壓力下，澳大利亞當局收緊入境政策，華工復埠日益艱難的時刻裡，恍然一道孤燈忽在無盡的漆黑中燃熒，令留澳的華人頓生遙遠的祖國尚未對自己忘懷的希望。1907 年初，以劉汝興為首的華商正式向中國駐英總領事致函，懇切地陳述澳大利亞華人的近況及設立總領事館的需要，[5] 同年 5 月，英國政府正式允許中國在澳大利亞設置領署的要求。

清政府駐澳領事館的成立

　　清廷於宣統元年（1909）在維州墨爾本埠設置總領使館，當時選址在威林街（William St.）48 號樓上。第一位駐澳總領事梁瀾勳（1880?-? 見附圖 7.3）祖籍廣東三水，[6] 本是候選道員，曾任粵海關監督、交涉局局長等職。1904 年冬出任北海洋務局洋務委員；翌年，梁瀾勳與德國領事交涉其南洋招工計劃與條約不符而得到清廷褒揚。光緒 33 年（1907）李經芳（1855-1934）出任使英大臣時，梁瀾勳任駐英外交官，他於派駐英國前曾在香港學習英語，並處理和約事宜，且一直協同司理洋務，是具經驗的行政和外交人員。梁瀾勳在英國乘搭火輪於 1909 年初抵西澳巴扶埠（柏斯 Perth），[7] 他表示關注白澳政策對華人入境造成的不便，亦留意華洋關係的不協，但覺得最重要的還是中澳商業事務的發展問題。[8] 梁瀾勳在 1909 年 1 月底乘船抵墨爾本，到場迎接的包括保皇黨人黃來旺，亦有革命黨人如《警東報》負責人，另亦有中立人士如當地華人代表麥錫祥等。[9] 梁總領事的隨員與夫人則另乘別船抵澳，他尚另有隨員溫祥（見附圖 7.4）由悉尼乘火車至墨爾本協助，[10] 溫是昔年陪同黃厚成巡察各州的翻譯官，對澳大利亞政府與華人有一定程度上的認識。[11]

　　梁瀾勳上任後既須拜訪僑社，安撫僑界，亦要與洋人官商溝通，應酬頗為頻密，[12] 到任年餘後因病返國就醫，[13] 清廷遂差遣 1905 至

1909 年駐韓國，歷任仁川、漢城領事參贊的唐恩桐（1860-1912，見附圖 7.5）於 1910 年 9 月抵澳，暫接總領事一職，[14] 與之隨行的還有翻譯員謝德怡（1883？-1972，見附圖 7.6）等數人。唐恩桐為廣東香山人，與不少悉尼華商均為同鄉，[15] 曾應當年於朝鮮處理稅務的唐紹儀（1862-1938）邀聘，於 1891 年赴朝鮮任龍山商務署書記。1895 年，唐紹儀任朝鮮總領事，唐恩桐出任駐朝鮮總領事館隨員。1902 年任駐甄南浦（鎮南浦）兼平壤副領事。 1905 年 9 月，任駐仁川領事，清國駐韓國使館參贊，加三品銜 。因處事公平和任重道遠，在大韓帝國受勳。1909 年，升盡先候選道，加二品銜，調返外務部。是年，日本為取得興建南滿鐵路的權利，與滿清簽訂間島協約，承認間島為清國領土，以換取南滿鐵路的鋪設權，唐恩桐以外務部參議行走身分協助參與談判有功。次年，派駐澳大利亞，繼梁瀾勳出任總領事。

唐恩桐作風頗見親民，亦以巡察墨爾本、悉尼等地區華人生活為抵澳第一站的任務。在悉尼期間，他得到憲政份子葉炳南殷勤款待，並參觀由該組織興辦的華童蒙養學堂，在拜會有關要人後即往美利濱履新。然而，唐恩桐到任不足半年，即因水土不服而諸病交作，他向北京政府請示後，於 1911 年 4 月辭職離澳，返回家鄉調理。

唐恩桐倉猝間離任，清政府以事出突然，令駐紐西蘭領事黃榮良（1876？-?，見附圖 7.7）為署理澳大利亞總憲，[16] 黃的原缺由原籍浙江的下屬，通譯夏廷獻暫代。[17]

黃榮良祖籍安徽無為州，肄業於南京匯文書院，後更出任該校教授。他曾留學美國哥倫比亞（Columbia University）及卑克大學（Baker University），並考取科學士學位，曾在英國倫敦出任二等參贊，[18] 是有歐美背景和外交經驗的外交官。黃榮良於紐西蘭任內頗有政聲，[19] 他接掌澳大利亞總領事職時，滿清政權已瀕臨崩潰邊緣，他一方面着力於向僑界勸捐以挽救中國國內的水旱災荒，另一面又須俯仰中央政府的鼻息來公開指摘革命黨人於國內外的顛覆活動，還要在澳大利亞各州均衡不同政見人士的利益，且尚需與當地政府周旋，試圖解決、舒緩嚴禁華人入境、華洋關係等問題。[20] 自武昌起義過渡至滿清王朝覆滅期間，黃榮良竭盡所能，力求以外使身分不卑不亢地實踐份內的職責，1912年民國政府成立後，一來因黃榮良的歷練與稱職，二來亦因國難未平，仍由黃繼任駐澳使職。

　　1913 年 3 月 11 日，前使館通譯謝德怡因被撤職及牽涉錢財瓜葛等問題而槍傷黃榮良，這宗案件的發生和審理在當年澳大利亞華洋社會中都曾引起廣泛的關注和哄動。

謝德怡的事業與婚姻

　　謝德怡（見附圖 7.10）原籍福建漳州，曾在英國欽字列治大學（劍橋大學 Cambridge University）唸書，後來返回南京完成大學課程，[21] 曾任駐法國總領事翻譯，返京後在學部任職三年，後調任唐山礦務學堂英文科教授。[22] 更詳盡的報導來自昔年西報，文中指出謝德怡資歷甚佳：

　　……is a man of large educational attainments. Amongst other qualifications, possessed by him, he was for some time head master at the Perfectual College at Chang Chew, of which place he is a native, and in 1909-1910 he was professor of English at the University in Pekin. In the interval between Chang Chew he was from 1905-1907 chief secretary to the Chinese Commission to France, and for two years thereafter was in the Imperial Government service of the North China railways.[23]

1910 年，謝德怡隨唐恩桐抵澳任總領事館翻譯及第一秘書，唐恩桐在次年返國養病後，謝德怡留任成為黃榮良的翻譯官。

在唐恩桐任內，謝德怡表現稱職，但自黃榮良接任後，即嫌其中文程度不佳，[24] 且或因謝身兼首席書記，[25] 而又為上任領事舊人，黃榮良漸對其工作表現不滿，埋下槍擊事件的伏線。

謝德怡在 1912 年 4 月在一次公宴場合邂逅墨爾本女藝人晏厓拿素勞（Eunice Camille Russell,1879?-1957，見附圖 7.9），[26] 並隨即向這來自當地著名家族的成員展開追求，[27] 根據事後女方向傳媒發表的憶述，指自己雙親並不喜歡謝德怡；事實上，謝的舉止是否浮誇輕佻，又或者經濟能力有所不逮已非討論要項，因當時絕大部分西人都不願將自己的女兒嫁與華人，甚至有倡議禁止華洋聯姻，甚或交結者。[28] 謝德怡日夕在晏厓拿身伴獻媚，又常到其居所留連，令晏厓拿漸次意動，但由於她對亞洲並沒多大認識，在一次東遊中，對東方人的文化與習俗頓生惡感，返抵美利濱後漸與謝德怡疏遠。[29] 謝為着挽回芳心，一方要求他在故鄉的老父匯銀至澳供其追逐裙下的花霍，另一方面又在人前誇大在商界中的交遊，誤導外間以為他可棄去公職而在貿易場上一展所長。謝德怡雖身裁矮小瘦削，但由於衣着得體，[30] 英語流利，更是外交人員，在交際界中頗為著名，尤其在洋人社會中都以為他長袖善舞，經濟充裕，絕不明瞭謝德怡的困境；而謝既心為若即若離的愛情所繫，又被日趨拮据的財政問題困擾，自然亦直接影響其工作表現。

黃榮良有鑒於謝德怡表現日劣，終於向當局上級請示，結果謝被免職，黃榮良或對謝德怡債台高築一事頗有所聞，亦因謝在外間喧揚過甚，遂在停職批文下達後，在西人報章上刊登謝某業已離職的聲明。[31]

謝德怡雖被領事官署辭退，卻對晏厓拿的愛意並沒消減，但福建老家對他這頭親事的支持態度成疑，再加上老父死訊的傳來，使他企盼鄉間的匯銀已成絕路，除向外借貸以充花霍外，唯憑三寸不爛之舌的吹噓來哄取美人的芳心。雖然外間不少人士都獲悉謝德怡與中國領事館再無任何關係，但他憑藉流利英語和帶欺且騙的外交手腕，並仍挂着私人公司經理的名銜，[32] 使不明內情者以為他的居喪停職不過在等待中國政府的新任命，謝甚至表示對加拿大溫哥華領事一職的調陞前景還不及留澳發展商機的美滿可觀，[33] 令迷戀繁華的晏厘拿一時為之目眩，雙方終在 1913 年 1 月 2 日成親。他們婚禮籌備異常倉猝，[34] 花費卻極豪鉅，謝德怡為顯其東方氣派，除選購貴重鑽石手鐲給新娘子外，還致送陪嫁姊妹團每人一珠寶胸針掛飾。[35] 兩人在婚後還入仕墨爾本埠外的高尚住宅區，[36] 這徒令謝德怡的財赤百上加斤。謝德怡還向晏厘拿素勞透露親友餽贈一座大宅及谷告園（可可 cocoa）作為婚宴的賀禮，然而正當他在艷羨與懷疑目光交織下入住城中豪宅之際，囊中只剩餘不足 4 先令的積蓄。[37]

駐澳總領事黃榮良被襲事件

1913 年 3 月 11 日，經先前數番短暫會見黃榮良後，謝德怡於該天午膳時間再到使館求見。謝首先要求總領事暫寬其在任內積欠的醫藥費用，並怪他好把自己離開領署的消息公佈，破壞了一切事先安排的構想，隨後又要求黃榮良致信上海有關方面，替他在商務局覓取職位；但最重要的，是希望黃榮良親至澳大利亞外事部解釋他的停職，不過是等候中國方面的新差遣。據後來法庭上的證供記載，謝還進一步建議黃榮良暫時瞞騙有關當局，訛稱他已是有新職在身的外交人員；這事緣於澳大利亞聯邦政府外交部多次敦促謝德怡澄清他在使館內是否還有公職，[38] 按當時移民與入境法例，如已非使館人員身分的人士便需上報並定期離境。我們無法查究謝被撤職後即忙於與洋女舉行婚禮有否早已存在着從此去國之想，但身為領憲的黃榮良絕無應允之理則是事實。

謝德怡自午膳時間與黃榮良傾談逾三小時後仍不得要領，最後自衣袋內掏出手槍在僅隔一桌之遙向黃榮良頭部連發兩響，幸而並未命中目標。按報章記載，黃榮良的身裁比謝德怡遠為高大，[39] 黃眼見事態危急，在一髮千鈞間撲向謝德怡企圖奪槍，在雙方接身糾纏之際，謝槍再發一響，子彈距黃榮良心臟兩寸半處穿過，射破黃的肩背，最後在黃呼救下，尚未下班的隨員衝進辦公室協助制服謝德怡，並報警召援，將之拘捕究治。謝德怡在就逮時並沒作出反抗。[40]

黃謝案的審理與男女主角的枝棲凋露

中國駐澳大利亞大使遭舊部槍傷事件令當時華洋社會震驚一時。案件在 1913 年 3 月 20 日開始審理，因謝德怡在被捕時曾以華語向黃榮良表示蓄意射殺黃後即吞槍自盡，但這僅是黃榮良口供，在場的洋人巡差均無法證明，而謝在庭上則否認蓄意殺害總領事；控辯雙方都在針對這關鍵要點上展開盤問證人的工作，辯方律師曾要求被告擔保外出預備應訊程序，但被法官拒絕，謝被還押拘留。[41] 最後在 4 月 22 日控辯兩方達成協議，警方撤回有關蓄意殺人的控罪，改控謝德怡蓄意傷人罪。[42]

黃榮良在作證時並沒有落井下石的意圖，謝德怡在提審過程中亦表現鎮靜與合作，他在墨爾本仍有不少願意為他說情而又有體面的洋人朋友，他們在庭上為謝德怡說項時，都指謝為一誠實可靠的知識份子，不過因一時經濟拮据而魯莽犯案。此外，亦有辯方證人指謝已被債主迫至破產，名譽掃地，[43] 寄望倚靠鄉間接濟，等待另覓新職，不料因老父去世而情急傷人，懇求法官輕判。該案在 1913 年 4 月 28 日審結，謝德怡對法官表示對自己的犯事感到後悔，希望主審法官對他網開一面，求情時更提出希望僅判遞押出境而不需受刑罰的建議。法官在宣讀判詞時指出他對年青的謝德怡因一時魯莽犯案而盡毀前程感到可惜，且表示了解他是個有教養及素具名譽的人，也明瞭他犯案時的財政困境及複雜的心情幾瀕臨精神崩潰的邊緣，但卻斥責謝的犯案行為自私及殘忍，表示絕不考慮被告律師等為謝懇求免刑而遣返中國的請求，結果謝德怡被判處 5 年苦工監。[44]

黃榮良遭謝德怡槍擊時才 37 歲，在結案後不久即離任，現存資料顯示他請假返國，[45] 還攜同家眷隨行。但自 1913 年 8 月初離澳後，超過一年時間，總領事之職仍告懸空，在這期間中國外交部特電允由墨爾本土生華人麥錫祥暫任代理總領事（見附圖 7.8）。[46] 我們或可推敲黃榮良是前清駐外領使，在政權轉移之際他得以留任是因其過往工作表現卓著，但謝德怡事件或多或少令黃榮良在公私兩方都受損害，他的 "請假" 與一去不返，相信都和返京述職時，外交部認為另有工作安排對黃榮良來說更為適合。[47] 最後，中國駐澳總領事一職在 1914 年 6 月由祖籍福建的曾宗鑒（1882-1958）接任。[48]

在晏厘拿素勞下嫁謝德怡前，澳大利亞甚至國際歌藝界女伶與政要結合的例子不少，其中有些甚至退出舞台，專心相夫教子；[49] 晏厘拿是否因而受到感動而作此抉擇則不得而知，但在謝德怡案尚未宣判時，她已公開向當地報界力數丈夫存心欺詐與諸種不是，並申請離婚。她在 1913 年 5 月離澳至英國倫敦重返舞台，繼續未了的演藝事業。[50] 然而，於漫長而又企圖淡忘過去的數年間，她仍一直被迫連結着謝夫人的身分。

謝德怡犯案時才 30 歲，晏厘拿未必存心貪慕其錢財，但他浮誇的作風和迷戀晏厘拿而致身敗名裂，斷送大好前途卻幾乎是肯定的；當時不少駐外領事都曾留學外國，並曾充任使館通譯等職，以謝德怡的年齡及履歷來說，能夠陞任領事官幾乎指日可待，可惜他最終的選擇使他身陷囹圄，看來難以自拔。

本章餘論

　　清末中國雖極力在外交方面打開困局，並在若干有識之士的帶領及要求下，逐步在華僑華人聚集的國家設置領事館，惟在國用日絀與客觀環境繞纏的歲月裡，駐澳領事館與總領事要至宣統期間才正式建置及委任，而此際的滿清皇朝亦已踏進奄昏晚陽的時刻；但在忐忑搖晃的新燈燭影裡，我們仍可把案頭上剩餘的零碎資料縫合起來，作為窺探於流光一瞥中的清季駐澳領事館及其外交人員於歷史餘隙間所閃爍出來的珍貴訊息。

1. 晚清政府對澳大利亞的態度

　　清末出使大臣或駐外使節多屬中央官僚，或二、三品大員，以第一位專使法國大臣崇厚（1826-1893）為例，出使前為兵部侍郎（從二品），後以吏部侍郎（從二品）、左都御史（從一品）身分駐俄；第一任駐英公使郭嵩燾（1818-1891），出使前為兵部侍郎（從二品），其繼者薛福成（1838-1894）以三品京堂、光祿卿（從三品）等官銜出任駐英、法、義、比四國大臣；曾紀澤（1839-1890）在派駐英、法前襲父爵，後以大理寺少卿（正四品）身分再兼使俄大臣；李鳳苞（1834-1887）在駐德前為三品卿，特賜二品頂戴，旋兼使奧、義、荷三國；[51] 楊儒（？-1902）使美、日、秘前為四品卿，後以左副都御史（正三品）調使俄、奧、荷三國，晉工部侍郎（從二品）駐俄。[52] 自德宗末年以還，雖亦曾指差派品秩較低的鹽政大臣或外務部次要官員出為駐外使臣，如伍廷芳（1842-1922）以道員（正四品）使美、日，後曾充商約大臣，再任駐美大臣並兼墨、秘、古三國；宣統時，其繼任者為署外務部左丞（正六品？）張蔭棠（1864-1937），而署外務部右丞（正六品？）吳宗濂（1856-1933）為出使義國大臣等；[53] 然而相較派遣至澳大利亞的總領事而言，他們仍屬職級較高或曾任中央外務部的骨幹官僚。梁瀾勳、唐恩桐，甚至以紐西蘭領事身分調任的黃榮良，都是以駐外次官身分擢任駐澳大利亞總領事、紐西蘭領事之職。清末駐澳大利亞、星嘉坡（Singapore）、南非（South Africa）、加拿大（Canada）總領事與紐西蘭、檳榔嶼（Penang）、仰光（Rangoon）、溫哥華（Vancouver）領事均隸屬駐英公使管轄，總領事職銜是從四品奏補，而領事則為正五品奏補，與駐英、法、美、俄等二品專官頗有分別。[54]《清實錄》中對歐美諸國領事的遣任都有記載，卻疏於敍錄澳紐外交人員的調動，這都說明清末中央政府認為澳大利亞不過是英國屬土，只需差派認識英國事務，或具經驗的使節到澳便足勝任，至於其就任領事前的職級與品秩大致上亦一如駐東南亞各地領事，[55] 可見清廷視澳大利亞的國際地位不過與其周邊地區等同。話雖如此，梁瀾勳與唐恩桐都是挂着"欽加二品衙"的身分抵澳就任的。[56]

2. 清廷對擇使派澳的謹慎

　　清朝駐外大使多不久任確是事實，但主要是該使臣在出使前已在中央，或地方政績上有所表現，朝廷召他回國，除不願他長期駐外與洋人建立私交或有罪召還外，主要還是另有委任，但梁瀾勳、唐恩桐及黃榮良並非因另有優選而返國，[57] 事實上，傳統中國官僚也常以抱恙為詞，藉此返鄉休養，營鑽並企盼更理想的差遣。

　　19 世紀中葉後陸續因各種原因抵澳的華人多來自福建與廣東，至世紀之交金礦漸次掘罄而白澳政策出現後，留下的華工華商已多屬廣東省籍，首兩任祖籍廣東的駐澳總領事的委派都是清廷經詳細調查後所作的安排。自維新變法失敗，康有為、梁啟超出走開始，廣東省地區即因鄉情之故，傾向同情維新黨的鄉里日多，而僑居海外的粵人既眾，保皇會因而遍及各地，澳大利亞保皇會亦因梁啟超在 1902 年的到訪而興盛一時。繼後本被中央保守派追殺的維新領袖轉而支持清室推行憲政運動，雖然各種負面報導令憲政會轉趨式微，但孫文的參與領導革命及海外勸捐，同樣掀起廣泛粵籍人士的支持，19 世紀末與 20 世紀初的澳大利亞華人活動往往和政治的傾向性有關，滿清政府有鑒於當地保皇勢力的蛻變和革命新勢力的崛興，以廣東省籍的外交官駐澳處理華人事務亦是理所當然的。[58]

梁瀾勳及唐恩桐在短期間內稱病返鄉，相信原因主要是覺得在澳大利亞的事業發展不及在英國或韓國。唐恩桐的英語程度無法稽查，但他能在其任內容忍謝德怡，估計是需依仗他為傳譯有關，[59] 而繼任的黃榮良一因留美歸來，二則任職紐西蘭前曾駐英使館為二等通譯官，[60] 陞調總領事後不須凡事委諸下屬翻譯，故以中文程度不佳為由辭退謝德怡；或者，唐恩桐亦因在公開場合裡出現語言問題的障礙，上任不久即藉詞回國。唐的突然稱疾，雖或令外務部未能顧及當初原意而調遣祖籍安徽的黃榮良走馬上任，但宣統年間的廣東省因大員每被襲擊，革命黨人起事無日無之，土匪乘官兵疲於奔命而益形猖獗，[61] 外務主事有鑒於梁瀾勳與唐恩桐或因日夕牽掛鄉間親友而不能苟安海外，且藉詞托歸，遂於唐恩桐請辭後，試圖以其他省籍外使領署事，豈料易幟後未幾的槍擊案件再使中國駐澳使節不能久任。[62] 然而，以上背景均説明當時的中央政府對海外僑民活動並非漠視與無知。

自郭嵩燾在光緒初年奏請派駐總領使至澳大利亞悉尼，並以僑領出任各埠領事以還，清政府對澳大利亞華人生活概況一直留意，在與澳大利亞正式通交前，也一直以各埠僑領負責監察的角色，其中 19 世紀末至 20 世紀初悉尼華商兼僑領梅光達（見附圖 7.11）正是凸顯的例子。[63] 宣統年間在墨爾本埠設總領事館前，外務部正式核准在悉尼、柏斯、布里斯班設副領事一人；在梁瀾勳就職的當兒，居住在其他各埠效忠於滿清政權的僑領已分別被委任為副領事，如悉尼副領事劉汝興便是該地區著名的保皇、憲政份子。[64] 進一步證明清季政府在澳大利亞設領署，主因是中國政局出現逆轉性的變化，故差派廣東省籍外交官履任使職，次要則在白澳政策下協調華洋關係。

3. 華洋交婚和文化互動

在分析與歸納謝德怡與晏連拿的婚姻失敗個案方面，筆者認為並非盡是負面舊聞或一無可取的。當時一般洋人不樂與華人交親確是事實，謝德怡案件哄動以洋人為主流的澳紐地區，昔年紐西蘭報章在評論這起婚姻時，即帶有嚴重的歧視成份，代表着維持純白人血統的狹隘目光。為保持作者的原意，節錄其結論如下：

> ……It might have aroused no more than passing attention, and little interest outside the circle, of those immediately engaged in it, but people of normal mind, looking Intelligently to the future, could not fall to perceive the sinister significance of it — cannot fail to do so in every union of West and East. To begin with, they are unnatural. K'ipllng's lines apply to them with stunning force — 'For East is East and West is West, Nor over the twain shall meet'. Experience has taught that there can be NO COMMINGLING OF THE BLOOD of the Asiatic and the white without corresponding deterioration. A bastard race arises which is neither fish, flesh, fowl, nor good red herring. It is Ishmaelitish. Everybody's hand is against it, and its hand against everybody. Instinetively it repels and, is repelled. It feels its inferiority to the pure white race, and is correspondingly embittered and must for over be at war with the dominant race. All the fulsome references to the "union of Orient and Occident" which marked the marriage of Eunice Russell to her

Chinese husband, were so much flam and flapdoodle. The plain, hideous, uncontrovertible fact remains behind, that the fruit of such n marriage will be Eurasians, a mixture of yellow and white, a scorn and a byword alike to the virile Australasian and the virile man all the world over, and to full-blooded Asiatic And those "mean" whites who assisted at this "union of the Orient end the Occident" have acted traitorously to their race in giving the countennnco of their presence to the pitiful tragedy which opened at Eastern Hill in January.[65]

這篇文章明顯地含有種族隔離意味，報導甚至指出謝德怡的工作環境和鄉中父老也不容許華洋交親的出現，企圖證明東西方不能調和的理論。[66] 話雖如此，紐西蘭威靈頓（Willington）始終並非案發現場，社會輿論對謝德怡既無認識，且更以事後諸葛的姿態對身披枷鎖者指指點點。畢竟在此前的澳大利亞，晏連拿以墨爾本著名家族獨生女身分下嫁謝德怡，並在眾多華洋親友的祝福下舉行盛大婚宴：

Eunice Russell, the fair Australian girl was married to her Chia at St. Peter's, East Melbourne, on Thursday. January 2. She was an hour and more behind time at the church; and during this ominous pause the bridesmaids yawned out loud, whilst the waiting groom steeped himself in Mongolian calm. He was supported in this trying hour by his cousin James Lee, over from Sydney. When the belated heroine arrived tragically pale on the arm of her father, preceded by eight spinsters, warbling the bridal march from "Lohengrin," and carrying staffs of garlanded laurel; these they formed into an arch of triumph for the bride and her two pink-veiled train-bearer-Louise Knibbs and Agnes Doyle. Canon Hughes turned on the fullest High Church ceremony〔lighted candles and just a delicate whiff of incense〕, and put an ornate High Church robe over his surpliced shoulders ere stepping forward to do the nasty job. The Church was filled with a curious mixture of Australians and Chinese. Statistician Knibbs, the Daniels couple and their daughter, and Mrs. P. and O. Roberts figured prominently. The Shakspearian Mortons were also present, Mrs. Morton wearing a frivolous little ruffle with her wedding grab. The bride's mother looked nervous in an elegant outfit of black and white satin, topped by an effective little hat. The Chinese were in full English dress; included were numerous Chinese flappers, with twin pigtails, tied with enormous bows of pink or blue ribbon, hanging down their backs. The aisle was decorated with English daisies: but big bronze Chinese bowls of blue flowers squatted heavily near the altar rails of the temple. Champagne and the wedding refreshments were spread in a much-decorated room at the Oriental Hotel. The ordinary hotel guests, just drifting into luncheon, criticized aloofly in undertones, as the throng streamed into clink glasses. The bride's volatile girlfriends skipped along the lounges and corridors with gay young Chinese in attendance. It was depressing to watch the frisky Mongols, with confetti in their straight black hair, prancing along holding White Australian arms……. [67]

説明了在白澳政策如特勒驃騎，馳騁騰躒於這片南天一隅的荒原和樂土時，仇視與蔑視華人的目光固然如殞石流沙，幾乎俯拾即是，但亦未嘗不見半縷弱水，顛簸一瓢，猶足令人荒蕪回眸，萎蘁重生。上文已指出被衛道者排擠的華人並非全不能與主流社會溝通，只在上者視與華工交往的多為酒客賭徒，莽夫娼女，俱屬低等洋人，毋庸稱道；但於 Charles Owen 的例子中，從事粗工的華人既能在主動融入白人世界過程中獲得肯定，早已闡釋了澳大利亞中下層社會對內化中華人的視角與利益衝突者的兇暴氣燄大有不同。那末，於謝德怡事件裡，歷史觀眾亦可清晰地看到當時"高等"白色世界對英語流利、衣着入時，具經濟背景並能與他們溝通的中國人的接受程度。這與華商或土生華人，如梅光達、麥錫祥的美滿華洋婚姻相印證下更覺可信，這固是雙方文化背景相接近的原因；而不能否定的，是經濟狀況成為維繫夫妻感情的另一要素，普遍華工與白婦的離異，除因桃色糾紛外，都俱備上述兩種難題，是研究白澳政策下的華人生活史過程中不可疏忽的環節。

4. 本章各主要人物的去向

民國成立伊始即置外交司，孫文任命梁瀾勳與黃厚成等為少大夫。至 1916 年，廣東省政府公署設立交涉局，處理對外事務，梁瀾勳被委任為交涉局長。不久交涉局裁撤，梁瀾勳獲任命為外交部廣東特派交涉員。1920 年，他在澳門與葡國人商議劃界事後，轉任粵海關監督。1924 年北京政府免梁瀾勳職，調任羅誠為粵海關監督兼任外交部特派廣東交涉員。至於唐恩桐回國後，國內反清形勢風雲席捲，滿洲龍旗倒懸血泊，而他在短暫出任中華民國總統府秘書與外交部僉事後不久即告病逝。

黃榮良與基督教會關係密切，他在就任年餘後被舊部槍傷，墨爾本及塔斯曼尼亞衛理公會協會（Methodist Conference）立即公開呼籲為黃的早日康復而祈禱；[68] 這說明了融入白人社會中的捷徑，莫過於以宗教為先。黃榮良於 1913 年底回國後，翌年出任北京政府外交部僉事；1916 年任職外交部特派直隸交涉員約三年。至直隸管理敵國人民財產事務分局成立，黃榮良兼任敵國財產管理局局長。1920 年 10 月，他被派駐奧地利出任公使之職，期間曾於 1922 年奉派為駐國際聯盟代表，至 1927 年退休返回天津，現時該地赤峰路著名的瓷房子即其舊居。

　　晏厘拿自謝案揭發後，因面子盡失，甚至令家族蒙羞，以遠赴英倫發展演藝事業為名離澳，她要求離婚一案至 1921 年尚未被法庭接納，[69] 主審法官 Leo Finn Bernard Cussen（1859-1933）以離婚證據不足的理由拒絕：

> Justice Cussen refused to grant the petition of Eunice Camille Russell Chia for the dissolution of her marriage with Thomas Jones Chia on the ground of desertion. Mr. Justice Cussen said that insufficient evidence had been disclosed for the consideration of the Court, but be offered the petitioner, who was formerly well known in Melbourne society circles and is at present in London, the option of taking a supplementary order to give further evidence on commis sion, or to appear personally and give testimony. If these proposals were not accepted he would dismiss the petition.[70]

表示當事人需提供足夠證據或親自作供。晏厘拿何時返澳暫仍待查，[71] 僅可得悉她於 1949 至 1954 年間在維州 Henty 定居，至 1957 年逝世，終年 79 歲。[72]

　　謝德怡固有本身的長處，這是他能夠在墨爾本官場、商貿界與社交圈子中揚名的原因，縱使他後來信譽破產，仍有不少官商界的西人朋友願意出庭替他求情，甚至在報界爭相報導這宗既屬刑案也屬花邊新聞的時刻裡，對一臉落寞的謝德怡亦絕無冷挪熱諷，立論亦見持平。謝入獄後初操園工，後因行為良好，加上其學識背景，旋即轉任紀錄文書的工作，大概他亦能在牢獄生涯中一展其交際手段，在 1916 年初，經過大半的刑期後，[73] 謝德怡已轉為刑獄中點收貨物的人員，據 *The Bulletin*

報導，中國國內已有安插他位置的工作，有待他出獄後的遣返。[74]

　　謝德怡回國後有無重返澳境尚待查證，在晏連拿與他的離婚案件一再蹉跎之際，謝德怡已以博士名銜 (Dr. Tehyi Hsieh) 於 1918 年重現國際舞台，並以中國工業委員會首席代表身分出席在美國華盛頓舉行的國際勞工大會 (International Labor Conference)。次年 9 月，謝德怡選擇留美，並在中國貿易與勞工局 (Chinese Trade and Labor Bureau) 工作，全面接手管理美國華商利益等事務。他於 1920 年高調地以東方社會條件為題在普林斯頓大學 (Princeton University) Madison Hall 的 Polity Club 演講。當時的報導指謝德怡學貫中西，是社會學權威，在商貿與工業方面經驗豐富，未屆不惑之齡的謝德怡被傳媒盛譽學問淵博，是中國的 "泰迪" 羅斯福 (the Teddy Roosevelt of China)。[75] 在他不竭的演說中，曾任駐美公使，並在 20 世紀初為美、墨排華法案奔走的伍廷芳 (1842-1922) 據稱亦讚賞年青謝德怡的學術成就，甚至指他可成為中國未來的傑出人物 (見附圖 7.12)。

　　當年美國傳媒在簡述謝德怡過去學歷及履歷時，大抵和澳大利亞西報記載相若，同是來自福建漳州，也畢業於英國劍橋大學，但卻對 1913 年槍擊案後的刑囚隻字不提：

> He was formerly the Commercial Attache at the Chinese Embassy in London, but in 1908 was sent to Australia in the diplomatic service. He remained at this post until 1911, when he was transferred to Singapore. There he stayed until 1914. For the next three years he was Chinese Industrial Commissioner to Java, India, and Japan.[76]

謝德怡在美國的名譽一直高企，除流利的中外語言基礎外，自然也與他靈活的交際手腕有關。在留美的時刻裡，他掌握了 19 世紀 80 年代衛理公會牧師發起室外成人教育運動 (Lyceum and Chautauqua) 的機遇，常出席該活動的公開講座，又應邀至加拿大演説，穿梭北美各埠，[77] 其講題一般都環繞中國與世界或中國哲學為主，並贏取主流社會廣泛的讚譽。在上世紀 30 至 40 年代的海報中，他被報評人、學術機構、學者和牧師稱讚為當世最具演説才華的智者。如 *Lecture Guild of America* 説：

His message is stimulating, his wit brilliant and his English frequently better than our own.[78]

Philadelphia Record 報導謝的演説盛況：

But it remained for Dr. Hsieh, present at the Poor Richard Club Banquet as guest of honor, to furnish the dramatic light of the event. At the significance of his statement was revealed, each man leaped to his feet, cheering wildly, and the lights around the balcony blinked down upon a scene of enthusiasm seldom equaled in that room.[79]

哈佛大學（Harvard University）Professor J. Anton de Haas 褒揚謝德怡的才、學、識之餘，也認為他：

He is without question one of the best public speakers of our day. We can learn much from this learned son of China. I have never listened to a more pleasing lecturer.[80]

或者，正是以上的緣故，他在美國的宣傳刊物上除擁有文學博士（Litt. D.）、法律博士（LL.D.）外，更還是第一位獲頒演講博士（D.A.O. Doctor of the Art of Oratory）銜的華人，可能口齒伶俐並富幽默感，他亦因而在演説會上偶易其名為 "謝德詒"（見附圖 7.13）。謝在美國娶 Irene Hsieh 為妻，並在波士頓定居。他在當地除出任中國事務中心主管（Director of Chinese Service Bureau）外，還因第二次大戰前後中國未派領事駐波士頓關係，他隱然以專員身分為波市七千華人發聲。謝德怡有著作 *Our Little Manchurian Cousin, Selected Pearls of Wisdom,*

Confucius Said It First, Chinese Common Sense Cook Book, Chinese Picked Tales for Children, Chinese Epigrams Inside Out: And Proverbs 等書傳世，部分還於今天的書店見售。

　　和風拂檻，華葉婆娑。若讀者們願意易地而處，回顧二千年以來的流變，我們的祖先何嘗不是以文化水平臧否遠人？曾於隋唐盛世大量出現於中土王朝中的新羅婢與崑崙奴，只隨歷史的塵埃輕颺遠逸，能留名聲竹者，毋論膚色來處，皆習國語，通典籍；或見魏晉桑門，緇衣素解，談論卓越；或見明代教士，身披儒服，蘊藉可風。他們或以秘技為眩目之術，或以西學為引導之階，均能折節下禮，終得館閣敬重，甚至駐足金鑾，凡此都與融入主流社會有不可分割的關係。於 20 世紀華人遭到白人世界欺凌的海外，謝德怡翩然遨遊於澳大利亞和美加排華風氣熾烈的激流裡，其傳奇一生的故事，不獨翱翔並俯視了南北半球普羅被歧視與遭打壓的華人，讀者們還可自行錐測往昔華洋關係冰火不常的冷暖面；在今天眾口一詞認定當年盡是排華的研究中，這宗 20 世紀駐澳領事館槍擊負面舊聞既有它採擷的價值，甚至還引導了進一步勘探的方向。

附圖 7.1　清光緒 13 年（1887）中國派員視察澳大利亞時澳人的素描 [81]

附圖 7.2
光緒 32 年（1906）訪澳特派員黃厚成 [82]

附圖 7.3
第 1 任駐澳總領事梁瀾勳 [83]

附圖 7.4
第 1 任駐澳總領事翻譯員溫祥 [84]

附圖 7.5
第 2 任駐澳總領事唐恩桐 [85]

附圖 7.6
第 2 任駐澳總領事翻譯員謝德怡 [86]

附圖 7.7
第 3 任駐澳總領事黃榮良 [87]

附圖 7.8
1913-1914 駐澳代總領事麥錫
祥 [88]

附圖 7.9
澳大利亞報章在案發後有關 Eunice Camille
Russell 的報導 [89]

MRS. CHIA,

Formerly Miss Unie Russell, well known on
the stage, whose marriage to Mr. Chia on
January 2 excited much interest.

MR. THOMAS JONES CHIA,

Arrested in Melbourne for wounding the
Chinese Consul (Mr. Yung Liang Hwang), in
whose office he was formerly employed as
secretary.

附圖 7.10
謝德怡在澳犯案後有關報章的報導 [90]

THE ILLUSTRATED SYDNEY NEWS.

QUONG TART,

Prospective Chinese Consul-General for Australia.

附圖 7.11　19 世紀末至 20 世紀初悉尼僑領梅光達 [91]

DR. TEHYI HSIEH
"Roosevelt of China"

Tehyi Hsieh, the Chinese patriot and orator, has been hailed by press and public of the United States as "the Teddy Roosevelt of China." It has beeen said of him that he is the "national interpreter of Chinese aspirations, philosophy and hopes."

Dr. Tehyi Hsieh is a brilliant orator, a master of the English language, and a student of world affairs. In the hour and a quarter of his lecture on "Awakened China" he will tell his listeners more about the present-day Orient than they could have gleaned from months of reading and study.

Wu Ting Fang has said of the brilliant young Chinese, "If he continues his good work, he will some day be numbered among the immortal workers for the rejuvenation of China." Any man with a calling of this high order would respond with everything he had of intellect, force, money and will. Tehyi Hsieh responded to the call of his country with all these and more —with a fiery eloquence which will not be refused. He has been a real sensation in the scores of cities in which he has appeared and over other Redpath Chautauqua circuits. —"*Redpath News*," White Plains, N. Y.

謝 德 怡

Not only are his impressions and his opinions firm and sound but he has mastered the English language to the point where he can express himself with a facility and clarity that is surprising. His oratorical methods may seem a trifle theatrical, but he drives his points home and makes them stick, an art lacking to many public speakers.
—*Oneonta, N.Y. Herald.*

CHINESE TRADE AND LABOR BUREAU, 247 State St., Boston, Mass.
Phone Congress 6420

附圖 7.12
20 世紀 20 年代美國中國貿易及
勞工局海報 [92]

China's Premier-Spokesman
Interesting, Stimulating, Challenging
WORLD AFFAIRS

A sage mandarin of China's ancient regime steps forth, transformed by a British education, world-wide diplomatic service and current economic experience, into a dynamic personality, a living admixture of Orient and Occident. His message is stimulating, his wit brilliant and his English frequently better than our own. —*Lecture Guild of America*

"He lifts his hearers out of themselves."
Cleveland City Club

"Dr. Hsieh is one of the most remarkable men of our contemporary American life. A Chinese with the rich heritage of ancient lineage and culture, but with all the best that American and European education and experience can add, he has lived among us so actively and understandingly that he thinks in the American manner and expresses himself graphically, with the finest touches of idiomatic humor." *Rev. Asa M. Parker*

"Dr. Hsieh is brilliant, eloquent, witty and shows a masterly grasp of English."
—John Dewey

Dr. Hsieh is a very remarkable platform speaker, well versed by both experience and study in all the topics he discourses. I consider him one of the ablest men on the platform today. Thoroughly entertaining, convincing and enlightening. Any audience may look forward to an evening of stimulating thought.
Newell C. Maynard, Fletcher Prof. of Oratory, Tufts College, Mass.

Tehyi Hsieh A.B., A.M., LL.D., Litt. D., D.A.O., L.H.D., F.N.C.

Trained in England, graduate of Cambridge University. Toured all over America with Lyceum and Chautauqua for eleven years, also Canada, Australasia and Africa. Very popular with Youth: much sought after for Commencement Addresses. (First Chinese conferred with D.A.O.—DOCTOR of the ART of ORATORY.)

"One of the brilliant speakers of our time" - Lowell Thomas

Dr. Hsieh speaks authoritatively and delightfully on the many problems that confront China, and on the many Chinas that go to make up that tremendous part of the world's population, and whose destiny must inevitably affect the rest of the globe. His insight into human nature is keen, his humor the richer for its unexpectedness, and his serious discussions of China's relations with Japan and the rest of the world are as illuminating as searchlights. We highly recommend this noted Savant. During the past few years we have toured Dr. Hsieh. Most of his engagements have had repeats. He has given universal satisfaction.

BIOGRAPHICAL BREVITIES

Dr. Tehyi Hsieh—pronounced TERYEE SHE-AR—born in Chang-Chow (near Amoy, Fukien), China, was a Mandarin of Fourth Rank, Blue Button, old regime. He is a graduate of Cambridge University and the only Chinese member of the American Branch, International Law Association. Attended the Washington Disarmament Conference, visited all our state capitals, was China's first delegate to the Williamstown Institute of Politics. Long in China's diplomatic service in Europe, Asia, Australia. Now as the Director of Chinese Service Bureau, Boston, he is in constant touch with Chinese leaders. Has been called "the Teddy Roosevelt of China." He is a Methodist, a prominent Mason and one of the six Chinese Shrine Members in U. S. His books, "Our Little Manchurian Cousin," "Selected Pearls of Wisdom," and "Confucius Said It First," are truly noteworthy (now completing "Chinese Common Sense Cook Book," and "Chinese Picked Tales For Children").

How zealous you have been in your mission—a life of devotion. But aside from this you have been an evangel of friendliness, of hope, of good will. Your influence has been felt, I dare say, in every cranny of the Commonwealth. What nobler purpose may any man have?

I shall always remember you with most cordial sentiments.　JUSTICE JOSEPH E. WARNER
Superior Court, Commonwealth of Massachusetts.

CHINESE SERVICE BUREAU

1468A Commonwealth Avenue
Boston (Brighton) Mass.

Mrs. Irene Harris, *Chairman*
Barbara Crane, *Secretary*
Thomas LeeTai, *Assistant Secretary*
Dr. M. Goldsmith, *President*

Phones LONgwood 6120
WALtham 0928
and STAdium 9576

附圖 7.13　20 世紀 30 年代美國中國服務局替謝德怡宣傳海報 [93]

附圖 7.14　謝德怡與夫人 Irene Hsieh（私人藏品）

附圖 7.15   1971 年謝德怡在美國馬薩諸塞州（Massachusetts）紐頓市（Newton）慶祝 88 歲壽辰時攝（私人藏品）

CHINESE PICKED TALES

FOR CHILDREN

附圖 7.16　香港大學圖書館藏，謝德怡親筆簽名著作 [94]

註釋

1　當時的華人報章固然對中國總領事被華人槍傷的新聞極為重視，西人報章也對這段新聞價值甚高的事件異常緊張，因除涉及駐澳大利亞的外國使館人員外，疑犯更是當地社交界著名人物。在 1913 年 3 月 11 日案發後，報章都立即派出採訪員作出專訪，並以大篇幅報導案件的來龍去脈。

2　清代中國與俄、葡、荷、英、法、美、德等大國或因接壤、海防、商貿等問題先後建交，其他如瑞典、挪威、比利時、義大利、剛果、巴西、墨西哥等亦隨之和中國立約，並互派領事官員處理外交及僑務事宜。但嚴格而言，當時中國官員並非對僻處南半球的澳大利亞一無所知，光緒初年，中國第一位駐英公使郭嵩燾便曾向英國政府提出在新金山的華人淘金者與華工日多，有需要在各省設置領事，以便協理當地華人，但因澳大利亞幅員遼闊，設一領事亦難於總攬僑務，事件終被視為不急之務而暫時擱置（《郭嵩燾日記》【長沙：湖南人民出版社，1982 年】卷 3，頁 440，光緒 4 年【1878】2 月初三條）。 此外，兩廣總督張之洞（1837-1909）亦曾在光緒 12 年（1886）上奏請派員到東南亞及澳大利亞等地視察民情。次年，王榮和、余瓗二人依次巡察各地僑民，並對澳大利亞華人分佈各州與生活狀況作出頗詳盡的報告（氏著《張之洞全集》【石家莊：河北人民出版社，1998 年】，卷 23，〈派員周歷南洋各埠籌議保護摺〉，頁 607-612。又可參考專著如 Sing-wu Wang【1919-2004】，"Diplomatic relations between China and Australia prior to the establishment of the Chinese consulate in Melbourne in 1909 ", Chinese Culture, 1969.6, vol.10, no.2, pp.31-42；劉渭平：《澳洲華僑史》，〈十九世紀時期之澳洲華僑〉，頁 72-98），張之洞還因此奏請在悉尼設立領事館，然而是時中央政府以首要外交對手為歐美諸國，故此事又再度被擱置。此外，宣統（1909-1911）年間清廷仍不斷派遣巡察大臣到越南、呂宋等地，該等大臣亦將當地華人生活及急需駐領人員情況上報，如宣統元年（1909）7 月，巡察南洋各埠大臣彙報當地商民為苛例所困，亟宜駐領署協助，並處理華人遺產，免被外國充公，又建議資助荷蘭及法屬諸島上的華童中學校，使年青一代學習中外語文，藉此推廣文化（《清實錄》館纂修：《清實錄》【北京：中華書局，1987】，《宣統政紀》卷 17，宣統元年七月上，頁 332-333）。同月，外務部就大批華工被招募到德屬薩就摩諸島，駐京德國使臣要求中國在薩摩設立領事館以便管轄華人一事上奏（《清實錄・宣統政紀》卷 18，宣統元年七月下，頁 343），說明清朝末年中央政府對東南亞及西太平洋地區的日趨留意。至於其他有關明清期間國人對澳大利亞的認識或中國與澳大利亞的外交發展，可參考 Chun-Jien Pao, A Century of Sino-Australian Relations, (Sydney: John Sands, 1938)；方豪（1910-1980）：〈十六七世紀中國人對澳大利亞地區的認識〉《臺灣國立政治大學學報》，1971 年 6 月，23 期，頁 23-39）；C.F.Yong（1937- ）, The New Gold Mountain, ；Liu Wei-p'ing, "A Study of early Chinese contacts with Australia"（《台灣中央研究院國際漢學會議論文集》，1981 年 10 月，頁 135-158）；郭存孝：〈中澳建交史探秘〉(1)（《中外雜誌》，2002 年 4 月，71 卷 4 期，頁 109-115）等。

3　見《東》，1906 年 11 月 10 日，頁 5，〈詳記黃委員來遊雪梨事〉條。

4　見《東》，1906 年 11 月 17 日，頁 6，〈紀美利濱埠歡迎黃委員事〉條。

5　見《東》，1907 年 1 月 5 日，頁 2，〈雪梨華商上汪欽使書〉條。

6　見《廣》，1909 年 7 月 3 日，增附頁，〈紀歡待梁總領憲〉條。

7　見《廣》，1909 年 3 月 27 日，增附頁，〈華領事到澳洲登任〉條。

8　見《廣》，1909 年 4 月 3 日，頁 2，〈紀梁總領事答問〉條。

9　見《廣》，1909 年 4 月 10 日，頁 5，〈紀歡迎總領事登任〉條。

10　當時的華人報章稱溫祥為師爺。見《廣》，1909 年 4 月 3 日，頁 2，〈紀領事師爺答問〉條。

11　1909 年 8 月梁瀾勳因返鄉奔父喪，其間即由溫祥代領事職四月。見 *The Argus*（Melbourne）, August 7, 1909, p.19, Personal; August 12, 1909, p.5, Personal。

12　見《東》，1909 年 4 月 17 日，頁 7，〈總領憲開幕之通諭〉、〈歡迎總領憲眷屬之茶會〉、〈總領憲開幕紀盛〉、《廣》，1909 年 6 月 19 日，增附頁，〈梁總領憲駕臨雪梨〉、1909 年 7 月 3 日，增附頁，〈紀歡待梁總領憲〉、《東》，1909 年 6 月 26 日，頁 7，〈紀劫行火船歡宴梁總領憲〉、〈紀普利時濱歡迎梁總領憲〉、1909 年 7 月 3 日，頁 7，〈紀梁領憲遊察各埠事〉、1909 年 7 月 24 日，頁 7，〈梁總領憲遊抵西省普埠〉等條。

13　見《廣》，1910 年 10 月 15 日，頁 5，〈澳洲總領事辭職〉條。

14　見《東》，1910 年 11 月 5 日，頁 7，〈紀唐總領事抵埠情形〉。唐恩桐本為候選知府，在調任仁川前，曾任甄南浦副領事（見中國第一歷史檔案館等【編】：《清季中外使領年表》【北京：中華書局，1997】，〈清朝駐仁川兼木浦、群山領事年表〉，頁 79）。光緒 27 年（1901）辛丑和約簽訂後，因須面向國際社會业展開官方平等的外交關係緣故，進一步驅使中國管部制度與名稱有所轉變，以總理各國事務衙門易名外務部正是一例。外務部置員，而駐外參贊品秩亦有所劃分。頭等出使大臣屬下的參贊為正三品，二等及以下出使大臣從屬參贊官職都為奏補，二等出使大臣的參贊品秩為從四品，此外尚有分館代使二等參贊官、二等參贊兼總領事等職，而三等參贊為正五品（見趙爾巽【1844-1927】、柯劭忞【1850-1933】等【撰】：《清史稿》【北京：清史館，1927 年】，卷 126，〈職官志〉6，頁 2 下至 3 上）。光緒 14 年（1888）已有分館參贊兼領事的定制，自 25 年（1899）取消駐韓國各口岸商務委員，改稱領事。唐恩桐在韓國的參贊職級雖無法稽考，然而頭等出使大臣的任命都屬臨時性質，其從屬參贊與通譯官亦然，故唐恩桐是否正三品官的品秩尚待稽查。資料顯示唐恩桐曾任韓國仁川、漢城領事參贊，《清史稿‧職官志》亦記載清季駐仁川、釜山的領事品秩為正五品奏補，與三等參贊品秩相符合，筆者相信唐恩桐在調任澳大利亞前當是正五品官。

15　在唐恩桐上任約半年後，以氣候不適為理由回鄉時，再返悉尼，並短暫寄寓香山同鄉所經營的永生果欄店內。見《東》，1911 年 5 月 20 日，頁 7，〈唐總憲歸國略誌〉條。

16　見《東》，1911 年 5 月 20 日，頁 7，〈唐總憲歸國略誌〉條。

17　見《東》，1911 年 5 月 20 日，頁 7，〈紐絲綸領署告示〉條。當時夏廷獻所領的是暫代紐西蘭正領事補授三等通譯之職。

18　見《東》，1911 年 6 月 10 日，頁 7，〈澳洲新總領事黃榮良〉條。

19　見《東》，1909 年 5 月 29 日，頁 7，〈紐絲綸華僑恭頌黃領憲德政公函〉、1909 年 7 月 10 日，頁 2，〈黃領憲德政記〉等條。

20　可參考《東》，1911 年 9 月 23 日，頁 7，為國內災情呼籲勸捐的〈總領事勸賑安徽兩湖等省水災啟〉、1911 年 11 月 25 日，頁 7，與他士馬尼亞（塔斯曼尼亞）首相磋商華人疑為西人殺害的〈總領事廣告〉、1912 年 4 月 13 日，頁 7，與澳大利亞外交部交涉的〈總領事為商人學生來澳事與外部問答〉及 1912 年 6 月 13 日，頁 7，〈華童不准來澳洲游學〉、1912 年 6 月 22 日，頁 7，呼籲旅澳華人響應國民軍北伐的〈發起澳洲國民捐啟〉等條。此外，楊進發亦曾指出黃榮良在任內努力替入境生子的華婦奔走，向有關當局求情，寄望可繼續留澳與丈夫一起生活（*The New Gold Mountain*, Pt.1, ch.1, The Immigration Policy: Challenge and Response, pp.25-28）。

21　謝德怡在口供中報稱在星嘉坡出生（*The Argus*, March 12, 1913, p.13, Chinese consul shot），至於他的學歷則有不同的報導，中文報章有稱謝在英國欽字列治大學畢業（《東》，1910 年 11 月 5 日，頁 7，〈記唐總領抵埠情形〉），但亦有指他在英國大學堂與南京畢業（《廣》，1913 年 5 月 3 日，頁 3，〈謝德怡認有意傷人條〉）。西報在這方面敍述較詳，指謝 " was educated first of all at St. Peter's College, Cambridge, and subsequently at Nankin, where he obtained his B.A. degree"（*The Age* [Melbourne], April 25, 1913, p.6, Wounding the Chinese Consul, defence of Chia）；筆者在此暫採擷西報的報導。

22 見《東》，1910 年 11 月 5 日，頁 7，〈紀唐總領抵埠情形〉條。光緒 27 年置外務部時，部內繙譯官分三等，品秩為七、八、九品，與駐外領事屬下翻譯官的品秩不同；頭等出使大臣屬下通譯官正五品奏補，這一等通譯官的職位與頭等出使大臣及其從屬參贊一樣，均是有事權置，事畢則解職的臨時任命（見《清史稿》，卷 126，〈職官志〉6，頁 2 下至 3 上）。謝德怡在法國總領事館任翻譯之職當是二、三等通譯官，雖然未能確定官居何等，但品秩當為從五品或從六品奏補。*The Age* 指謝德怡先在中國任英國文學教授，後任駐法大使首席秘書，再返北京大學出任英國文學教授（ April 25, 1913, p.6, Wounding the Chinese Consul, defence of Chia ）；*The Argus* 則指他曾在家鄉漳州府學擔任教長，後任駐法大使第一書記，返國後在北中國鐵路局服務兩年，在 1909 至 1910 間成為北京大學英文科教授（March 12, 1913, p.13, Chinese Consul Shot ）。首席秘書及第一書記實同指一職，按《清史稿‧職官志》記載，駐外一、二等書記官為從五品、從六品奏補，這與謝德怡擔任翻譯的品秩相符，故可相信謝在法國任職期間是從五品官。

23 *New Zealand Truth*, March 29, 1913, p.5, Chinese Consul's Close Call.

24 見《廣》，1913 年 3 月 22 日，頁 5，〈黃榮良總領〉條內載錄黃榮良在法庭上親述的證供。

25 見《廣》，1913 年 4 月 26 日，頁 4，〈黃總領受炮傷 謝德怡師爺聽審押交案察 未聞求保出監候審〉。

26 《廣》報翻譯為 " 羅思 " 白女（1913 年 3 月 22 日，頁 5，〈黃榮良總領〉）的 Eunice Camille Russell 全名只見 *The Argus*, March 12, 1913, p.13, Chinese Consul Shot；亦有西報簡稱為 " Unie Russell "（*The Age*, March 12,1913, p.9, Remarkable shooting affray）。《東》報指 Eunice Camille Russell 曾在墨爾本充當戲妃，但自 1911 起至 1913 槍擊案發為止，*The Argus* 與 *The Age* 的娛樂版中均未涉見其名字，暫未能得悉她是歌劇界或是歌舞界的表演者。

27 Eunice Camillé Russell 是 Mr. E.C. Russell 的獨生女（*The Argus*, March 12, 1913, p.13, Chinese Consul Shot），*The Age* 在報導槍擊中國總領事事件時，即介紹 Unie Russell 是 " a member of a well-known Melbourne family "（March 12,1913, p.9, Remarkable shooting affray），卻沒有介紹她的演藝事業，以此推敲，Eunice Camille Russell 並非著名的藝人。

28 在白澳政策下，華人婦女不得入境，留澳華人多結交洋女，或同居，或交親，交親者多不為女方家長所容，同居的則為輿論所不恥，華工群體與一、兩名無業白女同居頗為常見，巡警看到西婦留連華人屋內，每將西婦加以拘捕及以淫蕩罪名起訴，間亦有能入罪者。可參考《東》，1913 年 7 月 5 日，頁 7，〈控告與華人結交之婦女〉、1913 年 12 月 13 日，頁 7，〈捕拿華人同居之白女子〉等條，而有關當局亦理解華人男性泛濫問題嚴重，故在同居關係一節上，只能任由社會大眾非議華人道德操守下流，卻不能在法律上對之加以制肘。正因輿論對這種母系社會式的共夫共妻關係不能接受，加上無恥華人誘拐洋女酗酒吸毒，藉以控制賣淫，遂至連同正常的華洋婚姻也被若干種族主義者、衛道人士等建議應列為禁例。見《東》，1910 年 9 月 24 日，頁 7，〈倡禁華人與白婦交婚〉條。

29 見《東》，1913 年 5 月 17 日，頁 7，〈謝妻別去之感言〉條。

30 謝德怡在花費奢華的婚宴後即不名一文，在債主臨門之際，他被迫把結婚禮服退還賣主，雖在一無所有之餘，衣櫃中尚有 80 套西服（同註 28 出處）。此外，西報追述他的衣着時，也指出 "Chia had always been an ultra-fashionable figure in Melbourne society……Wherefore, in furtherance of his transformation from Eastern to Western mode, he must make expensive presents to his white bride." 見 *New Zealand Truth*, March 29, 1913, p.5, Chinese Consul's Close Call.

31 見 *The Argus*, October 18,1912, p.13, Personal。黃榮良在案發受傷後曾向到訪的記者表示，他為着顧及謝德怡的面子緣故，非正式向外公佈謝因丁父憂而暫停職務（*The Age*, March 12, 1913, p.9, Remarkable Shooting Affray），然而在報章公佈謝德怡離開領事館事時，同載的只有領署另一同僚李之藩（譯音）回鄉省親四月的消息；但確然地，我們可從替謝德怡求情的證人供詞中獲知他們都以為謝正履行着中國的孝道傳統，居喪停職而非離職（*The Age*, April 25, 1913, p.6, Wounding the Chinese Consul, defence of Chia）。

32 謝德怡是墨爾本官商界及交際圈中的名人，所有報章亦以他的英文姓名 Thomas Jones Chia 來報導其犯案經過。謝在離開使館後更銳意在人前展示自己既官且商的事業特色，在第一次提堂時，他的身分就是商人（*The Age*, March 13,1913, p.9, City shooting case; *New Zealand Truth*, March 29, 1913, p.5, Chinese Consul's Close Call），呈報的是東方貿易公司（Eastern Trading Co.）經理，甚至被指為某星嘉坡貿易公司的總裁（*The Age*, March 12, 1913, p.9, Remarkable shooting affray），而謝本人則在法庭上聲言這是一個不受薪的職位。

33 見《東》，1913 年 5 月 17 日，頁 7，〈謝妻別去之感言〉條。

34 據謝妻所說，婚禮籌備倉猝，請柬亦來不及印發。同註 32 出處。

35 *New Zealand Truth*, March 29, 1913, p.5, Chinese Consul's Close Call.

36 謝德怡和 Eunice Camille Russell 在墨爾本 Eastern Hill 的 St. Peter's Church 結婚，當時在眾多嘉賓的作證和祝福中，新郎新娘餽贈無數禮物（*The Argus*, March 12, 1913, p.13, Chinese consul shot），西報甚至形容婚禮是 "a big fashionable wedding"（*The Age*, April 25, 1913, p.6, Wounding the Chinese Consul）。至於謝德怡的居所座落距約墨爾本 15 公里的渡假勝地山靈咸（Sandringham），該地有不少各具特色的服務式單位出租或出售，謝德怡的住所是自置抑或暫租已無從稽考，但可知他住在著名的 Sandringham House（《廣》，1913 年 4 月 26 日，頁 4，〈黃總領受炮人傷 謝德怡師爺聽審押交案察 未聞求保出監候審〉條）。該以英國皇室行宮勝境而命名的地區不獨為休憩的好去處，從當時的報章廣告中還記載該地區具備時尚現代化的房子（House）及套房（Apartment）可供選擇，除鄰近海灘可供海浴外，它還提供熱水浴與網球場等設施（*The Argus*, January 3, 1913, p.22, Hotels & Seaside Resorts）；事實上，在報導謝案的經過時，記者亦曾指出 Sandringham House 是一處理想與閑適的居停（*The Age*, March 12, 1913, p.9, Remarkable shooting affray）。

37 見《東》，1913 年 5 月 17 日，頁 7，〈謝妻別去之感言〉條。

38 見 *The Argus*, March 12, 1913, p.13, Chinese consul shot，亦見 *The Age*, March 13 1913, p.9, Statement by Federal Office。

39 見 *The Age*, March 13, 1913, p.9, City shooting case。

40 當時年青的劉光福在中國領事館任文員及打字員，他首先聽到槍響，隨後聽到黃榮良呼叫謀殺與求助之聲，即走進領事辦公廳協助擒拿謝德怡，而領署信差則奔往召警求助。見 *The Age*, March 13, 1913, p.9, City shooting case。並見《東》，1913 年 3 月 15 日，頁 7，〈謝德怡槍傷總領事〉、《廣》，1913 年 3 月 22 日，頁 3，〈黃榮良總領〉條、1913 年 4 月 26 日，頁 7，〈續訊謝德怡槍傷總領事案〉。

41 *The Age*, March 13, 1913, p.9, City shooting case.

42 見《東》，1913 年 3 月 29 日，頁 7，〈提訊謝德怡槍傷黃總領案〉、1913 年 4 月 26 日，頁 7，〈續訊謝德怡槍傷總領事案〉等條。

43 黃榮良在法庭覆述事件經過時亦指謝德怡於案發時對他說及自己在私人洋行的不受薪職位，並業已不名一文的事，且謂 "My wife and I live in Sandringham House, I don't know what to do!"（*The Age*, March 12, 1913, p.9, Remarkable shooting affray；*The Argus*, March 12,1913, p.13, Chinese consul shot），或足見他的經濟困境與其豪華住所有一定的

關係。

44 見 *The Argus*, April 29, 1913, p.6, Chia sentenced；*The Age*, April 29, 1913, p.7, Wounding a consul; *The Sydney Morning Herald* [Sydney]，April 29, 1913, p.9, Chia Sentenced；《東》，1913 年 5 月 3 日，頁 7，〈續訊謝德怡槍傷黃領事案〉、〈謝德怡判充苦工監五年〉等條。

45 見《東》，1913 年 8 月 9 日，頁 7，〈雪梨中華商務總會恭餞總領事〉條。

46 見《東》，1913 年 8 月 9 日，頁 7，〈代理總領事通告〉、1913 年 9 月 20 日，頁 7，〈代理總領事照會〉、1914 年 3 月 14 日，頁 7，〈總領事告示〉等條，在這段期間，所有有關中國駐澳大利亞使館公電都由麥錫祥發報。

47 黃榮良回國後歷任外交部僉事，上世紀 20 年代曾任駐奧地利公使 6 年，繼後任國際聯合會代表，1927 年致仕。見郭存孝〈中澳建交史探秘〉(1)，頁 112。

48 見《東》，1914 年 6 月 20 日，頁 7，〈總領事來澳之確音〉條。

49 如英國女伶 Eva Carrington（1887-1979）及美國女伶 Francis Belmont 同在 1905 年與來自英倫的上議院貴族結合，前者下嫁 Lord Clifford，後者嫁與 Lord Ashburton（*The Sun* [Sydney], April 8, 1905, p.7, From Actress to Peeress—Two English Lords choose brides from stage）。在次年紅鸞星動的還有 Constance Gilchrist，她下嫁 Orkney 第 7 伯爵，而 Anna Robinson 則下嫁 Rosslyn 第 5 伯爵（*The Sun*, April 15,1906, p.1, Actress to Peeress）。澳大利亞新南威爾士方面也有女藝人 Cecile Englehardt 在 1906 年出嫁後退出舞台，移居紐約（New York）的例子（見 *The Sun*, April 8, 1906, p.1, Miss Cecile Englehardt）；這些男士的家庭背景、社會地位遠勝謝德怡，但 Unie Russell 或在表演事業不甚如意，卻在謝的連哄帶騙下，企圖仿傚前輩嫁入豪門的抉擇。

50 見 *The Bulletin* [Sydney], April 24, 1913, p.11, Melbourne Chatter；又見《東》，1914 年 5 月 17 日，頁 7，〈謝妻別去之感言〉條。

51 見《清史》編纂委員會（編）：《清史》(台北：國防研究院，1964)，〈列傳 233〉，卷 447，頁 4944-4950。

52 出處同上，並見《清史·德宗本紀 2》，卷 24，頁 348-349。

53 見《清史·宣統皇帝本紀》，卷 25，頁 371。

54 見《清史稿》，卷 126，〈職官志〉6，頁 3 下。

55 可參考《清季中外使領年表》，〈清朝駐外領事年表〉，頁 71-90。

56 見《東》，1909 年 4 月 24 日，頁 7，〈梁總領事之示諭〉、1910 年 11 月 5 日，頁 7，〈紀唐總領抵埠情形〉等條。

57 梁瀾勳回國後曾任鄂漢鐵路文案、兩廣總督署洋務委員，1916 年任北京政府外交部廣東交涉員兼粵海關監督。見郭存孝〈中澳建交史探秘〉(1)，頁 112。

58 當時中國政府對海外華人的省籍問題每多留意，加拿大華僑亦多粵籍人士，故外務部亦盡力差遣廣東人出任駐加國領事。

59 無獨有偶，學者提及唐恩桐時都指他不諳英語，卻未說明出處，無法證實。見 C.F. Yong, *The New Gold Mountain*, Pt.1, chapter 1, The Immigration Policy, p.25。 又見郭存孝〈中澳建交史探秘〉(1)，頁 112。

60 見《清季中外使領年表》，〈清朝駐紐絲綸領事表〉，頁 83。

61 見《清實錄·宣統政紀》，卷 57，宣統 3 年閏 6 月，頁 1028。

62 在考慮梁瀾勳及唐恩桐返國問題的同時，我們並不能忽略黃榮良的主觀意願。1912 年中華民國成立後，袁世凱即知會各國駐外出使大臣暫改稱臨時外交代表；次年中，"二次革命"因宋教仁（1882-1913）遇刺事件而爆發，不少省份都響應孫中山的號召而發起討袁運動，安徽省城安慶在 7 月 17 宣告獨立，袁世凱一方面收買當時安慶駐軍師長促其倒戈，另一方面則差派親信督兵南下，8 月初，安慶討袁軍失敗，取消獨立，但地方上仍有不斷的武裝反抗，至 8 月底袁軍進佔蕪湖，安徽省的討袁運動才暫告一段落。黃榮良或亦因家鄉的亂事所繫而無意重返澳大利亞。

63　梅光達，廣東新寧人，在 1884 年前後隨兄長抵達悉尼，當時約 9 歲。梅在澳大利亞接受教育，成為悉尼著名茶商，後來又在域來利皇后街市（Queen Victoria Building）經營新市茶樓，並娶洋婦為妻，育有 2 兒 4 女。梅光達一直與滿清政府有緊密聯繫，早在 1894 年時，他便曾身穿官服出席悉尼督憲的生辰宴會（《廣》，1894 年，9 月 1 日，缺頁，〈恭祝壽星〉條），光緒 15 年（1889）更受朝廷封五品官銜，後又捐陞四品（《廣》，1903 年 8 月 1 日，頁 4，〈梅光達壽終〉條）。梅光達在昔年澳大利亞的聲譽良好，並得到普羅華洋人士的尊敬；梅在光緒年間既受清廷器重，也得到澳大利亞洋人支持，本是朝野寄望中澳官方溝通的橋樑與兩國建交後總領事的首選，可惜他在 1902 年自店內遇襲受傷後一直未能痊癒，且於次年過世，令朝廷的澳洲政策驟失預算。

64　劉汝興，廣東增城人。他的一生與保皇、憲政運動相始終。請參考本書〈社會篇〉第 4、5 章及〈政經篇〉第 8 章內記載劉汝興在澳大利亞的商業活動。

65　*New Zealand Truth*, 29 March, 1913, p.5, Chinese Consul's Close Call. 作者徵引在 1907 年奪得諾貝爾文學獎的英國作家 Joseph Rudyard Kipling (1865-1936) 'The Ballad of East and West' 中詩句。原詩本對種族不存貶意，概指東西方兩大陣營終有一天正面面對，有亞洲與歐洲人始終對等的意味。但好事者往往斷章取義，刻意徵引前句而不引錄後句。茲引詩中前數句如下："Oh, East is East and West is West, and never the twain shall meet, Till Earth and Sky stand presently at God's great Judgment Seat; But there is neither East nor West, Border, nor Breed, nor Birth, When two strong men stand face to face, though they come from the ends of the earth!" 見 Amis, Kingsley, *Rudyard Kipling and His World*, (London: Thames and Hudson, 1975), p.54.

66　*New Zealand Truth* 在同篇記載裡，指出這段華洋婚姻 "No secret was made of the fact that this prospective union was excessively distasteful to the officialdom, and especially unpalatable to Chia's family in China……Moreover, Chia's father, who died some little time ago, disinherited him."

67　*The Bulletin*, January 9, 1913, p.22, Melbourne Chatter. *The Bulletin* 是上世紀初甚具白澳色彩的時事雜誌，作者或因中澳文化差異，行文之際頗有排華之見；然而在此披露的全篇卻是婚禮中雙方親友相處融洽的盛況；正因上述背景影响下，筆者認為文章反有其可信之處。

68　*The Age*, March 13, 1913, p.9, Sympathy with consul general。在黃榮良就任時，澳大利亞中西報章都曾報導他是美篤士會堂（衛理宗教會 Methodist Church）的虔誠基督信徒（《廣》，1911 年 6 月 10 日，增附頁，〈洋報讚華領事〉），再度印證融入當地宗教易於被本土人士接受的論點。

69　1920 年原審法官否決 Eunice Camille Russell 的申請時，報導指出 " In the Practice Court yesterday Mr. Justice Cussen said that he would make the order asked for by Mr. L. S. Woolf on the previous day that the evidence of Eunice Camille Russell, the petitioner in the pending divorce suit against Thomas Jones Chia should be taken in London on commission. He stipulated that the evidence on commission should not be used except on the order of the judge after he had an opportunity of perusing it. That applied whether the respondent entered in appearance or not. It would also be subject to any further order requiring the personal attendance of the petitioner." 見 *The Augus*, July 22, 1920, p.8, Chia Divorce Suit.

70 *The West Australian*, March 4, 1921, p.6. Married to a Chinese peculiar divorce case.

71 查 20 世紀初有一名年約 48 歲的 Eunice C Russell 於 1909 年 5 月 22 日乘搭 Persic 號由利物浦（Liverpool）抵達墨爾本，該女士的資料與上文女主角 Eunice Camille Russell 不盡相符。

72 Ancestry.com. Australia Death Index, 1787-1985 [database on-line]. Provo, UT, USA: Ancestry.com Operations, Inc., 2010.

73 謝德怡應在 1913 年被判處 5 年徒刑，但只監禁了 3 年即在接受遣返條件下提早獲釋回國。見 *The West Australian*, March 4, 1921, p.6, Married to a Chinese peculiar divorce case.

74 見 *The Bulletin*, April 13, 1916, p.20, Melbourne Chatter，又見《東》，1916 年 4 月 22 日，頁 7，〈謝德怡之境遇〉條。謝德怡雖在教堂舉行婚禮，但尚未能確定他當時是否基督徒；據報當年他在南京完成文學士學位，畢業年份當可推算至 20 世紀初，其肄業學校或為創校於 1888 年的匯文書院（The Nanking University），或可能是 1891 年創校的基督書院（Christian College）及成立於 1894 年的益智書院（Presbyterian Academy），後兩者在 1906 年合併為宏育書院（The Union Christian College），同樣具濃厚西方宗教背景。按 *New Zealand Truth* 提供日期和其他數據顯示，謝德怡曾在法國任職三年，回國後又執掌大學教席，並於 1910 年抵澳來推算，他不可能在 1906 年才出現的宏育書院完成學業，但我們卻不能斷定他是匯文書院畢業生；換句話說，謝德怡亦有可能在上述宗教學校畢業，形成他若干的西方宗教傾向，甚至後來在美國的報導中指出他是衛理公會教徒，這亦是他較容易被洋人世界接受的原因。

75 西奧多・"泰迪"羅斯福（Theodore "Teddy" Roosevelt, 1858- 1919）是第 26 任美國總統，以學識淵博知名。

76 *The Daily Princetonian*（Princeton, USA），April 12, 1920, Vol. XLI, No. 34, p.1, Dr. Hsieh to address Polity Club to-night.

77 謝德怡在美加演說內容多不離開中國國情，或與中國商貿題材有關，如 1920 年他以美國大學博士，中國工界派赴世界工界聯合會代表的身分應邀至溫哥華演說（《大漢公報》【Vancouver, British Columbia, Canada, 以下簡稱《大》】，1920 年 2 月 14 日，頁 3）；1925 年他在美國演說時指出列強在中國的予取予攜應立刻停止，還特別指出日本對中國有強烈野心，西方務須留意，切勿被日本所欺騙（《大》，1925 年 8 月 11 日，頁 2，〈華人愛國並非排外〉）；1928 年他再應溫市西人邀請講學（《大》，1928 年 5 月 17 日，〈謝德怡博士抵埠〉，頁 3）；同年底，他在沙省雷展拿埠（Regina, Saskatchewan）演說，建議寒凍之地的農民採用中國豆種植（〈謝德怡博士對於養植中國豆獻議〉，《大》，1928 年 11 月 30 日，頁 3）；1930 年他甚至指國民黨雖然專政，但中國國內人情不同，預測中國將會再度分裂（《大》，1930 年 2 月 15 日，〈中國將有三政府〉條）。

78 China's Premier Spokesman Interesting, Stimulating, Challenging, The Redpath Chautauqua Bureau Records, The University of Iowa, Iowa City.

79 A Few Comments Chosen from Hundreds of Like Tenor. 同上註出處。

80 同上註出處。

81 *The Illustrated Sydney News*（Sydney），June 15, 1887, p.8.

82 見《東》，1906 年 11 月 10 日，頁 5，〈詳記黃委員來遊雪梨埠事〉條。

83 見《東》，1910 年 2 月 12 日，頁 29，〈澳洲初次總領事梁慎始〉條。

84 見《東》，1906 年 11 月 10 日，頁 5，〈詳記黃委員遊雪梨事〉條。

85 見《東》，1911 年 2 月 4 日，頁 4，〈澳洲領事唐恩桐〉條。

86　見《東》，1910 年 2 月 4 日，頁 4，〈領署通譯謝德怡〉條。

87　見《東》，1911 年 6 月 10 日，頁 7，〈澳洲新總領黃榮良〉條。

88　見《東》，1906 年 4 月 28 日，頁 5，〈美利濱麥錫祥君〉條。

89　*The Sun*, March 12, 1913, p.1, Mrs.Chia.

90　*The Sun*, March 12, 1913, p.1, Mr. Thomas Jones Chia.

91　*The Illustrated Sydney News*, November 29,1888, p.81.

92　The Redpath Chautauqua Bureau Records, The University of Iowa, Iowa City.

93　同上註出處。

94　Dr. Tehyi Hsieh, *Chinese Picked Tales for Children*,（Boston: Chinese Service Bureau, 1948）.
謝德怡慣在出版書籍內頁印上其中英名簽名，附圖中黑色簽名即是。筆者私人藏本中有
Confucius Said it First 及 *Chinese Epigrams Inside out and Proverbs*，後者還有 1948 年他
送贈書者的姓名，和 "Best ˈChin Chinˈ" 的親暱語。但最終選擇港大圖書館藏，有其 1953
年彩筆簽名的 *Chinese Picked Tales for Children* 作為附圖。

政經篇

葉炳南

郭順

葉同貴

陳柱臣

黃柱

余榮

鄭蕃昌

伍萼樓

黃來旺

新南威爾士部分重要華商照片

8 晚清期間**保皇活動**的**崛興**與**衰微**

引言

　　20 世紀末殘陽斜照下的中國經有識之士多番改革後，因局限於舊社會意識形態的制肘，仍不能擺脫歐美列強帝國主義的擴張，老頹的巨龍在內憂外患局勢下張口殘喘，於讀史者的淚眸裡，是一幕先是悲涼，繼於悲壯的獨幕劇。維新是晚清紫禁簾垂之際最後的改革運動，它的失敗標誌着擔囊草澤，枕戈待發者的勃怒而起，與日繞龍鱗，仙階承露依戀者形成對立的局面，甚至造成雙方不約而同競逐海外政治版圖的歷程上，互相為救國理念和籌募經費展開惡性鬥爭的開始。本章企圖通過維新人士在大洋洲地區的活動，重新剖視澳華的愛國熱忱，並勾勒其中代表人物的行誼素描，讓讀者進一步了解澳大利亞華人的生活面貌。

南海彼岸的愛國思潮

光緒 21 年（1895），康有為上京會試，與弟子梁啟超聯合參加考試逾千名舉人，向德宗提出了變法的主張，亦即著名"公車上書"的一幕。隨着康有為中式入官，並得到帝主的擢升與信任，加上他早年在廣州開館講授孔子（孔丘，前 551- 前 479）改制及後來"強學會"的設立，與梁啟超《時務報》、嚴復（1854-1921）《國聞報》、譚嗣同（1865-1898）《湘報》的宣傳相互影響，一時中外仰望，視為自洋務運動以來，最具理論支持而又最有能力改革晚清積弊，從而圖強維新的代表人物。可惜，戊戌驚雷，維新殂落，譚嗣同、楊銳（1857-1898）、林旭（1875-1898）、劉光第（1859-1898）、楊深秀（1849-1898）、康廣仁（1866-1898）等"六君子"菜市赴義，令不少愛國份子不再徘徊於變法的陋巷窮里，他們從此躍馬橫刀，矢志立誓組織同盟，堅決以武力推翻滿清政府為己任。既而，康、梁去國，以宣揚"保皇"為號召，他們原先的支持者與立場不明而終被"六君子"傲笑刑場所感動的廣大群眾，亦漸有同情維新黨人的趨向，並與保皇勢力靠攏，形成另一股不可忽視的民間力量。

1. 澳華在維新失敗後的活動

自鴉片戰爭以還，神州板蕩，列強環伺，甲午之敗後，國勢更一蹶不振。沙俄吞併旅順、大連，德國進佔天津、漢口，甚至藉租借膠州灣之利強霸山東，法國在雲南、兩廣一帶的利益與英國繼攫奪香港後，取得九龍、深圳灣、大鵬灣、威海衛等海港的租借權等，都先後發生在 1896 至 1898 年間，使海內外有識之士殷切期待改革的來臨，並為維新運動的失敗深感惋惜。

澳大利亞中文報章自 1896 年前後，已不斷地刊載德、俄對華野心的報導，[1] 同時，也發表了國民應該學習洋人工藝、振興學校、管理財政等西方新思想的言論，希望藉此激發華僑華人擴大目光，奮力圖強。[2]當時，澳大利亞的華報雖然以西曆記事，但仍奉清帝帝號和紀年。[3]"戊戌政變"後，康、梁倉惶出走，當地的報章亦曾載錄，[4] 並表示了對維新的支持，對慈禧與其他后黨保守派份子加以貶斥。1899 年初，悉尼地區的《東華新報》發表了〈論中國變政並無過激〉的文章，內容指：

> ……為奴之痛，隱在目前。瓜分之局，成於指顧者，何哉？。

因中國乃四千年的文明古國，面臨着西方船堅炮利的衝擊，而保守派僅知守舊而不知變法，若仍抱殘守闕，不知改革，必將淪於萬劫不復的地步。文中直奉光緒為維新變法的領導人，可惜為后黨幽禁，以致壯志未酬，海內失望。它繼稱：

> ……我皇上天錫勇智，固務實而不務名之聖主也；三月憂勤，政柄獨操，憫黃種之淪胥，痛皇輿之失紐，用維新諸臣，以參新政，許庶民上書，以覘天下才識，英明神武，無與倫比。……夫維新魁首，我二十四年之聖主也，操心危，慮患深，遂以有五月以來之治，其不得為持之過激也。……[5]

同時，文中列舉新政內容如變科舉、變官制、無專賣、汰冗員等，並加以闡述，企圖澄清新黨誤國的說法。[6] 該文連續刊登九期，[7] 一併刊載的還有〈朝變十大可痛說〉，文章內容也是以"聖上失權"、"誅戮新黨"為故事，進而列舉黨綱、清流、道學、東林等名目，替被貶為"偽學"的新黨，特別是康有為解說，也替慷慨授首的"六君子"雪冤。[8]

　　新黨遭保守派斥棄，譚嗣同等繼而見誅，慈禧諭令搜捕漏網黨人更使海外僑民憂心忡忡，報章上一時傳來"聖躬不豫"之說，[9] 轉瞬又載"皇躬脫恙"的消息，[10] 不久又刊登一篇西太后銳意整頓海陸二軍的報導，[11] 暫時寬慰失措的人心。或者最令華人社群振奮的，莫過"聖躬萬福"與"慈宮不豫"的兩則新聞，[12] 但最終還是空歡喜一場。正因謠傳和事實纏繫不休，華人都把中國的未來，寄託在康、梁身上，期待他們能夠籌措經費，壯大保皇勢力，從而在國外宣揚變法，等待返國輔政時機的來臨。在這歷史片斷點滴懸空之際，立場較鮮明的報章都陸續刊登康有為避居日本橫濱後，開設《先知日報》社，梁啟超亦在橫濱創辦《清議報》等消息，對康有為和日本政要講述中國變法，甚至他不容於日本而西渡，在英國與報業全人論維新運動失敗的內情等消息都有詳細報導，[13] 可見《東華新報》創報之初，言論已傾向康、梁，而它也以"新報"命名，與散落其他地區的保皇"新報"遙相呼應。

2. 澳華保皇活動與世界潮流的互動

正當國內外瀰漫一片世紀末愁緒的時刻，保皇會於加拿大域多利埠（維多利亞 Victoria）及溫哥華成立，當時因以法人身分註冊，又稱保救大清皇帝公司，會眾分別推舉康、梁出任正副會長，並聯名致信澳大利亞新南威爾斯省的華人請盡速設立保皇會，呼籲各界買股捐金，[14] 文中指列強分割旅順、大連、膠州灣、廣州和九龍，企圖力挽頹弊的帝主因重用康有為而被慈禧脅持，所以：

> 且保皇即所以保國、保家、保身、保種族、保子孫、保孔教，一保而眾善隨之。[15]

康有為同時亦致書僑領梅光達，信內申明保皇會宗旨。[16] 事實上，自新省接獲保皇會成立的消息後，華商在私下聚會之際已落力勸捐入股，[17] 當康有為致函悉尼行商公會及福利機構之一的聯益堂，解說將組織海外五百萬華人形成一龐大會社的計劃時，認股的人潮更與日俱增。《東華新報》刊載寄自加拿大保皇會的〈保救大清皇帝會例〉，列出 32 條會規，並進一步闡釋設立會社的原因是帝主臨危的授命。〈會例〉第一條便指出：

> 此會欽奉光緒 24 年 7 月 29 日，皇上交軍機楊銳帶出康工部密詔：'朕惟非變法，不能救中國，而太后不以為然。今朕位不保，可與同志妥速密籌，設法相救。'今同志專以救皇

上，以變法救中國、救黃種為主。[18]

號召天下勤王的聖諭成為康、梁創立保皇會的理論根據，亦在一定程度上加入了廣泛和同的聲音。[19] 華人報章上連刊解釋保皇意義及其他地區保皇黨人的賀詞。[20] 它對康有為的吹捧更是不遺餘力，如：

> ……康君之道，達於五洲四千年以來未有與匹者，……康君之道，大行四萬萬之同胞共登樂園矣！[21]

1900 年 1 月 17 日，悉尼的保皇會正式成立，初時會員約 100 人，認股 2,000 餘份，不足兩個月後，會員已增至 300 餘人，認股 3,000 餘份。[22] 在入會會員的名單中，包括認股 100 份的李益徽、[23] 劉汝興、[24] 認股 20 份的冼俊豪、[25]、郭標、[26] 郭樂、[27] 認股 15 份的伍萼樓、[28] 認股 4 份的梅東星（1831?-1919）等，[29] 都是當時士紳大賈或社團領袖，讀者可於文後註釋一覽他們在澳大利亞的行止。保皇會在 1900 年成立之初，講演保皇要義及源流，往往需租借悉尼市內戲院來容納三、四百名聽眾，[30] 為了宣揚宗旨，保皇會亦派遣口齒伶俐，明辨是非的說客招募華人入會。[31] 當時，慈禧脅迫德宗退位而另立幼主的傳言囂於塵上，悉尼保皇會一方面電函朝廷，抗議力爭，[32] 另一方面亦聯絡其他地區的保皇會協力上書太后申論廢君的得失，[33] 並在各地的黨報，如日本橫濱《清議報》、香港《商報》、澳門的《知新報》、星嘉坡的《天南新報》及悉尼《東華新報》等，發表太后宜早日歸政的文章，[34] 希冀海外輿論能激發群眾，達到保皇目的。光緒被困深宮，康、梁被海外維新份子目為光緒的發言人，他們的舉手投足，言論行蹤，不獨能夠在保皇的喉舌報導中清楚得悉，[35] 而他們南遊澳大利亞的宣傳亦時有所聞，[36] 目的除了增加報章的銷量外，維繫境內的保皇向心力也是一個主要的原因。

踏進新世紀，報章上有關光緒病危與慈禧易帝的消息幾乎無日無之，[37]《東華新報》除發表〈保君正氣說〉等言論，鞏衛立場，堅定人心外，保皇會的中堅份子，如劉汝興、陳壽亦前赴當時華人聚集的大埠烏加時講説維新要義及保皇的重要性。[38] 在他們的奔走演説下，海外各地保皇勢力日益壯大，而國內如上海、寧波及其他通商口岸，均倡議成立保皇會，加上籌捐清單令人振奮，[39] 為梁啟超在 1900 年夏天的到訪造就了一定的聲勢。

梁啟超南遊與保皇熱升溫

1. 梁任公的遊蹤與成就

　　梁啟超於 1900 年 10 月 7 日自檳榔嶼乘船出發，經斯里蘭卡，輾轉在 10 月 25 日抵達西澳的非庫文度埠（弗里曼特爾 Fremantle, W.A.），由於早已接獲悉尼保皇會的知會，梁氏抵埗後不獨受到當時僑領士紳的熱情接待，還有西報記者搶先登船採訪，並隨後在梁氏下榻的酒店進行訪問。次日，梁啟超到達巴扶埠（普埠，即柏斯 Perth, W.A.），保皇會剛在柏斯成立，會員僅數十人，梁氏由保皇會友陪同下，在長老會會堂裡向數百名來賓講述拯君救國的義理，為西澳的保皇事業奠下基礎。除在大埠演説外，梁氏亦不辭勞苦，拜訪鄰近只有三十餘名華人居住的遮爐頓（杰拉爾頓 Geraldton, W.A.）。此後，梁啟超再在柏斯的西人大會堂，出席由西澳總督主持的講論會，參加大會的中外人士數百人，誠為該埠盛事。總括梁氏在西澳的宣傳活動，進一步替保皇會爭取游離的群眾，在洋人社會方面除贏得知名度外，也使主流社會對晚清中國有所認識。[40]

　　1900 年 11 月 10 日，梁啟超自西澳啟程，乘船抵達南澳第一大埠黑（克）列（阿德雷德 Adelaide, S.A.），由於他在海外素有威望，加上在西澳時的待遇與宣傳，南澳總督早已預備馬車在碼頭迎接，並致送火車票給他東往維省。南澳議院的議長並親與當地的華人代表上船向梁氏問好，隨後又有西人報館記者到他客寓酒店進行訪問。由於南澳並非梁啟超訪問的重點城市，他在當地作禮貌性的應酬後，便啟程前往墨爾本，與他同行的除一直以來都充當筆記員的羅昌外，還有在他抵達阿德雷德後才成立的保皇會總理趙士潤與副理葉壽華等人。

自 1899 至 1900 年義和團事件以來，外人對滿清政府的印象愈差，對中國人的批評往往譏諷為愚莽與無知；梁啟超以開明知識份子的形象及西方打扮的外觀出現，配合他因變法失敗而外逃，並不斷被清廷政府所通緝，形成了他與舊勢力對抗的英雄影象，這對西方人來説是頗為新鮮的。所以當他在 1900 年 11 月中旬參觀墨爾本郵政總署時，得到局長的禮遇，並親自引領梁氏參觀全埠的信房。此外，在與維省副督憲會晤縱論中國國情之際，因言談中肯，得到西人督撫士商的好評而樂於與他交遊。悉尼保皇會的劉汝興等專程趕赴墨爾本，陪同梁啟超出席由署理督憲主持在 "湯苟" （Town Hall）舉行的講演大會。會上，梁氏所提出的堅持新政、設立議院、開放中國門戶等理論，獲得與會人士熱烈的掌聲。梁氏在維省除參觀昔年華人的淘金場品地高外，大部分時間仍是在聯絡當地華人及僑領，並開設了墨爾本的保皇會，進一步強化各埠間的聯繫網絡，將澳大利亞的保皇活動推至另一高峰。[41]

梁氏於 1900 年 12 月 6 日抵達悉尼，隨即在 "墨桑彌荷" （Masonic Hall）出席一個千餘華人參加的演説會，會議共舉行了三次，每次均有相若人數出席。此外，他又與陳壽等北上堅連尼士（又名既連彌時 Glen Innes, N.S.W.），該埠 19 世紀中末期時，仍只有寥寥華人在彼處謀生，[42] 縱使至 20 世紀初，華人人口仍僅得 20 人，而梁氏遠涉造訪，並在當地的唐人百貨店廣生和號（見附圖 8.1）演説，籌募了 50 餘鎊。[43] 隨後他仍在新英倫（New England, N.S.W.）領域內的小埠沿途勸捐，甚至在貪麻（又名坦勿，Tamworth, N.S.W.）設立保皇會，並在一個專為他而設，中西數百人出席的大會中演説。[44]

　　新省之旅結束後，梁啟超還希望北上昆士蘭替保皇黨宣傳，可是由於日本方面的事務繁瑣，被迫提早結束訪澳之旅。而昆士蘭各埠如布里斯班、洛金頓（Rockhampton, Qld.）、湯士威爐（Townsville, Qld.）、堅士（Cairns, Qld.）等，都由其他保皇成員代為出席勸捐，至於他士爹埃崙（當時又名珍珠埠，Thursday Island, Qld.）只有華人 60 餘名，由於聞説梁氏過境而萬般雀躍，最後也成立了保皇會，成為梁啟超離澳前的最後收穫。[45]

2. 有關梁啟超澳洲之旅所籌募的捐款

　　梁氏以國士身分南遊澳大利亞的目的，除廣招會員外，最重要的還是籌措資金，但成績不太理想，讀者們或看到報章上華人踴躍捐助的報導，但真正能籌集到較大筆資金的，相信不外是悉尼等幾個華人集中的城市。綜合帳面數字約共籌集了四、五千鎊，[46] 至於其他邊緣城鎮，一來人口甚少，二來經濟上也不容許華人隨意義捐。所以雖謂人心固在，但募捐的成效卻還是有本身主觀的局限性。

　　此外，大家還不要忽略另一股正在冒起的勢力亦正在海外醞釀。1894 年至 1895 年，孫文與其他同志們相繼在美國檀香山及香港建立興中會，提出了驅逐滿清政府的主張，同年 10 月，他發動“廣州起義”失敗，潛逃日本。1900 年 10 月，孫文策劃的“惠州起義”失敗，再次流亡日本。雖然，他的理想在當時的中國僅有少數具前進革命思想，並具有政治警覺的志士支持，但八國聯軍之役，使普羅百姓進一步認清了當朝統治者的無能與封閉，他們要雪國恥的方法，不可能僅限於治標的“師夷之長技”，卻是要把腐朽的基礎從根本中除去；那末推翻滿清，建立共和便逐漸成為了改革中的主流思想。梁啟超在這舊思潮停頓，新思潮冒起，並快要席捲而至的空間造訪勸捐，也受到客觀條件的影響而導致成效差強人意。

　　在深層的探究來說，自保皇象徵之一的梁啟超離開澳大利亞後，其熱潮在新南威爾士省以外的地區已漸次冷卻，保皇分會多是在光緒壽辰期間象徵式舉行慶祝活動，似以聯誼性質為主，會務基本上是靜止，甚至停頓的。悉尼保皇會大本營企圖在 1904 年藉邀請康有為到澳大利亞來刺激各省士氣，但康氏卻因為澳大利亞政府的刁難不能應約而來，[47] 這間接導致本身已醞釀人事鬥爭的墨爾本保皇會在該年完全停辦。隨即代之而起的，是由一群華人土舖店主、木材商人、菜園園工等組成，與保皇會名下的團體同稱的新民啟智會。它的宗旨較保皇黨前進，其中鼓吹愛國、變法與剪辮等主張，不啻就是排滿的躁動。該組織的喉舌《警東新報》也明顯地衝着悉尼《東華報》而來。《警》報雖曾因經濟問題易手，但在 1908 年復刊後，從中國延聘了兩位共和支持者到墨爾本當主筆，更進而在次年底宣揚革命思想，使墨爾本和悉尼儼然變成為兩個壁壘分明的敵對陣營。在 19 世紀末開始，以墨爾本為首府的維省與以悉尼為首府的新省已是澳華主要集結中心，墨爾本保皇會的停辦及共和勢力的迅速崛興，正是對澳大利亞保皇活動的一大打擊。既而，縱在被目為保皇重鎮的悉尼，也不見得每一位華人都熱心投入黨務工作之中，名重一時的僑領梅光達，雖曾接獲康有為的親筆書函，卻沒有參加保皇會，最低限度我們沒有在名冊或任何出席會議的名單中見到他的名子；另一僑領李益徽更在認股 100 份後旋即退會，這二人的冷淡態度也對悉尼保皇事業構成若干程度的挫折。所以讀者雖或在過去的書面記載中，看到澳大利亞保皇活動蓬勃的一面，但卻還需對它影響的範圍和深度作出重新的評估。關於這點，我們可從與《東華新報》同時並存，但對梁啟超的遊澳勸捐採取一個異乎尋常低調手法處理，甚至懶於報導的《廣益華報》裡，去尋找其中脈絡。

3. 保皇派與革命派喉舌的罵戰

　　由於《東華新報》是保皇會在悉尼的喉舌報，它對孫文或革命的報導可説是負面，甚至都是以醜化及侮辱作出發點。如 1900 年 8 月，《東華新報》報導孫文在星嘉坡求見康有為被拒時，因言語上的衝突，導致作為引見者的兩個日本中間人被新加坡當局逮捕，而報章的結論就是它一開始描述時的條目〈被拿有由〉。這是《東華新報》第一篇正面提及孫文的文章。[48] 同年 10 月，它又披露孫文曾受滿清官僚的指使，攜同多名刺客至星嘉坡行刺康有為的消息，結果在星嘉坡政府的嚴密保護下，孫文與刺客被迫原船折返日本云云。[49] 更有趣的，是它在 11 月初旬，對孫文的描述突然正面起來，原因是孫氏起義於惠州，而謠言傳來卻是與康有為勤王之師合兵所致。[50] 反觀《廣益華報》談及這則新聞時，立場還很中肯，它轉載外電的報導，説革命黨奪取了廣東省城，還頗詳細地提到兩粵的亂事範圍，較昔日洪秀全（1814-1864）的太平軍遠為廣泛，同時也道出了三合會（洪門）中人推翻滿族統治者的決心。[51] 當然，在這段時間裡，兩份報章仍尊奉清室帝號紀年，對光緒名義的詔諭，都尊為"上諭恭錄"、"諭旨照錄"、"上諭照錄"等，但《廣益華報》的"上諭恭錄"在 1900 年後，漸次減少，特別自"廣州起義"開始，不少篇幅都用作報導國內的局勢變化；該年 3 月更刊登〈論中國宜君民共主免被瓜分〉的言論，[52] 1902 年底，還以〈清之妖孽〉的電文來譏諷滿清政府喪權辱國，不能稱為百姓之父母。[53] 1904 年底，它的立場已從〈中國之有君不如澳洲之無也〉的論説中顯示無遺，文中猛烈抨擊中國的醫療及福利事業，並對澳大利亞的利民政策表示讚賞，末段中提及：

　　　　豈非澳洲，可謂夷狄無君之地，既無國君，民沾其恩，比勝中邦多倍，豈不謂今日諸夏之有君，不如夷狄之亡（無）也？[54]

這中不如外的偉論，絕對不是《東華新報》的作風，恰好相反，它不獨秉承了康有為的尊君思想，也奉行他敬孔的精神。由 1899 年開始，保皇黨人每年都在報章上替光緒賀壽，自梁啟超訪澳後，1901 年更進一步呼籲華人商號在 "大清光緒萬壽大日子" 休假以示尊敬和慶祝；[55] 此外，忠貞的會眾對籌措 "皇上萬壽慶典" 也絕不馬虎，往往籌備經月，以嘉年華會的形式舉行，[56] 縱使在光緒死後，慶祝宣統（愛新覺羅溥儀，1906-1967，1909-1911 在位）萬壽慶典的園遊會仍沒有取消。[57] 對於孔子的崇敬則始於 1900 年，《東華新報》刊載了孔誕休息的大幅通告，號召各埠華人商舖在孔誕當天把通告貼在門外，休息一天，並籌組了放映中國山水名勝燈畫晚會，門券收入則撥作賑濟印度災荒和捐贈中國善堂之用。[58] 與此同時，《東》報還在頭版頁頂，加上了 "孔子生三千四百五十一年" 的定制，[59] 往後日漸增補，演變成為孔子誕生日期與光緒（後來則宣統）誕辰並列，以下則是孔子紀年、帝號紀年及西曆紀年並排。根據《東》報的解釋，孔子地位與耶穌等同，中國人敬孔、拜孔，從而祭孔也是天經地義之事，而對孔誕的重視，也是尊奉光緒 "建孔廟學堂，以維持聖教，培植人才" 的意願而來。[60] 1911 年後，清室帝號、紀年及宣統的誕辰雖已不復存在於報版之上，但對孔子的崇敬及聖誕慶典，仍然每年舉行。在某種角度來說，《東華報》亦並非單向性地灌輸保皇意念的報章，它曾經把來稿〈論清國滅亡中國或有挽回之機〉、〈滿族速亡之先兆漢人自立之警鐘〉登載，[61] 令讀者產生了一陣子的錯覺；但畢竟它還是保皇份子的喉舌，每次保皇會會議的內容、細節及替光緒壽辰作出的籌備等都記述詳盡，對 1903 年梁啟超美國遊蹤、演說及籌款實況也一一報導。[62] 而康有為女兒康同璧（1883-1969）致書各埠保皇會的互勵和美洲女維新會的成立等，都是與澳大利亞保皇活動息息相關的新聞，《東華報》對此自然不會放過宣傳的機會。[63] 所以其他地區分會會務雖或偃旗息鼓，但悉尼保皇總部仍如常運作。

4. 維新人士的全球性投資與負面影響

　　受到清中末葉以來民族資本企業的啟發，1902 年冬，維新黨人建
議在香港設立中國商務公司，作為開拓國內和海外業務及壯大保皇實力
的機構，同時也為海內外的保皇份子增加就業機會，這也是加強會眾向
心力的辦法。會員早期的構思，是轄下設置四個直屬的分支公司，包括
香港積貯銀行、蕪湖製瓷公司、香港紐約莊口、上海製紙公司，並以每
股 20 中國圓的價值，向海外包括所有保皇黨部的所在地集資。根據有
關材料顯示，截至 1903 年 8 月為止，悉尼方面的認股金額為八千澳大
利亞英鎊，折合 85,250 中國圓。[64] 1905 年，中國商務公司在南洋庇
能（檳榔嶼 Penang）開設華豐號錢莊，在香港開設華益公司，生意範
圍包括按揭匯兌，兼寫出洋船紙，踏出了振興商務的第一步。1906 年，
悉尼保皇黨人為進一步拓展匯兌業務，共集資 2,000 鎊，與其他各地保
皇會籌集的股金匯合，集資美金 35 萬圓，購入墨西哥銀行（後名墨西
哥中國銀行、華墨銀行等），並準備在中南美洲大肆投資及開墾，向蔗
糖業、棉花業進軍。1909 年至 1910 年，保皇會又在美國、加拿大及
澳大利亞等地區招股，開設了以採礦為主要業務範圍的廣西振華公司，
並計劃由銀行分支，開辦太平洋輪船公司，來往中國、美洲及澳大利亞
等地，這願望在龍旗踏踐，血流漂杵前籠統地達成。[65]。

　　在 20 世紀維新與革命競逐海外捐款市場之際，《東》報中人對孫
文極盡譏諷痛詆。在〈孫氏行止〉、[66]〈記革命黨孫文抵舊金山之怪聞〉
等文裡，[67] 孫文被指窮途無助，口給不繼，在檀香山登岸時，受到華
人冷落，而演説當兒則招來聽眾唾罵，報導內容意指其革命幌子已到達
末路，《東》報企圖闡明的，是保皇才是改革的正確方向。1905 年，
保皇份子在香港的喉舌《商報》與宣揚革命的《中國報》展開罵戰；事實
上，保皇與革命南轅北轍，雙方難免互相攻訐，《東》報載錄了《商報》

的原文，文章不外譏諷孫文，歌頌康有為，指革命思想淺薄狹隘，純為封閉的民族主義，訴責革命黨人起事，實殘害廣東鄉里，塗炭生靈，本身就已是“漢人之公敵，社會之蝨賊”。68

驅逐滿人政權代表覆地變天，對某些利益既得者，包括舊知識份子，或憑藉官場脈絡庇蔭的營商人士來説，是徹底改變社會的更革，侵害了他們業已擁有的成就和優勢，反對革命是保障其階級順理成章的訴求。全於一度要求變法的維新人士，未嘗不是舊社會制度的支持者，大家可從保皇會更新會員證一事裡，窺探他們的階級屬性。在爭議選定會員證的形狀及顏色的過程中，69 又或從〈保皇會換票領牌告白〉條文內，讀者不難得悉保皇會已是一個發展日趨成熟的機構，同時亦察覺大部分會員僅注重形式與外觀等瑣事，不免使本來已和群眾有點隔膜的保皇會與普羅草根階層更見疏離。70 假若革命份子如孫文，真的有如《東華報》的挖苦中指出，在檀島“生計之難”，或向美國華埠的同胞宣揚理想，投遞名片，而遭到“皆唾罵揉碎，投於街中”的對待，他們卻仍不畏寒霜凜冽，繼續為革命奔走籌措時，那末，群眾最終的取向自是明顯不過的。

保皇熱潮冷卻與君主立憲的關係

1. 保皇喉舌宣傳君主立憲

在“公車上書”前，康有為已對君主疏離大臣有所非議，傳統政治君威獨尊與權力無限擴張導致失卻儒家民本的原意，這正是托古改制的康有為感到憂慮的根源，而他曾向光緒指出議院制度是一方面維護君主體面，一方面政策合議於群臣的解決方法。以上雛型的憲政構思和建議，未能在短壽的維新進程中加以推行，康有為倉皇去國後，進一步認識西方議院制度的運作，於海外重提憲政之説。其學生梁啟超於 1903 年遊美加時，也曾徘徊於民主政治與君主立憲間作抉擇，而最終仍支持康有為的見解，憲政運動也由這緣故衍生。1904 年，澳大利亞保皇份子在美洲總部的示意下鼓吹君主立憲之説，《東華報》刊載〈論改立憲國之益〉的文章，文中指出在專制、立憲與共和的政體裡，專制過於強權，共和則過於失權，採取中庸之道的立憲最適宜中國變法與推行改革，並列舉日本作為其中成功的例子。[71] 1904 至 1905 年日本對沙俄戰爭中令舉世震驚的勝利，更堅定了立憲派的信心，一時海內外的保皇黨人都上書滿清政府請求早日立憲。1906 年，清廷宣佈"預備仿行憲政"激發了民間的立憲熱潮，湖北、湖南、廣東等地紛紛成立憲政籌備會、憲政公會等組織。1907 年 1 月，《東》報在〈會事廣告〉中，再借光緒名義，向新會眾宣傳立憲説：

> 本會之設，以保皇維新為宗旨，以合群救國為目的。事鉅理公，名正言順。……近日皇上實行維新，宣諭立憲，則中國可救，而本會之目的已達。然而義重合群，故入會益眾。可見熱心忠愛，咸與本會表同情矣。[72]

為着激勵同志的關係，《東華報》發出〈恭賀國民憲政會〉的賀詞，一方面鼓勵固有的成員切勿放棄支持保皇活動，並強調光緒逐漸掌權，同胞志士已距離理想的日子不遠。此外它亦不忘譏抨革命黨人見識膚陋，罔談武力推翻政府，無疑就是洪水猛獸，致亂之由。[73] 文章附列憲政會的 24 條章程，解釋由保皇會改稱為憲政會的背景：

> ……昔以皇上變法，捨身救民、蒙險難，會眾感戴，以為非保聖主，不能保中國，故立會以保皇為義。今上不危，無待於保。會務告成，適當明詔，舉有憲政，國民宜預備請求，故今改保皇會名為國民憲政會，亦稱為國民憲政黨，以講求憲

法，更求進步。[74]

在宣佈易名後不久，保皇舊人又以"民"、"政"二字與革命黨所宣揚的共和思想有相近的嫌疑，同時為着保存當初保皇的原意為理由，再改稱為帝國憲政會，這樣，它與群眾的距離更愈加遙遠。[75]

2. 歷史時刻的來臨

就在憲政運動在國內外紛紜醞釀的轉折時刻，原保皇黨人遭遇到宏觀上的挫敗。1907 年，徐錫麟（1873-1907）行刺安徽巡撫恩銘（1846-1907）後壯烈犧牲與安慶起義事敗後，被牽連的秋瑾（1879-1907）慷慨就義，或者在刹那間驅動不了太多群眾投奔革命行列，但他們的鮮血就如往昔譚嗣同菜市橫刀，令徘徊於保皇立憲及民主共和夾縫間的猶豫者作出最終的抉擇。而梁啓超的《新民叢報》與同盟會的《民報》因着武力推翻、民主政治、平均地權等三個主要綱領的論爭，經過前後四年漫長的筆戰與罵戰後，在 1907 年宣告停刊，這代表了革命派在精神上全面的勝利，卻是對分散全球 170 個黨部及 10 餘萬會員的保皇立憲派一個沉重的打擊。[76] 就在這一年的 9 月開始，悉尼《東華報》出現了異乎尋常的轉變，由創報以來它一直謙卑恭謹增刊載的"上諭恭錄"，至此再無"恭錄"二字，[77] 同時，它第一次以社論形式（〈本館論說〉）正面批評滿清為〈兒戲政府〉。[78] 然而，光緒與慈禧在次年相繼的去世，並沒有改變他們保皇立憲的宗旨，至於為帝主賀壽及一切有關會務也仍是如期的舉行。憲政會在 1907 年發動重建中國海軍的捐款運動，華僑在 1907 至 1908 年間反應熱烈，惟在光緒駕崩消息傳抵悉尼後，這熱情似乎漸告冷卻起來，海軍捐終在次年停止。然而，這仍無改憲政會成員的勤王政策。在 1909 年《東華報》其中一篇社論中，還尊慈禧為"大行皇太后"，認為慈禧在世時力阻改髮易服之議，但如今慈禧殯天，正是適當的時機作出變革云云，可推知它在本質上還是沒有轉變。[79]

　　“戊戌政變”後，晚清重臣張之洞（1837-1909）、劉坤一（1830-1902）曾三度聯名上奏要求變法，並以東鄰日本為學習對象，實行君主立憲。繼後五大臣出洋考察，回國後參考梁啟超等憲政思想，完成《列國政要》及《歐美政治要義》兩份報告，為西太后於 1906 年詔令頒佈立憲大綱奠下基礎。但雖然全國各地憲政運動如火如荼的進行，清廷漸進式的立憲宗旨不獨惹來急進改革派的不滿，而上述兩種力量亦削弱了海外康、梁集團的勢力；加上 1908 年光緒和慈禧逝世，新帝年齡及資歷未孚眾望，在攝政王載灃（1883-1951）和慶親王奕劻（1838-1917）主意下出現的皇族內閣更令狐疑不安與凶洶沸騰的朝野陷入信任危機的沼澤。1910 年，清廷在各方面輿論壓力下，委蛇推説將在宣統 5 年（1913）召開國會，進行立憲。《東》報在 1911 年初的社論中，便認真地提出〈起用康、梁問題〉，文中指出昔年二人蒙冤東奔，如今守舊諸臣多已物故，該是議開黨禁的時機，而他日國會的召開，康、梁二人自當大用，《東》報還以“距躍三百，喜不自勝”來形容雀躍不已的激情。[80] 然而，儘管他們對舊世界的眷慕，“黃花崗之役”無疑是熒惑守心，白陽劫變的驚局。該年 4 月廣州的碧血紅花，掀動了全國上下的良知，縱使立場強硬的《東華報》，雖然一再強調革命不是他們一貫的主張，但卻表明這是腐敗無能的政府一手造成的革命動亂。[81] 讀者可在報章字裡行間察覺的，是在此後的數月裡，《東》報一直徘徊在“革命”與“動亂”的用字之間，顯示了保皇立憲派一時間的無所適從。該年 5 月，清廷撤去軍機處，成立新內閣，在 15 名閣員中，滿族佔上 9 人，其中還有 7 人是滿州皇族；假立憲的陰謀徒令為數不少的折衷份子徹底失望，《東》報社評發表〈論新內閣之怪現象〉，代表立憲派信心的動搖，[82] 同時也象徵着各地的憲政組織行將自我解體或變質。

　　以後來者的視角回顧，1911 年是澳大利亞帝國憲政會在它歷史的最後一章中，鼓其餘勇，奮力一擊的年代。由該年 8 月開始，經過自行審查存在價值的適應期後，《東華報》不斷的譏議及蔑侮革命，並進而向孫文等展開人身及人格上的攻擊。如指孫氏在海外勸捐，實則中飽，又稱各革命黨領袖均與孫文有疑隙，其中尤以黃興（1874-1916）為甚。[83] 報社對革命黨人在廣東地域的多次起事均加以責難，認為他們禍害鄉里，荼毒百姓，以至人心動盪，致令列強有機可乘。[84] 既而，它的社論連番發表關於〈論種族革命之大害〉，文章對 "驅逐胡虜" 革命口號視為狹隘的民族主義，並舉列革命黨的諸種禍害，如廣州起義未殺到一頭滿人，卻死掉無數漢人等，旨要在宣揚保皇事業的偉大。[85] 在無可再挖苦的情況下，它對立誓拋頭顱，願粉身碎骨投入革命者打起油腔小調，唱說南風：

> ……然余又聞你孫大哥，與徐花農（琪？）有同癖者。彼陳（少）白馮（自由）鼠諸輩，則革軍中最精緻最漂亮之美少年也，鶯聲嚦嚦，婉轉嬌啼，則其握要樞，秉大鈞，夫豈無故？雖然，你有小姑娘，大紅辮，搽胭脂，獻柔媚之種種手段，你若粉飾其身，柔碎其骨，亦殊不惡；孫大奇得你亦顧盼自豪矣。
> ……[86]

如此回應革命報的手法，不獨顯示執筆者鄉愿無行，輕佻無識，也進一步令中立者不屑而去。

1911 年 10 月 28 日，前保皇會總理劉汝興自中國返回悉尼，是時，不獨武昌舉義業已成功，湖北軍政府亦已成立，宣佈廢去清帝年號，改國號為中華民國。但由於時局混亂，劉汝興安慰會眾應堅定立場。[87] 在當天的新聞發佈裡，《東》報還藉宣傳孔誕遊河的機會，呼籲同胞縱使效法革命黨排斥滿人的傾向，亦不應傚傚革命軍廢棄龍旗而不用，[88] 由此也可見帝國憲政會對傳統的依戀及對封建王朝的倚慕之情仍是揮之不去。

3. 保皇人士的進退失據

　　踏入 1911 年 11 月以後，《東華報》與立場較中立的《廣益華報》終於接受了革命業已成功的事實。《廣》報再不忌諱地轉錄了西報一幅諷刺性的漫畫，圖中稚子溥儀惶恐的瑟縮在龍位上，身後則顯現了一個手中持刀，身形巨大且已剪去辮髮，象徵革命黨人的影子。[89]（見附圖 8.2）至於還存着僥倖之心的憲政會成員，在《東》報中傍徨覷覥地刊登着：

> 　　嗟乎！今何日耶？今何勢耶？新舊交代，為千載莫逢之盛會，良惡嬗遞，亦中國再生之佳期。而況黨禁既開，皇族內閣既廢，國會已限明年成立，憲法亦交資政院起草訂議。政治革命，似已稍達目的。[90]

等酸溜哽咽的文字。或能稍令他們告慰的，是看到被授命為內閣總理的袁世凱（1859-1916）挑選梁啟超入閣為法部副大臣的報導。[91] 同時，它也對當時的湖北軍政府都督黎元洪（1864-1928）作出一個恭維性的生平簡介。在清帝尚不曾宣告遜位的 1911 年年底，《東華報》已主動地在版面撤走了"宣統三年"的紀年，也同時抽起"正月十三日皇帝萬壽"的字樣，[92] 準備迎接一個新紀元的來臨。正當《廣益華報》刊登着悉尼華人慶祝民國成立的熱鬧時刻，[93]《東華報》卻忙着發放憲政會並非保皇會的自白，同時並宣佈悉尼憲政會正式易名為國民黨的"喜訊"！[94]

　　維新變法曾經是晚清之際士大夫階級一種出於愛國與救國的改革運動，沒有維新份子失敗的驚覺，波瀾壯闊的革命思潮不一定能於短期間掀起；可是，康、梁繼後的保皇活動，因着中國政局的急速變化而顯得迂腐與倒退，而憲政的鼓吹與清廷立憲的騙局，不獨徒令全國憤懣而終至滿清政府的倒台，也直接使帝國憲政會偃旗息鼓，從此銷聲匿跡。康有為曾於 1912 年 2 月 16 日下達命令，知會全球的憲政會易名為國民黨，但在 1914 年，康有為又再令昔日組織回復憲政名義，稱為憲政黨。[95] 此後，悉尼憲政黨在政論上多非議孫文，"二次革命"期間，言論竟傾向袁世凱；張勳（1854-1923）復辟之際，憲政黨人的慶祝更招來華僑的唾罵，至於"陳炯明（1878-1933）叛變"事件，《東》報立場明顯袒護陳氏而針對孫文，更是悉尼憲政黨在歷史上的一大污點。當然，今天論者或對陳氏昔年的舉措有重新的評價，但這已是另一番的故事了。1914 年在悉尼創報的國民黨喉舌《民國報》及其他東南亞報章於日後圍攻憲政黨，從而導致它被迫成為在野的反對黨報；它的鄙視孫文、譏諷國民黨，甚至侮辱共產黨，都可以說是政治投資上的失敗，但它的負面材料，卻可以幫助大家探究與補充現存正面材料的不足和失誤，並進而觀察澳大利亞保皇活動的蛻變。就單從這一點來評論的話，儘管後世對保皇與憲政運動，《東華新報》或《東華報》等主筆百般的嘲笑，卻不得不尊重昔年倡創者的熱誠與激情，進而肯定他（它）們存在的價值與地位。

本章小結

雖然歷史觀眾難免陷足於成王敗寇的俗見之中，但在整體上評價昔年澳大利亞的保皇活動時，我們不得不承認保皇份子藉着各種保救大清的宣傳，把分散各州的華人串連起來，使他們朝向同一方向昂首邁進。維新報與革命報在長期罵戰中或因時局底定而被讀者蔑視前者的狹隘，但退一步來說，它攻擊興中會人士種族革命的主張，卻未嘗不是真知灼見。繼後，縱使不少分會會務早於清末停頓，改朝換代以還，悉尼總部裡不少成員也無怨無悔地向新政府效忠；廣義而言，他們的喉舌《東華報》與另一份獨立報章《廣益華報》在報導國內外及本地新聞時確可互

補不足，為望穿秋水亟欲得知家國以至天下事的鄉里帶來信鴿飛鴻。此
外，維新人士更在故鄉多災，祖國多事的大時代裡，承擔了呼籲勸捐的
重要任務，其中帝國憲政會不獨為滿清政府籌措重建海軍的捐款，還在
1906 至 1907 年間呼籲僑民為商營的粵漢鐵路入股。雖然滿清政府宣
告官督商辦鐵路後不久，又轉稱鐵路收歸國有，掀起民間的保路風潮，
直接與間接地助長了革命的成功，但保皇份子確曾為其事奔走請命，其
愛國動機是足可以肯定的。既而，憲政會在中國水旱災荒之際，號召華
人捐災救亡，1911 年長江泛濫，導致安徽、湖南、湖北等省全面告急
及次年廣東北江泛濫的募捐活動，俱由帝國憲政局負責，這些善舉大家
可在本書第 12 章內看到。再者，悉尼憲政會於宣統元年（1909）開設
中華蒙養學堂，在民國成立後，該學堂仍然繼續由憲政黨成員維持下
去，旨要令部分居於異地的華籍幼童培養愛國思想與奠定他們的中國語
文基礎。[96] 在家、國以至異鄉中同樣有所貢獻。

　　澳大利亞保皇會與稍後的憲政會僅是 19 世紀末至 20 世紀初，全
球保皇活動高潮下的產品，它的政治立場與經營路線均倚仗北美總部的
指揮和認可，基本上缺乏自主的獨立性。以目睹朝代交替和政制更革的
我們眼中，維新黨人對革命的觀點固然是倒退的，但它卻曾經在這十年
前後，當海內外同胞徬徨於搜尋中國救藥的無邊夜航裡，在彼岸黯然的
星光下遙遠招手，延續了澳大利亞華人的希望，在它角色轉移和完成歷
史任務前夕，環繞它而派生的報業、商業、甚至跨國企業一一勃興，其
存在價值是毋庸置疑的。

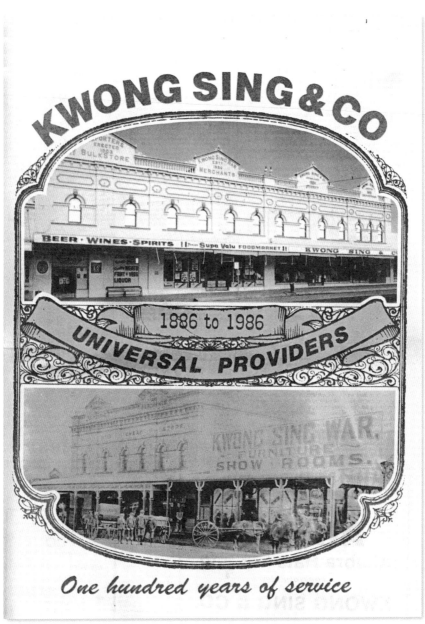

附圖 8.1　1986 年廣生和創業 100 周年紀念海報。（劉渭平教授提供）

附圖 8.2　《廣華益報》諷刺清帝龍座不穩的照片。[97]

註釋

1　見《廣》，1896 年 5 月 1 日，頁 4，〈俄索日費〉條；1898 年 3 月 11 日，頁 4，〈膠州事件〉；4 月 8 日，頁 4，〈電音撮要〉；4 月 29 日，頁 4，〈俄船窘狀〉等條。

2　見《廣》，1897 年 2 月 19 日，頁 3，〈論習西學當以工藝急務〉；12 月 3 日，頁 5，〈振興學校〉；1898 年 7 月 1 日，頁 7，〈中國理財論〉；9 月 16 日，頁 2，〈實學不能盡見於文字論〉；頁 3，〈論中國易於富強〉；頁 5，〈天下四大宗論〉等條。

3　以 1894 年 9 月 1 日創刊的《廣》報為例，它在版面刊印着"光緒二十年歲次甲午八月初二日"，下行緊隨的才是"英壹千八百九十四年九月一號禮拜六"。至於 1898 年 6 月 29 日創刊的《東華新報》在版面刻印着"西曆壹千八百九十八年六月廿九號禮拜三日"，在平排的左面刻上"光緒二十四年歲次戊戌五月拾壹日"，其後更加上德宗壽辰日期。事實上，《東華新報》版面綱目與排版模式與梁啟超的《清議報》相同，甚至有一脈相承之勢。

4　見《東》，1898 年 10 月 8 日，頁 3，〈北京近事〉；10 月 26 日，頁 2，〈君臣失權〉；12 月 24 日，頁 2，〈新黨設報〉；1899 年 1 月 14 日，頁 3，〈康函表義〉諸條。

5　《東》，1899 年 1 月 18 日，頁 3。

6　《東》報轉載了〈憤時罪言〉一文。文中慨歎朝廷緝捕康、梁餘黨，導致人心惶惑，莫有固志，作者更稱若康有為真屬邪黨的話，則罪只一人，不應擴大株連的範圍，禍及無辜。這篇稿文作者署名敦煌韜晦子，原載於《翰香報》(《東》，1899 年 3 月 4 日，頁 2)。

7　《東》，1899 年 1 月 18 日；1 月 2 日；1 月 25 日；2 月 4 日；2 月 8 日；2 月 18 日；2 月 22 日；2 月 26 日（全屬頁 3）及 3 月 1 日，頁 2。

8　《東》，1899 年 1 月 28 日，頁 3；2 月 1 日，頁 3。

9　《東》，1898 年 11 月 30 日，頁 3。

10　《東》，1899 年 2 月 8 日，頁 3。

11　《東》，1899 年 6 月 10 日，頁 3。

12　《東》，1899 年 10 月 7 日，頁 2。

13　見《東》，1898 年 12 月 24 日，頁 2，〈新黨設報〉；1899 年 1 月 25 日，頁 3，〈伊康問答〉；4 月 15 日，頁 3，〈逋臣逃難〉；9 月 13 日，頁 2，〈譯泰晤時士報西人與逋臣間問答各語〉等條。

14　《東》，1899 年 10 月 11 日，頁 2，〈保皇設會〉。按當時股價，每股美金壹圓。

15　同上註出處。

16　同上註出處，〈信函照錄〉條。

17　見《廣》，1900 年 1 月 20 日，頁 4，〈今本雪梨埠行商主公會聯益堂蒙康君有為付來佳書一卷〉條。

18　同上註出處，頁 4-6。並可參考〈保救大清皇帝公司序例〉(見上海市文物保管委員會【編】：《康有為與保皇會》【上海：上海人民出版社，1982】，頁 224-263)。

19　見《東》，1899 年 11 月 22 日，頁 2，〈保皇説略〉、〈來信照登〉等條。

20　《東》，1899 年 10 月 28 日，增附頁。

21　見《東》，1900 年 1 月 20 日，頁 2，〈烈士陳書〉條。

22　《東》，1900 年 1 月 17 日，頁 3，〈同倡義舉〉；2 月 21 日，增附頁，〈保皇名單〉。是時，加拿大保皇總會訂下入股認購價為每股美金 1 圓，折合澳大利亞英鎊為 4 司令。

23　李益徽又名李補，安益利土舖店東。安益利號位於悉尼佐治街 189-191 號(《東》，1895

年 1 月 5 日，頁 6，〈安益利告白〉），除售賣唐香雜貨外，也兼營金山莊，專替華人寄匯信金回鄉，他也是聯益堂值理之一，專為同胞寫船位返回中國（見《東》，1898 年 11 月 26 日，頁 4，〈聯益堂〉告白）。李益徽是當年德高望重的僑領之一，他在 24 歲前後抵澳，在悉尼經商 43 載（《廣》，1911 年 4 月 8 日，頁 4，〈華商壽終〉），與另一名著名僑領梅光遠相友善，彼此亦不斷為悉尼及全澳華人福祉奔走，並向澳大利亞政府爭取合理的權益。他在 1903 年 8 月 19 日返回中國家鄉香山供養雙親，送行者多中外官紳大賈（《廣》，1903 年 8 月 29 日，頁 5，〈餞行大禮 益徽回鄉〉）。8 年後，他在故鄉病逝，終年 69 歲。

24　劉汝興是《東華新報》的最大股東，也即是《東》報的老闆（《廣》，1902 年 4 月 5 日至 6 月 2 日，有關《東》報與李益徽間的官司訴訟），亦是悉尼安昌號土舖的店東之一（《廣》，1897 年 6 月 4 日，頁 4，〈滄海冤情〉）。安昌號位於佐治街 223 號，專辦唐番貨品，亦有各款樂器售賣。它在 19 世紀的 50 年代啟業，可算是當時悉尼的老店（《東》，1898 年 6 月 29 日，頁 1，廣告版）。劉汝興亦是一位熱心公益的華商，同時，在他經常穿梭國內、東南亞與澳大利亞的商旅中，往往擔當了保皇會聯絡與聯繫者的角色。此外，他亦帶來不少國內政局的傳聞，提供給澳大利亞境內的華人參考。在澳大利亞立例禁止華工入境的時候，他不斷為同胞竭力奔走，贏得了不同政見人士的好評。此外，他在力促澳大利亞政府禁鴉片和禁賭等方面都有成效，而對國內外的大小捐款，往往踴躍爭先，不甘後人，《東華新報》與安昌號也因着他或葉炳南的緣故，成為了保皇會號召義捐時的籌款中心。劉汝興曾在 1908 年前後返國籌組憲政會名下的振華公司，業務主要是開採廣西貴縣天平山銀礦。資金主要指向美、加及澳大利亞方面招股，共集資 300 餘萬。但後來因錢銀的瓜葛，共事人涉及貪污中飽，招來股東質疑與非議，甚至康有為亦被牽連入內（詳見《康有為與保皇會》，〈振華公司股東稟帖〉，頁 324-325、〈駁葉惠伯商務主公司征信錄〉），頁 326-332、〈駁葉惠伯振華公司公告〉，頁 333、〈請查拿亂首歐榘甲〉等條），頁 334-340、〈強盜巡撫張鳴岐受賄卅萬包庇逆賊歐榘甲謀亂刺殺劉道貫凶証仇証書〉，頁 341-347、〈代振華公司股本人美洲馮均翹等請大理院勒令葉恩、歐榘甲交還股款稟〉，頁 348-350）。劉汝興在意興闌珊的無奈下返回悉尼，相信此時他已辭去安昌號的職位，甚至已經與大股東拆股，轉而在小埠孖剌（又名邦孖辣，Temora【?】，N.S.W.）獨自經營萬盛號土舖），而他在保皇會（後來憲政會）主席的職位也由安昌號的大股東，同時也是保皇會創置期間的活躍份子葉炳南所取代；不過，在 1911 年的帝國憲政會幹事名單中，他仍是名譽總理（《東》，1911 年 6 月 24 日，頁 6，〈雪梨中華帝國憲政會職員表〉）。滿洲龍旗下杆後，1913 年悉尼保皇舊人不甘從此被排擠出政治圈外，擬定本身在 1911 年前已成立的各種商業機構一併集結起來，籌組而成的中華商務總會（N.S.W. Chinese Chamber of Commerce）在這時揭幕，希望藉着這個組織繼續聯繫舊會員，保持甚至進一步拓展轄下的業務，並進而以反對武裝革命、種族革命的舊說影響新政府，而劉汝興還以會員的身分，在典禮中向在座的華洋來賓以英語致詞（《東》，1913 年 2 月 15 日，頁 6，〈中華商務總會閉幕紀盛〉），可見他還保持着一定的活躍程度。至於他在《東華報》的股份，現存資料並未交待。劉汝興在 1921 年 6 月 25 日在悉尼醫院逝世，享年 62 歲。他的遺體由當時華僑開辦的中澳輪船公司旗下的華丙輪附運回家鄉廣東增城安葬（《廣》，1921 年 7 月 2 日，頁 6，〈劉汝興君辭世〉；《東》，1921 年 7 月 2 日，頁 7，〈喪儀之盛況〉）。

25　冼俊豪與劉汝興都是澳大利亞保皇會創辦其間的中堅份子，在劉汝興被推為主席時，冼俊豪出任總理之職，對保皇會會務極力支持。當 1902 年李益徽與《東》報官司未結，《東》報籌措訴訟費之際，即以報館物業作 300 鎊按揭給冼俊豪，這導致《東》報敗訴後，因無力賠償 1,700 鎊罰款及堂費給李益徽，它的物業、貨品、字粒等變成為冼、李間互爭持訟的標的物。冼俊豪最終的勝訴，自然也成為《東》報復刊後，雪恥的大文章。冼俊豪在 1905 年底舉家返國，保皇會人還為他舉行了隆重的錢別宴會（《東》，1905 年 12 月 9 日，頁 6，〈冼君歸國〉）。但在他回鄉安頓家小後，於次年 9 月業已返回悉尼（《東》，1906 年 9 月 15 日，頁 6，〈保皇會所之大會〉），並繼續積極參與保皇及後來的憲政活動。1911

年時，他出任帝國憲政會的名譽總理、理財員及幹事，可見其活躍的程度。冼俊豪是木材商人（見《東》，1904 年 7 月 23 日，增附頁，〈保商會成〉），在他闔家回唐山期間，他開設了不久而位於嘩打魯（Waterloo. N.S.W.）的俊豪木廠（John Hoe，Cabinetmaker and Furniture Manufacturer）仍然繼續營業，並不斷在《東》報上以大小不同的篇幅宣傳，該公司在 1929 年時仍在經營運作（見《東》，1929 年 12 月 14 日，頁 4，〈廣告版〉）。

26 郭標在 1890 年前後於悉尼經營永生果欄（譚仁杰：〈郭樂傳略〉，載鄭嘉銳、李承基等撰譯：《中山人在澳洲》【廣州：政協廣東省中山市委員會文史委員會，1992 年】，頁 79；並見《東》，1904 年 7 月 23 日，增附頁，〈保商會成〉），他在保皇會中地位並不特顯，只是在 1911 年憲政會中 65 個值理之一；倒是在 1912 年華人恭賀民國成立的遊河大會中，讀者們會發現郭標已成為是次慶典的書記，並在多處書寫「祝賀民國萬歲」的布條（《廣》，1902 年 2 月 10 日，頁 4，〈同胞恭賀新立民主國慶典〉）。當 20 世紀 10 至 20 年代，永安集團在香港與國內建立起企業王國時，郭標也成為了它轄公司的董事（林金枝：〈郭樂郭順與永安紡織印染公司〉，載《中山人在澳洲》，頁 202）。

27 郭樂在 1892 年抵澳，最初為菜園園工，得堂兄郭標介紹，到永生果欄為幫工，籌集了足夠的資金後，約在 1897 年與友人合伙創辦永安果欄，生意蒸蒸日上，並與永生、永泰等合作，在斐濟開辦生安泰果欄，種植果園。由於事業順景，他在 20 世紀初於澳大利亞集資後，投資香港與國內，成為了愛國商人及實業家。不過，雖然在保皇會的常會中他多有出席及捐款，但卻一直保持低調，加上 1907 年後在香港與國內注入大量資金的緣故，國內局勢的變化對生意有深遠影響緣故，在 1911 年武昌起義成功以還，他自然地改變了昔日保皇立場，同時為了發展國內業務關係，此後他大部分時間都在上海、香港等地；1917 年，悉尼推選華僑參議員，郭標在缺席的情況下，以 20 票對 4 票壓倒先施公司的馬應彪（1860-1944），成為新南威爾士州中華商會選舉的華僑參議員代表（《東》，1917 年 2 月 17 日，頁 7，〈雪梨中華商會公選舉參議員〉）。

28 伍萼樓是《東》報的總編輯，也是保皇會及後來憲政會的忠貞份子。在 1911 年前後與革命派報刊及後來悉尼《民國報》和其他國民黨在東南亞地區的喉舌展開的筆戰中，他以端本的筆名，替保皇、憲政而辯護，又替《東》報的備受圍攻而進行反擊。在這段期間，他不獨是憲政會的名譽總理，更是幹事和書記；他的政論性文章觀點雖略嫌保守，卻未嘗不有獨到的見解，他的詩作，頗有舊式文人思古的情懷，但他的罵戰文筆，狼垮虎戟，潑辣之餘還見俚俗，是一個多才多藝的老書生。在 1913 年，中華商務總會成立後，長期以來皆由他出任書記一職。伍萼樓約在 1897 年抵澳，於 1927 年以年逾古稀為理由而向《東》報董事局請辭，他在該年 4 月 22 日乘船返回廣東高要，與兒孫團聚，安享晚年（《東》，1927 年 4 月 23 日，頁 7，〈伍萼樓先生定期歸國〉）。

29 梅東星雖在是次的指股中僅佔 4 份，但他在當年悉尼，甚至整個澳大利亞華人社區的影響力，絕對不在梅光達之下。梅東星約於 1850 年抵達澳大利亞，歷任多個省、埠包括悉尼為主的洪門館主之職，而且一直雄據該位 55 年，經他引薦進入洪門的後進共 3,000 人，可以稱得上是門生遍天下。洪門對革命的貢獻毋庸置疑，在悉尼政府機構的註冊簿中，它一直以義興會的名義出現，而且在希孖結畢力般街設有自置會堂，對結集華人力量，籌措資金支持革命，或翻滿清政權有一定的功勞。梅東星由於年事日高，會中事務漸交由年青一代接手，但由於他地位尊崇，1911 年悉尼成立籌募軍餉捐獻革命軍政府的少年中國會（1904 年，墨爾本成立一個和悉尼保皇會名下同稱的新民啟智會，後來易名啟智社，它一直鼓吹共和，在 1909 年前後正式宣揚革命思想，1910 年再易名為少年中國會）亦力邀梅氏為骨幹（《廣》，1911 年 12 月 2 日，頁 5，〈少年中國會〉），《廣益華報》的記者還尊稱他為"梅東星伯"（《廣》，1912 年 1 月 27 日，頁 18，〈雪梨埠義興會堂〉）。1912 年初，義興會堂遷至馬利街（Mary St.），實力更見擴充，而且更積極投入洋人社會，如捐獻醫院、盲人院等等。梅東星在 1913 年 4 月 16 日返回中國（《廣》，1913 年 4 月 26 日，〈梅君東星榮旋祖國〉〉，但在翌年 1 月即重返悉尼（梅東星在 1913 年 12 月 19 日在香港乘坐日本輪船丹後丸回悉尼〔《廣》，1914 年 2 月 21 日，增附頁，〈恭頌日本郵船公司丹後丸〉〕。當時由香港至悉尼的輪船行程約需時三周，梅氏當在 1914 年初抵達悉尼港口），繼續輔助新一代義興會的接班人，這些都可在槐朗埠（Wyong, N.S.W.）的義興分會替義興強人黃柱賀壽的宴會中觀察得到（《廣》，1914 年 8 月 8 日，頁 3，〈槐朗埠義興公司為黃柱兄賀壽〉）。梅氏返回澳洲後出任悉尼民國公會盟長（1917 至 1919 年間，悉尼義興會〔後來的致公堂〕與國民黨曾商討合作與合併事宜，民國公會之名或據此而來），他在 1919 年 6 月 18 日病逝悉尼（《廣》，1919 年 6 月 21 日，增附頁，〈民國公會盟長逝世〉；7 月 5 日，增附頁，〈追悼梅東星先生紀盛〉），終年 88 歲。1918 年美洲洪門總堂宣布海內外洪門一律易名致公堂（《廣》，1918 年 9 月 7 日，頁 5，〈對於洪門議案定致公稱一律而書〉）。

30　見《東》，1900 年 1 月 24 日，頁 3，〈會談義舉〉條。保皇會在 1900 年 1 月 14 日成立時，會址就在悉尼佐治街 166 號，《東華新報》報館的樓上，不可能容納太多聽眾。《東》報在 1905 年 7 月遷至佐治街 158 號，保皇會亦同時遷至它樓上，地點雖較寬敞，但也僅限供百名會員開會（《東》，1905 年 7 月 15 日，〈紀皇上萬壽慶典及保皇會新遷會所事〉）。當時的會議尚由捐股 100 份的李益徽為主席，但後來李益徽淡出保皇活動，專心料理店舖業生意，同時也為掌理聯益堂事務而奔走，更因聯益堂的問題與保皇黨人結怨。

31　見《東》，1900 年 2 月 7 日，頁 5，〈義舉翕從〉條。

32　見《東》，1900 年 3 月 10 日，頁 2，〈保皇電稟〉條。

33　見《東》，1900 年 2 月 7 日，頁 5，〈西曆正月之廿七號早報電〉、〈電函譯登〉等條。

34　見《東》，1900 年 2 月 17 日，頁 2，〈論中國太后亟宣歸政〉條。有關保皇及革命黨人散落世界各地所創辦的報章，可參考馮自由〈南洋各地革命黨報述略〉（氏著：《革命逸史》【台北：台灣商務印書館，1969 年】，第 4 集，頁 145-155）。

35　見《東》，1900 年 1 月 20 日，頁 2，〈保皇雁帛〉；2 月 7 日，頁 5，〈訪事傳音〉等條。

36　同上註出處。又見《東》，1904 年 5 月 14 日，增附頁，〈遊澳先聲〉條。

37　見《東》，1900 年 3 月 17 日，頁 2，〈義函慎告〉、〈布告立嗣緣由〉、〈神京要語〉、〈駁詰十二月廿四日偽諭〉；4 月 4 日，頁 2，〈保君正氣說〉、〈聖躬慘狀〉等條。

38　見《東》，1900 年 4 月 7 日，頁 3，〈君國清談〉條。查該天是周六，保皇中人首先在下午二時起講，參會者為百餘人。黃昏後七時再開第二場，聽眾二百餘人，至晚上十時半散會，情況踴躍，人數可觀。

39　同註 38 出處。據稱當時悉尼已籌款 3,000 鎊，星嘉坡華僑邱孝廉（邱菽園【1874-1941】一人捐助 10 萬圓，合共其他保皇成員的捐款達 50 萬圓。至於三藩市、夏威夷、橫濱等市捐款亦達 "萬萬計"。

40　見《東》，1900 年 11 月 21 日，頁 2，〈梁孝廉卓如先生澳洲遊記〉條。

41　見《東》，1900 年 11 月 28 日，頁 3，〈景仰芳蹤〉；12 月 1 日，頁 3，〈孝廉演說〉；12 月 5 日，頁 3，〈中西大集〉、〈孝廉遊蹤〉；12 月 15 日，頁 3，〈續梁卓如先生澳洲遊記〉等條。

42　19 世紀中葉之際能吸引大批華人屯集的澳大利亞鄉鎮，幾乎都是金礦礦區所在地。Glen Innes 屬於新英倫牧區管領，在這區內的中南部及 Tenterfield 金礦註冊區域，分別聚結了 260 及 102 名華人。在新英倫牧區內只有一個較具規模的市鎮 Armidale，這鎮內僅得三名男性華人，而在同時期的 Glen Innes，規模或較鄉村稍佳，但卻算不上是市鎮，亦僅有三名男性華工在那兒工作（Census of New South Wales 1861, [Sydney:Thomas Richards, Govt. Printer, 1862], p.497）。

43　見《東》，1901 年 1 月 12 日，頁 3，〈梁先生坑上游罷〉；1 月 23 日，頁 3，〈續梁先生坑上游罷〉條。查廣生和號在 1886 年啟業，當時只是一間木蓋的房子，由當時居澳已久，曾於煙菲亞各（Emmarille? Invervell? N.S.W.）營生的中山人黃焕南（1856-1936）主理。不久後，廣生和號的股份便易手至另一名中山人關潤及其家族手中，黃焕南仍是廣生和號中的小股東，他還在 1905 年底致信《東》報，談及禁令制美貨之事（《東》，1905 年 11 月 11 日，頁 6，〈〈論中國禁銷美貨與澳洲擴充商務之時機〉〉，《東》報尚稱 "既違彌時埠廣生和號黃君焕南"，他也在行將改朝換代之際，成為了憲政會的新值理（《東》，1911 年 7 月 15 日，頁 6，〈會事紀聞〉）。1893 年，廣生和重建成為兩層磚屋的小型百貨公司，並自置發電機，成為市內第一家裝置電燈的商店。1903 年，廣生和號再次擴張，該市市長及中西嘉賓都雲集開幕盛典（《東》，1903 年 11 月 7 日，頁 3，〈華商之光〉）。這時它以售賣文具及唐番雜貨為主。1910 年 10 月左右，廣生和號發生火警，從報導中得知它已在比鄰的舊店內開設傢俬部門，而且也是該處首先起火釀災，造成六、七百鎊財物的損失（《東》，1910 年 12 月 3 日，頁 7，〈廣生和號之火災〉）。可以說，廣生和號確是華人在澳大利亞鄉鎮中掙扎崛起的成功例子。廣生和在後來易名廣生公司（Kwong Sing & Co.），至今已有 128 年歷史，在它 100 周年慶典時，Glen Ienes 的報章還出版特刊以示紀念。至於黃焕南在 20 世紀初返回中國，與同鄉馬應彪等在上海開設施公司，並出任監督，後來又慫恿另一同鄉兼親戚李敏周（1880-1935）於 1926 年在上海先施、永安的鄰近創辦新新公司，可謂創業的翹楚（李承基《上海四大百貨公司 澳洲華僑創設上海四大百貨公司經過史略》，《傳記文學》，1986 年 11 月，49 卷 5 期【總 294】，頁 77-86；〈先父李敏周與上海新新公司 一個澳洲華僑的奮鬥史〉，《傳記文學》，1979 年 11 月，35 卷 5 期【總 210】，頁 98-108）。

44　見《東》，1901 年 2 月 6 日，頁 3，〈保皇開會〉條。至於梁啟超在悉尼的訪問資料，可見《東》，1900 年 12 月 8 日，頁 3，〈恭迎國士〉；12 月 12 日，頁 3，〈演說紀略〉；12 月 19 日，頁 3，〈高談動聽〉等條。

45　見《東》，1901 年 5 月 29 日，頁 3，〈人心可用〉條。

46　梁啟超的遊說勸捐，雖然在席間得到不少華僑慷慨義捐，但答允捐出金額較大的華人，總是推說沒有現金在身，往後便變成了賴賬情況的出現。可以說在表面上他籌募所得的金額不算太少，惟實際上也還有限。這些都可在梁啟超寄康有為的信件中觀察一二（見丁文江【編】：《梁任公先生年譜長編初稿》【上】，卷 10，光緒 27 年【1901】辛丑條）；劉海平：〈清末保皇黨在澳洲僑界的活動〉，《傳記文學》，1991 年 12 月，59 卷 6 期【總 355】，頁 101-105）。

47　澳洲政府經悉尼保皇黨人多次上書據理力爭，也不允簽發康有為的入境護照。見〈澳洲雪梨帝國憲政會伍薲樓等致康有為書〉（載《康有為與保皇會》，頁 444-448）。

48　《東》，1900 年 8 月 25 日，頁 2。

49　見《東》，1900 年 10 月 3 日，頁 2，〈孫中山行蹤略誌〉條。

50　見《東》，1900 年 11 月 10 日，頁 3，〈兵戎未靖〉條。

51　見《廣》，1900 年 10 月 27 日，頁 3，〈華洋軍情〉條。

52　《廣》，1900 年 3 月 16 日，頁 4。

53　《廣》，1900 年 11 月 8 日，頁 4。

54　《廣》，1904 年 11 月 26 日，頁 2。當然，《東》報早在 1902 年時已有相類似的文章（《東》，1902 年 3 月 19 日，頁 3，〈嘆漢之無君〉）；但明顯的，是《東》報的層面停留在哀歎無君之痛，而《廣》報則在歌頌無君之利。

55　見《東》，1901 年 8 月 7 日，增附頁，〈六月廿八日禮拜一大清光緒皇帝 萬壽大日子〉條，以英語載說："These Premises will be closed on 12th August, as a holiday for the Birthday of His Imperial Majesty‵Emperor Kwangsu,″。而"六月廿八日"是指清德宗陰曆生辰。

56　見《東》，1904 年 7 月 23 日，增附頁，〈記舉行慶典事〉條。

57　見《東》，1910 年 2 月 26 日，頁 7，〈皇上萬壽慶典之盛會〉條。

58　見《東》，1900 年 8 月 22 日，增附頁，〈八月二十七日孔聖壽誕大日子〉條。英語說："These Premises will be closed on Thursday, 20th September, as a Holiday in Remembrance of our Prophet, Confucius"．

59　《東》，1900 年 8 月 22 日，頁 1。

60　見《東》，1900 年 9 月 15 日，頁 3，〈恭祝孔子壽誕定章〉條。

61　《東》，1902 年 8 月 30 日，頁 2；1902 年 9 月 6 日，頁 2。

62　見《東》，1903 年 4 月 4 日，頁 3，〈傑士遠遊〉；6 月 27 日，頁 3，〈志士行蹤〉；8 月 1 日，頁 3，〈志士行蹤〉；8 月 22 日，頁 3，〈志士行蹤〉；9 月 12 日，頁 3，〈美洲鯉信〉；11 月 7 日，頁 3，〈歡迎志士〉；11 月 14 日，頁 3，〈屋崙大會〉等條。

63　見《東》，1903 年 7 月 11 日，頁 2，〈康女士同璧致各埠保皇會書〉、〈女維新會〉等條；1904 年 4 月 2 日，增附頁，〈救國女會章程序〉條。

64　見《東》，1903 年 7 月 18 日，頁 3，〈華商慶會〉；8 月 1 日，〈商會集股三誌〉、〈志士行蹤四誌〉等條。又可參考〈中國商務公司緣起附章程〉)（載《康有為與保皇會》，頁 266-286）。

65　見《東》，1905 年 8 月 2 日，增附頁，〈振興商務〉條。

66　《東》，1903 年 11 月 7 日，頁 3。

67　見《東》，1904 年 7 月 16 日，頁 2，〈記革命黨孫文抵舊金山之怪聞〉；7 月 23 日，頁 2，〈續記革命黨孫文抵舊金山之怪聞〉條。

68　見《東》，1905 年 7 月 8 日，增附頁，〈斥偽革黨某報之狂吠〉條。並可見 7 月 22 日，頁 2，〈續斥偽革黨某報之狂吠〉；7 月 29 日，頁 2，〈三斥偽革黨某報之狂吠〉；8 月 19 日，頁 2，〈四斥偽革黨某報之狂吠〉等條。

69　見《東》，1905 年 7 月 22 日，增附頁，〈論保皇會會牌事〉；10 月 14 日，頁 6，〈保皇會換票領牌告白〉等條。

70　從〈論保皇會會牌事〉中，讀史者看到保皇成員所爭議的，竟是不着邊際的瑣事，如駁拗衿章當為銀色，或謂燒青，或謂古銅，或謂其他花紋雜色。型狀方面或有議圓形，有議方形，有認為三角較宜，莫衷一是，最後康有為同意選定圓型古銅色為保皇會會員的特章。而在〈保皇會換票領牌告白〉中，它宣佈以前在新南威爾士各埠自行頒發的入會證已屬無效，往後一律遵從美洲保皇總會的指示，領取劃一規定的特章（會牌），每枚 4 司令。另外，過去各埠自行頒發的保皇會股票（憑票）亦一律作廢，同樣地以美洲總會新印製的股票為準，每份股票當一張計算，每張收回 2 司令的費用。而對新入會的會員來説，每份股票已不再是 4 司令的舊價，新價為 1 英鎊。1905 年保皇會知會會友由美洲總會寄來的衿章已經收到，新價是 4 司令 6 毫。會員在出席會議時均須配戴，以茲識認（《東》，1905 年 12 月 16 日，頁 6，〈保皇會換票領牌告白〉)，反映保皇會政治鬥士的本質早已褪色，變成如註冊為"保救大清公司"的企業化與制度化，加上它投入了商業的元素後，救國激情愈淡，對於國內政局的惡化從而要求急劇轉變的前進人士來説，自然將捨棄保皇會而投向革命黨人的懷抱。

71　《東》，1904 年 8 月 20 日，增附頁。

72　《東》，1907 年 1 月 5 日，頁 5。

73　《東》，1907 年 2 月 2 日，頁 2。

74 同上註出處。

75 見《東》，1907 年 4 月 6 日，頁 2，〈改用帝國憲政會新名布告〉、〈表白〉及轉錄自夏威夷《新中國報》的〈帝國憲政會歷史略述〉等條。

76 同上註出處。〈帝國憲政會歷史略述〉及〈檀香山帝國憲政會新年改名大祝典紀盛〉條。有關《民報》與《新民叢報》辯駁綱領及各地革命黨與保皇黨人的筆戰，可參考革命開國文獻編輯小組（編）：《中華民國建國文獻：革命開國文獻》（台北：國史館，1995 年）第 1 輯，史料 1，第 3 章，〈革命與君憲的論戰〉。

77 見《東》，1907 年 9 月 14 日，頁 2，〈上諭〉；1908 年 2 月 29 日，頁 2，〈上諭〉等條。

78 見《東》，1907 年 9 月 21 日，頁 2。

79 見《東》，1908 年 7 月 4 日，頁 7，〈海軍捐之踴躍〉；1909 年 5 月 22 日，頁 2，〈論中國變法與辮髮服制有關繫〉條。

80 《東》，1911 年 1 月 21 日，頁 2。

81 見《東》，1911 年 5 月 6 日，頁 2，〈論中國革命之風雲〉條。

82 《東》，1911 年 5 月 27 日，頁 2。

83 見《東》，1911 年 8 月 19 日，頁 2，〈革命黨之種種罪惡〉；10 月 7 日，頁 2，〈偽革黨孫軍頭最近棍騙史〉等條。

84 見《東》，1911 年 9 月 2 日，頁 6，〈革黨怪現象種種〉；9 月 16 日，頁 2，〈偽革黨之罪狀〉；10 月 28 日，頁 2，〈香港通信〉等條。

85 見《東》，1911 年 9 月 2 日、9 月 9 日、9 月 16 日、10 月 7 日，頁 2，〈論種族革命之大害〉數文。在《東》報與墨爾本《警東報》筆戰的過程中，亦曾以相同論點反對種族革命（《東》，1911 年 10 月 14 日，增附頁，〈七斥《警東報》文〉）。武昌舉義成功後，《東》報語調有輕微改變，同樣藉着先前的論點，強調所反對者僅為種族革命而已（《東》，1911 年 10 月 28 日，增附頁，〈論革命〉）；在這段時期，《東》報的"斥"《警東報》文章業已軟化為"告"《警東報》文），但內容仍堅持反種族革命立場不變（《東》，1911 年 10 月 28 日，增附頁）。

86 見《東》，1911 年 9 月 16 日，增附頁，〈粉身碎骨之好機會〉條。

87 見《東》，1911 年 10 月 28 日，頁 7，〈憲政會之一迎一送〉條。

88 同上註出處，〈愛國者必愛龍旗〉條。

89 《廣》，1911 年 11 月 2S 日，增附頁。

90 見《東》，1911 年 11 月 11 日，頁 2，〈論革命後之政府與人民〉條。

91 見《東》，1911 年 11 月 25 日，頁 2，〈本館特電〉、〈黎元洪之歷史〉等條。

92 《東》，1911 年 12 月 16 日，《東》報仍將宣統"正月十三日皇帝萬壽"及"宣統三年歲次辛亥十月廿六日"等字樣刊在頭版。但相隔一周，即 1911 年 12 月 23 日，有關清室及宣統的紀年全部已遭刪除，只剩下"八月二十七日孔子降誕"、"孔子二千四百六十二年"、"辛亥十一月初四日"、"耶穌一千九百十一年十二月廿三號"等字樣。

93 見《廣》，1912 年 2 月 10 日，頁 4，〈同胞恭賀新立民主國慶典〉條。

94 見《東》，1912 年 3 月 9 日，頁 2，〈憲政會非保皇會〉、〈本會廣告〉二條。

95 《東》，1914 年 9 月 26 日，頁 8，〈憲政黨啟事〉。又可見〈保皇會易名辯〉（載《康有為與保皇會》，頁 323。

96 有關澳華在保皇會、憲政黨呼顯下的救國捐獻，或他們企圖為教導土生華童中國語文的努力，可見本書〈社會篇〉第 4 章、〈政經篇〉第 12 章。

97 《廣》，1911 年 11 月 25 日，增附頁。《廣華益報》在武昌起義成功後，除轉載洋報漫畫，諷刺清帝龍座不穩外，同時也刊登澳大利亞少年中國會骨幹成員的照片。左起張良，黃柱，梅東星、黃又（右）公，湯興。

9

20世紀初 華人菓業的 發展與危機

引言

澳大利亞各省政府在 19 世紀 40 年代開始引進中國合約勞工,其中最早期的或從事放牧工作,稍後繼之而來的有參與耕作、種植或修建道路,自發現金礦後,不少華工又被差派到礦區發掘。[1] 至於偷渡進境的中國人更分佈各地區,在這段淘金狂熱的歲月裡,很多不知名的同胞都依靠着礦區或其周遭的營運來維繫生計,合約勞工固不待言,其他還存在大量沒有開採權,卻在白人廢棄的礦坑中繼續開鑿的中國人;正因在各礦區居停的國人有一定數目,也吸引了大批販賣日常用品的同胞屯集,向梓里們兜售中國雜貨與食品。[2] 自 19 世紀末金脈漸次枯竭,熱潮式微,勞工在合約約滿後被遣返家鄉,其中若干偷渡者仍願留下尋找生計的都為着去向而惆悵,在現在回顧起來,當時部分華人轉而參與洗衣、木工、漆工或餐館等行業,但更多的卻是因應在家鄉的知識而投身菜農與果農的行列之中。[3]

華人菓業概況

在中國合約勞工大量湧入澳大利亞時，其中不少便被安排在昆士蘭參與種植果子的工作。隨着 19 世紀末金礦業前景日益暗淡，果蔬種植、運輸與門市批發成為轉業華工的最大市場。此前雖有若干華人參與市面的零售經營，但都因受到各方的制肘而未能成功，而此際大批同聲同種勞動力的投入，便正是其間華人開拓果業不可多得的難逢機遇。

若要細數當時華人果業較特出的代表，自然非 1897 年於新南威爾士悉尼欽布爐街 24 號成立的永安果欄莫屬，其創始者為 19 世紀末自昆士蘭南下新省尋覓生計，後靠沿途推車販賣水果而漸賺得生計的郭樂。郭樂薄有積蓄後初與同鄉經營合利號，[4] 不久即與友人馬祖星（1922 年上海永安紡織印染廠董事之一）共創果欄，當時售賣的主要是從北昆士蘭艾弗頓（Atherton, QLD）及飛枝運來的香蕉、椰子、花生，其他還兼賣蔬菜、唐番雜貨；由於當時不少分佈在新省各地的華人轉業菜農，而泰半坑上地區又缺乏土貨供應，故自創業伊始，他們已與散居各小埠的華人取得聯繫，接受訂貨之餘，還負責裝運服務，業務很快便得以拓展。當時永安的主事人除郭樂外，還有梁創（1918-1919，香港永安有限公司董事之一，1922 年上海永安紡織印染公司副經理）、楊美成、彭容坤等。次年，他們更在柏架街果市場另闢支店。[5] 甫踏進 20 世紀，其營運者還置分店四所於坑上各埠（見附圖 9.1-9.2）。永安果欄雖是當時華人果業界的翹楚，[6] 但其歷史卻不及約創立於 1890 年的永生果欄悠久。永生創始者馬應彪（1860-1944）與郭樂的祖籍均屬廣東香山，郭樂在籌組永安果欄前也曾在永生工作。永生果欄正店在欽布爐街 20 至 23 號，此外在果街市（Steammill St.）及沙昔街（Sussex St.）也有分店，其生果來源主要也來自昆士蘭（見圖 9.3-9.4）。[7] 除永生外，馬應彪亦是永泰果欄（Wing Tiy & Co.）的大股東。永泰在欽布爐街 34

號的店舖除販賣蔬果外，還有其他雜貨如麻糖、餅乾、馬糧、種蒔及各式唐番貨品；與永生、永安一樣，永泰亦承接昆士蘭與飛枝的生果批發（見圖 9.5-9.6），此外，它還代理各小埠的華人蔬果及土貨。[8]19 世紀末在悉尼市經營唐人雜貨的店舖頗多，計有座落高爐濱街的慶祥號、公平號、永興泰；左治街的廣興昌、經興號；呅士街的廣茂安、義益號、合和號；欽布爐街的永和興、義益號等等，但從廣告中所見，它們售賣的都是乾貨，並無涉及蔬果買賣，與永生、永安無正面的利益衝突。當年這門生意受市政府集中管轄，蔬果商大都雲集在希孖結（Haymarket）與貪麻時街（Thomas St.）一帶，與欽布爐街、柏架街、佐治街、高爐濱街和沙昔街近在一箭之遙，來買唐番貨品的人流絡繹不絕，至於遠居坑上每周或僅一進悉尼遊玩的華友都必雲集這方寸之地，當然這也是永生、永安在欽布爐街置店後還要在附近另闢支店的原因。[9]至 20 世紀初，華人果業得到拓展的機會，於是唐人雜貨店或土舖內也有兼販果蔬的例子，如 1902 年永安果欄郭樂次弟郭泉（1875-1966）承接其兄入股的合利號、陳怡庭等合股的裕生盛、吳善恆合股的合生號便有果子菜蔬販賣，悉尼市外的唐人店舖如鍾德橋及其家族營運的新利號、黃錦意等主持的恆利號都因在坑上，故除土貨外也兼售果蔬。[10]

華人菓業昌盛的背景與因素

華人在 19 世紀末能夠成功打開在澳大利亞經營果業的缺口，主因有四。其一，澳境地廣人稀，物資富饒，在當時的確期待新勞動力來投身這行業。其次，昆省素來是盛產水果的地區，當地白人地主早在淘金熱期間已急需華工到果園參與種植和收割工作；19 世紀中期國內太平軍的抗清運動與滿清政府在江南地區的鎮壓天兵餘黨，驅使大量國人南下香港與澳門，他們在洋行買辦與其屬下派生的機構通過自願或強迫，甚至誘拐手段下簽約，被大量送到新金山，為這片急需人力資源的土地提供不絕的補給。[11] 在白人果園中的種植新知識有助部分私逃勞工越境到新省另覓工作的機會，並進一步補足華人果業於主流社會的競爭力。事實上，在 1901 年澳洲成立聯邦政府前，華人私自越境，特別是由他處進入新南威爾士的偷渡潮已成為各省政府爭訂立法禁止的議題。

正因澳大利亞地廣人稀的緣故，在 19 世紀中葉至 20 世紀初，各省未有嚴訂土地買賣的方案，不少華工在異地工作數年後因掙到若干積蓄，於是在這機遇下買地轉業為菜農或果農。19 世紀抵澳的華工多不通曉英語，故當時瞥見大量華人轉營種植行業（market gardening）後，希望藉此租售土地謀利的白人都在華人報章上刊登廣告，如 1898 年在《東華新報》上的一則出賃果園告白說：

> （園出賃）加令活（Carlingford?, N.S.W.）[12] 地方離悉尼 40
> 咪路有菓園 11 個衣架（acre），租價相宜。園內有 6 個衣架菓
> 樹並屋一間。如尊人合意，祈到雪梨呅士街口號，問窩架布喇
> 打（Walker Butler）便知。[13]

1899 年瑞典、挪威領事在華報上刊登賃地告白：

> 啟者：茲有園地 2 段在罷利麼火車頭（Belmore?, N.S.W.）
> 共 170 個衣架，泥土肥美，不日有水喉通達。園邊可以作菜園，
> 種菓麥，養六畜。屋宇犁耙馬匹齊備，巴辣（barrier）堅固，內
> 有 5、6 衣架已犁耙妥當，亦有嫩果樹園，租極平宜，許 6 個
> 月不計租。離雪梨 7 咪遠，四隣人煙稠密，況出入大車甚便，
> 誠種植興田之地也。若華人欲批者，請照英字門牌移玉面議。
> 或問本館鄭祿便知詳細。此佈　瑞典、那威兩國領事科利士脫
> 啟。[14]

又有些資料提供了供應水源園地的租賃價格：

　　活佈盧（筆者按：疑是指地產代理 Edward Butler）有肥地
一段，離雪梨 28 咪遠，計有 12 個衣架，內有菜園菓子，去坑
（town）不遠，並無欠水，又有屋宇。每禮拜租銀 8 元，或承買
該園亦可。祈問《東華新報》鄭祿便知。[15]

這些由洋人放租或放售的告示時有所聞，園地離市中心或遠或近，面積
或大小有異，都能吸引華人的洽商承租或購買；以下多則雖是菜園廣
告，但內中卻揭示了當時華人種植事業的蓬勃，且多果蔬同園生產：

　　啟者：文利埠（Manly, N.S.W.）卡利卡利克力（筆者按：
疑是指地產代理 J. Currie Elles [16]），有肥地 9 個衣架，水亦足
用，欲租與人種植，價甚相宜，左右均有華人菜園為鄰。如意
者祈到雪梨埠佈列治街（Bridge St.）門牌 19 號與地威利士（T.W.
Willis）商議便安。尚此特佈。[17]

當時也有經營生意的華人或出於轉業，或因回鄉緣故，以眼前不少同
胞都投身種植的難逢機遇而放售物業圖利，1900 年一則關於亞舉（Ah
Cooey）放售小埠生意的告白記載：

　　茲本號在孖崙地埠（Merdinee?, N.S.W.），係做唐番文房
雜貨生意，兼做麵包與及割牛，並有菜園 2 個，連皇家地（即
Crown Land）合共 5 個衣架。又大馬車 2 堂，精壯馬 2 匹，棧
房 3 間，馬口鐵煙廠 1 間。所有架生什物一概招人承頂。如有
梓友合意者，請到面酌是幸。己亥年十二月初三日 李閏舉謹
啟。[18]

另兩則同屬新省的華人果菜園招售告白說：

　　茲本菜園係在花飛爐埠（Fairfield?, N.S.W.），有 50 個衣
架地方，菜蔬菓子滿園豐盛，今欲招人承頂，倘有樣友想做，
請來面商。兼之有東家火煙攪，方面（疑是"便"字）水足。此
佈 花飛爐埠新同春啟。[19]

又 Hop Hing Tilpa：

> 　　啟者：茲本園在打崙坑（Darlington?）悌竺巴埠（Telopea?
> N.S.W. 兩地分隔頗遠，待查），有 3 個衣架地方，滿園菜蔬果
> 子，兼有馬攪及車 2 乘，良馬 2 匹。所有屋宇架生雜貨一概招
> 人承頂，歷年生意亦頗獲利。倘有梓友合意者，請移駕到來面
> 議是荷。弟馬門定、馬葆濂全啟。[20]

亦有華人退股果園，並即由舊侶承股的告示：

> 　　啟者：自 1901 年 4 月份起，貪眉（Tommy?）邱柏、陳芹、
> 亞社三人在偏列埠（Penrith, N.S.W.）合伴做生利園菜園 1 個。
> 今貪眉邱柏志圖別業，願將名下所沾之股份及園內架生、什物、
> 車馬園底一概頂與陳芹、亞社二人承受，即日交易清楚。日後
> 生意盈虧與貪眉邱柏無涉。特此聲明。偏列埠生利園 陳芹、亞
> 社全啟。[21]

說明了土地租賃買賣的市場上不乏華人承接，而且在世紀轉替間交投活
躍，造成當地華人果商不必全然受制於洋人果園的擺佈，這是第三個有
利條件。在此大量同胞投身種植事業之際，亦有華人果欄轉手的例子，
著名的永安果欄便是在 1897 年由郭樂為首的香山梓里以 1,400 鎊承
頂此前生意失利的永安棧而創立，[22] 至於 1900 年 3 月位於希街（Hay
St.）的萬生果欄由李盛陶、馬權業等經營的萬利號（Man Lee & Co.）承
接，[23] 說明果子批發在此際有其發展的前景。

　　19 世紀中葉抵澳謀生的華人多祖籍廣東，次則福建，淘金業漸次
沒落後，願意留在當地尋覓第二、三工作機會的已多是廣東人，[24] 其
中縣籍高要、高明的多從事菜園種植，部分東莞、四邑、香山人也投身
果菜場耕作，雖然大家鄉音有異，但都能互相溝通。永生與永安果欄的
主理者都是香山縣籍人士，永安果欄郭樂縣籍香山環城區竹秀園村，馬
應彪縣籍香山沙涌，馬郭兩家亦有姻親關係，彼此雖屬同行，卻因上述

緣故携手合作組成生安泰果欄，更進而聘用廣東梓里在果園及店舖內打
理。縱使規模較小的華人果欄或兼販果蔬的土舖都是以家族提携同鄉的
形式營運，同鄉亦多感恩而辛勤幹活，他們工時遠超洋人工會的限制，
且員工多在商舖裡居住，店舖關門後仍可在店裡巷後繼續幹活，至令勞
工部門的督察員難以檢舉店主，這自然也是華人果業崛興的第四因素。

華人菓業的携手與開拓

正如前述，自 19 世紀末以來，在新省的華人果欄除承接本地果子
外，大都批發昆士蘭及飛枝的水果，主要是確保來路較多，果種俱備，
且不必全受白人果園價格的限制。當時華人在昆省的果商、土舖如新和
興、義生號、祐生昌、新順利等，除發展本地生意額外，都亟力期待打
開新省市場。[25]1902 年，在悉尼生意日上軌道的永生、永安與永泰果
欄聯手創立生安泰果欄，並與昆州同縣籍的梁坤和（1833-1908）合作，
取得香蕉代理權。繼後，生安泰在昆士蘭購下 350 畝蕉園，每周可運 2
萬簇香蕉至悉尼。[26] 不久他們又在飛枝首府蘇化埠（Suva, Fiji Islands）
開業，實行在當地直接監控水果生產與確保附運無誤，每周亦可附運相
同數量的香蕉至新南威爾士。環繞蕉業工作的，除人手種植、施肥外，
打蟲、收割、水陸兩路的附運及運至市區後焗蕉的工序都需要大量勞動
力，[27] 據説在 1913 年，生安泰在飛枝僱用員工五百，擁地二千餘畝，
在昆州的蕉園闢地近千畝，使它成為澳大利亞華人業界的巨擘。悉尼華
人果欄的經營額日趨龐大，較有本錢的華商都先後加入競逐行列，其中
著名保皇中堅黃來旺亦是泰生果欄的股東之一。[28]

19 世紀末華人大量屯集並與洋人爭奪工作職位已令悉尼出現一次
大規模抵制華人的運動（見附圖 9.8-9.9）。[29]20 世紀初華人果業急速

的發展更直接招來洋商的側目，他們立時反應之一，便是鼓動工人反對華人無止境地在澳大利亞境內開拓果業，並企圖進一步杯葛華人蕉工。於此輿論紛紜之際，部分目光更為遠大的華商，除在飛枝等太平洋島嶼繼續購地建園及僱用土人開發外，因不願往來的貨運受制於其他洋人船行，故自資購買船隻，把果子直接送到澳大利亞本土。

　　1911 年前後，悉尼華人雜貨店安昌號已代理行走西太平洋島嶼的船隻，此外又置有一艘火船，一艘三桅帆船裝載貨物往來基爐弼埃崙（機路佛孤洲，Kuria, Gilbert Islands。見附圖 9.10）。[30] 與此同時，泰生果欄股東余榮亦因拓展業務關係，以其公司（Peter Yee Wing Co.）名下購買三桅帆船 *Joseph Sims* 號往來太平洋中部的飛枝與基爐弼埃崙，把香蕉、椰子等運抵澳大利亞謀利。1915 年，余榮遠赴美國洽商新船，增購排水量 305 噸，每小時可行 8 至 9 海哩，內置煤油機器輔航的三桅帆船一艘，取名為機路拔埃倫（*Gilbert Islands*），新船總值約一萬英鎊，雖同屬余榮公司名下，但卻非余榮獨資購買，其他合資者為梁創、郭標、黃來旺、李元信等，前三人依次是永安、永生、泰生果欄的股東，後者則是悉尼另一華人雜貨店老號安益利新一代的店東。[31] 永生、永安、永泰既組成生安泰果業集團，加上各股東又與泰生、安益利合作攜手，可見華商在亟力拓展澳大利亞本土的果業時，也因應着各種外來不明朗因素影響下，銳意外尋商機，藉此鞏衛在澳的經營利益。

　　華人特意開拓蕉園自有其道理，香蕉在澳大利亞土產水果中是價格較高，且又能大量收成的農產。茲比較當年果菜市場的價目如下：

蔬菓類	單　位	價格（鎊／圓）
椰　菜	1 打	$1.00- 3.50
甜蘿蔔	1 噸	£2-3
紅蘿蔔仔	1 打	$0. 60
青　葱	1 打	$1.00
青　蒜	1 打	$1.00
旱　芹	1 打	$2.00-2.50
菠　菜	1 打	$0.60-1.00
番　瓜	1 打	$3.50-7.00
薯　仔	1 噸	£6.00-7.05
洋　葱	1 噸	£5.00-9.50
番　茄	1/2 箱	$2.50-5.00
橙　果	1 箱	$2.00-18.00
菠　蘿	1 箱	$7.00-8.50
大　桔	1 箱	$3.00-12.00
萍　果	1 箱	$3.00-11.00
檸　檬	1 箱	$3.00-12.00
盧　橘	1 箱	$1.50-6.00
熱情果	1 箱	$2.50-14.00
椰　子	1 袋	$12.50
昆士蘭蕉	1 條（枝）	$2.00-3.50
飛枝蕉	1 條（枝）	$3.50-5.50

從上表列可見椰子與香蕉是價格較高的果類，比對 20 年間價格，香蕉價格在四季間的變化不大，且有上升的趨勢，註釋 33 中的數據可作佐證。當時的雞價每對 $3.30-$4.90、鵝每對 $6.00-$6.50、鴨每對 $3.50-$5.50、火雞每對 $7.00-£1，[32] 雖然物價起跌每天不同，但可以肯定的是，香蕉價格高昂且一直高企。[33] 自 1906 年昆士蘭經一場毀滅性的旋風蹂躪後，至 20 世紀的首兩旬，澳大利亞本土的香蕉供應量僅及

需求的四份一，[34] 華人覬覦這市場而涉足其中，自然侵奪了洋人果商
黳舐已久的巨利，所面臨的杯葛與排擠是可以預見的。

華人菓業面臨的危機

　　19 至 20 世紀之交，華人果業的成功除營運者的目光與魄力外，最
主要的是能自由購地種植，次則在本土開發的果園泰半僱用廉價同鄉，
這批梓里一來只顧默默耕耘，二來不受洋人果業工會的左右與煽動，故
在勞資雙方商議條件時，如工錢、工作時限與罷工問題上遠較其他洋人
果園易於處理；縱使並非自置的果園，本地自耕的華人果農亦運載部分
農產品至同胞經營的果欄寄賣，無形中增加了華人果欄的貨源。至於在
太平洋各島嶼僱用的土人更沒有像白人園工般懂得爭取權益，這又減低
了華商們的成本，因此華人果業能於此際勃興一時。[35] 但正因華人果
欄在上述有利背景下，運來一批又一批成本不高的果子，他們可以較洋
人果欄更廉宜的價格批發及零售，造成本地居民都樂意選購華人果欄的
貨品，當然由此也招來洋人同業的不滿與妒忌。1905 年悉尼反對華人
與亞洲人聯會（"仇視華人會"）在聲討華人侵奪洋人利益時，在場的會
眾不少亦自承家中婦女都曾光顧華人果蔬商，[36] 使讀者們進一步了解
華人果業賴以成功的原因。

　　1880 年前後白澳洲概念的初現與新世紀伊始嚴厲實施，給華人果
業帶來了漸進且漫長的打擊。澳大利亞聯邦政府成立後，因各州保障本
地洋工的呼聲日高，決定收緊華人入境條例。19 世紀 60 年代後所推
行入境船隻每 10 噸限載一名華工，該華工須付 4 鎊的入境費用，至此
還附加入境華人須考 50 字歐語的測試，這種刁難令不少已在離澳時取
得回頭紙的同胞在企圖復埠時即遭遣返。海關人員在白澳政策推行後更

加強對付偷渡入境的華人，除嚴查船艙暗格搜索私位客外，在過去不少同胞以海員、旅客身分隨船入境並登陸逸去，而在新措施下，上岸海員或旅客必須查核身分與拍照記認，若一去不返的話，船主須付逃逸者每人 100 鎊的罰金，這方法有效地內外堵截喬裝者的偷渡進境。在離澳華人難於復埠，新來者又受制於語言測試的困境下，華人果園所能聘用的華工人數漸次遞減，令有利條件逐步消失。37

自 20 世紀初華人在新、昆兩州購園植蕉並隨後引入大量外來果子後，洋人果商即議論紛紜，並公開提出抗議。1904 年，因契約華工、華人雜貨店、木製傢俬業等均被洋人視為侵吞本土經濟的蠶食者，當地市議會（City Council）、自由改革協會（The Liberal and Reform Association）、鄉村商店協會（The Country Storekeepers' Association）、雜貨店助理聯會（The Shop Assistants' Union）、悉尼工會（The Sydney Labour Council）及聯合傢俬業商人協會（The United Furniture Traders' Association）等 100 個團體代表雲集咇街 Queen's Hall 商議應付來自華人的廉價競爭。在激烈反對亞裔經濟侵略的和議聲中，當下便結集了過去反有色勞工的聲音和團體，並重組反對華人與亞洲人聯會，其目的有五，因翻譯或失其神髓，茲將原文載錄如下：

（a）To conjuct a crusade for the eradication of the Chinese and Asiatic evil.（b）To deliver public addresses and form branches in all the various centres throughout the State and Commonwealth.（c）To educate the masses to deal exclusively with white traders, and not use products or manufactures made, or partially made by Chinese or Asiatics in Australia.（d）To urge all white traders not to deal with manufacture or wholesale merchants who finance, supply, or encourage Chinese or Asiatic traders, and to introduce and carry out restrictive measures to secure the discontinuance of this practice, which is responsible for the existence and successful establishment of so many Chinese and alien shops in the State. (e) To carry into effect the recommendations made by the recent conference of labour bodies, promulgated the Sydney trader and labour Council and to actively forward the work of the league by individual of connective effort, and to do all things necessary for the accomplishment of the forgoing objects.[38]

當天的會議並得到在場的就業部長（Minister of Work）E.W.O'Sullivan 的支持，他還指出在過去 30 年間，華人的就業損害了白澳洲的平等機會，並慶幸商户店主們及時察覺華人競爭的危害性，使這些數十年間白種工人的抗爭沒有白費。當天組成的臨時委員會共 13 人，其中便有來自悉尼工會、鄉村商店協會及新州雜貨零售商協會（The N.S.W. Retail Grocers' Association）的代表。[39] 在利益被侵奪下工商各界的鼓譟，加上部分種族主義者的煽動，悉尼群眾又再被領導進入排華人、排亞裔的風潮之中，間有頭腦清醒的中立洋人提出異議時，便被反華人及亞洲人聯會的支持者駁斥與指責，在一片我是彼非的單向思想操控下，驟然令這城市自由貿易的氣氛被濃厚"反黃"情緒所籠罩，並無個人與團體可置身這片白霧之外。[40]

當新南威爾士的華人問題鬧得熱哄哄之際，主要農產地昆士蘭的白人早已怨聲載道，據稱華人除在昆州廣置蕉園外，還開拓蔗園，購建碾蔗汁磨坊，並與不少農户簽訂合約供應他們蔗糖與華工。這些在北昆士蘭（North Queensland）的廣大地區如 Johnstone River、Herbart、堅時及昆州東北岸泰半土地幾都掌握在華商手中，他們甚至嘗試要求有關契約公司撤換在園地耕作無國籍的加拿加人（Kanaka）而換上中國勞工。[41] 據當時的讀者投訴，隨着華人果農業急速膨脹與擴張，白人已無法在 Johnstone River 一帶租賃土地，從而環繞該行業謀生的洋把犁工、馬車夫與監工等已多失業，能堅持工作的僅有少數，而收入則難回復華工大量入侵以前。[42]

1904 年，昆、新兩州各行各業抗議華人自工、農、商孔道入侵的個案不絕，泰半集中在經濟侵略角度出發，亦偶有從道德規範方面責難。[43] 當然，華人本身除營運能力急速發展致影響洋人生計外，在某程度上也需承担部分被排斥的責任。一般華人菜農慣將未處理的糞肥在園內堆填，飄揚的惡臭與污染的環境都招來洋人鄰居咎病。華人衛生意識薄弱，常將剛卸下糞土的馬車在未經清潔的情況下即安放果菜附運，這更給攻擊華人果業的洋人絕佳的口實。

1907 年初，新州一份調查香蕉工業的報告中指整個城市的焗蕉場全被華人壟斷；並稱這行業已僅餘兩名歐商參與，其餘全屬華人所控制，而華人與歐人在生意上並無往還，更無任何連繫。報告中同時指出檢察人員曾查訪市內焗蕉工場，除一座衛生條件奇差外，其他的環境尚算令人滿意。報告中雖無正面批評華人焗蕉方法的不是，我們卻可在內文得悉香蕉雖有較厚外皮保護，不易受到環境污染，但督察員還是建議華人焗蕉的作坊應經常以消毒濟洗滌地板、機梯及天花，儲放的地方應較闊落而通風，這樣才可令消費者更放心購買；報告並指過去把香蕉存塞睡牀下的悶焗土法與現代化貿易形式格格不入，又提出需要對這些工場與果店突擊檢查。[44] 這份報導不獨告知讀者華人果商將面對的問題，從中也可體會他們不斷擴張的經營已嚴重影響洋人種植家與其從屬者的生計。

洋人的怨懟隨着月曆舊張無聲的飄離而有增無減。一名在悉尼經營的著名洋果商在 1908 年接受報章採訪時便痛心地指出昆士蘭的種植場及果子交易已多遭華人盤據，悉尼蕉業批發的龐大市場也控制在華商手中。華人批發商往往提供較佳的價格給昆省洋人種植家，藉此壟斷該地香蕉出口。該洋果商還披露華人果商能聯合一致，二、三十名買辦裡往往委託一人與洋商斟介出價，避免互相搶價，標高成本。而華人在車厘子、蘋果等市場上亦以相同手法壓價藉以謀利。[45]

　　當各州洋人都不滿華商賤價頂平，並控制果業市場時，讀者亦不能漠視正因華人商販來貨價相對廉宜，他們可以較洋人果店更低的價格銷售果子，雖然反華人聯盟聲言教育群眾抵制華人商舖，嚷得嗓子破裂的固大有人在，但現實始終歸於現實，沉默且理智的大多數群眾仍是客觀地對比着華洋商販價格的高下和貨品的質素，主觀地則受制於市場供應的不足，故抗爭的聲音既嘹亮且亢起於各地，但一時間仍無礙華人果商的經營。

　　1904 年前後，民間建議立法禁止華人置業種植之說漸次趨於強烈，但當時偏遠地區尚須開拓，各州政府在辯論立法時亦未能達至一致的意見。1907 年，昆士蘭首頒各種植園出產的甘蔗每噸加抽 7 先令 6 便士的法例，至於白人蔗園而聘用白人蔗工者，則政府按每噸補貼相同的價格，這措施明顯是保護本土白人蔗園園主及勞工，並打擊有色人種的蔗糖事業。1912 年，昆州政府終接納工黨議員的提案，進一步收緊對華人的批地種園政策，舊有的園主約滿後多不獲續約，不少華人在這種針對性的打壓下轉業甚至離開昆州，最後被迫賤賣土地及園內設施。至於新契約嚴格規定華人批地極限於 5 畝以下，這不啻是對華人蔗糖業致命的一擊，[46] 而明眼者都能預計蔗園將成另一被立法監管的目標。

華人菓業危機的升級

　　1919 年歐戰結束，不少被派到歐洲戰場作戰的兵士返回澳洲本土卻找不到工作，部分留連市區的更因不滿生活質素太差而酗酒鬧事，破壞社會公物和秩序，朝野間再度掀起就業問題的辯論，而華人果菜事

業及環繞業界工作的華工更成為首要被攻擊的對象。1919 年孖冧罷埠
（Murwillumbah,[47] N.S.W.）便有洋人聚眾演說，指斥新州北部與昆士蘭
均被華人蕉園壟斷，華人所到之處工價低賤，致令洋工無處容身，並責
難果園華工侵奪"回頭兵"的職位，提議向州政府反映禁止華人種蕉。
從其演辭中，粗略可探知該埠只有 150 名華人，但卻佔去近千畝土地，
當中主要都是香蕉園。[48]

　　自 20 世紀初新州華人蕉業自南而北扇型擴張，先是在距悉尼北約
550 公哩的 Coffs Harbour 廣置蕉園，1916 年前後華人投資在飛枝的蕉
園蛆生惡性病菌，傳播速度極快，飛枝蕉霉爛壞死與失收致令不少華商
銳意在 Coffs Harbour 以北約 300 公哩如 Murwillumbah 等處於 Northern
River 香蕉種植區的果園闢地另謀發展。[49] Murwillumbah 北上不足 20 公
哩便是昆州邊界，該地氣候暖和，適宜種植，且地價在當時仍見合理。[50]
泰半定居 Tweed River 地區（見地圖 6）的白人在新世紀來臨前夕已以種
植為業，[51] 自華人抵埗後，蕉園漸被"侵蝕"，加上洋工失業和"回頭兵"
問題，於是引致囂嘩沸騰的民怨，甚至辯爭"排華"事件的出現。

地圖 6　Tweed River 所在示意圖

最早提出抗議聲音的，是當地果農協會（The Tweed Fruitgrowers' Association）部分成員反對輸入飛枝果子，特別是針對香蕉入口的提議。在回顧香蕉供應市場方面，華人並非引入飛枝蕉的始作俑者，而事實上飛枝香蕉確在某程度上補充了昆士蘭蕉生產的不足，兩者並行地供應澳大利亞北部各州的需求；至於新南威爾士幾乎是唯一不受蕉荒影響的地區，其北部的主要香蕉種植場如 Coffs Harbour、Mullumbimby、Murwillumbah 等所生產的蕉果加上大批外來貨品的進口，足夠應付本州需要，並南下支援維州、南澳等市場。反對飛枝蕉入口的提議自開始時已有種族主義的意味在內，當時的飛枝蕉即被指為 "Black grown Fiji banana"。繼之而來的是反對華人在澳大利亞種植香蕉，有些言論批評華人壟斷悉尼與墨爾本多年主要是依靠把持飛枝果子進口所致，現在飛枝生產大幅下跌，華商察覺事態嚴重，才慌忙插手洋人種植家發展成熟如 Mullumbimby 等地區是不可容忍的入侵行為，並呼籲當地洋人果農、拍賣土地者放棄過去只顧一己私利的短淺目光，勿與華人買賣或經紀洽商交易。[52] 隨後，不少支持抵制華人購地植蕉的呼聲彼落此起，有的表白為着整體社區的利益為前提，已嚴正地推卻了華人提出租賃土地的優厚價格。[53] 有些譴責則針對大量入境的華工，並稱他們的居停將令當地經濟日益貧困；對譏諷本地人士不盡本份，卻只顧杯葛中國勞工的投稿者更予以無情的痛斥，指責該名洋人應自感羞愧，並揶揄他也該辮髮上街。[54] 部分較有實質的建議則認為應禁華人自由買賣土地之餘，也應把租約限禁於 3 年以內，同時也有必要向有關政府部門反映華人果園裡窩藏非法入境勞工的現象。[55]

　　1919 年 9 月初，Murwillumbah 的果農協會召開會議，幾乎所有激烈反對華人種植的洋果商及蕉園園主都列席發表意見。會上有參加者譴責華人抵埗的目的便是要控制當地蕉業，有與會者稱賞 Murwillumbah 的果商已聯手並成功地擊退華人代理企圖再度壟斷蕉業的攻勢，當務之急是如何遏止華人在該地種蕉，而香蕉收成又只供應華人同胞批發商的圖謀；[56] 有些發聲者宣稱指已與回頭兵協會（The Returned Soldiers' Association）取得共識，將聯合一致，向政府抗議華人爭奪土地與工作等事宜，當然會上也不乏呼籲向政府提出禁止華人自由買賣土地的聲音。[57] 在角槎的睨視下，華商與華人種植者相繼在新州北部購置或租賃土地令土地價格大幅飆升，據報 Mullumbimby 地區的一塊農地，地價雖經州政府土地分配部門重新壓低，並釐訂在 12 鎊之間，在不足兩周內，華人已出價 30 鎊轉承；[58] 而 1919 年主要蕉園區域還被華人以每畝 100 鎊高價投得，[59] 優渥的盈利確令不少白人願意轉售園地給華人種植。然而，由這種高姿態購地所引發的後遺症或非華人所能顧慮，卻直接涉及新州北部 Northern River 一帶白人居民的生活，甚至觸發因地產價格暴漲下的社會問題。

　　華商或可辯稱在澳大利亞高價廣置田業有助當地經濟的發展，據報當時就有悉尼華人香蕉批發商 Hook Yick & Co. 揚言將動用 10 萬鎊的資金投放在 Murwillumbah 等地，並自詡其投資足可橫掃該區的同業。消息傳出後輿論嘩然，站在普羅居民來説，這些入侵者是在吞併他們的土地、商業與就業機會，雖然福益果欄負責人黃蒲生後來澄清並無其事，[60] 但已遭興浪者利用為話柄。再者，安置回頭兵迅速成為澳大利亞政府急須解決的議案，把部分願意解甲歸田的士兵安插在新州主要種植區也是順理成章的提議，在地價貿然高企情況下，兵士沒有資金購置果菜園，委身為蕉農既首先被併諸華人果園以外，而洋人蕉園亦因不少同行轉售土地至使蕉工過剩而沒有現成的空缺。在另一層面觀察，華人在購地闢園後，或出於種族之見、或因園地衛生環境欠佳，又或者華人樂於聚居而梓里相繼在其近鄰置業，位置較佳的果園漸被高價收購，[61] 白人獲益者僅為業主與其家族，卻連累環繞該園地生活的無數工人及其家眷生計驟失。當時州政府為解決這迫切的難題，即決議將已取得的 1,500 畝農地均分給 300 名回頭兵，但受到各界廣泛反對，理由是耕地不足以糊口，最後首批為數共 75 名回頭兵優先獲得這片土地的均分權，每人得地約 20 畝。這些耕地據説主要是種菜之用，政府還在未能收成的首年給與棄戎從耕的兵士們一筆固定的津貼。[62] 在這政策下，政府一方面急需大量土地作分配與安頓回頭兵之用，另一方面也希望這批新農戶在不久的將來可自置耕地，加上輿論方面的壓力，故也不能不把土地政策逐步收緊，[63] 並屬行對境內居停的諸色人種調查與登記，華人果業在澳大利亞朝野嚴峻目光的監察下，其生存空間也進一步萎縮。上世紀 20 至 30 年代初，禁止華人購地的呼聲高唱不絕，工黨政府為着保障本土白人的就業利益，倡禁華人購置果菜園及自由轉售之議。自 19 世紀末 20 世紀初白澳政策實施後至 1930 年代，隨着中國國內政治局勢動盪，澳大利亞商機日減，入境者更受各種條件限制而至令同胞離澳者益多，[64] 華人果園於各不利因素打擊下，其一度領先該行業二十餘年的優勢卒被白人所取代。

澳華菓業遭排擠事件的意義、回顧與反思

1. 華人菓欄的增長

　　19 世紀末至 20 世紀初，華人果業成功地在澳大利亞開發與拓展的成績確有目共睹。當時站在領導地位的華人果商雖或不至如洋人妒忌者所稱的壟斷市場，但從華洋香蕉業各大批發代理的廣告中，悉尼永安、永生、永泰、泰生、W. Mow Sang、Hie Lee 及在悉尼設支店，總店在墨爾本的 Hook Yick 合共七家，[65] 佔當時 19 家本土最大蕉商三分之一以上，[66] 除盛產蕉果的著名區域外，各小埠華人種植者也都將果

子交由他們販賣。[67] 據稱華商從洋人種植家身上"剝削"而獲得的利潤頗高，使蕉果批發與種植迅速形成一門大量華人投身的行業。[68]

2. 珠玉在前的動力

　　20 世紀初澳大利亞華商企圖相繼啖噬當地果業亦有其客觀因素在內。1899 年，永生果欄馬應彪與蔡興（1907-1955 年先施公司董事、除 1920、1922、1925 外，1919-1955 年間董事局主席）、郭標、馬祖容（1907-1962 年先施公司董事）等在澳洲及世界各地集資 $25,000，並於香港創立第一所華人百貨商店，1900 年初先施公司開業並在 20 世紀頭 20 年間不斷擴充，同時並在廣州、上海設立大型百貨公司、酒店、汽水廠、餅乾廠、玻璃廠、木廠、鐵廠、化粧品廠等，成立企業王國，"振興國貨"亦是當年營運者宣揚的口號。[69] 1907 年，永安果欄郭樂與郭泉等經海內外集資 16 萬港圓後，在香港創辦永安公司，隨後創設水火險、人壽保險公司，並經營酒店、貨倉等生意。1917 年上海永安百貨開幕，嗣後又以永安命名，創立多間紡織公司（見附圖 9.11）。[70] 曾與馬應彪共創永生果欄的蔡興亦在 20 世紀 30 年代與其弟蔡昌在上海創立新新百貨。永生、永安由果欄起家而最終蛻變成大企業的傳奇，吸引不少留澳華商投資果業的興趣，亦正因此興旺關係，連帶地提挈了更多的同鄉梓里依附果園的運作謀尋生計。

　　站在同胞的立場上，讀者們固然以昔年華人果業的發展與成就為榮，然而卻不得不承認因這種急速的開拓致令業界遭受白人的杯葛，甚至以此牽上種族排擠之累。[71] 在 1919 年永安果欄郭順（1885-1976）向各界華人報告蕉業被抵制的演辭中，已剖視了澳大利亞同業的憤慨並非只針對華人果園而出發，卻是對入境的雜色競爭對手均一視同仁地企圖摒諸門外。[72] 事實上，在昔年撮捻疾呼的惡戾裡，仍找到指漏以外的洋人意欲向華人推銷土地物業的證據，[73] 令我們需要為這"排華"困境作出另一番的思考。

3. 澳華心態的檢討

　　霧瘴南國，霾翳胡沙。泰半置身異地的華人常自稱"旅居"海外，說明他們僅以僑居處為聚散地，無根的感覺往往導致第一代抵澳華人不重視甚至不願意絲毫融入主流社會及其文化之中，這是洋人咎詆外來"旅客"的根由。昔年《廣益華報》報導華人在澳洲闢園植蕉而大遭沮議時，標題訴說"華人種蕉亦受外人反對"，[74] 這種"夢裡不知身是客"的滋味，大家或能意會與理解，或透露了部分同胞竟過份代入了澳華的身分，要不然便是身處異地而罔顧本土人士的感受！在大方向而言，擴充生存空間本是各種族、各行業暗地裡寸土必爭的目標，但在異鄉，尤其是營商的中國人往往驟忘在與洋人同業競逐利潤時，僑賈當以不卑不亢的態度拓展商機，並給與當地工人適當的就業機會，藉此減低雙方的磨擦。華工們雖多因契約所繫而來，動機身不由己，但檢點言行或可減免無謂的爭端。至於能盡本份而仍招本土居民妒忌傾軋的話，則有待僑領豪賈們試探當地朝野排斥的程度來商議應變的措施。[75]

4. 華商為業界的奔走努力

　　1904 年因反華、反亞細亞人而掀起的一片抗議喧嘩，是繼 1888 年悉尼 Domain 反華人運動以來，主流社會另一次大型集會。新南威爾士的華商們亦並非坐以待斃地無奈空等，他們在"仇視華人會"發動宣傳攻勢前夕，已就白澳政策的推行召開多次集會並提出應變的辦法，其中保皇份子表現積極，並不斷在《東華報》上報導反華勢力的言論及華商聚議的結果，當年七月華商成立保商會也得力於保皇份子的貢献。保商會成立的宗旨是在洋人打壓下團結華商，保衛商權及利益，值理由六家土舖，即木店、雜貨店及果欄各兩家擔任，事實上，這些全是最受輿論壓力影響的華人行業。[76] 保商會成立後即於次月草擬書信分發各大洋人報章,抗議受歧視與苛制不合乎英國自由貿易的原則,並比較華洋商店的工資,證明華人店舖的成功並非因僱員薪金低廉所致;此外亦就洋人批評華店不潔、超時工作、犯例,甚至犯法的指控進行辯護,[77] 又組織華商代表親到反華人及亞洲人聯盟和各政府有關部門申説華人工作的苦況,並就洋人工會的譴責進行解釋。[78] 中國駐澳總領事通過中華總商會發出啟示,照會在北邊海灣一帶購置或租賃果園的華人將姓名、地址、土地畝數呈報,讓雙方在官方層面上溝通與交涉。[79] 在這艱苦的年頭裡,新州的僑領與華商四出奔走,贏取了中立洋人的支持,部分最初排華的扈從者在傾刻排外的激烈民族觀退卻後,亦察覺反華人工商業的問題不應與種族主義掛鈎,也因這種醒覺導致反華聯盟在囂張過後漸次偃旗息鼓,隨着 1904、1905 年排華高峯期逐步褪色,其活動已轉告息微。[80] 華商華工在面對本土人仕維護利益的抗爭中,以文明方法及團結精神取得一次短暫卻可貴的勝利,繼後並組成六州華僑維持禁例會,以事實及理據向政府稟求免除各禁制華人的苛例。

　　在面對 1919 年洋人果子商販的圍剿時,華商亦以相若的模式應付來勢洶洶的狂濤燥浪。其中永安果欄的大股東郭順就洋人詆譽華商的論據進行反擊,他指出在華人莊園內已無所謂廉價勞工問題,因華工已與洋工同等薪酬;至於中小型華人商號或有在 Northern River 地區購業,但僅屬少數,訛傳華人入侵而奪去洋人生計之説全屬一派胡言。此外,郭順批評由澳大利亞白人所種植的香蕉價格已飆升至不合理的地步,而消費者亦不能把每箱 30 圓的蕉價責難在中國商人和勞工身上。最後他還強調華人闢園種植時都聘用洋人砍伐荒莽,因此華人果園的建置可稱是華洋合作的成果。[81] 其後,泰生果欄股東余榮亦在洋報上發表文章,指西人果農經常壓抑產量,又不願飛枝蕉進口,企圖提高早已高昂的香蕉價格。他進一步替華人種植者辯護,澄清新南威爾士北部可闢園種蕉之地不下數十萬畝，而華人所耕之地不過五百畝，絕非散佈謠言者所謂黃種盡奪白人土地云。[82] 姑勿論郭、余二人的辯說是否全屬事實，他們挺身而出為業界提出抗爭，首先向普羅不知就裡的群眾說明事件的因由，表白華人並非鯨吞澳大利亞土地的侵略者；次則藉着這些自白令中立者感到華人正訴說理直氣壯地論據，而非自感理屈氣餒的畏縮噤聲；最後更能使處身局外的消費者進一步透過不同的空間思考自身的利益和取向。

5. 白人世界中的援手

在 20 世紀首兩旬充滿排擠與杯葛同胞的年頭裡，於反對華人各種工商活動報導飛章交攻的當兒，若大家願意再度置身這已流逝的空間之中，或能揭示當地人士在白澳政策熏陶下的另一片面。

當百年以前仇視華人組織成立，並鼓動有關團體排擠 "Chinaman"時，已有空襟闊落，知事明理的洋人挺身而出為華人伸辯。[83] 至 1919年華人果業再遭排擠之際，操守高雅或與業界無利益衝突的洋人往往都可公允守正，立論持平地評價華商華工的處境。早在部分澳大利亞果販向政府反映反對輸入黑人種植的飛枝蕉時，商業及海關部長便能守正作覆，更直指飛枝蕉不單不是 Tweed 地區的威脅，卻是為澳大利亞提供了更佳的市場與消費的選擇。[84] 一封被洋人果商譏諷為華人自白，署名 One Who Knows 致 *The Tweed Daily* 編輯的信函列舉事例指出果園華工的薪金與洋工相若，故有關華人果業發達全憑廉價勞工的指控實在是基於虛假的證據上建立的。[85] 署名 H.F. Mchugh 的讀者主要就洋人果農H.L. Cranswick 對同胞售地給華人的牢騷及要求立法禁止華工在果園墾耕作出回應。他認為 Cranswick 建議立法禁止轉賣土地之說實屬荒誕，因澳大利亞同胞轉售土地本身已是合乎法例的自由買賣行為，至於立法禁止任何人士投入蕉果生產行列更是摧毀這門重要工業且自掘墳墓的決定。[86] 最有趣的或來自以下這則諷刺長篇，內容透露反對華人種植者虛報在 Mullumbimby 地區工作的華工人數，按理解該批工人僅在 50 人前後而非所指的 150 人。作者在文中譏諷那些自謂愛國的蕉農企圖壟斷香蕉價格，故蕉價還會在這排斥黃種種植者的情況下繼續上揚。此外，她還揶揄常聽聞墾荒先鋒們自吹自擂地訴說開拓之苦，但身在屯墾區域的居民卻經常缺乏蔬菜，甚至馬鈴薯的供應。[87] 這些本土人士較中肯的意見恰好反映了在那重重雰埃的籠罩下，處身異域的華人亦盡非迷失自我或孤立無援，而於在劍拔弦張的時刻裡，弓弩毒火所燃起的，恐怕是嫉妒之矢多於種族之箭，這也是我們在剖析 20 世紀初白澳主義猖盛時務須注意的地方。

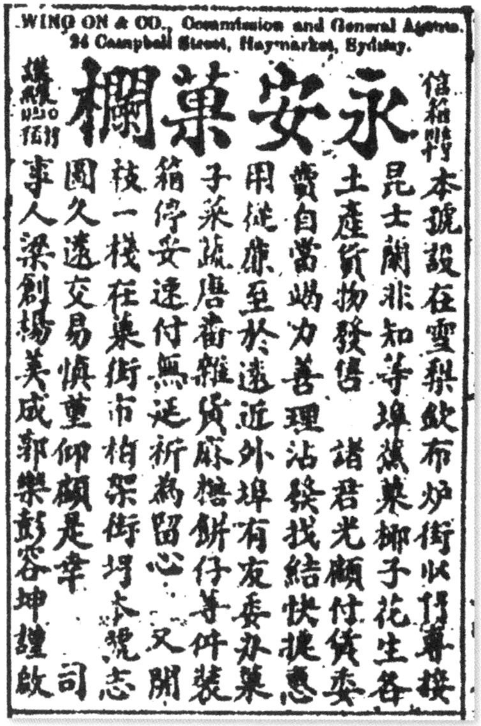

附圖 9.1
1898 年永安果欄廣告 [88]

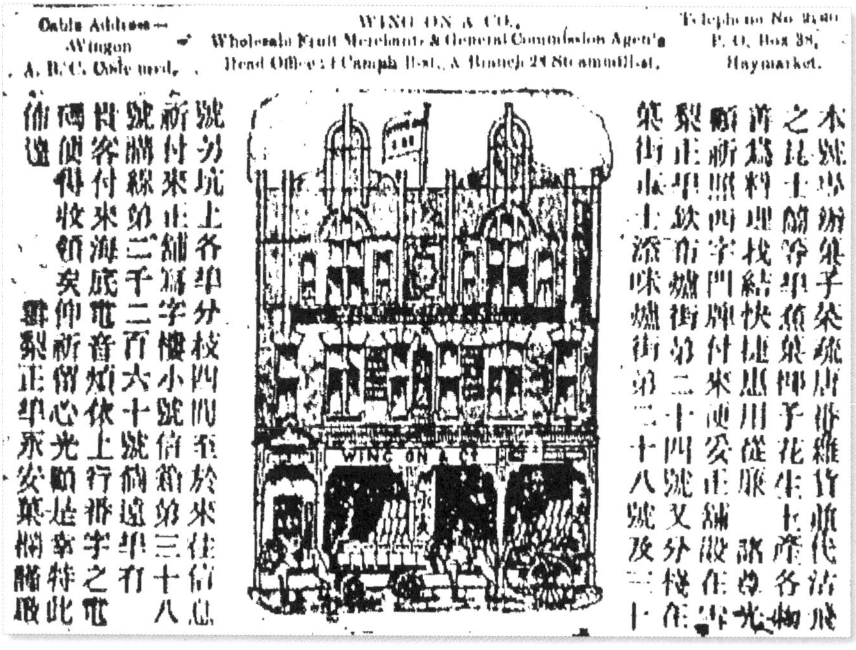

附圖 9.2
1900 年永安果欄廣告 [89]

附圖 9.3
1894 年永生果欄廣告 [90]

WING SANG & CO.
32 CAMPBELL ST., HAYMARKET, SYDNEY.

啟者本號向在雪梨咇吐的咧專办各埠來往菓子發客並接办四時生菓菜蔬及唐番貨物各等生意多蒙　貴客殷商垂顧多年小號無不如命敢承敏捷裝整週全付妥茲因小店地方不合所用今經遷在欽咘𠯿士的咧門牌第二十三號即新街市對面生意仍舊開張倘　貴客賜顧信息來往請照英字門牌附來便妥無悮　諸尊光顧仰祈留意是所厚望焉此佈

雪梨永生號謹啟

永生菓欄
WING SANG & CO., 20 & 22 CAMPBELL STREET, SYDNEY.

新到
恒茶綠苗米及各欵送冬糖薑發客價甚相宜

並代
各梓友付金信回唐包派到府立取回音慰望

啟者本號在雪梨正埠開設將有十載專辦來往菓子菜蔬蔴糖餅乾糧蘇唐番貨物各等　貴客賜顧無承敏捷裝整週全發付無悮並承接坤士蘭非朱等埠蔬菓花生押于發行銷有土產各貨付至小號自當善理沽發找結快捷照用照例諸君光顧伸祈留心是所厚望　舖在雪梨埠新街市欽布街門牌二十號並二十二號又分棧二間一在沙普士街四百五十號又一棧在菓街市柏架街第三號　代客揭匯款至欽布爐街總寫字樓凡寄信匯單銀兩新聞英字門牌付來便妥為此佈告　信箱一十六號　銀號二千零四十一號

郭標　馬祖　印事人　蔡興　簡德　全啟

附圖 9.4
1899 年永生果欄廣告 [91]

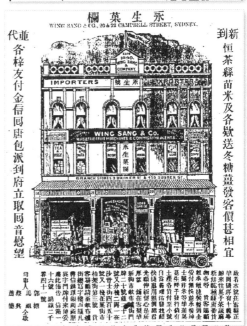

附圖 9.5
1900 年永泰果欄廣告 [92]

附圖 9.6
1911 年永泰果欄廣告 [93]

附圖 9.7
1914 年泰生果欄廣告 [94]

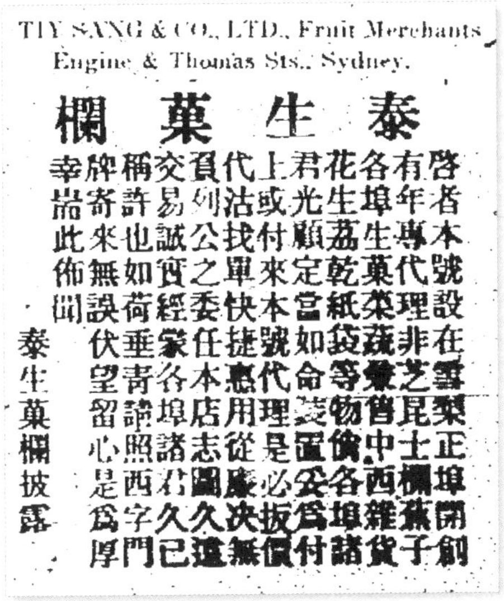

附圖 9.8
1881 年悉尼諷刺華人果
菜、木工和沿門兜售等業
漫畫 [95]

附圖 9.9　1888 年悉尼排華活動一覽 [96]

附圖 9.10　安昌號旗下貨輪往來太平洋群島與澳大利亞本土廣告 [97]

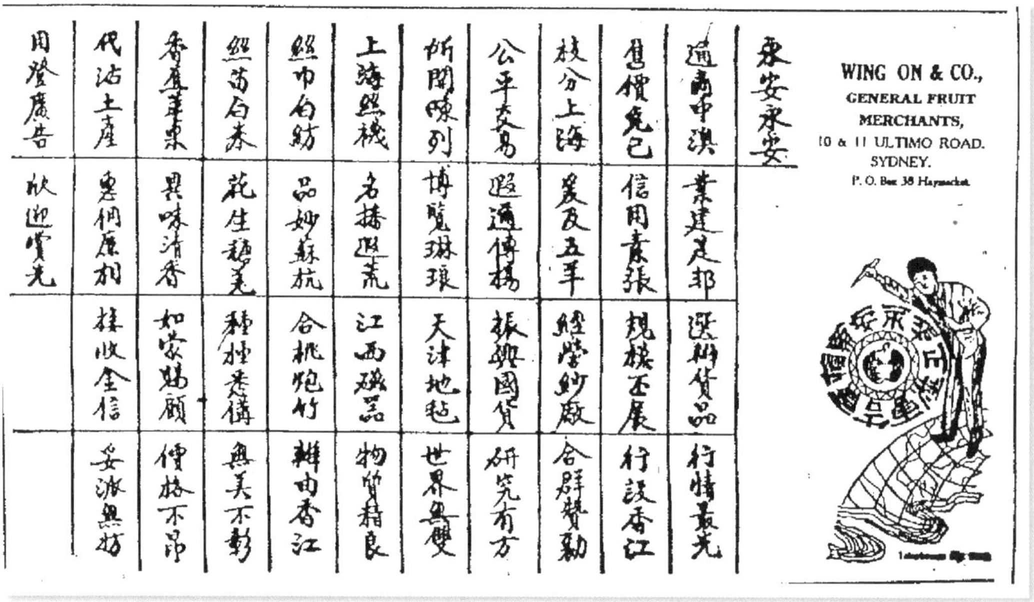

附圖 9.11 1922 年悉尼永安果欄廣告 [98]

註釋

1 自 1851 年澳大利亞發現金礦後，驅使大量勞動力瘋狂投入淘金熱潮中，使本土勞工急劇減少，為挽救這危機，各省政府與私人機構漸需在外勞市場上找來價廉物美的工人填補這些急速流失的空缺。澳洲農務部在 1853 年的周年報告中便指出拋棄牧羊與其他工作而轉往掘金的情況非常嚴重，並直接影響羊毛與牛脂（tallow）的收割及生產，導致當時的代理總督（Duty Governor）Mr. Blane 不得不在 1851 年同意引入 80 名為期 5 年的中國契約勞工（*Australian Agricultural Company 29th Annual Report* [London: John James Metcalfe, 1853] pp.7-9）。這批在 1852 年抵澳而年青強壯的中國勞工在新環境中的適應能力頗強，他們的工作範圍除牧羊外，還參與各種粗工，包括修路工程在內。出乎意料的是，他們贏取了粗工成就方面的口碑，但報告卻指不應單獨把他們安置在牧羊的工作上，整體而言，觀察員給與他們正面的評價："During my intended visit to Sydney, I shall make every exertion to procure shepherds; failing to obtain them, I shall have to fall back on the Chinese, and endeavour to induce even the most reluctant among them, who can best be spared from their present employments, to become shepherds. While alluding to the Chinese labourers, I would like to take this opportunity of mentioning the decided improvement that has taken place in the general conduct of these people. They are now peaceable and orderly in the extreme, and becoming in many ways most useful, indeed, very valuable servants, and the Court has reason to congratulate itself on the policy which introduced them on the Estates." (*Australian Agricultural Company 30th Annual Report* [London: John James Metcalfe, 1854] pp.11-13）。報告同時指出雖然風俗習慣與歐洲人有異，與此同時聘用中國勞工也須僱用翻譯人員，但事實證明中國契約勞工的引進有助於減少歐洲勞工的入境，同時也有足夠能力取代本土流失的勞動力。正是基於上述原因，契約勞工便源源不絕從中國沿海地區送到澳洲，這措施也為往後數十年的華人果菜園提供不少人手資源。此外，除參考官方報導外，有些非正式記載也談及早期華人牧羊者不善處理放牧工作及與來自歐洲的剪羊毛工人發生衝突，幾至群毆事件的爆發，可在另一角度上回顧這些華工的生活實況（L.R. Marchant, "Shepherds in Buckram: An Episode in the History of the Chinese in Australia", *Westerly*, no.1. 1962, pp.123-124）。

2 1891 年在各省居停的華人，包括中澳混血兒在內合共 38,077 人，這時金礦業已息微，不少華人在洋人推動白澳洲說下還鄉，在 1901 年人數下降至 33,165 人，白澳思維在此段期間急速擴張後，至 1911 年留澳華人數只有 25,772 人（H.A. Smith F.S.S., *The Official Year Book of N.S.W. 1920* [Sydney: W.A. Gullick, Govt. Printer, 1921] pp.65-66）。

3 有關 19 至 20 世紀華人涉足菜園耕作的資料不少，由華人菜園所引發的華洋問題更多，由於篇幅所限，本文僅將焦點集中探討 20 世紀初澳大利亞民間對 "黃禍"（Yellow Peril）入侵果子批發與種植業的抗議及華商們的應付方法上探討。

4 見李承基：〈澳洲華僑創業實錄〉，載鄭嘉銳（等）編：《中山人在澳洲》（中山：政協廣東省中山市委員會文史委員會，1992 年），頁 67。

5 見《東》，1898 年 11 月 26 日，頁 4，〈永安菓欄廣告〉條。

6 有關悉尼永安果欄的營運及最終能在與永生、永泰的夥伴關係中脫穎而出的要素，可參考上海社會科學院經濟研究所（編著）：《上海永安公司的產生、發展和改造》（上海：上海人民出版社，1981 年），第 1 章，第 1 節，〈悉尼永安菓欄〉，頁 1-4。

7 見《東》，1898 年 11 月 26 日，頁 4，〈永生菓欄〉廣告條。

8 見《東》，1900 年 2 月 24 日，頁 3，〈永泰菓欄〉廣告條。

9 經過 19 世紀末至 20 世紀初的繁盛後，隨着白澳政策的收緊與日本侵華戰爭的影響，華人返回中國者日眾，但對環繞希孖結經營的華商來說，店號雖或有減少，卻仍舊鼎盛。自

19 世紀末華人的銳意經營，此地也因聚結唐人土舖、酒樓與商號，佐治街、沙昔街下的 Dixon St. 最後正式成為唐人街（Chinatown），而沙昔街近希孖結的一段，因華人店戶雲集，更被視為唐人街的一部分。

10　合利號位於悉尼欽布爐街 26 號，由郭泉與歐陽慶（疑即歐陽民慶，1916 至 1932 年前後香港永安有限公司董事之一）經營，販沽貨品大抵有飛枝、昆士蘭及新南威爾士各種蕉果土產，亦有馬糧、牛骨灰等供應（《東》，1902 年 10 月 11 日，〈合利號〉廣告），1903 年郭泉返回永安果欄料理業務，合利號由益珍號承受（《東》，1903 年 5 月 5 日，頁 3，〈承受告白〉）。裕生盛店在欽布爐街 32 號，除代沽飛枝與昆士蘭香蕉、椰子、花生外，亦售賣菜蔬、糖薑、餅乾等乾濕貨品；合生號在柏丁頓埠（Paddington）惡士佛街（Oxford St.）104 號，恆利號則位處惡士佛街 346 號（《東》，1902 年 9 月 6 日，頁 5，〈裕生盛〉、〈Hunley & Co.〉廣告）。新利號在結臘埠（Glebe）佈律威街（Broadway St.）41 號，以經營洋人雜貨生意為主（《東》，1902 年 8 月 23 日，頁 5，〈新利號〉廣告）。

11　有關契約勞工（contract labor）與債奴（indentured labor 即俗稱豬仔）的分別、有關機構與船運及當時滿清政府對海外勞工的態度可參考 Sing-Wu Wang, *The Organization of Chinese Emigration 1848-1888* (San Francisco: Chinese Materials Center, Inc, 1978) 一書或陳翰笙（主編）：《華工出國史料匯編》（北京：中華書局，1985 年），第 1 冊，頁 2-11。

12　因原文地名每多音譯，泰半以上沒有英文原名，故未明所自而僅能以相近者推敲用 "疑即"。原文無英文名字；其他資料曾出現該中文地名又能與英文互為參證者，原文或原文範圍本有英文名字者即則直書其英字。

13　見《東》，1898 年 11 月 26 日，頁 4，〈圓出賃〉條。

14　見《東》，1899 年 10 月 14 日，頁 3，〈肥地出賃〉條。

15　見《東》，1900 年 1 月 17 日，頁 3，〈肥地出賃或賣〉條。

16　見《廣》，1894 年 10 月 26 日，頁 8，〈J. Currie Elles〉廣告。當時中文音譯 J. Currie Elles 為卡兀啞兀士。

17　見《東》，1900 年 1 月 17 日，頁 3，〈肥地出賃〉條。

18　見《東》，1900 年 1 月 17 日，頁 3，〈招頂告白〉條。

19　見《東》，1900 年 3 月 3 日，頁 3，〈菜園招頂〉條。

20　見《東》，1900 年 3 月 3 日，頁 3，〈告白〉條。

21　見《東》，1902 年 11 月 8 日，頁 3，〈Sam Lee, Penrith〉條。

22　見譚仁傑：〈郭樂傳略〉，載《中山人在澳洲》，頁 79。

23　見《東》，1900 年 5 月 5 日，頁 3，〈承受生意告白〉條。

24　見梁培（等）：〈中山人在澳洲〉，載《中山人在澳洲》，頁 18-19。

25　義生號在布里斯班街市前晏士的列（Ann St., Rear Market）經營果蔬土產買賣，也替同胞預購船位及代辦回頭紙手續。新和興在布里斯班囉麻街（Roma St.）313 號，其營運方法與義生相同（《東》，1900 年 5 月 5 日，頁 3，〈義生號〉、〈新和興〉廣告）。祐生昌在布里斯班孖厘街（Mary St.）109 號，除經營方法與義生、新和興類同外，它還替華友附送信金回香港，此外也接各埠香蕉菓菜蔬土產代售。新順利店舖在堅時埠（Cairns），專辦唐山雜貨，代付各埠香蕉，代賣粟米、薯仔、馬糧、雞蛋、菜蔬、雜果等。該店亦替客將香蕉、芒果、菠蘿裝箱附運。新順利亦替華人送運信金至香港與國內，在香港的聯繫是遠姓棧，在石歧的是寶生昌金舖（《東》，1902 年 10 月 4 日，頁 3，〈祐生昌〉、〈新順利〉廣告）。

26　見黎志剛：〈近代廣東香山商人的商業網絡〉（載張仲禮【等編】：《中國近代城市發展與社會經濟》【上海：上海社會科學院出版社，1999 年】，頁 352-353）。

27 除可知的種植方法外，種蕉還須專業學問，如在初春挖鬆地下泥土好讓渡過冬天植株的根部容易生長，在新南威爾士來說，這工序一般都在 9 至 11 月進行。有經驗的蕉工都只會在植株其中一面翻土並切割壞死與衰弱的根部，約六周以後才切割另一面，好讓植株不易因缺少樹根而被強風吹倒。春天是除去曾在冬季保護植株免被寒風吹襲的舊葉的最佳時機，同時也可藉此讓陽光照射蕉樹。與此同時，收成之際被切割而剩下的棄莖也當在此際以清潔的利刃割去，至於清除蕉園野草更是日常工作。蕉樹尚有蟲害如果蠅、甲蟲與病毒（Bunchy Top）等問題，故檢查、除蟲或為將收成的香蕉圍上護網，是經常纏擾蕉園種植者的工作之一（*The Tweed Daily* [Murwillumbah, N.S.W., *TWD* hereafter], 22nd August 1919, p.2, Bunchy Top、4th October 1919, p.2, Banana Culture 及 p.3, Enemies of the Banana; 24th October 1919, p.2, Diseases of Banana; 24th October 1919, p.2, Diseases of Banana；又見《東》，1904 年 10 月 8 日，〈護蕉有法〉條），正因如此，蕉園內外都需要大量人手參與工作。

28 泰生果欄在悉尼貪麻時街 215 號。見《民》，1914 年 2 月 21 日，頁 4〈泰生菓欄〉廣告；*TWD*, 30th August 1919, p.2, Banana Industry: Directory of Leading Agents。

29 在 1901 年澳大利亞獨立前因受制於英國與滿清中國簽訂兩國人民可自由往來的協議，在很大程度上不能嚴禁華人的湧入。新南威爾士淘金事業在 1870 年慢步衰落後，不少華人都仍留在該州尋求新機遇，復有不少越境往昆士蘭繼續在金礦區如 Palmer River 一帶碰運氣，最後導致昆州首倡限制華人入境的議案，在議案尚未通過期間，已給在野的工商各界奠下驅逐華人的洪範九疇。1879 年至 1888 年間澳洲各地都出現為維護本土人士利益而反對華人淘金、採珠、採礦、擔任船員、販賣蔬果等聲音，在 1888 年 6 月，悉尼舉行第 2 次聯省會議商討禁制華人入境時，驅策澳大利亞的排華熱潮攀抵 19 世紀頂峰。

30 安昌號座落佐治街 225 號，它約在 19 世紀 70 年代啟業，是悉尼華人什貨店老號，專辦唐番貨品，亦有各款樂器發售，至 20 世紀 20 年代它的經營範圍擴大至綾羅綢緞、繡花絲巾、參茸玉桂、丹藥丸散的售賣（《東》，1925 年 5 月 23 日，頁 7，〈安昌號〉廣告）。安昌號別設支店安記棧在希連埠（Hill End），專賣西人文房用品、缸瓦鐵器等什貨（《東》，1930 年 11 月 8 日，頁 8，〈生意出賣〉）。保皇中堅劉汝興（1853？-1921）於世紀之交成為安昌號店東之一（《東》，1898 年 6 月 29 日，頁 1，〈安昌號〉廣告、《廣》，1897 年 6 月 4 日，頁 4，〈滄海冤情〉），另一股東葉同貴亦同是支持保皇與憲政運動的成員。1911 年安昌號業務進一步發展，並代理兵蘭拿（*Brunner*）火船及亞力沙（*Alex*）桅船（《東》，1915 年 2 月 20 日，頁 6，〈On Chong & Co.〉廣告），同時也曾代收粵漢鐵路股銀及向澳洲股東分派股息（《東》，1912 年 5 月 18 日，頁 7，〈敬告粵路股東〉）。

31 安益利在悉尼佐治街 189-191 號，創業於 1879 年，除售賣唐番什貨外，亦兼營金山庄，並替華人寄匯信金回鄉。老店東李益徽在澳經商逾 40 年，與悉尼僑領梅光達關係友好，他在 1903 年退休返回家鄉中山，安益利的生意即交由長子李元信主持。

32 見《東》，1902 年 9 月 27 日，頁 6，〈雪梨埠街市行情〉條。

33 悉尼果蔬價格自 19 世紀末有上漲的趨勢，且浮動不定，因啤梨、桃、車厘子、西瓜等並非經常在市場名單上出現，下文只徵引價目可足比較的果子。1896 年冬的橙價每箱 $1.50-$7.50、盧桔每箱 $3.00、萍果每箱 $4.00-$5.50、香蕉每枝價銀在 $0.70-$2.00 之間（《廣》，1896 年 7 月 3 日，頁 7，〈街市行情〉）。次年夏天的橙價每箱 $11.00-$22.00、萍果每箱 $1.50-$5.00、椰子每包 $8.00、菠蘿每大箱 $4.00-$7.00、香蕉每枝 $3.00-$6.00（《廣》，1897 年 1 月 15 日，頁 7，〈雪梨正埠街市行情〉）。在 1902 年初春，昆士蘭蕉每枝 $2-$3.50、飛枝蕉每枝 $3.50-$9.00（《東》，1902 年 9 月 6 日，頁 6，〈雪梨埠街市行情〉）。1905 年仲春，本地橙價每箱 $3.50-$7.50、無核橙每箱 $4.50-$14.00、萍果每箱 $3.00-$8.00、本地檸檬每箱 $1.00-$4.00、椰子每包 $10.00、菠蘿每箱 $7.00-$9.00、昆士蘭蕉每箱 $9.00-$10.50、每枝 $2.00-$4.00、飛枝蕉乏價（《東》，1905 年 10 月 21

日，頁 5，〈雪梨埠 9 月 20 日禮拜三生菓行情〉）。1909 年秋，本地橙價每箱 $2.50-$6.00、萍果每箱 $2.00-$7.00、菠蘿每箱 $8.00-$9.00、椰子每包 $9.00-$10.50、熱情果每箱 $1.50-$3.00、昆士蘭蕉每箱 $6.50-$7.00、飛枝蕉每箱 $10.00-$11.00（《東》，1909 年 5 月 29 日，頁 6，〈雪梨埠 4 月初 8 日禮拜三生菓行情〉）。1911 年初春，本地橙價每箱 $2.00-$7.00、無核橙每箱 $3.00-$9.00、萍果每箱 $2.00-$12.50、盧橘每箱 $2.00-$7.00、椰子乏價、菠蘿每箱 $3.50-$6.50、昆士蘭蕉每箱 $8.00-$10.00、飛枝蕉每箱 $13.50-$14.00（《東》，1911 年 9 月 2 日，頁 6，〈雪梨埠 7 月初 8 日禮拜四生菓行情〉）。1913 年春，橙價每箱 $4.00-$11.00、萍果每箱 $4.00-$11.00、菠蘿每箱 $4.00-$7.00、熱情果每箱 $4.00-$7.00、唐蕉每箱 $15.00-$15.50，每枝 $3.50-$9.00、地域河蕉每箱 $9.00-$11.00，每枝 $1.00-$2.00、之炎蕉每箱 $16.00-$16.50，每枝 $4.00-$10.00、昆士蘭蕉每箱 $9.00-$10.00，每枝乏價、飛枝蕉每箱 $14.00-$15.50，每枝 $3.00-$8.00（《廣》，1913 年 9 月 6 日，頁 7，〈雪梨正埠街市行情〉）。1914 年夏，菠蘿每箱 $5.00-$6.00、熱情果每箱 $3.00-$8.00、本地萍果每箱 $6.00-$14.00、芝奄蕉（即之炎蕉，疑即來自 Siam 的暹羅蕉）每箱 $15.00-$16.00、昆士蘭蕉每箱 $9.00-$11.00、飛枝蕉每箱 $13.00-$14.00（《民》，1914 年 2 月 21 日，頁 8，〈雪梨埠陽曆 2 月 19 日禮拜四生菓行情〉）。該年秋，本地橙每箱 $2.50-$9.00、本地萍果每箱 $3.00-$9.00、熱情果每箱 $2.00-$9.00、菠蘿每箱 $10.00-$13.00、芝奄蕉每箱 $17.50、昆士蘭蕉每箱 $8.00-$12.00、非之蕉每箱 $15-$16.50（《民》，1914 年 5 月 2 日，頁 8，〈雪梨埠陽曆 4 月 30 日禮拜四生果行情〉）。1915 年秋，本地橙每箱 $2.00-$5.00、本地萍果每箱 $4.00-$12.00、熱情果每箱 $1.50-$5.00、菠蘿每箱 $6.00-$10.00、胎域劣華蕉（疑即地域河蕉 Tweed River）每箱 $14.00-$17.00、昆士蘭蕉每箱 $12.00-$17.00、飛枝蕉每箱 $24.00-$25.00（《東》，1915 年 5 月 29 日，頁 6，〈雪梨埠陽 5 月 27 日禮拜四生菓行情〉）。由此足證悉尼果品價格雖不穩定，但整體而言都在上揚，至 1911 年後，香蕉品種因華商開拓境內外果園而增加，且價格高企，由此亦可探知華人果商利潤的可觀。

34 見 *TWD*, 29th August, 1919, p.2, The Banana Industry。

35 如果歷史研究務必要兼顧全面的話，那末一封 1922 年寄給華報的讀者來函便細訴了飛枝華人蕉工生活的苦況。信內道出在飛枝的印人蕉工、蔗工大批因工潮影響回國，不少華商遂勾結香港金山庄招徠大批華人，但上岸後既無人担保，亦無工可做，有工作者則工資極低，僅足糊口，而當時屯集二千餘華工在飛枝，四分一以上乏工安身，加上島上百物騰貴，生活艱難，故勸顧同胞切勿奢想到飛枝尋覓工作（《廣》，1922 年 4 月 22 日，頁 2，〈忠告飛枝島同胞〉）。在時間定位方面，1915 至 1916 年後飛枝蕉大量失收，造成蕉園需要工人種植卻不乏人收割的現象，這或解釋了島上華工過剩的原因。在事件性質而言，這一傍證在某程度上駁斥了島嶼上的有色果工長期甘受地主剝削，品性多樂天知足之說，並能略窺當時華商招攬、包攬華工到果園工作的片面。而更令人關心的，是華人果工在飛枝的遭遇又否會是澳大利亞華工的寫照，這是需要更多證據方能解開的困惑。

36 見《東》，1905 年 2 月 4 日，增附頁，〈仇視華人會之復活〉條。

37 有關當年白澳主義的崛興、在 20 世紀初的發展，與當地政府立法限制華人入境的過程，可參考 Myra Willard, *History of the White Australia Policy*；C.Y. Choi, *Chinese Migration and Settlement in Australia* 等書。澳大利亞議院雖已在 20 世紀初辯爭禁止有色勞工大量湧入謀生，但三摩（薩摩亞群島 Samoa Islands）等地區仍僱用契約華工。1903 年當地總督便在廣東汕頭與有關方面協議簽訂三百名苦力至摩薩工作。該批華工於 1904 年抵埗，並以月薪 2 鎊 10 先令的工資在種植場從事各種粗工及耕作，據報效率令人滿意。見 *SMH*, 16th July 1904, p.12。

38 見 *SMH*, 5th May 1904, p.8., Chinese Competition.

39 同上註出處。

40 1904 年悉尼再鬧起反亞裔人士的風潮不久，洋人 J. Ansley Irvine 在報上申述了自己的見解，認為自由貿易是英國憲法的基本精神，有商業競爭才有進步。他承認華人不按政府的規定經營，也同意華人不放過任何一個賺錢的機會，他們的自私與缺乏公德的行為也是眾所周知的，但他強調由反華人與反亞洲人聯盟所領導和倡議的各種抵制，甚至消滅華人工商業的活動是促成當前社會分裂不安的源頭，認為白人世界需較冷靜地觀察事態發展而非盲目參與（*SMH*, 23rd May 1904, p.8, Yellow Competition）。Ansley Irvine 的言論立時受到反華人與反亞洲人聯會領導層的反擊，指責他以反對黨領袖自居卻是與大氣候對抗，更詆譭他是在損害同種的訴求及利益。文中列舉諸種理由斥責華人及亞裔人士對本土工商業所造成的剝削，並堅持該聯會所爭取的洋人福利得到普羅大眾的同情與支持（見 *SMH*, 30th May 1904, p.10, Tedd A. Beeby, Yellow Competition 及 Maxwell Keely, To the Editor of the Herald）。不過，從另一角度觀察，反華人與亞洲人聯會和支持其理念的友會，如鄉村商店協會、新雜貨零售商協會等，其會眾亦並非全然站在種族主義的立場上激烈排華。反華人與亞洲人聯會的副主席 Maxwell Keely 便曾致信洋報表明他不同意另一副主席兼秘書 Tedd A. Beeby 的誤導性言論，讓與會群眾以為他或邀華人代表列席聯會會議並申述己見，並抗議 Beeby 憑空誣揑他攻擊亞裔人士的說法。Keely 在信函中並指出上述友會支持聯會的目的是基於維持社會各階層與市民大眾的利益出發（*SMH*, 5th August 1904, p.3, The Newtown Anti-Asiatic Meeting）。由此或可窺探縱使該組織高層內部對排華排亞的總方向上仍存有分歧。

41 據讀者 A.M. 書函記載，該華商的建議雖不獲契約公司接受，但卻得到公司答允租賃一塊良田作補償（見 *SMH*, 20th August 1904, p.12, Northern Queensland: White Australia）。被稱為 Kanakas 的其實是泛指西南太平洋各島嶼的土人，亦即美拉尼西亞（Melanesia）人，範圍包括巴布亞新幾內亞（Papua New Guinea）、飛枝及赤道以南等海島，此外還有所羅門羣島（The Admiralty Solomon）、聖克魯斯（Santa Cruz）、新赫布里底（New Hebrides）、新喀里多尼亞（New Caledonia）及 Loyalty Islands 等島嶼居民都被泛稱為 Kanakas。居於近東的 Kanakas 多有玻利尼西亞（Polynesia）血統，當時的澳華統稱他們為馬孺人（Māori）。

42 該讀者在投訴中還指出在勞工制度下，加拿加人只是負責修築圍柵與驅趕馬車，園田裡全由白人工作，但自華人出現後，除磨坊中的機械工外已無白人參與和耕種有關的事務，換言之，加拿加人從不會亦不能和白人競爭生意或生計。此外他繼續申說加拿加人雖是契約勞工，但他們在澳大利亞工作並光顧白人商店，但華人卻賺取本地金錢而只光顧華人同胞店舖，甚至郵匯積蓄至家鄉作他朝衣錦榮歸，安享晚年的儲用。A.M. 甚至譏諷在加拿加人的社群中絕不會發生像華人與白婦間正式或非正式的婚姻關係，混血兒問題亦聞所未聞（*SMH*, 20th August 1904, p.12, Northern Queensland）。雖然 A.M. 仍是帶着有色眼鏡來看待有色勞工的問題，但整體而言卻並不是在種族上排斥華人，而是基於白人利益的出發點上詆咎華商的壟斷及華工的"侵襲"。

43 見 *SMH*, 2nd September 1904, p.11, Chinese Competition。

44 報告中指出華人焗蕉工場的房間大小有異，一般面積約在六呎乘八呎乘八呎之間（*SMH*, 17th January 1907, p.6, The Banana Trade）。C.F. Yong 可算是早期留系華人蕉業對澳洲白人構成威脅所遭遇反圍堵的學者，有關資料可參考氏著 *The New Gold Mountain, The Chinese in Australia 1901-1921*, pp.59-79。

45 該名在悉尼 Bathurst St. 經營多年的洋果商續稱，若有洋人在新興的鄉鎮開業販賣果子，並與悉尼華人果商取貨，以為從此生意興旺的話；不逾月，悉尼華人批發商便會差遣其侍從到這洋人果舖的同一街道設店，且以更低廉的價格出售更新鮮的生果，最終目的在迫使這洋人結束營業，並由華人店舖取代云云（*The Evening News*【Sydney】，22nd February 1908, p.8, Sydney Fruit Trade）。究竟華人批發商與果販的勢力是否已伸延至這境地，我們固然不能憑信孤證，且當時華人已就有關指控於報上澄清，企圖緩和其事（《東》，1908年 2 月 29 日，頁 7，〈果業界嫉妒華人〉）；然而，若以 1904 年前後鄉村商店協會等團體踴躍支持反華人與亞洲人聯盟一事推敲，空穴來風，或非無因。

46　見《東》，1913 年 9 月 13 日，頁 7，〈坤士蘭抵制華人種蔗之苛例〉條。

47　《廣益華報》譯為 " 孖冧罷埠 "，似是今天近悉尼市的 Maroubra，但縱使百年前的 Maroubra 都沒可能提供近千畝蕉園的種植場。《東華報》音譯該地為 " 孖非林巴地方 "，而 Murwillumbah 在新州極北臨近大量蕉園的 Tweed River 一帶，氣候暖和，至今仍在 9 月初春舉行香蕉節（Banana Festival），《廣》報導中所指該埠的 " 波威 " 即為 Murwillumbah 的 Boardway（*TWD*, 20th September 1919, p.4[?], The Banana Industry ），而下文的敍述足證該地是指 Murwillumbah。

48　見 *TWD*, 20th September 1919, p.4, The Banana Industry: Protest against the Chinese Invasion、《廣》，1919 年 9 月 27 日，頁 2，〈華人種蕉亦受外人反對〉條；又可見《東》，1919 年 9 月 13 日，頁 7，〈欲阻華人種蕉〉條。

49　見 *TWD*, 20th September 1919, p.4, The Banana Industry: Protest against the Chinese Invasion 及 p.5, Chinese Invasion: Federal Action Urged。

50　至 1897 至 1919 年前後 22 年間，該區已開闢的果園一直維持在 218,849 畝上下，但荒地卻在不斷開拓，由 1897 年的 7,054 畝發展至 1919 年 12,970 畝，升幅幾近一倍。在本土和海外水果市場的擴展下，果園供應仍感不足，地價由此依次遞升，在 1897 年，一畝地平均僅值 6 鎊 10 先令，進入新世紀後泰半時間維持在 10 鎊 10 先令至 13 磅 11 先令之間。1917 年因華人入市而地價再度上揚，該財政年度每畝地值 17 鎊左右，1919 年平均畝價更攀升至 31 鎊 4 先令，是 22 年前的 5 倍，據報部分地區更遭華人炒買至每畝 100 鎊。Tweed River 地區更是新興的香蕉種植區，在 1917 至 1918 年，共開墾 2,691 畝蕉園，1,944 畝已投入生產，收成總值 89,040 鎊；而 1918 至 1919 年則開墾了 3,028 畝，2,485 畝投入生產，收成總值達到 155,660 鎊（數據見 H. A. Smith F.S.S, *The Official Year Book of N.S.W. 1919* [Sydney: W. A. Gullick, Govt. Printer], p.590-591）。1919 至 1920 年，已開墾的土地達 4,370 畝，2,853 畝投入生產，可生產 234,844 箱香蕉，總值 174,380 鎊，可見發展速度驚人（數據見 *The Official Year Book of N.S.W. 1920*, p.409）。

51　Tweed 地區自 1865 年後已種植甘蔗，並建立碾蔗糖作坊，其後亦生產其他果子，但香蕉種植則是 20 世紀初才引進的新興事業，並因高回報緣故，致令 Northern River 一帶的蔗糖業迅速衰落（*The Official Yearbook of N.S.W. 1920*, pp.405-406）。

52　見 *TWD*, 2nd September 1919, p.2, Open Column: Chinamen as banana growers。

53　見 *TWD*, 6th September 1919, p.5, Open Column: Chinese Invasion。

54　見 *TWD*, 9th September 1919, p.3, Open Column: The Chinese Invasion、 20th September 1919, p.4, The Banana Industry: Public Meeting in Murwillumbah。

55　見 *TWD*, 20th September 1919, p.5, Chinese Invasion: Federal Action Urged、 29th October 1919, p.2, Chinese Invasion: Capt. Carmichael's Observation。

56　見 *TWD*, 20th September 1919, p.4, The Banana Industry: Protest Against the Chinese Invasion。

57　見 *TWD*, 8th September 1919, p.2, Chinese Invasion: Banana Growers want Protection。

58　同上註出處。

59　見 *TWD*, 20th September 1919, p.5, Chinese Invasion: Federal Action Urged。

60　見《東》，1919 年 10 月 16 日，頁 7，〈訛言辨正〉條。

61 在 1919 年 9 月 Murwillumbah 的果農會議中，曾有指華人購置園地後，其方圓一帶的土地均告貶值，主因在於無白人願意與華人為鄰。這恐怕僅是洋人果農半帶恐嚇性的説話，但華人置園後直接導致左右土地升值，洋人種植者未能負擔昂貴的物業轉售或租金，最後仍被工資較低廉與資金較充裕的華人果園成功爭奪蕉園則是事實。上述各點均見 *TWD*, 8th September 1919, p.2, Chinese Invasion: Banana Growers want Protection 一文的報導。

62 見 *TWD*, 11th October 1919, p.2, The Banana Industry: Reaction from Present Boom Forecasted。

63 1919 年春，昆士蘭州政府因接獲當地果商指新州北部地價被華人高價購入，致令白人種植者無以為生的抗議，遂實行對華人購買土地的審查並交由內閣立法。見《廣》，1919 年 10 月 25 日，頁 8，〈華人購地亦反對〉條。

64 自 20 世紀初大力推行白澳主義的二十餘年後，包括日、印的亞裔人士大幅減少，其中影響最大的是華人社區。據入境紀錄記載，華人由 1911 年 25,772 人下降至 1921 年的 20,674 人（《東》，1923 年 3 月 31 日，頁 7，〈澳種內外民族消長之比較〉），留澳華人人數驟減對果園生產構成一定壓力。

65 除上文已提及的批發商外，Hook Yick（福益菓欄）總店在墨爾本西市場（Western Market）7 號，支店在悉尼希街（Hay St.）96 號（《東》，1915 年 1 月 2 日，頁 4，〈福益菓欄〉廣告）。Hie Lee（泰利菓欄）店在悉尼希街 92 號，舊店亦在原址，於 1914 年春股東內部重組後再度啟業，由余命章等經營，仍名泰利（《民》，1914 年 8 月 29 日，頁 7，〈Hie Lee & Co.〉廣告、《民》，1915 年 1 月 30 日，頁 7，〈泰利菓欄〉廣告）。W.Mow Sang（茂生菓欄）店在悉尼亞爐添麼街（又稱丫爐甜毛街、押度摩婁街 Ultimo Rd.）2 至 3 號（《東》，1913 年 12 月 6 日，頁 4，〈茂生菓欄新張〉廣告）。除已徵引的華商外，以上各果欄資料出處俱出自 *TWD*, 30th August 1919, p.2, Banana Industry: Directory of Leading Agents。此外，於相若期間同在 Ultimo Rd. 的華人果欄包括店址在 4 號的永興果欄（《東》，1916 年 5 月 20 日，頁 7，〈永興菓欄特別佈告〉）、7 號的永利果欄（《民》，1917 年 1 月 1 日，頁 22，〈永利菓欄〉廣告），同時於 7 號店舖經營的還有添楊果欄（出處與永利果欄全）、店舖在 9 號的合利果欄（《東》，1915 年 1 月 2 日，頁 4，〈合利菓欄特別佈告〉）、店在 10 至 11 號的永安果欄總店（《東》，1921 年 9 月 3 日，頁 2，〈Wing On & Co.〉廣告）及稍後店設在 10 號的安生果欄（《東》，1922 年 3 月 25 日，頁 7，〈安生菓欄新張廣告〉），説明在 20 世紀 20 年代前後，悉尼的華人果欄已多集中在 Ultimo Rd. 的 Municipal Market 經營，至於蔬果兼賣的華人蔬果店、雜貨店更多得不可勝數。

66 當時以悉尼為基地的著名洋人蕉商計有 T.S. Mitchell（No.14 store, City Markets, Quay St.）、Brown & Whittaker（City Markets）、G.L.S. Days（417 Sussex St.）、Batchelor & Stevenson（No.19 store, City Markets），此外尚有店舖地址不詳的 Weymark & Son. Ltd. 、F.J. Salmon & Co. Ltd. 、A.O. Small、A. Jurd、Stimon & Firth；在悉尼、墨爾本、鳥加時等地都設有分號的 The Coastal Farmers' Co-Operate Society, Ltd. 。總店在墨爾本的有 The Austral Grain & Ambler Pty., Ltd.（46 King St.）與 Victorian Orchardists' Co-Operative Association（456-458 Flinders Lane）等。見 *TWD*, 30th August 1919, p.2, Banana Industry: Directory of Leading Agents。

67 見《廣》，1903 年 1 月 10 日，頁 5，〈華重商務〉條。在 1915 至 1919 年攻訐紛紜的輩言中，即有指華人能在 10 畝的土地上，每年賺取 2,300 鎊的報導。見 *TWD*, 29th August 1919, p.2, The Banana Industry: Opposition to increased Import Duty。

68 1919 年正值洋人果農譴責華人蕉果代理壟斷市場之際，即有批評指華商此前以每箱 $10.00 的價格向洋人果農購入香蕉，卻以每打 $1.00 為零售價放在市面出售（按所本資料出處提供的推算所得，每箱香蕉約有 20 打）。而當 1919 年，Tweed 地區的洋人果農聯合抵制華商，並能以每箱 $20.00-$30.00 賣給洋人果子代理，而市場零售價僅為 6 便士一打，說明往歲華人代理的盈利可觀。既而，更有責難抨擊華人僅以每打 2.5-3 便士低價向 Duranbah 的洋人蕉農購買香蕉後，即在悉尼以每打 \$1.00 向其他零售商賣出，當時查探價格的果農稱由向代理售出至香蕉運抵悉尼，價格僅需 5.50 便士。論者即非議華商在每箱 \$5.00-\$6.00 低價壓榨洋人果農後，在市場上以 \$21.00 左右高價售出，侵漁暴利，必須加以杯葛（見 *TWD*, 20th September 1919, p.4, The Banana Industry: Protest against the Chinese Invasion）。以上資料提供或因各主觀因素影響下有所偏頗，甚至偏差，若據第二名洋果農所稱批發出價每箱 \$20.00 以上購蕉，零售僅及 6 便士一打的話，以每箱 20 打計算，批發與零售商必大蝕本！查香蕉價格在 1918 至 1919 年間雖變動不大，但不少蕉類都缺市，或印證了飛枝等地香蕉失收之說，試徵若干線索如下：1916 年秋，芝奄蕉每箱 \$20.00、胎域劣華蕉每箱 \$16.00-\$17.00、昆士蘭蕉每箱 \$18.00-\$19.00、飛枝蕉每箱 \$17.00-\$18.00（《東》，1916 年 5 月 13 日，頁 6，〈雪梨埠陽 5 月 11 日禮拜四生菓行情〉）。1918 年春，芝奄蕉 \$22.00-\$23.00、胎域劣華蕉每箱 \$14.00-\$20.00、昆士蘭蕉每箱 \$10.00-\$18.00、飛枝蕉每箱 \$20.00-\$22.00（《東》，1918 年 10 月 5 日，頁 6，〈雪梨埠陽 10 月 3 日禮拜四生菓行情〉）。該年夏，芝奄蕉每箱 \$20.00-\$22.00、昆士蘭蕉每箱 \$8.00-\$21.00、飛枝蕉乏價（《東》，1918 年 12 月 28 日，頁 6，〈雪梨埠陽 12 月 23 日禮拜一生菓行情〉）。1919 年夏，胎域劣華蕉每箱 \$10.00-\$15.00、昆士蘭蕉每箱 \$10.00-\$17.00、芝奄蕉與飛枝蕉乏價（《東》，1919 年 2 月 1 日，頁 6，〈雪梨埠陽 1 月 29 日禮拜三生菓行情〉）。然該年冬，胎域劣華蕉每箱 \$20.00-\$24.00、其他蕉類乏價（《東》，1919 年 8 月 2 日，頁 6，〈雪梨埠陽 7 月 30 日禮拜三生菓行情〉）。該年夏，胎域劣華蕉每箱 \$20.00-\$26.00，其他蕉類乏價（《東》，1919 年 12 月 27 日，頁 6，〈雪梨埠陽 12 月 22 日禮拜三生菓行情〉）。上述資料說明在 20 世紀 20 年代開始，Tweed 一帶出產的香蕉開始憑其穩定生產主宰市場；然而，若悉尼批發商向 Tweed 地區果農以 \$20.00-\$30.00 一箱收購香蕉，縱使不計算運輸費用在內，從果子市場價格反映，代理與零售都虧損甚深，反證該洋人果農之說不盡真實，其中的誤差可能是該蕉農把蕉價高昂時每箱價格與豐收時節的低零售價混而談（若連同另一報導指當時蕉價每箱已達 \$30.00，但投稿者稱她將留待蕉價跌至每打 4 便士時才購買之說一併參考，這推論便有可能成立【*TWD*, 23rd September 1919, p.2, Chinese Invasion: A Biff at Banana Bloat】）。雖然如此，讀者從中卻可將各種痛詆言論和華人果販零售價格較洋人果店便宜一說互為參證。在某程度上觀察，華人善於營運及壓價，因購入價平宜，批發或零售時價格彈性亦大，盈利自然提高；反之，洋人代理須以較高價格購買果子，不論其零售價如何，成本在大增下盈利則少。這正是洋人果農聯合抵制華人代理，亦不願在 Tweed River，甚至 North Coast 一帶見到華人蕉農踪影的原因。

69　可參考郭天健（編）：《先施公司 25 周年紀念冊》（香港：商務印書館，1924 ？）、《香港先施有限公司鑽禧紀念冊 1900-1975》（香港：二天堂印務有限公司，1975 ？）、孔令仁（等主編）：《中國老字號》（北京：高等教育出版社，1998 年）等書。

70　可參考《香港永安有限公司 25 周年紀念錄》（香港：天星印務局，1932 ？）、*Wing On Co. Ltd.: Main Store Grand Opening* (Hong Kong, 1978)、《永安 80 周年紀念》（出版地、日期缺）、中共上海華聯商廈委員會、《上海永安公司職工運動史》編審組（編）：《上海永安公司職工運動史》（北京：中共黨史出版社，1991 年）、《上海永安公司的產生、發展和改造》、Welling K.K. Chan, " Organization and strategy of China's two premier department stores: the Wing On and Sincere companies, 1900-1941" in L.M. Douw and P. Post (ed.), *South China: State, Culture and Social Change during the 20th Century* (Amsterdam: North-Holland, 1996), pp.183-193 等書。

71　昔年稱華人侵佔利權的輿論中已高標 " 黃禍 " 為詞（*SMD*, 19th August 1904, p.3, The Yellow Peril: Chinese Competition and its Evils）。反華人與反亞洲人聯盟便以 " 蒙古人 "（Mongolian）來形容華人在各行業中的入侵行為（*SMD*, 31st August 1904, p.8, Chinese

Competition、2nd September 1904, p.11, Chinese Competition），這明顯並非指人種而言，卻是在歷史記憶上重提歐人對抗蒙古的歷史，藉此敵愾同讐地一致對付"中國人"的進襲。而在 1919 年白人反對華人種蕉時，亦同樣出現排擠黃色人種的口吻，矛頭且還連帶地針對日本人（ TWD, 4th September 1919, p.2 Open Column: The Banana Industry），有更極端的甚至高呼 "We did not want a Mongrel race, we want a pure race, a White Australia. They called this place the Garden of Australia, if they did not look out it would very soon be called the Chinese Garden of Australia "。然而最能直接挑起立時憤恨的，莫如警告白人果農保持甦醒狀態 "They wanted to be awake or the Chinese would get in on them the same as the Germans had done"（ TWD, 20th September 1919, p.4, The Banana Industry: Public Meeting in Murwillumbah），以這株連性的詞鋒"嬌誣"華人的"侵略"以拉攏兵士結盟，故當時 Tweed 地區的回頭兵與水手聯會（ The Returned Soldiers and Sailors' Imperial League ）便桌求政府指新州北部既是安置回頭兵最佳的地點，故務須立例禁止華人轉售或租賃土地（ TWD, 8th September 1919, p.2, Definite Steps by Soldiers）。自 1904 至 1919，國人先是因列強冀欲瓜分中國而意志衰餒，民國成立後則因巴黎和會幾至喪權唇國，而留澳華人至此竟被視為橫掃歐亞的韃靼與掀起歐戰戰幔的德意志，內心孰喜孰悲，實非百載以後的讀者們所能推知。換上另一角度觀察，諸詆華言論確證種族成見存在，但嚴格而言，或謂蒙古、或曰德意志，一切皆屬手段，旨要仍志切在華人手中爭回工商利權而已。

72 20 世紀 30 年代澳大利亞進一步收緊移民政策，本土洋工亦進而排斥來自非英國地區的歐洲工人，當時就有杯葛意大利蔗工的集會（《東》，1930 年 6 月 14 日，頁 8 ，〈反對意僑作蔗園工〉），事件在某程度上反證地區保護主義才是真正的原因，種族排擠僅是招徠同道的藉口，幌子背後還是切身利益問題。

73 當時有西人果園 Movana 園主向華人招手："茲有好果園一區坐在破倫佛地爐（曾疑"破倫"是 Port 的音譯，惟新州沿岸的近者如 Port Botany，遠者如 Port Stephens、Port Macquarie 等似皆不合，猜測為距悉尼以西約 145 公里，地近 Bathurst 的 Portland，佛地爐或在此鎮內）地方，闊 40 個衣架，有嫩果樹 200 株，園地肥美，水常足用，而且地近雪梨，無憂霜雪之患，甚合華人耕作之用。現銀交易取價 170 鎊，按期支給取價 200 鎊。如有合意者，祈照後住址到來面商可也。此佈 Queenscliff Road, North Manly"（《東》，1919 年 5 月 10 日，頁 7 ，〈菓園出賣〉），署名 J. Limbery 的西人招頂果店："茲者：本號在鳥湯（Newtown, N.S.W.）開設果店，每禮拜可做生意一百鎊，上有利 20 鎊。今因志圖別業，招人承受。如有合意者請照後英字門牌寄到來可也。 109 King's Street, Newtown"（《東》，1919 年 5 月 24 日，頁 7 ，〈菓店招頂〉）。亦有在 Louth 的洋人果園 Robinson & Vincent Ltd. 以每周 $42.00 招請華工（《東》，1920 年 5 月 22 日，頁 6 ，〈聘請華工〉），查該工資與聘請一洋工的周薪市價相符（可參考 TWD, 3rd September 1919, p.2, Open Column: The Threatened Chinese Invasion），我們可在這些傍證中反觀在排擠華人果業的同時，白色世界的另一端對華人的不同態度。

74 見《廣》，1919 年 9 月 27 日，頁 2 ，〈華人種蕉亦受外人反對〉條。

75 個人認為與其以種族主義一詞盲目套用在澳大利亞"排華"活動上時，大家不如暫且放下那種莫名的民族情意結，冷靜地分析事件中的主客觀因素。若我們堅稱白人因種族優越感而排華的話，那末在東南亞同屬黃種地區內的排華事件又將如何自圓其説？縱觀世界各地的排華問題都有不同的動機，但為何不能自我反省何以華族移居外地時往往挑起與本土人士的衝突？在筆者看來，種族一説或僅屬誘因，直接關係卻在於僑居異地的華人一多不願入鄉隨俗，二則在工商方面侵害原居地人士的利益，並由此掀起本土主義的崛興與激烈排外情緒，最終招來當地斥逐華人的喊吶，這些才是上世紀各地排華事件背後的共同點與真相。

76 見《東》，1904 年 7 月 23 日，增附頁，〈保商會成〉條。

77　保商會會長陳霞（陳少霞，1907-1918、1924-1931 先施公司董事，其英文姓名在公司的記錄上仍稱 Chan Harr）在致西報的信函中即就洋人指責逐點解釋。有關資料見 *SMD*, 22nd August 1904, p.5, The Chinese Citizens in Reply、《東》，1904 年 8 月 27 日，增附頁，〈記鳥修威華人保商會抗論西人苛制之事〉、1904 年 9 月 3 日，增附頁，〈本省華人保商會再駁西人商會書〉等條。

78　1904 年 7 月末梢，反華人及反亞洲人聯盟召開大會，陳霞與黃來旺出席並在四百餘名華洋人士前發表演説，取得一定的影響與成就（《東》，1904 年 7 月 30 日，增附頁，〈紀仇視華人會〉）；8 月初，陳霞、黃來旺等又應悉尼合眾教堂之邀與西人辯論白澳主義（《東》，1904 年 8 月 20 日，增附頁，〈舌戰驚人〉）。除不畏身入虎穴外，陳霞、余榮等二十餘名華商還設法通過西人福音派教會（Evangelical Council of N.S.W.）的協助來周旋其事。見 *SMD*, 29th September 1904, p.5, Anti-Chinese Crusade: Chinamen Appeal for Help。

79　1919 年 9 月悉尼中華總商會啟事："啟者：本埠種蕉西人忌我華僑經營種蕉奪彼利權，藉口安置遠征回頭兵士，稟請政府阻止華僑種蕉。茲奉 魏（子京）總領事命調查鳥修威省那士溝士（North Coast）一帶地方，凡我華僑有購買或租借種蕉園，地各值若干草畝，仰祈速將買地、租地、人名及土名開列英字名目寄來本會，俾彙同呈報總領事與澳政府交涉，切勿延遲。如有不允照行，將來或受損失乃係自誤。特此公佈。"見《民》，1919 年 9 月 20 日，頁 6，〈雪梨中華總商會啟事〉條。

80　見《廣》，1905 年 2 月 18 日，頁 2-3，〈洋仇會黨，暫暫冷淡〉、《東》，1906 年 9 月 29 日，頁 6，〈記保商會之歷史〉等條。此外，反華人工商業的活動稍為放緩與新州工黨於 1904 年選舉中落敗也有一定的關係。

81　見 *TWD*, 11th September, 1919, p.4, Chinese Banana Growers。

82　見 *TWD*, 19th September 1919, p.3, Chinese Invasion: The Case for the Alien、《廣》，1919 年 9 月 27 日，頁 2，〈余榮君駁論〉等條。。

83　在昔年排華呼聲高唱之際，曾有白人相繼投稿洋報，指出政府既已立法允許華人工商在澳大利亞工作，則絕無驅趕華人之理，亦有指華人節儉勤奮，奉公守法，反駁排華者非議華人違反法律及毫無道德的指斥；另外也有讚揚華人生意營運得宜而遠勝洋人，故由此招來小撮妒忌者的反對、亦有指商業社會割價平沽藉此爭取客戶的方法不惟中國人獨有，單獨針對華店而杯葛是不必要的自私行為（《東》，1904 年 9 月 10 日，增附頁，〈西人公論〉）。一個在煙花飛路（Inverell, N.S.W.）舉行，目的在抵禦"黃禍"的鄉鎮商會會議中，便有老店東自承沒有中國競爭對手，也有反對不發牌照與華人的聲音，更有強調只要是公平競爭的話，便不畏懼任何對手之説（*SMH*, 19th August 1904, p.3, The Yellow Peril: Chinese Competition and its Evils）。既而，亦有洋人致函華報重申華人店宅多潔淨，非議詆譽華人諸説不公，他懇請華報編輯勸籲同胞多清理屋宇，多自檢點，勿給排華者攻訐的口實（《東》，1905 年 5 月 13 日，增附頁，〈來函照登〉）。在此排華浪潮高漲之際，新南威爾士商會代表還致信政府懇請開放華商與學生入境的禁制，藉此增強中澳商機與中國年青一代的知識水平（《東》，1905 年 6 月 10 日，增附頁，〈請寬禁例〉）。洋人 E.W. Cole 於此際出版的 *Better Side of the Chinese Character: Its Relation to a White Australia and the Development of our Tropical Territory*，書中指西方世界不瞭解中國人而導致雙方在交往間出現不少誤會，他介紹了過去曾在中國工作、傳道、旅遊的西人對華人較正面的見解，並公正地評價當時華人僑領與其他華人的品德。除着書外，另有神職人員公開指出上帝造人不分膚色，白澳政策的興起純屬私利之見（《東》，1905 年 11 月 25 日，頁 6，〈西教士反對白澳洲〉），亦有以議員身分自承雖贊同白澳政策，但華人已在澳者則應一律公平禮待，同時他披露華人工價低廉，縱使口稱排華者亦須聘用，説明了事件的本質在於華人對社會有肯定的貢獻，而反對者則因利益被侵奪而抗議（《東》，1905 年 12 月 9 日，〈尚有公道〉）。至於執政者方面，當一個為數 25 人的反華人及反亞洲人聯盟代表團於 1904

年 10 月謁見澳大利亞總理並申説華人在各行業不公平地與白人相爭和道德操守不符當地社會要求，懇請將華人移遷一地集中管治及方便警方監控時，總理的答覆是他不能把管理華人的方法與其他人種有別，亦不可能在立法上針對華人而把他們從社會上孤立起來，他理解華人在工商業上與當地人士競爭的情況，但這些矛盾都可通過各種方法與調停來解決（*SMH*, 20th October 1904, p.5, Chinese and Asiatic Competition）。以上例子或足説明在 1904 至 1905 "群情洶洶" 的年代裡，澳大利亞朝野對華人所造成的社會問題亦有其另類的觀點，華人社區處於白黔環纏的困擾裡，卻並非完全被孤立的。

84　當時 Tweed Fruit Growers Association 質詢政府後所得的答覆是："Considering the colored men growing banana on the Tweed and in Queensland, the cry of black labour is ill timed, but we do not really seriously afraid that they cannot compete with the Island product." 見 *TWD*, 29th August 1919, p.2, The Banana Industry: Opposition to Increased Import Duty。

85　署名 One Who Knows 的讀者強調據他耳聞目睹華人在 Mullumbimby 的 Main Arm 有地 77 畝，約有 17 至 20 華人參與種植。他們早上 6 時起床，7 時完成早飯後即投入新一天的工作，11 時至 12 時為午飯時間，飯後即再度投入生產，直到下午 5 時才休息，工時長達 9 小時。工資方面，生手蕉工每周 2 鎊 10 圓，熟手園工每周 2 磅 15 圓，至於周日工作還將獲發雙倍的工資；園主負責供應主要為米飯的伙食，每周花費約 25 圓，園工們或會自付家禽或其他副食為飧饕的額外費用。該讀者在結論中還再度申説："Try to keep the Chinamen out if you desire, dear friends, but don't put up any 'Cheap labor bogey'"。見 *TWD*, 3rd September, 1919, p.2, Open Column: The Threatened Chinese Invasion。

86　見 *TWD*, 3rd September 1919, p.2, Open Column: Chinamen as Banana Growers。

87　署名 Mee Kew 的讀者在信函裡還寫下不少精警的句子，如在當地常鬧蔬菜荒的問題上，她説："Where, indeed, is the patriotic banana grower who would not rather tend his plants in the knowledge that, with the yellow man confined to the sale of crackers and the peddling of sundry vegetables which the white man, more or less, refuse to grow." 她勸告立法機關在面對制訂禁止華人種植或購買土地前須考慮："A prosperous yeomanry, of course, mean greater commercial stability, but while legislation should rightly be directed in the interest of the 'back bone' of the country the stomach of it should also get an occasional caressing pat." Mee Kew 進一步澄清 Tweed 等地區蘊釀取締華人果業的本質："There is no argument against the desirability of keeping this country white. The real trouble in the present position, however, is that the Chinamen, as a rule, aims at being an industrial competitor rather than an employee, and it is this aspect of the case that troubles his banana raising opponents more than the social purity side of it……" 她還半帶嘲弄的指："……I do not relish the idea of an influx of Chinamen in this district, or any other district in Australia, even if it were to the exclusion of enthusiastic White Australians who prefer to keep on striking instead of working."（見 *TWD*, 23rd September 1919, p.2, Chinese Invasion: A Biff at Banana Bloat）。或者，從上文的線索導引下，讀者們更可理解何以在陰霾氛沴的排華年代裡，華商與華工們總能在喘息不過的夾縫中支撐過來的原因。

88　見《東》，1898 年 11 月 26 日，頁 4，〈永安菓欄〉條。廣告內清楚看到當時果欄所在位置，售賣種類與合夥諸人姓名等。

89　見《東》，1900 年 10 月 20 日，頁 3，〈Wing On & Co.〉廣告。廣告內容除略窺永安在果子菜蔬外，並代理飛枝、昆士蘭等蕉果；此外，這廣告進一步透露了總店與其他分店的確實地址。

90　見《廣》，1894 年 11 月 9 日，頁 8，〈Wing Sang & Co.〉廣告。該廣告除透露永生號所售賣果蔬、貨品的種類外，同時也是店舖遷址啟示。

91 見《東》，1899 年 9 月 27 日，頁 3，〈永生菓欄〉廣告。

92 《東》，1900 年 2 月 24 日，頁 3，〈永泰菓欄〉廣告。廣告內容與永生、永安大同小異，其營運方式亦大致相同。其司事人名字亦刊登在廣告上。

93 見《東》，1911 年 8 月 5 日，頁 7，〈永泰菓欄特別廣告〉。除地址外，我們還可追溯當時唐人果欄、土舖等雛型跨國商業、金融業的營運方法；永泰與永生的關係更從中可見一斑。

94 見《民》，1914 年 2 月 21 日，頁 4，〈泰生菓欄〉廣告。

95 見 *Sydney Punch*, 25th June 1881, p.100。

96 見 *The Illustrated Sydney News*（Sydney, Australia），28th June 1888, p.17。由上至下順序為 1888 年悉尼 Domain 排華大遊行，右上角圖 4 為一農婦竭斯底里地呼叫："Wot about our cabbage"，質疑若華人被排擠，甚至被迫遣返，廉價蔬菜的供應將告中斷（其解釋俱出自 *ISN*, 28th June 1888, p.23。該速描或如實地反映了時人的不滿情緒，文章卻簡潔且中肯地敍述了事件的過程），再度印證由華人所種植的蔬菜確有主流社會的市場。圖 2 顯示在 Domain 的示威者高舉 "The Chinese must go" 標語，圖內的小圖 3 並顯示得到群眾熱烈鼓掌支持。圖 5 是一幅白人抓着辮髮華人，當中書寫了 "You must go" 字樣的海報，*ISN* 的註腳更是："John's foes"，意指華人是白人群眾的公敵。旁邊的是個抽鴉片煙的華人，作者諷喻煙害令婦女與兒童受苦。圖 7 是船隻上的洋人船工將華人海員踢下海，除流露當時洋人海員強烈反對華人爭奪他們職位之餘，作者還高標着："What the Tars think"，即指華人正是昔年入侵白人世界的鞋靶。頁底左面所繪畫的是一群蹲縮在下佐治街破窗戶角落向外探首探腦張望的中國人。中間的圖 9 是一名手持大英帝國旗幟的白人女性站在倒地蓄辮的華人傍邊，作者註着："The poor Chinaman"。右下角圖 10 中的模型相信是反華大遊行當天的一個具象徵意義的標誌，作者註腳："Returning to China"，圖中顯示一名白人正驅趕身繫繩索的一隊蓄辮華人下船。

97 見《東》，1923 年 2 月 17 日，頁 2，〈On Chong & Company〉條。

98 見《東》，1922 年 7 月 22 日，頁 2，〈Wing On & Co.〉廣告。廣告重點放在公司通商中澳，以振興國貨為口號，在香港設有百貨業總行，支行在上海與廣州，並發展抽紗業。在廣告裡讀者可發現過去賴以發跡的蕉果批發或替梓里附寄信金等服務已放於次要位置，宣傳焦點在由香港入口的上海絲襪、天津地毡、江西磁器、絲巾白紡等貨品上。悉尼永安果欄的色彩雖仍保持，卻隨着香港、上海百貨業方面的拓展，出現了頗大的變化。

10 | 華人跨國航運事業與營運文化

前言

　　19 世紀中後期，海內外中國人一方面受列強環伺下激發的愛國熱潮影響，另一方面又受西方商務發達的啟悟，對國內外事物求知的意欲日增，而出洋經商、求學或從傭役者漸眾，加上海外華商及僑民吸納集資籌辦企業的經驗，並取得美滿的成果，[1] 因此在上世紀初華僑對投資祖國甚至跨國事業的興趣轉趨濃厚。處身澳大利亞的華人人數雖不及北美洲，但因地理環境上的優勢，加上在東南亞一帶從事工商業的華人往往浮海抵達澳大利亞，漸次地形成一條航運鏈，直接由中國、香港等各港口出發，途經檳榔嶼，再轉斐濟群島，然後抵達澳大利亞。（見地圖 7）

　　16 至 18 世紀歐洲列強相繼在印度洋和太平洋一帶拓展殖民地，早令海上航路版圖大為擴闊，澳大利亞在 17 世紀被發現後，殖民與補給洋船經由歐洲各港口南下者漸眾，航線亦日漸延長，服務亦日趨完備。歐人南下澳大利亞的原因很多，除英倫遣送罪犯、士兵至此殖民外，1740 年愛爾蘭（Ireland）大饑荒後超過一個世紀，中間雖在 1801 年與英國合併，組成聯合王國（United Kingdom of Great Britain and

Ireland），但經濟仍持續不振，加上氣候反常，大饑荒於 1840 年重臨該地。*Illustrated London News* 在 1847 年的素描中，再度反映該地失業問題嚴重，餓殍日增，婦女衣不蔽體，蹲於荒野試圖搜尋菽草土豆充飢的實況。英國統治者也不斷發出婦女離開家鄉的勸籲。在殘酷現實的驅使下，於老舊大陸中再無容身之地的百姓，超逾百萬人口被迫灑淚去國，移居未知的新世界。既而，美洲與澳大利亞於此時相繼傳出發現金礦的消息，使這批既徬徨又帶雀躍的殖民者最終立下落腳決心的地方。

正因南移海外的市場迅速擴展，加上螺旋槳和渦輪的改善，新式洋船主力以煤炭動力推動，設有一或二管煙囪，附設雙桅或四桅的火輪逐步取代以風力推動的兩、三桅帆船，以較安全快捷的運輸，相對廉價而能容納更多乘客的方法，護送客貨縱橫各大洲及其間的殖民島嶼。1879 年英國航船 Orient Line 在格拉斯哥（Glasgow）建造第一艘最大型的煤輪 *Orient* 號，由英國越洋至澳大利亞，該船淨重 5,386 噸，船速每小時 15 海里，可容納 120 名頭等艙乘客，130 名二等艙乘客及 300 名三等艙乘客。自 *Orient* 面世後，掀起各船公司間的競逐，1889 年德國航船 North German Lloyd 在甚切青（Stettin）建造，以白色船身知名的 *Kaiser Wilhelm II* 下水。該船淨重 6,661 噸，每小時 16 海里，可容納 120 名頭等艙乘客，80 名二等艙乘客及一千名三等艙乘客。在數番落後於本國競爭對手後，P & O 在 1896 年至 1900 年間於貝爾法斯特（Belfast）和格里諾克（Greenock）一口氣打造了 *China*、*India*、*Egypt*、*Arabia*、*Persia* 五艘由英倫駛至澳大利亞的火輪，其中 *China* 淨重 7,899 噸，每小時 16 海里，其他四艘都在 7,911 噸以上，時速不下於 *China*。幾在同一時間，North German Lloyd 在甚切青建和漢堡（Hamburg）建造了七艘排水量超過一萬噸的越洋航輪，其中兩艘在歐洲冬季後訪澳，*Friedrich Der Grosse* 淨重 10,531 噸，時速雖只有 14 海里，但可容納 100 名頭等艙乘客，76 名二等艙乘客及 2,000 名大

艙乘客；*Barbarossa* 淨重 10,769 噸，同樣極速為 14 海里，她可攜帶 216 名頭等艙乘客，243 名二等艙乘客，大艙可容納 1,935 人。[2]

在歐洲列強比拼船大型新及講究船艙裝潢和服務質素時，它們在本國同業競爭中也各展奇謀，就以歐澳航道來説，英國國內就有 Aberdeen Line、Blue Anchor Line、Blue Funnel Line、Commonwealth & Dominion Line、Commonwealth Government Line of Steamers、Houlder Bros & Co. Ltd.、Martin & Co. Ltd、Orient Line、Royal Mail Steam Packet Company、Pacific Steam Navigation Co.、P & O、Scottish Shire Line、Turnbull, Shaw Savill Line、The Federal Steam Navigation Co.、The Royal Mail Line、White Star Line 等等；此外還有來自異國間的競爭者，像德國的 Hamburg America Line 和 North German Lloyd；法國的 Cie Havraise Peninsulaire 和 Messageries Maritimes；紐西蘭的 New Zealand Shipping Co.；義大利的 Lloyd Sabaudo、NGI、Sicula Amercicana Societa di Navigazione 和 Società di Navigazione Lloyd Triestino 等船行，都在內爭外鬥的商業角逐上，不斷通過包裝與宣傳，自強和吞併來提升競爭優勢。

籌組中澳船行的構思

19 世紀的滿清中國是被歐洲列強覬覦的地區，但西人船堅炮利的優勢確是當時有志之士在切齒痛恨之餘，卻不由不從中學習並企圖迎頭趕上，以期達到救國自強目的的手段，第 11 章內提及的海軍捐已是其中一例。再者，洋人商務藉着船堅炮利之勢打開中國閉關自守的市場，海外華商亦希望能從祖國附運商品到所居地販賣，藉以拓展業務；另一方面，也在尋找商機把該地區的特產運回祖國販賣謀利，此外，在當時商船穿梭往還世界各大洲的旅途中，貴族、豪賈、商人、移民，甚至合約與非法勞工都是其中各艙的乘客，航運自有其可圖利益，以上正是華僑籌組越洋航運的決心和背景。1906 年，悉尼華商余榮與葉炳南企圖通過中國廣東省政府的資助組成一條航行日本、香港、呂宋等地的有系統船隊南下澳大利亞，但得不到官方的答覆。此後，他們再試圖向中國駐倫敦特派員轉達該構思，可惜仍是徒勞無功。[3] 1914 年，原屬英國領土的澳洲因歐戰爆發後海路補給資源阻絕，个少華人的生計亦受牽連，[4] 經濟利權的外溢與國內政治環境的變遷，使華商進一步認識到僻處於南半球島國中的機遇，還是有賴自力更生的航運事業才能得以維持與發展。[5]

　　1911 年前後，悉尼華人土舖安昌號已代理行走西太平洋島嶼的船隻，此外又有一艘火船，一艘三桅船載貨往來基爐弼埃崙（又稱機路拂孤洲，Kuria，Gilbert Islands，見附圖 10.1）。[6] 與此同時，余榮為擴充生意關係亦購買三桅帆船往來太平洋中部非之（斐濟群島）及機路拂孤洲，[7] 把香蕉、椰子等生果運抵澳大利亞謀利。該船命名為 *Joseph Sims*，由余榮私人公司（ Peter Yee Wing Co.）任代理，西人 Pry 任船長。[8]1915 年，他再赴美國洽商新船，並轉間辣打（Canada）土厘華布埠（ Tulemalu ?）的原始森林，以其巨木作船桅，添置三桅帆船一艘，內中亦有煤油機器輔航，即取名機路拔埃倫（*Gilbert Islands*），該船亦由余榮私人公司任代理。新船排水量 305 噸，每小時可行 8 至 9 海里，於 1916 年中由洋人船長、大副二副率領四名水手、一名機械士、一名廚工，由美國運載火水油至悉尼停泊卸貨後，除原船而來的大副與機械士外，另聘白人船長與其他洋人船員載運雜貨往 Gilbert Island，展開該船往返澳大利亞與太平洋島嶼間的服務，亦正式揭開澳華投入越洋航運業的序幕。*Gilbert Islands* 號總值約 1 萬英鎊，其他見載於報章的股東還有梁創、郭標、黃柱、李元信、黃來旺及陳三苗等人。[9]

19 世紀末過渡 20 世紀初，國內外同胞目睹沿海航道全為外人所佔，利權遭奪，加上民族資本家累積財富者日多，於是籌組船公司的構思已不再是紙上談兵的空想。1899 年中國人在日本創設輪船公司，行走中國與南洋一帶；繼起的如 1902 年成立的中國商船公司，1905 年成立的利濟輪船公司，航線主要涵蓋美洲至中國沿岸各埠；然而，這些越洋輪船公司的創辦者或因資金不足，須向日、美、秘等國租賃船隻，或昧於航海知識而須聘邀外人充任船長、船員或機械人員，或不諳註冊地區法例與人情，除未能如願懸上象徵性的龍旗外，甚至利權亦告寖失。[10]

1917 年，受到美國華人中國郵船公司越洋航運線大獲盈利消息的刺激，[11] 澳大利亞華商亦不甘後人，倡議集資籌組中美澳輪船公司，並在本地華人報章上宣傳與介紹招股章程。在這段草創期間，策劃者希望儘速購入一至兩艘輪船行走香港、小呂宋、砵打雲（達爾文港，Port Darwin）、昆士蘭、悉尼、墨爾本各埠，亦即自香港出海後沿途南下，抵澳水域只走東岸的各大城市的路線。其招股處設在悉尼於 1914 年成立的中華總商會，本意籌集 20 萬鎊，共分 4 萬股，每股 5 鎊。因華商成立船行的原意在挽回外溢的利權，故嚴格規定股權持有者必須是華人，杜絕外資的滲透。在選舉董事方面，凡持股金 10 鎊者有選舉權，持 100 鎊或以上者有被選舉權。正因澳大利亞的政治背景與英國直接掛鉤關係，籌劃者已預計歐戰的波濤或將對本洲航運構成影響，故希望把籌回的資金注股美洲中國郵船有限公司，[12] 這是當初擬名中美澳郵船有限公司的由來。船行招股處雖然設在中華總商會（The New South Wales Chinese Chamber of Commerce），但此際負責財政的值理都是悉尼著名華人土舖，包括安昌號、永生號、永安號、利生號、泰生號及泰來號。

中澳郵船有限公司（The China- Australia Mail Steamship Line）的成立與隱憂

1. 資金籌集不足

　　澳大利亞華商成立越洋輪船公司的熱情和迫切，使他們在短時期內在本土購入一艘 2,060 噸的貨輪，即價值 20,500 鎊，船齡超過 33 年的雞布號（*Gabo*，後易名基保號）。[13] 另一方面，因美洲中國郵船有限公司電函知會澳方須儘速籌集大量資金方允入股，[14] 而澳華入股情況雖謂踴躍，但始終因留澳人數不多，且活動資金有限的華工較華商店號為多，因而在倉猝間不易集齊 20 萬鎊之數，最後在 1917 年 11 月 26 日由郭順主持的會議中，與會者通過船行由中澳獨立辦理，正式定命為中澳郵船有限公司，並因已訂購貨船的緣故，公司急於集資應急，於是議決發行股價 3 鎊的最優先股及股值 4 鎊的優先股，結果該周內籌得 2 萬鎊，[15] 繼後又發行價值 5 鎊的普通股。[16] 現將 1917 至 1918 年，即招股第一年主要股東姓名表列如下：

1917 至 1918 年中澳郵船有限公司主要股權持有人名單

2000 股	永安號				
400 股	永生號	余　榮	黃　柱		
300 股	葉同貴				
200 股	利生號	泰來號	楊庚午	楊方金慶	伍　根	郭　順
120 股	聘記公司				
100 股	永泰號	公利盛	南盛堂	源泰號	安益利	新興棧
	伍時華	李襄伯	郭　標	郭　朝	陳　蔭	唐惠元
	厚德祥	葉垣雅	蘇寶瑤	李天曉	張朝康	吳槐占
	鄧　甲	吳伯雄	余明禮	周容威	黃來旺	

1918 年初，以主席郭順、副主席葉同貴、幹事劉光福、余榮等為首的船公司在股東大會上為商議購入域多利號（*Victoria*）或奄派輪船（*Empire*）展開辯論，因資金不足關係，本議決先洽購叫價較高而船齡較新的奄派輪，然後出售雞布號周轉，[17] 可是在英國註冊的奄派輪因戰時關係，不獲英國政府放行，最後轉買 15 年船齡，2,969 噸的域多利號，後易名獲多利號。[18]

　　由於商組公司時間不足，籌措資金亦不盡順利，1918 年 6 月，經過多次反覆爭議後，中澳公司終正式向外宣佈臨時選舉細則，[19] 大要可撮錄為兩點八項：

A. 被選者的資格

1. 凡用公司、社會（會社）、堂名、婦女各名目佔股者，不入被選之列。
2. 凡當選者而不能親到悉尼辦事處隨時敍會者理宜辭職。

B. 選舉者的資格

1. 凡佔股拾鎊及以上者即有選舉權。
2. 於 1918 年 10 月 6 日上午 10 時召開全體股東選舉大會。
3. 公司議定公舉臨時董事 15 名，組成董事局，以股份多數選出者充任。
4. 臨時董事每名每年袍金 30 鎊。另擬撥花紅由各董事均分。
5. 此次被選出的臨時董事任期兩年，在此兩年內若公司得以正式註冊成立，則須即行重新選舉。而是次任滿的董事仍有再被選之權。
6. 議在臨事期內，每年生意上利，除費用利息外，暫擬抽花紅10%；其中司理部佔 3%，董事部佔 4%，招股部佔 3%。至公司正式成立後，花紅隨時由董事釐定。

繼而，劉光福以 William J.L. Liu 中英文名字號召同胞趕緊預訂域多利及雞布號的客貨船位。[20] 正當悉尼華人在設立臨時董事局及選舉董事諸事鬧得熱哄哄之際，澳大利亞聯邦政府根據戰時法，在該年 4 月以每月約 1,600 鎊向船行徵用雞布號，同年 7 月又以每月 2,746 鎊徵用域多利號，[21] 使新成立的船行頓時損失預計中的收入，也令滿腔熱血並企圖惠顧由華人投資經營郵船的同胞們一時冷卻下來。

2. 組織基礎薄弱

在滿清政權被推翻前，康有為遠走北美成立維新總部並宣揚組織全球黨部，加上梁啟超在 1900 年到訪澳大利亞關係，不少澳華因同情維新運動的緣故而加入維新黨，後來該組織易名為保救大清皇帝公司，企圖在中國內地及美洲為主的地區進行各種投資，他們的喉舌《東華報》更是當時在澳洲主要的宣傳工具。 1907 年維新人士因保皇立場緣故，鼓吹國內推行憲政運動，並易名為帝國憲政會。隨着海內外同胞認清滿人政府假憲政的陰謀後，支持推翻滿清政府的有識之士日多，傾向革命的澳華亦與日俱增；表面上，墨爾本是革命黨人的地盤，悉尼則是維新黨人的天下，但事實在兩地都存在着不同政治傾向的華人，而雙方都利用報章相互謾罵，形成壁壘分明的局面。[22] 1912 年清朝覆亡，一時間昔日趾高氣揚支持憲政的人士頓變孤臣孽子，而被批為亂黨的革命支持者成為了正統主流，雖然康有為在該年年初曾企圖向執政黨作出妥協而宣佈易名國民黨，但卻因受到排擠而在 1914 年 9 月知會全球黨部正名為憲政黨。[23] 就在悉尼憲政人士徘徊於保皇旗手與被貶為在野派的當兒，其中堅份子葉炳南、劉汝興、葉同貴等華商於 1913 年初成立悉尼中華商務總會（後簡稱中華總商會），目的是組織華商以抗白澳保護主義，維護利權與保衛民族自尊，[24] 而中澳郵船有限公司實源於澳華有感利權浸失，國體有損兩個基本因素下組成，船行雖在中華商務總會的號召下，以海外愛國華僑熱心中澳船務的姿態開幕，卻因徒靠任何單方政治或論政團體的財力也不足以應付船行龐大開支緣故而加入不少國民黨人士，他們一為利益，二為國家民族而暫時摒棄舊惡與成見，認為船公司有美好的前景而湊資合股，這基礎不免是薄弱的。

3. 利益集團問題

　　在昔日澳大利亞的商務政策下，外資公司須和本地人合股經營才能正式註冊登記，但正因華商嚴於利權外溢的界線，他們臨時推選原籍廣東台山的劉光福成為雞布與域多利號的註冊擁有人。[25] 劉光福能以 25 歲之齡而掌有兩艘總值逾 9 萬鎊的越洋船隻，主要原因是土生中澳混血兒，其次是他曾在墨爾本中國駐澳大利亞領事館工作，[26] 又曾在永生號出任英語翻譯之職，永安、永生、永泰在 20 世紀初於生意上有夥伴關係，劉光福或因而得到郭家中人的信任。劉光福是悉尼國民黨的英文秘書，余榮、黃來旺在生意上往來密切，他們除在泰生果欄擁有股權外，又是余榮私人公司的股東，他們更是悉尼國民黨支部的核心份子。至於船行另一大股東李襄伯又是悉尼國民黨第一把手，[27] 劉光福因這背景得到各方支持亦可理解。此外，永生號及永泰號在中澳船行分別佔 400 及 100 股，有足夠能力左右大局，而永安號雖在船行佔 2,000 股，是最大股東，但因臨時股東大會規定以公司名義註冊的股東沒有被選權，[28] 而郭家雖有個別股東以個人名義入股，卻非佔大股，更非土生華人，他們以僅佔 35 股，但卻擁有千絲萬縷人際脈絡關係的劉光福為船東自然有一定的道理。

　　永生號馬家與永安號郭家縣籍廣東香山，在 1911 年前，或出於愛國，或因生意上的方便，不少成員都投身保皇會與後來蛻變而成的帝國憲政會，[29] 祖國易幟後又轉投國民黨；但徒靠馬、郭兩家族與永安、永生號股份的支持，年輕的劉光福未必可以成為政治背景與傾向性複雜，而又重視祖籍同鄉、梓里之情的合股機構主理人。在 19 世紀末至 20 世紀初，悉尼地區的華商除香山人外，主要還有四邑和東莞，劉光福在 1916 年初與葉同貴的女兒葉愛玉結婚，[30] 葉同貴是東莞人，他以個人名義在船行佔 300 股，而由他開辦的利生號則佔 200 股，[31] 是中澳郵船有限公司草創時的主要股東之一。葉同貴在 1918 年船行選舉董事時得票第三，順理成章成為船行決策階層，[32] 在 1922 年初他更被推舉為悉尼中華商務總會的會長。[33] 葉在悉尼經商多年並得到其他華商的敬重，此外，他還保持着對憲政會的政治傾向性，對馬、郭兩家支持劉光福事件上起到緩和商會與國民黨人的作用。

　　雖然有着上述的有利因素，劉光福僅能成為船行過渡時期的主理人，由 1917 年底公司成立至 1918 年船隻相繼被政府徵用，公司股東間都瀰漫着猜疑與不滿的情緒，在 1918 年中，華人社區裡已有非議船公司由一人獨掌的報導。[34] 同年底更出現安益利號東主李元（源）信（1884- ？，見附圖 10.2-10.3）入稟法院控告劉光福以合股購買的輪船轉入私人名下，並以船運謀私，忽略推動公司業務的事件，[35] 雖然訴訟在次年 3 月因李元信自願賠償堂費而銷案，[36] 但已窺見船行內部溝通嚴重不足的問題。

　　李元信祖籍廣東香山，在悉尼出生，並在香港與悉尼受教育，父親為曾於澳大利亞經商逾 43 年的安益利號老東主李益徽。李益徽曾與 19 世紀末 20 世紀初的悉尼僑領梅光達出任華人福利團體聯益堂值理，替同胞向其他洋人船公司代買船位，1911 年初李益徽在家鄉逝世後，安益利號業務便由李元信主持。李元信是新一代的土生華人，通曉英語，[37] 於 1918 年船行選舉董事會上得票排名在劉光福之後，位列第 19。[38] 他不理會梓里父老支持劉光福而向法院提出訴訟，除了 "誤會" 一詞或可解釋外，足見當時不少華商都在覬覦華人船務這片肥肉，只是礙於數大集團壟斷船行高層架構而至不敢貿然興隙而已。

中澳郵船有限公司啟業時的
困境與業務狀況

1. 資金緊絀下的重壓

　　中澳郵船有限公司在 1918 年中購入位於悉尼佐治街的辦公室，價值 14,000 鎊（見附圖 10.4-10.5 及 10.7），雖然歐戰在該年 11 月結束，澳大利亞政府卻在次年底才歸還徵用的兩艘船隻，與此同時新州輪船機械師工會發動罷工，所有在澳註冊而又在本州境內的船隻全部停駛，進一步拖延了航船修理與裝卸貨物的時間，[39] 這使財源並不充裕的船行於尚未正式投入運作之際加添了耗銀及負債的重擔。

　　中澳輪船的出航行程表於 1919 年 10 月 1 日正式向外界發佈，雞布號在 1919 年 10 月 14 日開航。但一來限於船隻規模細小，二來亦限於公司資金短缺，該輪只能局限載貨，基本航線在墨爾本裝上貨物後，開往悉尼，經烏加時往布里斯班，北上珍珠埠（Thursday Island, QLD.），轉山打根（Sandakan, Malaya）後，再往香港，是次航程還載同葉同貴往沿途各埠，並到香港商洽公司發展事宜。[40] 中澳船行旗下的域多利號是客貨輪，它在 1919 年 10 月 27 日由悉尼抵墨爾本作首航，並正式舉行隆重的開幕典禮，會上招待中西政界與商務要人。[41] 11 月 3 日域多利號由墨爾本復抵悉尼，停泊 3 天後啟程北上布里斯班，悉尼及布里斯班均有大型慶祝活動歡迎航船抵埠。[42] 郵船設有頭等房 36 間、二等房 56 間、三等（大艙）72 間。在兩天充滿歡欣與期盼的慶祝過後，域多利號開赴昆士蘭稍北的湯士威爐（Townsville），11 月 11 日續往堅時（Cairnes），次日往珍珠埠，11 月 14 日往山打根，21 日開船往小呂宋，在小呂宋泊埠約 6 天，26 日駛往香港。[43] 船公司股東鑒於損失了兩年的收入，急於收回成本關係，在 1920 年初向中國政府以每月 4,900 鎊租借一艘 4,282 噸的客輪華丙號（*Hwah Ping*）往返中澳。
該船在同年 3 月離開香港駛往澳大利亞投入服務，[44] 根據當時的報導，
該程航輪載有頭等客 24 名，二等客 70 名，大艙客 143 名，而沿途在
各埠裝卸貨物總重量達 1,761 噸。[45] 在這階段裡，中澳郵輪有限公司
旗下已有 3 艘輪船穿梭西太平洋與南中國海一帶，足與美洲的華人航運
一時媲美。

2. 船行的客源和航行路線

　　當時逗留在澳大利亞東岸各城鎮的華人人數約有萬多人，全澳華
人約二萬。[46] 雖然抵埠的華人因白澳政策的限制下日漸減少，但一來
仍有 1900 年前入籍而因各種原因返回中國的華僑將重返澳洲。再者，
在澳境內的華商、華工、學生等絡繹不絕的返回中國，部分亦將復抵澳
大利亞，在可掌握的華人乘客人數上，令集資者認定事有可為。三來，
居於船行管理層的華商雖以利權不外溢為口號，卻希望公司運作踏上軌
道及航船質素提升後，可吸引更多白人旅客光顧。最重要的卻是經營船
行的領導班子與中華總商會的值理一樣，都冀求通過華商的周旋及來自
新中國政府的支持下，堅持白澳洲的自我保護主義在不久的將來改例或
甚至取消；此外，他們還憧憬着中澳船行的出現，必能使散居澳大利亞
各處的同胞團結一致地支持由華人經營的船公司，這亦是他們在財政狀
況不健全的制肘下，仍着力租賃華丙輪的原因。

　　除客源外，貨運也順理成章地成為了船行爭逐的市場，在 20 世紀
初，香港、東南亞、西太平洋島嶼與澳大利亞間的航道充滿商機，華
商、英商等固需要由香港及沿站各埠運來日用貨品販賣，而澳大利亞的
各華洋商號亦藉回航之利沿途裝卸棉花、蕉果等物產至香港地區出手或
轉運。在昔年每日航運的報導中，讀者們可發現中澳郵船對貨運事業的
注意，並指定由 Birt & Co.Ltd. 作為裝卸貨物的公司。[47] 以重 2,030 噸，

過往只走澳大利亞本國水域的雞布號而言，由香港出發，途經小呂宋、
山打根、珍珠埠、布里斯班作短暫停留及裝卸貨物後抵達悉尼，全程
需 26 天，[48] 如停埠數較多，路線不一，則約需 33 至 44 天不等。[49] 重
2,969 噸的域多利號若由香港出發，經北印尼島嶼 Palau 的 Sebattik、
堅士、布里斯班、後抵達悉尼，由於停泊埠數不多，航程僅需 21 日。[50]
排水量 4,284 噸的華丙輪，如自香港啟航經小呂宋、山打根、砵打運、
珍珠埠、再由布里斯班抵達悉尼，全程需 26 天。[51]

　　在出入口報關的貨物裡，由於種類繁多，若只集中在中澳貿易線
而言，我們大致可依當年報關分類表列如下：

從中國進口的貨品	從澳大利亞出口貨品
米糧	麵粉
油類：食油、工業用油（木油）	油類：豬油、食油
魚類：鹹魚	糖類：砂糖
乾貨：海藻	乾貨：海參、葡萄乾
雜貨：蒜、薑、花生、花生醬、 　　　製油工料、拖鞋、茶葉	雜貨：肥皂、有機肥料、人工肥料、 　　　花盆、床架
	五金：鉛、鉛條、鉛管、鉛線、鋼條、 　　　鋼鉚釘、舊黃銅
煙草	牲畜：牛
酒類：烈性甜酒、土酒	酒類：紅酒、甜酒、淡啤酒
藥品：茴香子油、樟腦、玉桂片、 　　　成藥	乳類製品：牛奶、乳酪、乳酸菌
布匹：絲、厘士、成衣、褶衣 [52]、 　　　髮網、被子、蚊帳、草帽	凍貨：牛油
文房用品	紙品
木器：木叉	木材：檀香木、（火車軌用）枕木
毛刷：短毛刷	蔬果
瓷器	陶器
機械	化學物品：澱粉、消毒劑
運動用品：中國紙牌	凍肉：煙肉、火腿、羊肉、牛肉
音樂：航海用樂器	其他食品：果占、糧食 [53]
新奇 [54]：煙花	皮革、羊毛
蠟燭	橡膠製品
	飼料：稻草
	穀物：大麥
	廣告物料

從上所見，由中國地區進口貨物的種類繁多，其中以米糧為最大宗，幾乎每次貨輪抵埠的報關清單都有食米進口，報關商號除永和興、利生、永安、廣和昌、永華等華人土舖外，還有洋人貿易公司如 H.S. Bird & Co.[55]，而各類雜貨、煙花、布匹則為僅次於食米的進口貨品。然而，當大家雀躍於貨單的內容時，還須注意中澳船行旗下郵輪的終點站多是香港，而上述物品絕大部分卻都是從中國進口而非香港，使它失去了不少中國市場，至於由香港附運返澳的貨物，托運的華洋商號又不一定光顧中澳郵船有限公司。基於以上因素，除了船隻沿途在東南亞或太平洋島嶼各埠載貨返澳大利亞外，由澳境出口至東南亞及香港的貨物應是中澳郵船有限公司力爭的市場。事實上，昔年由澳大利亞運至香港的貨物品種亦不少，在上述清單裡，大宗的有麵粉、穀物、皮革、五金等，足見當年中港澳貿易往來頻繁。不過，由澳大利亞回港的航道不獨只有中澳郵船有限公司的輪船穿梭，從各資料中累積所知，雖然中澳船行以悉尼為基地，該地華人商號卻不一定以中澳輪為唯一光顧的航運公司，那末，洋人商號似乎更無托運之理。簡錄曾於新南威爾士附托雞布、域多利號、華丙輪載運貨物的華洋店舖於下：[56]

	東南亞	香港	上海
1.	Sundry Shippers	安昌號	永生號
2.	Potter & Birks	永華號	
3.	Q. M. H. Co. Ltd.	永生號	
4.	Foggitt, Jones & Co.	永安號	
5.	Macdonald Hamilton & Co.	佑生號	
6.		F. C. Tracy	
7.		W. R. Carpenter	
8.		Union S. S. Co. Ltd.	

9.		Prescott's Ltd.	
10.		C. H. S. Warby	
11.		J. C. Ludowici	
12.		L. Somers Bradford	
13.		Sundry Shippers	
14.		Amalgamated Export Co.	
15.		Birt & Co.	
16.		Nelson & Robertson	
17.		T. Bradford	
18.		Hong Kong Merchant Co.	
19.		A.H. Hassell	
20.		Ruiklers Ltd.	
21.		Union S S. Co. Ltd.	
22.		Sandama & Co.	
23.		Ageneies Co.	
24.		Jassetter Co.	
25.		Macdonald Hamilton & Co.	

從上述資料可見早在中澳船行新張初期，托運地區出現貨物嚴重失衡現象，三個主要集散地中，僅以香港為目的地的客戶較多；其次，洋人店號光顧者亦屬不少，托運貨物品種與數量亦勝於華人商號，嚴格而言，船行未受所謂洋人抵制的影響。反而自 1919 年中澳船行正式投入運作後，惠顧其他船行附運貨物走相同水路至香港的華人店號也有溯據可尋，其中如廣生號、廣和號、永生號、永安號、Wing, Nam Jang、Robert Lee 等即是，而永安、永生等本是船行大股東，它們委託其他船行代運貨物自然是與中澳郵船有限公司的船期有關。

中澳船行所面臨的對手與競爭

1. 航運世界的變遷

在 1896 年前，德人只注重歐澳航道，清末民初之交，德國輪船亦企圖在南中國海至西太平洋的航運業上分一杯羹。當時的德國輪船公司（North German Lloyd，見附圖 10.8）旗下三艘往來日中澳的郵船，均以香港為中途站，一名普連士威爐地麻（*Prinz Waldemar*, 3,227 噸）、一為苛布倫（*Coblenz*, 3,130 噸）、一為普連士昔遮時文（*Prinz Sigismund*, 3,320 噸），船行在悉尼的代理為 Lohmann & Co.；然而因歐戰爆發及德國最終戰敗關係，德船絕跡中澳航道。行走中澳的老牌船行東方及澳洲輪船公司（Eastern & Australian Steamship Co. Ltd.）由劫時報孺公司（當時華人都簡稱劫行，Gibbs, Bright & Co.）代理，在 20 世紀第一次歐戰爆發期間，該船行旗下有四條行走中澳的越洋船隻，分別為聖柯爐濱（*St. Albans*, 4,119 噸）、炎派（*Empire*, 4,496 噸）、衣士瑞（*Eastern*, 3,586 噸）及柯頓咸（*Aldenham*, 3,808 噸），一般來說，它們都以墨爾本為起點，沿東岸各埠接載客貨，經東南亞，歷香港，部分航程會停泊上海，以日本海港為終站（見附圖 10.9）。

在 1900 年前，日本國際航運業已伸展至東南亞地區，並得到政府資助下，在 1907 年數家大船行聯合組成日清汽船會社，與英、美船行競逐中國市場。在 19 世紀末過渡 20 世紀初，老牌航運代表般非立有限公司（Burns, Philp & Co. Ltd.）即成為日本郵船有限公司（Nippon Yusen Kaisha）在悉尼的代理；除墨爾本外，布里斯班、湯士威爐、珍珠埠等亦由 Burns, Philp 出任代理（見附圖 10.10-10.11）。當時行走日中澳航道的有 5,539 噸的日光丸（*Nikko Maru*）、4,698 噸的熊野丸（*Kumano Maru*）及 3,818 噸的八幡丸（*Yawata Maru*）。正因在第一次大戰期間本土註冊或在英倫登記的貨客輪都被英國或澳大利亞政府徵用緣故，日本郵船得以伺機而起，幾乎在三數年間壟斷由澳洲經東南亞、香港返國的航道，並在短期間內更新船隊。當中澳船行在 1920 年正式投入運作時，日本郵船有限公司一方面正面臨另一家同樣來自日本的船行挑戰，同時亦需要保持其對中澳輪船的壓倒性優勢，因而導致它盡速強化旗下船隊的陣容，是時日本郵船有限公司三艘往返日中澳的越洋郵輪在各方面都要較華丙等輪優勝。以下表列即試將兩公司行走同一水路的船隻作出比較：

中澳郵船有限公司		日本郵船有限公司	
船名	Gabo（雞布、基保號）	船名	Nikko Maru（日光丸）
船類	貨輪	船類	客貨輪
船重	2,060 噸	船重	5,539 噸，
船名	Victoria（域多利、獲多利號）	船名	Aki Maru（亞希丸）
船類	客貨輪	船類	客貨輪
船重	2,969 噸	船重	6,009 噸
船名	Hwah Ping（華丙號）	船名	Tango Maru（探戈丸）
船類	客輪	船類	客輪
船重	4,282 噸	船重	6,880 噸

除船大型新外，日本輪船所走的航道幾乎與中澳輪完全相同，而所需日期亦相若。現試將其大、中、小型輪船相比較如下：

中澳郵船有限公司		日本郵船有限公司	
船名	雞布號（2,060 噸）	船名	日光丸（5,539 噸）
航行路線與停泊港口	悉尼、布里斯班、湯士威爐、珍珠埠、山打根、小呂宋、香港	航行路線與停泊港口	墨爾本、悉尼、布里斯班、湯士威爐、珍珠埠、三寶顏（Zamboanga）、小呂宋、香港、長崎（Nagasaki）、神戶（Kobe）、橫濱（Yokohama）
附註	全程 27 天。若須停泊其他港口，可長達 33 至 44 天。	附註	全程 37 天。不計回日本港口計算，由悉尼抵達香港 26 天。
船名	域多利號（2,969 噸）	船名	亞希丸（6,009 噸）
航行路線與停泊港口	香港、小呂宋、山打根、堅時（Cairns）、布里斯班、悉尼、墨爾本	航行路線與停泊港口	橫濱、神戶、長崎、香港、小呂宋、布里斯班、悉尼、墨爾本
附註	全程 28 天。香港至悉尼 20 天。	附註	全程 36 天。不計回日本港口計算，香港至悉尼 20 天。
船名	華丙號（4,282 噸）	船名	探戈丸（6,880 噸）
航行路線與停泊港口	香港、小呂宋、山打根、砵打運（Port Darwin）、珍珠埠、布里斯班、悉尼	航行路線與停泊港口	橫濱、神戶、長崎、香港、小呂宋、布里斯班、悉尼、墨爾本
附註	全程 25 天。	附註	全程 35 天。不計回日本港口計算，香港至悉尼 20 天。

當然以上僅屬概括性比較，因各航程均存在着一定的，不可預知的變數，主要是每艘航輪在停泊與裝卸貨物的順利與否及在不同海港遇上不同天氣變化也會使船期失準，故表列所見還不一定看到實情；但概括而言，在一般情況下，日本輪與中澳輪都在 20 至 26 天內由香港抵達悉尼，彼此在時速上並不因船大型新問題而出現很遠的差距，也即是說光顧的旅客，特別是委托附運的公司並不一定因日本或中澳船行其他競爭

對手的航程與航速吸引而光顧其他公司，若中澳船行啟業之初得到不少洋人公司支持的話，則説明中澳船行後來生意額的不理想是在運作上出現問題，甚是策略上的失誤。

2. 中澳輪船的失策

　　筆者在翻閱資料時發現，雞布及域多利船自 1922 年開始往往失期，船期預告啟航日期與船隻真正離開港口日期往往不符，甚者至相差兩周之久，原因有二：一來中澳輪的船齡已舊，再經戰時被政府徵用，損耗已大，每次泊岸都要進行修理，其中雞布號便因鍋爐損毀，在 1920 年初停在布里斯班維修幾近整個月，[57] 一切正常的生意都被擱置。再者，正如上述，因客源不足關係，中澳輪每次泊港時都在等待未能及時附托其他公司轉運的貨品或搭客，以致船期一拖再拖。早在 1920 年的船運資料中還可找到由域多利號把船上貨物轉往太原火船（*Taiyuan*，2,238 噸）的記載，[58] 在昔日中澳航道競爭激烈的時代裡，這確是非常罕見的事情，令筆者進一步相信客源不足和節省燃料等問題嚴重困擾了中澳郵船有限公司的高層；在客貨不足的情況下，他們選擇由其他輪船載運原屬自己的客貨抵達目的地，雖然在一定程度上這不失是折衷方法，卻使初生的中澳輪形象在華洋顧客心中大打折扣，亦使它進一步失去應有的華人客戶。

　　除日本郵船有限公司外，1917 年另一日本船行大阪商船會社（Osaka Shosen Kaisha）加入競逐中澳航道的生意。在 1919 過渡1920 年期間，它旗下亦有国後丸（*Kunajiri Maru*，6,847 噸）、月美丸（*Mitsuki Maru*，3,639 噸）、馬德拉斯丸（*Madras Maru*，3,810 噸）三艘輪船穿梭太平洋與南中國海一帶。大阪商船由 American Trading Co. of Australia 任代理，航程與中澳輪相若，也有貨船往返中、日及海參崴（Vladivostock）等港口，雖在規模上不及日本郵船有限公司，但足有與中澳輪爭奪洋人客戶的條件。實力更弱的是澳東輪船公司（Australian Oriental Line），在 1914 年易名前，其前身是太古洋行（China　Navigation Co.），兩者均為腰路公司（G.S.Yull & Co. Ltd.）代理，太古早在 1890 年前已有長沙火船（*Changsha*，2,296 噸）及太原火船行走中澳水域，但至 1920 年前後仍沒有太大變化，因而中澳輪停埠待客逾期時，往往便把零星的客貨駁船轉至太原火船附運，主因是認為它並非有力的競爭對于（見附圖 10.12）。

中澳船行的經營方針與運作模式

1. 中澳船行成立前的政治氣候

　　清末中國政府一來昧於國際形勢，二則改革受制於保守派的阻撓，以致外交不振，軍備寖衰，經大事整頓後的北洋軍艦在甲午之戰中不堪一擊，海內外華人共視為國恥；然而，日本在航海事業以至軍艦發展上均遠超當時的中國是不爭的事實，縱使第一任中國駐澳總領事梁瀾勳在 1909 年履新時，也是乘搭日本郵輪抵埠的。[59] 清末澳大利亞華人響應重建中國艦隊的海軍捐呼聲不絕於耳，但燙熱的情緒最終因光緒及慈禧相繼去世的不明朗因素下淡卻。隨着日本對華野心日益暴露，各項金融業、商業、銀行業與會社等相繼在國內成立，導致利權盡歸日本人，加上 1909 年日本強築安奉路事件為導火線下，遂激起全球同胞發起抵制日貨的行動。1911 年，悉尼華人報章已公開對乘搭日船抵埠的同胞展開批評，[60] 企圖以民族大義來喚醒國人，從而抵制日人船務的拓展。中華民國成立後，因國內局勢日益混亂，外交更形不振，自袁世凱於 1913 年與日本訂立 "滿蒙五路合同"，至同年底漢冶萍公司成立，次年下旬，日本佔領山東青州、濟南、膠州灣等多地，而袁世凱在 1915 年 5 月答允日本向中國提出的"二十一條"，終導至全國以至全球華人再度爆發抵制日貨怒潮，仇日情緒進一步高漲。[61]1917 年前後，稍具識見的華人不斷在報刊上呼籲藉着歐戰期間商船匱乏機遇，又藉抵制日輪之利，急謀籌組由同胞合資的越洋輪船公司，與歐、美、日力爭海運利權。[62] 在中澳輪船公司自該年組成至 1920 年正式投入運作的時空裡，雖然船隻被澳大利亞政府徵用，而華人報章仍不斷譏抨乘坐日本郵船抵澳的梓里。至復航之際，並仿澳日船行的宣傳伎倆，刊登華客讚揚獲多利船身堅固，船速快捷，伙食豐足，招呼周到等頌詞，並載錄乘客名單。[63] 若中澳輪能利用這時勢，未嘗不是爭取華人，甚至西人客貨的莫大商機。

2. 中澳船行當事者的視角

在世紀之交的激烈客運競逐過程中，不少輪船公司都以船大型新，伙食豐足，招呼周到為招徠，對吸引大艙客方面又標榜牀位寬敞，空氣流通等等，[64] 甚至在華人抵埠後大肆賣報宣傳，並刊登一眾搭客姓名以示鳴謝洋人或日人船行。[65] 然而，可能早期中澳船行設立的本意最初只在服務同胞，也恐防越洋船務的利權外溢，又或者局限於資金不足，故宣傳攻勢只集中在華人顧客身上。縱觀它短短 8 年不足的歷史，除報導航班船期的日報外，其他西人報章鮮有中澳船行的廣告宣傳，更遑論顧客的鳴謝啟示了。在當時國際商務發達，越洋航運業力拚至你死我活的時刻裡，中澳船行這種保守作風在洋人社會裡不免是吃虧的。

在專攻華人顧客市場而言，當時悉尼華人三大報章都因各種原因而大肆為中澳輪宣傳，就像基保號貨船懸掛中國旗，由悉尼開往香港；或域多利客貨輪開航預告，首航盛況及正式投入服務等事，報章都有大篇幅的報導。[66] 當華丙輪首航，由香港回歸悉尼時，華人搭客 55 名聯署鳴謝，稱揚華丙號船大身長，房間寬敞，又有行駛穩定，往來迅速，設備先進，招呼周到等讚語，令大家確信中國人支持中國船的理念得到確切的實行。[67] 沒趣的，卻是我們於同時期華人報章段落中找到華客鳴謝洋人航輪的告白，或華人乘坐日本郵船抵埠的報告，[68] 這說明了兩點；其一，並非所有華人都齊心一致乘搭華資船行的郵輪。更沒趣的，是早在清季澳華呼籲杯葛日輪時，響應的溫度只持續了一個短暫的時刻，[69] 而中文報章一方面替中澳船宣揚，一方又刊登華人乘搭其他航船抵澳的鳴謝啟示，使同胞看清一切純屬商業交易，喚不起國人同愾的支持；其二，中澳輪營運不善之處，如航船失期等，恐怕是導致同胞不得不改搭其他船行船隻的直接原因。

　　正如前述，中澳船行組成的原因是希望由華資全面控制董事局及其他運作，旨要是不願利權外溢，然而這種充滿狹隘民族觀的意識也大大限制了它的發展。[70] 就以國家觀念濃烈的大和民族為例，它在澳大利亞的船務代理如大阪商船會社，便以美資公司 Amercian Trading Company of Australia 出任，[71] 日本郵船有限公司的越洋航運更以本地老牌洋人船行 Burns, Philip 為澳大利亞總部。然而，在輿論與股東的壓力下，中澳輪行終自行擔任代理，在本土其他地區而照顧不及者，才讓其他公司暫掌代理之職。[72] 但中澳船行在悉尼國際港口經營一門陌生的跨國企業，卻不欲給洋人分一杯羹，自然在行政與拓展方面造成諸多不便。事實上，當秘魯華僑在 1922 年前後籌組越洋輪船穿梭於亞洲、美洲與大洋洲間時，因初到異地，代理暫委悉尼華商永生號權代，[73] 至營商環境漸次明朗後，即轉由洋商 Huddart Parker 接手代理，[74] 這線索進一步說明在 20 世紀初由華人商號出任國際船務代理確有其局限性。

　　順帶一提的是，雖然中澳船行認為利權不宜外溢，但在進出口報關與代理商方面，因船隻在境內沿途都不斷裝卸貨品，早期無法避免光顧各埠的洋人公司。雞布號在 1919 年復航時，進出境的代理是 Dalgety & Co.。[75] 至於船員方面，船行既一直強調華人搭華船，華人支持華人航運業，那末船組人員必須聘用部分華人水手，其中尤以膳食一項至為重要。而報章上確亦刊登了船行招聘華人船工、廚師的廣告。[76] 既而，船行又須同時僱用洋人水手，主因是歐戰後，不少工人水手失業待聘，而新州海員工會（N.S.W. Seamen's Union）又曾就域多利號上船全部聘用華人海員而向政府提出抗議，認為侵奪了本土海員的工作機會，要求抵制。[77] 在脅於形勢下，中澳船在 1920 年後不得不聘用若干洋人水手；事實上，僱用華人水手還有些實際問題需顧慮，處理不善將為公司帶來損失。[78] 此外，以洋人船長領導客貨船在行走內海及國際水域上都應在語言、經驗方面取得較大的優勢，因此雞布號在 1919 始便僱用 Hine 為船長，[79] 至 1920 年中由 Bibbing 接任，[80] 而域多利號船長自始至終都以 Fisher 出任該職。[81] 華丙輪由中國方面租賃南來，一切用人調度均與中澳船行無關，[82] 但船長仍以洋人 Ihorvig 出掌。[83] 至於中澳船在裝卸貨物問題上亦也得由洋人公司 Birt & Co.,Ltd. 負責；該公司最初亦與船行共同分擔傾銷代理，至 1921 年才全由中澳船行負責。[84] 反觀在日本本國註冊的船公司，旗下船隻雖在裝卸與代理經由洋人負責，但船隻都由本國人出任船長，由此可探悉當時日本國際航運業確較中國發達，而經商目光也較國人為遠大，而其受澳大利亞工會的制肘亦較少。

3. 資本匱乏下的氛圍

　　財政緊絀也是迫使中澳船在昔年國際航運業中處於劣勢的因由。就以在悉尼港泊岸為例，面向 Sydney Cove 一帶的碼頭便正如今天 Circular Quay，專供行走內河內港的小輪上落乘客。至於達令港（Darling Harbour）碼頭主要是供行走澳大利亞境內各主要港口或南下紐西蘭的客貨輪停泊，且均被洋人船公司壟斷經營，其中如 5A、5B、12A、12B、13A、13B、35A、35B 便 是 常 在 華 人 報 章 上

刊登廣告的夭仁船行（Union Steamship Co.）所擁有。而 Australian Goalight Co.（6）、Adelaide Steamship Co.（6A）、Tasmanian State Line（7A、7B）、North Coast S. M. Co.（8A、8B、9A、9B、10、11）、Huddart Parker Ltd.（14A、14B）都長久地租賃了自己的地盤。至於深入港內的碼頭由於受地勢限制，部分只能供行走悉尼附近一帶如 Leichhardt 及 Drummoyne 的船隻停泊，如 16、17 號碼頭便是。至於遠航郵輪多停泊面向華殊灣（Walsh Bay）的大型碼頭，從地圖 8 所見 Adelaide Steamship Co.,Ltd. 佔有 2、3 號碼頭，4、5 號碼頭歸聯邦政府擁有。日本郵船有限公司因財力雄厚，且以般非立為代理的緣故，它一直租用 6 號碼頭，而 7 號碼頭則為般非立船行所有。常在華人報章上大肆宣傳的劫時報孺船行則在 Dawes Point 東南的岩石區（The Rocks）Campbells Cove 擁有自己的碼頭，而般非立船行亦在該岸邊另設碼頭供客貨上落。當然讀者們不能忽略日本郵船有限公司旗下輪船體積多較中澳輪為長為闊的事實，惟中澳船行確只能不斷向其他船公司租借碼頭等候裝卸貨物及上落搭客亦是我們不可諱言的問題。

　　中澳船在 1919 年 10 月恢復出航時，進出口代理為 Dalgety & Co.，而雞布號停泊在 West Circular Quay。[86] 域多利由 Macdonald Hamilton 為入口代理，出口代理由 Birt & Co.Ltd. 擔任，輪船以 St.Jones Wharf（21）為裝卸區。[87] 當域多利號南下墨爾本等地裝卸貨物與接載搭客復返悉尼時，入口代理是 Birt & Co. Ltd.，出口則是 Macdonald Hamilton，船隻停泊在 Circular Quay。[88] 惟自此直至 1924 年公司結束為止，中澳船行便自行擔任進出口代理。[89] 正如前述，因它沒有一個固定的碼頭，故每次航輪抵岸時，都需停泊在不同的地區，上落客貨都頗有不便。自 1919 年底中澳船行自任出入口代理後，旗下船隻曾停泊於 F & S Wharf，[90] Jones Bay Wharf，[91] Woolwich Dock，[92] Circular Quay，[93] 域多利號甚至出現在待客期間轉泊多個碼頭的事件。

在中澳輪船有關記錄中，它的船隊在 East Circular Quay 停泊的次數較多。

中澳船行的危厄與企圖解困

1. 船行面臨的內外煎熬

在 1921 年，即中澳船復航不足兩年後，公司財政出現嚴重虧損；或者，當初船行管理層認為船行開創之始，租賃並非公司物業的辦公室將令信譽受損，故以 14,000 鎊購致佐治街物業，但因前述的各種客觀因素致使輪船未能正常投入運作，收入大失預算。1920 年首季，中澳船行高層已委命葉同貴奔走於悉尼、香港、上海、北京等地，務求盡速向中國政府租賃一艘客貨船，旨要在增強船隊陣容，開拓往來中澳的服務，增加收入來源。葉同貴在 1919 年末至 1920 年末，三度往返中、港、澳，並在香港設置辦公室負責僱船工諸事。華丙輪的租賃合約在 1920 年簽訂，並在 4 月初完成接收工作，中澳船行希望立即動船南來，投入營運，但船至香港碰巧機匣工人罷工，延誤了幾近三周，才於 4 月 28 日再度啟航。[94] 而華丙輪的租值為每月 4,900 鎊，對面臨激烈競爭而處於劣勢的中澳船行來説，這筆租金未嘗不是一項沉重的負擔。

就在中澳船宣佈華丙南來的喜訊時，劫時報孺、夭兒（G. S. Yull & Co.Ltd.，又譯作腰路）與日本郵船會社乘着早前協定加收艙費後，又合議倡言要在澳大利亞往返香港和中國的船上對大艙乘客徵收過額行李費。[95] 由於日船代理為般非立船行，中澳船行無疑是遭到各大公司脅迫就範。格禁於俎在砧上，而日船既表態支持，華人對洋商的提案不便反對，遂與三家船行聯名在 1920 年 7 月底在華人報章上列舉乘客行李

事前過磅與登記的規限。[96] 該提案固然大受華人非議，雖經中華總商
會、聯益堂等去信斡旋亦不能改變事實，只能在報章上澄清加費一事的
來龍去脈，希望同胞諒解。[97] 但眾所周知留澳華工多經營果菜園，這
行業一受天氣牽制，影響生產，二則常遭白人投訴，被指不潔，同樣延
誤生計，泰半留澳華人入息本來有限。華資船務的開設確在心理上為澳
華帶來片刻的民族自豪，但公司若能在票價上妥為斟酌，對華工來說則
更為實際；然而華工普遍憤慨船行竟與外人同一鼻孔出氣，為認同加價
和加收超額行李費用，並與其他洋、日船公司聯合發表聲明，於是一時
輿論大嘩，以為遭受同胞企業家欺騙，船行誠信大受質疑。在這內外交
煎的形勢下，船行不得已再在該年底於報章上向同胞解釋營運的艱難，
並立時宣報單方面把大艙票價減至 10 鎊半，即幾乎回復昔年聯益堂向
各大船行取得的年老華人回唐船費的優惠價 10 鎊。[98] 然而，減價不獨
沒有對船行業務有所提升，反使普遍華人認定票價仍有下調空間，船行
高層頻說生意阻滯不過是加價的託詞。更嚴重的是在中澳船行單方面減
價後，其他船行即以割價酬賓來作出回應。[99] 在這惡性競爭下，資金
不足的中澳船行面臨一場被針對和被圍堵的商業戰，董事局方面必須急
謀對策，並及時作出應變的措施。

2. 股東的奔走與改組

　　1921 年，葉同貴、劉光福岳婿二人分別在上海、廣州、香港及澳
大利亞東岸各埠展開考察，處理港務並推介華輪和拓展商機等事宜。葉
同貴還隨華丙自悉尼北上，沿途向埠頭各同胞解釋備受洋人船務壓迫的
苦況，並藉機宣傳支持華資船行的民族大義。[100] 部分同情中澳船的讀
者亦曾去信其他華人社區，力斥澳東船行貿然倡議加價和徵收超磅行李
費後復大幅割價，並擬將徵抽水腳事嫁禍中澳船行的陰謀；[101] 雖然在
三大報章報導中的中澳輪業務蒸蒸日上，[102] 但由於開支浩繁，累積虧

損，公司遂在 1921 年首季開招新股。[103]

　　在歷史回顧的角度上來說，中澳船行在此時招增新股還有其深層意義。因船公司在 1920 年時已在香港設立辦事處，[104] 並在 1921 年正式把總部移往香港，以悉尼為分公司。移徙總部的可能性有五：第一，象徵着船行為全球性的華資企業，而非侷促於南半球偏安一隅的島國之上。這次公司在香港的註冊，亦企圖增強旅居於其他地區或中國本土的華人對船行投資的信心，進一步擴大集資的範圍。第二，當時永安、先施等公司都是由悉尼埠發跡，在澳集資後登陸香港經營百貨，然後北上內地組成跨國企業集團的成功例子。而中澳船行的主要股東不少都是其中家族的成員。第三，雖然公司一直強調由華資控制船行是民族大義之所在，公司屬下航船上懸掛象徵五族共和的國旗是中國人的光榮；但大家也不能忽視的，是當時的香港與澳大利亞同屬英聯邦地區，船隻行走港澳以至東南亞不少英國殖民地地區港口時都會同樣帶來不少方便。第四，澳大利亞工會勢力龐大，在中澳船行成立的幾年間，船務工人、水手、機房技師相繼因工時工資問題罷工；雖然華丙輪南下時曾因香港罷工而受到延誤，但在昔年香港工會勢力單薄，並不受殖民地政府重視，一般罷工基本遭到鎮壓。船行把註冊總部移往香港，或可免去在澳大利亞境內延聘洋人水手後所出現的勞資煩惱。再加上悉尼水手工會非議域多利號全用華人，並向新州政府提出抗議，進一步催使董事高層移徙總部的決心。第五，自 1919 年始，船行中人在悉尼華人社區間竭地表示華資船務受同行妒忌與迫害，船票事件或是遷移決策中的一個主要催化劑。基於以上各種因素，股東決定在香港替船行註冊也是合乎情理的步署。[105] 1921 年中澳船行招股章程大要可撮錄為：

1	擬招股本 50 萬鎊，分作 50 萬股。每股 1 英鎊。一次收足。
2	香港招股截止日期是 1921 年 4 月底，以悉尼為首的其他地區，截止日期為同年 6 月底。
3	公司每年選舉香港及悉尼董事一次。董事最少 7 名，最多 15 人，任期 1 年，期滿後另行再選。凡屬股東者均有選舉權，凡有 100 股或以上者即有被選資格。如遇有重要事件，須得到香港與悉尼兩地董事互商妥協，方可施行。
4	正副責任司理人必由公司董事出任。
5	每年在公司溢利中，賞一分給辦事得力者，五厘給董事。[106]

　　在這段開招新股期間，中澳船行一方面仍承受着部分不滿它擅興徵抽水腳提議的華人的詬罵，並由此而造成信譽及票務上的損失。[107]另一方面與中國當局洽商續租華丙輪一事上遇到阻滯，悉尼華報對華丙號船期預報的報導也間接影響公司增開新股的成績。[108]在另一方面，澳東船行既因減收大艙票價吸引華客，而華客又不吝光顧下，遂在同年 7 月宣佈把大艙票價回復至 10 鎊半，[109]進而說明了僅靠一顆愛國心為號召，或可牽動縈繫異鄉的國魂於一時，卻不足以繫留以經濟掛帥的同胞於久遠。

　　1921 年 5 月初至 6 月初華人報章預告華丙輪重來澳大利亞的消息，並鐵定在該年 6 月 13 日抵達東岸港口，在南下美利濱裝卸貨物後復回悉尼，船行本欲藉此預告為招股之事盡最後努力。[110]該年 6 月底，澳大利亞本土增招新股告一段落，船行在 7 月 27 日召開全體股東特別大會。[111]而華丙輪因租賃價格高昂，中國方面又不肯減價，早在全體股東特別會議前，中澳船行董事局方面已決議放棄。[112]華丙號在該年 7 月初盛載着憲政運動的中堅份子劉汝興的遺體回港後，[113]便結束了她在港澳間替中澳船行短暫的服務。

　　縱使悉尼華報在相若時段再報導了兩宗華人乘日船抵埠的消息，企圖再倚賴打民族牌來號召同胞，[114]但在以上眾多不利因素的累積下，公司增招股份的成績並不理想。1921 年 7 月的全體股東大會由主席余榮主持，司理劉光福向出席股東報告了公司虧蝕的因由和當前的財務狀況，投入經營前後三年的中澳船行累積虧蝕共 63,892 鎊[115]。當時《民國報》指葉同貴、劉光福和郭順在 1919 年多番往返港澳，旨在組成香港總公司，然後在 1921 年回港向總公司部分大股東如永安郭家、先施馬家成員匯報悉尼分公司虧蝕情況，香港總公司股東遂提出承買中澳船行的建議，條件是在澳大利亞一眾股東的前認股本 3 鎊只能作 1 鎊計算。[116] 雖然香港中澳郵船公司立即致信《東華報》澄清其事，[117] 但因余榮在全體股東特別大會上已提出香港股東相若的議案，不少小股東心內頗有怨言，礙於當天議程已獲多數票通過，僅能鬱結五內，訴苦無門而已。[118]

　　1921 年 7 月的全體股東大會舉行時，香港增招股份股值僅有 8 千餘鎊，[119] 而澳大利亞招股的股銀在當年 8 月底約有 17,366 鎊。雖謂中澳船行展延了截止日期，中華總商會又在報上呼籲認股從速，以免日後為洋輪所制，[120] 也有若干華人陸續認購股份，但至 1921 年 12 月初，以澳洲為首的海外地區合共招得 3 萬 8 千鎊，與當初擬集 50 萬鎊的目標距離太遠，船行還遣專人至悉尼沿邊地區的小埠招股。[121] 部分早已認股的準股東見時勢不佳，更索性賴帳拖延，船行被迫在報上刊登聲明，追討股金。[122] 悉尼殷商兼致公堂領導黃柱還親至紐西蘭屋倫（Auckland）和威靈頓招股，據報此行亦招得數萬股。[123]

中澳船行重組後的挫折與收盤

　　中澳船行招增新股進度不如理想，至 1922 年中仍停滯不前，於是延長招股期限，[124] 但當中即連續發生影響船行信譽的醜聞，股東信心動搖，雖未直接令中澳船行生意進一步下滑，但卻導致招增新股計劃失敗，以至公司終陷入不能復救的地步。

1. 有關對舊中澳船行高層的指控

　　1921 年 9 月，政治立場較中立的《廣益華報》報導了中澳船行成立非時及經營不善的其他原因，在總結教訓之際，它指出船行股東或須負上部分責任，但澳大利亞華僑則因商業競爭而得益。縱使如此，報章仍然站在大義方面着力替船行招股。[125] 但次年初，船行前任司理劉光福再遭同胞控告，林有入稟法院控告劉光福把一百股共值 368 鎊的股票以 468 鎊價錢轉賣給自已，藉此圖利。[126] 同日，該報揭發葉同貴昔年訛稱輪船船主必須是土生人士之非，並斥責葉同貴以權謀私，每借公司航船之便以圖利，其中還涉及闔家在華丙頭等艙的食宿及在船上免費宴請香港、上海等地的親友等事。既而又指責葉同貴、劉光福等周薪偏高，而劉辦事不力，拖累公司虧損；並進一步道出林有與劉光福間有關股票的瓜葛糾紛。該文羅列有關葉同貴、劉光福岳婿罪名 16 項，其中直指劉光福者就有 13 項。[127] 從另一層面觀察，是次對葉、劉的攻訐實際也是對香港中澳輪船有限公司替二人辯護的越洋反擊。

　　劉光福在訴訟事件前或出於各方輿論與壓力，已辭去船行司理職位。新公司主席余榮、黃來旺都曾在舊公司高層任事，他們都曾是保皇份子，後來改變了政治立場並加入國民黨，因而李襄伯在《民國報》點名批判葉同貴與劉光福時，對余、黃二人尚留有一二讚語。但政治立場不同的《東華報》不獨對《民國報》、《廣益華報》裡刊載有關舊中澳船行的醜聞隻字不提，對出身自保皇集團而今倒戈相向的余榮、黃來旺則連年以來口誅筆伐，至中澳船行重組後更對此二人極盡人格的侮辱。

　　《民國報》編輯李襄伯於揭發舊中澳船行董事高層陰事時，仍不忘替新中澳船公司招股事呼籲，雖然報章在往後仍報導獲多利號滿載華客，[128] 但實際上招增新股方面進度絕不理想。1922 年 4 月，《廣益華報》一則以〈船務獲利〉為標題的報導或令不少股東讀者空歡喜一場，而該文內容卻足使猶豫不決的投資者望而卻步。[129]

2. 新中澳船公司面對的難題

1922 年 5 月，船公司在幾經波折下，得到海內外同胞認股 5 萬餘，即賬面上約有 5 萬餘鎊。船行決定在悉尼以中澳輪船有限公司名義重新註冊，資本 15,000 鎊。議決由中澳輪船有限公司承受中澳郵船行全盤生意存欠，並承還銀行或私人公司欠款達 94,000 鎊。[130] 以余榮為首的新公司願意接這燙手芋的主因有三：第一，誠如船公司一直公開強調維持民族自尊，不欲為外人恥笑華人辦事只有三分鐘熱度；第二，保持華人航輪之利，以免華人客貨往來中澳為洋輪所制；第三，希望盡力維持公司以挽回同胞信心。雖然船公司特別聲明收到的新股金並非悉數用作還債之途，而是旨在物色合適新船，補充旗下實力，又重申舊船行帳目足供股東查閱，但由余榮領導下的新公司首先面對的，是承受舊船行後的龐大赤字；其次則是認股後的準股東對公司前景的晦暗抱有不同的態度，其中尤以政治壁壘日見分明的前保皇、憲政人士的對立角色顯見特出，昔日出於利益為前提而建立微薄的盟友關係，至今其浮淺的基礎已暴露無遺。至於查核中澳郵船公司賬目的報告亦同時公佈，內容指舊船行與葉同貴、劉光福的支款單據頗有不全，而船行司數員龐嵩（即龐子峻）則表明他無權向葉同貴與劉光福索取支賬收條。[131] 消息令不少股東大表反感，並去信船公司要求解釋，要求追究葉、劉二人的責任，新負責人余榮面對群眾質疑舊管理層的誠信時除將實情轉述外，實已一無他法。[132] 遺憾的是這宗醜聞進一步損毀公司信譽，並使不少股東認定舊船行董事高層黑箱作業，至於其他董事亦監察不力，如今新公司高層仍有舊公司高層成員，運作恐亦將成問題。我們從該年 7 月中，船公司宣佈把截股日期再延長至 9 月底時，[133] 便可略窺當時普羅股東、華人的心態及船公司的困訥處境。

1922 年底，船公司公佈選舉章程，並開列澳大利亞、紐西蘭、斐濟群島、香港等地候選人名單。[134] 由於葉同貴與劉光福仍是持股人，亦具資格參選，故亦列於名單中。最後余榮、黃柱、黃來旺、李襄伯、郭朝等 15 人被選為董事，或者葉同貴、劉光福在地緣與業界聲望上仍有鐵票支持，他們雖最終落選，但得票與最後一名中選董事票數相去不遠。[135]

1923 年新董事局對舊船行的欠賬仍一籌莫展，雖然報導中的唯一航船載客方面得到華人的支持，[136] 但公司前景仍隱憂重重，原因大抵亦有三：第一，由於獲多利號船齡日長，經常須抵岸後維修，且耗油量大，使雜項開支增加；第二，船隻維修需時，又每每延誤各埠船期，間接引來乘客的不滿；第三，由於公司在緊絀的財政壓力下只能維持一艘航船，即令有意光顧但卻船期不合的華客轉乘其他船行船隻。雖然在 1922 至 1923 年間華報上每稱獲多利號往還港澳時滿載同胞，縱使報導屬實，這些恐怕都是經日累月望穿秋水後，簇擁而上那龍鍾遲來航船的焦燥渡客。

3. 新船公司的困境與結業

在 1923 年底的股東大會上，余榮列舉了船公司在 1921 年接手後，獲多利號生意的收支賬目、辦公室用度開支等，指出載客量令人滿意，可是載貨量往往不足，形成新船行在 15 月內虧蝕 23,000 鎊的主因；此外購置新船的希望也隨着增新股金只能實收 23,000 鎊而宣告破滅。[137]

1924 年初，獲多利船仍得不少華人乘客支持，報章上還有華客聯名登報鳴謝的廣告。[138] 但縱使久病沉痾的航船亟圖自困惑晨曦的迷霧中破繭而出，可惜惡運的魔掌總是擾纏其尾舵的餘波蛇行游弋，且躡跡攀臨其濕漉滑溜的甲板之上。該年 4 月，由香港開出的獲多利船繼 15 個月前因痘症遭悉尼當局扣留 6 天後，至此再被珍珠埠關員懷疑其中兩名華人染上天花，船隻因檢查緣故被迫滯留，由於卸煤工人不敢迫近下貨，導致船隻無法開行。[139] 事後船公司指華人航運遭西人打壓，查實該兩名華客不過下身沾染花柳惡疾，卻被洋人醫生強指面上呈現痘症病徵，令船隻被羈留隔離，公司因船隻被扣查至損失千鎊以上收入。[140] 船公司為了救亡，委任余榮、黃柱、李襄伯三人到華人人數不少的新畿內亞亞包埠（臘包爾，Rabaul）招股，並同時宣佈獲多利船的航道將涵覆該地區。[141] 可惜事已至此，眾多的努力亦屬枉然，1924 年 8 月中，船公司被銀行迫催欠款，[142] 在股東大會上泰半董事表示以當前經濟狀況根本無力償還各債項，最後都非出於意願地議決清盤，並由奇禮頓會計師行（Siegfried William Griffith）負責各清盤事宜。[143]

獲多利船於 1924 年 9 月為中澳輪船有限公司最後一次開航返香港，此行有華人搭客 90 餘名。[144] 船隻抵港後，將在香港招人承買，但當年舊中澳船行志切於千載一逢的時勢開業，不惜於船價高昂的歐戰期間以 85,000 鎊承受一艘耗煤量高而載貨量少的客貨輪，歐戰後船價回落，且新船日多，銀行對獲多利號的市價亦不敢有過高的期待。[145]

澳華參與國際航運事業的回顧與反思

19 至 20 世紀之交正值中國外侮頻仍的時刻，海外華人以歐洲列強壯大原因不外乎擴展國際貿易，並藉船堅炮利打開中國閉關的大門，於是部分歸僑返國重整本土工商，並掛起振興國貨口號，企圖重拾同胞的自信，部分華商則開拓海上商業，寄望海內外僑民、工人、商賈與學生能同心協力，支持華人航運；總括而言，兩者皆意圖於國力浸衰之際，拓展商機，目的使利權自主，由此強化華人在國際市場上的影響力，並進而與洋人在商貿界別爭雄，務使國運與海運鯉躍騰飛，可惜澳華參與國際航運的努力始終因時機不允而以失敗告終。

在一定程度上，因白澳政策下留澳華人日益減少，導致希冀以民族自尊為號召的中澳船行未能達到其目的固為船行倒閉的因素；同時大家也需留意中澳船行在構思原意上，即格禁於利權外溢一節也令它在澳大利亞主流社會中遭受損失。誠然，中澳船行受到其他洋人公司設計圍攻，致令在同胞中失去信譽，也是迫使船行清盤的原因；但徒以民族自卑反射的亢奮作為自衛的理據不足以自圓其說，當然，已不再生活於中華板蕩，諸夏流離陰影下的歷史觀眾也不許以此作為船行徹底失敗的唯一解釋！當然，於異鄉開拓國際事業，並企圖於久佔鰲頭的白色世界裡分一杯羹談何容易，惟在整理昔年澳華船運的中轉篇時，筆者還需撇開填膺熱血的詞彙，並選擇一個冷漠且無情的論調作結語。

在讀者評價中澳船行的總體缺失時，我們暫勿將目光聚焦於航運，卻不妨把視線稍移至於悉尼經營果欄發跡的永生、永安身上，它們先後在海內外集資，並返回香港與國內開辦百貨、紡織等企業，在短期間睥睨上海、廣州，業務取得美滿的成果。20 世紀初上海澳華四大公司的發展與成功，關鍵固在開拓者的目光與千載不逢的良機，但主要股東間的血緣紐帶、家族關係和鄉土主義卻扮演了重要的角色。譬如四大的主要股東都是香山縣籍人士，由永生果欄名義集資創辦早期先施公司的馬應彪、馬煥彪（？-1950？）、馬永燦、馬祖容（？-1962？）、馬鴻等都有直接血緣或親屬關係。由永安果欄蛻變的永安公司，其高層如郭樂、郭泉、郭順、郭朝等關係若非親兄弟即堂兄弟。曾在永生果欄供事，同由澳大利亞返中國開辦大新百貨業的蔡興、蔡昌與開辦新新公司的李敏周、李澤、梁錦倫，甚至是當時身為上海先施總監，卻鼓勵及支持開辦新新百貨的黃煥南等都不止是香山人，彼此更有表親或姻親情誼。正因這種同鄉、同宗、同族、同緣等因素，進而招攬志同道合的親友入股，或納入公司系統供事；出於傳統家庭、家族父兄式或鄉黨父老式的敬長尊上觀念，使這些在新舊社會交替下的企業仍可在部分股東與主流意見相左下如常運作。然而，有着截然不同性質的中澳船行既充斥着大量不同縣籍、族源、異姓的投資者，更甚的是雜滲了早在滿清政府覆滅前已因政治異見舌劍唇槍，針鋒相對支持憲政與革命的各派系華人，徒以薄弱的力保利權、民族自尊口號不足以團結他們形成一股持之有恆，勇往直前的動力，加上國人慣性的營私結黨，貪利侵漁等陋習，內部鬥爭與貪腐使根基本來虛浮不穩，甚至建立於蜃樓海市理想中的船行瞬間土崩瓦解。

　　汰弱留強是商業競爭過程中必然的定律，新成立的中澳船行企圖奪取分搭各洋人火輪華客的生意，而遭競爭對手聯合圍攻，他們所施行的，是資本雄厚者的商業割價手法，只是落敗的一方是華資船行，處身當世與回顧歷史的同胞不免有些戚戚然的感覺而已。在商業社會裡，大企業圍剿本錢不足的小公司進行兼併也實屬平常，當時是資金較豐足、船隊較強大、國際貿易經驗更豐富、企業管理更系統化的日本與洋人郵輪公司擊潰了資本匱乏的華資中澳船行，後者是這規則下的犧牲品，我們毋須以遭受洋人欺凌壓迫，作為中澳船行業務不前與倒閉的藉口，更不必因為昔日外侮侵凌中的祖國而激起澎湃卻浪費了的熱血，閣把目下一切都提升至民族層面來評論，並以此為澳華航海事業的瓦解找下台階。反而值得我們反省的，是為何當時在白澳政策高唱下，同為黃種的日本航運可以延續地成功；我們應反省的，是為何當年的國人只能發展家族、鄉黨式的營運，卻於不同地域性組合的企業中一敗塗地；我們該反自省的，是同胞們何以永不能摒棄成見，上下一心，卻是只顧着黨同伐異，攢利謀私；我們更該自我反省的，是國家民族一詞似能於國弱民貧的年代裡短暫的結集烝黎，動之以摰誠，曉之以大義；可悲的卻是它被投機滑民廣泛引為啖利借口，藉以煽動人情，蠱惑士女，復於業績失衡之際重提舊調，為玩忽職守罪名而逸脫開釋。概括而言，華人於 20 世紀兩戰之間企圖突破歐人壟斷海洋航路的傳統，始終未能如願。該夙志在二戰後才有能者繼起，成就一時海上事業，然而這已與本章無關。反而中澳輪船公司清盤後，澳大利亞華人對投資越洋航運仍未忘懷，並企圖為昔日微薄的情意結再續前緣。

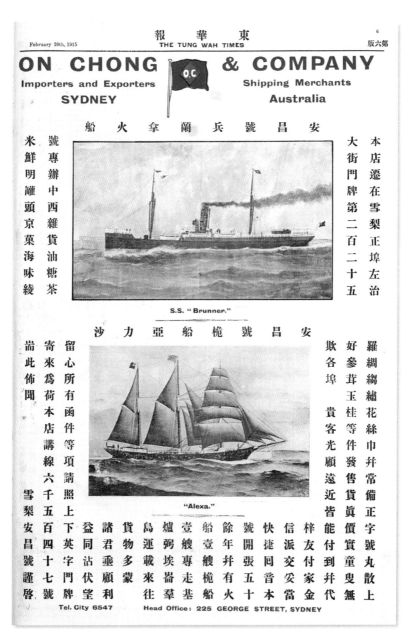

附圖 10.1　20 世紀初，安昌號往還 Gilbert Island 與澳大利亞各埠的輪船 [146]

附圖 10.2　劉光福 [147]

附圖 10.3　李元信 [148]

附圖 10.4　1921 年中澳船行在華報上的廣告 [149]

附圖 10.5　中澳船行自置物業遠景。正中的四層樓房是船行在佐治街的辦公室 [150]

附圖 10.6　1921 年西人商業及貿易期刊上有關中澳船行的廣告 [151]

附圖 10.7　中澳船行辦公室內外照片 [152]

NORD-DEUTSCHER LLOYD.

SYDNEY ... LOHMANN & CO.
MELBOURNE ... OSTERMEYER DEWEZ & VAN ROMPAEY.
BRISBANE ... THOMAS BROWN & SONS LTD.
HOBART ... UNION S.S. CO. OF N.Z. LTD.
WELLINGTON ... CASTENDYK & FOCKE.
AUCKLAND ... LANGGUTH & CO.
LAUNCESTON ... C. H. SMITH & CO.

德國輪船公司在世界為至大布置妥當招待周全其床皆以鐵為之而地方潔淨空氣疏通凡航海洋者莫不稱道之茲將宣統三年來往香港澳洲船期列之于下

（船名）	自富製啟行	到香港
普連士晉枝地廟	正月十三日	二月初三日
普連士晉枝時文	二月十一日	三月初四日
普連士晉枝時文	三月初一日	四月初一日
普連士晉枝時文	四月初八日	五月初一日
普連士威爐地廟	五月初六日	五月廿九日
普連士威爐地廟	六月初三日	六月廿六日
普連士威爐地廟	七月初一日	閏六月十六日
普連士威爐地廟	七月廿九日	七月十五日
普連士晉枝時文	八月廿七日	八月十四日
普連士晉枝時文	九月廿四日	九月十二日
普連士晉枝時文	十月廿二日	十一月初九
普連士晉枝時文	自香港啟行	到雪梨
普連士威爐地廟	正月十五日	二月十八日
普連士威爐地廟	二月廿四日	三月十七日
普連士晉枝時文	三月廿四日	四月十五日
普連士晉枝時文	四月廿二日	五月十四日
普連士晉枝時文	五月二十日	六月十二日
普連士晉枝時文	六月二十日	閏六月十三日
普連士晉枝時文	七月十六日	七月十四日
普連士晉枝時文	八月十六日	八月十一日
普連士晉枝時文	九月十四日	九月初九日
普連士晉枝時文	十月十二日	十月初五日
普連士晉枝時文	十一月十一	十一月初四
公司謹啟	十二月初九	十二月初二
		十二月三十

德國輪船公司有限公司本極極妥……志在位船上一次各客極妥床位……華友交易……如搭客寄金箱……價格相符……酌問豐……請問……本公司炳南商會會……酬堂李……君或各……切也此……華……公司謹啟

LOHMANN & CO., 7 and 9 Bridge Street, Sydney.

附圖 10.8　德國輪船公司廣告 [153]

February 17, 1923.

日七十月二年貳拾國民華中

牌門字英館本
"THE TUNG WAH TIMES,"
52 Dixon St., Haymarket,
Sydney, Australia.

誕聖日七廿月八人定次教年四十七百四千二生降子孔

- THE -
Tung Wah Times
Special Chinese New Year Number

Page 1

Registered at the G.P.O., Sydney for transmission by post as a newspaper.

日二初月亥癸歷陰亥癸歷牧一第

Printed by D. S. FORD, 48-50 Reservoir Street, Sydney, and published by J. YOUNG, of Dixon Street, Haymarket, Sydney, for the TUNG WAH TIMES NEWSPAPER CO., LTD., Sydney, in the State of New South Wales.

東　華　報
恭　賀　新　禧

東方及澳洲　　輪船公司告白

Eastern and Australian Steamship Company Ltd.

GIBBS, BRIGHT & CO., General Agents In Australia, 37 Pitt Street, Sydney

VICTORIA—Gibbs, Bright & Co., Melbourne.
QUEENSLAND—Gibbs, Bright & Co., Brisbane ; Australian Estates and Mortgage Co., Ltd., Rockhampton; Burns, Philp & Co., Ltd., Townsville, Cairns, Thursday Island.
WEST AUSTRALIA—F. W. Barrymore Ltd., Fremantle
SOUTH AUSTRALIA—Gibbs, Bright & Co., Adelaide.
NORTHERN TERRITORY—E. V. V. Brown, Darwin.

NEW ZEALAND—Bates, Sise & Co., Dunedin; Kaye & Carter Ltd., Lyttelton, Christchurch; Nancarrow & Co., Greymouth; Wright, Stephenson & Co. Ltd. Wellington ; Russell and Somers, Auckland; Bisley Bros. & Co., Nelson; C. H. Cranby & Co., Napier.
TASMANIA—F. H. & W. J. Stephens, Launceston; Macfarlane Bros. & Co., Hobart.
HONG KONG and SHANGHAI—Mackinnon, Mackenzie & Co.

MACDONALD, HAMILTON & CO. MANAGING AGENTS, BRISBANE

（影撮之船輪士濱爐阿聖）

E. & A. Company's Steamer "ST. ALBANS," 6000 tons

可問或代司列賜請　華　本特既久交華本臻美各模所九一內聖本
也商卡代理普本顧　船　爲久照易與船美物其造規千埠船士爐行
　處時理之利公　之失之耀交倘與莫不艦規新一百每大刺阿有
　雪等　卡士　　照仰處清通遇所不齊除模一次禮剌一濱火
　梨埠　時彬　　料祈是夜夜遠用齊備大各次船拜一名夫船
　正均　等鳥　　萬華荷如和各備而各其船中開名衣來三
　埠有　埠　　　無友尚同有　而電十啟客行聖士往艘
　却代　均　　　一注此白經　電燈分招位往阿頓香一
　時理　有　　　　意佈畫醫　光充待布來爐一港名
布擺公司謹啓　　本行在美利濱克　　　　　達　　足且地置名濱名澳丫
　　　　　　　　　　　　　　　　　　　　　　　　　　極宜方　各茶　洲剌

附圖 10.9　東方及澳洲輪船公司廣告 [154]

附圖 10.10　日本郵船有限公司廣告 [155]

:NIPPON YUSEN KAISHA:

The Leading Steamship Company of the East

102 STEAMERS · · 480,000 TONS

The "N.Y.K." runs the FINEST and FASTEST Steamers in the Trade.　**CHEAP PASSAGES**　Imperial Japan Mail Service between AUSTRALIA - CHINA - JAPAN

ADVANTAGES OF TRAVEL by the "N.Y.K." Steamers include Excellent Treatment, Abundant Table, Chinese Cuisine, Chinese Cooks, Medical Attention, Interpreter, Electric Fans, &c.

The "N.Y.K." Route is Safe, Speedy and Up-to-Date.　　Freights—Always ship by the "N.Y.K." Reliable, Economical.

Managing Agents for Australasia: BURNS, PHILP & CO., LTD., Sydney

日本郵船會社廣告

Promenade Deck, S.S. Nikko Maru.

Sacred Bridge, Nikko.

有不同故一般華友無論何埠凡搭過本公司之船者無不喜悅與本公司交易也

捷之船以免受此風波淹留歸國凡人出外日久稍有積蓄無不思歸故里既是有志安寧快捷以無風波巨浪之虞華友諸君如蒙光顧外歡迎務所留意是所厚望焉每急次到步搭快堅固行駛謹慎與別家大時日本公司之船機器

公司船之利從有數端今畧舉其服役出招待盡善也食品則豐足惟潔也餚饌則華廚烹調也所有電機風扇以逐熱也並有華人通事傳達大小事務以應貴客之需求凡付貨物其運載費較廉於別行於公司開辦以來皆

本公司有輪船一百零二艘共四十五萬噸乃東方之大航業家也菲運載巨木皇家書信以來往澳洲日本中國等所用之商船是最華麗最快捷及舟費最相宜者貴客附搭本

附圖 10.11　日本郵船有限公司向澳華宣傳旗下船隊龐大與客艙寬敞，價格相宜的廣告 [156]

January 1st, 1918.

舊曆丙辰歲十一月十九日

民 國 報
THE CHINESE REPUBLIC NEWS

第廿四版民國七年一月一日

Pub Library 85863

24

澳 洲 東 方 輪 船 公 司 廣 告

AUSTRALIAN ORIENTAL LINE

G. S. YUILL & CO., LTD.　　PUBLIC LIBRARY, N.S.W.　9 JAN 1918　6 Bridge Street, Sydney

Australia to China and Japan, via Queensland Ports, Thursday Island and Port Darwin, Manila and Hongkong.

We Quote the Lowest Fares and Current Freights to China and other Eastern Ports.

"TAIYUAN," 2269 Tons, Capt. P. W. Grierson.　　"CHANGSHA," 2269 Tons, Capt. F. C. Gambrill.

For Freight or Passage, apply to the Company's Agents:

NEWCASTLE: G. S. YUILL & CO., LTD.　　VICTORIA: JOHN SANDERSON & CO., MELBOURNE.
SOUTH AUSTRALIA: M. G. ANDERSON, ADELAIDE.　　QUEENSLAND: WEBSTER & CO., LTD., BRISBANE.

AGENCIES :— L. C. Woolrych, Townsville; Fearnley & Co., Cairns; E. A. C. Olive, Cooktown; Morey & Co., Thursday Island; A. E. Jolly & Co., Port Darwin; Australian Estates & Mortgage Co., Ltd., Rockhampton; James Croker, Mackay; Harrap & Son, Launceston; Macfarlane Bros. & Co., Hobart; Bergl, Australia, Ltd., Bowen, Queensland; W. J. Prizeman, Gladstone, Queensland; H. G. Barker, Perth, W.A.

澳 洲 東 方 公 司 輪 船 之 一

敬啟者本公司有堅固快捷輪船船依期來往新金山中國等處其各客房
佈置極為清潔合於衛生餘及聚談之所極清雅另設有製雪房併用
中常有雪應用並藏貯各種肉類以保全其新鮮之味且船中各處均設
有燈電光同白晝至于大艙客位俱皆適宜茶水伙食甚為豐足調製可
口並聘有老於經驗大醫生倘搭客賞體或有違和皆能小心服事調理
而船上人役平日對于諸搭客尤稱歡洽本公司深信無絲毫之欠缺也
貴客光顧搭船附貨者請移玉來問本公司代
理人便知端此佈聞
再者本公司自一千九百十二年八月一號承
買太古行長沙太原兩火船此後太古行退離
來澳洲之航業由本公司照常行駛仰祈　華
友諸君留心賜顧為荷

▲今將此兩船錄列于下

長　沙　　二千二百六十九噸
太　原　　二千二百六十六噸

▲今將本公司各處代理錄列于左

南省黑列埠晏打臣公司○庇利士彬埠威士打公司○粉當埠澳厘洋行○湯士威盧波
耶希建北公司○堅士埠番利士洋行○堅當埠澳厘扶洋行○珍珠埠
摩厘公司○波打雲埠紉衣左利洋行○洛金艙埠澳洲置業及典當
公司○麥溪埠北士頓公司○他士冕耶省倫些士頓埠蝦立晏新洋
行○荷巴埠麥花倫巴享洋行○昆士蘭保仁埠實加澳洲有限公
司○加臘士綏埠普利士文洋行

今將本公司各處代理錄列于下

雪梨埠代理人夭兒公司

附圖 10.12　澳洲東方輪船公司廣告 157

附圖 10.13　1900 年前後，悉尼海港 Darling Harbour 的內港碼頭 [158]

註釋

1　如第 9 章內提及在 19 世紀末，祖籍廣東香山的馬應彪等在澳洲經營永生果欄，同鄉郭樂、郭順等經營永安果欄，生意日上軌道，並在海外集資，永生與永安先後在香港開設百貨業務，再北上在上海經營。1917 年上海先施百貨與 1918 年 9 月上海永安有限公司相繼啟業（《東》，1919 年 2 月 1 日，頁 6，〈永安公司開幕之詳情〉），展開了華僑投資、建設祖國的序幕。同年底，同樣由悉尼華人集資返香港經營的大新公司啟業（《東》，1919 年 12 月 27 日，頁 6，〈香港大新公司之實情〉），這是 20 世紀初華僑集資組成跨國商企的高峰期。而馬應彪及郭樂都在這段期間，先後被悉尼華商推舉為中國海外參議員代表（《東》，1917 年 2 月 17 日，頁 7，〈雪梨中華商會公推舉參議員代表〉），都是澳大利亞華商中傑出的例子。

2　見 Peter Plowman: *Migrant Ships to Australia, New Zealand 1900 to 1939* (Kenthurst: Rosenberg Publishing Pty Ltd., 2009), pp.8-43.

3　《民》，1916 年 9 月 23 日，頁 6。

4　見《東》，1914 年 10 月 3 日，頁 7，〈華僑木業之減色〉條。

5　早在 1906 年，澳洲悉尼華商已聯合上書中國當局，信內提及中澳間均需打開雙邊貿易關係，而又因中國對國際商務迂迴不前，悉尼華商倡議籌集 250 萬澳圓，購買三艘各重四千噸越洋輪船行走中澳間的東南亞航道。信中同時評論日本郵船會社的船隊已超過 80 艘，總重量達 27 萬噸，日本國旗飄揚五大洲，與英美德法強國相抗衡；華商建議創立航運公司，向南洋一帶華人招股，朝廷補貼首五年費用，使懸掛龍旗的中國商船足可與歐美日並駕齊驅云（《東》，1907 年 5 月 18 日，頁 2，〈補錄雪梨華商上汪欽使言興輪船以保商務書〉），可惜建議恰非其時，沒有得到清季政府的回應。

6　該船一名兵蘭拿（*Brunner*）火船，重 586 噸（*The Daily Commercial News and Shipping List*【Sydney, hereafter *CNSL*】），18th February 1915, p.7, Steamers Inward and Outward Bound（hereafter SIOB）一名亞力沙（Alexa）梘船（見 *CNSL*, 15th-19th February 1915, p.8, Vessels in Port at Sydney[hereafter VIPAS]，又見《東》，1915 年 2 月 20 日，頁 6，〈On Chong & Company〉條。

7　見《廣》，1916 年 6 月 3 日，增附頁，〈梘船峻工紀盛〉條。

8　該船由船長 Inness 在 1916 年 4 月 17 日駛至澳大利亞。5 月初換上 Pry 當船長，並於該月 4 日正式投入服務（*CNSL*, 15th April-5th May 1916, p.8, VIPAS）。余榮是悉尼泰生果欄股東之一，當時在經營果業生意的商人因不願受本土白人果農的制肘，多在太平洋島嶼一帶購置土地闢園種植蕉果，華商開展這條航道除方便蕉果運輸外，更避免了船運日期及運費受洋人公司操控，也能在某程度上減少洋水手屢番發動工業行動所帶來的後遺症。

9　見《廣》，1916 年 6 月 3 日，增附頁，〈梘船告竣紀盛〉、10 月 28 日，增附頁，〈必打（Peter）余榮字號，海外商務生意〉等條。正如前述，余榮是泰生果欄股東，而黃來旺則是泰生另一股東，後來他亦親往美加視察，希望為余榮公司再添新船（《民》，1918 年 6 月 22 日，頁 6，〈黃來旺君回埠〉）。梁創是永安果欄股東，郭標是永生果欄股東，李元（源）信是唐人雜貨店老號安益利號的店主。至於黃柱生意甚多，他是當時悉尼華洋社會頗具知名度的棉花商人，更是義興會的會長。義興前身本是洪門，清末民初之際大批革命志士也是洪門中人，黃柱也常往來太平洋島嶼間聯絡會眾或籌款勸捐；從這些資料湊合起來，可以探知澳華種植業的發展是驅使他們發展航運業的誘因。

10　有關滿清中國時期的國際航運，可參考聶寶璋等（編）：《中國近代航運史資料》（北京：中國社會科學出版社，2002 年）等書。

11　見《民》，1917 年 6 月 30 日，頁 7，〈美洲中國郵船有限公司招股廣告〉條。1909 年中美輪船公司創立，而中國郵船公司約創立於 1915 年。

12　見《東》，1917 年 11 月 3 日，頁 7，〈倡辦中美澳郵船有限公司招股緣起〉條。

13　1919 年底，中澳船行在香港開設公司後，即在澳大利亞華人報章上宣佈把雞布號易名為基保號，採其基業永保，基礎鞏固之意。見《東》，1919 年 12 月 13 日，頁 7，〈中澳輪船改易字義廣告〉條。

14　除註 12 出處外，又可參考《民》，1917 年 12 月 1 日，頁 6，〈華僑航務集議〉、《東》，1917 年 12 月 1 日，頁 7，〈船行認股之踴躍〉、頁 8，〈中澳郵船有限公司通告〉等條。

15　見《東》，1917 年 11 月 3 日，〈倡辦中美澳郵船有限公司招股簡章〉；12 月 1 日，頁 8，〈中澳郵船有限公司通告〉；12 月 8 日，頁 2，〈船行最優先股之成績〉；12 月 15 日，〈各埠附中澳郵船公司最優先股之鉅款〉；《民》，1917 年 12 月 8 日、12 月 15 日、12 月 22 日，頁 6，〈中澳郵船有限公司認股芳名報名〉等條。

16　見《民》，1918 年 11 月 12 日，頁 5，〈港商籌助中澳郵船公司第 1 次敘會〉、12 月 1 日，頁 6，〈中澳郵船有限公司通告〉等條。

17　見《東》，1918 年 1 月 19 日，頁 7，〈中澳郵船公司股東會議續紀〉條。

18　見《東》，1918 年 1 月 19 日，頁 7，〈奄派船已不准賣〉、〈實行購買域多利輪船〉；《民》，1918 年 1 月 19 日，〈中澳郵船公司近況〉條。在 1919 年底，域多利與雞布號因公司把註冊總部移往香港而改易較華化的名稱。域多利易名獲多利，顧名思義，即取其獲利豐厚，獲益良多之意。見《東》，1919 年 12 月 13 日，頁 7，〈中澳輪船改易字義廣告〉。

19　見《東》，1918 年 6 月 29 日，頁 7，〈中澳公司選舉之規則〉條。

20　見《東》，1918 年 6 月 29 日，頁 7，〈船務告白〉條。劉光福在 1919 年 9 月底開始也在西報上以 Managing Owner, W.J.L. Liu 的身分刊登中澳船復航的廣告。見 *CNSL*, 30th Sept., 1919, p.1, China-Australia Mail Steamship Line.

21　見《東》，1918 年 4 月 13 日，頁 7，〈澳洲內海船隻概歸政府管理〉、《民》，1918 年 4 月 20 日，頁 6，〈船務計劃〉、〈雞布船消息〉等條。

22　簡單來説，就以中澳郵船有限公司成立前後期間，國民黨喉舌《民國報》仍不斷在個人品藻，甚至種族溯源上追打康有為和梁啟超，且對昔日曾參與保皇而至民國建立後仍未投誠的份子多有批評，並與他們與張勳、袁世凱並論。以上資料可見《民》，1917 年 5 月 19 日，頁 2，〈梁啟超必不久矣〉、7 月 14 日，頁 5，〈保皇夢〉、〈梁啟超〉、8 月 11 日，頁 5，〈康有為本非同族〉、11 月 10 日，頁 5，〈梁啟超〉等條。

23　當時憲政黨宣佈該黨雖曾改易國民黨名義，但頗難伸張它國民憲政主義的立場，故回復憲政黨稱號（Constitutionalist Association），並同時公佈黨章。見《東》，1914 年 9 月 26 日，頁 8，〈憲政黨啟事〉條。

24　見《東》，1913 年 1 月 18 日，頁 7，〈鳥修威中華商務總會之成立〉；2 月 1 日，頁 7，〈中華商會定期開幕〉、〈鳥修威雪梨中華商務總會開幕茶會〉；2 月 15 日，頁 6，〈商會謝束〉、〈中華商務總會開幕盛況〉；頁 7，〈丙午國民黨上中華商務總會開幕頌詞〉；2 月 22 日，頁 7，〈中華商務總會開幕紀事〉等條。

25　見《民》，1918 年 1 月 1 日，頁 11，〈中澳公司開辦情形〉條。按當時葉同貴所指，澳洲規定在本土購置船隻的船主非土生人士不可，故船行全人集議以劉光福的名義買船，而劉則將賣單交公司保管。後來事件被揭發，事實是已入英籍者已可成為公司持有人，而船行裡不少股東均已宣誓入籍，故立時招來非議與責難，認為船行管理層處理不法，且有欺詐之嫌，矛頭直指葉同貴、劉光福岳婿二人。

26　見 *The Age*（Melbourne, Australia），3rd March 1913, p.9, City Shooting Case。

27 見《民》，1918 年 1 月 26 日，頁 6，〈中國國民黨澳洲雪梨支部職員表〉條。是時以商人李襄伯為正部長，他也是《民國報》編輯。副部長為黃來旺，正理財余榮，這三人是悉尼黨部的核心。劉光福是西書記之一，另外一書記是李惠霖。

28 見《東》，1918 年 6 月 29 日，頁 7，〈中澳公司選舉之規則〉條。

29 1900 年初，當康、梁因維新失敗被清廷追緝，海內外咸表同情之際，澳大利亞悉尼親保皇份子發起組織保皇會，第一批會員中便有永安果欄郭樂、郭標，永安號其他司事人如歐陽慶、梁創、彭容坤、馬祖星、永生號的馬祖容等（《東》，1900 年 2 月 21 日，增附頁，〈雪梨埠義士認做保皇會份〉）；至 1911 年武昌起義前夕，永安的郭標、郭順、馬祖容、均任悉尼中華帝國憲政會值理。此外，李襄伯在當時亦是值理之一，20 世紀 20 年代末在上海創立大新百貨的蔡昌，既是第一批會員，在 1911 年時他更是憲政會的名譽總理（《東》，1911 年 6 月 24 日，頁 6，〈雪梨中華帝國憲政會職員表〉）。

30 劉光福與葉愛玉於 1916 年 2 月 12 日於悉尼聖晏灶魯大教堂（St. Andrew's Cathedral）舉行婚禮。見《東》，1916 年 2 月 26 日，頁 7，〈華人結婚紀盛〉條。

31 見《廣》，1920 年 6 月 5 日，增附頁，〈葉君同貴演說〉條。

32 當時永安果欄郭順以 20,013 票列首席，余榮得 19,118 票列次席，葉同貴得 17,836 票位列第三，劉光福亦得 10,957 票，位列第十三。見《廣》，1918 年 11 月 2 日，增附頁，〈中澳公司選舉董事〉條。

33 見《東》，1922 年 2 月 11 日，頁 7，〈中華總商會之集議〉條。

34 在 1918 年初的華報裡，我們發現中澳公司高層澄清辦事人並無每周領取 10 鎊薪金，並解釋所有執事者均旨在為國爭光，無受分文工金，呼籲各地股東切勿聽信謠言（《民》，1918 年 1 月 19 日，頁 6，〈中澳郵船公司近況〉）。該年中，華報上即出現了批評中澳船行大小事務由一人獨自處理的來函，並指其內部運作不見公開，矛頭實即針對劉光福（見《民》，1918 年 6 月 29 日，頁 7，〈為中澳公司忠告〉、《廣》，1918 年 7 月 6 日，頁 2，〈為中澳公司忠告〉條）。

35 見《廣》，1918 年 11 月 30 日，頁 7，〈華人之大訟案〉條。

36 見《廣》，1918 年 12 月 7 日，頁 2，〈大訟案將和平解決〉、《東》，1919 年 3 月 29 日，頁 7，〈涉訟吃虧〉等條。當年三大華報在這刻都亟力希望淡化此事，《廣益華報》載錄的已是其中頗詳細的報導。

37 李元信出後被父親送返中國居住七年，學習中文。後來在香港孖士打（Johnson Stokes & Master）律師行學習法律，並在中西合資的磨坊公司管理數百中、西、日、印籍員工。後又成為水師提督李準（1871-1936）隨員，曾隨往清剿西沙群島海盜；相信他因此而得英皇頒授 3 號寶星徽章。李元信在 1910 重返悉尼時早已完婚，其妻程氏為檀香山華商之女。見《廣》，1912 年 1 月 27 日，頁 17，〈少年志慧〉條。

38 李元信得 5,582 票，排名還在得 10,901 票的黃來旺（14 名）與得 9,520 票的李襄伯（17名）之後（《廣》，1918 年 11 月 2 日，增附頁，〈中澳公司選舉董事〉），說明他在人脈及經驗上均未孚眾望。由於選舉規定以頭 15 名得票率高的參選者進入董事局，李襄伯與李元信均告落選，未知是否因是次選舉失利而導致積憤有日的李元信入稟法院控告劉光福。

39 見《東》，1920 年 1 月 17 日，頁 7，〈船上機師罷工之風潮〉條。當時由聯邦海員於墨爾本因工資與工時問題首先發動罷工，悉尼方面即時響應（The Sydney Morning Herald [hereafter SMH],25th August 1919, p.7, The Seamen: Mass Meeting in Sydney）而輪船機械士工會隨即加入罷工行列，並拒絕與政府重開談判（略見 SMH, 24th December 1919, p.9, Marine Engineers: Deadlock Continues; 29th Dec. 1919, p.7, Marine Engineers: Men Still Out; 30th Dec. 1919, p.7, Marine Engineers: No Resumption; 31st Dec. 1919, p.9, Marine

Engineers: Strike Continues）。澳大利亞政府以事態嚴重，幾番周轉企圖與兩大工會和談，在事件似有解決可能的多次曙光曳然而滅後，罷工演變成為無了期的鬥爭（*SMH*, 26th August 1919, p.6, The Seamen: End of Strike; 9th January 1920, p.7, Settlement Likely: The Engineers Strike; 15th January 1920, p.9, Shipping Strike: Conference with Mr. Hughes, Settlement Not Effected; 29th January 1920, p.7, Shipping Strike: No Settlement, Preparation for Long Struggle; 4th February 1920, p.11, The Strike: Offer Rejected in Sydney）。罷工由1919 年 8 月開始至 1920 年 2 月才告結束，全國貨客運輪幾乎全數停頓，超過 25,000 人失業，其中包括麵粉工人與鋼鐵工人，由此而牽連的還有碼頭運輸公司、肉類罐頭工廠等紛告倒閉（*SMH*, 28th January 1920, p.11, The Strike: Interstate Fleet held up、30th January 1920, p.7, The Strike: Mr. Hughes appeal to Engineers）嚴重影響澳洲經濟，自然也破壞了中澳船行的運作，是時共 30 艘貨客輪被迫滯留悉尼港口，雞丙與域多利正是其中兩艘（*SMH*,14th January 1920, p.11, Effect in Sydney: Thirty Steamers Idle; 27th January 1920, p.5, Shipping Strike: Fleet of Idle Steamers）。事實上，若非 1920 年 2 月上旬澳洲國防部長引用 1914-1918 年戰時法例宣佈罷工非法，下令任何人士繼續罷工者最高刑罰為判囚 6 月及罰款 100 鎊，並禁止銀行貸欵給未經核實身分人士，恐怕罷工還不能及早結束（可參考 *SMH*, 11th February 1920, p.11, Drastic Action: Against Institute of Marine Engineers、12th February 1920, p.7, Engineers: Perturbation in the Ranks, 23rd February 1920, p.7, The End: Boats to be Manned this Week; 25th February 1920, 1920, p.11, Shipping Hold-Up: Engineers Prepare to Resume, Seamen Threaten to Strike; 26th February 1920, p.7, Shipping Hold-Up: Seamen Withdraw Threat; 27th February 1920, p.7, The Engineers: Strike "Off", Steamers Sail To-Day）

40 見《廣》，1919 年 10 月 18 日，頁 2，〈中澳船行通告〉條、《民》，1919 年 10 月 18 日，員 6，〈中澳船行通告〉等條。

41 見《東》，1919 年 11 月 8 日，頁 7，〈中澳郵船行佈告〉條。

42 見《東》，1919 年 11 月 15 日，頁 7，〈中澳船行茶會再誌〉條、《民》1919 年 11 月 15 日，頁 6，〈域多利船茶會再誌〉條。

43 中澳船行域多利號的名字在 1919 年 10 月 23 日首次在悉尼洋人航運報章上見載，當時重 2,969 噸的域多利號已在悉尼港口，船長是 Fisher。10 月 29 日由墨爾本啟航返悉尼，再往香港（*CNSL*, 23rd October 1919, p.4, VIPAS; 30th October 1919, p.7, VIPAS）。又見《民》，1919 年 11 月 1 日，頁 6，〈中澳郵船行通告〉條。

44 在當年洋人航運報導中，華丙號名字首見於 1920 年 3 月初，是時華丙輪已離開香港往悉尼途中。見 *CNSL*,1st March 1920, p.5, Expected at Sydney; 2nd March 1920, p.1, China-Australia Mail S.S. Line 廣告；3rd March 1920, p.14, Shipping Review。

45 計為由阿德雷德啟航時載貨物 1,467 噸，由墨爾本開航時載 138 噸，至離開悉尼裝載 68.5 噸，至布里斯班載 36.5 噸，由堅士開航時載貨 32.5 噸，離開珍珠埠時載貨 18.5 噸。見《廣》，1920 年 7 月 17 日，增附頁，〈華船消息〉、《東》，1920 年 7 月 17 日，頁 7，〈華丙船第一次由澳洲返香港營業紀略〉條。《東》報記載是次航程合共載貨 1,753 噸。

46 白澳政策實施下，華人不能復埠者眾多。按政策正式推行後 10 年的調查報告顯示，1911 年中國出生人士在新州的人數為 7,610；昆州 5,475；維州 4,302，東岸合計為 17,387 人。至於北領地中國出生人士 1,165；南澳 242；西澳 1,621；塔州 362。全澳境內中國人約 20,775 人。*Statistics, Census Results, 1911* (Sydney: Year-Book of Australia & Publishing Co., 1885-1917), p.73, no.3, Birthplaces of the People, 1911.

47 見 *CNSL*, 30th September 1919, p.1 China-Australia Mail Steamship Line 廣告。該首版廣告及船期預告應是中澳郵船有限公司在悉尼 *The Commercial News and Shipping List* 上刊登

的第一次告白。船行在該告白中即以劉光福為公司主事人（Managing Owner），而 Birt & Co. Ltd. 負責裝卸服務（Loading Agents）。在相同時間裡，船行也在 *The Sydney Morning Herald* 刊登相同的廣告，內容主要宣佈雞布號正在昆州港口裝卸貨物，且尚有新船域多利號將於該年 11 月投入服務；此外也載錄了負責人姓名、地址、電話等（*SMH*, 30th September 1919, p.1, China-Australia Mail Steamship Line 廣告）。

48　有關計算方法以船隻正式投入服務並習知運作的 1919 年為例，*CNSL* 內記載船隻由香港出發日期當天算起，至抵達悉尼港口當天為止。見 *CNSL*, 23rd November 1919-24th December 1919, p.7, VIOAP。該程由 1919 年 11 月 23 日自香港出發，經馬尼拉、珍珠埠、布里斯班、悉尼，抵悉尼時為該年 12 月 24 日，全程 32 天。

49　見 *CNSL*, 29th March 1920-1st May 1920, p.7, VIPAS。該程由 1920 年 3 月 26 日自香港啟程，沿途經山打根、珍珠埠、湯士威爐、Flattop、布里斯班、紐卡素及悉尼，抵達悉尼時為該年 4 月 30 日，全程共 36 天。

50　見 *CNSL*, 3rd May 1920-24th May 1920, p.7, VIPAS。該程由 1920 年 5 月 3 日自香港啟程，至同月 23 日抵悉尼。

51　見 *CNSL*, 24th May 1920, p.7, VIPAS。該程在 1920 年 4 月 27 日由香港出發，至同年 5 月 22 日抵悉尼。

52　原文為 "plait" 亦可解作辮子，但滿清政府已告覆滅，浮洋回國者不須再戴假辮，故此處暫譯為褶服。見 *CNSL*, 29th May 1920, p.2, Import entries passed at His Majesty's Customs（hereafter IEC）。

53　原文為 " provisions"，是由永安有限公司附運，共 115 包。見 *CNSL*, 9th April 1920, p.2, IEC。

54　原文為 " fancy "。

55　散見於 1919-1924 年 *CNSL*，IEC。

56　計算方法以中澳船行旗下先後三艘客貨輪報關時所見資料作統計，這簡報不以公司托運次數計算，而是以托運的目的地計算，即某公司若曾托附貨品至香港，則其寶號將在香港一節出現，若其寶號又曾附中澳船至上海，則名字亦將在上海一節出現。

57　見《東》，1920 年 1 月 31 日，頁 7，〈輪船行程阻滯之原因〉條。

58　如 1920 年 5 月，由域多利號轉上太原號，目的地是香港的貨物包括 Broken Hill Ass. Smelters Ltd. 代運的 1,154 包鉛錠、Nestle's Milk Co. 3,355 箱牛奶、E.C. Robertson 1,436 綑秣草、W.S. Kimpton & Sons 2,040 箱麵粉、J.G. Thompson & Co. 112 包大麥、684 包麵粉、Burgoynes Ltd. 50 箱酒、Jas. Munfle 680 包麵粉、Bachus Marsh Milk Co. 28 箱乳類製品、1 箱麥精乳、1 箱宣傳品、Sundry Shipper 490 包大麥、2,726 包麵粉、20 箱醃肉。目的地山打根的託運貨品計有 Jas. Munife & Co. 679 包麵粉、Swallow & Ariell Ltd. 4 箱餅食、4 箱餅乾、Sundry Shipper 49 卡車馬口鐵（見 *CNSL*, 1st May 1920, p.2, Export Manifests）。縱使域多利號非因貨客不足而將已附運上船的貨品轉移其他公司船隻代運，我們可懷疑仍因貨客不足緣故，它被迫延誤航程，故權充駁船，代運貨品上其他船隻，藉此彌補損失，然而這可能性不大。出於上述的存疑，故筆者未有將有關公司名字列入曾委託中澳船行附運的名單中；若筆者在正文推測的原因屬實，遺憾的是，這次托運的洋人公司不少都是第一次光顧中澳船行的。

59　1911 年 5 月，《東華報》不指名抨擊乘搭日本船抵悉尼的 40 名華人為涼血動物，並力斥他們毫無血性。見《東》，1911 年 5 月 6 日，頁 2，〈涼血物聽著〉條。

60　有些報導直指乘日船而來者為 "腳魚"，即涼血動物。見《東》，1911 年 4 月 29 日，特別傳單，〈珍珠埠來電直譯〉條、8 月 19 日，〈哀其心死〉等條。

61　昔年在悉尼有熱心華僑成立特別陳列所，分列日貨、國貨，以茲以較誰屬劣貨，從而提出抵制日貨之原由。見《廣》，1919 年 8 月 9 日，頁 2，〈澳洲華僑特別陳列所簡章〉條。

62　見《東》，1917 年 7 月 7 日，頁 7，〈乘機倡建中國澳洲來往輪船論〉條。

63　見《東》，1920 年 1 月 10 日，頁，〈恭頌獲多利船通告〉條、1 月 17 日，頁 7，〈請看丹後丸船之華人搭客〉條、5 月 1 日，頁 7，〈恐防誤會〉條、7 月 17 日，頁 7，〈又有華人搭某國船而來者〉條、7 月 24 日，頁 7，〈無恥華僑附搭劣船之可殺〉條、1921 年 7 月 16 日，頁 7，〈華僑附搭日輪來澳〉條。《廣》，1920 年 7 月 10 日，增附頁，〈十一名華人搭日船〉條、7 月 24 日，增附頁，〈湯士威爐恨生來稿〉條。

64　如 1910 年劫行輪船就以新船的佈置來向華人宣傳，除指出房間寬敞外，還強調航速迅捷，船上特設冰房儲存鮮果菜蔬，且有電扇供應，確保航行途中絕無翳熱之苦。撰文者又稱船公司自倫敦醫院延聘名醫長駐船上，使老病華人得到悉心照顧云云。見《東》，1910 年 9 月 24 日，頁 7，〈記劫行新船〉條。

65　如《東》，1911 年 11 月 11 日，增附頁，〈紀劫行公司火船商業之進步〉就以到悉尼搭客 46 人姓名刊於報上，並盛讚奄派火船俱備先進的設計及周到的服務。1913 年馬夾卑埠關員在搜查德船時毀壞華人搭客財物，而該船船長卻視若無睹，引起乘客不滿；1914 年，德國船行為挽回華客信心，特登報道歉，並表示已將該船長辭退，另聘熟悉華人性格者取而代之，希望華人搭客勿再懷介蒂之心（《東》，1914 年 2 月 21 日，頁 7，〈敬告華友〉）。同年，劫行輪船公司還特邀當時僑領葉炳南親到奄派火船上驗明華客菜單之精美，並以其名義發佈廣告。據該宣傳指食品有"海味四色，又有罐頭艙魚、臘腸、臘肉及鹹蛋、醬料等物，鮮明齊備"。文章聲稱該船由香港抵埠轉往非枝、大溪地，船上搭客數十位，均指出各款茶水魚菜俱皆合用，船上伙食一周內有雞鴨兩次，甚為滿意等言（《東》，1914 年 3 月 28 日，頁 7，〈淹派火船款待搭客火食之豐美〉）。1920 年劫行新船到埠時，還特別表明備有華人艙員招待華客作招徠（《東》，1920 年 5 月 22 日，頁 7，〈添置新船〉條），可見洋人船行爭取華客的迫切。

66　見《東》，1919 年 11 月 1 日，頁 7，〈中澳船行通告〉條、11 月 8 日，頁 7，〈中澳郵船行佈告〉等條。

67　見《東》，1920 年 10 月 16 日，頁 7，〈搭客頌揚華丙輪船〉條，該文指自港至澳 19 天。據洋報船期的報導統計，華丙自該年 9 月 16 日由香港啟程至珍珠埠為 14 天，抵達悉尼港口時，全程合共 21 天。見 *CNSL*, 6th Oct 1920, p.13, Shipping Review。

68　早在中澳船行籌組前，《東華報》已斥責乘坐日輪的華人。自甲午戰敗以還，澳大利亞華人即呼籲排擠日船，杯葛日貨，但成效明顯有限。光緒 34 年（1908），清廷於日船二辰丸一案中外交周旋失敗後，不獨放還船隻與賠償日方損失，日船出港時，清軍船艦還鳴炮 21 響致歉，觸發中國及港澳地區罷買日貨的杯葛。但國人短暫愛國心不久便見冷卻，不數年，64 名華人便乘日輪抵達悉尼，亦有 28 名華客乘日輪往返墨爾本和香港（《東》，1911 年 5 月 6 日，頁 2，〈涼血物聽者〉、8 月 12 日，頁 7，〈善忘國恥〉、8 月 19 日，頁 7，〈哀其心死〉）。1915 年以還，正當中國國內紛紛鞭韃袁世凱賣國的廿一條時，民情洶洶的國人又掀起抵制日本的喊吶，再值中澳輪船公司於歐戰後投入運作，澳華報章呼籲同胞警剔滅種亡國已迫近眉睫，並列出抵制日貨的清單（《東》，1919 年 8 月 2 日，頁 6，〈文明抵制之警告〉），但從次年的報導上觀察，縱使華客登報稱頌獲多利船航行穩定，船速可靠，且以民族大義激勵同胞選擇華資船行，但仍有不少華人乘搭日輪往返中澳者（《東》，1920 年 1 月 10 日，頁 7，〈恭頌獲多利船通告〉、〈山打根華僑愛國之熱誠〉、〈日本船又有華人搭客〉；7 月 17 日，頁 7，〈又有華人乘日本船到澳〉、7 月 24 日，頁 7，〈無恥華人搭劣船之可殺〉；《廣》，1920 年 7 月 10 日，增附頁，〈11 名華人搭日船〉；《東》，1921 年 7 月 16 日，頁 7，〈華人乘日輪來澳〉；《廣》，1920 年 7 月 24 日，增附頁，〈湯士威爐恨生來稿〉；《東》，1922 年 1 月 14 日，頁 7，〈又有華人乘日輪來澳〉；《廣》，

1922 年 3 月 11 日，頁 8，〈日本船搭客〉等條），反映漫罵乘日船的同胞冷血的同時，讀者亦宜反思這些 "不顧廉恥" 華人選擇乘坐日輪的原因。

69　縱使在抵制日貨期間，華人亦並非同心一致。1911 年 7 月日船再減價藉此吸引華客，當時即有 28 名華人乘日光丸自墨爾本返國，悉尼西報遂稱華人杯葛日船已告一段落。見 *SMH*, 4ᵗʰ August 1911, p.9, Boycott Dying Out。

70　早在 1918 年便有華人在報上力指船行由西人代理，其服務收費 7.5 巴仙實在高昂，華人船務既已興辦，故應以華人任代理，藉此訓練人才（《民》，1918 年 6 月 8 日，頁 6，〈華僑航務〉）。繼後又有議論指西人代理中澳船行之非，該論説謂："……（中澳船行）而有西人代理事務，似乎現下不必再用人幫理。須知西人者非我族類，其心必異，即能代理各事，而必不願我公司之發達者也。以此推之，我華人商務務須自己籌度自辦，是為上策。雖然日本船務亦交西人為代理，詎知日本與華人性質不同。試觀日本國內銀行司理職務，多用我華人為之，可知華人誠實性質、商業性質，外人亦重之。何以我華人之自待華人，則偏偏薄視何也？……"（《民》1918 年 6 月 29 日，頁 7，〈為中澳公司忠告〉、《廣》1918 年 7 月 6 日，頁 2，〈為中澳公司忠告〉條）立論純從主觀的狹隘民族主義出發，過份誇飾中國人的品質，而有意識地忽略日本跨國企業投資某地時，即聘用該地人才，務使僱員產生歸屬感，也間接令企業融入主流社會，減少該地區保守份子不必要的排斥，增強被當地朝野接受的事實。

71　見 *CNSL*, 6ᵗʰ Jan 1917, p.1, Osaka Shosen Kalsha 廣告。

72　在 1919 年 9 月，當中澳郵船有限公司投入運作之際，以劉光福名義為首的中澳船行與專門裝卸貨物的 Birt & Co., td 共掌船務（*CNSL*, 30ᵗʰ Sept. 1919, p.1, China-Australia Mail Steamship Line 廣告）。至 1920 年 6 月中旬，或因股東認為公司在船務經驗已足，不必再假外人之手報關、安排碼頭與起卸貨物，又或因資金不足，不願再與洋人分攤緣故，於是自行担任代理，Birt & Co. Ltd. 仍任裝卸貨物的代理（見 *CNSL*, 1ˢᵗ July 1920, p.1, China-Australia Mail S.S. Line 廣告）。中澳船在墨爾本的代理是麥記禮晏麥益兒船行公司（McIlwaith, Mckacbarn & Co），紐卡素的代理是仾仁船行（Union S.S. Co.），布里斯班的代理是麥當那咸美頓船公司（Macdonald, Hamilton），在湯士威爐及堅時兩埠的代理是三仾鴉倫公司（Samuel Allen & Sons Ltd.）。見《民》，1920 年 4 月 10 日，頁 1，〈中澳郵船行〉廣告。

73　見 *CNSL*, 7ᵗʰ April 1923, p.1, Chungwha Navigation Co. Ltd. 廣告。

74　見 *CNSL*, 12ᵗʰ June 1924, p.1, Chungaha Navigation Co. Ltd. 廣告。

75　見 *CNSL*, 14ᵗʰ Oct 1919, p.6, VIPAS。

76　見《廣》，1919 年 10 月 11 日，頁 2，〈招請船上伙頭廣告〉條。

77　該會秘書 Mr. Maeburn 的詞鋒直指 "a Chinese-owned steamer, with a crew of Chinese abroad"，矛頭無疑是針對中澳船行而來。抗爭的中心點在於反對正當大量本土海員失業之際，由中國人營運的船行旗下商船只聘用中國海員行走澳大利亞沿岸地區，但於其言詞間，該會會眾所反對與企圖請求政府納入規範的，是本國沿岸的海上服務及就業問題，抗議內容並不涵覆國際航道上的招募。有關當時中西人士就華輪聘用船工的評議可參看 *SMH*, 6ᵗʰ July 1920, p.10, Chinese Steamer；又見《廣》，1920 年 7 月 10 日，增附頁，〈華船消息〉、《東》，1920 年 7 月 17 日，頁 7，〈白澳洲與中國航業之關繫〉條。

78　1901 年左右，澳大利亞聯邦政府正式實行保護政策，對外來的勞工實行入境限制。華人覓食艱難，不少人通過偷渡入境來當非法勞工，當中部分藏身於洋輪，於船隻臨近海港時即跳船逃去，或在抵埠旅客登岸後，船隻停港裝卸貨品與待客登船前後數天的時間裡偷溜上岸。由於案例太多，澳大利亞政府在境內各海港均設下搜查網，務使各華洋商船泊岸之際，每由各關關員上船檢查，一旦發現無入境許可的偷渡者（時稱私位），即向船長罰金以作處分，每一私位客判罰一百鎊，但私客事件仍時有所聞。行走香港、東南亞與澳大利亞的中澳輪船更可能成為關員搜查的目標。因此，部分企圖偷渡入境者便以船員身分掩飾，有些或早定去處，其他則沿澳大利亞各口岸窺覓登陸機會。1922 年中澳船隊中的域多利號便曾被發現有三名中國籍船員上岸私逃，結果被判罰 3 百鎊的例子。故船公司在聘用華人水手問題上也有些意想不到的難處。

79　見 *CNSL*, 14th Oct 1919, p.6, VIPAS。

80　見 *CNSL*, 3rd August 1920, p.6, VIPAS。

81　見 *CNSL*, 23rd October 1919, p.6, VIPAS。

82　見《東》，1921 年 3 月 5 日，頁 6，〈香港中澳輪船行有限公司增招新股之宣言（續）〉條。

83　見 *CNSL*, 7th August 1920, p.6, VIPAS。

84　1921 年首季始，中澳船行正式在香港註冊，總行設於香港，分行設在悉尼，於是由分行自任代理。

85　本 圖 參 考 *Cragies District Map of the City of Sydney and immediate environment*（map）（Sydney: Kenneth Cragies, 1923）及 *Murray's Sydney Street Guide with maps of Sydney and Suburbs*（Sydney: A Keir Murray, c1928）製成。圖中正北向 Walsh Bay 的碼頭由 8 家公司租賃與擁有；分佈如下：Red Light（1）；Adelaide Steamship Co. Ltd.（2 & 3）；Commonwealth Government（4 & 5）；Nippon Yusha Kaisha（6）；Burns Philip & Co. Agents（7）；Central Wharf Stevedoring Co.（8 & 9）；Tygers Wharfs（10A & 10B）；Dalgety & Co. Ltd（11）。東北向 Sydney Cove 的 Circular Quay 主要是港內碼頭，船隻行走 Mosman 及 Neutral Bay 等地區，故從略；1925 至 1929 年前後，華人入股的 China Navigation Co. 即租賃 West Circular Quay 的 1 號碼頭作為顧客上落區，船隻亦可直接駛出 Walsh Bay；Gibbs & Bright Co. 佔用 2 號碼頭。西向 Darling Harbour 的碼頭，租賃與擁有者分佈如下：Dalgety & Co. Ltd.（1A-2B）；Huddart Partner Ltd.（3A & 3B）；Mc. Wraith Mceachern & Co. Proprietary Ltd.（4A & 4B）；Union Steamship Co. of NZ（5A & 5B）；Australian Gaslight Co.（6）；Adelaide Steamship Co.（6A）；Tasmanian State Line（7A & 7B）；North Coast S.N. Comp.（8A-11）；Union Steamship Co. of N.Z.（12A-13B）；Huddart Parker Ltd.（14）；地圖印製不清楚（15A）；Charles Strytherter（15B）；Leichhardt & Drummoyne Co. Ferry（16）；H. Witkwett（With West?）Ferry（17）；Stuart & Parker（18）；nil（19）；A.U.S.N. Company Limited（20A-20B; 22A-22B）；Howard Smith Limited（23A-24B）；無記載（25A-25B）；Newcastle & Hunter River SS. Co.（26A-26B）；?? Coast S.N. Co.（27）；Melbourne S.S. Co.（28）；過 Pyrmont Bridge 後，Raitic Wharf N.C. & Co.（29A & 29B）；Albion Wharf（30A & 30B）；Burns Philips & Co.（31A-32B）；無記載（33）；Union Steamship Co. of N.Z.（35A & 35B）；Jones Brothers（38-39）；Russell's Wharf（40）；The Clyde Sun Milling Co.（41）；Abermein Cotherry Co.（42）；Mackenng Rn（?）Co.（43）；Howard Smith Co.（44）。地圖上並不存在 34、37 號碼頭。

86　見 *CNSL*, 14th Oct 1919, p.6, VIPAS。

87　見 *CNSL*, 23rd Oct 1919, p.6, VIPAS。

88　見 *CNSL*, 4th Nov 1919, p.6, VIPAS。

89　按手上資料顯示，中澳船行在收回進出口代理權後，曾於 1920 年雞布號改聘新船長時以 R.G. Cowlishaw 暫任出口代理一次。見 *CNSL*, 3rd Aug 1920, p.6, VIPAS。

90　見 *CNSL*, 29th Dec 1919, p.6, VIPAS。

91　見 *CNSL*, 2nd Jan 1920, p.6, VIPAS。

92　見 *CNSL*, 7th Aug 1920 及 4th Jan 1921, p.6, VIPAS。

93 見 *CNSL*, 2nd Feb 1920、3rd Aug 1920、7th Aug 1920、4th Aug 1921、21st Sept 1921、30th Sept 1921、1st Oct 1921，p.6, VIPAS。又見 *CNSL*, 4th May 1924 及 3rd Sept 1924, p.1, China-Australia Line 廣告。

94 見《廣》，1920 年 6 月 5 日，增附頁，〈葉君同貴演説〉條。

95 1920 年初，悉尼各大船行倡議加價。貨價加價二成，搭客加二至三成，並在 4 月中實行。見 *SMH*, 12th April 1920, p.7, Shipping Fare increased 20 per cent, Freights also to be raised、《民》，1920 年 4 月 17 日，頁 6，〈本洲船腳起價〉。

96 見《廣》，1920 年 7 月 31 日，增附頁，〈各船行來信譯登〉、《東》，1920 年 7 月 31 日，頁 7，〈船行團體對於搭客行李之佈告〉、1920 年 8 月 7 日，頁 7，〈華商對於船行抽收搭客行李載腳之集議〉等條。

97 見《民》，1920 年 8 月 7 日，頁 6，〈雪梨聯益堂致船行函〉條。

98 見《民》，1920 年 12 月 4 日，頁 7，〈中澳郵船行啟事〉、〈中澳船行客位減價廣告〉、12 月 11 日，頁 7，〈中澳郵船行啟事〉等條。

99 在中澳船行提出減大艙船費後，各船行亦同時減價，由加價後的 15 鎊 10 先令減至 8 鎊 10 先令，減幅達 44 巴仙，若與原價相較下，減幅亦達 16 巴仙以上；此外又不復提徵抽超額行李費事，令不少不知就裡的華人誤會該苛徵源自中澳船行企圖魚肉同胞的陰謀。1920 年 11 月，旗下有炎派火船，由劫時報孺公司代理的東方及澳大利亞輪船公司幾乎與中澳船行同時在華報上宣佈減價（《東》，1920 年 11 月 20 日，頁 7，〈澳東輪船公司特別廣告〉、《民》，1920 年 11 月 20 日，頁 6，〈劫行公司船位減價〉廣告），並繼該年底減收三等艙票價至 10 鎊 6 先令後（《民》，1920 年 12 月 18 日，頁 7，〈劫行船位減價〉廣告），於次年 4 月進一步把三等艙票價減至 5 鎊 6 先令，二等艙票價減至 18 鎊（《民》，1921 年 4 月 9 日，頁 5，〈劫行船位減價〉廣告），中澳船行面對實力雄厚同業割喉式減價的競爭顯得一籌莫展。

100 見《東》，1921 年 1 月 22 日，頁 7，〈華丙船在堅士茶會紀盛〉條、〈中澳船行華丙船抵湯士威爐埠茶會紀盛〉條、1 月 29 日，頁 7，〈中澳船行華丙船抵湯士威爐埠茶會紀盛（續）〉；《廣》，1921 年 7 月 2 日，頁 6，〈劉光福君回埠〉等條。

101 見《東》，1921 年 3 月 19 日，頁 7，〈致湯（士威爐）埠中華商會書〉條。

102 1921 年 1 月 22 日，域多利號由墨爾本出發，自悉尼啟航回港。據報由墨爾本登舟的 20 名華人及悉尼登船的 140 餘名華人，全是二等及三等艙乘客。西人搭客約 40 人，均屬頭等及二等艙客人。至昆士蘭各埠登船的又有中西人士 40 餘名（《東》，1921 年 1 月 29 日，頁 7，〈獲多利船搭客之眾〉）。1921 年 2 月 23 日，華丙號自墨爾本出發，經悉尼港口北上至香港。據報在墨爾本登船的華人 50 名，紐西蘭華人 42 名，悉尼 60 餘名，布里士班 16 名（《東》，1921 年 3 月 5 日，頁 7，〈僑胞搭華丙船歸國之眾〉）。但這些頻密的宣傳不過為船公司招股而造勢而已。

103 見《東》，1921 年 2 月 26 日，頁 8，〈香港中澳船有限公司擴張招股之緣起〉、3 月 5 日，頁 6，〈香港中澳輪船行有限公司增招新股之宣言（續）〉等條。

104 1921 年時，香港中澳輪船有限公司的總行設在香港中環海傍干諾道 113 號 2 樓。至於悉尼分行仍設於佐治街 249 號。

105 當 1921 年香港中澳輪船有限公司招股時，香港總收股處有以香山郭家為首的永安公司、香山馬家為首的先施公司、香山蔡家為首的大新公司等為代表。在廣東代收股處有馬家為首的先施公司、郭家為首的永安燕梳公司等。在上海總收股處又有以郭家為首的永安公司、馬家為首的先施公司。悉尼總收股處除以永安、永生為首外，還有余榮為首的泰生公司、葉同貴的利生公司、負責悉尼中澳船行的劉光福、羊毛商人及致公堂首腦黃柱等等

《東》，1921 年 2 月 26 日，頁 8，〈香港中澳輪船有限公司擴張招股之緣起〉）。讀者從中可略窺其生意脈絡及後來在香港註冊的原因。

106 見《東》，1921 年 2 月 26 日，頁 8，〈香港中澳輪船有限公司擴張招股之緣起〉條。

107 中澳船行經過 1920 底至 1921 年初一場慘烈減價的遭遇戰後，表面上看來並無太大的損害，華人報章上還特意強調同胞愛國，得達大體等贊詞《東》，1921 年 1 月 22 日，頁 7，〈華丙船在堅士茶會紀盛〉、〈中澳船行華丙船抵湯士威爐埠茶會紀盛〉、1 月 29 日，頁 7，〈獲多利船搭客之眾〉、3 月 5 日，頁 7，〈僑胞搭華丙船歸國者之多〉；《民》，1921 年 3 月 12 日，頁 6，〈中澳船行消息〉）。不過，在《民國報》的其他廣告中，筆者卻發現澳東船行旗下衣士頓船在 1921 年 5 月中由悉尼駛返香港時，滿載着 2 百餘名華人乘客的報導（《民》，1921 年 6 月 18 日，頁 6，〈輪船消息〉）。在某程度上，讀者或可從正反兩方面觀察這些訊息。正面來看，選搭華丙與獲多利號的乘客不受流言影響，全因他們對船公司的信任及對華資船務的支持所致。反面來說，光顧澳東船或其他洋輪的華客除因票價更實惠的理由外，便正是對中澳船行不滿的回應。更甚者，我們未嘗不可把 1921 年初華丙與獲多利號搭客人數眾多的問題，理解為這些華客早在割價戰爆發前已向中澳船預訂船位，故形成誤會與流言對船行並無構成生意上損害的假象而已。

108 華丙號在 1921 年 3 月初在上海修理，而貨船基保號則於同時以 2,500 鎊出售給悉尼當地的洋人船公司（《民》，1921 年 3 月 12 日，頁 6，〈中澳船行消息〉及〈輪船消息〉條）。船行於 4 月公佈派出代表回中國磋商續租用華丙輪事宜，並預報華丙號抵澳的日期（《東》，1921 年 4 月 2 日，頁 7，〈華丙復來澳之消息〉、4 月 9 日，頁 7，〈華丙船來澳之捷音〉；《民》，1921 年 4 月 9 日，頁 6，〈華丙船消息〉）。但在 4 月末梢，船行公佈因香港總行方面未證實華丙號啟航日期，因此華丙輪尚未有船期廣告（《東》，1921 年 4 月 30 日，頁 7，〈華丙船期未定廣告〉），這不啻說明了在這增招股份的最後階段裡，船行旗下只有一條船在運作，嚴重打擊了觀望者的信心。

109 見《民》，1921 年 7 月 23 日，頁 6，〈輪船消息〉條。

110 見《東》，1921 年 5 月 7 日，頁 7，〈中澳船行輪船來往之期程〉、6 月 4 日，頁 7，〈華丙船期廣告〉條。

111 見《東》，1921 年 7 月 16 日，頁 7，〈香港中澳輪船有限公司開全體股東特別大會議廣告〉條。

112 見《東》，1921 年 7 月 23 日，頁 7，〈對於中澳船行股東大會議之感想〉條。

113 見《東》，1921 年 7 月 2 日，頁 7，〈喪儀之盛況〉條；《民》，1921 年 7 月 9 日，頁 6，〈鳴謝〉啟示。

114 見《東》，1921 年 7 月 16 日，頁 7，〈華僑附搭日輪來澳〉、1922 年 1 月 14 日，頁 7，〈請看搭日本船之華人〉條。

115 見《東》，1921 年 7 月 30 日，頁 7，〈中澳輪船公司股東大會議詳情〉、8 月 6 日，頁 6-7，〈中澳輪船公司股東大會議詳情（續）〉等條。

116 見《民》，1921 年 7 月 30 日，頁 8，〈中澳公司會議彙誌〉。事實上，劉光福確曾在 1921 年 4 月 6 日在毫無預告下攜眷返港，並到上海一帶遊樂（《民》，1921 年 4 月 9 日，頁 6，〈劉光福君往港〉），他於 6 月 20 日乘華丙號返回悉尼（《民》，1921 年 7 月 2 日，頁 6，〈劉光福回埠〉），事件不免引起他人聯想。

117 見《東》，1921 年 12 月 17 日，頁 7，〈照錄香港中澳輪船公司來函〉條。

118 早在 1920 年始，《東華報》與《民國報》已就政治上不同的立場與理念展開罵戰。故《民》報的支持者，尤其國民黨人不一定便信服《東》報的報導。

119 見《民》，1921 年 7 月 30 日，頁 6，〈中澳公司會議彙誌〉條。

120 見《東》，1921 年 9 月 24 日，頁 7，〈中華總商會勸告會眾維持中澳船行書〉條。

121 見《東》，1921 年 12 月 3 日，頁 7，〈廣告〉條。

122 見《東》，1921 年 12 月 3 日，頁 7，〈催收股款廣告〉條。

123 見《廣》，1921 年 12 月 10 日，頁 11，〈黃柱君回埠〉條。

124 1922 年中後期，船行宣佈再延長招股日期，期間ता出已收股銀為 3 萬鎊，與 1921 年所
　　招得的股銀數目並無出入。見《東》，1922 年 9 月 30 日，頁 6，〈中澳公司展期截收股
　　份廣告〉條；《民》，1922 年 9 月 30 日，頁 6，〈中澳公司展期截收股份廣告〉條。

125 見《廣》，1921 年 10 月 8 日，頁 4，〈中澳公司生意經過艱苦之詳情〉條。

126 見《廣》，1922 年 2 月 11 日，頁 8，〈林有告劉光福案〉；《東》，1922 年 3 月 25 日，
　　頁 7，〈華僑訟案之未結〉；《民》，1922 年 2 月 4 日，頁 6，〈林有告劉光福案〉等條。
　　林有是阿德雷德股富之家，在 1920 年到訪悉尼時，曾以 5 千鎊委託劉光福作投資之用。
　　據報劉光福向林有提供中澳船行股價有望由 3 鎊升至 5 鎊的消息，說服憧憬於華人船務
　　的林有以每股 4 鎊半價錢購入手上股值只有 3 鎊多的股票，並從中盈取私利。

127 見《廣》，1922 年 2 月 11 日，頁 10-11，〈舊中澳公司之大黑幕〉；《民》，1922 年 2
　　月 11 日，頁 6、2 月 18 日，頁 6，〈舊中澳公司之大黑幕〉等條。該新聞由船行股東及
　　在《民》報工作的李襄伯執筆，李曾在 1921 年 7 月全體股東特別大會中向劉光福質詢船
　　行帳目，並要求核數。李襄伯在 1925 年 5 月下旬宣佈離開《民國報》，往後生意及一切
　　瓜葛均與之無關（《民》，1925 年 6 月 20 日，頁 6，〈李襄伯啟事〉）。他在 1930 年自組一
　　份以鼓吹中澳商貿為主的報章《雪梨商報》，可惜刊行一年後即告結業。

128 1922 年 4 月，獲多利由悉尼返港，船上有搭客 242 名（《民》，1922 年 4 月 29 日，頁 6，
　　〈獲多利船搭客〉）。該年 11 月，亦有 2 百餘名搭客乘獲多利到香港（《民》，1922 年 11
　　月 18 日，頁 8，〈華人搭客〉條）。

129 該文章道出悉尼船務公司多輒獲大利，而"今有一事為最湊巧者，柏架公司即獲多利船之
　　舊主人；考士茇公司即是基保船之舊主人，兩家舊主人均日日佳境，獨是中澳公司今已股
　　本缺清。船務原來無缺本之理。不幸一經華人之手則缺本矣。"見《廣》，1922 年 4 月 1
　　日，頁 7，〈船務獲利〉條。

130 見《民》，1922 年 5 月 13 日，頁 7、5 月 20 日，頁 7，〈中澳輪船有限公司廣告〉條。
　　船公司招新增股而集得的 5 萬餘鎊中，不少是認股者尚未支付的帳面數目，因而船公司
　　在廣告中亦催收欠銀，限期在 1922 年 6 月底。

131 見《民》，1922 年 5 月 20 日，頁 5，〈查核中澳郵船公司數目報告〉條。

132 見《民》，1922 年 6 月 3 日，頁 6，〈中澳公司答美利濱股東質問書〉條。

133 見《民》，1922 年 7 月 15 日，頁 6，〈中澳公司展期截收股份廣告〉條。

134 見《民》，1922 年 12 月 9 日，頁 6，〈中澳輪船有限公司選舉章程〉條。

135 當時余榮以 16,922 票獲首選，黃柱得 15,836 票，黃來旺 14,445 票，郭朝 12,154 票，
　　李襄伯 11,584 票，第 15 名董事陳蔭得票 6,494，葉同貴得票 5,438，劉光福得票 4,460。
　　見《民》，1923 年 2 月 10 日，頁 6，〈中澳公司新董事員芳名錄〉條。

136 見《民》，1923 年 5 月 26 日，頁 6，〈華人搭客〉、6 月 23 日，頁 6，〈獲多利船搭客〉、
　　7 月 14 日，頁 6，〈雜聞〉、9 月 29 日，頁 6，〈輪船消息〉、11 月 24 日，頁 6，〈船
　　務消息〉等條。

137 見《民》，1923 年 12 月 8 日，頁 7-8，〈中澳輪船公司結表〉條。

138 見《民》，1924 年 2 月 9 日，頁 6，〈中澳輪船公司獲多利優待搭客〉條。

139 見《民》，1924 年 4 月 5 日，頁 6，〈獲多利船痘症〉、4 月 12 日，頁 6，〈獲多利船〉條。

140 見《民》，1924 年 4 月 26 日，頁 6，〈華人航業受制〉條。

141 見《民》，1924 年 5 月 31 日，頁 6，〈中澳公司變更航路〉條。

142 見《民》，1924 年 8 月 16 日，頁 6，〈中澳輪船有限公司通告〉條。

143 見《民》，1924 年 9 月 13 日，頁 6，〈收盤聲明〉條。

144 見《民》，1924 年 9 月 13 日，頁 6，〈輪船消息〉條。

145 當時輿論估計域多利號約值 3 萬鎊。見《民》，1924 年 10 月 4 日，頁 6，〈獲多利船消息〉條。

146 見《東》，1915 年 2 月 20 日，頁 6，〈On Chong & Company〉條。

147 The Trade Promoter（Sydney），7th Dec. 1920, vol.1, p.28, "Mr. W.J.L. Liu"

148 The Trade Promoter, 11st Sept. 1920, vol.1, p.49, "Mr. W. Yinson Lee"

149 見《東》，1921 年 2 月 2 日，頁 2，〈中澳郵船行〉條。

150 The Trade Promoter, 7th Jan. 1921, vol.2, p.27, "China-Australia Steamship Line"

151 The Trade Promoter, 7th June. 1921, vol.1, p.31, "China-Australia Steamship Line"

152 見《民》，1920 年 12 月 6 日，增附頁。

153 見《東》，1911 年 2 月 4 日，增附頁。

154 見《東》，1923 年 2 月 17 日，頁 1，〈東方及澳洲輪船公司〉廣告。

155 見《民》，1917 年 1 月 1 日，頁 10，〈Nippon Yusen Kaisha〉廣告。

156 見《民》，1918 年 1 月 1 日，頁 1，〈Nippon Yusen Kaishi〉廣告。

157 見《民》，1918 年 1 月 1 日，頁 24，〈澳洲東方輪船公司〉廣告。

158 Historic Photographs Australia, Darling Harbour, Sydney, N.S.W. c1900, B369.

11 | 澳華^{參與}
國際航運的**延續**
_{及其}**結局**

前言

中澳郵船有限公司在經營方法上因股東視野的局限而受到挫折，復受同業圍剿而失信於同胞，再因資金不足而數度企圖集資失敗下，被迫宣佈清盤。 1924 年香港《南華早報》(*The South China Morning Post*) "Victoria Changes Ownership" 報導獲多利船抵港後等待買主的消息時指出：

> The arrival of the S.S. Victoria last week marked the vessel's last trip for the Chinese Australia S.S. Company, under the flag of which she has been on the Australian run for a few years.
>
> About two weeks ago the local office of the China Australia S. S. Co. received advice from its head office that the firm had been unable to discharge its liabilities with the English, Scottish and Australia Bank, to which the Victoria had been mortgaged, with the result that the Bank had assumed ownership of the ship. The Bank, it is stated, has appointed Messrs. Jardine, Matheson and Company

as their Hongkong agents. Consequently the Hongkong office of the China Australia S. S. Co. was closed last week, the failure of the firm being attributed to business depression.

　　We understand an effort will be made soon either to reflate the China Australia S. S. Co. or to organize a new company on similar lines and, possibly, the promoters will purchase the Victoria from the Bank.[1]

不論獲多利號在港有無新買主，或她最終面臨被拆卸的命運，對志圖盈利的華人來說是投資失策，對滿腔熱誠的同胞來說是冷水澆面，對藉辦越洋航運宣示國體的志士來說更是臨冰履刃，都標誌着國人經營中澳航線的失敗。而對後世的歷史研究者來說，其後繼者的投資或能說明商業主導下的船運本來就是以強凌弱的生意，不管對手的膚色與資本，站在弱勢的一方往往在競爭中倒下，中澳郵船有限公司無疑是犧牲之一，而本章討論的中澳航業有限公司更不啻是典型的例子。

澳華為復辦航運的再捐餘力

　　在中澳輪船有限公司收盤的同時，部分華商接受了洋人士利的建議，再謀組與中澳輪航道相若的船行，並認為既有虧蝕 10 萬餘鎊的經驗，是番籌組船行必無損失之理。[2] 事實上，在船公司清盤消息傳出後，各洋人船行，特別是日本郵船公司不斷在華人報章上刊登啟事以廣招徠，有志籌組新船行者亦以機會瞬間即逝來形容各家船行正在侵吞華客市場的現象，企圖以此打動同胞重燃投資的熱火。然而，悉尼華人一來已厭於船行內部運作的失敗屢纍，再在相關人士為船行董事局中執事已有戒心；次則新一輪籌組船行因與洋人合作，招股僅屬投資性質，與民族感情已無關係，甚至與不欲利權外溢的本意相違，故一般華人集資的熱誠較中澳輪船有限公司招收新股時更為冷淡。[3]

　　1925 年下旬，中澳航業有限公司（Austral-China Navigation Co.）組成，並在 8 月決定購買 4,312 噸的架魯路號（*Calulu*, 後易名黃埔號）行走澳大利亞、亞包、香港、日本等地區。公司在 11 月正式招股，最早期的股東除永安、永生、利生等七間店號外，還有葉同貴、劉光福及其妹夫雷妙輝等 38 人。因按公司規定持五百股或以上人士才可出任董事，第一屆董事局成員為烏爐沙（Bowen Barnett Wiltshire, 1874?-1945）、丫爐弼禪（Albert Sims, 1881- ？）、丫爐英梳（Arthur Earnshaw 1879-1943）、葉同貴、劉光福等五人。[4] 其股東佔股成份如下：

1930 年中澳航業有限公司主要股東名單[5]

	個人 / 法人	股份	
	Australian Steamships Pty. Ltd.		22,000 股
	Bowen Barnett Wiltshire		6,500 股
	Pacific Coal Co. Ltd.		2,500 股
	Archibald Jameison Dunn		1,500 股
	Alfred Ernest Braund		1,500 股
	Peter McWilliam		1,125 股
	葉同貴		750 股
	劉光福		550 股
	馬新貽		300 股
	馬七		250 股
	永生果欄		100 股

從表列中可見洋人在個人或法人中幾完全控制了股權。以華洋小股東比較，華人平均佔 5 股至 150 股之間，與洋股東佔 3 股至 1,000 股頗有距離。值得注意的，是在 1930 年的股東名單上雖有郭朝的名字，但已沒有永安公司在內，某程度上透露了華人資本家在投資中澳航業有限公

司上已各自盤算。而統計華洋股東分別控股量分析，華人以個人、法人身分登記的共 88，合計 5,765 股，洋人以個人或法人名義註冊的共 38，合計 49,053 股；當時公司總股本為 54,818 鎊，與 1928 年的招增新股目標遙不可及。[6] 在中澳航業有限公司結束經營前，第一屆舊人 B.B. Wiltshire、Albert Sims、劉光福仍是董事局成員，新成員還有持 1,125 股的 Peter McWilliam、以輪船擁有者登記，持 500 股的 Howard Smith 等，而華洋持股量的懸殊形勢並無重大變化。[7]

　　或基於過去失敗經驗教訓，同時又與洋人共同經營緣故，中澳航業委託當地人士於各埠出任代理，如在墨爾本委託 Thomas Roxburgh 代理，在悉尼以公司大股東之一 B.B.Wiltshire 代理，布里斯本以 Charles Hopkins 為代理，亞包以 Carpenter & Alois Kum 代理，香港以大新公司代理，日本方面以山下汽船株式會社（Yamashita Kisen Kabushiki Kaisha）為代理。[8] 這安排不獨是吸收了中澳船公司過去為維持民族利權的缺失，更希望確保公司船隻在每埠停泊時得到本地行內人的專業管理及照顧，就像中澳航業旗下船隻在悉尼裝卸貨物時多在 Walsh Bay 的 1 號碼頭，與往昔華人任代理時確有分別。[9]

中澳航業有限公司成立之初的缺失

　　架魯路號原為山下汽船旗下船隻，航道一般以日本海港出發，經上海、香港、東南亞各大埠後南下澳大利亞東岸，返航時逗留太平洋島嶼後再經東南亞回國。[10] 當時山下汽船在悉尼的代理即為 B.B.Wiltshire，[11] 是澳中航業的第一董事，亦即它在該埠的代理。

　　從資料鋪排上揣摸，澳中航業有限公司自啟業前的招徠至開業後的營運都非志圖久遠，且還有些欺詐的意圖在內。它於 1926 年 6 月中始正式在西報航運版上刊登廣告時，宣傳旗下唯一的船隻 *Calulu* 載重達 7,000 噸，[12] 但業內人士均知該船行走日、中、澳有時，排水量僅達 4,000 噸級別，而且日澳船行正要更新船隊素質，架魯路船正等待買家承接，澳中航業高調地以 7,000 噸級別來抬舉公司實力，是近乎愚昧且弄巧反拙的宣傳，結果船行於該告白連刊兩月後，即當年 8 月的廣告裡，終抽起這吹牛皮的噸位數字。[13]

　　船公司為了甚麼緣故要吹噓實力，而竟需兩個月以上的時光才"腳踏實地"抽起這告白已不得而知。但可肯定的是，在 1925 年 8 月中澳航業管理層共商購入架魯路時，即山下汽船決意更新船隊放棄該船時期。然而至次年 3 月底山下汽船重組為止，架魯路仍屬該船行旗下，甚至易名日澳船行後的 4 月份亦然。架魯路替舊主航行最後一程後，該年 5 月 29 日由船長 Fisher 駛至墨爾本港口停泊，進行各種檢查及維修工作。中澳航業有限公司在 6 月初正式接收船隻及撤換船長，架魯路由 Captain Bundred 接手。[14] 我們可發現中澳航業自接管該船後，它在早期航運報章廣告上宣稱將盡早（"At an early date"）啟航，航線赴亞包、山打根、伊洛伊洛（Iloilo）、馬尼拉及香港，[15] 繼後它還正式訂下 6 月底啟航的日期。[16] 在 7 月 1 日，架魯路確已從南澳阿德雷德駛至新州的紐卡素，並預備開往香港，船行還在報上宣稱可在 7 月 5 日啟航，[17] 可是至 7 月 5 日當天，船隻仍未能以中澳航業旗下船隻航行，公司索性在 7 月 6 日抽起報章上有關 *Calulu* 的告示。

　　查架魯路並非因維修失期而未能啟行，她在 1926 年 7 月仍正常地往返中澳航業所宣稱的既定路線，但卻仍歸日澳船行旗下行走，這些在航運報導中清楚可見。[18] 大抵從上述線索觀察，中澳航業企圖在 1926 年 6 月交收，7 月初把架魯路投入營運的計劃進度或因資金籌備未足而膠着，在賣方不肯放船的情況下，雙方採取了折衷辦法來解決這趟危機；然而，站在中澳航業來說它肯定損失了名譽與信用，在第一次啟航即出現虧損的情況下，對眾股東及其他豫疑未決的投資者來說幾乎都是一記當頭棒喝。

中澳航業有限公司的船隊與最終結局

1926 年 9 月初，架魯路號正式歸於中澳航業旗下，公司並在月中重新宣傳她將在 9 月下旬自墨爾本抵南澳，月底即在悉尼開往亞包、馬尼拉、香港與包括上海在內的中國港口，[19] 並順利在中澳航業旗幟下開出，總算為華人參與澳亞航運再續前緣。

架魯路是中澳航業的第一艘貨客輪，她替公司航行歷史與行走的埠頭也較後來才羅致的船隻為多，原因不外因草創之初缺乏船隻，公司希望在太平洋和東南亞各城鎮增加上落客貨，既可增加收入並能藉此宣傳。故架魯路在航道上曾停泊過去中澳輪船公司不曾進入的港口如南澳的 Daven Port、Port Augusta、新州的肯布拉港（Port Kembla），巴布亞新幾內亞的莫爾茲比港（Port Moresby）、Samarai，太平洋島嶼近機路拔孤洲的 Banaba 傍的海洋島（Ocean Island）、科洛尼亞（Colonia）的 Fais Island，新喀里多尼亞的努美阿（Noumea, New Caledonia），印尼打拉根（Tarakan）和 Simpora 島嶼、越南的海防（Haiphong）、台灣基隆港（Keelung）、菲律賓 Kolambugan 港等等。由於行程緊密，停埠亦多，一次行程南北往返幾達四個月甚至以上的時間，[20] 為着節省成本且亦無必要關係，船公司都在航船離開悉尼後停止在報上刊登廣告，至 1929 年初才出現變化。

不少在澳華商本身是中澳航業有限公司的股東，在托運上自然也希望光顧自己的船隻，但有鑒於只有一條船行走中澳水道，而貨運往往刻不容緩，也只有被迫委托其他船行代辦；[21] 此外，因入股中澳航業的性質已純屬投資，與民族大義幾無關係，其他非股東的華商更無光顧的義務，形成船行在生意上受到打擊，非要改變經營策略，加添新船來增加航班不可。

1929 年初，中澳航業重整船隊，除架魯路號，另添一艘 *Chronos*，行走路線與架魯路大約相同，也以中、澳為終站，公司在船期預報上指該船約在 1929 年 2 月 15 日第一次啟航。[22] 由於船隊實力擴張，增強了中澳航業管理層的信心，在希望招徠更多顧客的支持下，自該段時間起，它毫不間斷地在洋報上預報船隻往返日期。在該年中，公司將旗下新船 *Chornos* 易名為 *Cabarita*。[23]

中澳航業雖在上世紀 20 年代末增強船隊的服務，但生意不見得有起色，這或在 1929 年間旗下船隻不斷更替船長方面可觀察得到；[24] 按目前資料顯示，縱使公司瞄準了中國國內市場，並為中國企業家加開上海站的服務，[25] 但托運的同胞仍屬寥寥，光顧船行貨運的僅是零星洋人商行，失去當日 B.B. Wiltshire 以為藉着中澳船行收盤之利，夥拍華人股東可收招徠中國顧客光臨效應的原意，且加添一條新船令船行開支劇增，收入卻未見改善，結果 *Cabarita* 在 1930 年 1 月初自香港返抵悉尼後便一直耽擱在內港船廠修理，再沒出海。現在回顧起來，公司原來是等待 *Calulu* 最後一程的航罷歸來將她一併出售；該年 3 月中旬，*Calulu* 自香港抵達澳大利亞水域，並由南澳復返悉尼後，船公司亦將她列入修理名單，並在 3 月下旬收盤，*The Daily Commercial and Shipping List* 的 Weekly Summary 一欄中也把中澳航業有限公司除名，[26] 兩艘船隻在 1930 年冬正式掛牌。[27]

本章小結

　　自 20 世紀初澳大利亞華人通過營商成功的經驗，雄心勃勃的企圖創立跨國民族企業，為國人爭光。但隨着各種主客觀因素至令純華資的中澳船行以失敗落幕。值得讀者反思的，是在嚴重虧損下的華人船務竟有洋人乘時繼之而起，相信澳中航線於華商入股後，中國鄉親仍會鼎力支持，這想法在現今回顧起來未免天真，但也反映了入股的洋商過份自信之餘，並認定舊中澳船行的虧蝕主因在華人經營不善所致。再者，華商在替中澳輪的倒閉自圓其説時，常以洋人抵制為開脱理由，但以上資料證實中澳航業有限公司主要股份都持在洋人手上，以洋制洋，説明資本微薄者受制於強者，國際船運的商業競爭與華商被圍堵孤立並無直接關係；反而該公司以華洋合股形式下組成，卻見某程度上的華洋關係還是以利益為基礎，反證筆者在各篇章中的理論自有其根據。

註釋

1　見 *South China Morning Post*（Hong Kong），29th Sept. 1924,"Chinese Shipping Firm Fail", p.14.

2　見《民》，1924 年 10 月 4 日，頁 6，〈再辦船行之磋商〉條。

3　見《民》，1924 年 11 月 22 日，頁 6，〈中澳公司情形〉條。

4　在澳洲新州立檔案館裡，有關中澳航業有限公司成立之初的資料不多，參對中文報章與檔案紀錄該公司清盤前的末期資料，第一屆洋人董事相信為正文所載的三人。1930 年時，以船務代理身分登記的 B.B. Wiltshire，共 6,500 股，以公司經理身分登記的 Albert Sims 佔 500 股，同樣以公司經理身分登記的 Arthur Earnshaw 佔 500 股。中澳航業經營之初股本僅為 5 萬鎊，每股 1 鎊。但因船務開支龐大，加上船公司開業後業績不佳，部分股東退股，在 1928 年 7 月，公司企圖增股至 20 萬股，每股股銀仍 1 鎊（見 Austral- China Navigation Co.: Notice of Increase of Nominal Capital of the Company，7th August 1928[N.S.W. 17th October 1929[SR9784]）。

5　1930 年底股東名單中，佔股最多的是船公司 Australian Steamships Pty. Ltd.，其次是 Bowen Barnett Wiltshire，再次是煤礦公司 Pacific Coal Co. Ltd.，共有 2,500 股；上述公司與個人也是 1928 年新增股東中最大的三位入股者（Equitable Charge of Austral-China Navigation Co. Ltd., 17th October 1929[SR9784]）。再次的是以醫生身分登記的 Archibald Jameison Dunn；以公司總裁身分登記的 Alfred Ernest Braund；以羊毛商人身分登記的 Peter McWilliam。當時華人佔股最多的是以利生號商人身分登記的葉同貴（Gilbert Yet Ting Quay）；次則亦以商人身分註冊的劉光福（William J. Lum Liu）；排第三位的也是以商人身分註冊，永生果欄的馬新貽（Mar Sun Gee）；其後的有永生的馬七（Mar Chut）及永生果欄等。

6　見 List of Persons Holding Shares in The Austral- China Navigation Co. Ltd.（SR9784）。

7　見 Equitable Charge: Austral-China Navigation Company Limited, Australian Steamships Proprietary Ltd., Pacific Company Ltd. and Bowen Barnett Wiltshire, 15th November 1929（SR9784）。

8　見《民》，1925 年 11 月 14 日，頁 6-7，〈雪梨中澳航業有限公司招股說明書〉條。

9　*The Daily Commercial News and Shipping List*【Sydney, hereafter *CNSL*】），2nd July 1928, p.1, Austral-China Nav. Co. Ltd. 廣告。

10　見 *CNSL*, 7th October 1925, p.7, Vessels inward and outward bound to and from Australian ports（hereafter VIOAP）。在 1926 年 3 月底前，旗下共有 4 艘船隻行走日中澳之間，除 *Calulu* 外，其他有 *Chofuku Maru*（4,493 噸）、*Hankow Maru*（4,104 噸）、*Yosaki Maru*（?）（*CNSL*, Weekly Summary, 31st March 1926, p.15, Shipping Review）。1926 年 4 月，Yamashita 經重組後易名 Japan-Australian Line，新公司更新船隊陣容，原先舊公司旗下除 *Calulu* 暫未放售外，其他都是新行走這航道，排水量達五千噸以上的船隻，包括 5,870 噸的 *China Maru*、5,860 噸的 *Karachi Maru* 及 5,347 噸的 *Hokkoh Maru*（*CNSL*, Weekly Summary, 8th April 1926, p.15，Shipping Review）。此外尚須留意的是，在 1920 年前後也有名 *Calulu*，重 4,240 噸的遠洋輪船行走歐、澳兩州的記載（*CNSL*, 22nd May 1920, p.7, VIOAP），因噸位有出入緣故，未知是否同屬一船。

11　*CNSL*, 8th August 1925, p.1, Yamashita K.K.K. 廣告。B.B. Wiltshire 辦公室在 Wiltshire Buildings, 11 Philip Street。

12　*CNSL*, 15th June 1926, p.1, Austral-China Nav. Co .Ltd. 廣告。

13　*CNSL*, 26th August 1926, p.1, Austral-China Nav. Co. Ltd. 廣告。

14 1926 年 6 月 1 日 *Calulu* 的船長仍是駕駛她多年的 Fisher（*CNSL*, 1st June 1926, p.7, VIOAP），次天的輪船進出各澳洲海港報告中已由 Bundred 接管（*CNSL*, 2nd June 1926, p.7, VIOAP）；因報章是報導日昨舊聞的緣故，相信 *Calulu* 應在 6 月 1 日正式移交中澳航業有限公司接管，並在 6 月中旬抵達南澳阿德雷德。

15 *CNSL*, 15th June 1926, p.1, Austral-China Nav. Co. Ltd. 廣告。

16 *CNSL*, 23rd June 1926, p.1, Austral-China Nav. Co. Ltd. 廣告。

17 *CNSL*, 1st July 1926, p.1, Austral-China Nav. C. Ltd. 廣告。

18 *Calulu* 在 1926 年 6 月 29 日由悉尼駛至鳥加時，7 月 3 日復返悉尼，逗留至 7 月 5 日啟航往亞包，行程與中澳航業既定航線一樣，她在 8 月初抵香港，8 月 7 日離港返回澳大利亞（*CNSL*, 1st July & 19th July 1926, p.7, VIOAP），回航時 8 月 10 日經小呂宋，15 日抵菲律賓中部 Iloilo，20 日抵山打根，25 日抵印尼中部 Balik Papan，9 月 4 日到巴布亞新幾內亞亞包，13 日抵悉尼（*CNSL*, 26th August & 14th Sept.1926, p.7, VIOAP; 1st Sept.1926, p.15, Shipping Review），在 7、8 月的航程上，架魯路號都仍屬 Japan-Australian Line 旗下船隻。

19 *CNSL*, 8th Sept. 1926, p.15, Shipping Review; 15th Sept. 1926, p.1, Austral-China Nav. Co. Ltd. 廣告。

20 其中 1927 年 6 月 9 日自墨爾本啟程，中途停留太平洋、東南亞各埠，7 月 31 抵達香港，8 月 10 始返航，10 月 14 日抵悉尼，17 日返抵墨爾本。南北往返合共 128 天，一趟行程竟超過全年三份一時間！

21 在中澳航業有限公司開業伊始，委託太平輪船（*Taiping*）附運貨品至香港的有永華（10 箱肥皂）、廣生公司（4 噸牛脂）、中澳貿易公司（8 捆皮革）、永安公司（5 箱加侖子、1 箱餅乾），託該船運貨至上海的有永安公司（5 噸牛脂）。委託澳東船行聖亞爐備船（*St. Albans*）附運貨物至山打根的有利生公司（1500 包麵粉共重 37 噸），至香港的有永生公司（5 箱火腿、5 箱餅乾）、J. Chung（15 綑皮革）、Choi Mon Ping（4 綑竹葉）、永安公司（1 箱肥皂）等（*CNSL*, 15th Sept. 1926, p.11, Commonwealth Export Manifests）。1926 年 9 月中旬正是架魯路號在悉尼啟航的時間，說明了在正文所述的各種因素驅使下，不少在澳華商辦貨出口時並無光顧中澳航業。

22 *CNSL*, 10th January 1929, p.1, Austral-China Nav. Co. Ltd. 廣告、同日，p.7, VIOAP。

23 *CNSL*, 13th July 1929, p.7, VIOAP; 6th August 1929, p.1, Austral-China Nav. Co. Ltd. 廣告。在 *CNSL* 的報導中，曾指 *Calulu* 一度易名 *Cabarita*，（*CNSL*, 12th July 1929, p.7, VIOAP）。

24 *Chornos* 第一次出現於 *CNSL* 是在 1929 年 1 月，船長 Johnson，*Calulu* 的船長是 Bundred（*CNSL*, 10th Jan. 1929, p.7, VIOAP）；至 4 月，*Chronos* 船長是 Gibbons，*Calulu* 船長是 Bundred（*CNSL*, 2nd April 1929, p.7, VIOAP）；6 月，*Chronos* 船長是 Bolt，*Calulu* 船長是 Bundred（*CNSL*, 10th June 1929, p.7, VIOAP）；7 月，*Chronos* 船長是 Bolt，*Calulu* 曾一度易名 *Cabarita*，仍暫由 Bundred 任船長。8 月，*Cabarita* 船長是 Bolt，*Calulu* 在回航悉尼後，以 Finch 代替 Bundred 出任船長（*CNSL*, 7th Aug. 1929, p.7, VIOAP）；1929 年 12 月底，*Cabarita* 由 Bolt 接手，*Calulu* 換上 Blair 擔任船長（*CNSL*, 31st Dec. 1929, p.7, VIOAP）。由上述兩艘船隻易名的混亂和公司屢番更易船長來看，內部行政和財政出現問題是唯一的解釋。

25 1900 年在悉尼發跡的永生果欄在大股東馬應彪領導下，於海內外集資後在香港創立先施公司，在上海建立先施百貨企業王國。同在悉尼經營的永安果欄在 1907 年回香港開辦百貨公司，同時亦步履先施足跡於上海置百貨、紗廠等企業。與中澳船行和中澳航業營運期間相若，並由澳洲返回中港創立事業的，還有由劉錫基、李敏周等在 1926 年於上海創立的新新百貨公司。澳華蔡昌、蔡興有 20 世紀 20 年代在香港經營大新公司，因見同業紛在

　　上海創立企業，遂與黃仲林等籌組上海大新百貨公司，並於 1931 年啟業；有關澳華在上
海的百貨業務可參考李承基〈上海四大百貨公司〉(載《傳記文學》，1986 年 11 月，49 卷，
5 期，頁 77-86)。撇除中澳兩地的貿易需求，只參看四大公司在 1900 至 1930 年前後的
擴展，亦足令中澳航業覬覦上海港口的龐大市場。

26　*CNSL*, 26th March 1930, p.15, Weekly Summary.

27　*CNSL*, 12th–20th March 1930, p.7, VIOAP; 23rd August 1930, p.7, VIOAP.

12 | 憂時傷國的
澳大利亞華人

楔子

　　由於 20 世紀初白澳政策推動下所訂立的英語測試等障礙,離境後的華工多不能重返澳大利亞;加上澳洲本土限制工人的法例日苛,部分華工被迫返回國內,或轉往其他國家一碰運氣。[1] 至於早在澳大利亞境內工作,甚至定居的華人,也有因白澳主義的擴張,感受到寄人籬下非長久之計的苦惱;他們當中部分已在澳大利亞各州居停了一段頗長的時間,因着經營唐人土舖、果欄、酒樓食肆而致富,隨着國事日壞,他們亦抱着落葉歸根的心態,把彼邦生意變賣而重返故土。[2] 這令一度被華人實踐尋金夢與討生活的新大陸,[3] 因着各種主客觀原因的驅使下,華人人數急劇銳減。[4] 不過,就正如悉尼僑社和商會企圖維繫土生兒童和故土感情的努力,當年僻處在南天一隅的"少數"中國人,從沒有忘記自己根源的所在,他們時刻心懷家園,響應着那來自遠方祖國的呼喚,並伸出同情之手去捐救因各種災害而陷於水深火熱,甚至喪失財產與性命的同胞。

澳華的家國鄉情

1. 有關鄉情與基建

　　在介紹澳大利亞華人捐災的概況前，不少家鄉建設的消息南來，他們都會踴躍助捐，其中又以鄉間學堂的募捐尤為熱烈，主要原因是華人抵澳以後，見識漸廣，眼界日開，接觸西方文化之餘，了解公民教育的重要性。

　　康有為於戊戌變法時亦曾提出改革傳統科舉制度，包括廢八股，改考時務策；京師開辦大學堂；各省開辦高等學堂，府城開辦中學，州縣開設小學；地方書院、祠廟、義學和社學轉型為兼習中西學學堂等主張，但因維新失敗，各項辦學理想未能真正推行。至明園烈火，"八旗"陷京，全國上下在動盪中華的沸騰漩渦裡，都企圖尋找根治家國的良方。時文取士於 1901 年終被廢止，在保皇派心目中或是慈禧的稍作讓步，對滿清改革的幻想亦再度浮現。1904 年，《東華報》刊登了黃遵憲（1848-1905）致廣東同鄉來函，信內道出東西方大國如德意志和日本能戰勝法國與俄羅斯者，全憑興學施教，重視普及教育，義務教育及強迫教育。黃遵憲建議除重視教育人才，並已差遣兩名準教師往日本弘文學院學習，他建議設立師範學堂作為培訓師範生的專門教育機構，又提出教科書課程大要。黃還認為國內縣鎮地狹人稠，一方面須以租用形式，如鄉公所或廟觀佛寺暫作課室，一方面貧苦子弟學費應來自學校所在的紳富募捐，地方政府補貼。他特別指出當時教育之弊在於忽視基礎課程，都是功利急進下一事無成的產品：

　　　　其誤由於科第舊習，以為在京在省，應設大學堂；府治直、隸州治，應設中學堂；而不知所謂大中小學堂者，必須循序漸進，歷級而升。今小學未開，并無小學卒業生，而遽設中

學，其草率舉事，粉飾圖名者，但將舊日書館，改題為學堂，

無一定章程，無遞升學級，無卒業年限。……5

除訴責舊習外，文內指鄉鎮應調查適齡學童人數，盡量在學童集中的地點辦學，縮短他們往返路程，變相增加學習的時間，所以一鄉之內宜開辦三至四所蒙學小學堂。黃遵憲的建議頗能切中國國內學校制度的缺陷，照顧幼童小童的就讀問題，本來就是普羅開明知識份子的訴求。因此，當 1905 年居停於悉尼地區的增城人士建議倡辦唐美鄉蒙養學堂時，立刻掀起廣泛的迴響，6 在短短三個月時間裡，一共籌集了近 500 鎊的款項，為這所小學的建築費用及日後的發展提供了穩定的基礎。其他如 1906 年廣東香山隆都青薑忠堡義學籌款、7 1907 年香山沙涌馬氏學堂勸捐等，都是連年繼起的鄉間教育建設。8

　　1909 年，何啟（1859-1914）致信給滿清駐澳總領事梁瀾勳，說明中國各地興學之風熾烈，但未有專科大學出現；時人多流行遊學歐美，但一年的費用已抵肄業於大學的學費。他指出香港已有東華、雅麗氏、那打素、何妙齡等醫院，而由醫學院肄業者大不乏人，視醫科為大學的基礎；由是何啟依次列舉工科、文科、物理、法政、法、經濟、農商、宗教、音樂等都是大學必須發展的學科，而省港居民不論官紳賢愚，中外工商均在積極集資倡建香港大學，答允捐款者已有三萬人，希望澳華眾力聯合，把捐款送交駐署墨爾本的梁瀾勳再轉寄香港。9 何啟信函刊登後，華報也繼而報導了中國舊教育的弊端，並向澳華介紹西方的幼童教育、女性教育、工藝教育、聾啞教育、大學教育及報章圖書教育的概況和其在 20 世紀急激變遷世界中的重要性。10 此外，1920 年東莞公義堂為鄉間義學勸捐、11 同年廣州培正學校勸捐；12 1923 年廣東嶺南農科大學教授親至澳紐勸捐農務學堂；13 1930 年再捐廣州培正等，14 都驛動了華僑華工捐資回鄉興學的決心。至於基本建設如 1910 年香山縣城接生機構保育善會及香山隆都衛育善會的勸捐，15 同年新安安仁

善堂西醫院的興建；[16]1926 年東莞留醫醫院勸捐；[17] 或者像 1918 年湖州地區修橋；[18] 1921 年香山回春養濟院的設立等，[19] 都曾在澳大利亞的報章上作出呼籲，很多鄉情縈曳的華人都紛紛集資應捐。

2. 跨越鄉省界限的天災捐救

晚清中國沉痾不起，領土祖裸待割，國內積弊癭瘤，以後來者的視角回顧，本就不能以舊社會的思維救頹返本；后黨的阻撓新政及誅殺維新人士，無疑加速革命派的壯大，令奄昏晚陽中的皇朝盲目步向歷史的終章。

歷史工作者不應迷信傳統的命定觀，但反覆參看晚清地方史料，也不由筆者不以國運維艱形容末祚皇朝於衰微中的蹇僂。其中南中國天災頻仍，以致哀鴻遍地，百姓流離失所。1902 年廣東省城廣仁善堂因兩粵旱情日劇，寸稔不生，急電悉尼聯益堂呼籲盡力勸捐。[20] 悉尼華人多來自廣東香山、高要、四邑、東莞等地，故一聲義捐，群起響應。各大華人福利機構糾合鄉里，籌措善款，只合盛堂一家已籌捐 105 鎊。20 世紀初華工多務農為業，昔年菜園華工周薪約英鎊 1 鎊半，木工周薪平均 2 鎊至 3 鎊餘不等，[21] 若以物價衡量工資，雞蛋每打平均 8 毫，鴨蛋每打平均 9 毫，雞每隻平均 1 圓 5 毫，鴨每隻平均 2 圓 2 毫計算，[22] 一般華工生活並不充裕。在這情況下，義捐由僑領，殷商帶頭勸捐，聯益堂便籌捐 25 鎊，其他唐人店號如安益利、廣榮昌、新興棧等數十家雜貨舖都籌捐 3 鎊以上善款，但以個人名義捐款的華工仍大不乏人。這是現存資料中，最早見到的大規模義捐。是次善舉共籌得 227 鎊 13.5 圓，都匯歸省城從外埠購米運回平糶，並發出米票 15 萬張以上，方便貧戶糴米。[23]

若以編年史觀察，清末民初旱澇為患，令地方政府疲於賑濟。1906 年，江蘇各府縣因春夏淫雨不止，農田皆成澤國，蘆舍為汪洋所淹，饑民四百萬，餓殍八百里，上海各報章向海內外同胞呼籲賑捐，而遠在澳大利亞的華民，莫不竭力捐災。[24]1909 年，廣東全面被洪禍覆蓋，開平、恩平、鶴山、新興、新寧、高要、高明、新會等八邑房屋為水沖塌，遇溺無算，乏食亡居者不知凡幾，悉尼華商在永安號、永生號果欄等唐人商號發起下，又再掀起救災熱潮。查該歲廣東風雨連連，穀物歉收，餘秧未插，決壅裂帛，該地華人殷富者固然落力捐賑，而不少華僑、華工亦自將善款匯運香港《商報》或東華醫院，再轉災區捐救鄉里。[25]

　　地處江淮的安徽長久以來因地勢及氣候影響下一直受洪澇的蹂躪，在改朝換代前夕，其轄下的潁、泗、宿等諸州自 20 世紀初連年披災，至 1910 年前後已歷十載水患，無法獨自面對饑民樹皮食盡的艱困。1911 年，該省再度遭受洪峰沖擊，近鄰兩湖地區均被牽連。四野蕩歿，一戶難全。烝黎舉目亡望，遂破棺為柴，焚屍助燎，烹煮將死難民為食。上海公電不獨僅至悉尼，既連彌時埠廣生和號亦接獲急電，懇請盡速籌賑。是次募捐行動，由廣生和號及和利號負責，兩次募集捐款籌得 130 餘鎊。[26] 未幾，安徽積窪終於演變成為長江大規模泛濫，災胞奔逃無從，導致枯骨泛川，浮屍貫澤，聯省並時向外告急。是次較大規模的勸募行動，由悉尼帝國憲政會負責，三次捐款合共 200 餘鎊，均電匯至上海華洋義賑會。[27]

　　革命草就，共工無情。1912 年，廣東北江泛濫，英德、韶關一帶俱被水淹，早稻漂沒，災民避居山上。繼後，洪澇禍連東莞。是次不獨悉尼華人募捐賑濟，昆州布里斯班公義堂還率先發起義捐，在連氣同心的努力下，糾集百鎊善款匯運回粵。同年的漢口災民捐款亦由悉尼帝國憲政會及保商會負責，籌得 80 餘鎊，全數付香港東華醫院轉賑災區。[28]

　　1914 年，春夏暴雨釀災，粵東三江同時泛濫，龍宮竟成閭里，災情為百年所未見。東莞首當其衝遭洪水撲噬，鄉中黨里呼救無門，惟寄望海外華人慷慨援助。次年，悉尼東邑公義堂率先勸捐，但從該年七月中華商會在報章的呼籲裡，可見災情慘重，徒靠東邑縣籍華工的賑濟不足以拯厄扶危：

> 自倡辦籌賑廣東水災以來，各處僑胞，情關桑梓，眷念災黎，共啟囊橐，慨贈黃白，俾集鉅欵，彙匯助賑。熱情高誼，殊堪嘉尚。然以吾粵此次水災，三江同漲，災區廣遠，難民眾多，為向來所未有。雖經各界籌賑，暫救燃眉，而杯水車薪，仍難普濟。吾知各埠僑胞，慈善為懷，好施不吝。必當聞風興起，踴躍捐輸也。[29]

廣告令澳華了解洪水已淹浸廣東各地，於是各州善捐涓滴匯聚至悉尼，再由唐人土舖源泰同記和利生號匯運返國。既而，由於災區迅速擴大，饑民人數不斷增加，救災範圍固然放眼在整個廣東地區，澳華捐獻的範圍也不局限於新州，昆州谷當（Cook Town）的唐人土舖為節省救災程序，自行彙集捐款寄運香港唐人雜貨店廣泰源轉交東華醫院，再送交鄉中救助梓里便是一例。[30] 由 1916 年初省港澳合辦救災總公所覆悉尼中華商務總會公函中指出，在 1915 年下半年匯寄救災總金額已達 706 英鎊，折合港幣 7,822.83 圓，[31] 而澳華的善款仍延綿地在集捐中。

正當歷史觀眾目光聚焦於晚清南中國因共工興波所帶來的禍患時，北中國自光緒初年旱魃肆虐，冀、豫、秦、晉、魯等廣泛地區同樣出現旱秧枯折，饑民游走，以至戶絕鄉空，父子相啃的慘狀。旱情在華北持續多年，“丁戊奇荒”令年幼而稚嫩的德宗政權面對極大挑戰。然而新中國建立後，華北旱情仍然無情地持續着。1920 年，直隸、河南、陝西、山西、山東等省份因連歲乏雨，旱情告急。據事後數據分析，北中國受災縣 340，受影響災民三千餘萬，凍餒而死者超逾 50 萬；同時，南方的湖南、浙江及福建等省則水災澇患，居民長期饑饉，乃至煮樹皮樹根為餐，食盡則食其子女，或不忍者則易子而食，可謂餓殍載途，填充溝壑。悉尼中華總商會再度發起募捐，因災劫遍及南北，各土舖都義不容辭，奮起勸捐，[32] 而中澳郵船公司、致公堂等華資機構更率先響應。主流社會在駐澳總領事魏子京呼籲下，捐賑者大不乏人，包括 Haymarket（N.S.W.）Banking、W.Gardiner Co.、Swallow & Ariell、S.Hoffaung Co.、James Sandy & Co.、American Trading Co.、City Tatternall's Club、Brown's Wharf、C.H. Slade & Co.、British Tracer Insurance Co. 等以個人或法人名義認捐芳名見載者不絕於縷。在短短三旬間，華洋義捐北五省四千萬饑民的籌款已結集 2,000 餘鎊，[33] 事件不獨看到澳華濃烈的家國情懷，亦能在某程度上觀察昔年主流社會對中國人的態度傾向。[34]

3. 天下一為一家的扶持

雖然澳大利亞華人遠涉重洋，在陌生的新世界尋找足可安身立業的空間，但犁耕南天一角中的黃沙蔓草，並沒有令他們減卻愛國的熱誠，目睹西方社會的煤火輪鐵，更激發他們踴躍救國的意識；在故鄉多災，祖國多事的大時代裡，澳華每聞國家披災，雖未能立時回國報效，但往往投身義捐名冊的行列，在海外寄上他們遙遠的期盼。由清末至民初期間，國際形勢逆轉與國內政治動盪，都需要海內外同胞的捐助來渡過重重難關；澳華在這方面充分表現出對祖國的愛護及支持，雖謂募捐名目極多，籌款次數也永無窮盡，然而都沒有挫折他們重建中國的理想。

3.1　捐助日俄戰爭中日本傷亡士兵

19 世紀末年，列強藉清室顢頇無能，覬覦中國各主要海港，名義上為解放大陸，實則開拓生存空間及強化本身的國際地位。沙俄政府於1896 年與清政府簽下《中俄密約》，主要條款是俄國擁有東三省鐵路中東線的修築及經營權。1898 年，俄國訛言保護兩地避免受到德國和日本侵吞的藉口下，誘使清政府簽訂《旅大租地條約》，從中國手上獲得旅順、大連 25 年的租借權；繼後在《旅大租地續約》中又取得東清鐵路南滿線的修築及經營權，滿清耗費銀千萬鎊以上。事件令海內外華人認清俄人的真面目，仇俄之心頓然高漲。由直隸開至山西的鐵路線，全權委任俄人承辦，亦令困窘於白銀短缺的晚清政權絀支見肘，海內外同胞莫不敵愾同仇。

自 1895 年《馬關條約》後，日、俄兩國利益衝突愈趨白熱化。1904 年，雙方因談判在中國東北撤軍條件破裂宣告開戰。是時，舉世俱以為俄軍將挾雷霆之勢擊潰日本。但戰幔甫啟，日軍海陸捷報頻傳；國人素以日本為東鄰，又自詡文化影響彼邦，更以為日與俄戰，主因在於替中國力爭東三省，進而維持東亞和平大局；在國內報章的鼓動下，香港華人商會發起撫卹日本在戰爭中陣亡及受傷兵士的募捐，同時亦向海外同胞呼籲勸捐。[35]

當時澳大利亞昆州、西澳兩州的華人善款經集合後，或直接交付當地日本外交代表，或郵遞悉尼，與該地捐款一併轉交日本總領事。悉尼華商麥少彭（1861-1910）、吳錦堂（1855-1926）等因曾留學日本關係，更主動購買日本國債作為捐助日軍軍費之舉，同時又向新州華人進行勸捐。[36] 歷史本身無法蒙蔽後來者的眼睛，但生存於歷史漩渦中的華人，既為黃種戰勝白種的精神虛榮而反應過激，又因僻處異地為主流社會所孤立，其報復形象誤引，假借對象錯投下的複雜心態，仍是百載以後的讀者所能體會的。[37]

3.2　拒美約運動

清季統治者與封疆大吏的無知及無識，形成國際社會對普羅華人的輕視。華工在美國被排斥與搶掠的事件也與澳大利亞相似，而美國本土排華的基因也與澳大利亞類同。事實上，自 1840 年後，泰半足跡遍及世界角落的海外華工只是工資低廉的粗工，因正值中國境內覓食艱難，於是大批華工或甘願、或被騙，都蜂湧地坐上火輪，到達各處不同的陌生遠方去從事艱辛且又危險的工作，從而又和當地居民產生語言、風俗、宗教，更直接的是利益上的矛盾。[38] 早於光緒 20 年（1894），美國政府迫使清政府簽訂《限禁來美華工保護寓美華人條約》，原約以 10 年為期。1903 年 6 月，美國入境條例議定華人只能從華盛頓（Washington）、紐約（New York）等四個指定的地方入境，[39] 這自然是限制華人，特別是華工謀生的先聲；條例還強調凡屬建法越境的華人，一經逮獲，不必經過審訊程序，立時便解返原處。光緒 30 年（1904），美國為保障本土工人利益關係，漠視美國華人聯名上書要求美國廢約及清政府回應僑民的訴求，堅持繼續保持原約，激起國民憤慨。而各大洲的苛待、虐待華工消息與美國頒佈的新入境條例，促成了中國本土與世界各地華人罷買美國貨的"拒美約事件"。[40] 雖然經過美國有關官員在 1905 年 7 月於舊金山（三藩市 San Francisco）向當地僑領解釋，表示禁約只是針對文化較低下的"下流社會之人"和"中國賤工"，[41] 企圖緩和華人士商的不滿情緒，但全球各地華人積憤早種，一時民氣洶湧，各地拒約會紛告成立。當時始源於上海的拒美約運動大行於廣州及香港。廣東各行商和善堂代表開會討論抵制美貨、反對美國排華禁約，除成立拒約會外，又出版《拒約報》；既而，革命支持者以滿清在美國壓力下瑟縮順應，在《時事畫報》和《黨報》上加以譏諷，對於宣傳和普及拒約運動起積極意義。該年中，全國超過 160 個城市成立拒約團體，拒約運動至此達至高潮。[42]

　　正當全國民氣沸騰之際，澳大利亞華人自然亦感同身受，墨爾本方面率先響應；當年悉尼《東華報》載錄讀者來函，內容正好反映了那時代海外同胞的心聲：

　　　　美利濱埠來函云："中國抵抗美約之舉，近已實行。國民
　　團體之發達，實自此為起點。我輩居留海外，飽受西人之凌辱，
　　久已痛心疾首，欲訴無門。今得此抵制美約之事，宜如何力表
　　同情。本埠同胞，現擬捐集款項，寄歸港滬，或交善堂，或交
　　拒約會，以贊助拒約之善舉。蓋此次能爭勝於美人，實乃民權
　　之轉機，合群之見效，異日有機可乘，必可與別國爭衡。"[43]
悉尼等地華商如劉汝興四出奔走，並親至墨爾本聯絡該埠僑領，公開演
說，聲援華工，以爭國體。[44] 是時，不獨國內拒約會紛告成立，國外
華人聚居處如美國、加拿大、墨西哥、澳大利亞、東南亞、南非等地的
華僑也義憤填膺，一時銅山西崩，洛鐘東應，人人爭掏腰貫，以冀集腋
成裘。

　　幾與澳大利亞華工同步，美國亦於鴉片戰爭後因淘金熱及基建工
程的需要輸入大量華工，隨着本土人士競爭能力削弱的不滿呼聲下，
美國政府在 1877 年前後由工會擬定禁例，並逐漸強化，本質和澳大利
亞保護主義相若。因唇亡齒寒的切膚之痛，散居在新南威爾士州的華
人都自發性地在居處演說、募捐；近者如列墳（Redfern）、派罉孖打
（Parramatta），遠者如要拉剌（Uralla）、烏加時、貪勿（Tamworth）、
既連彌時、烏龍江（Wollongong）等地區的華人都巷里相應，[45] 以效法
西方文明國家捐款接濟罷工工人的方法，支持與資助本地、中國及世界
各地因罷賣美貨，或身在美資公司工作而因拒約緣故，抗議辭職的人
仕。[46] 當年，不獨全澳各州華人都投入是次拒約行動，紐西蘭華僑的
義捐名單，甚至較 1915 年由當地中華會館勸捐粵東水災合共八期善長
的總人數為多。[47] 雖然，正如前文所指，華工收入有限，但捐款緣簿
中或捐一鎊，或捐百鎊，華人工商均愛國拒約，顯示了澳華同氣連枝，
共抗外侮的一面。

3.3　海軍捐

　　清末海軍建置雖不晚於日本，但先敗於意識形態的錯誤，徒以為師夷之長技足可以制夷；再敗於執事者缺乏改革遠大目光，在不欲借助洋人管理心態下，導致軍紀散漫，臨陣氣沮；三敗於西后的挪用軍費，故縱使有鐵甲巨艦仍不足與東鄰一戰。甲午慘敗，北洋艦隊盡沒，清廷雖絀於財困，仍企圖向英、德、日商購艦艇，重組海防力量。既再提重建，有志之士砍案躍起，呼籲國內外同胞慷慨應捐，其中以支持滿清政權者尤為積極。1908 年至 1909 年間，澳華對捐助中國海軍反應熱烈，紐西蘭和飛枝等地亦將捐款匯運悉尼，並匯寄中國。[48] 但光緒與慈禧的相繼逝世，令在澳大利亞擁護憲政運動的支持者卻步，捐款由是寂然驟止。相反而言，受到歐洲革命浪潮啟發下，堅持推翻滿清皇朝的華僑日多，往後的捐款目標已轉移到建設新中國的身上去。

3.4　國民捐

　　中國同盟會雖在 1905 年於東京成立，但會眾派系林立，時人捐款支持者不多。同盟會分裂後，孫中山為加強海外華人支持革命力度，於 1911 年中返回三藩市撮合美洲洪門和美洲同盟會組成美洲洪門籌餉局，目的在替國內革命籌備軍餉；同時頒行〈洪門籌餉局緣起章程〉和〈革命軍籌餉約章〉，闡明革命宗旨與募捐方法。在這背景下，1911 年革命風雲湧現的前夕，支持革命、籌捐軍餉補給起義軍的團體在海外紛紛成立，雖謂悉尼先是維新，後是憲政擁護者的總部，但少年中國會及籌餉局等組織亦受革命派的號召成立。同年年底，悉尼籌餉局接獲胡漢民（1879-1936）電報，大意謂武昌舉義，江南抵定，惟北討亟需軍費支援，希望澳大利亞華人落力輸捐以成大業。[49] 經此呼籲後，唐人店舖群起響應，其中永和興、廣榮昌、廣和昌、永豐號等十多家雜貨店都踴躍成為籌餉中心。[50] 與此同時，革命份子既多粵人，而陳炯明的援閩粵軍中既多是廣東人，亦在廣州駐紮，且革命軍領袖孫文又是廣東香山人，因此廣東香山向外呼籲捐餉特別落力，在香港的香山商戶如真光公司、永生公司、永安公司和先施公司均集結起來向海外同胞勸捐，後二者本來就在悉尼經營果欄致富，由這些店號在澳大利亞發源地勸捐也收到事半功倍的效果。自 1911 年底至 1912 年中，新州為南方革命軍籌得 4,500 鎊經費。籌餉當局本打算在 1912 年 6 月底停止認捐，但華民反應熱烈，在欲罷不能的情況下，再展期一月，復進賬 600 鎊，可見當時同胞或不理解共和真義，但推翻數千年舊制本是人心所向的目標。[51] 至於澳大利亞其他各州，如維州墨爾本國民捐總機關（在悉尼的則稱為籌餉局），由 1912 年至 1913 年間，共募捐 14 次，共收 24,000 餘鎊；這筆款項由全澳各地匯寄至墨爾本總部，由當時中國駐澳大利亞總領事黃榮良監察下，付運回南京臨時政府財政部查收。[52]

　　當國民捐完滿結束，貼近中國財政部頒發各批國民捐獎狀的同時，臨時政府因急需籌措軍費及進行諸項建設，在 1912 年初發行中華民國軍需公債，定額一仟萬圓，以周年八厘計息。澳大利亞華人又再度投身踴躍救國，認購公債的行列之中。在該年底，澳華已用於國債上的金錢超逾 2 萬鎊，各州華人都恐後爭先，登記認購。[53]

3.5　反對入境苛例募捐

　　1918 年，澳大利亞頒佈限制華工入境新例，華人憤慨於既曾替澳大利亞開拓疆土，最終卻反而被白人所排擠並企圖摒諸門外，由悉尼華僑首倡的維持禁例會應時而生，華商黃來旺與郭順組織全澳華人協力同心，與政府力爭公平，懇請豁免苛例，使後來抵埠的華工可尋生計，而已留澳的華工亦可免被遣返。事實上，華人深知禁例一旦施行，不獨華工從此絕跡，而居住澳大利亞的僑胞，其妻子及 18 歲或以上兒女亦

將不能入境，涵覆範圍包括傳教士在內。1918 年新例的限制條文還較
1901 年禁例為苛刻，在切膚之痛的關頭，各州華僑在接獲知會後即群
起響應，並在該年年底約見澳大利亞政府內務部部長。繼後，身為六州
發起者的新南威爾士華人，除積極參與政府周旋的黃來旺外，還有劉汝
興、黃柱、伍萼樓、周容威、李襄伯、劉光福等，他們都前後代表新南
威爾士，出席全澳華僑維持禁例會州際會議；[54] 昆州以農業為重，反應
尤為激烈，當地不少唐人商號如芝和堂、新和泰、合昌、三盛、和生昌、
永安隆等，都成為籌款中心。此外，正因澳大利亞聯邦政府拖延答覆澳
華的訴求，各州各市的華人涓滴輸助，解囊義捐，為代表們穿梭會議的
旅費再一次掀起募捐的熱潮。[55]

3.6　北伐救國籌款

民國初立，動盪未息。孫文或脅迫於形勢，或為顧存大局，卒讓
位與袁世凱，豈料袁氏謀復帝制，破壞共和，而死於憂憤交雜。繼者如
張勳復辟，直皖奉三勢崛起，以致武人跋扈，政權迭變。既而，粵桂軍
閥於南方權力互易，孫文於廣州重申護法運動。1921 年民國政府塵埃
振起，孫文再議北伐以完共和理想。南來消息於兵馬倥傯之際雖零碎亦
不盡全面，但華僑救國籌款局迅速組成，各州義捐不絕於縷，悉尼籌款
局更派員前赴新加坡等地勸捐。[56] 這時，不獨全澳大利亞華人都爭先
捐獻，而且更激發不少焦急於國情的熱血讀者，他們都把心中的憤懣與
救國的熱誠，控訴於雪片飛來的書函之中，也有賦詩以壯北伐行色的，
如：

送客悠悠復故洲，江干一望黯然愁。相交友善同人愛，
保此共和壯士謀。延蔓草除清已沒，自由花放永無憂。中原現
象今多事，年少英雄望運籌。[57]

菊花一贈聊堪慰，萍非重逢亦未遲。擁護共和須偉士，

勸君勇往力維持。[58]

詩作多不求對仗等雕琢技巧，但卻充分表現海外華人對國家坦率質樸的
關心，甚至對新中國能否達成一統的焦慮。[59] 概括而言，散居異地的
僑民都希望粵、桂、滇、黔、贛等聯軍能同心同德，以西南澎湃的士氣
一掃北廷十年來的積穢。[60] 是次募捐範圍極廣，根據中國中央籌餉局
的報告，截至 1922 年初為止，該局已籌集數十萬圓，作為第三次革命
的基本經費。[61]

3.7　抗日救國捐款

第三次革命第二次護法運動瞬間夭折。 1926 年國民革命軍北伐，
中間雖數經沮折，但終在 1928 年底完成一統。然而北伐以還，中國
的內爭仍是如火如荼的進行着，而日本藉着這個千載難逢的機會，在
1931 年相繼地製造了"萬寶山事件"、"中村大尉事件"與"柳條湖事
件"，旋即在該年 9 月攻陷瀋陽及中國東北軍所駐紮的北大營；"九·
一八"的戰笳，令海內外同胞同時驚覺，悉尼中華總商會特別致電返
國，速請平息內爭，以抗外侮，[62] 同時亦決罷辦"劣貨"入口，並即時
知會香港方面的買辦貫徹排擠日本貨，[63] 而對日救國後援會的成立與
宣言也顯示了澳華熱血沸騰的救國決心。[64] 20 世紀 30 年代的中國武
備遠落後於日本，東北淪陷後，逃難南下的災民也有待救濟，籌款救國
是刻不容緩的工作。悉尼有關機構如致公堂、中華總商會、洪福堂、勵
志會、聯義堂、四邑會館等除舉行激勵人心，毋忘國恥的瀋陽失陷紀念
會外，[65] 更發起救國捐款運動。[66] 當東北義勇軍屢挫日軍的消息南來
時，華僑無不振奮，墨爾本中華公會一方面致電祝賀，又特匯犒金 500
鎊勞軍。[67] 然而，杯水車薪未能稍濟燎原的戰火，縱使個人傾家赴義，
也難以救助東北三千萬的饑民。 1932 年底，《東華報》刊登了由遼瀋
大前方寄澳大利亞各社團的〈東北義軍之一紙血淚書〉，説明駐紮吉林

和遼寧九萬軍士亟需糧餉彈藥支援後，遠在澳大利亞的華人才逐漸了解前線義士舉步維艱的實況，所謂：

> ……邊地苦寒，冰天雪窖，無衣何以禦寒？戰事凶危，彈雨槍林，肉搏奚堪持久？所以軍需軍資，皮棉衣履等項，亟須補充，於此存亡危急之秋，實有迫不容待之勢。……[68]

說明義軍雖能逞一時忠勇報國，但單衣乏食，亦難抗侵略者火炮的強攻。[69] 這段報導公開以後，令澳華了解東北傳來一場短暫的勝利僅屬巷里的戰果，收復鄉鎮的失地只是短暫的歡欣，若要維持可貴的果實，海外華人務必作出長期的支援與抗爭。1932 年初的"一‧二八事變"也使國民清楚知道日本軍國主義者目的並不止於吞併東北，在他們移師南下後，整個華中、江南，甚至嶺南地區也將捲入漫天烽煙之中。這時，澳大利亞不同黨派，不同政見與不同籍貫的華人，都摒棄成見，向着挽救國家民族的崎嶇道路上奮力邁進。1933 年 2 月，悉尼華僑抗日救國會提出常年義捐宣言與辦法，即每人自願以自己收入百份比，於每月月底捐獻國家作為接濟東北義勇軍與救助戰時難胞的經費。[70] 該年 3 月，從東北難民救濟會的致謝函中，讀者不難得悉截至 1932 年底為止，新州捐助的 231 英鎊已送抵東北，折合當時合成銀 2,713 兩，而澳大利亞救國義捐仍匯滴成河地在集結中。[71]

　　1937 年中的"七‧七事變"標誌着國內抗戰開始，備受煎熬的弱勢中國無力對抗日軍銳利的兵鋒，向海外僑民招手勸捐也是無奈中的辦法。1937 年 11 月下旬，《民國報》展開"公債宣傳周"活動，推出的國家公債，分萬圓、千圓、百圓、50 圓、10 圓、5 圓六種，凡個人及團體以現金或任何有價物品均可購買。[72] 為了鼓勵同胞購買救國公債，又訂下購滿一定數額的分等獎勵辦法，如頒發采玉勳章、褒獎令及匾額等等，在昔年《民國報》上還大字刊登"認購救國公債，還我錦繡河山"的字樣。[73] 然而，同樣以濃厚種族主義色彩渲染，自詡為爭取生存空

間的納粹德國燃起星火燎原的歐戰後，澳大利亞不獨嚴禁海路上船隻與
消息的往返，政府亦以禁止情報的滲入和外洩為由，境內的外文報章都
被勒令停刊，使讀者們恍如當年滯留在各州而又焦急無助的華人一樣，
慨歎山河阻絕，魚雁不通。

本章餘論

在政經篇完結前，筆者仍不免與第 10 章一樣，放棄了無謂的激昂
詞彙，泯滅了作為澳華一份子的代入情迷，而只隨着沿路上摭拾的感觀
訊息，為憂時傷國的澳大利亞華人作出中肯的評價。

浪捲驚濤，洪波似遠。上世紀澳華為救國扶危所作的努力，已成
為本世紀的驀然回顧。令大家感動的，是早期華人憑着堅毅不屈的魄
力，或自設生意、或為人傭工，但在他們滴盡血汗來開拓新領域的背
後，仍繫念着一縷不滅的鄉情，這些都可從他們為家鄉奔走、籌募等事
例中感受得到。雖然，昔年澳大利亞華工華商以粵籍人士居多，見於報
章上的縣市捐賑，亦多來自廣東地區，但從宏觀的角度來說，驚動中外
的華北旱情，除足以觸動洋人的捐助外，澳華也手足同心，奮力捐救。
確然，自 1910 年以後，捐資賑災的款項漸少，卻不代表華人對家鄉災
害頻仍已感麻木，卻是他們已體會國家民族整體的重要，遠超故鄉之所
需，其中各性質和小階段有異的革命，各性質和大戰場相同的抗戰，相
比梓里面對的災荒更為燃眉迫切；事實上，在往後的廿餘年間，華人報
章都把焦點從本洲新聞移到國內折騰不斷的內亂和外侮裡去。從上述有
關澳華的各類捐款瀏覽中，讀者們無疑也得承認這本來便是一部濃縮版
的近代天災人禍國難史。

1905 年爆發的華人抵制美貨和反對美國排華禁約，本是 20 世紀

初一場為尋求人間公義及保障同胞謀生權利的運動，崛興時間僅約一年，頃刻即遭國內滿清政府鎮壓而偃旗息鼓，澳洲拒約會由充滿團結氛圍的朝氣迅速退脫，但仍在各州華人努力下，捐款維持至 1906 年初。1918 年澳華反對入境苛例募捐，各州代表不斷替華工奔走請命，該年 10 月至 12 月間，維持禁例會會議頻密而積極，並約見政府官員商討暫緩苛例；但自澳大利亞聯邦政府拖延其事，而最終婉拒請求，華人態度漸見冷卻，而中間雖有協助華僑維持禁例會的零散經費捐助，[74] 卻進一步辨別了各代表的氣餒和屈服。再者，一如中澳船行股東的組合，禁例會代表雖熱衷其事，但政見有異，壁壘分明，組織內部已有矛盾，只就同時同地的悉尼為例，以伍萼樓出任主筆的《東華報》便常斥罵黃來旺；此外，從報章上刊登禁例會上職員辭職，而辭職者又訴説未知本身已遞辭呈一事觀之，[75] 華人備受主流社會圍堵下的團結抗爭成疑，而該會自 1920 年底集會後，[76] 為華工申訴的活動已告一段落。1922 年《廣益華報》便在本地新聞中直指華人若非恃勤儉，早便遭到外人所淘汰：

> 白人之視我，祇呼之為中國人，不分其為某黨某派某邑都者也。而我華人則每每自尋煩惱，自生意見，惹起外人之恥笑。雪梨埠千餘華人，尚且不能融和，何況中國南北四百兆，何有同心同德之日？……觀近來雪梨埠內之華人，統統不理會外人之藐視我，而偏偏華人對華人，則一點不放鬆。……[77]

傳統天無二日，國無二主觀念，怯於公戰，勇於私鬥的民俗，不獨使澳華長期處於不協的狀態，從廣角的視野來説，憲政與革命，興中與光復等會黨雖以救國為目標，卻並未互為砥礪，但各自專擅分裂。由此而放眼於大革命中不同階段的運動，以至軍閥割據，南北對峙，莫不如此。澳大利亞華人報章在此風雨淒囂亂局中不斷的泣告國民和請息內爭論説，不啻是社群內部現象的反映。從上述文化特色而衍生的時論有二，一為眩於名實，不達大體。試觀 1909 年香港總督盧嘉謹（盧吉，

Frederick John Dealtry Lugard,1858-1945）向澳華勸捐香港大學啟示，
悉尼華報固然盡力宣傳，但仍有議論指出盧吉呼籲籌捐，目的不過是在
遠東宣揚英國的名譽，認為建立港大旨要在誘導莘莘學子愛慕英國。還
説：

> 國無教育，不足為害。有教育焉，而教我以愛人之國，
> 則教育之害，將較之洪水猛獸為尤烈耳！語曰："教育權不可
> 操之人。今香港大學，其教育權果將誰屬？"[78]

二為拘執黨議，論人以私。其中如探討何以華僑愛國心較內地為強時，
署名權公的社論便非議以革命為名的籌款：

> ……所可惜者，有藉端攫財一流，投身海外，與華僑相接
> 洽。探悉其心理，誇張革命救國之説，鼓動人心，以斂其金錢。
> 十餘年來，我華僑血汗之資，供彼輩揮霍虛耗者以千萬計。[79]

作者斥責革命派藉海外華人對祖國之繫念斂財，破壞了統一國家的機
會，而華人憂時傷國之心雖不減昔年，但被多番欺騙後，對捐貲一事的
熱情已大不如前，這惡果應由"藉端攫財者"承擔責任。在某程度上，
作者出於《東華報》一貫反孫文的立場而有此詬罵，言論不免狹隘；[80]
但從另一角度臧否其內容，實在亦透視新中國建立後澳華對持續內亂的
灰心，影響了往後對護國護法等戰役的支持，捐款未能如往昔般踴躍輸
將。

在不以人廢言的審視下，撇除署名權公的作者反對二次革命的偏
執立場，在社論中他續指國內同胞受到"惡劣政府暴虐官吏"的管制，
加上身在中國目睹"因陋就簡之政治"，伸張正義的良知已經麻木，熱
血愛國的激情自然淡忘。相反海外華人久居異邦，景慕西洋政治修明，
希望父母之鄉的祖國亦能倣傚，故捐救籌款人人爭先。以上分析無疑亦
剖視了澳華前仆後繼的捐災救國心態。作者在文章結論中還鼓勵僑胞不
要因受到先前的愚騙而失去愛國的真義：

　　……所可幸者，我華僑雖身居海外，猶讀聖人之書，明聖人之道，知親親長長之義不可沒，父兄宗族之不可遺。苟有真愛國者提倡其間，尚能買其餘勇，同心協力，大造於宗邦也。以視內地人民，富者挾其資財，寄居洋界，但求一家之飽溫安樂，不恤國之阽危。貧者惴惴焉屏息暴徒強權之下，身受剝膚之痛，欲死而不贍者，不可同日而語矣。……[81]

讀者年齒不長於作者，讀者賢智猶過於筆者；禪那三昧，何庸拂拭？採菊南山，我歌悠悠。不若翩然攜手，神遊於氤氳異國傳奇之中，謦咳在塵囂瓦市遊藝之內，藉此縱觀百家搜奇，華洋志怪。……畢竟人間造飯煙火，總在巷曲飄渺深處。

註釋

1　澳大利亞勞工市場在 1848 年前後正式向海外開放，來自南中國的粗工在各種方法下抵達澳大利亞進行野外勞動工作。繼後不少華人因淘金熱而投身開採礦坑行列，令留澳華人人數漸次倍增。澳大利亞政府一方面既需要這些廉價的勞動能力來推動社會經濟，另一方面又害怕激增的黃種人數將取代白種人的人數，於是各省政府均立例加強對華人入境的限制。1861 年，新南威爾士省政府通過規範與限制華人入境的法案（"An Act to regulate and restrict the Immigration of Chinese", *Public Statutes of N.S.W, 1852-1862*, 16。"Vict.-25" Vict. No.3,【Sydney Govt. Press, 1881】pp.3396-3398）。中間經過爭議後，在 1867 年重新修訂（"An Act to repeal the Act to regulate and restrict the Immigration of Chinese", *Public Statutes of N.S.W.1862-1874*, 26。Vict.-38。Vict. Nos. 8 & 9.【Sydney Govt. Press, 1881】p. 3864），但最終報告仍是以壓抑華人入境作為指標。1881 年，當各省代表在悉尼討論及華人問題時，甚至有代表反對西澳洲政府在本區內以公帑引入華工的建議（"Intercolonial Conference held at Sydney I881. Minutes of Proceedings of the, with subsequent Memoranda" Australian Federation-Intercolonial Conferences Despatches 1857-1883 A, -3.pp.651-652. Appendix C）。在同年的新南威爾士省立法機關裡，清楚地羅列當地政府對華人的監察態度及對這些入侵的外國人（"Aliens"）確存在着一定程度上的成見（可參考 "Chinese-Correspondence respecting Naturalization of, in Hong Kong and Straits settlement"; "Chinese Immigration"; "Chinese Immigration Act"; "Influx of Chinese Restriction Bill", *Journal of the N.S.W. -Parliament–Legislative Council 1881*,【Sydney Govt. Press, 1888】, pp.277 -287）。1888 年，各省代表在悉尼又展開專門討論華人問題的特別會議，內容也是圍繞加強對華人入境的限制，雖然議程中附上各城鎮僑領的陳情表，卻改變不了那既定的議案（"A Bill-For the Restriction of Chinese Immigration", 見 Conference on Chinese Question *Journal of the N.S.W. –Parliament – Legislative Council 1887-1888*,【Sydney Govt. Press,1888】pp.1-15）。1890 年，維多利亞省亦通過限制華人入境的法案，它甚至將當時第二、三代土生的華人仍列作外國人看待（"Chinese Act" in "Victoria Parliament Statutes–Trade, Customs and Marine Law, " *Victorian Customs Handbook and Importers' Guide*【H.N.P. Wollaston, 1892】, pp.271-280）。有關 19 世紀華人移居澳洲問題，可參考 Arthur R. Butterworth, *The Immigration of coloured races into British colonies*【London: Rivingtons,1898】）。1901 年，澳大利亞聯邦政府在民間輿論和多數州代表的壓力下，通過了所有入境者須經過海關官員主考的 50 字歐語筆試測試法案。眾所周知當時非英語體系的亞洲入境工作者中，以中國人佔大多數，而其中多是粗工雜役，除少數在澳大利亞居住而又經常往返的商人外，泰半都不可能通過英語測試，因此，法案明顯就是針對華人而設的苛例。既而，正如本書〈社會篇〉第 2 章中提及強化對華人入境限制法案訂明，任何船隻若載同非法入境者進入澳大利亞境內的話，船主將面臨每一非法入境者判罰 100 英鎊的處分。這樣，既一方面杜絕偷渡入境的黑市勞工，另一方則正面堵截循正途而來卻又不通曉英語的華人，企圖藉此限制境內華人數目。因此，不少華工都因為苛例通過後，被澳大利亞海關官員刁難而遭遣返，或在回程時轉往鄰近地區謀生。

2　按世紀之交的人口普查計算，1902 年於新南威爾士州居停的中國男性有 10,063 人，而中國女性僅有 156 人，至於華父西母的混血兒（"半唐番" Chinese half castes）則有 1,044 人（*Census of N.S.W., 1901, Journal Of the N.S.W.-Parliament-Legislative Council, 1901*,【Sydney: Sydney Govt. Press, 1902】, vo1.64, pt.2. p.1190）。正如上文所指，不少華人以粗工身分抵澳，語言不通，難與白種女性結婚，因妻兒多留居中國緣故，故在累積一定儲蓄，或因應中國國內局變化，華工都回鄉省親，甚至從此離開這片討生活相對較易，卻遭他人輕視的土地。

3　澳大利亞境內金鑛多在 1890 年前後掘罄，不少華人淘金者，或在鑛區經營小買賣、建造臨時房屋營帳、負責運輸等工人漸失依靠，不少華工為繼續掙扎求存，轉而重操鄉間故業，成為了各省內的種殖者與墾荒者。事實上，當年的華人多散居鄉郊地區，從事採礦及耕種的工作，而住在市區的僅屬少數（見 C.Y. Choi：*Chinese Migration and Settlement in Australia*, Table 2.3 "Chinese population in metropolitan areas, 1861-1901", p.28）。以新南威爾士為例，居住在城市及百人以上村莊的華人人數，僅有 1,374 人，其中僅有 1 名女性；而散落在鄉郊的則有 11,607 人，其中竟亦只有 1 名女性。能夠集結百十華人，甚至數百人以上的地方，幾乎都是金鑛的所在地，如 200 餘人聚在 Armidale 以北的鑛坑，400 餘人住在 New England 的鑛坑附近，Tamworth 鑛坑也有着相同的人數。至於 Lachlan 及 Binalong 各聚結了 500 華工在鑛區尋找運氣；至於剩下百餘華人的，已多是遭棄置的鑛坑區域。屯集千餘華人以上的鑛坑，有 Bathurst、Sofala、Murrumbidgee、Carcoar、Tumut、Braidwood、Mudgee 及 Tambaroora。其中 Braidwood 和 Mudgee 有 1,300 人以上，Tambaroora 更多至 1,600 餘人（*Census of New South Wales 1861*【Sydney：Thomas Richards, Govt. Printer, 1862】, pp.102–586），可見早期的華人超過七成以上都是直接或間接依賴開採金鑛為生。但在金鑛數量日減之下，華工轉業的情況也愈見明顯；由 1891 至 1901 年間，菜園園工已取代了鑛工，成為華人從事的熱門行業。在 1901 年，新州的菜園園工有 3,564 人，而鑛工只有 1,019 人。維州的園工有 2,022 人，鑛工只有 1,296 人。至於昆州的園工有 2,446 人，鑛工僅有 657 人（*Chinese Migration and Settlement in Australia*, Table 2.4, "Number of Chinese males in 14 major Chinese occupations, for New South Wales, Victoria, and Queensland, 1891 and 1901", p.30）

4　自 1875 年始，華人入境人數依次遞增。1875 年華人抵澳的約 625 人，1879 年時已增至 1,979 人，次年激增至 2,942 人，1881 年更暴增至 4,465 人。至於華人申請歸化而被新省政府接納的個案也逐步增加。在 1857 年以前，華人入籍紀錄疏闊無聞，自 1857 年開始，雖斷續地每年也有三數歸化的記載，卻總不及 1882 年時的 93 人、1883 年的 301 人和 1884 的 265 人；由 1857 至 1887 的三十年間，華僑歸化的總數為 899 人（"The Chinese Number of certificates of Naturalization granted to, since the year 1850, inclusive", *N.S.W. Parliament Statutes 1887-1888*【Sydney Govt. Press, 1889】, p. [3d] c137）。這些累積的數據，就正是直接導致 19 世紀 80 年代，澳大利亞各州政府立例限制華人入境的原因。有關華人在當時入境的紀錄，可參見 "Immigration and Emigration", Statistics l884 "population", *Journal of the N.S.W.-Parliament-Legislative Council, 1884*【Sydney Govt. Press,1885】, vol.39, Part 2, pp.4, 38-71。同書，1885【Sydney :Sydney Govt. Press 1885-1886】, vo1. 40, Part 4, pp.4-57。同書，1886【Sydney：Sydney Govt. Press, 1887】, vol. 42, Pt.3, pp.4, 20-21。同書，1887【Sydney：Sydney Govt. Press, 1887-1888】, vol. 43, Pt.4, pp.2-13）但在禁限條例實施以後，留澳的華人人數由平均 3 萬餘人漸次下降，雖然每年均有華人抵埗，但離境者較入境的為多，至世紀之交，澳大利亞境內華人人數已不足 3 萬。1911 年，華人遞減至 22,000 餘，1921 年更跌至 17,000 左右。由於上世紀 30 年代期間中國國內動亂不安，華人極欲返國安頓家眷的緣故，1933 年澳洲政府錄得留澳華人人口 10,846 的歷史新低，而戰後（1947）更僅得 9,144 人（見 *Chinese Migration and Settlement in Australia*, Table 3.1, "Number of full- Chinese by sex, various Censuses, 1901-1947", p.42）。

5　見《東》，1904 年 12 月 3 日，增附頁，〈敬告同鄉諸君子〉條。

6　見《東》，1905 年 6 月 17 日，增附頁，〈旅雪梨埠增城同鄉倡辦唐美鄉蒙養學堂緣起〉條。

7　見《東》，1906 年 1 月 6 日，頁 6，〈香山隆都青薑忠堡義學初次捐款〉條。

8　見《東》，1907 年 5 月 4 日，頁 8，〈旅澳洲募捐沙涌馬氏學堂經費數列〉條。

9　見《東》，1909 年 6 月 26 日，頁 8，〈紀香港建設大學堂事〉條。

10　見《東》，1909 年 7 月 3 日，頁 2，〈論世界教育進化之略跡〉、7 月 10 日，頁 2，〈論

世界教育進化之略跡〉（續）條。其他有關香港向澳大利亞華人勸捐大學的資料，可見
《東》，1909 年 7 月 3 日，頁 8，〈籌捐香港大學簡明章程〉、7 月 17 日，頁 8，〈港督
盧制軍（盧嘉謹【吉】）香港大學勸捐啟〉、7 月 24 日，頁 6，〈港督盧制軍香港大學勸捐啟〉
（續）、8 月 21 日，頁 6，〈港督盧制軍香港大學勸捐啟〉（三續）、8 月 28 日，頁 8，〈港
督盧制軍香港大學勸捐啟〉（四續）等條。

11 見《東》，1920 年 7 月 17 日，頁 7，〈東莞公義堂捐助義學〉條。

12 見《東》，1920 年 8 月 14 日，頁 7，〈雪梨華僑捐助廣州培正學校〉條。

13 見《東》，1923 年 8 月 4 日，頁 7，〈鍾寶旋啟事〉條。

14 見《東》，1930 年 6 月 7 日，頁 5，〈再續培正學校捐款芳名〉條。

15 見《東》，1910 年 11 月 5 日，頁 7，〈衛育善會勸捐廣告〉、〈保育善會勸捐廣告〉條。

16 見《東》，1910 年 12 月 3 日，頁 7，〈善界勸捐〉條。

17 見《東》，1926 年 5 月 29 日，頁 7，〈告白〉；1927 年 10 月 22 日，頁 7，〈公義堂啟事〉
及 1929 年 4 月 20 日，頁 7，〈公義堂通告〉等條。

18 見《廣》，1918 年 12 月 7 日，頁 2，〈良都湖州北台溪築橋捐款〉條。

19 見《東》，1921 年 4 月 30 日，頁 7，〈中山回春養老院〉條。

20 見《廣》，1902 年 11 月 15 日，頁 2，〈中國飢荒來電勸捐賑濟〉條。

21 1910 年前後，熟手木工周薪最低約為 2 鎊 12 圓。見《廣》，1910 年 8 月 6 日，頁 6，〈口
尚乳臭〉條。

22 見《廣》，1896 年 7 月 3 日，頁 7，〈街市行情〉；1897 年 1 月 15 日，頁 7，〈雪梨正
埠街市行情〉；1913 年 9 月 6 日，頁 7，〈雪梨正埠街市行情〉；1913 年 10 月 11 日，
增附頁，〈昨禮拜什貨市情略列〉等條。

23 見《廣》，1903 年 1 月 3 日，頁 2，〈聯益善事〉、〈兩粵廣仁善堂〉等條。

24 見《廣》，1907 年 7 月 27 日，頁 3，〈聯善益事〉條。

25 見《廣》，1909 年 11 月 27 日，頁 4，〈鶴山風災〉、〈新興風災水災〉、〈寧邑風水為災〉
及〈風雨傷人〉；1909 年 12 月 18 日，頁 2，〈永安縣水災慘狀〉等條。

26 見《東》，1911 年 9 月 16 日，頁 2，〈長江水災記〉；9 月 23 日，頁 7，〈總領事勸賑安
徽兩湖等省水災啟〉、〈籌賑安徽兩湖等省水災〉及〈長江水災捐款名單〉。又同年 9 月 30
日，頁 2，〈安徽水災又誌〉等條。

27 見《東》，1911 年 9 月 23 日，頁 2，〈長江水災捐款名單〉；9 月 30 日，增附頁，〈長江
水災捐款名單〉條。

28 見《廣》，1912 年 8 月 10 日，頁 5，〈坤士蘭庇里時畔埠東莞捐水災芳名〉條；8 月 17 日，
增附頁，〈佈告廣東北江災情〉。《東》，同年 4 月 13 日，頁 7，〈救濟漢口災民捐款紀事〉
等條。

29 見《東》，1915 年 7 月 31 日，頁 7，〈東莞水災勸捐廣告〉條。

30 《東》，1915 年 10 月 16 日，頁 7。

31 見《東》，1916 年 1 月 15 日，頁 7，〈廣東救災公所覆鳥修威中華商會公函〉條。

32 見《東》，1920 年 10 月 16 日，頁 7，〈中國災民之危險〉、10 月 23 日，頁 7，〈魏總
領事續募賑濟災民捐款芳名〉、〈雪梨致公總堂賑災捐款芳名〉等條。

33 見《東》，1920 年 12 月 18 日，頁 6，〈北京外交部致雪梨中華總商會函〉條。

34 見《東》，1920 年 10 月 23 日，頁 8，〈賑災錄─籌賑國內水旱荒災勸捐小啟〉。事實上，

不少洋人在西報上看到其他有關中國內地災情的報導時，都往往主動參與義捐的行列。當然，筆者亦不會忽略若干洋人商號因與華人貿易關係而參與捐賑的因素。

35　見《東》，1904 年 4 月 16 日，增附頁，〈香港華商會議捐款〉條。

36　見《東》，1904 年 4 月 16 日，增附頁，〈義捐續聞〉；4 月 23 日，增附頁〈捐恤日兵家屬事又記〉、5 月 14 日，增附頁〈記車士兜埠華人捐恤日本兵士家屬事〉、5 月 21 日，增附頁，〈記西省普埠、扶厘文度埠華人捐恤日兵家屬事〉等條。

37　上述原因僅是正面分析，從另一角度觀察，英國屬土的澳大利亞在祖家聯日制俄政策的導向下，主流社會在日俄戰事中支持日本固為順理成章的事實，部分華人或受到本土輿論的影響，部分或出減少受白人排斥的心理，甚至增強融入社會的決心而作出是次捐款。有關英日同盟對 20 世紀初澳大利亞民間的調劑，可參考本書第 14 章。

38　見《東》，1904 年 11 月 12 日，增附頁，〈紀華工往非洲〉、11 月 19 日，增附頁，〈勸告唐山各梓里切勿往應工役以保生命〉、1905 年 7 月 28 日，增附頁，〈南非洲苛政便覽稿〉，8 月 5 日，增附頁，〈續南非洲苛政便覽稿〉、8 月 12 日，增附頁，〈再續南非洲苛政便覽稿〉等條。

39　見《東》，1903 年 8 月 8 日，頁 3，〈荊天棘地〉條。

40　見《東》，1905 年 8 月 19 日，頁 2，〈美國華工禁約記〉條。

41　見《東》，1905 年 8 月 19 日，頁 2，〈他輔對於華人政見〉條。

42　見《東》，1905 年 12 月 2 日，頁 2，〈美國華工禁約記〉條。

43　見《東》，1905 年 8 月 12 日，增附頁，〈美利濱埠同胞捐款拒約〉條。

44　見《東》，1905 年 8 月 19 日另一增附頁，〈雪梨眾華商捐款拒約〉；9 月 2 日，增附頁，〈紀本埠華商在孖利濱演說事〉等條。

45　見《東》，1905 年 10 月 7 日，頁 6、10 月 14 日，頁 5、10 月 21 日，頁 5、10 月 28 日，頁 5、11 月 4 日，頁 5、11 月 11 日，頁 5、11 月 18 日，頁 5、11 月 25 日，頁 5、12 月 2 日，頁 5、12 月 9 日，頁 5、12 月 16 日，頁 5、12 月 23 日，頁 5、12 月 30 日，頁 5、1906 年 1 月 6 日，頁 5、1 月 13 日，頁 5、1 月 20 日，頁 5、2 月 10 日，頁 5，有關〈澳洲拒約〉及〈美國華工禁約記〉的捐款名單。

46　如在中國漢口的《楚報》本為美資倡辦，因拒美約事件，其主筆吳研與蔣子才自動請辭，以示抗議。見《東》，1905 年 8 月 19 日，頁 2，〈《楚報》館主筆義憤辭職〉條。

47　見《廣》，1915 年 9 月 18 日，頁 6、9 月 25 日，頁 6、10 月 2 日，頁 6、10 月 9 日，頁 5、10 月 23 日，頁 6、10 月 30 日，頁 6、11 月 6 日，頁 6、11 月 20 日，頁 3，〈紐絲綸中華會館水災捐款芳名〉諸條。

48　見《東》，1908 年 7 月 4 日，頁 7，〈海軍捐之踴躍〉、1909 年 4 月 17 日，頁 2，〈本館論說一論中國振興海軍之不可緩〉等條。

49　見《東》，1911 年 11 月 27 日，頁 8，〈籌餉廣告〉及〈各埠同胞捐助國民軍需芳名〉、9 月 21 日，頁 7，〈國民捐續紀〉、10 月 12 日，頁 7，〈美利濱國民捐〉、12 月 21 日，頁 7、8，〈國民捐彙錄〉等條；《廣》，1911 年 12 月 16 日，頁 5，〈特電〉、1912 年 1 月 13 日，頁 3；1 月 27 日，頁 8、9、10、2 月 3 日，頁 3 及 6、2 月 17 日，頁 3、3 月 2 日，頁 3、3 月 9 日，頁 9、3 月 16 日，頁 5、3 月 23 日，頁 4、3 月 30 日，頁 6、4 月 6 日，頁 5、4 月 13 日，頁 5、4 月 20 日，頁 5、4 月 27 日，頁 5、5 月 4 日，頁 5、5 月 11 日，頁 5、6 月 1 日，頁 5、6 月 8 日，增附頁，有關〈籌餉廣告〉、〈勸捐軍餉啟〉等條。由該年 7 月 20 日，澳大利亞各州正式發起國民捐，至 1913 年 5 月 3 日為止，華僑共募捐了 14 次，隨後各州華人又爭先恐後，投身於認購國家公債的行列之中。

50　見《廣》，1912 年 1 月 13 日，頁 3，第 1 次〈籌餉廣告〉條。

51　見《廣》，1912 年 6 月 9 日，增附頁，〈籌餉廣告〉；7 月 27 日，頁 5，〈雪梨籌餉局捐款芳名〉及 8 月 3 日，頁 3，〈雪梨籌餉局廣告〉諸條。

52　見《廣》，1912 年 7 月 27 日，頁 5，增附頁、8 月 10 日，頁 5、8 月 17 日，頁 6，增附頁、9 月 7 日，增附頁、9 月 14 日，增附頁、10 月 5 日，頁 4、頁 6、10 月 19 日，增附頁、11 月 2 日，頁 4、11 月 16 日，頁 4、11 月 30 日，增附頁、12 月 14 日，頁 6，增附頁、12 月 28 日，頁 4、頁 6、1913 年 2 月 22 日，頁 4、3 月 1 日，頁 6、4 月 12 日，頁 6，增附頁、5 月 3 日，頁 6、5 月 17 日，頁 5，有關〈美利濱國民捐總機關總領事署捐款實收數目佈告〉諸條。

53　見《東》，1915 年 5 月 1 日，頁 7、6 月 5 日，頁 7、6 月 26 日，頁 7；《廣》，1915 年 6 月 26 日，頁 3、7 月 17 日，頁 5，有關各地認購公債消息及名單。

54　有關各州華人代表的訴求，可見《東》，1919 年 8 月 16 日，頁 7，〈雪梨華僑維持會歡迎總會長張卓雄先生大會紀〉條。

55　見《廣》，1919 年 1 月 25 日，增附頁，〈佈告昆省華僑農工商三界書〉條。

56　見《廣》，1921 年 7 月 9 日，頁 4、8 月 27 日，頁 11、9 月 10 日，頁 4、10 月 24 日，頁 4、12 月 17 日，頁 3、1922 年 1 月 21 日，頁 7、3 月 25 日，頁 7，有關〈籌餉熱〉的報導。

57　見《廣》，1921 年 8 月 27 日，頁 12，〈鳥卡時分部祝詞〉之二。

58　見《廣》，1921 年 8 月 27 日，頁 13，〈墨溪分部祝詞〉之二。

59　20 世紀澳大利亞華人都各有自己的政見及理想。正如本書第 5 章中指出支持維新的保皇份子多反對以武力推翻滿清皇朝的激烈做法，因而對革命黨人及孫文抱有一定的成見。當滿清政府傾覆後，這批人物雖被迫接受現實，但在孤臣孽子心態影響下，對民國政府的態度抱有一定程度的保留，而對孫文的評價亦一直是以譏諷揶揄為主；當政權輾轉折地是從滿洲皇帝手上傳承而來的袁世凱坐上總統之位時，他們心中不禁燃閃起一瞥的亮光，自然，對國軍的北伐，就滿口的不屑起來，這些人物，以《東華新報》（即後來的《東華報》）的股東及其扈從者為主。但正因他們的這種態度，即招來在上世紀末，本世紀初短壽的維新運動的推行與夭折過程中一直保持中立，從而在清末一力支持革命思潮的《廣益華報》股東與其擁護者的不滿；加上在前朝遺民的心理因素影響下，每當其他報章對《東華報》有所批評，或只是提出善意的糾正時，報章的主筆與編輯都異常敏感地認為是遭受到挑釁與迫害；世紀初它與《廣益華報》間的恩怨、20 年代前後開始與官方海外喉舌的《民國報》及東南亞其他傾向國民黨的報章展開漫長的筆戰，都是直接或間接地與它的政治立場有關。因此，筆者雖說澳華義捐北伐一事，是體現了當時華人愛國之心，但《東華報》對北伐的冷嘲熱諷及對籌捐的漠不關心，甚至懶加報導，都是在這整體片斷中的一坎遺憾。

60　見《廣》，1921 年 12 月 10 日，頁 6，〈粵桂滇黔贛軍之腳的一致問題〉條。

61　見《廣》，1922 年 3 月 25 日，頁 7，〈中央籌餉局來函〉條。

62　見《東》，1931 年 9 月 26 日，頁 8，〈鳥修威中華總商會電請息爭禦日〉條。

63　見《東》，1931 年 10 月 10 日，頁 8，〈總商會議決抵制劣貨〉條。

64　見《東》，1931 年 10 月 10 日，頁 8，〈澳洲雪梨華僑對日救國後援會宣言〉條。

65　見《東》，1932 年 9 月 17 日，頁 6，〈六社團舉行瀋陽失陷國恥紀念會啟事〉條。

66　見《東》，1932 年 2 月 6 日，頁 5，〈華僑對日戰費籌備會開始募捐〉條。

67　見《東》，1932 年 11 月 12 日，頁 6，〈美利濱中華公會致東北義勇軍電〉條。

68　見《東》，1932 年 12 月 3 日，頁 6，〈東北義軍之一紙血淚書〉條。

69　據《東》，1933 年 1 月 21 日報導，因預計日軍將襲攻熱河，於是派遣大刀隊三萬人企圖阻截日軍的推進（頁 6，〈大刀隊出關殺賊〉）。

70　見《東》，1933 年 2 月 25 日，頁 5，〈澳洲雪梨華僑抗日救國會為提倡常年義捐宣言〉條。

71　見《東》，1933 年 3 月 4 日，頁 5，〈鳥修威華僑對日籌備會匯款犒軍〉及〈東北難民救濟會函謝捐款〉條。

72　見《民》，1937 年 11 月 27 日，頁 8，〈公債宣傳周〉條。

73　見《民》，1937 年 11 月 27 日，頁 8，〈公債宣傳周〉、12 月 11 日，頁 4，〈購募救國公債分等獎勵辦法〉條。

74　見《東》，1919 年 11 月 29 日，頁 7，〈協助華僑維持禁例會之經費〉條。

75　見《東》，1920 年 5 月 1 日，頁 7，〈雪梨華僑維持禁例會職員辭職啟事〉、1920 年 8 月 14 日，〈雪梨華僑維持禁例會會議〉等條。

76　見《東》，1920 年 11 月 27 日，頁 7，〈華僑維持會會議〉條。

77　見《廣》，1922 年 4 月 8 日，頁 6，〈華人好事〉條。

78　見《東》，1909 年 8 月 28 日，頁 8，〈香港大學進行之目的〉條。

79　見《東》，1919 年 1 月 25 日，頁 2，〈海外華僑愛國心較優於內地〉條。

80　筆者亦不能否認當時除往昔的憲政份子外，不少廣東地區的居民也反對孫中山等所堅持的第二次革命，也有時人直指孫文亂粵，這些言論充斥當時澳大利亞華人報章，尤以《東華報》為甚。

81　同註 79 出處。

文化篇

1928 年 Long Tack Sam 歌舞表演團訪問悉尼宣傳劇照。
見 *TS*, 7th Oct. 1928, p.39.

13 中國而夷狄 則夷狄之 ？

—— 一個虛擬中的南來陌客與其創造者的
國際視野和文化反思

前言

　　由 J.A. Makepeace（？-1913？）翻譯的 *A Chinaman's Opinion of us and of his own people* 在 1927 年分別在英、美出版。[1] 據內容所載，被視為本書作者的 Hwuy-ung（？-1912）由澳大利亞寄給友人 Tseng Ching 的書信輯錄而成，內容依據作者自 1899 年在南中國出發往澳大利亞的所見所聞寫成。書內指出作者 Hwuy-ung 由完全不通曉英語，至自學並受英文導師指導下，開展了他近 12 年的國外生活與經驗，期間他因英語水平的提高而逐漸接觸西洋刊物，增加了對西方與傳統中國文化、習俗，民生以至政治方向的審視和比較，從而拓展國際視野的空間。作者在書內對東西方思想、宗教以至制度的看法，因時空與識見的限制而有一定的局限性，但概括來説，在介乎維新與革命間的取態，東西文化差異的立場和處身大時代中，對新中國崛起的雀躍亢奮，書中主人翁都表現出身為 19 至 20 世紀之間知識份子的獨特身分與素質。

　　本章旨要藉着 "中國而夷狄則夷狄之" 一語，[2] 探討世紀之交避地異鄉的 Hwuy-ung 在自憐至自卑，轉而自勵至自強的心路歷程；此外，

在書中佈局裡，觀察主人翁思想的起伏與交戰，從而透視原作者的中西
文化觀。

書中主人翁生平簡介

在 *A Chinaman's Opinion of us and of his own people* 書內，Hwuy-
ung 的前半生是由 J. A. Makepeace 在導論中介紹。按 Theodore
Tourrier（1846-1929）在前言中指出，有關信札是由他的朋友 J. A.
Makepeace 寄給他彙纂成書。John A. Makepeace 在本書中以廣東劉
家村浸信會教團（Methodist Mission, Lao-kua-chen, Canton, China）牧
師的身分出現，[3] 常以第一身在書內解釋 Hwuy-ung 的國內外行蹤或翻
譯古典中文的難處等問題。

根據 John A. Makepeace 在本書介紹中的敍述，Hwuy-ung 是廣東
Jen Te Chuang（建德莊？景德鎮？）人士，其地離廣州以北 150 里，
地近韶州。[4] Hwuy-ung 在 18 歲時成為諸生，並繼承了部分父親的莊園
遺產，稍後更獲提升為地方上的副首長，取得 blue（4th）button 的官位。[5]
Hwuy-ung 在維新運動中傾向支持康有為，導至他在 1898 年變法失敗
後，因同志被清廷捕殺，唯恐株連及身，他在次年初逃亡至澳大利亞，
投奔移居墨爾本的表兄弟。John A. Makepeace 還指出 Hwuy-ung 受
英、法、日、德、俄等侵佔國土恥辱的激發，萌生通過急激的改革政治
和整頓社會，令中國邁步走向自強道路的決心。[6]

至於 Hwuy-ung 的後半生，基本上可在書內信札的記載中重新建
構。

自 1899 年抵澳後，Hwuy-ung 由一個不懂西方風俗習慣，不諳英
語的傳統中國知識份子，通過幾番心底矛盾的鬥爭，終於開始學習英

文，並於其表兄弟的唐人土舖中工作，藉此加強與主流社會的接觸。於 1901 年別居後，他還常到圖書館閱覽群書，閱讀西報更成為他的日常嗜好，凡此均增加了他對歐美歷史時事的認識。在 Hwuy-ung 前後約 12 年的居停中，透過不同層面的觀察，出現多次探討中西方宗教與政治文化，甚至反覆比較彼此優劣的自我思辯。期間，Hwuy-ung 結識了一名華父西母的混血女性朋友，兩者因文化淵源相近而又相異，在喁喁燕語之際漸次萌生感情。與此同時，書中主人翁也因在白人世界中吸納了若干西方政制思想，並因在南天一隅遠眺神州紛亂的時局，惴悸的焦慮使政治定性漸由溫和的維新轉向推翻滿清政權的極端革命行列，終導至他於 1903 年 8 月潛返廣州，參加由革命家領導的起義。[7] 1904 年初，隨着國內暴力抗爭的失敗，Hwuy-ung 帶着嚴重的腿傷與肺病返回墨爾本，並在農莊作長期休養，稍後更北遷至空氣更清新的療養院居住，其後在信函中，他道出疽壞的腳部已切除，並已換上義腿代替。[8]

在這段不如意的日子裡，書中主人翁因身體的殘缺，刻意與女友日漸疏離，企圖藉時間沖淡雙方感情的連繫。他更在休養的閒暇中，繼續探討中西宗教、政制與文化方面的差異優劣，更在 1908 年，第 XXIX 函件中開始提及"孫中山同志"一詞，往後的信札裡更進而論及孫中山的革命理想，甚至有意無意中透露他與孫文私人的友誼，且記載着自己對革新傳統舊習的期盼和孫文的革命建國理念。於 Hwuy-ung 返回墨爾本後約 9 年，據信札資料顯示，期間的感情問題已獲解決，昔日的婚約再度生效，他也積極於鑽研中西文化的異同，希望為折騰中的祖國帶來改革的生機。隨着 1911 年武昌起義的成功，促使他再度萌生返國報效的決心。Hwuy-ung 在 1912 年應孫文共同建設新政體的要求，於 3 月中旬乘坐日本輪船自墨爾本返國，在船隻駛近香港海面時遇上巨浪，把他自甲板捲走，死於海難之中。[9]

有關本書信札的特色

　　本書特色有三。其一，書內貫串着傍徵中國古典經籍或古哲往聖箴言的引文。如信函 III 徵引《老子》：

> The people make light of death, because they seek to live in wealth. [10]

信函 VI 徵引《論語》：

> The Master said: "Of all people, girls and servants are the most difficult to behave to." [11]

信函 XXXVI 中徵引《孟子》的：

> As Meng-tse says: "Men must be decided on what they should not do, and then they will vigorously carry out what they should do." [12]

信函 XXXVII 中徵引《詩經》：

> How do we proceed in splitting firewood? Without an axe it cannot be done. How do we proceed in taking a wife? Without a go-between it cannot be done. [13]

以上均是作者經常引用的典籍，或可意會縱使 Hwuy-ung 避地白人世界，但深受傳統教育薰陶下的士大夫，在接觸與中國習俗有異的事物時，總不忘徵引熟讀的玉律金科作為與西洋文化抗衡的護盾。

　　其二，Hwuy-ung 以傳統知識份子身分南避新金山，因人在他鄉，處境倍感蒼涼，且語言不通，風俗各異，故常有和主流社會格格不入的感覺。在這情況下，他常執筆謄寫書信來表達自己對陌生寄居地風土人情的好奇與不滿。在離開中國初期，信札中除年月日外，還多有節氣的記載，如：

> Letter 1: Lih Ch'un, February 5, 1899

Letter 3: Seao Mwan, May 21, 1899

讀者自立春、小滿、小暑、處暑、大寒、大暑、白露、冬至、清明、立秋、春分、霜降等的變遷，幾都可感受到舊知識份子 Hwuy-ung 在澳大利亞度過無數寒暑的焦慮與欣悦的變化。

然而，值得注意的卻是，若大家把他在澳大利亞的經歷劃分為前後兩期，即由 1899 年至 1903 年為前期，1904 年至 1912 年為後期的話，前期信札共 20 封（I-XX），除第 18 封（XVIII）缺日期與節氣外，只有 7 封信札沒有節氣的記載。至於 1904 年重返澳大利亞後，寄與 Tseng Ching 的書信共 22 封（XXI-XLII），僅有第 24 封（XXIV）有類近節氣，實為地方名稱 Ta Lah 的記載，在表面上説明 Hwuy-ung 自返中國加入革命行列後，已對過去的執着有所懈惰，甚至可解讀為對文化傳統持守態度的弛怠。

其三，本書是 Hwuy-ung 寄與 Tseng Ching 的書信，期間或有郵遞上的誤期和遺失，加上等待 Tseng Ching 回信後，Hwuy-ung 才寄出的回應等，書信間相距的日期也很不平均。以前期為例，首兩書札的日期僅隔 6 周，或可理解是初到異地，作者借書寫以解寂寥的結果。第三封信札距離第二封約 11 周。此後 Hwuy-ung 的信札平均都在兩至三個月間寄給 Tseng Ching，偶然也有信件相隔四個月才附寄的。其中相去八個月者僅有一次，即第 20 封，相信是書中主人翁墮入愛河，無暇執筆所致。後期的信件往往相隔四個月至半年，這或與作者自中國返澳大利亞後身體日差，需時休養；稍後則熱衷於閱讀西方報刊書籍，留意主流社會的風物有關，所以期間的信札篇幅頗長，且內容都討論宗教、政治或倫理。當然，這亦可視為 Hwuy-ung 開始在寄居地找到新的目標和方向，毋須藉書寫以寄離愁。自 1911 年底至 1912 年 3 月為止，Hwuy-ung 寄給 Tseng Ching 的信札 XL、XLI、和 XLII 相去距離突告大幅拉近，大抵都在一至兩個月之間，這明顯與中國國內突變的形勢有莫大關係，而 Hwuy-ung 用世之志又再度活躍，急不及待告知 Tseng Ching 回國的消息，於是出現後期信藁再度頻密的現象。

本書內容的疑點

1. 破綻的顯露

　　本書信札內的記載疑點重重，其中主人翁對中外事物偶爾存在前後不一的見解，或可以其移居澳大利亞後，因受西方文化衝擊以致對傳統國粹立場出現不穩的心態作解釋；最能證偽的，是書內函件中的敍事，往往發生於 Hwuy-ung 死後，較明顯的，莫如 1909 年 3 月的書信裡提及自己對建立國民黨後中國的迫切要務，[14] 而眾所周知國民黨非至 1912 年 8 月中旬後不曾始議創立，時 Hwuy-ung 已見溺於南海之濱；而在他出發返鄉前，即 1912 年 3 月他還興致勃發的稱孫文為總統，但孫在此前一月早已辭任。至於在 1910 年 2 月與 Tseng Ching 討論中外政制時，提及對各省自治政府與立法機關將影響中國大一統政權的憂慮等，都是容易惹來疑寶的篇章。[15]

　　作為一部上世紀 20 年代出版，罕有地由華人自述澳大利亞經驗的英文資料來說，近百年來研究華人史的學者們罕有不涉獵此書者。但在本書出版後即有澳大利亞報章在新書介紹中指出疑點，[16] 翌年更有書評諷喻 Hwuy-ung 其人子虛烏有，並指出此書並非華人所撰寫：

　　　　（Hwuy-ung）His letters on his experiences in Australia are very entertaining; and they are written by someone（but not, we think, by a Chinese）who knows China well and the Chinese language and Chinese mentality. …… The author of these letters has made his Hwuy-Ung alive and sympathetic and representative of much that is attractive in Chinese character. Though we think he is a fiction, we do not disbelieve in him; and we can thoroughly recommend his adventures as being both amusing and instructive. [17]

而上世紀 60 年代，Arthur Huck 更從考證的角度出發，毫不保留地指斥本書為偽書。按 Arthur Huck 非議的表徵，他應是以倫敦 Chatto & Windus 版為依據。首先他以書內英文音譯道出當時華人對澳大利亞的讀音為 Ao-ta-li-ya 而非 J.A. Makepeace 所譯的 O-sei-lia；華人稱墨爾本為 Mer-erh-pen 而非書中所譯的 Mei-li-pang。然而在筆者翻閱 19 世紀末澳大利亞中文報章之初，便被當時廣東不同地區的主筆、記者或投稿者弄得摸不着頭腦；誠然，當時稱呼澳大利亞 O-sei-lia 的例子極少，但稱它為 Ao-ta-li-ya 的亦不多。[18] 至於華人常用美利畔、美利濱的音譯，實指今人共稱的墨爾本，這類例子於昔年華報中俯拾即是。由此鄉音不同的緣故，亦難以不同拼音作出偽書的判斷。 至於 Arthur Huck 非議 Hwuy-ung 所欣賞的爵士舞樂要至 1918 年後才由美國傳至世界各地的論點，雖然合乎爵士舞樂史的發展旅程，然而他忘卻了 19 世紀中晚期的跨國表演者，包括遊吟詩人、福音歌唱團、雜耍馬戲團與分別由黑種和白種藝人演出的爵士舞樂，在書中主人翁抵達澳大利亞前已紛紛造訪新金山，為這片僻處南半球的大陸和其居民帶來嶄新的體驗與娛樂。故爵士樂舞早於 20 世紀蒞臨前通過非正式渠道被介紹到澳大利亞，導至 Arthur Huck 否定本書價值的論點不能完全成立。[19] 此外，當代研究澳大利亞華人史的學者 John Fitzgerald 批評 J.A. Makepeace 的譯文早便應遭到讀者懷疑：

The tortured English of the translations should early have roused suspicions about the provenance of the letters. [20]

更指出處身於 19 至 20 世紀之交的 Hwuy-ung 對西方服裝與風俗的不

慣實與當時習染洋人生活的澳大利亞華人大不相同：

> Residents of metropolitan Melbourne, Sydney, Hobart, Brisbane, Adelaide or Perth, and many regional towns between, would have observed Chinese comfortably attired in Western dress in the 1890's and early 1900's. [21]

但事實上當時海外華報所載的語言文字確與書中"令人受虐"的英譯類同，這和維新變法失敗後遠走他方，於日本、北美、東南亞辦報的保皇黨人與其支持者的籍貫鄉音，和時人談話的口語，和早於數代以來駐足南洋等地華僑的慣用詞都成為海外華報的常見文字，因此在筆者眼中，過去以書內中國地方方言的英譯來判別弄玄造假，其質疑倒成為反證本書並非偽作的理據。至於 John Fitzgerald 所指當時澳大利亞各城市的華人都習穿西服，事實都只是一個可愛的片面。1894 以還的華報便常以中西衣飾和社交禮儀有異，勸喻華人入鄉隨俗，反證了不少華人、華工還未能適應主流社會的衣履文化。[22]

　　真正成為肯定本書價值絆腳石的，還是錯誤收件人地址。Hwuy-ung 在信札中曾向 Tseng ching 提供三個不同的通訊地址，其一是 "Mr. Hughie Young, c/o Mr. Johnson, Snake Creek, Dallor. Gippsland. Victoria, Australia"。[23] 查 Snake Creek 在昆士蘭州，維多利亞州只有 Black Snake Creek，地處墨爾本東北約 200 公里；[24] Dallor 並不存在，較近似的，只有地處墨爾本東南約 135 公里的 Dollar。其二是 "'Fairview' Convalescent Home, via Ingleburn, Victoria, Australia"。[25] 這問題更嚴重，因 Ingleburn 在新南威爾士州而並非維州。其三是 "Mr. Hughie Young, 'Hillcrest' 131 Melville Road, Malvern, Victoria, Australia"；[26] 縱使維州內確有此小埠與街道，但 Melville Road 卻在 Malvern 埠傍邊的 Hawthorn 埠！以上不絕的謬誤，幾可使這曾被奉為首部華人居澳的英語自白書在澳大利亞華人史參考材料的書目中剔除。

Arthur Huck 在 1960 年的論證指定本書作者是 Theodore J. Tourrier，Arthur Huck 不獨肯定 Hwuy-ung 其人子虛烏有，且連 J. A. Makepeace 也都純屬幻影；[27] 事實上，Theodore John Tourrier 是音樂家（見附圖 13.1），也是 "Australian National Song" 的作曲者，該曲由 Arthur Henry Adams（1872-1936）填詞。[28] 早在 Tourrier 去世時，他是本書作者的身分已被公開。按記載所得，Theodore J. Tourrier 在法國供讀音樂，後來在外國傳授專業，曾出任 Conservatoire of Paris, Florence, Rome 等的音樂教授，但他未嘗踏足中國。[29]1873 年，他由歐洲抵達南澳，並轉往墨爾本發展，住址在 8 Leopold St. South Yarra。Theodore J. Tourrier 有不少著名的音樂作品如 "Australia Hails America"、"His Good Will"、"Those Happy Days" 等傳世，他也曾編寫音樂書籍 *A Pamphlet on Music Teaching and Learning*，但撰作 *A Chinaman's Opinion of us and of his own people* 的動機成疑。

2. 杜撰者有意留下的線索

縱使書中信函杜撰程度極高，但作為一個時代裡的洋人中西文化觀來研究的話，本書仍有其可足參考的價值。

歷史人物的思維邏輯與認知經驗不可能逃離本身所屬時空的制肘，這正是近百年前杜撰者置身於偽撰 Hwuy-ung 作為書中主人翁時的處境。Arthur Huck 雖指杜撰者只在 19 世紀 70 年代到維多利亞省採訪礦區工人，從而獲得華人文化、語言等若干資料，但筆者認為 Theodore J. Tourrier 並非對華人生活習俗一無所知，事實上他對中國國內時事也有一定的認識，尤其書內涵覆了不少 Hwuy-ung 對祖國的期盼和孫中山改革的理念等，大都與當時中國人的渴望和中國國內的實情相符，這些都不可能在 19 世紀末過渡至 20 世紀以前可以探知的。

正如前文提及 Hwuy-ung 在澳大利亞的經歷可劃分前後兩期，前

期開始與後期末端書信寄出日期較頻密，前期 20 封信札中共有 14 封
在書寫日期時記有中國節氣，而後期 21 封信札中僅有一封在前期節氣
位置記上不屬於節氣，卻屬於幾近詭異的 "Ta-Lah"，相信是偽撰地址
Dallor 的音譯。筆者認為這是杜撰者有意令讀者注意此書缺失的第一條
線索。曾經居住在維多利亞州的 Theodore J. Tourrier 繼而再創造另一個
更明顯的偽託維州地址 Ingleburn，是他刻意留下第二條線索的證明。
事實上，Theodore J. Tourrier 在書中前言敍述友人 J. A. Makepeace 寄
給自己的 Hwuy-ung 信札時，便曾在結語處寫上一個確實存在的地址，
算是後面連續兩個偽撰地址的提示，暗示自己才是唯一真實存在的實
體。[30] 此外，他還不只一次地在書中以闡釋者的角色解說 Hwuy-ung 的
遭遇，反覆提醒他在本書佔一席位的重要性。[31]

　　本書雖屬偽書，但通過杜撰者的視角，讀者可透過 Theodore J.
Tourrier 的目光窺視當時洋人對華人文化及中國國內問題理解的程度，
甚至部分洋人對新中國改革的幻想。因此，下文將從不同角度分析杜撰
者與虛擬人物在角色交替中的錯雜思維，進而探討本書被定證為不足一
哂後的剩餘價值。

書中主人翁的中外政治觀

　　在書中主人翁被指倉皇出走，初抵澳大利亞時，他雖憤恨西太
后的專橫，但對山東義和團斥逐洋人的運動還抱有一絲的期待，[32] 由
1899 年底至 1900 年初，他幾乎以失望的口吻訴說期盼的幻滅，並直
斥拳匪無知禍國，又吐露如欲中國改變則必須驅逐滿人的心聲。[33] 然
而，Hwuy-ung 雖然非議拳亂，但不忘訴責其兆端在於洋人橫行中國所
致，[34] 他亦同時指出這亦是同胞素來不重視國力的結果。[35] 1905 年底

在接獲日本戰勝俄國的消息後，一如過去寄望藉外力驅趕洋人的心態，雀躍之心的嘉悅又再度充填儒生的懷抱。[36]

　　本書曾指 Hwuy-ung 是孫文的親密盟友，並在 1909 年 3 月的書信裡聲稱為他籌劃了一套建國藍圖。在該信函中，Hwuy-ung 提出一統全國的向心力應以國民黨為核心；吸引海外知青回歸，其中必須以通曉西洋科學者佔重要席位；重視傳媒的宣傳力量，並鼓吹愛國主義；保持領土完整，促使列強歸還侵佔的土地等理念。抱有儒生之見的 Hwuy-ung 在書內還指出希望歐西列強對侵佔中國領土感到後悔，並因此令中國得到平等對待，如取回各種利權和司法獨立等自主權。在主人翁的思維出發，他認定列強將省悟與中國為盟友後所得到的利益將較視中國為敵人時更多。Hwuy-ung 進一步提出歐美慷慨地解除八國聯軍所導致的巨額賠款的要求；並繼而建議撤銷有關中國境內租界或殖民地，遺憾的斥責這些條約是恆古以來中外前所未有的耻辱。[37]

　　Hwuy-ung 雖在中西國力比較下，自嗟滿清政府的無能，但他曾數度提出英國國內的貧富懸殊與失業問題不能解決，並徵引《孟子‧滕文公下》堯舜歿而聖人道衰，暴君橫徵，民無衣食，失其所居的闡釋來形容日不落帝國的困訥。[38] Hwuy-ung 反戰與反侵略的思想大抵可從他抨擊歐洲以戰爭英雄為雕像一事中揣摸，他更以中國王朝長期處於和平而感到驕傲，並指傳統武士地位偏低，反證中國各族共融而譏諷西方無休止的仇殺和混戰。[39] 但始終殘酷的現實使閒慭躲懶的文人甘於低頭，他除對地方割據感到憂慮，且顯示濃烈的大一統思想外，也不得不承認精銳軍隊和先進火器是國家得以圖強，並由此奪回不平等條約下被列強侵佔土地的主要籌碼。[40]

書中主人翁的文化教育觀

在 *A Chinaman's Opinion of us and of his own people* 中的 Hwuy-ung 出身自傳統教育系統，重視中式家教和敬上愛下的訓導，[41] 他曾就西式自由教育令學童過於自我發展以至誤入歧途，作為反思中國傳統家庭尊卑有別的優點。[42]

當然，書中主人翁也並非被塑造成為一個盲目保守的中國文化本位者。他曾在信函 VIII 和 XXXVI 裡慨嘆文人只知背誦四書五經，目的在於提升個人品藻，雖然聖賢教誨確使中華民族的壽命延綿於其他不少古文明之上，但這些自我修養的磨鍊與英華內斂，卻是喪失獨立性格，行為主動和上進野心的魔障。然而 18 至 19 世紀的時移勢易，急變的國際關係均使中國不再可能閉關自固；文士知識的落後於西方，加上清廷的無知和腐敗，足使中國走向滅亡之路，因此他對廢除科舉和採用新學制的改革激節讚賞，認為強制兒童教育的必要，進而中學教育亦宜免費，減少貧窮父母藉居家兒女幫補生計而蠻令其輟學的機會。Hwuy-ung 除指出中國必須設立各種如農工藝美專科院校外，也重視女子高等教育機構的建置；此外，主人翁也留意到中國傳統教育輕視體育的缺陷，他曾不只一次重申運動對國民鍛鍊體魄和激勵意志的重要性，以上均為他拓展全國普及教育的理念。[43]

在改革教育的論點裡，Hwuy-ung 指出雖然中國倫理道德觀得到發展，但可惜的卻是科技文明大幅落後於西方，Hwuy-ung 對傳統人物與風景畫、音樂，甚至農業技術感到落伍和幼稚。他在批評國人迷信之餘，還責訴他們不像洋人的重視學術講座和知識交流。[44] 主人翁繼而申述更激進的改良方案，他認為阻礙同胞對知識的認知者本就在中國文字本身，他甚至列舉英美諸國均以現代語言文字作教習為例，提出放棄中國字而以西文字母取代作為國民教育的引路燈，建議經學古典與傳統漢字則由有識之士繼續文化研究的傳承。[45] 在信函 XIX 中，Hwuy-ung 籍着探討澳大利亞民風的機會，視中國過份重禮儀的行為有虛偽之嫌，並訴說正學習當地獷直真誠的洋人風習。[46] 在諸種嗟怨後，主人翁技巧地評價中華民族的心智尚未衰老，而只是踏入青春期的少年；中國文化更尤如新綠而未熟的果子，而西方的卻已是熟透且部分爛壞的腐實。[47]

書中主人翁的道德倫理觀

Hwuy-ung 的道德或倫理觀念多見於他對家庭關係或男女地位的評價上。早在信函 II 內，他便比較中西方女性的道德觀，認為西婦自由上街與公然對異性微笑與傳統文化不符，[48] 也乘着討論澳大利亞本土人士的見面禮儀較歐洲為簡單的機會，轉載西報有關女性獨立自主的報導，並在片言的表達中，顯示不與苟同的語調。[49] 在兩性觀上，他既驚異於表兄弟一家竟無揆隔內外的同席共膳，更對男女平等有所不滿；Hwuy-ung 在信函 IV 內指出天地有別，乃人倫之始，男尊女卑，自古皆然，質疑何以新世界有如此顛倒的秩序？以上的前置詞直接鋪排他重申婦女三從的重要性。作者在多番反覆思考下，雖然認為在人的價值觀上有重新評估的需要，但在隨後的信札中，Hwuy-ung 仍然架起其舊社會的保守姿態，非議澳大利亞的女性過份自由，而父權也往往在家中無法伸張。他甚至慨歎表兄弟的妻子猶如河東獅吼，足令戶主雄風不振，夫綱無存。[50] 主人翁強烈的儒家道德觀使他對當地的男女社交活動和一般禮儀亦不能全然接受，除指責女性追求時尚而花霍無度，[51] 過份重視衣飾妝扮外，[52] 還徵引男女授受不親和嫂溺不救說，譏抨洋人的擁抱親吻為傳統非禮的越軌行為。[53] Hwuy-ung 反對婚前性行為與墮胎的評議，在一定程度上亦說明作者保守的觀點。[54]

　　雖然主人翁在重返墨爾本後，因退居農村靜養而曾對澳大利亞鄉間女性有不同的觀感，但他對男女只沉溺於歡愉的激情卻不追求知識的寸進頗感失望。[55] 在信函 XXXIX 內，Hwuy-ung 於批評白人女性專橫之餘，還作出為人妻者的沉默，足可征服任何丈夫的結語。[56] 作者或希望在本書結局前，替其筆下的主角在白人女性心中挽回好感，於信函 XLII，亦即最後寄出的郵件裡，Hwuy-ung 終歸認同中國新政府提升婦女地位的見解，並表態支持男女互易內外工作崗位；質疑在家女兒不能分取遺產的舊俗，抨擊女性被強制侍父奉夫而失去受教育的權利，並贊成男女平等所帶來的進步意義。[57]

　　本書主人翁花了不少唇舌在夫妻問題上兜轉。首先，他認為中式婚姻的優點在於婚前男女全不認識，徒靠媒妁之言撮合，對婚姻既無太大期望，故婚後也無太大的失望；反觀西方男女在婚前早已相識，自朋友階段至訂婚和締結盟誓，相交已久，以為了解對方透徹，婚前期望太高，以至婚後一有齟語，即以離婚作結。他甚至指出媒氏的重要性在於減少西方男女婚前的性行為。[58] 勢利的西方女性為追索巨額贍養費而鬧上公堂招來 Hwuy-ung 的譴斥，除站在傳統婦德的立場上批判外，他還以家醜不足外揚為由，反對媒體大幅報導的理據。[59]

　　在家庭觀上，Hwuy-ung 不喜城市女性在追尋自我過程中的激進，而鄉郊男權較高，婦女在丈夫說話期間鮮有插嘴是 Hwuy-ung 較欣賞的家庭氣氛。[60] 然而，與各種思想移植的結局相類，Theodore J. Tourrier 替主人翁在書信裡安插了一段比較中西家庭的解讀，認為中國家庭因長幼有序，男外女內而顯得上下繃緊，反觀西方家庭在整潔，融洽和互相撫慰上要較中式關係來得安逸舒適。[61] 在面對新生代的問題方面，Hwuy-ung 指出西方雖在追求速度上有長足的進步，但卻帶來家庭倫理關係的倒退。[62] 他也譏諷中國養兒防老，甚至希冀過世以後子孫祭禮的奢想。[63] 主人翁一方面讚賞西方孩童教育在娛樂，歡笑與警世間取得平衡，[64] 但另一方面則批評當孩童稍長後，雙親的縱容使心智未成熟的少年沉迷於物慾主義之中，由此掀起他對商品經濟的非議，並視這種現象不獨反映於追逐物質的國民身上，父母的溺愛進一步驅使兒女的苛索，最終走向任意妄為的歧途，於此東西文化相碰撞的時刻裡，他又再度提出中國家庭教育的重要性。[65]

縱觀主人翁被冶鑄成為中式溫和且帶保守觀念的知識份子，在與西方傳教士探討肉慾與禁慾主義時，他比神職人員更非議放任的男女關係，充分突顯他是都市生活色相中的嚴肅文人。[66] 在政治與科學技術上，Hwuy-ung 認同西方較優，應加以學習，但觸及思想性問題時，展現於讀者眼前的 Hwuy-ung 仍是中學為體，西學為用的支持者，這思想素描也與當時中國知識界的氛圍相吻合。而更能顯示其文化本位的，是這虛構人物的宗教觀。

書中主人翁的宗教觀

Hwuy-ung 以傳統儒生的身分抵達澳大利亞，縱使政治立場傾向變革維新，但他還保存若干舊社會的思維，重視風水喪葬是其中一個頗重要的習俗承傳。他在墨爾本居停約年半後，Theodore J. Tourrier 替他逐步改變這種迷信舊俗，藉主人翁觀察白人殯儀的機會，指出留澳愈久，風水對自己的影響愈見減少，甚至非議保留這思想的人的無知。[67] Hwuy-ung 批評風水師與道士的言行對同胞帶來迷信觀念的負面影響，認為一切墓穴方向、土質、青龍白虎説等全仗羅盤引導，實質是道士順口胡謅，藉機敲詐金錢的術士技倆；他甚至指出在居澳期間學曉常識至為重要，並認為西方人需要將其優勝之處介紹給中國人。

從另一角度觀察，Theodore J. Tourrier 並非在民族文化優越感上任意擺佈其創造的角色，或驅使 Hwuy-ung 盲目的嚮往西方文化，他同時亦藉主人翁之口，指出基督教有關耶穌（前 6?－29?）的死葬與周六不吉的看法，並謂十三不祥之説與基督最後晚餐的人數相合，因而被視為大凶無異是與崇拜相關的一種禁忌；而西人對周五的禁忌，與中國視甲、丙、戊等剛日為大事勿用的忌諱相同，都屬不同類別的風水迷信。[68]

在本書中與洋人論宗教的代表篇章應數信函 XXV 至 XXVII。書信所記載的，是 Hwuy-ung 在再度返澳大利亞後，於療養期間和洋人牧師（clergyman）的對話，主題以論中土三教為始，實質以論西教為終。大抵上 Hwuy-ung 指出儒家在三教中居正統地位，佛教只是低下階層的信仰，在歷史回溯的旁睞下，這不免和利瑪竇（Matteo Ricci，1552-1610）來華時的觀念相類似。在談論內容裡，主人翁闡釋了儒家不重鬼神觀的立場，在回應對方視西教一神論與孔子是不可知論者（agnostic）時，他徵引《詩經·小雅·文王之什》"上天之載，無聲無臭"，以傳統天帝觀質疑《聖經》內提到天父顯聖之説，甚至對上帝幾度以震怒之心來懲罰其子民的記載，批評祂並非以仁愛待人；此外，Hwuy-ung 也不接受祈禱可導至優質生活的觀點，他進一步辯斥祈禱不能減免人為或天然的禍患，並反質這些災害是否上帝帶來的荼毒。[69]

Theodore J. Tourrier 又安插了一場 Hwuy-ung 對中國境內反教運動的演繹，他企圖客觀地梳理滿清政府對人民誤導，東西方的文化隱雷和鄉愿的刻意中傷，致令內地教團與教士蒙難的歷史脈絡；同時，他也不忘把西方列強的入侵與肆取無窮之慾和中國的閉關以固，自給自足的心態作一比較，其中並突顯鴉片戰爭及其後的南京條約，均是中國人民激烈反教情緒的導火線。Hwuy-ung 承認內地教團在中國播教時的教育和醫療方面的貢獻，但他希望西方傳教士，特別以自視較其他種族優越的英人為例，當以尊重中華悠久歷史文化，尤其不應以唆擺信眾排斥佛道的態度來宣揚耶教。Hwuy-ung 繼而以一個英語蹇敝的華人企圖在澳大利亞的市鎮宣傳儒家思想為例，勸籲洋人來華前在語言上作好準備，並應從主流社會的角度出發，作為融入陌生世界的啟端。[70]

有關偽書的歷史反思

1. Hwuy-ung 的誕生與死亡

　　本書不能成為可靠的澳大利亞華人史資料是肯定的事實，不過並不表示它沒有絲毫參考的價值。首先，Hwuy-ung 的出現，始於作者以 Hughie Young 一名作為其中文名字出處的原型。事實上，長期留居澳大利亞並企圖融入主流社會的華人，往往如本書第 6 章內的王安一樣，以本身的中文姓名改取近似的洋人姓氏為移居異地家族的姓氏，生存於 19 至 20 世紀的 Theodore J. Tourrier 自然留意到這顯著的變化，因此由一個洋人名字的原型 Hughie Young 回溯而創造近似華人姓名的 Hwuy-ung，故這虛擬的南來陌客本姓可以是吳，但更大可能是容姓或楊姓。至於何以取其名為 Hughie，可能性有三。其一，Hughie Young 在洋人中本來就是一個普通的名字，[71] 除反映作者順手拈來的偶然性外，或也可窺探他暗喻留澳華人就如王安以 Charles Owen 身分蛻變般，用一個普及的姓名融入洋人世界的必然性。其二，Hughie 是澳大利亞白人神靈之一。該神的原型是由 St Hugh 一名而來，在 Theodore J. Tourrier 生存的 20 世紀初，該名字是澳大利亞俚語中雨神的暱稱，即 "Send her (it) down, Hughie (Huey)" 是當時旱情嚴重的本土民眾慣用詞，或可說明作者靈感所自的同時，配合杜撰的洋人牧師名字 J. A. Makepeace 串連起來，或也隱含了 Tourrier 某種的期盼；[72] 若讀者們把這期盼抽離 20

世紀 20 年代而放在 19 世紀 70 年代的楊格市（Young）藍濱坪的話，可能感受到的訊息較原作者本意還要更深。當然，我們亦不能抹殺第三可能。在澳大利亞英語中，Hughie 或蘊藏着來源隱晦不明的含意，[73] 透露着 Hughie Young 和其派生的人物 Hwuy-ung 實體存在的可疑性，這解釋也與 Theodore J. Tourrier 曾數番在書內埋下啟示線索的推測相吻合。

　　Hwuy-ung 的 "死亡" 與號稱 "不沉之舟" 的海難史也有關係。他在書中寄出的最後信件，註明日期為 1912 年 3 月 10 日，正如本書第 10 章所指，當時越洋輪船由澳大利亞返回中國的船程雖因各式輪船的大小與速度，甚至沿途停泊港口的數目而定，但平均都在 28 日前後。Hwuy-ung 被安排死於臨近香港的巨浪之中，即在 1912 年 4 月，與鐵達尼號（Titanic）在北大西洋遇難時間相若。[74] 凡此種種都説明 Theodore J. Tourrier 在設計角色人物時，均受其生存時空內的歷史、風俗，甚至語言文化所影響。

2. 有關書中主角英語水平的攀升速度

　　就在 Hwuy-ung 飄洋南下的舟楫中，他便曾直指不能絲毫聽懂洋語，[75] 對這位浸霪古典經籍的書生來説，他將面對的，不單是一個從未開啟於腦海中的世界，且陌途枯篆，啞樹嘿鴉，抵埠時的艱難舉步可想而知。但在相隔約一個月的信札中，他已表示開始學習英文字母；[76] 在不足一年後的信札裡，他直言對洋書內容的束手，但藉着表兄弟的指導，由事與物的英文名字開始學習，並透過在店舖內的工作，增加與洋人溝通的機會。[77] 抵澳一年前後，他受教於祖籍廣東，譯音王仁的土生華人，企圖改善在發音上的不足，盡量與澳大利亞人拉近語言上的距離。[78] 此後他藉着瀏覽西報了解時事並提升英語水平，[79] 又到圖書館閱讀大量書籍，希望吸收西方古文化的知識，認識洋人世界的歷史，為中西政制及文化比較作準備。[80]

　　自 Hwuy-ung 第二次抵達澳大利亞，在療傷時更能騰出思考空間與閱讀西洋事物的機會，進一步增強他在主流社會中的語文能力；[81] 事實上，自 Hwuy-ung 返回墨爾本後，其虛擬的旅程中也增加了與洋人或洋教士對話，甚至探討國事和宗教的段落。Theodore J. Tourrier 還特意安排了一位當地護理員工稱讚 Hwuy-ung 英語就如澳大利亞人的流利順暢。[82] 當然，由成年前不諳英語，至十載以還的苦讀，能夠發音純正一如本土人士確不容易。但原作者理解移居澳大利亞華人因溝通上的困難遭到歧視，一如他通過護士讚賞主人翁英語之餘，即加插了她對華人菜農語言水平差劣感到嘔心的形容。[83] 説明對話是增加主流社會對外來人士理解的同時，也是增強華洋雙方互信的首度橋樑，而第 7 章裡的謝德怡個案充分反映掌握英語能力的外來人士受主流社會接受的程度。

3. 虛假的愛情演繹與其背後的真實現象

　　本書以一段異國情鴛故事穿插於信函之中，最後還以男女雙方達成共識，由重啟婚約盟誓，至男方壯志未酬，趕赴波臣之邀作結，固然能打動小説讀者的同情心，同時也不免令譏其為偽書的論史者嗤之以鼻。然而，大家須留意的，是杜撰者選取書內的配套角色時，Hwuy-ung 的未婚妻被描述為華父西母的混血兒，即説明其父母華洋交親；至於書中主人翁初抵墨爾本時寄居在表兄弟家中，其表兄弟也是娶西婦，誕下半唐番第二代的華人。Theodore J. Tourrier 在 19 世紀過渡 20 世紀時，目睹留澳華人因迎娶中國女性困難，加上融和於主流社會的心態影響下，形成華洋通婚現象的局部普及；踏入 20 世紀的白澳政策全面實施時代，中國女性抵澳機會進一步被限制，迎娶西婦或土生混血兒是澳大利華人男性融入社會和延續子嗣的方法。以上例子均見於不同的華人階層，而 Hwuy-ung 未婚妻的營商父親，是被形容為經濟環境較充

裕的男性，其內助是一位知識水平較高，較溫柔嫻淑的白種女士，與
Hwuy-ung 經營土舖，知識水平較低的表兄弟，迎娶一位對主角來說相
對較悍惰的妻子等，作者大抵都反映了在限制中國女性入境措施下，不
同階層華人在華洋婚姻中的不同面貌。事實上，Theodore J. Tourrier 便
曾藉 Hwuy-ung 書信顧左右而言它的批評白澳洲主義，認為一個擁有遼
闊土地，人口稀少的澳大利亞，除只知招徠歐洲白種人外，應以更包容
的態度，接受食指浩繁，失業頻見國家的移民，84 並譏議澳洲除百里
難見炊煙的荒蕪，而西婦多不願生育下引至本土生產力不足的弊病。85

4. 與西方教士論宗教與其歷史含義

在抵澳之初，書中主人翁的信仰與普羅中國人相去不遠，即既受
風水學說所影響，基本上也沒有西方宗教信奉唯一真神觀念，Hwuy-
ung 雖並非泛神主義者，但也沒有非議佛道的企圖，他還在書信裡徵引
佛陀的思想作為言行的佐證。

Theodore J. Tourrier 在編寫本書前，雖身不在中國，但卻在目睹
了數場西方世界入侵滿清中國的戰爭，包括英法聯軍、八國聯軍等事
件。因此他塑造 Hwuy-ung 這角色時也顧及此名虛構者的心理狀況。在
Hwuy-ung 第一次提到基督教與其教義時，即以《聖經‧新約‧路加福
音》6:31 中所指的：

> 你們願意人怎樣待你們，也要怎樣待人。86

來抨擊英人侵佔中國領土的野蠻行為與其國民的信仰相違背；他第二度
的提到周日只能上教堂一事或與政治無關，但繼而非議者，是英人藉船
堅炮利打開中國毫無防衛能力的大門：

> These men brought the Holy Book in one hand and opium in
> the other. 87

這是一番強烈譴責的評語，針對的除武裝侵略外，還涉及兩個基本問

題：一，Hwuy-ung 認為西方宗教藉軍事掩護進入中國；二，與軍事行動同時進行的，是西方宗教的精神侵略；前者是暗地的，後者則是公然的，本質明顯不同，而從書中所見，Hwuy-ung 所指的當是後者。

在與洋牧駁論中西教義的延宕間，Hwuy-ung 嘗引《聖經・新約・羅馬書》12:21：

> 你不可為惡所勝，反應以善勝惡。[88]

又以〈路加福音〉6:31 中耶穌以批頰為喻的故事，諷刺洋人所為與基督信念背道而馳，[89] 他直言教會袒護富有的捐獻者，偏幫猶太人，甚至縱容英人在華的掠略行為，本來就是雙重標準。[90] 他不單提出意大利西西里島的世代仇殺作為信奉耶教者的鏡湖倒影，[91] 甚至以儒、釋、道、伊斯蘭與景教長期在中國共存為傲，而對羅馬舊教及基督新教教眾的相互排斥以至彼此攻殺加以輕蔑。[92]

Hwuy-ung 在信函內徵引理雅各（James Legge，1815-1897）在翻譯中國古哲箴言後稱揚其蘊藉儒雅，絕不會在女兒前朗誦而感到羞恥；相反他按《舊約聖經》內容，非議上帝參與部落戰爭期間的血腥殺戮，他也對故事中的暴君虐兒，兄弟鬩牆，倫常奸亂感到厭惡，認為這些片斷點滴間也全然不宜在教堂內誦讀。當問對中的牧師以教堂裡的讀經環節多採用《新約》回應時，Hwuy-ung 隨而轉向以儒、釋、道三教教義與《聖經》的訓誨作比較。[93] 主人翁除向洋牧介紹三教始創者及其學說主張外，並質疑耶穌號召徒眾追隨時漠視他們的供養父母為不孝。他更以先前洋牧指人類之所以罹亂披災的主因在於原罪一說上，將儒家的性善觀申述並與之抗衡，甚至列舉中國的天子和西教人子等論說，以天人觀作一評釋。在東方哲理與西方教理無法片刻摩服時，Hwuy-ung 又以西方天文科學對宇宙定律的解釋，肯定大自然的變化，以此否定教會一神說，並反擊教義裡有關原罪與天譴的論點。[94]

與近乎反教言談並存的，是在書內被西人牧師視為素有教養的

Hwuy-ung 於信札中也顯示了對基督教的若干好感。他認同基督及其弟子的檢樸本來就是生活的典範；[95] 在利用價值層面而言，他指基督教義可統一西方國家，令群眾邁向同一目標，這是他判定並無共同信仰的中國人不如的一面；[96] 在剖析教義上，他指基督教可替心智未成熟的人帶來引導和希望；[97] 然而，Hwuy-ung 認為在實用層面上，基督教不能幫助窮苦大眾的生活，因它巍峨的建築僅是矗立於豪家捐金的磐石上，本質就是袒護富人和侵略者的宗教。[98]

綜合 Hwuy-ung 的西教觀，他不反對基督，接受祂與中國先哲等同的地位，惋惜基督早期的遺世模範被後來教會日益膨脹的勢力和財力破壞無餘，[99] 他認定儒、釋、道三家的學說應較西方宗教更有效地教育中國新一代。[100]

在書信記載的談論中，本書作者特意讓牧師少答話，或僅作出引導性發問，目的在給與 Hwuy-ung 更大發揮其宗教觀的自由；當然，這或許本來就是原作者反教的觀點，但通過由他所代入的角色演辯下，變成為一個南來陌客的思維邏輯。Theodore J. Tourrier 還借他虛構的牧師 J.A. Makepeace 點評 Hwuy-ung 在論辯中有些與基督教義不符的錯誤觀點，但在他仔細觀察 Hwuy-ung 的思辨方向後，認定 Hwuy-ung 的片刻迷失最終仍能走向牧者引導的柵欄之中，作為西方世界願意敞開心扉，閱讀並接受此書的寢前慰語。[101]

概括而言，Theodore J. Tourrier 在書中的記述，大抵上兼顧了留澳華人與主流社會融和的四大途徑：多閱讀西報和各類書籍，多在實際生活中與西人溝通，藉此練習英語語文能力，在本質上自我改造與提升；改名易姓，在稱呼、文獻、契約等上免招洋人排斥；迎娶西婦和誕下混血兒，通過血液交融，在外貌上符合澳大利亞政府漂白有色人種的原則；學習洋人宗教，接受其存在，甚至受洗，在精神上完全投入西方世界，與自己的傳統信仰徹底割裂。當然，Theodore J. Tourrier 也顧及書中主角傳統儒生角色的矛盾，在第四點上，Hwuy-ung 只是透過熟讀《聖經》篇章，與西方傳道人談辯中西宗教的異同優劣，閒談之際淺説可能讓子弟入讀主日學校和參與教堂活動的意願。[102] 在形而上層面裡，縱使厭惡傳統鬼神説和放棄中國風水迷信的主人翁終其生都沒有慕道傾向，[103] 其角色創造者也並無安排他欣然受洗的結局，可見作者很清楚自己塑造人物的文化背景，不宜也不會一下子的蜕脱改變。

有關偽書的文化反思

筆者開始撰寫本章之際，剛好是這位南來陌客被安排不幸逝世的100 周年，我們在回顧 Hwuy-ung 信札並企圖重新組織作者思想的同時，還有一些外加因素值得思考。

1. 作者的漢學修養

嚴格來説，Theodore J. Tourrier 只是音樂人，從事歌曲創作，談不上對漢文化有深入認識。但因他需塑造一個中國舊社會知識份子的關係，為着更活靈活現的描繪該角色，為着令讀者更信服書中人物對孔孟學術的造詣，他常傍徵古籍來增強這方面的説服力。早在前言部分，Theodore J. Tourrier 已藉着 John A. Makepeace 之口，道出 Hwuy-ung 信札中所博引的古典原文難以通過當代英語表達，故往往籍助了理雅各的翻譯為闡釋捷徑。[104] 其中第 I 信函中，他便借用了理雅各《詩經·小雅·十月之交》中的日月相蝕，天象示警譯文，作為譏諷阻撓維新變法，屠殺六君子，繼而下令緝捕新黨的慈禧干政亂國。[105] 在 Hwuy-ung 倉惶去國，浮海南下之際，因四方憂患迭至，使他如踏虎尾，如履春冰的形容，同樣一字不易的出於理雅各《尚書·周書·君牙》譯文；[106] 在第 III 信函裡，與表兄弟閒話澳大利亞民風時，同樣徵引理雅各翻譯《論語‧顏淵》有關司馬牛問君子原文；[107] 在參與革命失敗重返墨爾本，因沾患肺疾而自知其壽不永，便於第 XXIII 封書信裡徵引《論語‧憲問》"老而不死是為賊"的警句解懷，全幅引文亦源於理雅各。[108] 在第 IV 信函評論當地女性持家時，直以牝雞司晨簡化了較冗長的英語釋譯。[109] 他甚至在第 III 信函內，融彙了理雅各譯文，以較精鍊的句子，利用《老子》75 章自行演繹李耳（? - 前 471）有為害民的原意，化身為 Hwuy-ung 泛指澳大利亞市民"殷殷為財"的特色；[110] 又或者替《法句經》第 17，〈忿怒品〉中"以不忿勝忿，以善勝不善"作為揶喻英人對華的戰爭等。[111] 凡此種種，不勝枚舉，進一步說明如果 Theodore J. Tourrier 是本書唯一作者的話，他的漢學知識雖僅是通過譯書而取得，但恐怕已不能以見識淺陋形容他中國文化的修養。

2. 作者對中國的認識

　　Hwuy-ung 死於 1912 年，本書在 1927 出版，而 Theodore J. Tourrier 則於 1929 年去世，雖然至今無從稽查成書的年份，但從片字隻言中推敲，相信 Theodore J. Tourrier 應在護國之役後，軍閥割據局面形成，才逐步籌劃寫作，其靈感之所自莫過於 1901 年前後 *Papers from a Viceroy's Yamen*（《中國札記》）一書的出版，而孫文 1925 年的病逝應是其完成這部作品的最大動力。

　　辜湯生（1857-1928）的 *Paper from a Viceroy's Yamen* 尚有 "Chinese plea for the cause of good government and true civilization in China" 的副題，與本書摹擬的 *A Chinaman's Opinion of us and of his own country*（*people*）書名以至內容相近似，而英文書在作者 "Ku Hung-ming" 後加上英國愛丁堡大學碩士的銜頭，這與本書虛構譯者 J.A. Makepeace 擁有的 MA 學位相類。格式方面，辜書以札記形式附

梓，而本書則以信函形式印行；辜書偶有作者的註解說明，而不論實體的 Theodore J. Tourrier 或虛構的 J.A. Makepeace 也有相同的表達方法。尤其近似的，是在內容方面。辜鴻銘在書內談到維新、義和團、西太后及晚清國運等篇章莫不與本書內容相合；辜氏在書內對基督新教與羅馬舊教的評價，對歐西文化的理解，甚至博引中外古今聖哲文豪的名言，本書雖東施效顰，成效卻遠有不及；辜鴻銘在書裡亦不止一次地提到羅伯特赫德（Sir Robert Hart， 1835-1911），只是評價與 Theodore Tourrier 截然不同。更有趣的，是《中國札記》連同 1915 年出版的 *Spirit of Chinese People*（《春秋大義》）裡的張之洞（1837-1909）也被 Theodore J. Tourrier 襲取於信函 XXXVIII 之中，只是出於 Hwuy-ung 之口時顯得有些囫圇吞棗而已。[112] 以辜鴻銘在 19 世紀歐洲鵲起的名聲，足令 Theodore J. Tourrier 在撰寫本書時參考其著述，而辜氏早在 1898 年出版的 *The Discourses and sayings of Confucius* 雖於本書裡罕見相類的篇幅，但或在某程度上提升了作者比較中西文化的思維。

　　Theodore J. Tourrier 對中國的時事認識或透過報章等渠道得來，惟其書內容若干部分均與 Theodore J. Tourrier 在生期間中國國內動盪局勢有直接關係，而他亦能掌握要點，評析當時國人的心態。他構思 Hwuy-ung 一角時，當在 20 世紀 20 年代中，但因切合主角悲劇性結局的年份，Theodore J. Tourrier 有需要把其創造角色的思想回溯至 1912 以前，並塑造角色的期盼與普羅華人渴望相同，因此 Theodore J. Tourrier 有需要求教於中國通的洋人。在信函 XXXIII 內，作者曾徵引羅伯特赫德以中國人之名向西方列強提出的控訴：

> What countries gave aliens the extraterritorial status? What countries allow aliens to compete in their coastal trade? What countries throw open their inland waters to other flags? ……
> Probably because we have great potential wealth and trade in our

vast empire with a defenseless population……? [113]

羅伯特赫德傳世的 77 冊日記，記載了他自 1854 年抵達香港學習翻譯，並在滿清王朝仕宦近 50 年的所見所聞，其於總理衙門內的廣結人緣，與李鴻章（1823-1901）的友好關係，任內貢獻於開拓稅源，改善海關管理制度等均啟發了 Theodore J. Tourrier 的筆觸，靈活地雕琢 Hwuy-ung 的愛國情操。

　　從上文種種跡象觀察，筆者對 Theodore J. Tourrier 在構思本書結構以前對中國的實際認識程度頗有保留，但無可否認的，是本書信札中或有不少段落均受時人影響與啟發，作者對中國國情的見解仍有一定深度，其中 Hwuy-ung 由維新轉而革命的政治傾向，是一個關鍵所在。維新黨人於改革失敗後遠走美加，並成立保皇黨，呼籲海外華人響應；Theodore Tourrier 所居住的墨爾本在世紀之交確曾是部分維新支持者的根據地，但自革命旋風飆起後，該地區已漸為革命派所盤據，儼然與悉尼為活動中心的保皇會遙相抗衡。生存於該時空的 Theodore J. Tourrier 縱使不在澳大利亞，但這近 15 年華人政見分歧的矛盾不可能全無察覺，Hwuy-ung 政治傾向自溫和轉趨激烈，當與時事、地區和人物的互動變化有關，絕不可能憑空臆測。

　　作者藉 Hwuy-ung 之口斥責列強以武力促使五口通商，並指中國的新希望就在孫文身上，而孫的主要理念正是解放中國於各種不平等條約之中。書中的主人翁透過非議中國傳統司法制度的不健全，道出如要司法自主，則必要由本身的司法制度改革着手；提高審判人員的薪酬，減低法官受賄的機會，他以英國百年前已進入黃金盛世，但司法制仍未健全作為六千年古國變法的激勵。[114] 由書內斥逐滿清皇廷，建立新中國，歌頌孫文把希望寄託於國民黨（政府），甚至提到中國人口眾多導致衣食不給等議題幾乎都和 1906 年底孫文〈軍政府宣言〉內驅除韃虜、恢復中華、建立民國，以至平均地權的原意相合。Hwuy-ung 在書信裡表達他輕視傳統工藝和重視西方專門科學與教育的理念，這也與孫文1917年以還〈建國方略之一‧以七事為證〉內，比較中西建屋、造船、電學、化學等的發展，並有感傳統士大夫知識淺陋的慨嘆類同。

姑勿論 Theodore J. Tourrier 有否參考當時西文報章對孫文思想的報導或對他建國理念的專著，本書裡提及主人翁期盼清末政治革新和對祖國驟變局勢的憧憬，無疑與當時有識之士對新中國的民生訴求與建置方向息息相關。

3. Hwuy-ung 與近代知識份子的心態及其時代意義

正如上文所指，Hwuy-ung 雖是虛擬的角色，但其思想形態與模擬處身時代的知識份子並無分別，或者，我們可換個角度說，作者生存於19世紀中至20世紀20年代末，他對中國的認識無疑就是普羅知識份子對保存或改良中國文化渴求的倒影。

自"師夷之長技以制夷"論點出發，國人省覺西方科技超逾中國，非急起直追不足以抗衡，工業革命後再度崛興的科學至上論本來就是世界潮流。孫文在〈建國方略之一‧知行總論〉裡亦暢談新中國與科學昌明間的關係；Hwuy-ung 生於清室季世，信函裡即不斷出現對西方機械與其效率的羨慕，驚嘆於煤火輪鐵速度的快捷和承認船堅炮利是洋人得以欺凌中國的利器。於此地變天崩，四夷交侵的漫長黑夜裡，國人對傳統國學的質疑及亟求急變的決心，首先出現於自身文化改革上；方塊字的三多五難成為桎梏知識傳授的箭靶，而西方拼音字組合易於學習，使不少鼓吹教育普及的人士在鴉片戰爭後企圖全盤仿效。Hwuy-ung 雖在學習英文字母之初輕視它過於單簡，但在後來卻建議放棄漢字，正是這時代裡部分知識份子的心聲。讀者且將1908年以還的漢字改良運動束之高閣，只看魯迅（1881-1936）滅漢字以救國的警句，[115] 便足證 Hwuy-ung 書內倡議拋棄漢字作為普及教育的時代意識。而被指為主人

翁的革命同志孫文，在〈建國方略之一‧以作文為證〉裡所提到的改良
文言及文法問題，亦與成文日期之際所出現的新文化運動內涵相符，
而信札中所指的世界潮流以學習當代語言文學為先，説明 Theodore J.
Tourrier 在撰寫時本書時，是緊密跟隨着中國國內動態去塑造舊社會裡
的 Hwuy-ung 如何於動盪時代中，較其他人先知先覺地提出改革文字與
文學的建議。

　　然而，Hwuy-ung 所指的放棄漢字，並非把傳統文化棄之不顧，
他企圖通過專家學人作為經籍的傳燈者，而把改革的目光下放至群眾
的教育層面上去，這從作者致力於素描的 Hwuy-ung 常徵引聖賢之道
作為評價中西文化的標準便可知一二。與相若時代的辜鴻銘比較，辜
在《中國人的精神》、《中國學》等書中駁斥 Arthur H. Smith 在 Chinese
Characteristics 內對中國歷史與人性的批評，並反映他對 19 世紀英國
切齒的痛恨，同時亦不忘把儒家精神往西方推介，本就是 Theodore J.
Tourrier 筆下 Hwuy-ung 的真實寫照，不啻也是當時中國知識份子的未
解心結。梁啟超於維新失敗後曾有仿效歐美文化制度的傾向，但自 20
世紀初出遊以還，不獨打消原有念頭，還高唱中國不亡，鼓吹傳統思
想，吶喊新文明之再造之餘，還驚異於西洋學習東方智慧；《歐遊心影
錄》、《新大陸遊記》內除介紹歐美先進制度和山水風物外，他提出盡
性主義和解放思想，改善法治與管理能力，比較中西社會發展，藉此分
析強弱等，全都與 Hwuy-ung 所展現的觀點相同。

　　客觀地説，Hwuy-ung 雖是虛構的人物，但在思維建構上，他既不可
能是國粹派，甚至也不算是文化保守派，自然亦不是全盤西化派；要之，
他是一個海外洋人在觀察中國文化演變歷程中，通過拼揍 19 至 20 世紀
各種理念後，打造成為平衡不同群體文化的製成品。而其角色通過自我進
化和程式演繹，在符合士人階級與具局限性的思想下，不期然和周邊的同
伴於現實與虛擬中相偶遇，契合於時代知識份子形而上的空間之中。

作者的角色投射與時代剌針

譏諷本書為杜撰者多企圖在內容破綻中搜覓，目的在指出 Theodore J. Tourrier 根本表裡胡謅，實質對中國內情一無所知，其中如 Arthur Huck 論及摔交勇士的身材剛碩雄健一點，提出相撲絕藝與形神偉岸者非東瀛不復有的挑戰。[116] 但持異見的人都可在《清史稿》〈火器健銳神機虎槍諸營〉中找到善撲營兵勇訓練的記載，[117] 蓋不獨八旗力士驍勇者善習此技，被滿州視為右臂的盟友，如剽悍的蒙古武士多精其術，蒙古八旗內善角觝者更不知凡幾。因此我們在檢視 Theodore J. Tourrier 對中國認識的深淺時，應從更宏觀的角度着眼，從而剖析他著作的動機。

Theodore J. Tourrier 在構思 Hwuy-ung 其人時，觀察到當時澳大利亞的華洋風貌，其中不少也與華洋問題直接有關，作者把它們嵌入 Hwuy-ung 書信中，成為當年生活的另一倒影，其中藉主人翁探究貪財好貨的議題時，批評當時新金山的尋金熱，引至民眾放棄日常生活而尋找帶幸運成分的工作即為一例。[118]

Hwuy-ung 初抵埠後身穿唐裝為白人世界異視，甚至被西童所戲弄，至後來雖仍不習慣洋服的拘緊，於是出現上街穿西服，居家穿唐裝的現象。[119] 在不適應洋服之餘，食物與餐具也對 Hwuy-ung 構成另一日用障礙，其中印度茶及乳類製品頗令主人翁感到難受，進餐時的禮儀也須重新學習，[120] 以上泰半內容均曾於 19 世紀末至 20 世紀初的華埠報章裡，或出於冠服有異的華人遭擲石的報導，或由主編反覆提醒同胞抵埠後各種有關禮節儀容事項，說明 Theodore J. Tourrier 並非無中生有。除衣與食外，Hwuy-ung 對住與行皆有怨言，因與本章節無關，就此從略。

在昔年華報上常可發現澳大利亞頑童以嘲弄華人為樂的報導，Theodore J. Tourrier 亦不忘把 Hwuy-ung 遭無禮對待事件放在信函中藉此伸訴。[121] 至於洋人糾黨闖進華人開設的食肆內白吃白喝，然後毆傷夥計後逃竄等，[122] 本書第 4 章及第 6 章內早有論述，在某些負面角度觀察，若非受害者因而重傷或死亡，這些記載於當時來說已無甚新聞價值。

　　書中內容主要涉及華人利害關係的，首推工會和政府禁止假日工作的法令。主人翁在信函 IX 內藉着談論人身自由時，非議政府限制工作時間，認為工時限制和禁止人身自由並無兩樣；他還質疑為何酒肆可以在豁免之列，導致人民不能工作之餘，更增加酗酒及犯罪的機會。事實上，華人在澳大利亞謀生的優勢在於勤奮，自 19 世紀末金礦礦坑漸告挖罄，轉當菜農、木工傢具工作者，或經營蔬果店、什貨店和洗衣店者日多，前舖後居式的商舖和工場，令華人可以不遵守當地工會的規定，在競爭力上漸居上風，各省政府亦不得不立例禁止以安撫白人勞工，這些禁例也常在當年華報上看到，反證禁例針對的對象以華人社區為主。試圖融入主流社會的 Hwuy-ung 一如其他新移民一樣，除揶揄白人好躲懶放假外，對講求原則，不能彈性處理的事件感到煩厭。他以不小心將橘子皮掉在街上，結果招來斥責一事為例，抱怨西方世界太多法規須遵守，形成強制壓迫而非理智感性的生活。[123]

　　白澳政策是當年華人抵澳的主要絆腳石，Theodore J. Tourrier 自然把它放進書中成為其中重要的議題。在信函 XXXII 裡，Hwuy-ung 指出澳大利亞政府因恐防亞洲各國輸入大量工人，影響本土人士就業機會以至有此決定，但他認為人口增加即代表就業機會上升，主流社會又何懼移民或合約勞工的增加，[124] 並隨之建議從人口密集的國家引入勞工，減少該等地區災荒凍餒災難的擴散。[125]

　　在社會階層關係上，作為士的一分子，Hwuy-ung 曾拜訪當地來自廣東地區的種植者，也記述了若干保育植物的方法；他亦注意到當地工人工資與地位與中國明顯不同，技工受注重是僱員和僱主關係平衡的關鍵，還特地道出政府總理不少也出身自工人階級。[126] 當然，Theodore J. Tourrier 亦坦承澳大利亞的流浪惡工貪婪無厭，他委婉地說明了居留在當地的華人招聘洋工時忍氣吞聲，恐生事端的難處。[127] 作為四民之首的知識份子，主人翁對澳大利亞商人和商業並無好感，他曾非議報章因牟利而刊登迎合社會大眾要求的低俗新聞，抨擊新聞機構的道德觀因商業因素而解體。[128] Hwuy-ung 也不滿墨爾本市民殷殷為利的生活和嘴臉，他認為金錢掛帥的人生，實在是貧瘠而枯萎的，必將驅使人性走向自私的利己主義裡去。[129] 此外，主人翁也批評西方法律可容許以金錢脫罪，[130] 指責貪好貨財的習性是帝國主義和殖民主義形成的原因。[131]

在一些專門行業上，Hwuy-ung 也有些特別的評價，較突顯的莫過西醫與中醫。雖然主人翁在信函中曾表示不滿醫務人員的態度，但指出西醫在中國及澳大利亞受尊敬的事實。信函 XIV 還透露墨爾本地區有數位中國醫師替同胞治病，凡西醫無法醫好的惡疾，患者往往找上這些醫師診治。查當年移居澳大利亞的華人確有行醫的記載，亦有報章廣告刊登他們醫館的所在，也偶有西人光顧的例子。然而，Theodore J. Tourrier 除提及草藥的功效外，明顯地對中醫師並無好感，甚至還有些混淆與偏頗，其中如藉 Hwuy-ung 之口指出若中國醫療日漸趕上西方的話，則中醫便不會滿腦子的扶箕和詐騙。[132]

綜合上述有關 Theodore J. Tourrier 在設計書中主角 Hwuy-ung 居住澳大利亞期間的感受時，他確實留意到不少華人遭遇的困境，在撰寫中固然也有加插他個人的主觀見解，但總的來說，主人翁在書信內所引述有關澳大利亞事物，泰半與事實相符，讀者們不能因內容少數疏漏而忽視作者見聞所及的澳華資料，從而抹殺其書的價值和貢獻。

本章結語

　　從上文可見 Theodore J. Tourrier 在書中埋下各種線索引導讀者抽絲剝繭，去搜覓真正作者的身分，他還企圖以洋人的角度，通過一個中國人的視角來反思東西方文化的撞擊和交融。

　　Theodore J. Tourrier 曾與 Arthur Henry Adams 一同編撰樂曲，後者曾在 1900 年以 *Sydney Morning Herald* 及紐西蘭報章採訪者身分到中國搜集義和團教案的資料，而前者在書中籍主人翁觀點對帝國主義者口誅筆伐，認為中國排外成因源於遭到西方列強的欺侮，在另一方面又輕蔑傳統風水之學，非議扶乩請神的迷信等，幾都與庚子拳亂有關。換句話說，Theodore J. Tourrier 由建構一個虛擬的 Hwuy-ung 與塑造其性格，因而翻閱有關由西方學者翻譯的中國經籍，吸納旅居中國而對國情有所認識者的口述或日記資料，去取捍衛中國文化本位者的著述和西方對孫文革命理念的報導；由一個對中國文化茫無所知，至動筆撰著之際，通過角色設計後思想的演變，以至其書完稿時，原作者已隱然站於東西方文化交匯點上，籍着各種增值途徑，自我提升了中國學的水平。到他的著作刊行後，其書不獨沒因被指為杜撰而貶低身價，反而在宏觀的意義上，向廣大的白人世界推介海外華人在逆旅蛻變中綻放的璀璨顏彩，而卻不絲毫鄙夷他們悠久的歷史文化背景。

　　無可置疑的，是理雅各的翻譯文獻在向西方知識界闡述四書五經之餘，儒釋道三家的人生哲理也由此獲得更廣泛的認識和肯定；Robert Hart 洋洋大觀的日記，除記載在滿清中國仕宦半世紀以來所見所聞外，也揭示了華人在管理、經營，甚至貪污舞弊上的積習，方便外交官僚和研究中國問題的專家去作出不同目的和程度上的鑽探；辜鴻銘的著作動機在向西方宣示中華文明的偉大與重新鼓舞同胞如殞石墮失的信念，它甚至啟發謝德怡 *Confucius Said it First* 的撰寫，而謝書未必驅策了本書杜撰者的靈感，但卻可能為 Hwuy-ung 的身分添上若干新意。[133]
Theodore J. Tourrier 小書寫作伊始，或僅懷商業傾銷的目的，固不可能
在分量和內容方面與理雅各及羅伯特赫德的鉅著相媲美，在漢學修為和
撰著野心上更不能與辜鴻銘相提並論；但不可忽視的，是它傾銷的對
象，並非熱衷於漢學的小撮西方文士，卻是廣大對神秘東方充滿幻想的
普羅市民。洋人作者藉着其虛構的人物向整個中國以外的世界介紹悠悠
古國的文明，藉着次文化的推廣去觸摸更高層次的中華文化，姑毋論其
成效，我們已不能視本書為一般煽情惑眾的小說來處理，其層次相較
具事實根據的作品（non-fiction）還要稍高一籌。……或者，在互易角
色的空間裡，把該書正名為 *An Australian's Opinion of us and of our own
culture* 甚至更能貼近原作者的本意！

附圖 **13.1**　Theodore J. Tourrirer 照片 [134]

謝
德
詒
鞠
躬

Dr. Tehyi Hsieh

Presenting

Dr. Tehyi Hsieh

A Distinguished Chinese Savant

China's Premier Spokesman

Was a Mandarin, 4th
Rank, Blue Button,
Old Regime.

No lecture series is complete today that fails to include the important question of the Far East in its list of topics. This especially refers to China and its future. We are proud to present for your consideration DR. TEHYI HSIEH. (Pronounced Ter-Yee She-ar). He is interesting, challenging—and has had a long record of success on the American platform.

His timely topic, "China's Vital Role in World Democracy," is most popularly received. Having no political axe to grind, his talk is informative, and the facts speak strongly enough for themselves to help in bringing about a clear understanding of the oriental point of view. He is a human dynamo possessing a distinctive personality and an original delivery—delightful to all. (You will love the Scotch "Brr" he occasionally uses.)

The Chinese people believe that "to talk with learned friends is like reading a rare book; to talk with poetic friends is like reading the poems and prose of distinguished writers; to talk with friends who are careful and proper in their conduct is like reading a novel of romance." Dr. Hsieh is a choice friend in each of these examples.

With a brilliant command of the English language, Dr. Hsieh speaks authoritatively on the many problems that confront the Chinese today. To his rich heritage of ancient culture and philosophy have been added the best of American and European education. Born in Chang-Chow, (near Amoy, Fukien) China, he is a graduate of Cambridge University, England, and the only Chinese member of the American Branch, International Law Association.

Dr. Hsieh is a noted lecturer and author of genuine literary ability. His books, "Our Little Manchurian Cousin," "Selected Pearls of Wisdom," and "Confucius Said It First," show us the style of this man who represents the most advanced Chinese culture. He belongs to an old Chinese family of power and wealth.

Dr. Hsieh performs an inestimable service as a lecturer, author and director of the Chinese Service Bureau here in Boston. His grasp of world affairs and the relations and history of nations and peoples is most enlightening. President Arthur Perrow of the Chicago College Club spoke in terms of praise for Dr. Hsieh's remarkable mastery of the English language which is a foreign tongue to him, saying: "Aspirants to linguistic brilliance were greatly inspired by Dr. Hsieh's sparkling facility to fire their zeal and make their own native tongue burst into iridescent and majestic language. Hundreds who heard him attested their gratitude for the opportunity."

Chinese Ambassadors, Chinese Consul-Generals, and many other international Statesmen have highly commended his work. His is a mission of consecrated life's endeavour, not merely as a lecturer, but also as an exponent of Chinese philosophy. Since there is no Chinese Consulate in Boston (with more than 7000 Chinese population) Dr. Hsieh gives his services, for years without remuneration, unstintingly and patriotically, both to the Chinese community and Americans.

附圖 13.2　謝德怡在美國一直以前清四品官的士大夫身分作宣傳，可見其相片下的介紹 [135]

A CHINAMAN'S OPINION OF US AND OF HIS OWN PEOPLE

(As expressed in letters from Australia
to his friend in China)

WRITTEN BY

HWUY-UNG

(Mandarin of the Fourth Button)

TRANSLATED BY

J. A. MAKEPEACE, M.A.

Methodist Mission, Lao-kua-chen, Canton

"The best part of knowledge is being aware
of one's own ignorance."

—Lâo-Tse.

NEW YORK　:　:　FREDERICK A.
STOKES COMPANY : : MCMXXVII

附圖 13.3　Theodore J. Tourrirer 假託 Hwuy-ung 一名偽撰的書 [136]

註釋

1　其中一版本是 1927 年由倫敦 Chatto & Windus 出版，書名為 *A Chinaman's Opinion of us and of his own country*（hereafter *Country*）；另一版本在同年由紐約（New York）Frederick A. Stokes company 出版，書名為 *A Chinaman's Opinion of us and of his own people*（hereafter *People*），並指出 "As expressed in letters from Australia to his friend in China"，對譯者的身分亦有所說明。兩書的出版前言雖相同，但後者的書後詞匯釋義（notes/glossary）較前者遠為詳細。本章選擇採用紐約版本為主要參考。

2　"韓愈有言：'中國而夷狄也，則夷狄之；夷狄而中國也，則中國之。'"見清世宗（愛新覺羅胤禛，1678-1735，1723-1735 在位）《大義覺迷錄》（四庫禁燬書叢刊編纂委員會：《四庫禁燬書叢刊》【北京：北京出版社，2000 年】，第 22 冊，卷 1，頁 33）。查韓愈（768-824）假借孔子（前 551- 前 479）"夷狄之君也，何以不言朝"（《春秋‧公羊傳‧襄公 18 年》）、"夷狄之有君，不如諸夏之亡"（《論語‧八佾》）的觀點，演繹為 "諸侯用夷禮，則夷之"（《韓昌黎文集‧原道》）的夷夏觀；雍正再將其有意曲解，擴張至 "中國而夷狄也，則夷狄之" 的概念。

3　見 *Country*, Introductory Remarks and Preface; *People*, Preface and Introduction. 後者更在扉頁註明譯者的傳道者身分；兩書在譯者身分的異同上，前者指出譯者是 Jabez Makepeace（Introductory Remarks），後者則指是 John Makepeace（Preface）；兩個版本都在扉頁說明 Makepeace 文學碩士（M.A.）學位，並在 Introductory Remarks 或 Preface 中註明他牧師（Rev.）的職位。

4　本書記載有關 Hwuy-ung 的原居地時不盡不實，廣州與韶州可算是較可信的資料，後者於 1912 年廢州，易名韶關。然而，英美兩版本在 "Shao chau" 的記載也有不同，*People* 在 Introduction 內指出 Hwuy-ung 家鄉 "some hundred and fifty miles to the north of Canton in the walled village of Jen Te Chuang., on the Pe-kiang, near Shao-chau"；*Country*, Preface 則指該地為 "Shao chan"，兩書雖都在第 XXIX 信札中記載 Hwuy-ung 變賣 "Shao chan" 的產業，但竊以為撰寫本書的原作者只認識若干中國大城市和著名鄉鎮，故所謂廣東 "Jen Te Chuang" 當是江西景德鎮的假借，"Pe-kiang" 則是北京舊稱（Peking）的刻意誤寫，而 "Shao chau" 的韶關離廣州以北約 225 公里，即 139 英里左右，故在芸芸杜撰假借的錯誤資料中仍較韶村可取。

5　見 *People*, Introduction, p.ix. 以書中記載主人翁的諸生身分，除捐納外，難以攀上所謂四品官的職位。至於 blue button 一詞，應指四品官頂戴上的藍色涅玻璃。有關 blue button 的出處，還可參考註釋 133 的分析。

6　原文為 "It is probable that he was greatly impressed and grieved by the power of foreign arms and the weakness of his country, the aggressive action of the European nations and the threatened partition of China. The easy victories of the English and French, and, later of the Japanese, over his compatriots in 1860 and 1895, had been followed by the general shameful scramble for Chinese territory: Germany "leasing" Kiao-chao in 1897, Russia following suit with Port Arthur, England with Wei hai-wei, France with Kwang-chou-wan in 1898, he perceived, if still to exist as a whole, must radically reform its social and political organization and if desirous of attending independence must conform to modern ways." 見同上註出處。

7　按 Hwuy-ung 在 1903 年抵達廣州，於翌年 1 月返回澳大利亞的日程計算，中國本土大規模的反清活動僅有廣西會黨起義，這只是 1902 年苦旱瘟疫所引起的反政府武裝行動，與革命談不上關係；再者，本書還在第 XXVII 信札中道出 Hwuy-ung 於停留中國的四個多月的時間中到北京的一所大學傍聽天文課（頁 171），其所謂參與革命的說法頗令人懷疑。

8　*People*, p.124; p.177。

9　J.A. Makepeace 在 *People*, Notice 中記載的轉述。

10　*People*, p.12.

11　*People*, p.27.

12　*People*, p.252.

13　*People*, p.260.

14　*People*, p.214.

15　*People*, p.235.

16　見 *The Register*, Adelaide, South Australia, 5th Nov. 1927, p.4, The Library Table. 文中道出生存於 20 世紀初的 Hwuy-ung 不太可能在澳大利亞得知爵士樂舞和電影院等資訊，首先提出 "or has Mr. Tourrier sandwiched one or two his own opinions into the MS" 的疑點。

17　見 *Journal of Royal Institute of International Affairs*, Jan. 1928, vol.7, No.1, p.55-56.

18　如 19 至 20 世紀之交，本地報章或稱澳大利亞為新金山、澳大利、澳大利亞、澳洲不等，踏入新世紀後澳洲一稱漸見普遍。

19　見　Bisset, Andrew, *Black Roots, White Flowers: a history of Jazz in Australia*（Gladesville: Golden Press, 1979）"Jazz Teas at The Tivoli", p.1 或 History of Jazz in Australia, http://www.jazzinaustralia.org.au/history.html（瀏覽日期：2012 年 6 月 16 日）

20　John Fitzgerald, *Big White Lie: Chinese Australians in White Australia*,（Sydney: University of N.S.W., 2007），p.18.

21　同上註出處。

22　請參考本書〈社會篇〉第 6 章。

23　*People*, p.133.

24　在 Gippsland 的 Black Snake Creek 於 1865 年開始接受採礦者的申請開鑿，1867 年由 1853 年來自檳城的 Lowe Kong Meng（?-1888）營運的 Kong Meng Co. 率先開採，並先後作出多次投資。事實上在 19 世紀中末葉 Black Snake Creek 眾多淘礦金者中，中國人社群曾由佔三分一強增至約 50 巴仙。

25　*People*, p.150.

26　*People*, p.206.

27　Arthur Huck, "A Note on Hwuy-ung's letters from Melbourne, 1899-1912", *Historical Studies: Australia and New Zealand*, Nov. 1960, vol.9, issue 35, p.315-316. 作者也曾簡略地指出兩個假地址的疑點。

28　Arthur Henry Adams 和 Theodore John Tourrier 雖然合作編寫曲名為 "Australian National Song" 的樂章，並因此而獲得 1916 年 A.N.A. Prize，但澳大利亞一直以 "天佑女王"（"God Bless the Queen"）作為公開場合的國歌；至 1984 年前後，一曲由 Peter Dodds McCormick（1834?- 1916）於 1878 年一手創作的 "Advance Australia Fair" 正式被選定為澳洲國歌（Australian National Anthem）。

29　Tom Parrington, "Australia Through 'Chinaman's' Spectacles", *Sydney Morning Herald*（hereafter *SMH*），12th Oct.1929, Supplementary sheet, "Picturesque Literary Hoax: Australia Through 'Chinaman's' Spectacles".

30　該地址是 240, Barker's Road, Glenferrie, Victoria. 見 *People*, Preface.

31 同上書，見 Introduction, p.viii; p.123; 後者是 Theodore J. Tourrier 解說 Hwuy-ung 潛回中國參加革命，因此受傷返回澳大利亞，從而開始本書後期的撰述。

32 *People*, p.11.

33 *People*, p.25; p.31; pp.37-38.

34 *People*, p.44.

35 *People*, p.111.

36 *People*, p.145.

37 *People*, pp.214-217.

38 *People*, p.227.

39 *People*, pp.228-229; p.237.

40 *People*, pp.265-267; p.274.

41 *People*, p.90.

42 *People*, pp.98-99.

43 People, pp.41-43; pp.244-247.

44 *People*, pp.221-222.

45 *People*, pp.247-249.

46 *People*, p.114.

47 *People*, p.250; p.222.

48 *People*, p.9.

49 *People*, pp.112-114.

50 *People*, pp.18-19; pp.27-30.

51 *People*, p.75; p.263.

52 *People*, p.73; p.75. 在書中主人翁 Hwuy-ung 出現的 1899 年，澳大利亞報章出現不少變化。其中像 *Town and Country* 在 19 世紀 70 年代對女性生活、健康的重視，並加重素描女性面貌的篇幅，這些變化影響了城市報章的進步；其中以 *Sydney Morning Herald* 為例，本來報章上罕有素描，更遑論圖片，1904 年前後素描廣告開始出現並漸次流行，1905 年 9 月底，*SMH* 甚至開拓新版 "A Page for Women"，這是正式介紹婦女時尚之始。至 20 世紀首 10 年結束，婦女衣着時尚成為社會關注的焦點，至 20 世紀 20 年代，女性在素描及圖片中均顯示她們擺脫主婦形象，並在社會各領域上嶄露頭角的一面。Theodore John Tourrier 生存於女性生活和地位轉變的時空中，自然不會放過這炙手可熱的話題。

53 *People*, p.36.

54 *People*, p.270.

55 *People*, p.139.

56 *People*, p.277; p.132.

57 *People*, pp.292-294.

58 *People*, pp.259-261.

59 *People*, p.275.

60 *People*, p.132.

61 *People*, p.256.

62　*People*, p.225.

63　*People*, p.269.

64　*People*, p.278.

65　*People*, p.286.

66　*People*, p.184.

67　*People*, pp.80-81.

68　*People*, p.82.

69　*People*, pp.153-160.

70　*People*, pp.160-164.

71　Theodore J. Tourrier 卒於 1929 年，他除創造 Hwuy-ung 一角外，也創造了牧師 John A. Makepeace。1928 年在美國得州有 John Hughie Young（1842 -1928）去世，暫未有證據說明兩者的關係。但概括來說，Hughie Young 或是本書作者有意選擇的名字。

72　見 http://andc.anu.edu.au/pubs/ozwords/october-99/2.-hughie.htm（瀏覽日期：2012 年 7 月 2 日）。

73　見 Ward, Russel Braddock, *The Australian Legend* (Melbourne: Oxford University Press, 1965), p.98.

74　鐵達尼號於 1912 年 4 月 10 日自英國修咸頓（Southampton）駛往美國紐約，在 1912 年 4 月 14 日深夜與冰山碰撞後，於翌日凌晨沉沒。

75　*People*, p.2.

76　*People*, p.7.

77　*People*, p.26.

78　*People*, p.30.

79　*People*, p.113.

80　*People*, pp.88-89.

81　*People*, p.131, 135, 136, 138, 204. 早在 1902 年時，Hwuy-ung 在書信中已表示其表兄弟對他英語進步的速度感到詫異。見 *People*, p.107。

82　*People*, p.176.

83　原文 "She answer: ' You speak Ying language good like us. Men selling kay not can; they all ugly.'" *People*, p.176.

84　原文為 "Is benefit for both countries: one be free of million men not find work, other fill up vast regions empty as Desert of Gobi……." 見 *People*, p.271.

85　*People*, p.270.

86　中國天主教教務委員會（編）：《聖經》（南京：愛德印刷有限公司，1992），頁 1601。原文 "Do unto others as you wish them to do to you." *People*, p.29.

87　*People*, p.60.

88　何傑（主編）：《聖經·生命陶造版·和合本》（香港：漢語聖經協會，2008 年），頁 1962。

89　*People*, p.60.

90　*People*, p.185.

91 *People*, p.92.

92 *People*, p.186.

93 *People*, pp.165-168.

94 *People*, pp.168-174.

95 *People*, p.187.

96 *People*, pp.198-199. Hwuy-ung 同時指出家庭和國家領導者的祭祀和祭天，本就是中國對天帝尊敬的象徵，並以此與西方宗教崇拜上帝的儀式比較。

97 *People*, p.197.

98 *People*, p.188.

99 *People*, p.187.

100 *People*, p.250.

101 *People*, pp.151-152.

102 *People*, p.197.

103 *People*, pp. 201-205. Hwuy-ung 同時為比較中西祭祀天神或祠鬼的方法，並評價古文明的犧牲與基督受難的意義；他亦指出不少宗教傳說，尤其死後世界觀念，就如同孩啼時代的枕邊靈異故事，目的雖然兩者相同，但分別的是，孩童成長後對曾遭惡夢繞纏的妖魔鬼魅逐漸釋懷，而心智尚不曾成熟的人士卻仍於烈炎焚身的餓殍地獄威脅下惶恐終生。

104 *People*, Introduction, p.vii.

105 原文 "For the moon to be eclipsed. Is but an ordinary matter. Now that the sun has been eclipsed How bad it is?" *People*, p.1；同見 James Legge, Shi Jing（Book of Odes · Lesser Court Hymns）, http://etext.virginia.edu/chinese/shijing/Anoshih.html（瀏覽日期：2013 年 5 月 7 日）

106 原文 "The words of King Wuh described how I felt. 'The trembling anxiety of my mind makes me feel as if I were treading on a tiger's tail or walking on spring ice' " *People*, p.3；同見 James Legge, Shang Shu（Book of Documents · Kun-ya）, http://ctext.org/shang-shu/kun-ya（瀏覽日期：2013 年 5 月 7 日）

107 原文 "When internal examination discovers nothing wrong, what is there to be anxious about, what is there to fear?" *People*, p.12；同見 James Legge,（翻譯）: *The Four Books: Confucian, the great learning, The doctrine of the mean, and the works of Mencius* (Shanghai: Commercial Press, n.d.), p.159.

108 原文 "Yuan Jang was squatting on his heels, and so awaited the approach of the Master, who said to him: 'In youth not humble as befits a junior; in manhood doing nothing worthy of being handed down; and living into old age this to be a pest' With that he hit him on the shank with his staff. " *People*, p.134. 同見 James Legge 同上註書，頁 217。

109 原文 "the female fowl that announces the morning" *People*, p.18; 並見《尚書·牧誓》。

110 原文 "The people make light of death, because they seek to live in wealth" *People*, p,12; 並見《老子》75 章。

111 原文 " Gautama Buddha whom many of our countrymen follow, also said, ' Overcome anger with kindness; wickedness with good actions.' " *People*, p.60.

112 原文 "Wen-siang, in these words: ' You argue that we not move quickly enough. Beware! A time may come, after we are at length started on the path of progress, when the great

machine will roll inexorably on and crush all opposition to its movement" *People*, p.266. 辜鴻銘曾在張之洞麾下為幕客，他與張之洞近 20 年上下從屬的友誼，稱 "文襄" 自然不過，如《張文襄幕府紀聞》即是。但出自 Hwuy-ung 之口則未免唐突失禮，也間接隱現了 Theodore J. Tourrier 剽竊的痕跡。

113 *People*, p. 219. 在信函 XXXV 及 XXXVI 中，作者再度徵引 Robert Hart 對中國關稅和文化的記載。

114 *People*, p.219-221.

115 魯迅：〈中國語文的新生〉，載《魯迅全集》（北京：人民文學出版社，1989 年）卷 6，頁 114-116。

116 有關 Arthur Huck 觀點，可見 "A Note on Hwuy-ung's letters from Melbourne, 1899-1912"，pp.315-316。

117 趙爾巽（1844-1927）等（編纂）：《清史稿》（北京：中華書局，1976 年）卷 117，志 92，〈職官誌〉4，頁 3377-3379。

118 *People*, p.178. 縱使 Arthur Huck 抨擊 Theodore J. Tourrier 對中國人的認識僅從 19 世紀 70 年代訪問礦區的友人轉述而來，但無可否認他確生存於 19 世紀中晚期的澳大利亞尋金熱潮由興盛至式微期間，而對中國礦工亦有若干程度上的認識。

119 *People*, p.5, pp.21-22.

120 *People*, p16.

121 *People*, p.27.

122 *People*, pp.28-29.

123 *People*, pp.48-52. Hwuy-ung 其他批評當地工會；工人的言論可見 pp.208-209; p.223 等。

124 *People*, p.214.

125 *People*, p.271.

126 *People*, pp.46-47; p.131.

127 *People*, pp.148-149.

128 *People*, pp.280-281.

129 *People*, p.283.

130 *People*, p.47.

131 *People*, p.284.

132 *People*, pp.78-79.

133 謝德怡的 *Confucius Said It First* 在 20 世紀 30 年代中出版，不可能影響 *A Chinaman's Opinion of us and of his own people* 的內容。但自謝德怡於 1918 年前後現身美國後，一直以前清四品士大夫身分出現，並在公開場合展示自己來自中國有權勢和財富的家庭，Theodore J. Tourrier 在撰寫書中主人翁的出身時，即指出 Hwuy-ung 在清末的四品身分（Mandarin of the Fourth Button、Kwun【官】of the blue【fourth】button, 見附圖 13.2-13.3），於地區上也具勢力和名望。筆者不能抹殺在 1927 年出版的 *Country / People* 一書觸動謝德怡自我宣傳的靈感；但綜合謝的前半生經歷來看，他確俱備了以上的家庭和仕宦背景，毋需因此才受到啟發。反而 Theodore J. Tourrier 或因得悉謝德怡講座的內容，參考了他的閱歷而杜撰 Hwuy-ung 的身世，若配合謝德怡在宣傳單張內強調自己是循道衛理會教徒，也在一定程度上替 Theodore J. Tourrier 塑造衛理教會傳教士 J.A. Makepeace 的身分時提供了虛構的平臺。按一般辨偽方法，作偽者只會剽竊部分原作內容，而不會超越原作的記載，筆者選擇這辨證法認為 Theodore J. Tourrier 抄襲謝德怡履歷，接木移花，張冠李戴，成為書中主角不明不白的官秩。當然，讀者幸勿忘記 1894 年前後，悉尼僑領梅光達藉捐官取得藍翎四品頂戴，這個洋人世界習知的歷史背景，未嘗不是謝德怡和 Theodore Tourrier 襲取靈感的真正來源。

134 Tom Parrington, "Australia Through 'Chinaman's' Spectacles".

135 美國愛華達大學圖書館藏品，The Redpath Chautauqua Bureau Records, The University of Iowa, Iowa City.

136 Hwuy-Ung, *A Chinaman's Opinion of Us and His Own People*, (New York: Fredrick, A. Stroke Company, 1927), front page.

14 | 涙影笑聲
── 悉尼藝人誌

楔子

在 19 世紀 40 年代以還，隨着鴉片戰爭及各不平等條約陸續加諸滿清中國身上，也因國外較優質洋貨的湧進，農業副產品既遭受衝擊，導致國內不少家庭工業瀕臨破產邊緣，農村經濟陷於困境。在歷史誘因角度觀之，自宋元以來，沿海居民素有泛海逐利，甚至逃避暴政的傳統，壯男遠走他方無疑是解決自身覓食艱難，並抒援本土就業危機的出路；加上鴉片戰爭後乘時而起的契約勞工制度，驅使更大量生活艱困的農村青年通過不同的途徑販運世界各地，這與當時帝國主義、殖民主義的擴張直接有關，也間接影響晚清海外華人史與近代中國婦女史的發展。

澳大利亞華人史的開展雖較歐美稍晚，但華人在以上的不利時代背景因素下，於 1840 年後也因契約制關係逐步登陸南半球的這片廣大土地上，最早期的契約工人從事牧羊工作，自 1850 年前後發現金礦消息傳來，吸引大批歐亞裔的淘金者湧進，而來自中國的淘金者中固有契約勞工，也有非法潛入澳境的黑市居民，他們的辛勞勤奮與自我社區中心的傳統，在其他文化體系的歐洲淘金者群體中被邊緣化，甚至因利益衝突以至產生磨擦是必然的結果。此外，這些企圖追覓運氣而展開長征的中國人還需面對本土原住民襲殺的危險，往往處身於兩面受敵的困境。

大批膚色相近，語言大致可溝通的歐洲淘金者合力攻擊華人的事件在過去固有不少專著提及，箇中既包含種族問題，但卻不得不承認利益關係才是重點，期間因澳大利亞人口稀少，自維多利亞省品地高、巴拉辣等地區發現金脈後，大批本地洋人更棄耕投礦，促使澳國政府為補充勞動力緣故輸入價廉物美的華人從事畜牧、農作等工作，這政策在本土經濟熾熱時並不成為輿論詬責的焦點，至經濟漸走下坡時才被挖掘出來成為保護本地人士失業的話柄；換句話說，當大家目光轉移至群眾狹隘的經濟目標，並聚焦在淘金的年頭裡，華洋衝突本來便是不同文化群體中的利益之爭，而淘金熱退卻後的華洋矛盾亦然；事實上我們也不能抹殺在眾口一詞認定排華與國弱民貧，白優黃劣觀念的擴張下，當年確有仗義白人向受襲華人淘金者伸出援手的例子。[1] 因此在背景因素上，於 19 世紀一片排華聲中的澳大利亞華人還有其實際兼精神上的生存空間，這第四維數的漂移，一方面既在鼓勵着澳華留澳採挖，金礦業漸走下坡後更轉業務農；另一方面也因存在着覓食的新機遇，縱使在 20 世紀蒞臨前的澳大利亞白人早已高嚷着維持一個白色澳洲的口號，華人仍能因各種因素影響下，於此紛亂擾人的歲月裡南來居停。

筆者撰寫本章的目的，是希望在傳統海外華人史哀痛於澳華遭受當地白人社會排擠之餘，藉着 19 世紀中末葉訪問南半球的國際"中國藝人"，窺探澳大利亞悉尼地區的華洋生活，並利用文中主角的娛樂事業為導引，從不同層面與角度探討被視為華洋不協的緊張關係。此外，本文亦企圖藉着 20 世紀初"日本藝人"訪澳及其所引進的文化，探討在"白澳主義"旗幟高舉之際，澳洲白人對中日娛樂表演的接受程度。

19 至 20 世紀之交澳大利亞的華洋娛樂

筆者在此所指的娛樂，既不包括消閒運動，亦非 19 世紀末還未正式面世的商業電影，而是指當時仍佔表演事業主流之一的魔術及雜耍。在菲林電影出現而尚不普及的 20 世紀初，藝人表演音樂演奏、歌唱、歌劇仍是不可忽視的市民娛樂節目。早在 1850 年前後，歐美地區流行把演奏家、歌唱家、舞蹈家、諧謔家、説話人、特技人、魔術師及雜技表演者集合起來，編排成大型而具系統的娛樂節目，合稱為歌舞雜耍（vaudeville），[2] 其中包括地區性的藝人在內的表演者，一般都與本土娛樂團體簽訂合約，往往在一段頗長時間內駐場表演，同時也有從國外應聘而至的國際表演工作者，他們受跨國娛樂事業經理人及所屬公司招募與安排，穿州越洋橫跨歐亞美加，並南下澳紐娛賓。這類藝人一般都有較獨特且能人所不能的才華，或以聲色技藝邀寵於一身，或以異國情懷吸引觀眾垂注，又或以天生異稟求售於四方；他們或千里揚帆，甘作綠葉襯托的角色，但亦有一葦馭波，來作眾星拱照的主幹藝人。這種頗類中國秦漢時代"百戲"，或兩宋時期的勾欄瓦市式的表演，一直佔據西方娛樂市場超逾半世紀以上，直至上世紀的兩次大戰之間才漸次衰落。

在 19 世紀中末葉留居於澳大利亞的華人不下四萬，自 1901 年聯邦政府成立並實施嚴格的入境限制後，華人人數驟減，但初期仍有接近三萬人於各州居停，他們在"白澳政策"下因華工或各私營小工業、服務業與本土人士爭利受到主流社會的排擠，[3] 其中部分敗類更因賭博、販賣鴉片與誘拐洋女等失德行為被輿論非議，甚至受法律制裁。這批為數不少的華人除賭博外，主要的娛樂大多是在周末從散居各處的鄉郊抵達市區吃喝玩樂與觀賞表演。縱使在白澳主義橫流之際，讀者們仍可在華人報章上看到 Her Majesty's Theatre，Adelphi Theatre，

Palace Theatre，Tivoli Theatrte 等的招徠華友觀賞臨埠獻技者的表演，
如 Adelphi Theatre 廣告説：

> 壓爹卑戲院在雪梨矜步街。今演大戲與別家不同。現演
> 新年亞辣顛大戲。子弟齊眾。禮拜三禮拜六連演。每位收銀四
> 圓、三圓、二圓、一圓。童子半價。[4]

除戲院外，當時每周或兩三周一次由坑上進入悉尼市的華人可到訪被譽
為全澳最大及最豪華的 Rushcutter's Bay 固定遊樂場耍樂，[5] 亦可往觀
巡迴各國城鎮匯演的洋人馬戲團。[6] 當然，入城消遣的華人因喫酒緣故
邂逅洋女，最終共賦同居，甚至並諧連理者的報導偶有所聞，其中華人
或華洋間爭風喫醋而釀成血案不免是嬉戲無益的負面消息。前見的篇章
中也不斷覆述華工共聚番攤和百鴿票檔的賭博活動，本是無需再提的事
實；不過，在這些賭館內還設有彈唱的樂工侍候，19 世紀的洋人畫家
對此頗有素描（見附圖 14.1）。此外，中國大戲在當時也極受歡迎，因
大部分澳華多來自廣東地區，觀賞廣府戲正是華人主要的消閒節目（見
附圖 14.2），在礦藏仍豐的 1860 年前後，因華人淘金者多雲集墨爾本
緣故，該地曾一度擁有 14 個戲班，部分是特地由廣東或南中國各地專
程而來的，其他則由華人礦工自行組班，他們常穿越鄉鎮，在礦主的同
意下於不同的山野礦坑間進行短則一、兩天，長則達逾月的表演；[7] 而
19 世紀末以還，華人戲漸因 "白澳政策" 抬頭，留澳人口減少而漸走下
坡；當然細水長流，總仍有艱苦經營的例子，駐悉尼的廣東戲班樂堯天
劇團便擁有其表演場地（見附圖 14.3），該劇團也常在自 1894 年創刊
的《廣益華報》等華人報章上招徠，且曾於華洋參與的匯演裡公開耍弄
奇技。[8] 事實上，唐人匯演巡遊在 19 世紀淘金熱潮時期的礦區也曾出
現，新世紀伊始，他們亦以傳統手藝搭建拱門供士庶同歡，同樣華洋共
賞，獲得廣泛好評（見附圖 14.4-14.6）。民國建立後，中澳航道進一步
擴通，以個人名義走埠登臺的傳統演唱者亦不乏人，如 1917 年抵達墨

爾本獻技，再攜同眾梨園琴師往悉尼唱戲的梅仙妹（Lady Sen Mel）便是例證，她同樣與其他國際藝人一樣在主流社會的劇院 Tivoli Theatre 裡演出。[9] 以上的駐埠劇團、走埠戲班、個別越洋的演唱藝人均在澳大利亞為思鄉的華人提供了不少慰藉。

　　從 19 世紀的會景巡遊中可見當時的澳大利亞洋人對穿上中國戲服梳妝，大袍大甲，腳踏高蹺，翻騰跳動的表演大感興趣，這亦是在昔年僑領們率領下，為撫平白人世界疾視華人而作出參與主流社會各有關籌募捐賑的支持活動，而事實上正因洋人對東方文化不甚了解，表演掀起一番對異國風情追逐的迷思，這心態也進而驅使更多的白人携眷進場，確證華人參演增進了大會的收益。1904 年日英結盟後因同情日俄戰事中的傷亡士兵，朝野間發起捐欵運動，當時部分華人認為日本為中國復仇而對俄用武，基於以上緣故，華人戲班與同鄉會等組織於 The Chinese Village and Monster Show 中便扮演頗吃重的角色（見附圖 14.7）。[10]

　　當然，色彩斑斕的中國戲服只是掀動人潮參觀的因素之一，滙演巡遊亦非經常性的表演節目，自 19 世紀中以來，歐澳白人主要娛樂還是集中在欣賞西方歌劇、歌唱、舞蹈方面，此外因市民生活受制於經濟條件而偏向簡約質樸關係，他們對一些外來的文物、文化亦甚感興趣，其中靜態的莫如 1865 年的英國倫敦，當時有 Captain de Negroni 者，自稱由中國圓明園奪取而來，總值 50 萬鎊的文物及珠寶，內有一顆斗大的藍寶石，價值 16 萬鎊，這展覽曾掀起一股參觀熱潮。[11] 與此同時，非主流文娛活動且和中國有關的還有青州的素描展。[12] 至於更具動態的莫過真人表演，如由美國進口的西部牛郎手持火銃飛騎大戰印弟安紅人族也在悉尼廣受歡迎，[13] 而異人，甚至畸人的莅臨南國也能觸發市民的好奇心，爭取欣賞長人秀及侏儒戲也成為當時流行的熱門消閑活動。1911 年身高 8 呎 3 吋的世界第一長人 Patrick O'Connor（1880?-

1922）訪澳，為悉尼市民帶來一陣子的震撼（見附圖 14.8），至於侏儒 Kelly 與 Victor Myers 也於這期間先後抵達。[14] 而 1912 年由世界各地躡足而至的侏儒族群戲，主題樂園 "矮人鎮"（Tiny Town）更在澳大利亞上演超逾大半載（見附圖 14.9-14.10）[15]，足見普羅大眾對奇人表演的熱愛程度。[16] 至於在 19 世紀中末葉過渡至二次歐戰期間，於浮光掠影的芸芸國際藝人中，以黃種面貌出現且吸引白人社會注目，甚至哄動的表演者大抵可數詹五九（1846？-1893）、程連蘇（1861-1918）及戴亞寬（1914？-？）等三人。

詹五九（Chang Woo Gow）演藝事業的開端與造訪澳大利亞

在 1865 年剛踏入深秋的倫敦，一名年約 19 歲，身高 7 呎 8 寸，譯音張和高，真姓名或稱詹五九的巨人首度踏足細雨森森的英倫。[17] 他攜同妻子及六名團員在國際知名藝人雲集的 Egyptian Hall 演出（見附圖 14.11），助手中有年約 30 歲，身高卻僅 3 呎，自稱是太平軍叛亂餘黨，譯音鍾茂（Chung Mou）的侏儒，另一名年齡相若，英語流利，譯音關東（Kwan Tung）的助手負責翻譯及總務等工作，尚有譯音亞叔（Ah Sook）的隨行者負責點收入場門券。是次是詹五九的初度越洋登臺，[18] 在報導中指他希望於年內周遊英、法、美等地，拓展視野，然後返回中國。[19] 詹五九在倫敦的表演每天平均四場，午間 3 及 4 時兩場，黃昏 7 及 8 時兩場，收費由 1 至 3 先令，因他是罕有的亞洲長人，故得到額外的宣傳，劇院為他設有預購門票的服務。[20] 經理為着保持神祕的關係，每當詹五九出場前都以馬車代步，把表演團成員直接送至劇院，雖期間也曾因詹的體重導至輕微意外，[21] 但概括而言，當時傳媒均指五九舞臺造型與其身形般同樣獨特。[22]

詹五九的妻子約 19 歲，譯音金福（Kin Foo），亦隨丈夫同行，並參加了劇院負責人安排的新聞發佈會，她在西方的宣傳中往往被稱作金百合（The Golden Lily）。在表演方面他們以夫妻檔同場演出，但當年這兩人在西報上往往也各自擁有獨立的告白，一般來説金福首先上演一場茶會展示中國閒憩文化的一面，隨後詹五九與鍾茂等才會加入，他們都以滿清皇朝的衣飾禮儀，在舉手投足間演繹着這老頹東方巨龍神祕的生活面貌，表演期間還藉華麗的宮廷擺設來吸引瞪目入神觀眾的眼睛，詹五九夫婦扮演皇帝皇后在御座上向各來賓致意，巨人還會向異族君民抱拳"請請"（chin-chin），以此顯示他溫柔隨和的性格！[23] 金福以紮小腳的東方女性姿態出現，廣告中也常指她擁有一雙中國女性的小足與一隻留有長甲的手指，自然地，在某些對滿族髮服不太習慣的洋人來説，記述詹五九一行人的評價已屬客觀與中肯。[24]

詹氏伉儷在 1865 年 9 月抵達倫敦後即在英國皇室御前演出，[25] 此後也在各鄉間進行表演，由於他身形的吸引，在不少鄉鎮城市掀起了廣泛的注意，演出空前成功。詹五九在 1865 年抵埗後，因票房的保證，St. James Hall 也在另一藝人代理 Professor Anderson 的帶領下，由法國引進了身高 8 呎的巨人 Anak，並宣傳他是當時偉岸歐人與長人中的至巨者。[26] 按現存資料記載，這兩名歐亞大陸的巨人從未在舞臺上碰面，二人的表演也存在着不同性質，Anak 是以較武行式 "The Capture of Anak" 娛賓，[27] 與詹的文戲頗有不同，相同的僅是大家都有矮人參演，藉此與主角雄赳的身形造成強烈的對比。在寒風凜冽的初冬裡，兩所劇院進行着良性的競爭，好奇的觀眾們爭相往來不同的舞臺間，並希冀與中法巨人分別的合照來仲裁彼此身形勝負的爭拗；縱然 St. James Hall 曾高調地宣稱 Anak 徹底地擊敗了詹五九，[28] 然而 Anak 只在倫敦演出了四個多月，而詹五九卻在英倫停留了超過 9 個月的光景，至

1867 年 7 月才載譽離開。[29]

　　在 1870 年前，基本上沒有中國藝人能在澳洲主流社會的劇院向白人獻技，事實上有色人種能登臺表演的亦寥寥可數，這不一定與種族歧視有關，卻與汀零南國的經濟及娛樂事業尚未成熟似乎更有關係。[30]詹五九於 1871 年的炎夏踏足墨爾本，[31] 當時的報章娛樂版、鄉間雜誌記載了一則似曾相識且引人注目的節目預告，內容與詹五九於前數年倫敦表演的報導有些微不同，該告白發放了一名來自中國安徽徽州，身長 8 呎 6 吋的中國巨人抵埠的消息，並在 Weston's Opera House 內進行表演（見附圖 14.12）。25 歲的詹五九在此間的報章中被宣傳為武士的後裔，相信該廣告意指詹是八旗子弟；此外，正因他偉岸形神與文采潤澤的緣故，能在一張垂直掛牆約長 10 尺的紙上書寫漢詩；詹既是旅行家、演藝家，也是飽學之士，他曾遊歷歐美，並在法皇與英皇前獻技。詹五九一直受英國報章稱譽，指他是德行出眾的君子，而詹在英倫的演藝事業也成為澳大利亞報章宣傳的根據。[32] 從以上可見若非宣傳的刻意誇大，詹的人生閱歷與表演經驗比他在 1866 年離英時均有所增長，連帶他的身裁也在 5 年間增高了 8 英吋；[33] 更有趣的，恐怕是經理人或劇院對當地華埠的觀察與了解，似乎較在迎合粵人口味上下功夫，詹訪澳時還一度刻意地在英文姓名上取了較廣府化，譯音張（詹）好高（Chang Hoo Goo）的名字。[34]

　　詹五九可能是第一位在西方世界稍具名氣的華人表演者訪澳，故在澳期間甚獲當地傳媒的重視，除墨爾本與悉尼的報章外，*Sydney Punch*、*Country Journal* 等雜誌也大幅介紹這名中國巨人的到訪，此外也有描繪他的諧趣漫畫來增加宣傳效果（見附圖 14.13-14.14）。詹五九在 1871 年 1 月 26 日於墨爾本 Watson's Opera House 的 St. George Hall 進行首演，不少觀眾爭相湧進劇院內，希望與這名被譽為世界第一長人的演員合照，報導指他溫藹儒雅，且英語流利，甚具觀眾緣。[35] 劇院也仿效長人詹在倫敦表演時的待遇，安排密封的馬車接送詹氏伉儷，在演罷後也以相同方法載歸，但在長人詹晚上步出劇院時，往往使不少守候圍觀者一時起哄，劇院還替他安排了一個近似的替身快步跨上馬車絕塵而去，特意使不願付 1 先令購票入場者緣慳一面。[36]

往昔在英倫獻藝時，詹五九展示中國宮廷珍玩祕器吸引觀眾，經過數年的表演生涯後，中國文物固然仍是其中賣點，他還藉着洋人對東方不懈的覓奇，加進日本彩繪寶貨等展覽環節，並向來賓媲媲介紹自己遊遍英、法、普魯士及美國大城市間不凡的經歷；[37] 事實上，詹五九確在 19 世紀 60 至 70 年代因越洋表演之利，努力增進自己的文化知識與語言基礎，據說他能操英、法、德、義、西、葡等六國外語，其中前二者掌握尤佳。[38]

詹五九在 1871 年 4 月底開始在新南威爾士拿梳地區（North Shore）School of Arts 演出（見附圖 14.15），且日夜兼程，頗見忙碌。表演一如在墨爾本，由每天下午 2 時半開始至 5 時結束，稍作休息後，黃昏由 7 時半開場至晚上 10 時為止；票價堂座 1 先令，留座 2 先令，小童半價。[39] 除他和金福外，還有在墨爾本才加入表演行列的本地著名矮人 Australian Tom Thumb 參演，似乎說明他沒攜同鍾茂等隨行。一如以往，金福的髮服與纏足成為節目焦點之一，[40] 她主持茶聚並展示中日文物，來賓們若對該些展品遽生興趣的話，古玩珍奇都可現場出售。

詹五九在 School of Arts 的演出至 5 月第 3 周結束，最後一周送出 3 百幅表演劇照答謝觀眾，當地報章還對他讚賞有加。[41] 後來他或因私事延長了留澳的時間，並到悉尼市外表演，按資料顯示他的足跡曾抵達 Parramatta、Windsor、[42]Goulburn 等郊區，且大受鄉間群眾歡迎。[43]

詹五九澳大利亞之旅取得成功後，即轉至亞洲演出。1871 年中國報章追記他的出身，指出：

　　　　長人詹伍，徽州歙縣人，素以墨工世其家。旅居上海時，
寂寞無問名者。獨西人一見，居為奇貨，載之以西，周歷歐洲
各國後，至亞利墨加（美國）而返中土。居久之，鬱鬱不樂，以
中土人無肯施以一金錢者也。有好事者攜之至東瀛，東瀛固彼
所重遊地也。聞詹伍前至日本時，有日本人願與之搏，長人遜
不敏，始罷。或謂長人特驅〔軀〕幹雄壯耳，而力未甚健，設與
日本人搏則必殆；幸長人善刀而藏，故莫知其底蘊耳。長人既
至日本，觀者如堵，日得金錢無算。竟有先期聘之者，顧得一
睹以為榮。此真所謂腹不負將軍者矣。[44]

據稱長人詹在日本大阪與東京獻技，每天輸金入場觀眾約四千人，因成
就斐然，邀請他過埠表演的合約接踵而至，《申報》慨嘆：

　　　　夫以身發財，非士君子所尚。然若詹五者，亦可謂天賦
奇形，俾作生財之具矣。[45]

"程連蘇季節（Chung Ling Soo Season）" 的來臨

　　在詹五九後，訪澳的中國藝人稍有增加，但僅是一些跑龍套的角
色，他們有些甚至名字也不見報，只是在劇院中擔當過場表演，又或者
並不曾吸引主流社會的注目，悄悄的便在悉尼各大舞臺上隨風輕揚，不
著一點痕跡。[46]

　　1909 年初秋，來自英倫且斐聲國際的程連蘇及他的魔術表演團抵
達墨爾本，程一向標榜自己具中英血統，據稱他的蘇格蘭裔父親在廣東
地區傳教時認識程母，二人迅速結合並誕下程連蘇，他以母系姓氏作為
自己的中國姓，用意即在紀念自父親早逝後，母親含辛茹苦的養育之

恩。此外，程自稱師承來自陳阿喜，然而陳的絕技因兩名兒子情願留在德國打理茶絲業務而悉數盡傳程連蘇。[47] 自程盡得其師的魔法後，因不斷在外遊歷及表演，常把西方的法術技藝加進表演過程中，並大受中外觀眾的鍾愛。魔術團成員中還包括其幼女、徒弟蔡水及日人助手乾表乜紹；程也攜同譯音水仙（Suee Seen）的華籍妻子與同行，該名身軀有如昔年金福般嬌小，在臺上常飾作中國婦人妝首的絕佳表演者亦是魔術團成員之一（見附圖 14.16-14.17）。

程連蘇在 1909 年 2 月在墨爾本 Opera House 進行首演，一如過往，當其他著名海外藝人到訪前一周，劇院已在各大報章上展開宣傳攻勢，他被譽為當世最出色的中國魔術師，也是最出類拔萃的表演者。自程連蘇的演出開始後，他的黑色藝術 "Black Art" 扣人心弦地掀動着整個城市的注意力，觀眾好評如潮，娛樂版的專欄報導他的表演時，除對一般的張口吐火，木屑變咖啡等技倆有不凡的描寫外，對較高級的魔法如程連蘇把妻子催眠後，將她徐徐升上半空，在飄渺於碧落的彌留間召回其魂魄；程又能槍擊妻子並令子彈貫穿那纖弱的身軀，在命中其身後目標時卻不令傷嬌妻的性命；他又可在沸騰的弱水中變化出窮盡三千的飛鳥與活人，報導對程連蘇幻術有着極高的評價。[48]

程連蘇的表演都在周三及周六上演，周六多演兩場，在墨市一共演出六周，其後魔術團在 4 月中上旬轉至悉尼 Tivoli Theatre 演出（見附圖 14.18）。他的巾內擷盆、取卵生鴿、種樹摘果等絕技深得觀眾喝采激賞，西報還盛讚這名中國人所施展的魔法除充滿娛樂性外，還為整個宇宙帶來莫名的迷惑。[49]

程連蘇在踏足悉尼時正值復活節，該地傳統的 The Royal Easter Show 是農業、畜牧業展與雲集世界各地表演者的嘉年華，程的表演節目因深受觀眾歡迎，在日場方面一直由他的魔術團獨力擔綱演出，為進一步加強宣傳，劇院為他的夜場添進更多本地和來自英倫的藝人參演。

程的演出時間與當時世界級魔術家一樣只有 45 分鐘，其他藝人分擔剩餘時間，或以舞蹈、歌唱、諧謔等項目襯托着程的主題表演。

程連蘇在悉尼登臺至 5 月底暫告結束，一行人隨即橫渡紐西蘭繼續風靡群眾的表演，至該年 7 月重返悉尼獻藝。在悉尼額外三周的演出中，魔術團還加插新節目，當中程連蘇幼女扮演炮彈飛人，藉火煙四濺之際攀雲飛昇，然後在企圖簇擁她飄落的觀眾席上徐徐下降一節最為精彩。[50] 當然，程連蘇自不忘記上演他經典代表作，徒手攫彈的絕學；往昔在英倫表演時，事前由觀眾驗證手槍內的真彈，然後在戲劇效果的背景下，由扮演義和團的數名助手們於彩服華妝的翻騰中宣判程的死罪，並處以即行槍決的重刑；程連蘇於彈光砰響之際順勢以銀碟抓住來犯的彈殼，於雷動的掌聲裡，他要求現場觀眾再度檢查早具記認的子彈。但魔術團飄洋過海，一般都不會攜同過多的邊緣藝人，故程在澳的演出都由徒弟或一兩名助手，偶爾還加上本地不知名的從業員在二至四個方向往他身上射擊；[51] "catching marked bullets" 的重頭戲一直在當年世界雜耍行業中享有盛名，是令他提昇至魔術界殿堂級地位的節目之一。

程連蘇復返悉尼後，嘉賓熱情不減，他於 8 月上旬詢眾要求再到墨爾本逗留 20 天，當地即以 "The Greatest Living Marvels" 來形容他的演出。[52] 其後，程等一行人轉往阿德雷德，同樣受到盛大歡迎，他在兩地也受到眾星拱衛的待遇，劇院都力標 "Chung Ling Soo Season" 來突顯宣傳效果。[53] 至於程連蘇在不同城市的演出均有稍異的入場收費；[54] 他們在南半球的行程至 9 月中才正式結束，一共在澳紐逗留了逾 8 個月的時間。

舞臺表演的沒落與戴阿寬（Diy Ah Foon）[55] 在二次大戰前夕訪澳

　　1909 年的程連蘇旋風再為澳洲刮起一陣中國熱，1912 年墨爾本 New National Amphitheatre 乘着這股熱潮方興未艾，即從歐洲邀請中國雜耍團（The Chinese Pechillis）以拋刀擲丸、爬杆奔索及各種雜技體操吸引觀眾。[56] 此後，又有同樣一身中國打扮，同樣洋人扮演華人，傍邊有中國女助手，譯音黃臺新（Wong Toy Sun）的魔術師在 1912 至 1915 年間於悉尼及墨爾本等埠穿梭演出，[57] 然而他們再無夸父翁仲之能，亦無白象行孕的妙技，更遑論與眾星翼衛的詹五九和程連蘇躍馬齊驅，倀僮程材，不過是綠葉角色的普通藝人而已（見附圖 14.19-14.22）。

　　20 世紀 20 年代的澳大利亞娛樂事業漸被活動電影攻佔市場碉堡，與舞臺表演分庭抗禮。[58] 中國藝人受制於語言、身裁等障礙限制，固未能在西方歌劇、舞蹈界中立足，能在逐步萎縮的空間中存活者，一般都如詹五九與程連蘇般以異樣的長相裝扮、東方衣飾文化或舶來的表演技巧吸引觀眾，其中最能混合上述三大特色且受普羅西人歡迎的，仍莫過中國音樂與魔術雜耍的綜合演出。

　　隨着 1925 年以譯音郎德森（Long Tack Sam）為首的魔術團到訪悉尼北岸，並在 Union de Luxe 演出三晚；[59] 譯音黃連夫（Wong Ling Fu）魔術團亦曾於翌年短暫訪澳，在悉尼 Lyric 劇院內逞弄奇技後，[60] 再一次掀起悉尼地區的中國眩人熱潮。譯音鄺星華（Kwong Sing Wah）的魔術團於 1927 年 2 月初在 Tivoli Theatre 演出昔年程連蘇絕學之一的魔法水盤（大碗飛水）取悅觀眾，又加入各種魔界搜奇戲法，如三槌鬼棒、噪鴿躍魚與自縛自解、穿梭翻騰等幻變不常的巧技。在廣告宣傳中，鄺星華被稱為郎德森的衣缽傳人，把古老北京的風情重現人間，[61] 該團在悉尼逗留了 30 天才短暫告別，南下演出。同年 5 月隨之而來的是更

大型的魔術雜耍團，譯音新滿利，意譯日月李（Sun Moon Lee）的 15
名東方藝人登上 Haymarket Theatre 的舞臺，新滿利還携同他的中國爵
士樂團隨團演出。從告白中可見，該表演團不獨有東西方音樂陪奏，還
俱備各種如爬竿、跳丸、自旋女、女力士等節目；[62] 雖然新滿利雜耍魔
法團在悉尼逗留的時間不足兩周，但因它的中西樂合奏確取得特出的效
果，該年 11 月新滿利東方樂隊再度莅臨，並應 Lyceum Theatre 舉行著
名世界樂隊滙演的邀請，率先登場演出。[63] 此後，鄺星華與其魔術團
在 1928 年初崔護再來，在希孖結劇院表演。[64] 這年重臨舊地同樣受歡
迎的還有郎德森與他兩位妹妹，美娜（Mi-Na）與麗莎（Nee-Sa），他們
在悉尼 Tivoli Theatre 逗留了整整一個月。[65] 然而這只是該團在 20 年代
悉尼表演的結束，1931 年初郎德森第三度折返，觀眾又再在魔法幻影，
旋碟盤舞的兩周下才目送他們離開。[66]

　　1937 年夏末，22 歲的戴阿寬（1904？-？）在娛樂代辦人 Greenhaigh
and Jackson（1896 -1972）攜同下乘搭 Nellore 火船從香港抵澳，踏足悉
尼港碼頭。戴被稱為世界上身裁最細小的矮人，體重幾與一般未足歲的
嬰孩相近，僅得 15 磅，[67] 隨他同行的還有國籍未詳的侏儒 King Chong
（見附圖 14.23）。與不少夏末秋初抵埠的藝人一樣，戴阿寬此行旨要是
參加悉尼的復活節嘉年華盛會。與其他表演者稍不同的，卻是因他骨骼
結構與體重過輕的關係，本身並無一技之長，吸引觀眾的便是行走不
便的朽敗軀體。戴阿寬也有一名年齡稍長一歲，譯音張阿福（Chang Ah
Foo）的合作伙伴，他善於翻騰跳躍與表演雜耍魔術，於當年西報的訪問
中，張通過翻譯透露祖家僅有夜場表演，因而在悉尼的表演較在中國忙
碌，但他於處身異地慨嘆辛勞的無奈中頻以進食洋蔥保持體力。張阿福
是獨身漢，據稱他常以一身七碼粉紅的彩緞錦袖來耍玩戲法，[68] 而戴阿
寬常以活動説話的偶人角色出現於那出雲水袖之中。戴阿寬頭臚異常細
小，外形與一枚橘子相近，西報宣傳他為針頭人 "Pinhead Chinese"，相

信他在進食時也有困難，而每當他咽嗆咳嗽或隨張阿福的袖舞騰空之際亦有生命危險（見附圖 14.24）。[69] 雖然作為目標的話，張的體形遠較戴阿寬龐大，但偏偏觀眾的目光都往往聚焦於小戴身上。這高矮的二人組合與詹五九或程連蘇夫妻搭檔組合不同，表演手法亦有差異，絕對也不是芸芸演藝界中的主要角色，但無可否認的，是這兩人組合也能於白人社會中引起注意，是 1860 年以來另類較特殊的訪澳中國藝人。

在戴亞寬以不一樣的形象旋風式洗滌悉尼人的耳目後，1938 年一支北派男女表演者 "The Great North China Troupe" 自該年 3 月起在 Tivoli 演出成功後被轉邀至同市另一戲院 Capitol 繼續耍弄其筋斗、拱橋及跳躍等絕技，吸引主流社會的廣告上還特意以中文直書 "武藝超群" 作招徠。[70] 在時空穿梭之旅上，讀者還不難發覺在 19 世紀末揚名國際演藝界的詹五九尚有其獨特的魅力。二戰期間訪澳，卻仍身穿滿清服飾的余賀增即以 "Chang" 為號召，[71] 他在 1938 年 10 月底在 Tivoli Theatre 登臺時被冠上 "The Mysterious Man from the East" 之名作魔術表演，於神祕東方的吸引力下，他在悉尼演出 6 周，其後才在一片 "Is he Man or Devil" 的迷霧中消失。[72]

有關 "中國藝人" 在澳演出的再探討

1. 宏觀的視野與遼濶的背景因素

詹五九、程連蘇與戴阿寬各有本身不同的際遇與命運，他們既屬不同時代的表演者，且互不認識，而表演的技藝與手法也截然不同；然而，若以他們三人訪澳的年份與身裁作一表列，似乎可繪劃一幅 19 至 20 世紀澳大利亞華人地位演變圖表，而這下滑的走勢也象徵澳華地位於 1860 年往後進一步下降。事實上，自 1901 年以還，"白澳政策"的確立令當地朝野向着保存一個白色澳洲的目標進發，變相鼓勵新青年投身排華合法化的行列之中。

白澳洲主義的抬頭，顯示澳大利亞政府落實執行保護本土人士的利益，華人到澳固受禁制，華工復埠亦受刁難，不少華人因在諸多制肘下返回中國，其中不少是在 19 世紀末過渡至 20 世紀初受到白人社會接受，被認為經濟條件較優，文化水平較高的華商如李益徽、馬應彪、郭樂等或出於留澳已感意興闌珊，或因晚年思鄉情殷，或出於建設祖國之心益濃，都在新世紀蒞臨之際離澳返國；在這情況下，過去認識華人性格及其優點的洋人固已不多，而此際能代表優異華人的僑領愈加凋零，間接形成主流社會對華人社區的進一步誤解和孤立，促使華人身分地位的急速下降。

19 世紀 70 年代至 20 世紀初，是澳大利亞社會由急需華人契約勞工建設，轉向本土勞動人口漸萌排華心態的過渡。溫文爾雅的詹五九夾其流利英語和自稱中英混血卻同樣滿清髮服的程連蘇能被廣大白人社會接受，與他們的文化、血統有某程度上的關係，[73] 或者，甚至可解說在 1910 年前，澳大利亞社會雖實行本土保衛政策，但當中利益衝突還勝於種族矛盾，普羅大眾在"白澳政策"推行下，若非極端種族主義者或利益受損者，他們對華人及其文化是抱着隔籬觀望，甚至越笆欣賞的態度。但隨着華人社區的萎縮及白人年青一代習染排外潮流後，澳華的生活日形艱難，而自 1920 年以還，逐步取代舞臺表演的電影內所傳達有關中國的黑色原素進一步對潮流感染者造成更重要的負面影響。[74]

或者，從宏觀的角度上推敲，由當年能操七國語言，身高超越白人的詹五九，至以中英混血，滿清髮服為招徠的程連蘇，再至不類常人更近殘缺畸怪的戴阿寬等的訪澳，說明華人地位在澳大利亞洋人社會中的隱寓變化，在整體上，這也符合澳華歷史發展的演變。但從微觀角度考察，這些到訪澳大利亞的藝人背後均有其不同的故事，反映着華洋間的微妙關係，歷史工作者不能貿然以籠統的目光，就此涵蓋公眾視線驟止的表層，我們需以更精密的窺鏡，錐探傍觸不及的幽滯深處，或者，還能從中搜索啞暗裡的半絲光明，並由此為讀者於腦海中素描個別誌異時，另闢不一樣的思考模式。

2. 微觀的內窺及客觀的華洋關係

詹五九的文物展覽與發表他旅遊經歷的言談是靜態中帶優雅的表演，在若干程度上確可吸引對東方文化深感好奇的觀眾，他與金福出演的場次在總入座率上雖稱理想，[75] 惟就以詹訪澳的資料觀察，在墨爾本設場時便偶爾遇到不能滿席的問題，這情況幾就在他首演之際已經出現，[76] 概括地說是有點不及在英倫等地能廣泛引起注意，主因相信是他的節目過於靜態，與入場人士冀盼觀賞諧趣活潑長人秀及身高成強烈對比的矮子戲原底意欲有所出入。此外，他帶來的東方文物僅能吸引少量華友入場參觀，該地報章甚至指出縱使中國小矮人努力地在介紹詹的蒐集藏品，但成效卻是有限的。[77] 還有些客觀因素該注意的，是詹五九雖帶來日本皇室繪畫等充實原來只有中國珍玩的擺設陣容，但碰巧該時段一批出色的日本雜技藝人，包括長人與侏儒表演者也在墨爾本 Royal Princess Theatre 演出，並獲得大批觀眾欣賞和歡迎。[78]

當詹五九於 1871 年 1 月底在墨爾本的展覽未能帶來預期效應之際，劇院立刻替他的節目作出充實與強化，向外宣佈詹的表演在 2 月中左右完結，並強調他不會在維省的郊區演出，希望藉此刺激票房。同時又加進若干新項目，如（Kes[r]tronography）介紹、澳洲本土小矮人（Tom Thumb）的加入，同時還有臘像（waxwork）參展，[79] 後來還加進幾位男演唱家的助慶，並派發長人詹的劇照給進場嘉賓，[80] 他在 2 月的演出終吸引大批觀眾購票，[81] 並以盛大的 Chang's Grand Promenade

Concert 作結，當時共有七名當地藝人參加他的告別演出。[82] 從詹五九事例中或説明了單憑純東方文化式的靜態展示和表演，在異域主流社會中不能保障入場人數的增長，反之，若以東方色彩作主題招徠而加進西方動態的藝術原素，反倒是開拓市場的正確路向。

　　詹五九在訪問澳境時携妻同行，但金福是否他的髮妻尚未能確證。[83] 當詹五九在悉尼 School of Arts 演出時，該劇院的祕書 John Roger 與這來自中國温文有禮的巨人頗為投契，是時，Catherine Santley（？-1893，見附圖 14.26）與 John Roger 家人過往甚密，該名白人少女是墨爾本著名出版商 W.J. Santley 的女兒，她通過 John Roger 的介紹認識詹五九，在驚鴻的邂逅與短暫的約會後，雙方迅速地在 1871 年 11 月於新南威爾士省 Ashfield 地區的基督教公理會堂（Congregational Church）內舉行婚禮，John Roger 還担任新郎証婚人（見附圖 14.27）。詹五九雙親體形與一般中國人無異，可證詹的身高與遺傳無關。由他初次出國至訪澳期間身高再有大幅增長，若非出於宣傳的誇張，則是腦下垂體過份活躍，本來便是壽緣不永的徵兆；[84] 再者，從上文可見詹五九的事業也不常順景，事實上他在墨爾本的演出被迫提早結束後，曾有一周左右的時間屈處在當地蠟像館內表演，且不另收費。[85]Catherine Santley 冒着女性最大的顧慮，即生活的不穩定及早年喪夫的危險，甘願與這異族成婚必亦承受着不少壓力，也見證了她高度欣賞詹的過人才華，方才作出這勇敢的決定。詹五九在婚後與 Catherine 離開澳大利亞繼續他的國際演藝生涯。在他的表演事業中曾三度在英國維多利亞女王前獻藝，又數番在法王拿破侖三世（Napoleon III，1808-1873，1852-1870 在位）、德王威廉一世（William I，1797-1888，1861-1888 在位）前展示他語言技巧。詹五九在 1893 年經長期臥床後病逝英倫，[86] 卒年 48 歲，遺下兩名兒子，[87] 當時英、澳兩國報章也刊登他逝世的消息，因他是澳大利亞人的佳婿，澳洲報章對他的報導特詳。[88]

程連蘇一直以中英混血兒身分自居，並於民國成立後還身穿滿清髮服在舞臺上耍弄奇技，以中國招牌為幌子吸引着萬千西方觀眾的注意。然而程的原名為 William Ellsworth Robinson，原籍美國紐約，父母俱是西人。出於家族事業的影響，程在當地學藝，後來又因一名來自中國的前輩表演者，譯音朱連魁（Chung[Ching] Ling Foo， 1854-1922）的啟發，把自己易名程連蘇，在某程度上，"連蘇"這名字與他自稱程為母姓與父親是蘇格蘭傳教士的謊話互可掛鈎，甚至可視為是他的本姓 Robinson 廣東語的簡化。至於一直低調守候在這魔法大師身傍的程妻也並非中國人，亦無半點中國血脈，她是第二代德裔美國人，本名 Olive Path（1863-1934），在紐約的舞蹈界中只是耍閒的角色，因身裁矮小，容易在魔術表演中遁隱，故加入程的團隊行列，且身穿滿清髮服示人；二人男女間的私結雖在紐約時已繫索難分，但與在魔術團中的幼女卻並無血源紐帶關係（見附圖 14.28）。[89]

程連蘇的名字或源於英美表演的前輩朱連魁，[90] 但他在表演之際的髮服道具，與 Olive Path 的舞臺夫妻關係，妻子以花朵作藝名，甚至節目中加插被義和團槍斃等環節，幾都與 19 世紀末周遊歐美的詹五九表演宣傳，甚至與昔年矮子鍾茂自稱是太平軍餘黨手法相類，年青時代的程連蘇甚至或在家鄉和英國對長人詹的演出與逸事有所見聞。在另一方面，程雖自稱具有中國血統，他與其表演團成員也常衣華服與中國滿清梳妝以作招徠，但他的魔法技巧與表演形式卻滲進大量西方色彩，使這外貌不類東方面孔而作辮髮補服打扮的幻術大師在廣大群眾前充滿神秘性與不尋常的吸引力。

可能更足令讀者進一步思考的，是除出於謀生要素外，程連蘇神祕面紗底下，包括自道家世、假裝喜愛地道中國菜餚、娶"中國妻子"與誕下所謂泰半中國血統的女兒等，於那被視為充滿歧視中國人的時代裡是頗為異漾的包裝文化。事實上，正如 Jim Steinmeyer 在著作裡指出當時部分倫敦市民都略知他在血源上並無任何中國的連繫，縱使該地的中國僑民也清楚程連蘇是血統純正的洋人，但他們都樂於招呼程在自己的餐館內進食燕窩與鯪魚，且經常結伴連行購票的進場支持程連蘇，重點便是他在一定程度上因推廣 "中國魔術" 而提高了華人的社會地位。[91] 或者，程連蘇在澳大利亞同樣打着 "The Marvelous Chinese Conjurer" 旗號吸引大批西方觀眾進場，並假藉自己英語不太流俐，由日人助手代為謝幕一節，[92] 幾乎說明了西方民間對中國與其文化的觀點不盡是負面的。此外，我們在 1912 年墨爾本自歐洲禮聘而至的中國雜耍團被冠以 "A Troupe of Real Chinese Jugglers" 及由該年起一直徘徊往返悉尼及墨爾本等埠演出的另一喬裝華人魔術家黃臺新的例子裡，或可將原野上燄焱不息的若干歷史殘燼拂拭而去。

程連蘇離澳後返回英倫繼續他不斷創新的奇技演出。他在 1918 年 3 月下旬在倫敦北部 The Wood Green Empire 劇院表演時，因那著名的空手攫彈項目中安排失誤，被槍火貫穿右胸導致失血過多，雖經即時搶救，但延至翌晨不治，終年 58 歲，[93] 遺下妻子 Janet Louise Mary Blatchford（1885-1966）及年幼兒女三人，長子 Ellsworth James 才 11 歲，幼女 Mary 不足 8 歲。[94]

戴阿寬生來畸僂，但他的天障成為他唯一的糊口技倆；在昔年紀念救世主復活的嘉年華中，於那普天同慶的日子裡，曾是天下間最臃腫肥碩的巨嬰被搬到與地球上最粉骨盈羽的矮子同場給人觀賞，[95] 於驚詫的囂嘩並夾雜同情與揶弄的唉喋過後，恐怕沒太多人樂於追覓小戴離澳後的下落，但更沒有人相信他能在這不仁的世上可多活幾個寒暑。然而，在另一方面，若說由詹五九至程連蘇，由程連蘇再至戴阿寬的編年過程中，以他們的身高下滑而視此為澳華地位急降指標的話也是不盡然與事實相符的。在 20 世紀 30 年代間到訪的小戴及其伙伴張阿福都被該地傳媒稱為 "this Wonderful Chinese Man"、"the Clever Chinese

Entertainers"，字裡行間都無半點辱華之意；同時，與他們同場在 Royal Sydney Show 演出的既有來自有色世界，巴西的女巨人與非洲的小矮人，亦有來自白色世界的侏儒戲（見附圖 14.29）。故老調重提的，是戴阿寬之所以受西人注目，本來便是人類喜好異常身裁天性的表現，卻與歧視華人並無關係。此外，在往昔東方次文化衝擊悉尼的時代裡，一齣號稱首部以中國人為主題的黃禍舞臺劇招徠不到多少觀眾的垂青，上演不足一周即慘淡落幕，或能在某程度上窺探主流社會群眾不必盡是盲目的排華滋事者。[96]

　　鴉片戰爭、英法聯軍與八國聯軍的本質毋須在此探討，由此敗仗而直接導致國人為洋人所輕更毋庸致疑，毫無疑問地，三次戰役均令中國民族自尊與自信受到損害；然而在明圓烈火，兵燹焚城之際，當無數國寶遠流他方的時刻，於沿岸海港無條件向外開放，列強各據租界的歷史片斷中，大量對這晚陽斜照的皇朝幾一無所知的西方群眾卻興起對神祕東方的迷思。自詹五九於 19 世紀 60 年代中出道，他能於國際舞臺立足與這股好奇，甚至追慕之風有莫大關係；事實上，在昔年標榜滿洲風俗，以至身穿滿清髮服的國際表演者裡，程連蘇不過是其中的扈從者而已。[97] 這股追逐東方的熱潮或自 19 世紀 50 年代伊始，至新時代之交勃然大盛，確為不少國際藝人提供表演平臺，而僻處南半球的澳大利亞也不免在這片潮流中受到感染與薰陶，至第二次大戰前仍餘興未息。

本章餘論：有關 "日本藝人" 訪澳等諸問題

1. 政治氣候與文化活動的關係

　　就環繞訪問澳大利亞國際藝人這項專題來說，讀者們不妨把目光稍移至亞洲近鄰的身上，從而觀察日本在澳洲白人社會中地位的變化。清光緒 20 年（1894）甲午戰役日勝中敗，西方世界一方面既仍以睥視觀察這亞洲島國，卻不能不注意它勢力的冒升，甚至容許它於奄息待宰的中國土地上分一杯羹。在歐洲強國急需東方盟友牽制俄國的形勢下，1902 年日英締結盟約，1904 年日俄之戰給日本進一步證明自己的海上力量，戰爭雖在次年由美國調停而結束，但日英為着雙方利益而擴大同盟條約。這時，遠處南半球的澳大利亞一方面正實行保護主義頗濃的白澳洲政策，另一方面卻因東瀛艦隊日益強大關係，在海域版圖而言，雙方已漸成近鄰，而英國祖家外交風雲的變化也促使它不得不調整對日本的態度。

　　1903 年中，日本艦隊訪問澳洲，當時的白人世界對這些個子矮小，舉止拘謹而衣履清潔整齊的黃種人有些矛盾錯雜而難以言傳的感覺，[98]但無可否認的，是時勢所趨，西報上大幅刊載日本皇室成員的肖像與相關的介紹，使主流社會加深對新盟友的認識。隨着 1905 年俄國波羅的海艦隊遭日軍重創及被迫簽訂城下之盟，日本擴大與英國和約，雙方關係進一步拉近，1906 年報章更以 "Great Excitement" 來形容英日艦隊聯袂抵達悉尼港口供遊人參觀的消息。[99] 在日英和盟前，訪澳的日本藝人不多，除雜耍團外，其他都是洋人劇團中的邊緣角色，[100] 隨着雙方在政治與軍事上關係日趨密切，大量有關日本的事物如雨後春筍般被廣泛介紹到澳，其中多與新伙伴的成就有關，如 1905 年敍述日俄之戰的短片大受澳洲主流社會歡迎即為一例。[101]1906 年由 Bland Holt 領銜主演的愛情四幕劇 *Besieged in Port Arthur* 在 Theatre Royal 公演時觀眾擠滿劇院通道，對以戰亂背景為題材的日俄戀人故事及遙遠的異地港口遭東方盟友圍攻興致盎然。[102]1907 年在倫敦上演後即在澳放映的 *A Call to Arms* 也是描寫日俄戰事為主題的電影短片。[103] 與此同時，在悉尼市外 Bondi 地區的 *The Bombardment of Port Arthur*，也是誇耀日本夜襲俄國軍艦的影片。[104] 其他靜態展覽還有 1906 年 Zaida Ben-Yusuf 親自在 St. James Hall 講解其相片作品的 Japan through my Camera。在 1912 年殘冬中的悉尼，Imperial Roller Skating Rink 舉辦日本之夜（A Night in Japan），除滾軸溜冰外，嘉賓們還可欣賞有關日本風情的介紹。[105]

　　至於其他表演，尤其與日本文化有關的推介不勝枚舉，其中如 1904 年，六名來自日本京都的相撲手攜同大阪裁判於日俄戰爭中因海路受阻，經歷重重障礙後抵達澳境。[106] 正因大和民族的文化被引進，悉尼報章上對藝妓受訓情況亦有詳細報導，且圖文並茂。[107]1907 年 Tivoli Theatre 宣傳首部在澳大利亞上演的日本舞臺劇 *My Yokohama Queen*。[108] 1909 年日本柔術大師 Ryugoro Shima 暨其訓練員及徒眾示範柔術基本動作與自衛方法上演多月，大受白人觀眾欣賞。[109] 誠如他自我介紹柔術基本功時指出：

　　　　Jiu-jitsu is an art which enables the weaker to defeat the stronger……[110]

日本以蕞爾島國一舉擊敗地誇千里的帝俄，近身搏擊的柔術不啻是吸引西方觀眾最佳的表演示範。除武術自衛外，還有些戲班小腳色偶爾出現洋報娛樂版上，足令人抖擻精神，注目細看。[111] 由洋人演員上演與日本有關的歌劇，如由 Beerbohm Tree's company 代理的 *The Darling of the gods* 甚見好評，[112] 報章上還介紹了主角之一 Inez Bensusan 的劇照；在同年的日本熱潮裡，Criterion Theatre 乘勢推出著名的 *Madame Butterfly*（見附圖 14.30-14.31）；[113] 在這些東西文化混合原素推動，藉洋人因時代驅使開展對東方的好奇背景下，由洋人演員上演的日式悲劇 "Japanese Tragedy" 大行其道，其中像 Hilda Mulligan、Jeanne Brola 等劇照都不難在當年的報章上找到流，1912 年初秋之際日本柔術家 Shima 還與黑人摔角手 Sam M'Vea 擂臺上對賽，宣傳標題為 "Black on Brown to Play White"（見附圖 14.32）可見市民對這新盟友願意一嚐白人比賽的勇氣抱着較開放的鼓勵胸襟與樂於接受的程度。

2. 種族問題與政經利益間的取捨

　　"白澳洲政策"的實施或是種族主義者的勝利，但保護本土洋人利益才是該政策主要的重點。華人人數在日澳關係良佳的 20 世紀初尚有三萬人前後於澳大利亞居停，然而日人僅有三千人左右，[114] 在各種勞工或小商業利益上，日人不能對主流社會構成威脅，雖然偶有雜誌如《北結報》(Bulletin) 提出日人南下漸多的警告，但其威脅遠不如早在澳境釀起被排擠風潮的華人。從相反的角度上觀察，日人不獨不對本土利權構成威脅，其本國還能協助不列顛維持在遠東的利益，相較國力疲弱，歐洲列强既可予取予携的晚清王朝，中英雙方根本不存在利益伙伴的條件，基於上述因素，歧視在澳工作而將在本地賺取的金錢滙運中國的華人自然成為排華人士與雜誌共同針對的目標。故當主流社會面臨更實際的政治、經濟利益越檻而至時，所謂種族主義便須退卻讓路，同是黃種的日本人便變成白人友誼永固的兄弟了！

　　在另一角度觀察，普羅大眾或因好奇的驅使而對東瀛事物大感興趣，但市民輿論受政治大氣候傾向的影響而有所變化亦是事實。日英締結和約後，澳大利亞朝野對日本仍有疑忌之心，報章雜誌上也不時刊載時人對日本的印象及和約行將屆滿的焦燥與不安（見附圖 14.33）。[115] 1911 年日人在太平洋島國駐紮，軍力進一步威脅澳洲，本土輿論呼籲日人自重之聲不絕，[116] 不啻 19 世紀中，部分社會人士嗟怨遭受英國所牽制，往昔被迫接受華工入境政策，逾半世紀後則在戰略上被迫接受日本，兩者何其相類。次年中，澳大利亞在加拿大的勸告下，就開拓艦隊與增建驅逐艦問題展開討論，除防範日本在太平洋的擴張外，竟也因本土北部地多人少，恐怕招來中國推出南方過剩人口而大表憂慮。[117] 既而，於這疑惑和利益權衡交猜的片斷中，日本文藝熱潮也於大洋洲儼然漸止，被潮流一度冷落而斷續南來的中國藝人反而在祖國對英澳毫無威脅，甚至往後被東鄰咄咄進迫的困窘下再度踏足澳境。至上世紀二、三十年代間日本軍國主義抬頭的時刻，澳人防範太陽旗任意縱橫伸延，恐防它侵凌南十字座星的安然座向已是不容置疑的事實。這些材料或可在大家娓娓而談西方社會對日本文化喜好的當兒，為某些不完整的概念提出修正。[118]

3. 華洋矛盾於日澳燕爾和諧關係中的抒緩

在日英因政治利益結合，關係友善之際，日澳關係也由此拉近距離。在 1904 年澳大利亞朝野發起為日俄戰爭軍士死難家屬募捐的運動中，再度掀起昔年澳華愛國捐款熱潮，其中固然因為有些知識份子留學日本，對東瀛頗有感情而勠力勸捐，不少善長甚至認為日本為着替中國奪回東北的主權而與俄國開戰，但華人社區普遍認同日本在日俄之戰中的勝利，令澳大利亞洋人察覺黃種的力量，致使澳境虐華之風得以稍殺。[119] 若循此方向追覓，19 至 20 世紀間悉尼排華甚烈的《北結報》自 1880 年始，除披露大量澳大利亞中國勞工問題外，也對華人在澳的貿易，包括傢俬業、果菜業、小販，不良嗜好甚至影響公眾健康的鴉片、賭博，以至與白人有異的衣飾文化如辮髮等都加以惡意批評，甚至對華人向女皇的致意、集資籌款、構建教堂，在洋人社會獲得尊重的梅光達都肆意攻擊。查該報自 1880 至 1903 年非議或排擠華人的立論不下 196 起，幾佔其總篇幅四份一強。自聯邦政府成立推行保護本土"白澳政策"的時刻裡，《北結報》排華文章卻大幅驟減，於 1904 至 1913 年間幾再無辱華言論的刊載，往後偶有報導華人消息時，無情的筆鋒亦較過去稍為放緩，不復 19 世紀末恃勢凌人的氣燄。[120] 至於社會上的壓迫性輿論也於這剎那空間中略弛鼓噪的聲音，而這十載剛好亦是日英關係融洽和諧的時刻。絕磧游弋，滄海浮生。因日本國力趨於強大緣故，至令昔年華人在白澳洲主義圍堵的夾縫中得以在 20 世紀初暫歇苟喘，恐怕亦非生存於 21 世紀的同胞們可想像的事實。

綜合上述現象分析，政治、軍事、經濟利益成為東西方於狐疑猜忌中暫結盟約、於互利互惠的暗底中互爭長短，這本是人際與國際關係的正常現象。當然，自 19 世紀以還，白人對黃種的態度抱有一定的保留，但證據卻顯示兩者並非不能融洽相處，彼此的隔閡除雙方文化的差異外，國力懸殊也是主因之一。然而卻不表示普羅民間把膚色有別的東方文化拒於千里之外；"日本藝人"藉着國力強大及與此催生的日英盟約進入英聯邦地區表演，藝能界在南下澳境人數上一時間較中國優勝，除糊口生計外，他們令白人社會於某程度上瞭解日本文化，在東西方文化交流上貢獻至大。至於"中國藝人"抵澳者在整體上遠較日人為多，具代表性且崢嶸頭角者，踞岸有人。或者，在歷史的演進過程中，縱使〈滑稽〉、〈方伎〉、〈佞幸〉等傳記並無藝人容身之所，然而他們卻扮演着另類的角色，於正史忽視的世界裡，默默地承擔着另類文化互動的使命，為當時的西方注入有異於正統的東方文化色彩。當然，由日本文化的引進與日澳政治角抵的困局中，也使我們冷靜地均衡着黎庶於不同時代裡的異向，令讀史者更具條理地在有色的容器裡，過濾着中日藝人在異鄉演藝戲弄之際的民間價值與地位。

本章總結

音容莞爾在，回眸已百載。在那曾令無數生命青葱茁壯，卻又同時拖着絕望步伐的年頭裡，詹五九、程連蘇與戴阿寬都與常人無異，他們均藉着時代的世變來演繹自己的故事，並相繼在文化不同的國度裡翩然謝幕。

澳大利亞華人的血淚早在異鄉的山巖礦洞間留痕，但在這淚印斑爛的遺溝裡，後來者還或可從邃暗的深處搜尋歡笑的迴響，並為這仍於夢中縈繞的笑聲，重組白色世界中對華人印象的模擬拼圖，並藉着編織其歷程，重新展開對昔年華人遭遇的另類審視和認識。自晚清積弱及喪權辱國開始，同胞們便因屈居列強接疊而至的不平等條約下，漸次成為咽氣吞聲的弱小民族；於此國難交侵的歲月裡，不少先僑訣別家眷，抵達茫無所知的他鄉，或遭白人歧視與迫害、或被排擠與虐殺，諸不愉快個案的揭示，致使更多同胞相信洋人賤視與踐踏華人的事實。然而，通過蹈履不同時代、身懷不同技藝表演者的到訪，讀者卻可在稍異的空間中窺瞥洋人對華人文化的某種興趣與認同，從而替澳大利亞華人史另覓蹊徑，開拓一條有異於傳統學術研究的道路。正因本章試圖走險犯禁的遠因，筆者還願叛道離經，作出有歪綱常的總結。

自 1840 年以還，生活於苦難中的同胞們別井離鄉，因國弱民貧關係，在外飽受欺凌和白眼，這是華僑華人史上不愉快的一章，也正因生活於上世紀國家多事之秋中的歷史工作者，眼見新中國兩番的建立尚未能超英趕美，國力尚虛，國民且貧的心態下，歷史仍需強調祖國及其人民屢遭列強欺壓的重點來集結國民向心力，藉此凝聚能量來建設未來，故研究項目多停留在排華一端上加以發揮，卻忽略了其他細節足可重新整合華僑史的內容。……今天，在我們自詡為綜合國力強大的當兒，生存於 21 世紀僑居海外的國民不需再因洋人的蔑視而蛇行鼠步，在經濟生產及科學技術躍進領域裡的學術界不必再在民族自卑的陰影下進行研究，更毋須由這自卑反動下過份強調自身文化的偉大。與此相反的，是我們應擺脫這擾纏幾達兩世紀自卑且自憐的夢魘，在符合歷史事實及其發展規律上，對昔年澳大利亞，甚至世界華人的生活面貌作出不同的認知、比較和探索，才可邁出原地踏步的困境，以新世代的自信來迎接新研究方向的來臨。[121]

附圖 14.1　19 世紀 70 年代洋人素描。圖中華人聚賭番攤，旁邊藝人彈奏，小唱似是瞽者；後室窗內有華人侍候洋人吹煙 [122]

附圖 14.2　19 世紀 70 年代洋人素描。圖中華人觀賞大戲 [123]

附圖 14.3　1907 年樂堯天劇團駐新州悉尼 The City Hall 演戲照片（照片由劉渭平教授提供）

PRINTED IN N. S. WALES.　　SKETCHES AT THE DIAMOND JUBILEE CHARITY CARNIVAL.

附圖 14.4　1897 年華人參與悉尼醫院鑽禧紀念籌款活動的會景巡遊素描 [124]

CHINESE PROCESSION AT BALLARAT CHARITIES FETE.

附圖 14.5　1875 年華人參與維省巴拉辣籌款義舉素描 [125]

附圖 14.6　1901 年中國拱門在維州巴拉辣中展覽（相片由劉渭平教授提供）[126]

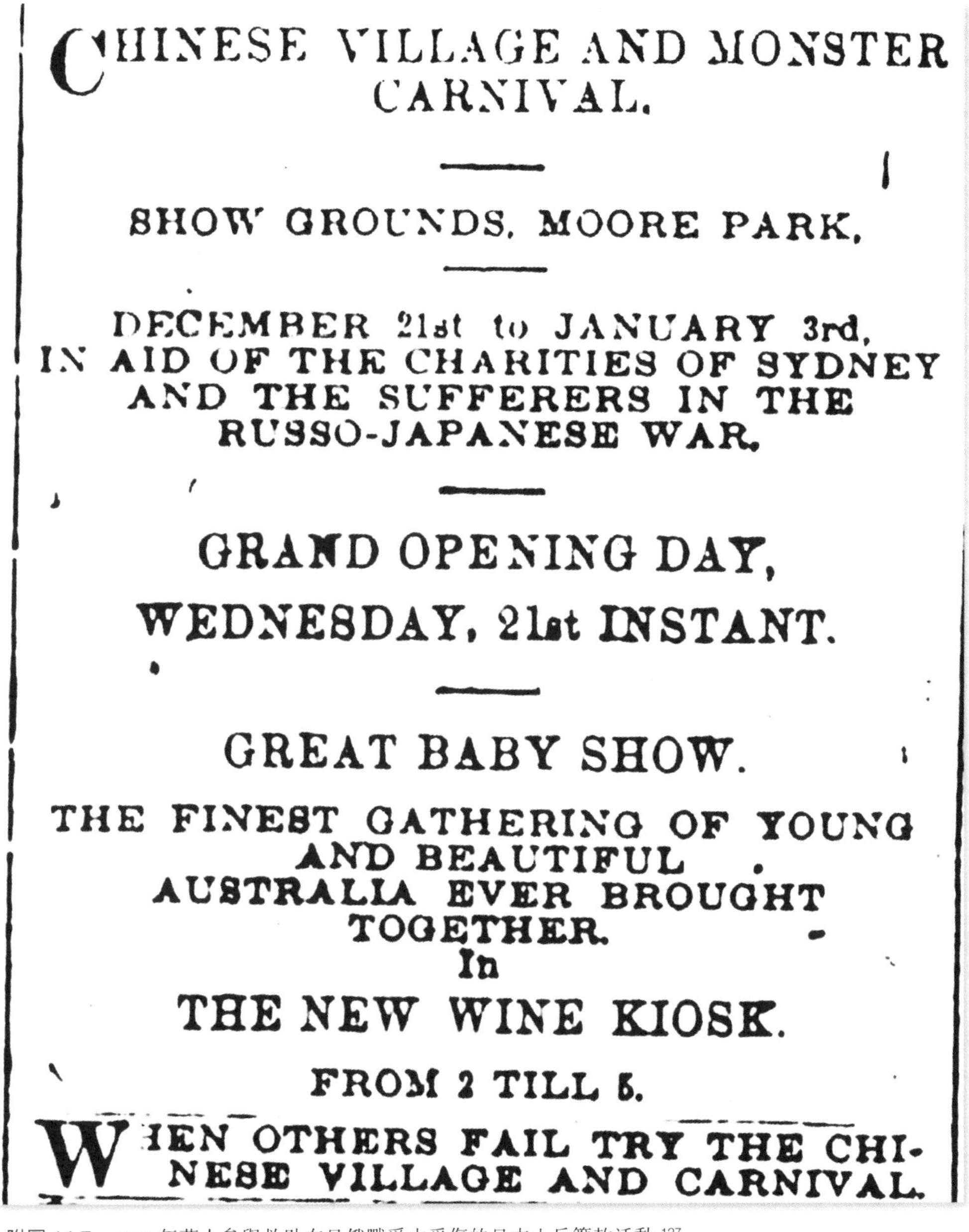

CHINESE VILLAGE AND MONSTER CARNIVAL.

SHOW GROUNDS, MOORE PARK.

DECEMBER 21st to JANUARY 3rd,
IN AID OF THE CHARITIES OF SYDNEY
AND THE SUFFERERS IN THE
RUSSO-JAPANESE WAR.

GRAND OPENING DAY,

WEDNESDAY, 21st INSTANT.

GREAT BABY SHOW.

THE FINEST GATHERING OF YOUNG
AND BEAUTIFUL
AUSTRALIA EVER BROUGHT
TOGETHER.
In

THE NEW WINE KIOSK.

FROM 2 TILL 5.

WHEN OTHERS FAIL TRY THE CHI-
NESE VILLAGE AND CARNIVAL.

附圖 14.7　1904 年華人參與救助在日俄戰爭中受傷的日本士兵籌款活動 [127]

PATRICK O'CONNOR, THE IRISH GIANT.

附圖 14.8　被譽為世界上最高長人 Patrick O'Connor 於 1911 年造訪悉尼 [128]

THE MAYOR OF TINY TOWN GREETS A SYDNEY MOTORIST.

附圖 14.9　1912 年悉尼主題樂園 "Tiny Town" 市長（圖右）與遊人握手照片 [129]

TINY TOWN'S NEWLYWEDS,
Mr. Arthur Huhl and Ilonka Blaschek, who were married since their former visit to Sydney.

附圖 14.10　1912 年 "Tiny Town" 中藝人結婚照 [130]

附圖 14.11　19 世紀英國著名國際表演者匯聚的 Egyptian Hall[131]

Chang and Kinn Foo
(From a photograph taken in Brisbane during their visit
to Australia.)

附圖 14.12　詹五九夫妻檔周遊澳大利亞巡迴表演時的劇照 [132]

ESSENCE OF COLONIAL POLITENESS.

Little Fluffy, of the Circumlocution Office, who is remarkable for his politeness to foreigners, offers Chang a share of his umbrella during a shower.

附圖 14.13　悉尼雜誌中突出詹五九高度的漫畫 [133]

附圖 14.14　悉尼雜誌中以詹五九高度為主題的漫畫 [134]

TOWN AND COUNTRY JOURNAL

CHANG WOO GOW.

An illustrious stranger has arrived in this city. He will hold a levee in the hall of the School of Arts, to-morrow evening, Saturday. He is of noble blood, although his coat of arms bears neither the emblem of the House of Stuart, or of Plantagenet, or of Bourbon, or of Guelph. He would seem to be descended from one of those of whom it written, " and there were giants in those days." He was born in the city of Fychow, in Auhwy, a province of the Chinese Empire. He is descended from a race of warriors. We give his portrait here. He stands eight feet six in his stockings. He can write his name on a piece of paper hung ten feet from the ground. Although a young man—he is little more than 25 years of age—he is one of the greatest travellers and best linguists of the day. He has travelled through Europe and America, and has been the guests of Sovereigns so widely separated by rank and distance as the late Emperor of the French and Emma, Queen of the Sandwich Islands. Chang Foo Gow is a scholar and a patron of literature. One of the volumes of the London Punch has been dedicated to him. He is the author of several poems. Those who know him in private life, and they are borne out by the testimony of the English press— say that he is a perfect type of the gentleman. We introduce him to our readers with the hope that he will make a numerous acquaintance.

附圖 14.15　1871 年詹五九在悉尼北岸演出時的宣傳 [135]

and all were well received. Then there was the evergreen Slade Murray, Olga Pennington, Banvard brothers, Ivy Nicholls, John Ralston, Pearl Livingstone, Tepuni, the Maori, and Warwick Lumley. There were some really fine illuminated songs, and a new programme of moving pictures. Several new artists are announced for next week. The company tours the suburbs as usual.

During the coming week the Theatre Royal will be the rendezvous for a number of interesting theatre parties. To-morrow night Lady Dudley and suite will witness the performance of "An Englishman's Home," and Lieutenant Shackleton with a party will also be present. On Tuesday evening the captain and crew of the Nimrod will be the guests of the management. Next Friday afternoon Mr. J. C. Williamson will give a special invitation matinee to the cadets and boy scouts. Over a thousand cadets and five hundred boy scouts will march to the theatre. The opportunity of the boys imbibing a lesson in patriotism has been eagerly availed of by the controlling bodies of both movements.

VISITORS AT THE HYDRO-MAJESTIC, MEDLOW BATH.

The following were guests at the Hydro during last week:—Mrs. Simpson, child and nurse, Mr., Mrs., and Miss Cadell, Mrs. Trim and son, Mrs. Gillies, Miss Warren, Mrs. Scharrer and child, Mr. and Mrs. Moore, Mrs. Jones, Miss Read, Mrs. O'Brien and child, Mrs. Solomon, Miss Levi, Mr., Mrs., and Master Curry, Miss Hall, Miss Ross, Miss Couper, Miss Johnston, Mr. Ross, Mr. and Mrs. Stratham, Dr. and Mrs. Levy, Miss Jewell, Mr. Coombes, Mr. Lauri, Mrs. Davidson, Miss Goodwin, Mr. Everett, Hon. Thorne George, Miss Cummings, Miss Coulsen, Miss Wicks, Mr. Ellery, Mr. Kudal, Mr.

CHUNG LING SOO.
The marvellous Scotch-Chinese magician now appearing at the Tivoli Theatre.

"Egmont" (Beethoven), gavotte "Mignon" (Thomas), and entr'acte "Lohengrin" (Wagner). The vocalist will be Miss Muriel Barton.

Another of the series of great dramatic films which Mr. West is securing from the Pathe Freres was shown at the Glaciarium yesterday. This was an arrangement of the melodrama "Drink," in which the late Charles Warner achieved his most signal stage success. It was portrayed in a series of realistic pictures, which the audience followed with an absorbed interest. A series of considerable beauty was the dramatic film "Cleopatra's Lover," showing how the queen accepted a peasant as her lover for a day ,and at its close presented him with a poisoned cup. "The Blue Legend" proved a charming set, in which an old-world grace was caught, while in sharp contrast was an episode in the persecution of the Huguenots, which forms the second of the fine Louis XIV. series. The finest scenic film was "Salonika to Smyrna." Lovers of the sensational found it in "Nick Carter in Danger," and the humorous element was well represented by such pictures as "The Schoolboy's Revenge."

On Friday afternoon at the Criterion Theatre the Stage Society of Sydney will put on that famous romantic comedy by Rostand entitled "The Fantastics." Interest is lent the production by the fact that the cast will include Miss Madge M'Intosh, who will make her final appearance in Sydney in the character of Sylvette. The cast also includes some of our most promising amateurs, and the production will be mounted in complete fashion.

MRS. CHUNG LING SOO.
Wife of the great Scotch-Chinese magician.

附圖 14.16　悉尼報章刊登程連蘇夫婦舞臺劇照 [136]

附圖 14.17　1910 年前後程連蘇魔法海報複製品（私人藏品）

附圖 14.18　20 世紀初的悉尼 Tivoli Theatre[137]

附圖 14.19　黃臺新在悉尼獻技時的廣告，造型幾與程連蘇完全一樣 [138]

附圖 14.20
黃臺新在舞臺後的宣傳照片 [139]

附圖 14.21
黃臺新與女助手合照 [140]

士　術　洲　滿　國　中

演院戲劇巴柯蘭簡在現倫絕妙巧舞跳空凌

THE MARVELLOUS MANCHURIANS, featured in Fuller's Pantomime "The Bunyip," at the Grand Opera House, Campbell Street, Haymarket, Sydney.

附圖 14.22　標榜中國滿洲術士到訪悉尼的告白 [141]

附圖 **14.23**　1937 年戴阿寬（Diy Ah Foon）和 King Chong 在悉尼登岸時的照片 142

TINY

Diy Ah Foon, a Chinese, who will
be seen at the Show, is claimed to be
the smallest man in the world. He
is 22. and weighs 15 lb.! He is
enjoying an orange.

附圖 14.24
悉尼洋報以身裁細小突出對戴亞寬
的宣傳 143

Chang, the Giant
(From a photograph taken in San Francisco)

附圖 14.25
詹五九在 1893 年逝世後，悉尼雜誌對他生平
追述中刊登的圖片 [144]

Mrs. Chang
(From a photograph taken in Sydney at the time of her marriage.)

附圖 14.26
悉尼雜誌在追述詹五九時，刊登 Catherine
Santley 的圖片 [145]

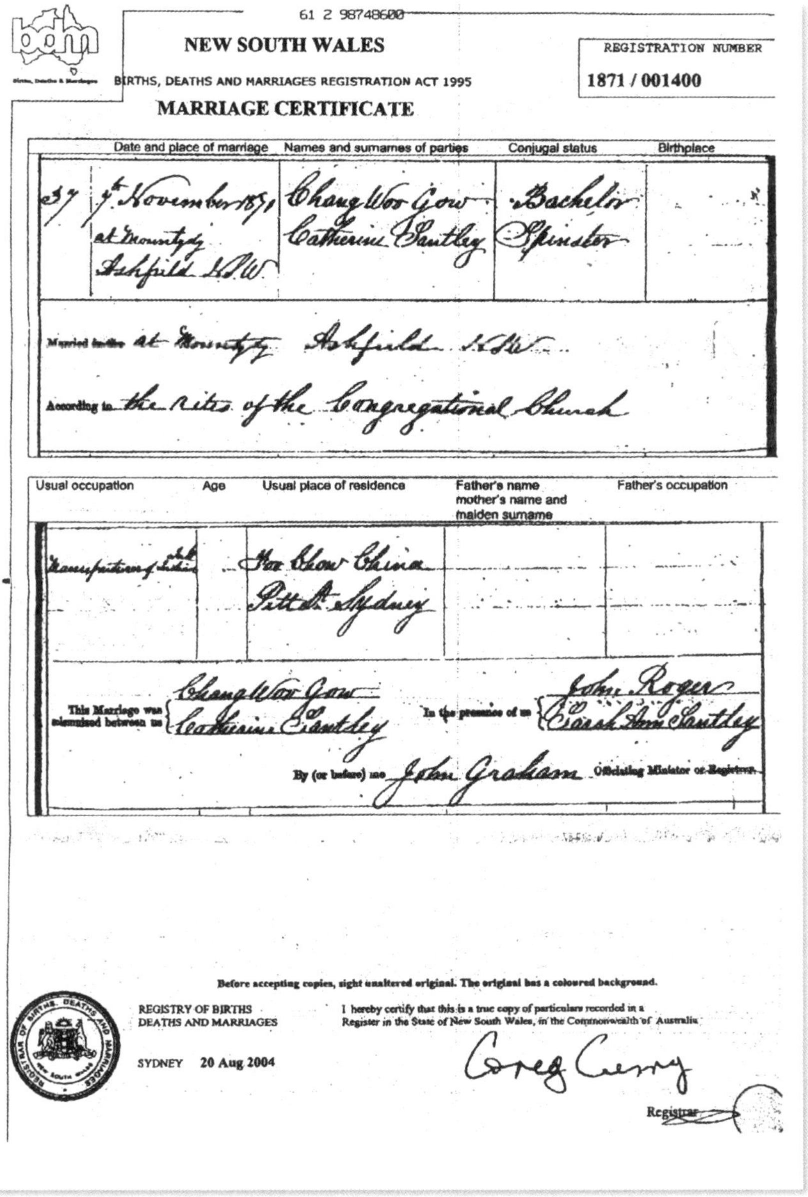

61 2 98748600

NEW SOUTH WALES

BIRTHS, DEATHS AND MARRIAGES REGISTRATION ACT 1995

MARRIAGE CERTIFICATE

REGISTRATION NUMBER

1871 / 001400

	Date and place of marriage	Names and surnames of parties	Conjugal status	Birthplace
37	7th November 1871 at Mountjoy Ashfield NSW	Chang Woo Gow Catherine Santley	Bachelor Spinster	

Married in the at Mountjoy Ashfield NSW

According to the rites of the Congregational Church

Usual occupation	Age	Usual place of residence	Father's name mother's name and maiden surname	Father's occupation
Manufacturer of silk		Foo Chow China Pitt St Sydney		

This Marriage was solemnised between us { Chang Woo Gow / Catherine Santley }

In the presence of us { John Roger / Sarah Ann Santley }

By (or before) me John Graham Officiating Minister or Registrar.

Before accepting copies, sight unaltered original. The original has a coloured background.

REGISTRY OF BIRTHS DEATHS AND MARRIAGES

SYDNEY 20 Aug 2004

I hereby certify that this is a true copy of particulars recorded in a Register in the State of New South Wales, in the Commonwealth of Australia

Greg Curry

Registrar

附圖 14.27　詹五九與 Catherine Santley 在 1871 年結婚的證書，當時 John Roger 和 Sarah Ann Santley 擔任見證人

附圖 14.28　1909 年程連蘇訪問南澳時的"闔家"劇照 [146]

附圖 14.29　1937 年悉尼 Royal Easter Show 中的侏儒戲宣傳廣告 [147]

MISS INEZ BENSUSAN
As Yosan in "The Darling of the Gods."

附圖 14.30　澳大利亞著名女藝人於倫敦上演日本新劇劇照 [148]

附圖 14.31　由洋人女演員擔綱演出日本名劇《蝴蝶夫人》的宣傳告白 [149]

"BLACK ON BROWN TO PLAY WHITE."

Sam M'Vea ju-jitsued by Shima.

附圖 14.32　日本柔術家與黑人較量摔交照片 [150]

附圖 14.33　隱喻日人的猴子戲弄幼弱無助澳人的漫畫 [151]

註釋

1　其中如 1861 年於澳大利亞新南威爾士省藍濱坪發生的華洋衝突是該省較為人熟知的礦坑流血事件，當大批華人遭受歐裔淘金者團攻並沿山澗奔逃時，得到白人莊園園主的收留，並為千餘名披難者提供庇護所及麵包、毛氈等基本飲食，事後該地政府向義助華人的園主作出金錢補償，而該地亦不只一次發生華洋爭執與流血衝突。上述材料可見 Myra Willard, *History of the White Australia Policy*, pp.32-33。在 1861 年慘劇發生後數年才出生的女詩人 Mary Gilmore（1865-1931）於耳聞口述與目睹排華過程中，以憐憫的筆觸，追記寫下了這些華人的遭遇："FOURTEEN MEN, And each hung down/ Straight as a log/ From his toes to his crown. Fourteen men, Chinamen they were, Hanging on the trees/ In their pig-tailed hair. Honest poor men, But the diggers said 'Nay!' So they strung them all up/ On a fine summer's day. There they were hanging/ As we drove by, Grown-ups on the front seat, On the back seat I. That was Lambling Flat, And still I can see/ The straight up and down/ Of each on his tree."（Chosen by Beatrice Davis【1909-1992】, *Australian Verse*【Sydney: The State Library of New South Wales Press, 1996】, p.57, Fourteen Men），這史詩或可令讀者平衡着是時澳大利亞社會裡不同階層人士的不同心態。從某種角度上觀察，在礦坑事件中受襲的華人大抵上都並非契約勞工，而在這期間的契約華工工作表現既有獲得澳洲農務部觀察員中肯的評價（見 *Australian Agricultural Company 30th Annual Report*【London: John James Metcalfe, 1854】, pp.11-13）。

2　當時在國際表演事業上，1860 至 1920 年是一個特別的時代，其始源於由美國白人扮演黑人並演唱靈魂歌曲起，至後來加入馬戲、歌舞、魔術等表演成為舞臺演藝的潮流，這潮流至第 1 次歐戰後才在美國本土漸次式微。正因美國本土大型歌舞雜耍因活動電影的逐漸流行而退出主流表演的行列，崛興超過半世紀的大型歌舞雜耍從業員或化整為零，各自發展，又或者偶爾在經理人安排下，越洋登臺，於他鄉組成臨時湊合的戲團，於經濟相對落後的地區繼續另覓生計。

3　自 20 世紀伊始，澳大利亞聯邦政府順應民意展開入境限制後，佔本土外勞市場泰半的中國契約工人失去了新工作機遇，部分在新政策推行下轉業為木工、果菜園園工，部分因得經濟條件更佳的梓里聘用，或以伙伴形式經營木行、雜貨業、洗衣業、飲食業，甚至投身果菜業所致。

4　見《廣》，1914 年 1 月 3 日，頁 21，〈Adelphi Theatre〉條。

5　見《廣》，1913 年 12 月 27 日，頁 2，〈The Great White City〉條。

6　見《東》，1908 年 4 月 7 日，頁 5，〈和時馬戲〉條。

7　當時在維省註冊的華人戲班多租借西人劇院進行表演，按時人描述，戲班連同工作人員一般 40 人，表演都由各翻騰跳躍（acrobatic act）動作開始，最終以一場相同或相若的武打場面作結。除周六上演日場外，表演一般都是夜場。至於下鄉演出的戲班也是以夜場為主，因利益衝突而仇視華人的白人礦工對聲音吵耳，且由晚上 7 時半開演至凌晨 2 時前後才結束的中國戲都表示反感。雖然歐亞礦工都居住在不同的營帳內，白人淘金者亦極少願意參觀唐人戲弄，但曠野間的迴音卻令不明其語言與表演文化的洋人心內增添排擠華人競爭者的理據（見 John West, *Theatre in Australia*【Stanmore: Cassell Australia Ltd., 1978】, p.62）。至於當時的澳大利亞雜誌亦曾轉載美國 *Macmillan Magazine* 的報導，作者在三藩市（San Francisco, USA）觀看華人大戲後，因感到大惑不解而發表追述與感想的文章，其中如對表演時間過長、中場並無休息、中樂樂器的嘈吵聲，尤其樂器音量與西方有異、對突然其來演員的不斷翻筋斗、對表演技巧的意見，甚至因演繹手法不同等均有記載（見 *ISN*, 25th Oct., 1888, p.18, In a Chinese Theatre），內容幾可與部分澳大利亞白人的觀感不謀而合，凡此種種都與文化不協有直接關係。

8　1897 年，悉尼摩柏（Moore Park）舉行為悉尼醫院籌欵與濟貧的華洋會景巡遊，參演者除兵士馬操、黑人雜技外，華洋腳踏車比賽也是重點項目之一。華人會景至為可觀，當年華人報章以四六體裁記載，唸來抑揚有致："（1897 年 8 月 28 日）下午兩點餘鐘，大賽華人會景，鋪排行徑，一先一後，次第分明。鳴鑼開道，聲勢張皇，所扮頭陣先鋒、六國元帥與夫女飛報、女將軍皆跨鞍馬，羅傘擎來，絢天邊之霞綺，旌旗排列，映雲外之日華。色心四套，乘以彩亭。鑼鼓四套，大奏元音。八寶儀仗，有色有光。五色軍器，有嚴有翼。金龍一條，戀寶搶珠。雖飛騰之未卜，儼夭矯之呈姿。後有獅子獻瑞，舞動如生。以上各項人員或就文班，或居武列，多穿五色錦服，緧帶紛披。居然錦繡風光，別具繁華世界。"是次募集入場費共得 1,200 餘鎊（《廣》，1897 年 9 月 3 日，頁 4，〈會景餘波〉【見附圖 14.4】）；至於西報除對 80 名中國人舞動的 2 百呎巨龍表示擊節讚賞外，還盛譽場內表演者的戲力演出及充滿異族風情的貴重彩衣與旗幟。在釋述音樂方面，記者或因對國樂感到陌生故偶爾上 "barbarian music" 形容，卻還中肯地表示這些令人耳目一新的蠻族異音與西洋經典樂曲地位無異，他還打趣地建議悉尼戲院的經理們應在歌劇開場之際加入華人演繹的原素（SMH, 30th Aug., 1897, p.3, "Jubilee Charity Carnival: A Great Display　A Chinese Demonstration"）。SMH 的報導與 John West 等記載其他洋人對國樂戲曲的批評時又有迥異的面貌，加上洋人入場的踴躍，大抵可見當年澳大利亞白人對華人文藝表演及由此表達的中國文化存在着不同程度上的好奇、抗拒和接受的態度。有鑒於演出的成功，華人再接再勵在同年 9 月 25 日於摩柏獨力担綱，續擺巡會慶典，當天雖是該地賽馬日，但仍籌得款項 6 百餘鎊（《廣》，1897 年 9 月 17 日，頁 3，〈會景增華〉條、10 月 1 日，頁 3，〈慶典奇觀〉〉）。

9　見《民》，1917 年 1 月 27 日，頁 5，〈看戲者須知〉條。

10　見 The Sunday Sun（Sydney, hereafter SS），11st Dec., 1904, p.2, Amusements；在該募捐運動中還有不少西部牛郎力戰印第安人的表演，此外，本土傳奇的叢林流寇 Ned Kelly（1855-1880）其黨羽故事再度被搬至悉尼 Moore Park 演出，傳統馭馬等馬術大賽固是不可或缺的項目，還有各種馬匹與汽車的比拼角逐 The Chinese Village Cup（SS, 25th Dec., 1904, p.2, Amusements）。

11　The Times（London），7th Sept., 1865, p.1, Amusements.

12　The Times, 23th Oct., 1865, p.1.

13　SS, 16th July 1911, p.2, Amusements, "Cowboys and Indian Frontier Celebrating".

14　SS, 15th Oct. 1911, p.2, "Kelly," and "Victor Myers".

15　有關 Tiny Town 的參演者與表演內容如下："Honka, the bride-to-be-The Turkish Tom Thumb-The Midget Jugglers-Hand, the 38 in-Soubrette-The Tiny Clowns-The Miniature Dancers-Miss Andre and the Pony Hans-Morello, the Contortionist-The Liberty Ponies and the World's smallest Ringmaster-David Armstrong. Tiny Town's Policemen-Paola and Pompeo, the Tiny Circus Riders-The Midget Wtre Walkers-Tiny Town's Strong Man-Tyrolean Dancers"（The Sun【Sydney, hereafter TS, 2nd March, 1912】, p.3, Amusements 可知也是一種以百戲形式出現的表演。

16　1905 年德國柏林舉辦了一場不尋常的比賽，主辦者從參賽者中選出最高、矮、肥、瘦各一人，其中最高的身長 6 呎 7 吋，最矮的僅 3 呎 2 吋，雖或不足代表當年天下之最，卻說明世人對人體的極限甚感興趣（SS, 10th Dec., 1905, p.7, A Congress of Human Curiosities）。事實上，由中國文化孕育出來的高腳七與矮冬瓜，以至當時世界性巡迴演出的長人與侏儒表演，說明這股觀賞異乎常人身裁面貌，甚至對異乎本土衣飾髮貌文化的好奇是人類共通的心理。1955 年美國迪士尼公園（Disneyland）的出現未嘗不是與 20 世紀初矮人鎮熱潮構思的延續有關，生存於這股潮流中的 John Ronald Reuel Tolkien（1892-1973）亦於 1937

至 1949 年間以半身人哈比族為主角，完成他 The Hobbit 和 The Lord of the Rings 的原著。

17　昔年登臺藝人多不以真姓名献技，但 Chang Woo Gow 似確是真姓名，在他結婚証明書上也是以 Chang Woo Gow 簽署。至於中文姓名方面 Chang Woo Gow 的英文譯音，尤其他的姓氏，不該譯作詹五九，惟在現今英國尚存的廣告上仍清晰有詹五九的中文名字，故視此為其常用的姓名（見 http://www.ashleighhotel.co.uk/chang.html，瀏覽日期：2013 年 4 月 20 日），詹也有偶然使用其他名字如譯音詹道成（Chang tu-Sing）、詹越城（Chang Yu Sing）（http://www.chia.chinesemuseum.com.au/biogs/CH00090b.htm，瀏覽日期：2013 年 4 月 20 日），相信以上兩名字才較接近他的真姓名。

18　詹五九在 1864 年離開家鄉，開始他傳奇的一生。見 The Illustrated Sydney News and the N.S.W. Agriculturist and Grazier (hereafter ISN), 18th Nov. , 1893, p.18, Chang, the Giant。

19　在該段講述頗詳盡的報導中對詹氏夫婦的儀容裝扮，甚至學養都高度讚揚，但對矮子鍾茂與飾演配襯角色的醜陋丫環卻無好評。見 The Times, 7th Sept., 1865, p.10, "The Chinese Giant"。

20　該廣告載 "Chang, the Magic Giant---a new Sensation---This marvelous figure, which created such an extraordinary sensation at the Court of the Emperor of China, performs daily as No.252 Strand, from 10 till 6. Sent post free with full instructions, for 14 stamps. H.G. Clark and Co., 252. Strand." 見 The Times, 29th Nov., 1865, p.1, Amusements。

21　當時的劇院經理特別為詹五九與其表演成員們預備馬車接送服務，務求不讓他的特異身形在公眾場合曝光；但在 1865 年 10 月 23 日，當馬車駛至 Westminster Abbey 時，車子底部負荷不了巨人的重量而下塌，整個表演團都摔倒在泥濘的地上，一時狼狽不堪，幸好並無受傷的報告，當天節目仍如常上演。見 The Times, 25th Oct., 1865, p.9, Singular Accident to Chang Woo Gow。

22　同上註出處。廣告宣傳張為 "He is incomparably the most intelligents giant ever exhibited in our time. He sits towering like a more than usually good-looking image out of a joss house。"

23　The Times, 19th Sept., 1865, p.1, Amusements.

24　西報記者對鍾茂、金福與詹五九的評價亦不完全是正面的，如有報導記載 "(Chang) Though tall, he is well proportioned, his countenance is open, affable, and intelligent, and his demeanour is dignified, though his courtesies are of that oriental kind which in European eyes closely approach servility. This is more can be said of his colleague, Chung Mow, a ferocious Tartar dwarf, of ungainly form, who boasts that he was one of the formidable Tae-pings. Chung is, to all appearance, a plucky little fellow, and the peppery address, with which in some language, which we assume to be Tartaric, he addresses his patrons, contrasts forcibly with the bland gratitude which his tall colleague embodies in (doubtless) classical Chinese. A less violent foil to the giant than this miniature incarnation of irascibility, who so well maintains that peculiarity of short men for which Rebelais satisfactorily accounts, is the giant's wife, a lady with small feet, and with one finer-nail aristocratically long, whose dimensions do not exceed the average, and who may be called handsome by anyone who does not wholly reject the Chinese standard of beauty. " 見 The Times, 28th Sept., 1865, p.6, Egyptian Hall。

25　"Chang, the Chinese Giant, the newest sight of the day, holds his levees, having already exhibited his huge proportions to the Royal family in private…." 見 The Times, 28th Sept., 1865, p.6, "Egyptian Hall"。

26　The Times, 14th Nov., 1865, p.1, Amusements.

27 Anak 是與小人國兵團對陣的形式出現在舞臺上，報章宣傳如下："Great success of Anak, the Giant of the universe, and General Tom Dot, the miniature Actor, with the Liliputian Army---Professor and the Misses Anderson in three of their most attractive Illusions, including the real Indian Bust Feat---The Great Maccabe in Two New Ventroquil and Mimetic Sketches……." 見 *The Times*, 31ˢᵗ Oct., 1865, p.1, Amusements。.

28 St. James Hall 在報章上的宣傳重勾不列顛帝國子民對 1860 年英法聯軍的記憶："France beaten China hollow. Chang the Great is deposed and Anak the Greater reigns in his stead. Anak is eminently worth seeing and the entertainment in which he figures will doubtless be a prominent attraction during the winter season." 見 *The Times*, 31ˢᵗ Oct., 1865, p.1, Amusements。

29 Anak 在 1865 年 9 月中應邀到倫敦挑戰詹五九的身高與票房，他逗留至 1866 年初才離開；詹五九大部分表演時間逗留於 Egyptian Hall，但在 Anak 離英後，他在 1866 年 3 月初移師倫敦 Crystal Palace 演出，至 1866 年 6 月 25 日西報預告了詹五九訪英的最後一場演出，踏進 7 月後才再無有關他的報導。見 *The Times*, 25ᵗʰ June, 1866, p.1, Amusements。

30 1862 年悉尼西報特別預告 Cosmopolitan Band and Colored Opera Troupe 的到訪（*SMH*, 9ᵗʰ Sept., 1862, p.1）、1865 年在 Prince of Wales Theatre 預告將上演 *Aladdin* 歌劇鉅献時，還剎有介事的強調 "With real Chinese dresses, banners, appointments, processions, dances, etc."（*SMH*, 16ᵗʰ Feb., 1865, p.1），以上雖只是 1860 至 1870 間的寥寥兩證，卻在一定程度上反映了昔年到澳表演的有色人種為數固不多，但正因如此，卻可窺見他們因而受到重視；娛樂廣告對中東地區為題材的歌劇 *Aladdin* 內中國衣飾的宣傳或出於劇情需要，或亦代表普羅西人對東方印象及認識的模糊；再者，廣告也揭示澳大利亞白人對中國舞臺髮服頗感興趣，甚至在此前曾有以中西不分的假貨魚目混珠者。

31 *The Argus*（Melbourne），23ᵗʰ Jan., 1871, p.8, Amusement.

32 見 *Town and Country Journal*（Sydney），6ᵗʰ May, 1871, p.575, Chang Woo Gow。此外墨爾本報章在娛樂廣告中即指出詹五九携同曾在倫敦 Egyptian Hall 與 Crystal Palace 展出的文物寶箱演出作招徠。見 *The Age*（ Melbourne），31ˢᵗ Jan.,1871, p.3, Amusements。從詹五九中英文姓名拼音相互勘合下，相信他並非如 The Ashleigh Hotel 網頁所指是廣東人。

33 有關詹五九抵澳時的高度亦有不同的版本，亦有指他身長 8 呎 1 吋，體重逾 300 磅（見 *The Argus*, 27ᵗʰ Jan., 1871, p.5），有的報導則為 8 呎 6 吋（*Town and Country Journal*, 6ᵗʰ May, 1871, p.575, Chang Woo Gow）；The Ashleigh Hotel 網頁指他接近 8 呎（http://www.ashleighhotel.co.uk/chang.html）。

34 雖然詹五九曾一度以 Chang Hoo Goo 作宣傳，但各報章大部分時間都稱他 Chang Woo Goo。此外，他的名字首次在悉尼報章上出現是在 1871 年 4 月 24 日，宣傳指 "Chang is a most remarkable specimen of humanity; a finely made man, a gentlemen and a scholar, occupying himself constantly in literary pursuits." 又宣傳金福 "Kin Foo, the first small-footed Chinese lady ever prevailed on to visit this country and certainly a very agreeable, lady-like personage." 見 *SMH*, 24ᵗʰ April, 1871, p.8, Amusements。

35 *The Age*, 27ᵗʰ Jan., 1871, p.3, Amusements.

36 *The Age*, 3ʳᵈ Feb., 1871, p.2, The News of the Day；p.4, Amusements.

37 *The Age*, 24ᵗʰ Jan., 1871, p.3, Amusement. 據節目預告指出詹五九足跡已走遍歐美各地："From Crystal Palace and Egyptian Hall, London; the Grand Exposition of Paris; the Rotunda, Dublin; Waverley Rooms, Edinburgh; Queen's Rooms, Glasgow; Barnum's Museum, New York; Chicago and San Francisco." 見 *The Age*, 21ˢᵗ Jan., 1871, p.4, Amusements；17ᵗʰ Jan., 1871, p.4, Amusements。

38　原文為 "He visited nearly all the counties of the world, and of all of them he possessed a knowledge that was sometimes startling. His English was perfect as if to the manner born, his French was that of the Parisian, and when he spoke French he seemed to be a Gaul. He also spoke German, Italian, Spanish, Portuguese. Naturally he spoke Chinese, so that in all he could converse fluently, and it goes without saying, intelligently, in seven languages." 見 *ISN*, 18th Nov., 1893, p.18, Chang, the Giant。至於詹五九在 19 世紀末英國 Bournemouth 的故居，現仍完整保留，內部改建成小型海濱酒店，該酒店網頁指詹五九能說中、英、法、德、西、日等六國語言（見 http://www.ashleighhotel.co.uk/chang.html）。

39　見 *SMH*, 28th April,1871, p.8, Amusements；1st May, 1871, p.8, Amusements。

40　當地報章宣傳 "Kin Foo's celestial beauty is at once manifest, and whose magnificent head of hair must become the admiration of all lady visitors." 見 *SMH*, 25th April, 1871, p.8, Amusements。

41　原文為 "It is not so much that Chang is one of the largest men of modern times as that the effect of his extraordinary stature is somewhat very strongly brought out making him really appear as belonging to a distinct race of beings. Part of this effect may be due to his well proportioned figure, part to his quaintly gorgeous dress, part to his very sedate manner, part to his large, bare, juvenile Mongol face, and part to his silence of one who does not understand, and who is not understand by those among whom he sits towering like a more than usually good looking image out of a Joss house. He fairly represents the class of Chinese gentlemen, and holds a certain rank as a scholar." *SMH*, 16th May, 1871, p.8, Amusements。這宣傳中指詹五九較一般中國廟宇內神像尤好看的形容大抵還與 1865 年英國泰晤士報的說法相類，若非代理人發給影評人既定的稿件，則說明張在不同影評人的心目中有其互通的印象與評價。

42　*SMH*, 22nd May, 1871, p.8, Amusements.

43　詹五九曾在 Goulburn 地區的 Mechanics' Institute 演出 6 天，同開日夜場（見 *Goulburn Evening Penny Post*【Goulburn】, 4th July, 1871, p.2, Amusements），獲得鄉間群眾的熱烈歡迎，當地一些長人還特意光臨舞臺與他一較高下，結果僅及詹的脇底；詹五九與金福原定只在 Goulburn 逗留 3 天，但由於反應理想，故一共在當地演出 6 天，收費仍是 1 先令（*Goulburn Evening Penny Post*, July 6-8, 1871, p.2）。此外，詹五九與金福在悉尼 School of Arts 內表演的日程也略見於 Ruth Vasey and Elizabeth Wright（compiled）, *A Calendar of Sydney Theatrical Performances, 1870-1879*,（Sydney: Australia Theatre Studies Centre, School of Theatre Studies, University of New South Wales, 1986）, p.44;p.46; p.49。

44　見《申報》（上海）同治 11 年（1871）七月初七（8 月 10 日）88 號，頁 3，轉錄《香港近事編號》〈長人游日本〉條。

45　見《申報》同治 11 年六月初七（7 月 12 日）63 號，頁 3，轉錄《香港中外新報》〈長人游日本〉條。

46　如 1903 年以中國名字命名的音樂劇 *San Toy* 在 Theatre Royal 上演（*SS*, May 24,1903, p.2, Amusements），惟按報上演員陣容中並無華人名字，相信全劇均由洋人演出。該同年同時，中國雜技藝人（Chinese Acrobats）也在悉尼 Belmore Park 的 Fitz-Gerald No.1 Circus 與觀眾見面（*SS*, 24th May, 1903, p.2, Amusements）。1905 年在 Queen's Hall 由 The Frank Smith Star Vaudeville Company 負責的表演中有不知名的中國雜耍笑匠（Chinese Patter Comedians）出場參演（*SS*, 26th Nov., 1905, p.2, Amusements），次年在 Tivoli Theatre 也有一些以小丑形態吸引觀眾（Chinese Eccentric Comedy Artists）的表演者演出（*SS*, 5th August, 1906, p.2, Amusements）、1907 年在 National Amphitheatre 華洋雜耍表演

節目內有中國爬竿健兒參演（*SS*, 29th Sept., 1907, p.2, Music and Drama），以上藝術工作者在悉尼舞臺的逗留時間都不出兩周，基本上僅是節目中的綠葉角色。

47　見《東》，1909 年 5 月 1 日，頁 7，〈紀程連蘇之歷史及其眷屬徒弟之照像〉、1910 年 2 月 5 日，頁 36，〈紀程連蘇大術士〉條。

48　*The Age*, 1st March, 1909, p.11, Amusements.

49　*SMH*, 10th April, 1909, p.2, Amusements.

50　*SMH*, 19th July, 1909, p.3, Amusements.

51　*SMH*, 2nd August, 1909, p.3, Amusements.

52　*The Argus*, 26th August, 1909, p.10, Amusements.

53　有關程連蘇在澳大利亞各埠表演時，當地藝人參演者，可見 *SMH*, 17th July, 1909, p.3, Amusements、*The Argus*, 7th August, 1909, p.24, Amusements；*The Advertiser*（Adelaide），28th August, 1909, p.2, Amusements。

54　處身 20 世紀初的澳大利亞娛樂事業中，觀眾都會發覺收費已與 19 世紀 70 年代頗有分別；在 1909 年程連蘇抵達墨爾本進行首演時，同類型的表演門券一般收費 2 先令。或因程連蘇是國際級藝人，又或欣賞魔術演出的觀眾樂於近距離窺探表演者的真偽手法，他的票價分為三種：貴賓席 3 先令，前座 2 先令、家庭票 1 先令、廂座 1 鎊 10 先令（見 *The Argus*, 2nd March, 1909, p.10, Amusements；*SMH*, 6th April, 1909, Amusements），但因阿德雷德人口稀少，收費較悉尼等地稍昂，劇場舞臺前半月形貴賓席 4 先令、樓廳與後座 3 先令、樓座 2 先令（*The Advertiser*, 28th August, 1909, p.2, Amusements）。

55　根據 *TS*, 22nd March, 1937, p.13, Tiny 的記載內 "Diy Ah Foon" 的 "Diy" 是否姓氏還有待稽考；在同報廣告中卻宣傳 "Chang, The Pin Head Chinese"（*TS*, 22nd March, 1937, p.8, Amusement），究竟 "Diy" 是否 "Tiny" 的同義詞，或廣告刊載的應是 "Chang and the Pin Head Chinese"，當年抵澳的究竟是戴阿寬或張阿寬，仍有待查證。然而在 Diy Ah Foon 與 King Chong 登岸時，報導指出 "Mr. Diy Ah Foon["Chang"]（Alan Davies, *Sydney Exposures Through the eyes of Sam Wood and his studio, 1925-1950*【Sydney: The State Library of New South Wales, 1991】, p.69）令筆者相信他原名戴阿寬，藝名 "張"，採取這藝名的原因有二：第一，他的搭檔稱張阿福，兩人可能以張家班行走江湖；第二，半世紀前的長人詹訪澳頗帶來震撼，故以此藝名和詹五九掛鈎。

56　*The Argus*, 1st July, 1912, p.12, Amusements.

57　*The Argus*, 6th August, 1912, Amusements，又見《廣》，1915 年 4 月 17 日，頁 3，〈Wong Toy Sun〉條。

58　自 20 世紀 20 年代開始，菲林電影逐步擠身澳洲娛樂事業主流，至 30 年代時甚至有取代傳統舞臺表演之勢。在這 10 年間，悉尼地區便不斷討論着荷里活電影的賣座與票房或妠詩慕娃（Alla Nazimova，1879-1945）是薪酬最高的電影工作者等（*TS*, 6th Feb., 1921, p.13, The Film Makers），說明不論國際或澳洲本土的表演事業均面臨巨變。1920 年初夭仁戲院（Union Theatre）在澳大利亞報章上刊登全國超過 40 家電影院聯盟名單，並分工清晰，悉尼市內加入聯盟的影院均有其選影的特定對象，如 Crystal Palace 主播日裔影星 Sessue Hayakawa（早川雪洲，1889-1973）、諧星差利卓別林 Charlie Chaplin（1889-1977）與 First National Attractions 的製作；Lyceum & Lyric Theatre 主播 Metro、Greater Vitagraph、E.J. Carroll Australian Feature 的製作；Globe Theatre 主播 Paramount and Artcraft 的製作等（*TS*, 11th Jan., 1920, p.9, Union Theatres 1920 Message）。同年 3 月悉尼籌劃耗資三百萬鎊興建一座能容納四千觀眾的超級電影院（*TS*, 28th March, 1920, p.11, The Dawn of a New Era in the Motion Picture Industry），幾乎宣示了舞臺娛樂的淡出。雖說

影院舞臺仍可供戲劇等用途，惟反映在報章上的是有關舞臺表演的劇評報導日少，而電影廣告及影評篇幅與日俱增，這些變化足證舞臺藝人生存空間漸趨狹窄，大型百戲式表演文化，甚至在文藝復興期間出現至 18、19 世紀令人傾倒一時，以機械操作舞臺佈景的歌劇被更新的科技與攝影技巧取代。僥倖的卻是中國藝人於這急劇前進的變局裡尚能挾其神祕且古老的東方色彩為號召，在這段期間仍可周遊世界，並於澳大利亞各埠參與演出。

59　*TS*, 3rd May, 1925, p.31, "Long Tack Sam"。

60　*TS*, 22nd Aug. 22, 1926, "Wong Ling Fu"。

61　*TS*, 6th Feb., 1927, p.43、13th Feb., 1927, p.39、20th Feb., 1927, p.35, "Kwong Sing Wah"。

62　*TS*, 22nd May, 1927, p.38，"Sun Moon Lee"。

63　*TS*, 6th Nov., 1927, p.46, "Sun Moon Lee's Oriental Band"。

64　*TS*, 8th Jan., 1928, p.38, "Kwong Sing Wah Troupe"。

65　*TS*, 30th Sept., 1928, p.31; 7th Oct., 1928, p.39; 21st Oct. 21, 1928, p.39, "Long Tack Sam"。

66　*TS*, 28th Jan., 1931, p.2, "Long Tack Sam"。

67　*TS*, 22nd March, 1937, p.13, "Tiny"；但另有報導指他體重為 18 磅。

68　*TS*, 24th March, 1937. p.27, "The Spirit of Carnival: Onion for Energy"。

69　*TS*, 23th March, 1937, p.23, "A Show within a Show raises it's Curtain"。

70　*TS*, 3rd March, 1938, p.38; April 7, 1938, p.47, "The Great North China Troupe"。

71　1928 年派拉蒙（Paramount）發行一部以暹羅（Siam）森林怒象為背景的電影，並以該地 "大象" 土語取名為 *Chang*（*TS*, 4th March, 1928, p.43; 11th March, 1928, p.39; 24th June, 1928, p.38, Chang）。自 1865 年詹五九在國際上初露頭角，至 1928 年以暹羅怒象為題的電影，再至 1937 年矮子阿寬、1938 年余賀增等均以 "Chang" 為號召，或可見出現於昔年西方舞臺上時，該字漸與兀突、恐懼，甚至可怖扯上關係。

72　*TS*, 27th Oct., 1938, p.8, 28th Oct., 1938, p.10, Chang; 25th Nov., 1938, p.38, "Chang Show"。

73　詹五九以晚清中國人身分能以七國語言和入場觀眾對話，固然令洋人耳目一亮，而當年澳大利亞西報指 "Chung Ling Soo, though billed as a Chinaman, has English blood in his veins."（*The Age*, 1st March, 1909, p.11, Amusements），可見程連蘇訪澳時，廣大群眾都仍視他為英父華母的混血兒。

74　由 19 世紀 70 年代至 20 世紀 30 年代，在悉尼地區不乏由全體洋人演員上演中國名稱的劇目，前文所指的 *San Toy* 固是一例，這帶濃厚喜劇成份的歌唱劇基本由劇中具華人姓名的洋人演員主演，在廣告中它也道出 "The Quaint and Gorgeous Chinese Musical Play"（*SS*, 31st May, 1903, p.2, Amusements; 10th June, p.5, Music and Drama）是本劇的特色。1921 年在告別墨爾本後轉至悉尼上演超逾半載的 *Chu Chin Chow* 也是絕佳例子（*TS*, 27th Feb., 1921, p.23、27th March, 1922, p.21），該劇還斷斷續續地在澳大利亞各埠演出，至 1934 年尚能尋覓其廣告（*TS*, 8th Oct., 1934, p.2）；我們在歌劇本身內容，或從其演員及劇照顯示劇情與兩河流域巴格達（Bagdad）文化相連（*TS*, 6th March, 1921, p.23; 2nd April, 1922, p.24; 16th Nov., 1924, p.29），似乎隱寓着創作者與表演者藉着觀眾對陌生東方的好奇而混和東西亞文明以作招徠！而 1926 年亦有以中國神仙故事為題的 *Fan. Tum. Wu* 上演（*TS*, 22nd Aug., 1926, p.35），以上歌劇都是一些西人借中國旗幟為幌子的把戲，對華人形象不構成傷害。至於小部分由英澳拍攝，大部分卻屬美國電影所帶來的負面影響遠超戲劇。在 20 世紀 20 至 30 年代間，在悉尼上演與中國或其人民相關的電影不下 40 部，有些還是在月內相繼上演的。內容大抵可分三種：第一種多以舊中國社會為背景，偶亦有以國外作為故事的發生地，主題強調華人婚姻着重的是父母之命，甚至是買賣婚姻；此外也有不少以女主角是中西混血兒或純洋人血統卻自小被拐或被搶到中國去，生活在文化夾縫中感到窒息的不自在。片中男女主角以至配角一般由西人演員担任，成年男性往往扮演頑固迂腐的中國老人，年輕的女主角在封建制度下演繹如何自處與反抗；這類電影包括 *The Red Lantern*（*TS*, 14th Nov., 1920, p.20）、*The River's End*（*TS*, 28th March, 1922, p.22）、*A Tale of Two Worlds*（*TS*, 25th June, 1922, p.21）、*Broken Blossoms*（*TS*, 18th June, 1922, p.21）*East is West*（*TS*, 7th Jan., 1923, p.20）、*Shadows*（*TS*, 22nd April, 1923, p.20）、*Chinese Bridal Bed*（*TS*, 16th May, 1926, p.35）、*Mr. Wu*（*TS*, 4th Sept., 1927, p.41-42）、*The Crimson City*（*TS*, 23th Dec., 1928, p.25; p.39）、*Daughter of the Dragon*（*TS*, 10th Jan., 1932, p.34）、*Son-Daughter*（*TS*, 5th March, 1933, p.20; p.22）等，該年代裡的男主角 Lon Chaney（1883-1930）、W.B. Warner（1875-1958）等都擅演華人反派角色。第二種是講述當代白人女性抵抗中國邪惡勢力，尤其在鴉片煙窟裡迫良為娼的事蹟、或凸顯頑固老人為確保女兒不為西洋男友所奪而求救於祕密會社的愚昧、或展示華人幫派堂口在外國爭逐地盤等的不法行為；這類電影包括 *The Pagan God*（*TS*, 28th March, 1920, p.20-21）、*The Tong Man*（*TS*, 9th May, 1920, p.20）、*The Yellow Tong*（*TS*, 10th May, 1924, p.20）、*Shadows of Chinatown*（*TS*, 24th Oct., 1926, p.38）、*Shanghai Lady*（*TS*, 7th Feb., 1930, p.6）、*The Return of Dr. Fu Manchu*（*TS*, 6th July, 1930）、*The Honourable Mr. Wong*（*TS*, 31st July, 1932, p.35）、*The Mask of Fu Manchu*（*TS*, 1st Jan., 1933, p.24）、*Chinatown Squad*（*TS*, 18th Oct., 1935, p.7）等。令人欣喜的，是荷李活第一代華裔女演員 Anna May Wong（黃柳霜，1905-1961）先後在 *Daughter of the Dragon* 及 *The Shanghai Express* 出場，她曾在 1939 年抵達悉尼 Tivoli Theatre 登臺演出 *Highlight of Hollywood*（*TS*, 13th July, 1939, p.32）；但令人沒趣的卻是 20 年代的日裔紅星 Sessue Hayakawa 在 *The Tong Man* 中扮演華人幫會的要員！上述兩類電影在悉尼掀起不少共鳴及反華情緒，尤其自聯邦政府成立後翌年，澳大利亞婦女被賦予選舉權以還，婦女地位日高，20 世紀二、三十年代的《太陽報》（*The Sun*）內所開拓有關保健、婦權、時尚潮流知識的婦女版日見倍增，中國頑固老子、黑道禁錮白人或混血女性的題材招來對華人的反感是必然的結果。雖然清末民初之際的男婚女嫁仍多不能自主，國外唐人街確存在幫派仇殺等問題，但當每部電影內容幾乎都在揭露華人醜陋的一面時，這與 Bernard Manning 在 1927 年舞臺上扮演造型險詐的日本天皇（Mikado）一樣，同樣傷害著東亞兩大國人民的感情（*TS*, 4th Sept., 1927, p.40）。當然我們還需客觀地評析的是，有異於前二者的第三種是以較正面形象出現，如偵探電影 Charlie Chan 系列，該片一直由曾扮演險惡東方犯罪天才 Dr. Fu Manchu 的影星 *Warner Oland*（1879-1938）主演，其中包括 *Charlie Chan Carries On*（*TS*, 17th May, 1931, p.23; 24th May, 1931, p.20）、*Charlie Chan's Chance*（*TS*, 28th Feb., 1932, p.29）、*Charlie Chan in Shanghai*（*TS*, 21st Nov.21, 1935, p.40）、*Charlie Chan in Reno*（*TS*, 6th July, 1939, p.27）。當中若干部在報章上漏網的系列電影在雜誌中尋回，它們是 1937 年上演的 Charlie Chan at the Olympics（*Everyones*【Sydney】, 4th Aug., 1937, p.13），1937 至 1938 年前後製作中或籌劃拍攝的還有 *Charlie Chan on Broadway*、*Charlie Chan at Monte Carlo*、*Charlie Chan on the Nile*（*Everyones*, 6th Oct., 1937, p.35）；影評一直都指 Warner Olander 演活了原著作者筆下的東方偵探，亦以新的演繹方法解釋中國古諺並取得出乎意料的上佳效果。當然 Charlie Chan 電影能拍成系列也和觀眾的喜好有關，但可惜因 Warner Oland 的去世而令拍攝計劃暫時中止；後繼者還有自 1938 年接替 Warner Oland 的 Sidney Toler（1874-1947）及 1947 年接替的 Roland Winters（1904-1989）；1981 年還再由 Peter Alexander Ustinov（1921-2004）擔綱演出。有關 Charlie Chan 的原型鄭阿平（Chang Apana, 1871-1933），可參考 Yunte Huang, *Charlie Chan*,（New York: W.W. Norton & Co., 2010）一書。概括來說，以上三類電影或可總結當時西方人對華人的觀感與態度：其一，在新時代中仍抱殘守闕；其二，婚姻不自由，男女不平等；其三，幫會猖獗、黑道橫行；其四，承認華人

聰明睿智但卻更肯定他們的滑詐。至於不入以上三類電影別的，主因是其題材雖以中國為背景，但或內容並無明顯與華人形象有關，或者未能追查其題材的大抵有 *Yellow Men and Gold*（*TS*, 15th April, 1923, p.23）、*The Chinese Parrot*（*TS*, 1stApril 1, 1928, p.46）、*China Bound*（*TS*, 25th Aug., 1929, p.34）、*Shanghai Express*（10th April, 1932, p.38）、*Shanghai*（*TS*, 3rd Oct., 1935, p.30）、*China Seas*（*TS*, 8th March, 1936, p.8）、*China Clipper*（*TS*, 20th Nov., 1936, p.4）、*North of Shanghai*（*TS*, 4th May, 1939, p.40）等。

75　報章偶有提及詹五九的表演頗能吸引群眾的，像 "The Chinese giant Chang seems likely to become a great favourite with the Melbourne public. St. George's Hall was very well attended last night, when the tall man of Fychow made himself very popular with his visitors." 相類的記載均見 *The Argus*, 28th Jan. - 2nd Feb., 1871, p.5。

76　在詹五九首演的場次中，西報報導指劇院 "was fairly attended."（*The Age*, 25th Jan., 1871, p.5, The News of the Day），甚至 "The attendance at Theatre Royal was very small. Chang, at St. George Hall, found his reception thinner than it has been yet."（*The Argus*, 8th Feb., 1871, p.5），不過這與氣溫過高令觀眾不願入場有關。

77　*The Age*, 4th Feb., 1871, p.2, The News of the Day.

78　*The Age*, 7-8th Feb. , 1871, p.3, The News of the Day.

79　*The Argus*, 8th Feb., 1871, p.4, Amusements.

80　*The Age*, 13-15th Feb., 1871, p.4, Amusements.

81　西報記載詹五九漸成墨爾本人接受的公眾人物："The reception of the giant Chang were well attended yesterday, both in the afternoon and evening. The visitors to St. George's Hall seem to be very much taken with his conversation, and to all appearance Chang is in a fair way of becoming the most popular as well as the greatest of our public man."（*The Argus*, 1st Feb., 1871, p.5）。他的謝幕演出更見盛大，原文為 "Tonight the affable giant, who has latterly drawn such large attendances at St. George's Hall, will take his benefit. As an additional inducement, it is announce that a large number of gift pictures will be distributed amongst the spectators. On Saturday and Monday nights, in addition to the usual entertainment, promenade concerts will be given." 見 *The Age*, 16th Feb., 1871, p.3, The News of the Day。

82　見 *The Age*, 17th Feb., 1871, p.4, Amusements。

83　現存資料均顯示金福是他的原配夫人，但雙方是否僅屬舞臺夫妻關係則尚待查考。蓋詹五九於 1871 年初訪澳時攜金福同行，報章仍稱她是詹的妻子（*The Argus*, 26th Jan., 1871, p.5），詹在該年年底與 Catherine Santley 成婚，隨後金福似不再在舞臺上扮演他的妻子。若詹五九在 1871 年底在澳洲結婚證明書上以獨身身分與 Catherine Santley 成婚，那只有三個可能：一是詹在該年中的表演路上與金福離異，恢復自由身；二是詹五九與金福並非合法夫妻關係，故分合間毋須任何手續；三是詹與金福仍保持中國國內夫妻關係，並在海外重婚。而上述三個推論中以後者可能性最低。

84　現存各種資料均懷疑詹五九晚年死於癆病，但按當時醫學分析，詹之死或與巨人症（gigantism）有關。該病徵是患者停止異常的增高後，體內即分泌過量荷爾蒙（hormone）直接影響內臟及骨髓的生長；患者骨架變薄，前額與下顎骨向前突起，患者壽多不永。若比較詹五九年青與逝世前的照片確似有此表徵。見 http://www.thebni.com/index.asp?catid=au&au-giant（瀏覽日期：2007 年 12 月 3 日）

85　詹五九與金福在 1871 年 2 月 20 日在墨爾本 Weston's Opera House 作盛大的謝幕演出後即轉往當地 Kreitmayer's Waxworks 表演，廣告聲稱入場不另收額外費用，且亦標明詹的駐場日期至另行通知為止（*The Argus*, 22nd Feb., 1871, p.8, Amusements），然而報章在並無在事前知會情況下於 2 月 27 日抽起詹五九在蠟像院演出的告白，往後亦再無他在墨爾本的消息。直至同年 4 月底他在悉尼傳媒報導中再度出現為止，期間詹似已在人間蒸發。筆者按當時藝人走埠路線翻閱自該年 3 月初至 4 月底有關報章，包括布里斯班的 *Brisbane Courier*、阿德雷德的 *The Observer*、塔斯曼尼亞的 *Mercury*、紐西蘭的 *The Advertiser*、*New Zealand Herald* 等均未見詹五九的踪影；詹與金一行人似無在墨爾本提早結束節目的心理準備，經理人亦在措手不及情況下把他暫置蠟像館，等待進一步聯絡劇院及安排演出，該年 3 至 4 月間或在維省下鄉表演，故各大埠報章均無有關他的記載。查詹五九表演團在該段期間輾轉地到達維省著名金礦區品地高 Lyceum Theatre 落腳，並在該處表演數周，這與維省報章強調他不會於鄉鎮演出的宣傳確有出入。

86 詹五九晚年長期抱恙，健康極差，相信與他染上肺癆或巨人症有關，而這病症在昔年仍被視為絕症之一，這或是他為何在 1890 年選擇取名 "Moyuan" 的臨海小屋為居所的原因。詹五九的雅好恬靜，甚至因僱主們敦促他須保持神祕感不可輕易露面而變得深居簡出，Catherine Santley 於 1893 年 7 月逝世更令臥病在床的長人詹病情加劇（見 http://www.ashleighhotel.co.hk/chang.html ），他在 1893 年 11 月 5 日病逝英國 Bournemouth, 6 Southcote Road 的家中。見 *The Manchester Guardian*（Manchester），6th Nov., 1893, p.8, "Death of the Chinese Giant"。詹五九雖只在 Bournemouth 居住了三年，但至今仍是該海濱城市的代表人物（見 http://www.swgfl.org.uk/seaside/Themes/people.htm）；其他補充材料可見 http://footlightnotes.tripod.com/Chang.html（瀏覽日期：2007 年 11 月 20 日）；http://www.stevequayle.com/giants/Asia/Asia.html（瀏覽日期：2007 年 11 月 20 日）。

87 詹五九夫婦相繼去世後遺下 14 歲長子 Edwin Chang（1879?-?）與 11 歲幼子 Ernest Chang（1882?-?），據說其長子身裁已幾近張的肩膊。（*ISN*, 18th Nov., 1893, p.14, Chang, the Giant。

88 英國方面如 *The Manchester Guardian*, 6th Nov., 1893, p.8, "Death of the Chinese Giant"；*The Star*（London）9th Nov., 1893, p.3。澳大利亞報導簡短的有 *The Daily Telegraph*, 7th Nov., 1893, p.1 Summary, p.5, Death of Chang; *The Age*, 7th Nov., 1893, p.5, "Death of a Giant"；較詳細的可見 *The Town and Country News*, 18th Nov., 1893, p.20; *The Illustrated Sydney News*, 18th Nov., 1893, p.14, "Chang the Giant"。

89 程連蘇的雙親、家族及 Olive Path 的資料可見 Jim Steinmeyer, *The Glorious Deception: The Double Life of William Robinson, Chung Ling Soo*, p.26-67。有關程連蘇的研究頗多，在 Jim Steinmeyer 前，Will Dexter, *The Riddle of Chung Ling Soo*（London: Arco, 1955）一書可謂早期集程連蘇原始材料的鼻祖，當代研究有 Ben Robinson, *Twelve have Died*（Watertown: RayGoulet's Magic Art Book Co., 1986）；Gary Frank, *Chung Ling Soo, The Man Behind the Legend & The Man of Mystery*（CA: Granada Hills,1988）；Brian McCullagh, *Chung Ling Soo's Mechanists, They Stayed behind*（unpublished talk papers）；Todd Karr, *The Silence of Chung Ling Soo*（Seattle: The Miracle Factory, 2001）等都是揭開程的身世與魔法之謎的代表作。網頁如 http://www.hat-archive.com/chunglingsoo.htm 較詳細地講述程的出身，尤其程連蘇在悉尼地區的表演，其他如 http://www.magicexhibit.org/story/story-chungLingSoo.html 等資料亦可供參考。

90 有關程連蘇與朱連魁同行間的鬥爭可見 *The Glorious Deception: The Double Life of William Robinson, Chung Ling Soo*，p.253-268。此外，程連蘇安插 "幼女" 表演或出於女童骨骼柔頓符合魔術雜耍的實際需要，但亦可能因朱連魁幼女於劇團中的角色頗受觀眾歡迎，故程連蘇也在表演團中安插童角以便吸引不同類別的觀眾；其魔法水盤或亦自朱連魁絕學之一的大碗飛水啟發而來（http://hk.geocities.com/chinesemagichistory/chinglingfoo【瀏覽日期：2007 年 11 月 2 日】）。

91 *The Glorious Deception: The Double Life of William Robinson, Chung Ling Soo*, pp.290-291.

92　*The Age*, 1st March , 1909, p.11, Amusements.

93　有關程連蘇在表演中誤被槍火所傷以致失救與葬禮的報導可見 *The Manchester Guardian*, 25th March, 1918, p.6; *The Times*, 29th March, 1918, p.2; *The Observer*（London）, 31st March, 1918, p.8。

94　有關程連蘇與水仙由紐約至倫敦似假還真的舞臺夫妻關係及他真正的家庭生活可見 The *Glorious Deception: The Double Life of William Robinson, Chung Ling Soo*, pp.280-326。

95　*The Age*, 23th March, 1937, p.23, A Show within a Show Raises it's Curtain.

96　1907 年 Palace Theatre 上演 *The Yellow Peril*，宣稱觸及時代熱門問題，且是 "The only play on a Chinese subject ever written for the English stage"（*SS*, 29th Sept., 1907, p.2, Amusements）。

97　在詹五九前有無中國藝人能於國際揚名暫不可考，但詹五九的靜態文物展覽、中式茶道藝術均吸引不少西人參觀則是事實，他晚年除收費 3 先令的表演外，還在 Bournemouth 家中開設中國茶館保障收入來源，一如以往，館內還附帶售賣中國絲綢、文物等。出生較詹五九、程連蘇稍晚的荷蘭籍魔術大師 Okito（Theo Bamberg, 1875-1963）自 19 世紀末取日本藝名後一直以日式魔術娛賓，至 20 世紀初改穿中國滿清髮服穿梭五大洲表演獲得空前成功，往後泰半表演生涯中都以中國服飾、化妝及滲進中國色彩的魔術演出；Okito 還影響家族中第 7 代出任魔術家的兒子 David Bamberg（1904-1974），他和父親雖並不像程連蘇自稱中國人或具中國血統，卻同樣身穿中國衣冠，並以 20 世紀 30 年代曾被搬上銀幕的小說人物 Fu Manchu 為藝名在葡、西語系的國家創業揚名（見 http://www.jewsinmagic. org/magicians.asp?ID-10【瀏覽日期：2007 年 11 月 15 日】）。

98　當時《太陽報》對日艦來訪及對日軍的印象並不完全能夠以讚美形容，報章只簡短報導了三艘日艦將來訪悉尼及軍官們的訪問日程，它用上了 "the merry little men of the Mikado" 來形容尚未抵岸的日軍還談不上尊重（*SS*, 31st May, 1903, p.5, Japanese Guests），相較《悉尼早報》每天莊謹有致的詳細介紹日軍行程來說（*SMH*, 12th June, p.5; 13th June, p.10, 15th June, p.8, 1903, Japanese Squadron），《太》對日艦來訪的態度頗有保留；《太陽報》甚至在日艦告別悉尼之際刊登獨家打油詩 "The Excluded Jap" 來輕諷日本艦隊與日英關係（*SS*, 14th June, 1903, p.4, Good-bye to the Japs）。《太陽報》在 1903 年創刊，報刊特色是娛樂、體育新聞甚多，且刊登的各類新聞照片遠超《悉尼早報》，相較 1831 年創刊的《悉》來說，《太》雖不是大報，但在 20 世紀初頗具影響力。更重要的，是該報在創刊之初較重視悉尼華人社區與中國國情，常連同相片大篇幅報導中國改革近況、清政府屠殺革命黨人、悉尼帝國憲政會在孔誕舉行的活動等，是一份對中國與其人民相對友善的報章。

99　該宣傳形容英日聯合艦隊是次造訪乃 "The Combined Fleets of the Two Great Allies"（*SS*, 20th May, 1906, p.2, Amusements）。政治立場相對中立的《悉尼早報》對是次日本訓練艦隊造訪表現異常隆重，除詳細報導日本軍官訪問日程、悉尼各級官方款待外，又對各日艦的出廠、下水、內部結構、級別及三艘軍艦上的軍官名單加以介紹（*SMH*, 21st May, 1906, p.7, Japanese Squadron），該報在次天形容歡迎日本友人的副標題是 "A Hearty Welcome"，甚至開場白以 "The Heartiness of the welcome extended by the citizens to the officers and men of the Japanese training squadron which arrived on a visit to Sydney yesterday could not have been exceeded, and the friendly--- almost brotherly--- feeling everywhere exhibited was fully reciprocated by our worthy allies. "（*SMH*, 22nd May, 1906, p.5, Japan's Warships） "兄弟般的感情" 來形容盟友間的友誼。

100　如在 1871 年 7 月底一些日本翻騰雜耍表演者曾出現於悉尼 Royal Victoria Theatre 演出一周，8 月時下鄉至 Windor 及 Richmond 繼續表演。見 *A Calendar of Sydney Theatrical Performances 1870-1879*, p.50, p.52。

101 *SS*, 1ˢᵗJan, 1905, p.2, Amusements.

102 *SS*, 15ᵗʰApril, 1906, p.2, Amusement, Music and Drama.

103 *SS*, 24ᵗʰ Nov., 1907, p.2, Amusements.

104 *SS*, 27ᵗʰ Jan, 1907, p.2, Amusements.

105 *TS*, 8ᵗʰ August, 1912, p.2, Amusements.

106 *SS*, 20ᵗʰ March, 1904, p.2, Amusements.

107 *SS*, 8ᵗʰ May, 1904, p.4 , The Giddy Geisha.

108 *SS*, 7ᵗʰ April, 1907, p.2, Amusements.

109 *SS*, 30ᵗʰ May, 1909, p.2, Amusements.

110 *The Barrier Miner*（Broken Hill, N.S.W.）, 15ᵗʰ June 1910, p.3, Ryugoro Shima, "The Real Jiu-Jitsu".

111 如 The Lukishima Troupe of Plucky Japanese 在 Bostook and Wombwell's Novelty Circus and complete Menagerie 參演。見 *SS*, 1ˢᵗ July, 1906, p.2, Amusements。

112 *SS*, 29ᵗʰ May, 1904, p.2, Amusements.

113 *SS*, 19ᵗʰ June, 1904, p.2, Amusements.

114 據紀錄所得，1861 年在中國出生而留澳的中國人數 39,742，卻無留澳日人的紀錄，1871 年中國人數 28,662，日本國出生而留澳者僅 6 人；1881 年中國人數為 38,381，日人人數為 39；1891 年中國人人數 36,049，日人人數攀升至 461，但仍與留澳中國人數大有距離。1901 年在中國出生而留澳者有 29,902，日人人數已升至 3,602，於 1903 年日艦抵達悉尼之際，西報稱新州有日人約 150，在悉尼的日本籍居民僅 50 人（*SS*, 31ˢᵗ May, 1903, p.5），相信留澳日人多聚居於昆士蘭等州。1911 年中國人 20,918，日人 3,499，人數比例隨着中國華工未能復埠進一步拉近；1921 年中國人 15,265，日人 2,769。雙方留澳居民比例最接近的時代是上世紀 30 年代，據 1933 年官方紀錄，中國人數為 8,579，日人 2,257，比例除零紀錄外，由最高的 1 對 4,777 下降至 1 對 4 左右。此後隨着太平洋戰雲密佈與戰事爆發，雙方留澳人數均再度下降（見 Wray Vamplew【edited】, *Australians Historical Statistics*【New York: Cambridge University Press, 1987】, IEO 42-54 Birthplaces of the population, Australia 1861-1981, pp.6-8）。

115 西報漫畫以寫着 "Anglo-Jap" 的沙漏，傍邊站着一個洋童，另一傍站着一只托着步槍的猴子，文字說 "Australia: 'How much longer Friend Monkey'; Japan: 'Four more years, my boy.'" 見 *SS*, 18ᵗʰ Dec. 1910, p.14, "When the Treaty Expires"（見附圖 14.33，原出處見註 151）。若大家配合〈總論〉扉頁的政治漫畫一併參看，在某程度上，應明瞭澳大利亞白人畏懼廣義的黃種人在不同的領域入侵澳洲的心態。

116 *TS*, 21ˢᵗ May, p.1, "Japanese Espionage: Abusing Australian Hospitality"; 23ᵗʰ July 1911, p.1, "Japan in the Pacific: Getting nearer to Australia".

117 *TS*, 31ˢᵗ July, 1912, p.10, "Canadian Advice to Australia".

118 部落、群眾與國族聚集衍生哲學、政治等高層次的文化和符合大眾喜好的次文化，而受主觀因素影響下的文化也牽動和刺激群眾與國族的情緒，進一步濡染迴旋於不同年輪間的次文化。普羅市民多是容易被外圍因素染色的群體，他們的好惡愛慾很大程度上沿於正統文化，更多直接承襲次文化的薰陶，而娛樂表演事業也承擔着這重要角色的扮演。就以 Pearl S. Buck（賽珍珠，1892-1973）名著 *The Good Earth*（《大地》）於 20 世紀 30 年代初面世，以中國農村的艱困和農民的刻苦耐勞為主題，突顯中國女姓溫柔內斂，持家有道的特徵而贏得本土及國際文學獎項。該小說後來在 1937 年被拍成電影，由路易絲萊納（

Luise Rainer, 1910- ）主演，獲得西方社會廣泛的接受；事實上，電影面世時正值蘆溝橋事變的發生，很大程度上影響了安居於美國和澳大利亞主流社會的白人，令他們重新認識東方的世界，並進一步驅使政客們審視輕華重日的政策。1941 年美國因珍珠港事件參戰，一本同為賽珍珠創作的暢銷小説，旨要強調中國農民的善良怕事，後來在 1944 年由嘉芙蓮協賓（Katherine Hupburn, 1907-2003）於 Dragon Seed（《龍種》）中扮演以不畏強權的中國婦女角色挑戰日本侵略者，這些都是筆者在註 74 中所談及的第三類電影。而上述例子都説明政治時局與都市次文化的關係不獨彼此緊密連繫，也在不斷的變化中製造無形輿論，干預群眾思想，直接影響本土社會對外來文化與別國政權的印象和取態。

119 見《東》，1904 年 2 月 27 日，〈論日俄開戰與中國之關係 --- 黃禍果將出世乎？〉，頁 2；至於華人踴躍募捐日俄戰爭傷亡家屬名單可見同報，1904 年 3 月 5 日，頁 3、3 月 12 日，頁 2、3 月 19 日，頁 2 及 3 月 26 日，頁 2。

120 在 19 世紀 80 年代創刊的 Bulletin 不獨是排華呼聲最熾烈的雜誌，它本身也是一部維護本土種植家、勞工等權益為尚的刊物，華人因居澳人數較多，引發的社會問題也隨之增加，故成為主要的攻擊對象。除華人外，Bulletin 還非議澳大利亞各州輸入廉價有色勞工的政策，傍觸排擠的是來自西南太平洋一帶的加拿加人，直接的控訴大抵有 21 宗。在日英和約前後，該報對日人同樣持着惡意態度，對日本國與其移民持輕蔑言論，甚至排斥口吻的文章約有 13 篇；至於 1901 年後辱罵日人、華人言論減少，該報對泰國勞動力的輸入即與以揶揄及反對，譏抨的文章約 8 篇。然而，該報亦對當地的非英裔的白種移民及勞工加以譴斥，詆譽希臘、義大利、德國人的報導各有 2 篇。

121 筆者認為過去研究華僑華人史的歷史工作者重點都放在 “血淚史” 方面，聚焦華人如何艱辛的在海外立足，卻忽視其他國家的移民，包括來自歐亞不同地區的不同種族也在飽受主流社會排擠下，彼此同樣殷勤不息與白手興家。正因自 19 世紀以來中國輸出大量契約勞工，基於民族感情與歷史事實，集中研究海外排華問題固然合理，但若只談同胞先輩遭洋人壓迫與歧視，則不免在下筆之際有無意地誤導讀者思考路線之嫌。在反方向來説，讀史者若只願堆首鑽研國人飽遭欺侮的一面，對世界移民史上華人所扮演的角色仍僅停留在單向認知的方位，這研究方法徒令自己淹滯於 19 世紀以來的鬱結空間之中，被自卑甚至仇外的牢籠所束縛，且狹隘了新一代的國際視野，於歷史研究和國民性格上均造成不利的發展。

122 ISN, 30th Sept. 1871, p.165, "Interior of a Chinese Gambling House".

123 ISN, 23th Nov. 1872, p.8, "Chinese Theatricals".

124 見《廣》，1897 年 9 月 8 日，增附頁，〈Sketch at the Diamond Jubilee Charity Carnival〉條。

125 ISN, 11th Dec. 1875, p.16, "Chinese Procession at Ballarat Charities Fete".

126 1901 年英國皇室 George Duke of Cornwall and York（即後來英皇喬治五世 George Frederick Ernest Albert, 1865-1936, 1911-1936 在位）和妻子 Mary Duchess of Cornwall and York（Victoria Mary Augusta Louise Olga Pauline Claudine Agnes, 1867-1953）為慶祝澳大利亞聯邦成立訪澳。巴拉辣主要大街（Main St.）特擺縈中國拱門以示隆重歡迎。門上除張燈結綵，旗幡飄揚外，還有蟠龍獻瑞，務使華洋同歡。

127 SS, 18th Dec. 1904, p.2, "Chinese Village and Monster Carnival".

128 SS, 6th Aug. 1911, p.10, "Irish Giant in Sydney". 巨人們的高度往往出於宣傳技倆，在 Patrick O'Connor 於 1922 年去世時，報導便指出他身高 7 呎 1 吋，與原先宣傳的 8 呎 3 吋大有距離。見 The Northern Star（Lismore, N.S.W.），9th Aug. 1911, p.4, "Death of the Irish Giant".

129 SS, 3rd Feb. 1912, p.12, "The Mayor of Tiny Town greets a Sydney Motorist".

130　*SS*, 3ʳᵈ Feb. 1912, p.12, 20ᵗʰ Oct. 1912, p.22, "Tiny Town's Newlyweds".

131　http://heritagecalling.com/2012/11/13/pharaohs-sphinxes-from-lancaster-to-penzance-see-more-in-egypt-in-england-the-new-exhibition-at-wellington-arch/（瀏覽日期：2013 年 5 月 4 日）

132　*ISN*,18ᵗʰ Nov. 1893, p.14, "Chang and Kinn Foo".

133　*Sydney Punch*, 6ᵗʰ May 1871, p. 233, "Essenceof Colonial Politeness".

134　*Sydney Punch*, 13ᵗʰ May 1871, p. 248, "Adventures of a Giant in Search of a Bed".

135　*Town and Country Journal*, 6ᵗʰ May 1871, p.575, "Chang Woo Gow".

136　*SS*, 25ᵗʰ April 1909, p.3, "Chung Ling Soo".

137　Sam Hood（1870-1953）, *Home and Away*（video disc）, Sydney: The State Library of N.S.W., 1998, no.35186.

138　見《廣》，1915 年 4 月 17 日，頁 3，〈Wong Toy Sun〉條。

139　Sam Hood, *Home and Away*, no.01905.

140　Sam Hood, *Home and Away*, no. 01906.

141　見《民》，1917 年 1 月 1 日，頁 12，〈中國滿洲術士〉廣告。

142　Sam Hood, *Home and Away*, no. 14043.

143　*SS*, 22ⁿᵈ March 1937, p.13, "Diy Ah Foon".

144　*ISN*,18ᵗʰ Nov. 1893, p.14, "Chang, the Giant"; "Mrs. Chang".

145　同上註出處。

146　*The Observer*（Adelaide, S.A.）, 28ᵗʰ August 1909, p.32, "Chung Ling Soo, The Famous Conjuror and some of his Assistants, who open at the Tivoli theatre on Saturday Evening".

147　*TS*, 22ⁿᵈ March, 1937, p.8, Amusements. 報章上刊登與戴阿寬和張阿福同場在 Royal Sydney Show 演出的有阿馬遜（Amazon）女巨人 Princess Pontus 與中非的矮子族俾格米（Pigmy）人 Isom，他們以原始森林部落面貌出現；在白人方面亦有年約 21 歲，體重 37 磅，號稱世上最細小的女性，藝名 Dollita 的 Mae West 與身高正常的伙伴以現代諧趣劇形式與觀眾見面。

148　*SS*, 2ⁿᵈ April 1905, p.2, Music and Drama, "Miss Inez Bensusan".

149　*SS*, 26ᵗʰ July 1912, p.5, "A New Madame Butterfly".

150　*SS*, 5ᵗʰ March 1912, p.5, "Black on Brown to play White".

151　*Bulletin*, 15ᵗʰ Dec. 1910, p.1, "When the Treaty Expires".

縮寫表 Abbreviations

《大》	《大漢公報》
《民》	《民國報》
《東》	《東華新報》(《東華報》)
《廣》	《廣益華報》
CGC	"Chinese Gambling Commission", "Report of the Royal Commission on Alleged Chinese Gambling and Immorality and Charges of Bribery against members of the Police Force", *N.S.W. Legislative Council Journal*, 1892.
CNSL	*The Daily Commercial News and Shipping List*
Country	*A Chinaman's Opinion of us and of his own country*
EC	*CNSL*, Import entries passed at His Majesty's Customs
FC	"Chinese Camps", *NSW Legislative Council Journal 1883-1884*
ISN	*The Illustrated Sydney News & N.S.W. Agriculturist and Grazier*
People	*A Chinaman's Opinion of us and of his own people*
RQGFAAB	The Attorney General to The Acting Private Secretary, Reservation For Her Majesty's Assent of The Queensland Gold fields Act Amendment Bill of 1876
RNTC	"Report of the Northern Territory Commission"
SIOB	*CNSL*, Steamers Inward and Outward Bound
SMH	*Sydney Morning Herald*
SS	*The Sunday Sun*
TS	*The Sun*
TWD	*The Tweed Daily*
VIOAP	*CNSL*, Vessels inward and outward bound to and from Australian ports
VIPAS	*CNSL*, Vessels in Port at Sydney
VOI	"Visit of Inspection", "Report of the Royal Commission on Alleged Chinese Gambling and Immorality and Charges of Bribery against members of the Police Force", *N. S. W. Legislative Council Journal, 1892.*

中英地名對照表 Bilingual Glossary

省（1901 年前）/ 州（1901 年後）		
英文	中文（舊稱）	中文（今稱）
Queensland/QLD	坤（堅）士崙	昆士蘭
New South Wales/NSW	鳥（紐）修威	新南威爾士（斯）
Northern Territory/NT		北領地
South Australia/SA	南澳洲	南澳
Tasmania/TAS	他士免耶	塔斯馬（曼）尼亞
Victoria/VIC	域多利	維多利亞
Western Australia/WA	西澳洲	西澳

各州主要城市 / 郊區 / 地標		
英文	中文（舊稱）	中文（今稱）
Adelaide/SA	黑（克）列	阿德雷德
Alexandria/NSW	亞力山大	
Ararat/VIC	亞拉辣	
Arncliffe/NSW	丫力奇芙	
Atherton/QLD	艾弗頓	
Ballarat/VIC	巴拉辣	巴拉瑞特
Belmore（?）/NSW	罷利麼	
Bendigo/VIC	品地高	本迪戈
Botany（?）/NSW	煲能	
Bowral（?）/NSW	布磔勞	
Brisbane/QLD	庇里士本（濱）	布里斯班
Cairns/QLD	堅時	凱恩斯
Carlingford（?）/ NSW	加令活	
Chatswood/NSW	卓士活	車士活
Cooktown/QLD	曲（谷）湯（坑）	庫克敦

Darwin/NT	波（砵）打雲	達爾文
Fairfield/NSW	飛燕勞 / 花飛爐	
Fremantle/WA	非庫文度埠	弗里曼特爾
Geelong/NSW	朱朗	吉朗
Geraldton/WA	遮爐頓	杰拉爾頓
Glebe Point/NSW	忌獵般	
Glen Innes/NSW	既連彌時	
Goulburn/NSW	高路畔	
Invervell/NSW	煙菲亞各、煙飛花爐	
Manly/NSW	文里	
Marrickville/NSW	孖力非爐	
Masonic Hall	墨桑彌荷、馬孫彌大會堂	華人共濟會
Melbourne/VIC	美利（麗）本（濱）	墨爾本
Newcastle/NSW	鳥卡時	紐卡斯爾
Newton/NSW	鳥湯	
North Shore/NSW	那梳	北悉尼
Paddington/NSW	八丁頓	
Parramatta/NSW	派罅孖打	
Penrith/NSW	偏列	
Perth/WA	普扶	珀斯
Putney/NSW	砵尼	
Redfern/NSW	列墳	
Rockhampton/QLD	落（諾）矜頓	羅克漢普頓
Rookwood/NSW	碌活	
Rushcutter's Bay/NSW	那（華）樹吉打	
Surry Hill/NSW	沙厘希	
Sydney/NSW	雪梨	悉尼
Tamworth/NSW	貪（坦）麻（勿、和）	

The Rocks/NSW	巖石區	巖石區
Thursday Island/NT	他士爹埃崙、珍珠埠	星期四島
Townsville/QLD	湯士威爐	湯斯維爾
Uralla/NSW	要拉剌	
Waterloo/NSW	嘩（窩）打魯	
Westmead（?）/NSW	威士乜侖	
Wollongong/NSW	烏龍江	烏龍江
Murwillumbah	孖冞罷	
Wyong/NSW	槐朗	

新南威爾士州悉尼市街道或地標		
英文	中文（舊稱）	中文（今稱）
Anthony Hordern & Sons	可頓公司	
Brickfield Hill Rd	皁力非希路	
Bridge St.	佈列治街	
Bond St.	邦（幫）街	
Botany Rd.	咘騰力路	
Cambridge St.	金咇利街	劍橋街
Campbell St.	矜（衿）咘（步）爐街	金寶街
Castleigh St.	加時薀治街	
Clifton Garden	奇厘乎頓加頓	
Dixon St.	的臣街	德信街
Elizabeth St.	衣列士弼街、衣（伊）利沙（莎）白街	
George St.	左治街	佐治街
Goulburn St.	高路畔街	高賓街

Harrington St.	蝦倫頓街	
Hay St.	希街	
Haymarket	希孖結	
Hunter St.	慳（亨）打街	
Mark Foy's Ltd.	麥輝公司	
Mary St.	馬里街	
Moore Park	摩柏	
Parker St.	柏架街	
Pitt St.	呲時（士）街	畢街
Queen Victoria Building	域多厘街市	QVB
Queens St.	皇后街	
Steammill St.	菓街市	
Stephen St.	史提芬街	
Sussex St.	沙昔士、沙失街	沙瑟街
Theatre Royal	纍爐戲院	
Thomas St.	貪麻時街	
Tivoli Theatre	梯扶厘戲院	
Town Hall	湯苟	
Ultimo Rd.	亞爐添麼街、丫爐甜毛街、押度摩婁街	
Wexford St.	域士佛街	
Wnyard St.	溫也街	
York Street	約街	

中文參考文獻

1. 于仁秋：《救國自救：紐約華僑衣館聯合會簡史 1933-1950's》（香港：三聯書店【香港】有限公司，1992 年）。

2. 中國第一歷史檔案館、福建師範大學歷史系（合編）：《清季中外使領年表》（北京：中華書局，1997 年）。

3. 王孝洵：〈中澳船行興衰史〉，《八桂僑史》1993 年 4 期，頁 47-50。

4. ── ：〈早期澳洲華僑的社會生活〉，《八桂僑史》1994 年 2 期，頁 20-25。

5. ── ：〈歷史上的澳洲華人社會〉，《華僑華人歷史研究》1994 年 3 期，頁 32-38。

6. 王省吾：〈澳洲的發現與清代人對澳洲的認識〉，《數學彙刊》1973 年 3 月，5 期，頁 23-32。

7. 王賡武（著），姚楠（編譯）：《南洋貿易與南洋華人》（香港：中華書局，1988 年）。

8. 王賡武：《中國與海外華人》（香港：商務印書館，1994 年）。

9. ── ：《香港史新編》（香港：三聯書店，1997 年）。

10. 包樂史（Leonard Blussé）、吳鳳斌：《18 世紀末吧達維亞唐人社會》（廈門：廈門大學出版社，2002 年）。

11. 朱傑勤（譯）：〈明末清初華人出洋考（1500-1750）〉，《南洋學報》1940 年 2 期，頁 5-17。

12. 吳行賜：〈1644-1795 年清朝政府的華僑政策〉，《華僑華人歷史論叢》1985 年 1 期，頁 19-36。

13. ── ：〈1966 年以來澳大利亞華人經濟的發展〉，《八桂僑史》

1993 年 1 期〔總 17 期〕，頁 14-18。

14. 吳前進：《美國華僑、華人文化變遷論》（上海：上海社會科學院出版社，1998 年）。

15. 吳鳳斌：〈試述清代以前逐漸融化於當地的南洋華僑〉，《南洋問題研究》1989 年 1 期，頁 31-40。

16. ──：《契約華工史》（南昌：江西人民出版社，1988 年）。

17. ──：《東南亞華僑通史》（福州：福建人民出版社，1994 年）。

18. 吳劍雄：《海外移民與華人社會》（台北：允晨文化實業股份公司，1993 年）。

19. 吳曉生：〈西澳大利亞洲及其華人〉，《華僑與華人》1994 年 12 期，頁 74-75。

20. 呂波濤：〈略論華僑在抗日救國鬥爭中的作用〉，《八桂僑史》1992 年 4 期，頁 44-45。

21. 巫樂華：《華僑史概要》（北京：中國華僑出版社，1994 年）。

22. 李亦園、文崇一、施振民：《東南亞華人社會研究》（臺灣：正中書局，1985 年）。

23. 李承基（編譯）：《澳洲華裔參軍史略》（中山：政協廣東省中山市委員會文史委員會，1994 年）。

24. 李承基：〈先父李公敏周與上海新新公司：一個澳洲華僑的奮鬥史〉，《傳記文學》1979 年 11 月，35 卷 5 期〔總 210 期〕，頁 98-108。

25. ──：〈上海四大百貨公司：澳洲華僑創設上海四大百貨公司經過史略〉，《傳記文學》1986 年 11 月，49 卷 5 期〔總 294 期〕，頁 77-86。

26. ──：《第二故鄉》（香港：薈珍文化事業公司，1997 年）。

27. 李長傅：《南洋華僑史》（上海：國立暨南大學南洋文化事業部，

1929 年）。

28. ──：《中國殖民史》（上海：商務印書館，1937 年）。

29. 李勝生：《加拿大的華人與華人社會》（香港：三聯書店【香港】，1992 年）。

30. 李學民：《印尼華僑史：古代至 1949 年》（廣州：廣東高等 育出版社，2005 年）

31. 杜梓芳：《潮汕海外移民》（汕頭：汕頭大學出版社，1997 年）。

32. 阮西湖：〈澳大利亞的多元文化政策〉，《雲南社會科學》1991 年 5 期，頁 65-72。

33. 林立：〈中國人最早到澳洲〉，《華人月刊》1985 年 7 期，頁 54。

34. 林金枝：《近代華僑投資國內企業史研究》（福州：福建人民出版社，1983 年）。

35. ──：〈華人移居澳大利亞史略及其特點〉，《華夏》1986 年 2 期，頁 69-70。

36. ──：〈十八、十九世紀期間，南洋各殖民政府對華人秘密會社的政策〉，《南洋問題研究》1989 年 1 期，頁 19-30。

37. 邱垂亮：〈海外華人的公民文化〉，《華人月刊》1987 年 9 月，頁 8-10。

38. 金光：〈澳大利亞的多元文化政策〉，《民族研究》1996 年 1 期，頁 48-56。

39. 金秋鵬、楊麗凡：〈中國與東南亞的交通和交流〉，《海交史研究》1988 年 1 期，頁 1-8。

40. 姜天明、于群：〈華人移居澳大利亞初探〉，《東北師大學報（哲社版）》2000 年 2 期，頁 68-72。

41. 洪絲絲：《辛亥革命與華僑》（北京：人民出版社，1982 年）。

42. 胡垣坤：《美國早期漫畫中的華人》（香港：三聯書店【香港】有限

公司，1994 年）。

43. 郭美芬：〈二十世紀初澳洲都市化下華裔社群的"華僑"敍事與政治結社〉，《中央研究院近代史研究所集刊》，2011 年 3 月，71 期，頁 157-202。

44. 徐進功：〈論十九世紀東南亞華人秘密結黨〉，《華僑華人歷史研究》2001 年 3 期，頁 75-80。

45. 郝麗：〈澳大利亞華文報刊發展初探〉，《八桂僑刊》2000 年 3 期，頁 27-30。

46. 張相時：《華僑中心之南洋》（廣東：海南書局，1927 年）。

47. 張秋生：〈關于早期澳洲華人史的幾個問題〉，《華僑華人歷史研究》1977 年 2 期，頁 43-46。

48. ──：〈澳大利亞淘金時期的華工〉，《華僑華人歷史研究》1994 年 3 期，頁 38-45。

49. ──：〈澳大利亞華人社團的歷史考察〉，《華東師範大學學報（哲社版）》1997 年 4 期，頁 55-60。

50. 梁培：〈隆都人在澳大利亞〉，《中山文史》1986 年 8、9 期，頁 28-30。

51. 梅偉強：《五邑華僑華人史》（廣州：廣東高等教育出版社，2001 年）。

52. 莊國土：《華僑華人與中國的關係》（廣州：廣東高等教育出版社，2001 年）

53. 莊鴻鑄：〈澳洲華僑與近代中國民主革命〉，《新疆大學學報（哲社版）》1993 年 2 期，頁 57-64。

54. 莊禮偉：〈國際關係中的東亞華人〉，《東南亞研究》1999 年 2 期，頁 61-66。

55. 許肇琳：〈試析清代前期華僑政策與海外移民〉，《八桂僑史》

1991 年 4 期，頁 14-21。

56. ——：〈試析清代後期的設領護僑政策〉，《八桂僑史》1995 年 1 期，頁 3-9。

57. 陳文壽：《華僑華人新論》(北京：中國華僑出版社， 1997 年)。

58. 陳玉申：《晚清報業史》(濟南：山東畫報出版社， 2002 年）。

59. 陳里特：《中國海外移民史》(上海：中華書局， 1946 年）。

60. 陳烈甫：《東南亞洲的華僑、華人與華裔》(臺北：正中書局印行，1980 年）。

61. 陳喬之：〈試論海外華人社團的國際化趨向〉，《華僑與華人》1991 年 5 期，頁 42-44。

62. ——：〈華人認同東南亞社會原因探究〉，《華僑與華人》1991 年 12 期，頁 53-57。

63. 陳碧生：〈析中國人的海外移民〉，《華人月刊》1986 年 12 期，頁 55-57。

64. ——：〈美澳兩洲華僑華人的新動向〉，《華僑華人歷史研究》1989 年 1 期，頁 24-31。

65. 陳翰笙（主編）：《華工出國史料匯編》(北京：中華書局 ， 1980-1985 年）。

66. 麥禮謙：《從華僑到華人：二十世紀美國華人社會發展史》(香港：三聯書店【香港】有限公司， 1992 年）。

67. 《華僑華人百科全書　歷史卷》編輯委員會：《華僑華人百科全書 歷史卷》(北京：中國華僑出版社， 2002 年）。

68. 喬印偉：〈澳大利亞歷史上排華淺析〉，《八桂僑史》1999 年 1 期（總 41 期），頁 56-60。

69. 彭偉步：《東南亞華文報紙研究》(北京：社會科學文獻出版社，2005 年）。

70. 馮自由：《華僑革命開國史》（上海：商務印書館，1947 年）。

71. 黃昆章、吳金平：《加拿大華僑華人史》（廣州：廣東高等教育出版社，2001 年）。

72. 黃昆章：〈澳藉華人領袖劉光福〉，《華僑華人歷史研究》1989 年3 期，頁 57-60。

73. ──：〈戰後澳洲華人社會的變化及發展趨勢〉，《八桂僑史》1992 年 1 期（總 13 期），頁 34-39。

74. ──：〈論華人文化的適應、傳承與改造〉，《華僑華人歷史研究》1998 年 4 期，頁 28-33。

75. 黃建淳：《晚清新馬華僑對國家認同之研究：以賑捐投資封爵為例》（台北：中華民國海外華人研究學會，1993 年）。

76. 黃慰慈、許肖生：〈華僑在抗日戰爭中的作用〉，《學術研究》1985 年 4 期，頁 18-22。

77. ──：《華僑對祖國抗戰的貢獻》（廣州：廣東人民出版社，1991 年）。

78. 黃賢強：《海外華人的抗爭：對美抵制運動史實與史料》（新加坡：新加坡亞洲研究學會，2001 年）。

79. 黃靜：〈澳洲傑出先驅梅光達〉，《八桂月刊》1994 年 2 期，頁 42-46。

80. 黃鴻釗：《澳洲簡史》（香港：開明書店，1993 年）。

81. 楊建成：《中華民族之海外發展》（台北：文史哲出版社，1983 年）。

82. 楊國標：《美國華僑史》（廣州：廣東高等教育出版社，1989 年）。

83. 葉春榮：〈人類學的海外華人研究，兼論一個新的方向〉，《中央研究民族學研究所集刊》1993 年 75 期，頁 171-201。

84. 葉寶忠：〈九十年代澳大利亞華人參政的回顧與反思〉，《八桂僑史》1999 年 4 期（總 44 期），頁 31-35。

85. 董叢林：《變政與政變：光緒二十四年聚焦》（保定：河北大學出版社，1999 年）。

86. 廖小健：〈新馬華僑抗日救亡熱潮原因初談〉，《東南亞研究》1987 年 3 期，頁 42-45。

87. 趙令揚：〈辛亥革命期間海外中國知識份子對中國革命的看法—梅光達，邱菽園與康梁的關係〉，《近代史研究》，1992 年，第 2 期，頁 46-67。

88. 趙令揚、李鍔（編）：《海外華人史資料選編》（香港：香港大學中文系，1994 年）。

89. 劉伯驥：《美國華僑史》（臺北：黎明文化事業公司，1976 年）。

90. 劉勇：〈論 17 世紀初至 19 世紀末南洋群島華商當地化的進程〉，《南洋問題研究》2000 年 3 期，頁 31-40。

91. 劉炳泉：〈開發澳洲的華人先驅—梅光達〉，《華人月刊》1988 年 5 期，頁 56-57。

92. 劉渭平：《澳洲華僑史》（臺北：星島出版社，1989 年）。

93. ——：《大洋洲華人史事叢稿》（香港：天地圖書有限公司，2000 年）

94. 劉繼宣、束世澂：《中華民族拓殖南洋史》（上海：上海商務印書局，1934 年）。

95. 廣東人民出版社（編）：《論戊戌維新運動及康有為、梁啟超》（廣州：廣東人民出版社，1985 年）。

96. 蔣剛：〈薛福成與晚清僑務〉，《華人月刊》1986 年 7 期，頁 52-53。

97. 鄭嘉銳：〈澳大利亞華人淘金血淚史〉，《中山文史》1992 年 24 期，頁 26-39。

98. ——：〈澳大利亞愛國華僑劉光福〉，《中山文史》1992 年 24 期，頁 118-121。

99. ──：《中山人在澳洲》（廣州：政協廣東省中山市委員會，1992年）。

100. 鄭應洽：〈試論海外華僑對抗日戰爭的特殊作用與貢獻〉，《暨南學報（哲社）》1995 年 4 期，頁 10-16。

101. 黎志剛：〈近代廣東香山商人的商業網絡〉，載張仲禮（等編）：《中國近代城市發展與社會經濟》（上海：上海社會科學院出版社，1999 年）。

102. 黎秋山：〈海外華人社團〉，《八桂僑人》1997 年 3 期，頁 50-53。

103. 戴超武：《美國移民政策與亞洲移民：1849-1996》（北京：中國社會科學出版社，1999 年）。

104. 謝美華：〈鴉片戰爭前閩粵沿海地區人口壓力與華人出國〉，《南洋問題研究》1990 年 1 期，頁 99-105。

105. 韓振華：《中外關係歷史研究》（香港：香港大學亞洲研究中心，1999 年）。

106. 藍達居：〈論閩東南與東南亞的海洋人文互動〉，《海交史研究》1998 年 1 期，頁 9-17。

107. 顏清湟：〈從歷史的角度看海外的社會變革〉，《華僑華人歷史研究》1989 年 3 期，頁 1-7。

108. ──：《海外華人史研究》（新加坡：新加坡亞洲研究學會，1992年）。

109. 羅英祥：〈論新時期國際性華人社團的功能及其前景〉，《華僑與華人》1991 年月 5 期，頁 45。

Bibliography

1.   Adelman H., A. Borowski, M. Burstein and L. Foster, *Immigration and Refugee Policy. Australian and Canada Compared vol. 2* (Melbourne: Melbourne University Press, 1994).

2.   Alatas S. H., *Modernization and Social Change* (Sydney: Angus and Robertson, 1972).

3.   Anderson Kay J., *Vancouver's Chinatown: Racial Discourse in Canada, 1875-1980* (Montreal &Kingston: McGill-Queen's Press, 1991).

4.   Ang Ien., "To Be or Not To Be Chinese: Diaspora, Culture and Postmodern Ethnicity", *Southeast Asian Journal of Social Science*, Vol. l.21, No.2(1993), pp.1-17.

5.   —— , "Transforming Chinese Identities in Australia: Between Assimilation, Multiculturalism, and Diaspora", in Teresita Ang See, *Intercultural Relations, Cultural Transformation, and Identity: The Ethnic Chinese* (Manila: Kaisa Para Sa Kaunlaran, 2000), pp.249-258.

6.   Arnold Ken, *Australia – Somewhere in Time* (Bendigo Vic.: Crown Castleton Publishers, 2001).

7.   Australian Bureau of Statistics, Brisbane QLD, *The Economic Status of Migrants in Australia* (Canberra: Bureau of Immigration Research, Australian Government Publishing Service, 1990).

8.   Barrett Charles edit., *Gold in Australia* (Melbourne: Cassell & Co. Ltd., 1951).

9.   Barrett J. *That Better Country: the religious aspect of life in eastern Australia 1835-1850* (Melbourne : Melbourne University Press, 1966).

10.   Booth Martin, *The Triads: The Chinese Criminal Fraternity* (London: HarperCollins, 1993).

11.   Borrie W. D. and Cuthbert Grace, *A White Australia: Australia's Population Problem* (Sydney: The Australasian Publishing Co. Pty. Ltd., 1947).

12.   Braim T. H., *A History of New South Wales, from its settlement to the close of the year 1844,2vols.* (London: Bentley, 1846).

13.   Broeze Frank, *Mr Brooks and the Australian Trade: Imperial Business*

in the Nineteenth Century (Carlton South: Melbourne University Press, 1993).

14. Buckley Ken and Wheelwright Ted, *No Paradise for Workers: Capitalism and the Common People in Australia 1788-1914* (Melbourne: Oxford University Press, 1988).

15. Campbell Persia Crawford, *Chinese Coolie Emigration to Countries within the British Empire* (London: P.S. King & Son, 1923).

16. Carter M. T. Jennifer, *Eyes to the future: Sketches of Australia and her Neighbours in the 1870s* (Canberra: National Library of Australia, 2000).

17. Chan Wing-tsit, ˊThe Individual in Chinese Religions', in Moore Charles A. edit., *The Chinese Mind: Essentials of Chinese Philosophy and Culture* (Honolulu: East-West Centre Press, 1967), pp. 286-306.

18. Chang Chung-li, *The Chinese Gentry: Studies on Their Role in Nineteenth-Century Chinese Society* (WA: University of Washington Press, 1955).

19. Chen Jack, *The Chinese of America* (San Francisco: Harper & Row, 1981).

20. Cheng Lim-keak, *Social Change and Chinese in Singapore* (Singapore: Singapore University Press, 1985).

21. Choi C. Y., *Chinese Migration and Settlement in Australia* (Sydney: Sydney University Press, 1975).

22. Clark Mary Shelley, Ships and Shores and Trading Ports: *A Social and Working Life of Coastal Harbours and Rivers Towns in New South Wales* (Sydney: Waterways Authority of NSW, 2001).

23. Cole E.W., *The White Australia Question* (Melbourne: E. W. Cole Book Arcade, 1937).

24. Clive Faro and Garry Wotherspoon, *Street Seen: A History of Oxford Street* (Carlton South: Melbourne University Press, 2000).

25. Collins D., *An Account of the English Colony in New South Wales* (London : A. Stranhan [Printer] 1798, 1802).

26. Coughlan James E, "A Comparative Profile of Overseas-born Ethnic Chinese Communities in Australia", *Journal of Overseas Chinese Studies*, No 2(April 1992), pp. 183-226.

27. Crissman Lawrence W., George Beattie and James Selby, "The Chinese in Brisbane: Segmentation and Integration", in Francis L. K. Hsu and

Hendrick Serris edit., *The Overseas Chinese: Ethnicity in National Context* (Lanham, MD: University Press of America, Inc, 1998), pp. 87-114.

28. Cronin K, *Colonial Casualties: Chinese in Early Victoria* (Parkville: Melbourne University Press, 1982).

29. Coupe Robert, *Australia's Gold Rushes* (Sydney: New Holland Publishers [Australia] Pty. Ltd, 2000).

30. Cumberland Kenneth B., *Southwest Pacific: A Geography of Australia, New Zealand and their Pacific Island Neighbourhoods* (Christ Church, NZ: Whitcombe and Tombs Ltd., 1945).

31. Davis Beatrice, *Australian Verse: An Illustrated Treasury* (Sydney: State Library of New South Wales, 1996).

32. D' Cruz, J. V., *The Asian Image in Australia* (Melbourne: Hawthorn Press, 1973).

33. —— and Steele William, *Australia's Ambivalence towards Asia* (Melbourne: Monash Asia Institute, 2003).

34. Dawson Raymond, *The Chinese Chameleon: An Analysis of European Conceptions of Chinese Civilization* (London: Oxford University Press, 1967).

35. Deakin Alfred, *The Federal Story: The Inner History of the Federal Cause 1880-1900* (Melbourne: Melbourne University Press, 1963).

36. Denby Charles, *China and Her People* (Boston: L. C. Page, 1906).

37. Dickinson Janet, *Refugees in Our Own Country* (Darwin: Historical Society of the Northern Territory, 1995).

38. Dixon Lesley, "The Australian Missionary Endeavour in China, 1888-1953", PhD thesis, University of Melbourne, 1976.

39. Doyle E. A. edit., *Golden Years 1851-1951* (Melbourne: Victorian Government, 1951).

40. Dutton G. edit., *The Literature of Australia* (Ringwood: Penguin, 1976).

41. Elvin, Mark., *The Pattern of the Chinese Past* (London: Eyre Methuen, 1973).

42. Endacott G. B., *A History of Hong Kong* (Hong Kong: Oxford University Press, 1973).

43. Ernest F. and Smith Borst, *Caught in the Chinese Revolution: A record of Risks and Rescue* (London: T. Fishing Unwin, 1913).

44. Feeken E. H. J., Feeken G. E. E. and Spate O. H. K., *The Discovery and Exploration of Australia* (Hawthorn East: Camberwell Books & Collectibles, 2011).

45. Feldwick, W. edit., *Present Day Impressions of the Far East and Prominent and Progressive Chinese at Home and Abroad: The History, People, Commerce, Industries, and Resources of China, Hong Kong, Indo China, Malaya, and Netherlands India* (London: Globe Encyclopedia, 1917).

46. Fitzgerald John, *Big White Lie: Chinese Austrians in white Australia* (Sydney: University of New South Wales Press Ltd, 2008).

47. Fitzgerald Shirley, *Red Tape, Gold Scissors: the story of Sydney's Chinese* (Sydney: State Library of New South Wales Press, 1997).

48. Fitzgerald Stephen, *China and the Overseas Chinese: A Study of Peking's Changing Policy, 1949-1970* (Cambridge: Cambridge University Press, 1972).

49. Fong Ng Bickleen, *The Chinese in New Zealand: A Study in Assimilation* (Hong Kong: Hong Kong University Press, 1959).

50. Foster W. and Baker L., *Immigration and the Australian Economy* (Canberra: Bureau of Immigration Research, Australian Government Publishing Service, 1991).

51. Franz H. Michael, Taylor George E., *The Far East in the Modern World* (London: Methuen & Co Ltd., 1956).

52. Giese Diana, *Astronauts, Lost Souls and Dragons* (St. Lucia, Qsl: University of Queensland Press, 1997).

53. ──, *Beyond Chinatown: changing perspectives on the Top End Chinese experience* (Canberra: National Library of Australia, 1995).

54. Gilbert P.F., *Discovering Australian History: Squatters and Immigrants* (South Melbourne: Jacaranda Press Pty. Ltd., 1970).

55. Gittins J., *The Diggers from China: The Story of the Chinese on the Goldfields* (Melbourne: Quartet, 1981).

56. Godley Michael R., *The Mandarin-Capitalists from Nanyang: Overseas Chinese Enterprise in the Modernization of China, 1893-1911* (Cambridge: Cambridge University Press, 1981).

57. Goh Cheng Teik, "The Chinese in Southeast Asia: From Hua-ch'iao to Hua-i." in Lie Tek Tjeng and C.P.F. edit., *Masalab- Masalab*

International Masakini(7) [Contemporary International Problems(7)], (Jakarta: Lembaga Research Kebudayaan Nasional,1977), pp. 19-23.

58. Goldberg D., *Racist Culture* (Cambridge: Polity, 1993).

59. Hardy John edit., *Stories of Australia Migration* (Sydney: New South Wales University Press, 1988).

60. Hirst John, *The Sentimental National: The Making of the Australian Commonwealth* (New York: Oxford University Press, 2001).

61. Ho P'ing-ti, *Studies on the Population of China,1368-1953* (Cambridge, Mass.: Harvard University Press, 1959).

62. Howitt W., *Land, Labour, and Gold: or, Two Years in Victoria. With visits to Sydney and Van Diemen's Land* (London: Longmans, 1855).

63. Hsieh Tehyi, *Chinese Epigrams Inside Out and Proverbs* (Boston: Chinese Service Bureau, 1948).

64. —— , *Chinese Picked Tales for Children* (Boston: Chinese Service Bureau, 1948).

65. —— , *Confucius Said it First* (Boston: Warren Press, 1939).

66. Hsu Yuan-yin , Modeline, *Dreaming of Gold, Dreaming of Home: Transnationalism and Migration Between the United States and South China,1882-1943* (Stanford: Stanford University Press, 2000).

67. Huck Arthur, *The Chinese in Australia* (Melbourne: Longmans, 1963).

68. Boyle John Hunter, *China and Japan at War 1937-1945: The Politics of Collaboration* (California: Stanford University Press, 1972).

69. Inglis K. S., *Australian Colonists* (Carlton: Melbourne University Press, 1993).

70. Irick Robert L., *Ching policy toward the Coolie Trade 1847-1878* (Taiwan: Chinese Materials Centre, 1982).

71. Jones Paul, "Alien Acts: The White Australia Policy, 1901-1939" , PhD dissertation, Melbourne: University of Melbourne, 1999.

72. —— , *Chinese- Australian Journeys: Records on Travel, Migration and Settlement, 1860-1975* (Canberra: National Archives of Australia, 2005).

73. —— , "The View from the Edge: Chinese Australians and China, 1890 to 1949" , in Ferrall Charles (edit), *East by South: China in the Australasian Imagination* (Melbourne: Victoria University Press, 2005).

74. Jones Timothy G., *The Chinese in the Northern Territory* (Darwin: Northern Territory University Press, 1997).

75. Jones Y. C. Doris, *Remember the Forgotten: Chinese Gravestones in Rookwood Cemetery 1917-1949* (Pymble: Invenet Pty. Ltd. Publishing, 2003).

76. Karskens Grace, *The Rocks: Life in Early Sydney* (Carlton South: Melbourne University Press, 1998).

77. Keating Christopher, *Surry Hills: The City's Background* (Sydney: Hale & Iremonger, 1991).

78. Kenneth Rivett, *Immigration: Control or Colour Bars? The Background to 'White Australia' and a Proposal for Change* (Melbourne: Melbourne University Press, 1962).

79. Korzelinski Seweryn, *Memoirs of Gold-Digging in Australia*, translated by Stanley Robe (St. Lucia: University of Queensland, 1979).

80. Kunz E. and E., *A continent Takes Shape* (Sydney: Collins, 1971).

81. Kwong Alice Jo., "The Chinese in Peru" in Morton H. Fried edit., *Colloquium on Overseas Chinese* (New York: International secretariat Institute of Pacific Relations, 1958), pp.41-48.

82. Laborde E. D. edit., *Australia, New Zealand and the Pacific Islands* (London: William Heinemann Ltd., 1932).

83. Lane E. H., *Dawn to Dusk, Reminiscences of a Rebel* (Brisbane: William Brooks, 1939).

84. Lansbury C., *Arcady in Australian: The evocation of Australia in Nineteenth Century English Literature* (Melbourne : Melbourne University Press, 1970).

85. Lau S. K. and Kuan H. C., *The Ethos of the Hong Kong Chinese* (Hong Kong: Chinese University Press, 1988).

86. Leong T. S., *Migration and Ethnicity in Chinese History: Hakkas, Pengmin, and Their Neighbors* (Taipei: SMC Publishing Inc, 1998).

87. Leong Y. K. and Tao L.K., *Village and Town Life in China* (London: George Allen & Unwin, 1915).

88. Li Zong, "Chinese Immigration to Vancouver and New Racism in Multicultural Canada", in Zhuang Guotu edit., *Ethnic Chinese at the Turn of the Centuries* (Fuzhou: Fujian Renmin Chubanshe, 1998), pp.443-463.

89. Lim A. F., *Memories of Pre-war Northern Territory Towns* (Darwin: State Reference Library of the Northern Territory, 1990).

90. Lim Joo-hock, "Chinese Female Immigration into the Straits Settlements 1860-1901", *Journal of the South Sea Society*,Vol.22(1967), pp. 58-110.

91. Liu W. P., *Drifting, Clouds Between China and Australia* (Sydney: Wild Peony Pty. Ltd., 2002).

92. Lo C. P. *Hong Kong* (London: Bedhaven, 1992).

93. Lo Karl and Lai Him Mark, *Chinese Newspapers Published in North America, 1845-1975* (Washington, D. C.: Center for Chinese Research Materials, 1976).

94. London H. I., *Non-White Immigration and the 'White Australia' Policy* (Sydney: Sydney University Press, 1980).

95. Lowe Kong Meng, *The Chinese Question in Australia 1878-79* (Melbourne: F.F. Bailliere, 1879).

96. Lowenthal Rudolf, *The Chinese Press in Australia* (s.l:s.n , 1936 [?]).

97. Lu Mar Wendy, *So Great a Cloud of Witnesses. A History of the Chinese Presbyterian Church, Sydney, 1893-1993* (Sydney: The Chinese Presbyterian Church, 1993).

98. Macgregor Paul edit., *History of the Chinese in Australia and the South Pacific* (Melbourne: Museum of Chinese Australian History, 1995).

99. McCormick Anne and McDonnell Derek, *Pacific Voyages and Exploration: From the Carlsmith Collection and other Sources* (Sydney: Hordern House, 1987).

100. MacNair Harley Farnsworth, *The Chinese Abroad: Their Position and Protection* (Shanghai: Shanghai Commercial Press, 1933).

101. Markus Andrew, "Divided We Fall: The Chinese and the Melbourne Furniture Trade Union, 1870-1900", *Labour History*, No.26(May, 1974), pp.1-10.

102. Martin G. edit., *The Founding of Australia: The Arguments about Australia's Origins* (Sydney: Hale & Iremonger, 1978).

103. McConnochie Keith, Hollinsworth David and Pettman Jan, *Race and Racism in Australia* (NSW: Social Science Press, 1988).

104. McLaren I. F. edit., *The Chinese in Victoria: Official Reports and Documents* (Melbourne: Red Rooster Press, 1985).

105. McMinn W. G., *Nationalism and Federalism in Australia* (Melbourne: Oxford University Press, 1994).

106. Mellersh, H. E. L. edit., *The Voyage of the Beagle* (London: Heron

Books, 1968).

107. Moor Ruth and Tully John edit., *A Different Case by John Ah Siug, An Autobiography of a Chinese Miner on the Centre Victorian Goldfields* (Daylesford: Jim Crow Press, 2000).

108. Newman, George M., *The Northern Territory and its Goldfields* (Adelaide: Advertise and Chronicle, 1875).

109. Ng Kee Choo, *The Chinese in London* (London: Oxford University Press, published for the Institute of Race Relations, 1968).

110. Ng Wing Chung, *The Chinese in Vancouver, 1945-80: The Pursuit of Identity and Power* (Vancouver: The University of British Columbia Press, 1999).

111. Normington-Rawling James, *Charles Harpur, an Australian* (Sydney: Angus and Robertson Ltd., 1962).

112. Pacific Publications, *Pacific Islands Year Book and Who's who* (Sydney: Pacific Publications Pty., Ltd., 1968).

113. Pan Lynn, *The Encyclopedia of the Chinese Overseas* (Singapore: Archipelago Press, 1998).

114. Park Robert Ezra, *Race and Culture* (New York: The Free Press, 1950).

115. Patricia E. Roy, *A White Man's Province: British Columbia Politicians and Chinese and Japanese Immigrants, 1858-1914* (Vancouver: University of British Columbia Press, 1989).

116. ──, *The Oriental Question: Consolidating a White Man's Province, 1914-41* (Vancouver: The University of British Columbia, 2003).

117. Pe-Pua R., Mitchell C., Iredale R. and Castles S., *Astronaut Families and Parachute Children: The Cycle of Migration Between Hong Kong and Australia* (Canberra: AGPS, 1996).

118. Perry Elizabeth, *Shanghai on Strikes: The Politics of Chinese Labor* (Stanford, Calif.: Stanford University Press, 1993).

119. Perry, T. M., *Australia's First Frontier: the Spread of Settlement in New South Wales 1788-1829* (Melbourne: Melbourne University Press, 1963).

120. Phuong L., "A Chinese American Awakening: Immigrants Help to Reenergize US Christianity", *Washington Post*, 11st Janurary, 2003, p.A01.

121. Plowman Peter, *Migrant Ships to Australia and New Zealand 1900-1939* (Wellington, NZ: Transpress NZ, 2009).

122. Poon Yu-lan, "Through the Eye of the Dragon. The Chinese Press in Australia, 1901-1911", unpublished BA thesis, University of Sydney, 1986.

123. Price, Charles Archibald, *The Great White Walls are Built* (Canberra: Australia National University, 1974).

124. Price C. Conigrave, *North Australia* (London: Cape, 1936).

125. Quong Tart, Mrs., *The Life of Quong Tart: or, How a Foreigner Succeeded in a British Community* (Sydney: "Ben Franklin" Printing Works, 1911), reprinted by Wild & Woolley in Watsons Bay in 2003.

126. Remer C. F., *Foreign Investments in China* (New York: Macmillan, 1933).

127. Richards Rhys, "The Easternmost Route to China and the Robertson Aikman Charts", *The Circle*, Vol. 8, No.1(April 1986), pp.54-60.

128. Robert S. Elegant, *The Dragon's Seed: Peking and the Oversea Chinese* (New York: St. Martin's Press, 1959).

129. Roberts Stephen, "Contacts Between the Orient and Australia" in Ian Clunies Ross edit., *Australia and the Far East, Diplomatic and Trade Relations* (Sydney: Angus and Robertson,1935).

130. Robson L. L. , *The Convict Settlers of Australia: An Enquiry into the Origin and Character of the Convicts transported to New South Wales and Van Diemen's Land 1787-1852* (Melbourne: Melbourne University Press, 1965).

131. Rolls Eric C., *Citizens: Flowers and the Wide Sea* (St. Lucia: University of Queensland Press, 1996).

132. ——, *Sojourners, The Epic Story of China's Centuries-old Relationship with Australia* (St Lucia :University of Queensland Press, 1992).

133. Ryan Jan, *Ancestors: Chinese in Colonial Australia* (Fremantle: Fremantle Arts Centre Press, 1995).

134. ——, *Chinese Woman and The Global Village: An Australian Site* (St. Lucia: University of Queensland Press, 2003).

135. Saxton Alexander, *The Indispensable Enemy: Labor and the Anti-Chinese Movement in California* (Berkeley: University of California Press, 1971).

136. Sayer Robley Geoffrey, *Hong Kong 1841-1862: Birth, Adolescence and Coming of Age* (Hong Kong: Hong Kong University Press, 1980).

137. ——, *Hong Kong 1862-1919: Years of Discretion* (Hong Kong: Hong Kong University Press, 1975).

138. See Kee, Charles, *Chinese Contribution to Earth Darwin* (Darwin: State Reference Library of the Northern Territory, 1987).

139. Serle Geoffrey, *The Golden Age: A History of the Colony of Victoria, 1851-1861* (Parkville: Melbourne University Press, 1963).

140. Scott Ernest, *A short History of Australia* (Melbourne: Oxford University Press, 1964).

141. Shaw A. G. L., *The Story of Australia* (London: Faber and Faber Ltd., 1960).

142. Shen Yuanfang, *Dragon Seed in the Antipodes: Chinese-Australian autobiographies* (Carlton South: Melbourne University Press, 2001).

143. Sinn Elizabeth, *The last Half Century of Chinese Overseas* (Hong Kong: Hong Kong University Press, 1998).

144. So K. L., Billy and Fitzgerald John edit., *The Chinese World Order: Festschrift in Honour of Professor Wang Gungwu* (Hong Kong: Hong Kong University Press, 2003).

145. Spence Jonathan D., *The Chan's Great Continent: China in Western Minds* (New York and London : W.W. Norton & Company, 1998).

146. Stacker Julie and Peri Stewart, *Chinese Immigrants and Chinese-Australians in New South Wales* (Canberra: National Archives of Australia, 1996).

147. Steinmeyer Jim, *The Glorious Deception: The Double Life of William Robinson, aka Chung Ling Soo, the "Marvelous Chinese Conjurer"* (New York: Carroll& Graf Publishers, 2005).

148. Stevens F.S. edit., *Racism — The Australian Experience — A Study of Race Prejudice in Australia* —— vol 1: Prejudice and Xenophobia (Sydney : Australia and New Zealand Book Company, 1971).

149. Stewart Watt., *Chinese Bondage in Peru: A History of Chinese Coolies in Peru, 1849-1874* (Durham, NC: Duke University Press, 1951).

150. Sung, B. L., *The Story of the Chinese in America: Their Struggle for Survival, Acceptance and Full Participation in American Life --- From the Gold Rush Days to the Present* (New York: Collier Books, 1967).

151. Tacan Gwenda, *The Long, Slow Death of White Australia* (Melbourne: Scribe, 2005).

152. Tan Chee-Beng, *Chinese Overseas Comparative Cultural Issues* (Hong Kong: Hong Kong University Press, 2004).

153. Tan Eng-seong and Chiu Edmond, "Australia-born Chinese: Socio-Political Attitudes" , in *The Chinese in Australia: Working Papers on Migrant and Intercultural Studies 12* (Centre for Migrant and Intercultural Studies, Monash University, Clayton, Vic. 1988, pp. 45-50).

154. Tan Tsu-wee, *Thomas, Your Chinese Roots* (Singapore: Time Books International, 1986).

155. Therry Roger, *Reminiscences of Thirty Year's Residence in New South Wales and Victoria* (London: S. Low, Son, and Co., 1863).

156. Tom Y. M., Nancy, *The Chinese in Western Samoa 1875-1985* (Apia: Western Samoa Historical and Cultural Trust, 1986).

157. Travers Robert, *Australian Mandarin: The life and Times of Quong Tart* (Kenthurst: Kangaroo Press, 1981).

158. Tsai Jung-fang, *Hong Kong in Chinese History: Community and Social Unrest in the British Colony, 1842-1913* (New York: Columbia University Press,1993).

159. Tweedie Sandra, *Trading Partners, Australia and Asia 1790-1993* (Sydney: University of New South Wales Press, 1994).

160. Tu Wei-ming edit., *The Living Tree: The Changing Meaning of Being Chinese Today* (Stanford : Stanford University Press, 1994).

161. Turner H. G., *A History of the Colony of Victoria from its Discovery to its Absorption into the Commonwealth of Australia, vols2.* (London : Longmans, Green and Co., 1904).

162. Turner I. edit, *The Australian Dream: A Collection of Anticipations about Australia from Captain Cook to the Present Day* (Melbourne: Melbourne Sun Books, 1968).

163. Van Dyke A. Paul, *The Canton Trade: Life and Enterprise on the China Coast, 1700-1845* (Hong Kong: Hong Kong University Press, 2007).

164. Walker David, *Anxious Nation: Australian and the Rise of Asia 1850-1939* (St. Lucia: University of Queensland Press, 1999).

165. Walker R.B., "Another Look at the Lambing Flat Riots, 1860-1861" , *Royal Australian Historical Society Journal* (No.56 [September 1970], pp. 193-205).

166. Wang Gungwu, "The Life of William Liu: Australian and Chinese

Perspective", in John Hardy edit., *Stories of Australian Migration* (Sydney: New South Wales University Press, 1988), pp. 109-124.

167. ——, *China and the Overseas Chinese* (Singapore: Times Academic Press, 1991).

168. ——, *The Organization of the Chinese Emigration* (San Francisco: Chinese Materials Center, 1978).

169. ——, "Roots and Changing Identities of the Chinese in the United States", *Daedalus*, Vol. 120, No.2, pp. 181-206. Reprinted by Tu Wei-Ming edit., *The Living Tree: The Changing Meaning of Being Chinese Today* (Stanford. CA: Stanford University Press, 1991), pp.185-212.

170. Wang L. C. and Wang G. W. edit., *The Chinese Diaspora: Selected Essays* (Singapore: Times Academic Press, 1998).

171. Weston A. David edit., *The Sleeping City: the Story of Rookwood Necropolis* (Sydney: Hale & Iremonger, 1993).

172. Wickberg Edgar edit., *From China to Canada: A History of the Chinese Communities in Canada* (Toronto: McLelland and Stewart, 1982).

173. Willard Myra, *History of the White Australia Policy* (Melbourne: Melbourne University Press, 1923).

174. Wilson Janis, *Immigrants in the Bush, Hong Yuen: A Country Store and Its People* (Armidale: Immigrants in the Bush, 1988).

175. ——, *Golden Threads: the Chinese in Regional New South Wales, 1850-1950* (Armidale: New England Regional Art Museum, 2004).

176. Wise Bernhard, *The Making of the Australian Commonwealth, 1889-1900* (London: Longmans Green, 1913).

177. Wong Bernard P., "The Chinese in New York City: Kinship and Immigration", in Francis L.K. and Hendrick Serrie edit., *The Overseas Chinese: Ethnicity in National Context* (Lanham, MD: University Press of America, 1998), pp.143-172.

178. Wood Gordon L., *The Pacific Basin: a human and economic geography* (Melbourne: Leighton House, 1946).

179. Wu Y.H, David, *The Chinese in Papua New Guinea:1880-1980* (Hong Kong: The Chinese University Press, 1982).

180. Yarwood A. T., *Asian Migration to Australia: The Background to Exclusion 1896-1921* (Melbourne: Melbourne University Press, 1964).

181. Yarwood, A. T. and Knowling M. J., *Race Relations in Australia: A History* (North Ryde: Methuen Australia, 1982).

182. Yen Ching-hwang, *Coolies and Mandarins: China's Protection of Overseas Chinese During the Late Ch'ing Period, 1851-1911* (Singapore: Singapore University Press, 1985).

183. Yoji Akashi, "The Nanyang Chinese Anti-Japanese and Boycott Movement, 1908-1928- A Study of Nanyang Chinese Nationalism", *Journal of South Seas Society* No 4 (1968), pp. 69-96.

184. Ouyang Yu, *Chinese in Australian fiction, 1888-1988* (Amherst, N. Y.: Cambria Press, 2008).

185. Yen C.H., "Wing On and the Kwok Brothers: A Case Study of Pre War Chinese Entrepreneurs", in MacPherson Kerrie L.(edit.), *Asian Department Stores* (Honolulu: University of Hawaii Press, 1998).

186. Yuan Chung-ming, Awakening Conscience: racism in Australia, (Hong Kong : Lung Men Press, 1983).

後　記

　　筆者認為撰寫後記是最沒趣的部分，主因是這象徵現階段研究的終結，且總會教自己空虛一陣子；可幸的，這或者亦代表了另一階段的發掘即將開展，令自己再去搜尋新的樂趣。其次是後記這環節既非探索的樂土，亦非創作的園地，卻是像走過河谷的姜嫄，霎時生了個怪胎，不得不自行解說"履巨人跡"而有孕；但可喜的，是生產以後，作者便可把這連胎衣的繭蛹轉棄給讀者，待他們自行剪拆繞纏無止的困惑，並各按喜好和取向，試圖找出異漾心態下的迷團與不盡相同的真相。

　　本書內不少章節早於上世紀過渡本世紀時完成初稿，全書也應在若干年前付梓，只是筆者心中仍覺得資料未能完備，論說不見得百份之百能令自己愜意，故至完稿前，文字仍不斷地在改動。當然，縱使成書後仍有不足的感覺——這也是我一貫沉迷於搜羅材料與撰寫過程，卻永不滿足於區區成果的慣常心態。

　　在思索命名問題時，筆者最終決定放棄部分跨越二戰時的章節，集中在自己焦點關注的時段，這是我選擇 1860 年至 1940 年作為研究年限的主因。再者，澳大利亞華人不獨包括自視抵澳僅為旅居的同胞和娶洋婦並落籍南國的僑民，也涵覆了往昔如過客般的華工與遊子，這亦是本書取名華人史的本意。

　　星稀晃燭，長夜熒照。這是筆者解釋本書撰寫目的的結語。個人
不願海外華僑華人的經歷被塑造成為悲歌飛雪，血染蠻邦的歷史，在新
時代的啟蒙下，華僑華人的生活當平衡透視並如實反映於讀者眼前，令
他們在觸摸流逝時空中沾指未乾的泊痕時，或者，竟驚覺這原是先輩們
邃遠深處笑靨中的淚花！

癸巳年三月己酉

於香港　萬劍山房